미술치료 입문

Handbook of Art Therapy (2nd Edition)

Cathy A. Malchiodi 편저 | 임호찬 역

학지사

Handbook of Art Therapy, Second Edition

by Cathy A. Malchiodi, Ph.D.

이 연구는 2011년 나사렛대학교 학술연구비로 수행되었음.

역자 서문

한국에서는 미술/놀이치료가 비로소 학문적 틀로 자리 잡아 가기 시작한다고 볼 수 있다. 이 분야는 소위 말하는 통섭의 영역으로서 심리학, 예술학(미술, 디자인 등), 정신의학 등이 상호 연관되면서 발전하고 있다. 이런 현상은 궁극적으로 치료 효율성을 높여서 내담자의 생활 복귀나 성장을 촉진하고자 하는 것이다. 마음의 병이 어디서 오느냐. 이를 알기 위한 수많은 접근법이 있어 왔지만, 역자는 그 답을 적응(adaptation)의 결과라고 생각한다. 보편적 기준에서는 이상한 행동이지만, 당사자에게는 적응하기 위해 필요한 수단이고 행동이다. 적응하기 위해 그런 행동을 발전시키고 주로 사용한다는 것이다. 예를 들어, 우울한 반응을 보여야만, 주변 사람이 기대를 덜하고 반대로 관심을 더 보일 수도 있다.

어떤 방향으로 행동할 것인가는 전적으로 기억에 달려 있는 것이다. 그런데 이 기억이 의식적으로 또는 무의식으로 작용하기 때문에 정확한 인과성을 찾기가 어렵다. 이런 측면에서 심리치료란 치료사와 내담자가 협력하여 의식적 또는 무의식적 기억 내용을 떠올리고, 그 당시를 회상하며, 현재 상태의 의식을 가미하여 새로운 기억을 만들어 내는 것이다. 무엇이 나은 적응인가는 내담자의 가치관에 따라 매우 다양하기 때문에 치료사는 최소한의 바탕을 만들어 주는 것이다. 즉 자율과 독립이다.

이런 맥락에서 미술치료는 기존의 대화 중심의 치료에서 여러 예술적 매체를 활용하고 시각적 이미지를 같이 활용하여, 언어와 공간 두 통로로 접근하자는 것이다. 이것이 왜 중요한지는 기억, 지각, 인지 분야의 연구가 축적되면서 과학적으로 지지를 받고 있다. 상담은 일종의 깨우침인데, 여기는 두 가지 요소가 있다. 하나는 이성적으로 내가 내 문제를 잘 알고 있지만, 행동으로 실천하는 데 어려움을 겪는 것이다. 프로이트는 이것을 무의식의 쾌락추구 영역이 매개된 것으로 간파하였다. 마치 학생들의 직업적성검사에서 '잘할 수 있겠는데' 하는 생각과 실제 능력이 다른 것과 같은 차원이다. 다른 하나는 나 자신을 나도 모르겠다고 호소한다. 내 삶에서 무엇이 중요한지, 왜 그것을 해야 하는지, 어떻게 해야 하는지 등에 관한 목적의식의 문제다.

또래와 어울리면서 혹은 개인치료를 받으면서 자신을 이해하는 깊이가 심대해지고, 보다 근원적인 깨달음으로 갈 수 있는 방법을 터득하는 것이다. 치료사의 역할은 이것을 돕고, 때로는 학습으로 안내하고, 때로는 지시하는 등 내담자의 눈높이에 맞는 깨달음 방안을 구성하고 진행해 나가는 것이다. 심리치료의 목표는 대동소이하지만, 그것을 달성하는 방법은 수없이 많다. 그중에 미술치료는 다양한 신경경로를 활용해서 자각과 통찰을 좀 더 쉽게 해 보자는 것이다. 국내에서도 이런 목적에 초점을 둔 대학의 전문학과들이 생겨나고 있는 추세다. 방대한 심리학 영역 중에 예술이란 매체를 심리학과 연관시켜 진행하는 영역으로 세분화한 심리재활학과/재활심리학과, 예술치료학과, 미술치료학과 등이 생겨나고 있다. 이 책은 이런 학과에서 필수적으로 해야 할 기본 입문서로 활용될 수 있을 것이다.

이 책은 심리학과 예술적 매체를 비교적 잘 융합해서 접근한 Malchiodi 박사가 책임편집장으로 2003년의 1판에 이어서 2011년에 2판을 출간했고, 미국 내에서도 표준 입문서로 알려져 있다. 역자는 이 책을 접하는 순간 체계화가 잘된 교재로 한국에서 미술치료학을 공부하는 입문자들에게 도움이 될 수 있을 것으로 생각하였다.

이 책 1부에서는 미술치료와 대뇌라는 첨단 분야를 소개하면서 치료의 궁극적 의미를 전달하려고 하였으며, 2부에서는 미술치료와 심리학적 기초이론을 소개하고 있다. 그리고 3부에서는 아동 및 청소년을 대상으로 한 치료 사례와 4부와 5부에서는 성인, 집단, 가족, 부부를 대상으로 한 내용을 소개하고 있다.

이 책이 출간되기까지 많은 도움을 준 나사렛대학교 강사진과 원고 수정을 꼼꼼히 해준 이영아 선생에게 감사드리고, 출판을 맡아 주신 학지사 편집팀과 디자인 담당자 그리고 김진환 사장님에게도 감사드린다.

2012년 9월

천안 나사렛동산에서

임호찬

저자 서문

이 책의 1판 서문을 다음과 같이 기술한 바 있다.

> 미술은 강력한 의사소통 도구다. 미술표현은 언어로 표현하기에는 부적절한 생각과 느낌을 시각적으로 의사소통하는 방법임이 널리 인식되고 있다. 심리치료와 상담에 널리 적용되어 온 미술을 통한 창의적 활동은 이것이 또 다른 언어일 뿐 아니라 모든 연령층의 내담자를 도울 수 있는 미술활동 자체의 본질적 잠재력이 있기 때문이다. 미술을 통하여 정서와 믿음을 알아볼 수 있고, 스트레스를 감소시키고, 문제와 갈등을 해결하고, 개인의 웰빙을 증대시킨다(p. ix).

2판을 편집하고 수정하는 중에, 나는 미술이 효과적인 소통 및 치료방법이라는 나의 확신이 변화되지 않고 오히려 더 강해졌다는 믿음을 갖게 되었다. 또한 지난 10년간 미술치료 분야에서 일어난 많은 변화에 감사를 느끼고 고무되기도 했다. 이제 치료 중재 방법으로 미술치료의 효과성을 널리 인정받게 되는 보상도 개인적으로 받았다. 신경과학, 인간발달, 창의성, 의학, 심리학, 문화 및 문화인류학, 예술, 표현치료와 더불어 미술치료 분야에서의 자료 축적은 미술치료 분야에 변화를 이끄는 수단으로서 중요하다는 나의 신념을 강화시키게 되었다. 더욱 중요한 것은 이런 새로운 진전이 미술치료가 어떻게 많은 사람들에게 도움이 되는지에 대한 나의 견해를 심화시켜 주었다는 것이다. 이 책은 아동, 청소년, 성인, 집단, 가족 등의 치료에 어떻게 미술치료를 적용하는지를 강조하면서 이런 진전과 현재 적용 방안을 보여 주고 있다.

내가 처음 이 분야에 관심을 가졌을 때, 미술치료사들은 '치료로서 미술(art as therapy)'(변화의 대리자로서 창의적 과정)과 '미술 심리치료(art psychotherapy)' (내담자와 치료사 간의 의사소통의 한 형태로서 창의적 과정) 간의 차이점을 논쟁하고 있었다. 21세기 들어서, 이런 논쟁이 간혹 강의 중에 일어나지만, 그 영역은 이런 단순한 이분법적 틀을 벗어났다. 이제 미술치료는 그 자체가 접근의 연속성을 제기하는 더욱 세분화된 질문을 던지고 있는데, 미술치료가 다양한 집단에 치료의 한 형태로서 왜, 어떻게 효과적인지를 검증하는 설명력에 더 많은 관심을 기울인다. 부분적으로 이것은 대뇌연구가 어떻게 여러 치료 형태(미술 및 다른 창의적 미술치료 형태)에 대한 총체적인 이해를 제공하는가에 따라 변화되었다. 또한 심리적 외상, 노화, 인지적 장애, 질병의 심리사회적 측면, 기타 흥미롭고 부각되고 있는 미술치료의 잠재력을 입증하는 많은 연구가 생겨나면서 나타난 자연적인 결과다.

이 책은 미술치료, 상담, 심리학, 기타 관련 전공의 교재로 가장 널리 사용되고 있고 또 미술치료사 자격증을 취득하려는 치료사들에게 널리 읽히고 있기 때문에, 이 분야의 기초적인 내용 및 새롭고 실용적인 내용을 포함시켰다. 이런 취지로 재료 및 매체에 대한 개관(3장), 전문가 치료, 윤리, 문화적 문제(4장)는 물론, 미술에 근거한 기초평가를 수록한 두 개 장(30장, 31장)을 포함하였다. 또한 미술치료 기법의 발전에 따른 이론적 접근을 첨가하였다. 7장은 감각에 기초한 접근법 및 치료사의 관심을 끌고 있는 심-신 접근법을 포함하였다. 발달적 미술치료는 원래 예술 및 심리사회적 발달 단계와 연관된 것인데, '신경위계적' 접근을 포함시키면서 재구성하였다. 이것은 또 두뇌에 대한 이해가 증가하면서 인생주기에 따라 미술치료를 어떻게 적용하는지를 보여 준다(9장). 또한 1판의 구성 장을 수정하고 새로운 장들을 추가하였는데, 여러 내담자 집단, 즉 청소년, 귀향군인, 가정폭력 희생자, 노인, 슬픔과 상실을 경험한 내담자 등에게 현대 미술치료를 적용한 예들을 보여 주고 있다.

나는 새로운 판을 구성하면서 지난 10년간 미술치료 영역의 발전에 감사함을 느꼈다. 미술치료는 21세기 초 전 세계적인 관심에 부응하면서 그 범위와 정의가 확대되고 있다. 1980년대, 1990년대, 21세기 첫 10년 동안에, 미국 이외 국가의 전문가와 만나 강의와 세미나로 면 대 면 상호작용을 많이 하였다. 지난 수년 동안, 실시간 인터넷 소통이 전 세계에 가능해지면서 모든 것이 변화되고 있다. 임상가, 슈퍼바이저, 교육자로서, 나는 전 대륙의 다른 미술치료사나 전문가들과 지금처럼 이메일은 물론이고 책상용 웹카메라를 이용한 정규적인 교류를 상상할 수 없었다. 또한 국제 미술치료 연합회의 지도력을 발휘하기도 어렵고 동료 및 학생들에 대한 교육을 제공하기도 어려웠다. 이제 사회적 매체 및 온라인 토론집단으로 접근할 수 있기 때문에 이 모든 것이 가능해졌고, 웹을 통해 국경을 넘나들며 의사 교환은 물론, 지식도 교환할 수 있게 되었다. 또 전자 다운로드를 통해서 전공서적과 논문에 접근할 수 있고, 미술치료 사례에 대한 공부를 하기 위해 모이기도 한다. 이런 기술이 미술치료 임상에 영향을 미치고 있고, 디지털 매체는 전통적인 미술(그리기, 색칠하기, 점토, 콜라주)이 어디서나 사용 가능한 컴퓨터, 이미지를 기록하거나 생성할 수 있게 하는 휴대용 기기, 카메라, 스마트폰 등을 통해 어떻게 구현될 것인지 지켜볼 일이다(3장).

미술치료에 대한 인식이 증가하면서 매우 많은 조력 전문가들, 특히 두 집단에서 관심을 보이고 있다. 한 집단은 정신건강 상담 및 전문가 영역인데, '상담에서 창의적 예술(creative arts in counseling)' 또는 '창의적 상담(creativity in counseling)' 이라 부르는 것을 적용하거나 발달시켜 왔다. 동시에 미국에서 미술치료 교육은 전문상담가의 중요한 능력을 통합시키는 표준교육안으로 채택되었고, 미술치료와 상담의 실제를 교육하는 대학원 프로그램도 만들어졌다. 이런 중복에도 불구하고, 미술치료사와 상담가는 여전히 치료에서 미술과 창의성의 역할을 아주 다른 관점으로 본다. 미술을 치료과정의 핵심으로 간주하는 미술치료사와 달리, 치료 시에 창의적 방법을 통합시키는 상담가는 상담과정에 실제적인 방법을 적용하는 관련성을 강조한다. 그들은 활동 지향적인 접근(18장)을 더 많이 이용하고 또 미술, 미술매체, 미술과정에 관한 깊은 지식에는 관심을 덜 기울인다. 두 영역 간의 이런 연관성이 계속 발달하기 때문에, 미술치료와 상담이 서로 영향을 미치고 또 미술치료의 전반적 개념구조에도 영향을 미친다.

다른 한 집단은 '건강관리 차원의 미술' 인데, 이것은 의료 장면에서 미술치료의 활용을 의미한다. 건강관리 차원의 시각미술은 병원에서 환자를 대하는 의료진 혹은 치료사뿐 아니라 병원의 미적 환경을 향상시키기 위해 의료 장면에 구체적인 시각미술 활동을 포함시키려는 노력을 의미한다. 구체적인 프로그램을 운영하거나 건강관리 팀과 협력하는 많은 미술치료사들은 심리사회적 욕구와 건강증진을 다루기 위한 계획을 세운다(16장, 27장). 건강관리에서 시각미술은 다양한 집단에게 미술치료를 접목시키는 중요한 연구와 지식을 구축해 왔는데, 창의성이 어떻게 노화에 긍정적이고 포괄적인 영향을 미치는지에 대한 이해를 돕고 있다(19장).

많은 조력 전문가들이 중재하면서 미술의 이점을 지속적으로 발견하고 있기 때문에,

미술치료는 독자 영역 및 결합적 치료 형태로 확장될 것이다. 미술표현은 소통하고, 관계를 맺고, 언어표현을 향상시키고, 대화로 드러나지 않는 개인의 경험에 도달하는 또 다른 방법을 제공하는 것이다. 그리기, 색칠하기, 콜라주, 간단한 조각 등은 여전히 아동이 첫 번째로 학대받은 것을 표현할 수 있게 하는 양식이고, 또 성인은 잊혀진 외상을 떠올리게 해 주고, 가족은 숨겨진 비밀 또는 중요한 사건을 드러내는 수단이 된다. 중재의 창의적 방법에 대해 더 많은 것이 알려짐에 따라, 더 많은 상담가, 사회복지사, 놀이치료사, 결혼 및 가족치료사, 심리학자, 간호사, 정신의학자 등이 그림활동 및 다른 표현매체가 모든 연령층의 내담자를 치료하고 평가하는 데 도움이 된다는 사실을 이해하고 있다. 단기간의 치료 형태가 제한된 회기 내에 치료를 종결해야 한다는 압박을 가하고 있기 때문에, 많은 전문가들은 미술표현이 문제나 관련된 사건들을 빨리 전달하게끔 돕고, 그래서 중재와 평가를 촉진한다는 것을 발견했다. 이런 이유만으로도 치료사들은 치료 장면에 그리기 및 다른 표현 미술작업을 점점 더 많이 사용한다.

개인적으로, 이 책의 편집자로서 나의 역할에 겸손해야 함을 고백한다. 지난 10년간, 이전 책의 유용성과 실제 응용문제에 관해 미술치료, 상담, 심리학, 간호, 의학 영역의 학생들과 전문가들로부터 지속적인 이야기를 들었다. 편집자이면서 저자로서 또 다른 미술치료 책을 쓰기보다는 더 많은 것을 배우길 원하기 때문에, 나는 최종 내용에 만족할 때까지 수년 동안 새로운 재료 및 수정을 준비했다. 편집 책들이 그러하듯이, 한 권의 책에 전문가의 모든 관점 및 미술치료의 모든 세부 내용을 담기는 불가능하다. 내용물은 1판에서 독자들이 선호한 주제를 기준으로, 또 현재 가장 널리 적용되는 것과 출간물을 참고로 결정하였다. 나도 미술치료 영역의 전문가로서 임상을 하면서, 아동, 청소년, 성인, 집단, 가족을 대상으로 경험한 것에 대해 기술하였다. 이 책의 저자들은 대부분 미술치료사이지만 일부는 관련 분야의 전문가로서, 미술치료 영역에 기여하고 있고 또한 집단지성의 역할을 해 주고 있다.

이 책은 임상실제와 포괄적인 방법으로 이 영역에 대한 독자의 이해를 증진시킬 수 있는 이론과 접근법을 정리한 것이다. 아동, 청소년, 성인, 집단, 가족 등이 심리치료 및 상담의 일환으로 미술표현을 경험하면서 어떻게 치료에 효과를 보았는지 다양한 사례와 시각적 그림을 통해 미술치료의 방법과 실제를 모았다. 지금 이 영역의 전문가로 일하고 있는 것도 재미있고 또 개인적으로 진전된 내용을 담은 새로운 책을 출간한 것에도 고무

된다. 독자들도 임상사례, 자원, 포괄적 개념을 이해하기를 희망하고, 이것이 다양한 내담자 및 치료에 변화와 성장을 위한 잠재적인 방법으로서 미술치료의 가치를 깊이 있게 이해하고 활용되기를 바란다.

Cathy A. Malchiodi

감사의 글

『미술치료 입문』 1판이 나에게는 총괄 편집장으로서는 최초의 시도였다면, 2판은 조금 수월했다. 그러나 많은 사람들의 기여와 조언에 감사를 드린다. 나는 먼저 각 장을 맡아 주신 사람들에게 감사드리며, 또한 그들의 인내심과 기여는 나에게 즐거운 일이었고, 이 책이 구성되게 해 주었다. 미술치료 영역에서 중요하다고 생각하는 장들을 맡아서 구성해 준 분들께 감사드리며, 각 구성을 총편집하면서 개인적인 즐거움도 느꼈다.

이 제안을 처음부터 지지하고, 조언하고, 격려해 준 The Guilford Press 측과 초안 및 최종안까지 교정해 준 분들에게 특별한 감사를 드린다. 뛰어난 편집 기술과 초고를 읽기 쉬운 문장으로 다듬어 준 Rochelle Serwator에게 마음속 깊이 감사드린다. Rochelle의 조언은 2판을 출간하는 데도 도움이 되었다. Rochelle과 함께하면서 나는 특별한 즐거움을 느꼈고, 최종 출판물에 대해서도 매우 만족한다. 이 책이 나오기까지 매 수정 단계마다 도움을 준 Mary Beth Wood, Anna Nelson, Paul Gordon, 그리고 Guilford 측의 많은 관계자에게 감사드린다.

미술치료, 표현치료, 놀이치료, 상담, 심리학 분야에서 일하는 많은 동료들의 격려와 조언 그리고 나의 일을 30년 가까이 지원해 준 멘토가 없었다면 이 책이 나오지 못했을 것이다. 해가 거듭될수록, 그들의 영향은 나의 글쓰기와 편집 능력을 확장시켜 주었다. 그런 깨달음을 준 많은 분들의 시혜를 받아들이게 되어 행운과 겸손을 느낀다. 또한 모든 내담자—아동, 청소년, 성인 그리고 가족—에게 감사드리며, 그들은 개인적인 성장, 회복 그리고 안녕을 증진시키는 데 있어 미술치료의 힘과 가치를 깨닫게 해 주었다. 마지막으로 이 모든 것을 가능하게 해 준 남편 David에게도 감사드리고, 이런 책이 가능하도록 힘을 주신 독자들에게도 깊은 감사를 드린다.

차 례

Part 01

미술치료의 예술과 과학

미술치료는 창의적 예술작업이 심리적 보상 및 회복을 촉진시키고, 개인의 사고와 감정을 비언어적으로 소통하는 수단이라고 간주한다. 다른 형태의 심리치료나 상담처럼, 미술치료도 개인의 성장을 돕고, 자기이해를 증진시키고, 정서성의 치유를 도모할 수 있으며 또 아동, 성인, 가족, 집단 상담 상황에도 다양하게 응용된다. 따라서 미술치료는 각자가 의미를 찾고, 통찰을 획득하고, 자신을 압제했던 감정 혹은 외상에서 벗어나 위안을 얻고, 갈등과 문제를 해결하고, 일상생활을 풍요롭게 하고, 증대된 행복감을 갖도록 하는 양식이다(Malchiodi, 2006). 미술치료는 인간이 자신을 창의적으로 표현할 수 있는 능력을 갖고 있다고 가정하고, 미술작품보다는 치료과정 동안의 미술활동을 중요시 여긴다. 치료사는 미술활동의 미적 우월성에 특별히 초점을 두지 않고 뭔가를 표현하려는 내담자의 치료적 욕구를 중시한다. 즉 중요한 것은 미술작업에 관여하는 정도이고, 내담자에게 도움이 될 만한 미술활동을 선택해서 촉발시키는 것이며, 내담자가 창의적 과정에서 의미를 찾도록 도와주고, 치료사와 함께 만들어진 심상에 대해 경험을 공유하도록 자극하는 것이다.

반면 다른 치료 형태도 효과적이지만, 미술치료는 모든 연령층이나 다양한 집단 모두에게 적용될 수 있다. 미술치료사뿐 아니라 상담가, 심리학자, 정신과 의사, 사회사업가, 심지어 내과 의사도 치료를 목적으로 미술활동을 사용할 수 있다. 단기 심리치료의 출현과 제한된 횟수 내에 치료를 종결시켜야 하는 보험정책이 생겨나면서, 치료사들은 미술활동이 심리적 문제를 비교적 빨리 다룰 수 있는 중재 방안임을 알게 되었다. 매우 단순한 그림이라도 아동 및 성인 내담자들이 언어로 표현하지 못하는 내용을 소통하도록 돕는다.

미술치료 영역은 치료의 한 형태로 인정되고 있지만, 아직도 많은 전문가들은 의심쩍어 한다. 내담자들에게 미술과제를 요구하는 치료사는 이것이 효율적인 중재방법임을 알고 있지만, 어떤 효과를 미치고, 어떤 이점과 제한점이 있는지에 관한 역사적 내용을 잘 모르고 있다. 이 책의 1부는 미술치료가 어떻게 발생했는지, 이것이 왜 효과적인지, 또 평가를 내릴 때 미술의 역할을 이해하도록 소개할 것이다.

1장에서, Vick은 미술치료의 역사를 간략하게 소개하고, 미술치료 영역의 발달과 과정을 소개하는 미술, 정신의학, 의학을 포함한 전문 분야의 영향을 소개할 것이다. Vick이 말했듯이, 지난 50년 동안 미술치료는 정신과 병동에서 적용 빈도가 계속 증가하고 있으며, 입원 병동, 외래환자, 폭력, 안식처, 외상 병동, 종합병원, 지역보호센터 등에서 가장 기본적인 치료 형태가 되었다. 한때는 정신질환, 신체장애 혹은 인지적 결함이 주 환자 집단이었으나, 지금은 학대와 방임 아동, 고통을 겪고 있는 가족 혹은 부부, 학습장애 아동, 암이나 에이즈 그리고 기타 심각한 질환을 가진 환자, 치매 및 알츠하이머병에 걸린 노인, 중독 혹은 약물의존 환자, 사별한 아동과 부모 등에게 널리 적용되고 있다. 심리치료가 적용되는 곳은 어디나 미술치료를 일반적인 중재 방안으로 사용하고 있다.

비교적 신생 분야이기 때문에 미술치료를 어떻게 정의해야 하는지에 대해 논쟁이 많다. 어떤 치료사들은 미술치료를 내담자의 생각과 감정, 신념, 문제 그리고 관점을 언어화시키는 데 도움을 주는 양식으로 간주하고 있다. 이런 정의에 의하면, 미술치료는 심상 형성과 치료사와의 언어교환 과정을 촉진시키는 심리치료의 보조 역할로 보는 것이다. 다른 전문가들은 미술 그 자체를 치료로 보는데, 즉 미술작품에 창의적 과정이 포함되고, 그리기, 색칠하기, 조각하기, 기타 미술 형식이 삶을 풍요롭게 하고 궁극적으로 치료효과를 갖는다는 설명이다.

실제로, 대부분 치료사는 치료에 앞의 두 가지 정의를 활용하고 있다. 두 측면 모두 치료 형태로 미술치료의 효율성을 증대시킨다. 심상 형성은 사람들이 심상과 단어로 의사소통하도록 돕고, 치료사의 유도에 따라 말로는 표현하기 어려운 것을 표현할 수 있게 해 준다. 우리는 또한 치료에서 그림이나 또 다른 미술작품을 창조하도록 내담자를 독려함으로써 그 장점을 이해하게 된다. 미술표현은 치료적 처치와 평가를 증대시키는 데 대뇌를 활용하는 적극적 활동이다. 2장에서 '미술치료와 대뇌'에 대해 설명하면서, 신경과학이 치료과정에서 미술표현의 이해를 발달시키는 데 어떻게 정보를 제공할 것이고, 미술치료가 왜 다양한 장애를 중재하는 데 적절한지를 설명할 것이다.

3장은 이번에 새로 추가되었다. 이것은 미술치료에 활용되는 재료와 매체를 다루었다. 치료와 평가에 미술을 활용하는 모든 조력 전문가들은 이런 주제에 익숙할 텐데, 매체 및 재료에 대한 지식은 미술에 기초한 접근법의 성공적 적용에 핵심이기도 하다. 독자들은 전통적인 미술매체 외에 21세기 초반에 보편화된 사진 및 디지털 매체를 활용하는 것도 배울 것이다(컴퓨터, 소프트웨어, 기타 기술 등).

4장도 새로 추가된 것으로서, 윤리, 연구, 문화적 차이에 관한 미술치료 사례를 간략히 설명하고 있다. 미술치료 윤리도 대부분 다른 정신건강 영역에서 채택하고 있는 것과 비슷하지만, 한 가지 특징, 즉 내담자가 창조한 미술표현 및 미술작품의 저장, 보유, 비밀과 연관된 문제를 다루고 있다. 치료의 한 영역으로서 미술치료도 중재의 효율성을 입증해야 한다. 4장은 미술치료의 치료결과에 관한 몇 가지 증거를 짧게 요약하고 또 현재 정보에 근거해서 최상의 임상 결과를 소개한다. 덧붙여서, 다양한 연령과 배경을 가진 내담자에게 미술치료를 적용할 때 고려해야 할 문화적 차이 및 다양성을 소개한다.

미술치료는 재미있고, 역동적이며, 그 깊이와 적용범위가 지속적으로 발전되고 있다. 미술치료사에게 그림은 그들의 작업에 중심이 되고 일반적으로 치료에 대한 내담자의 관점을 보여 주게 된다. 상담자, 사회사업가, 심리학자, 정신의학자, 다른 전문가들에게 미술은 언어치료를 보조하는 도구로 활용될 수 있다. 1부는 임상에서 미술활동을 응용하는 치료사들을 인용하고, 내담자가 만들어 낸 미술표현을 치료사가 어떻게 보아야 할지를 소개하고, 마지막으로 미술표현이 어떻게, 왜 치료와 평가를 증진시키는 기본이 되는지를 설명하고 있다.

CHAPTER 01

미술치료의 역사

미술치료의 역사는 이론 및 임상 분야를 형성해 온 선구적이고 지속적인 시대 풍조와 이러한 발달을 반영하는 문헌기록에 초점을 두고 살펴볼 것이다. 역사와 마찬가지로, 학문도 여러 사람이 초석을 쌓아 가는 것이다. 저자는 이 장을 서술하면서 특히 4명의 학자가 정리한 내용을 많이 참조하였다. Malchiodi(2006)와 Rubin(2010)은 미술치료의 흐름에 관해 체계적으로 정리하였으며, Junge와 Asawa(1994)도 미국 예술치료연합회(American Art Therapy Association)의 형성 시기에 학문적 성격과 방향에 대하여 깊은 영향을 미쳤다. 네 번째 문헌(MacGregor, 1989)은 미술치료를 목적으로 서술한 것은 아니지만, 이 분야의 이론적 초석을 제공하였다. 각 문헌은 영감과 함께 정보를 제공하였으며, 독자들에게도 다양한 관점을 갖추기 위해 원저를 읽어 보기를 권하고 싶다. 마지막으로, 미국에서만 미술치료가 주목받는 것이 아니기 때문에, 유럽의 경향을 알고 싶은 독자는 Waller(1991, 1998)와 Hogan(2001)이 저술한 책을 읽어 보기 바란다.

역사는 마치 실내장식용 비단 같아서 형형색색의 실은, 심상을 가짐과 동시에 표면의 구조와 강도를 구성한다. 여러 가지 색상을 띤 얼레(reel)에서 풀린 비단을 상상해 보라. 색상을 띠는 실은 새로운 창조품의 일부분이 되고, 이것은 곧 미술치료의 역사를 더 잘 이해할 수 있게 해 준다.

과거와 인접 영역의 영향

미술치료는 근본적으로 예술(art)과 심리학(psychology)이 혼합된 분야이고, 각 영역은 미술치료만의 독특성을 갖추게끔 기여하였다. 그러나 예술과 치료의 혼합은 거의 새로운 분야라고 해야 할 것이다. 이런 결합은 인간 역사만큼 오래된 것이고, 시간과 공간을 넘어 인류 역사와 함께해 왔다(Malchiodi, 2006). 전문적인 미술치료의 발달은 20세기의 지식과 사회적 경향에 의해 영향을 받은 오랜 인간 전통에 대한 체계적인 이해가 증대되면서 이루어졌다(Junge & Asawa, 1994).

예술의 영역

예술활동은 인간의 본성이어서 마치 언어와 도구를 만드는 것처럼, 인류를 정의하는 측면으로도 쓰인다(Dissanayake, 1992). 그의 저서 『정신이상자의 예술적 발견』에서, MacGregor(1989)는 지난 300년 동안에 걸쳐 심리학과 예술이 상호작용한 역사를 정리하였다. 여기에서 언급한 천재와 정신이상자, '미친' 화가의 일대기, 예술가에 의한 비정상적인 묘사, 그리고 잠재된 재능을 이해하기 위한 여러 가지 시도 등은 정신건강과 진단을 돕는 역할을 하였다. 1922년 독일 정신치료사 Hans Prinzhorn(1922/1995)은 『정신질환자의 예술성』을 출간하였는데, 유럽에 산재한 정신병동에 입원 중인 환자들의 미술품을 설명하고 있다. 이 연구는 정신의학 전문가와 뛰어난 미술전문가들에게 의문을 던져 주었고, 정신질환과 미술에 대한 전문가의 개념을 재고하게 만들었다(MacGregor, 1989). 오늘날까지도 여러 이름으로 불리는 미술 영역, 즉 방관자적 미술/순수예술(art brut)/시각미술/민속미술 간에 논쟁이 제기되고 있다. 반면 전문가들은 미술 역사의 규범 내에서 자기 스스로 깨우친 미술표현(이 중 일부는 정신병 경력이 있음)에 대해서 논쟁한다(Borum, 1993/1994; Russell, 2002).

미술치료와 다른 영역에 있는 저자들은 개인 탐색과 성장의 목적으로 미술의 개념을 탐색하기를 권하고(Allen, 1995; Cameron & Bryan, 1992; Moon, 2002), 개인과 공공 미술 간에 전통적인 경계를 재평가하고 있다(Lachman-Chapin et al., 1999; Sigler, 1993; Spaniol,

1990; Vick, 2000).

의학, 건강 그리고 재활

병원 장면은 미술치료 발전의 중요한 양육자 역할을 해 왔다. 좋든 싫든 간에 진단, 질병 그리고 치료와 같은 의학적 모델 개념은 미술치료는 물론 서양의 심리치료 학파의 태동과 발달에 많은 영향을 미쳤다. 정신의학은 항상 현장과 가장 가까운 전문성을 갖고 있지만, 미술치료는 좀 더 광범위한 영역, 즉 AIDS, 천식, 화상, 암, 약물중독, 외상, 결핵환자의 치료와 여러 형태의 재활 욕구를 북돋우는 역할을 해 왔다(Malchiodi, 1999a, 1999b). 생화학, 정신상태 그리고 창의성 간의 상호작용에 대한 이해는 계속 발전해 왔으며, 새로운 의학적 전문영역, 즉 미술치료는 최근에 발전된 것이다(Dileo & Bradt, 2009). 이러한 맥락에서 미술치료는 신체와 정신 간의 관계를 탐색하는 역할을 지속적으로 할 것이다.

도덕적 치료

인간의 역사에서, 정신질환은 신성한 힘 또는 악마의 힘으로 표현되는 것처럼 두려움과 오해의 대상이 되었다. 그러나 18세기 후반에 시작된 '도덕적 치료' 운동은 '정신이상자'의 인권을 인정하는 주장을 하였다(Hogan, 2001). 프랑스의 Pinel과 미국의 Rush 같은 개혁자는 환자를 위한 인간 중심의 환경을 조성하는 데 중요한 기여를 하였다. Sigmund Freud, Ernst Kris 그리고 여러 치료사들은 임의적인 과정이 아니라 이론에 입각해서 인간성 회복에 기여를 하였으며, 상상력 있는 이론들은 학자들의 독특한 정신분석에 대해 중요한 정보를 제공하였다(MacGregor, 1989; Rubin, 2010). 이러한 이론들을 구축하면서 많은 저자들은 미술작품과 같은 특정한 미술표현이 정신건강 혹은 혼란의 증명으로 이해될 수 있는지 연구하기 시작했다(Anastasi & Foley, 1941; Arnheim, 1954; Kreitler & Kreitler, 1972). 다른 연구자들은 미술이 치료의 도구가 될 수 있는 잠재성을 인정하기 시작했다(Winnicott, 1971). Hogan(2001)은 1942년에 영국의 선구자 Adrian Hill에게 '미술치료'라는 용어를 처음 만든 공을 돌렸다. 곧이어 중요한 치료양식으로 나란히 인정받으면서 중재 및 미술임상을 강조하는 심리치료의 한 형태로 언급되기 시작하였다(Naumburg, 1950/1973).

유아기 발달 경험에 초점을 둔 정신분석적 설명은 이런 이론들을 교육적으로 쉽게 적용하였다(Junge & Asawa, 1994). 몇몇 의욕적인 교육학자들은 아동의 전반적 발달에서 예술의 역할을 특별히 강조하기도 하였다(Cane, 1951/1983; Kellogg, 1969; Lowenfeld, 1987; Uhlin, 1972/1984). 오늘날 교육 장면에서 치료적 목적으로 미술을 적용하는 경향이 확대되고 있다(Anderson, 1978/1992; Bush, 1997; Henley, 1992).

심리학적인 측정과 연구

정신질환자를 위한 성격 재구성과 정신분석에 덧붙여, 현대 심리학에서 부각되는 가장 중요한 것 중 하나는 진단적 측정과 연구방법을 표준화하는 것이다. 미술전문가의 작업과 정신질환자의 작업을 논의하면서, Kris(1952)는 두 측면 모두 동일한 정신과정의 결과인데, 즉 "내부 경험, 내부 심상을 외부세계로 표출한 것"(p. 115)이라고 했다. 이런 '투사방법'은 20세기 동안 심리학에서 발전된 소위 투사적 그림 측정으로 명명된 개념적 기초가 되었다(Hammer, 1958/1980). 간단한 지필검사가 공식화된 절차가 되고 표준화된 해석방법으로 자리 잡아 가면서, 아동 및 성인의 심리평가와 진단에 널리 활용되었고 최근에도 여전히 사용되고 있다(다른 목적이나 절차로 적용되기도 함). 이 시기에 두 가지 조류는 미술작품을 해석하는 데 있어 상대적으로 비구조화된 평정방법(Elkisch, 1948; Shaw, 1934)과 다양한 접근법을 취하는 것이다(Machover, 1949/1980).

미술치료의 초기 발달과정에 정신분석의 영향은 상당히 컸다. Hammer의 고전(1958/1980)은 투사기법으로서 그림의 활용에 관해 언급하고 있는데, 미술치료 영역의 다양성을 설명하고 있으며 미술치료 개척자인 Margaret Naumburg의 학제 간 연관성을 보여 주고 있다. 미술치료에 관한 좀 더 보편적인 방법 중 많은 수(구체적인 구조화된 그림, 핑거 페인팅, 그림의 '실제 의미'를 예측하는 치료사의 역할)가 실제로 이 시기부터 유래되었다.

이 시기에 주요 미술치료사들은 여러 구조적 수준에서 미술치료에 필요한 그림검사를 개발하였다(Kramer & Schehr, 1983; Kwiatkowska, 1978; Rubin, 1978/1984; Ulman & Dachinger, 1975/1996). 심지어 오늘날까지 미술활동이 예술가의 심리적 경험을 반영한다는 생각은 미술치료에서 기초 개념이다.

이런 공통의 역사에도 불구하고, 심리학에서 사용되는 평가와 미술치료에서 활용되는 평가 간에 차이가 있다. 핵심 차이는 미술작품을 만드는 것과 보는 것이 내담자에게 치료적 역할을 증대시킬 수 있다는 것이 미술치료사의 관점인 반면, 심리평가자들은 다른 입장을 취하고 있다. 이에 더하여, 미술치료사들은 더욱 다양하고 표현적인 재료를 더 많이 사용하고 공식적인 언어적 지시를 덜하고, 자신의 미술작품에 대해서 해석하도록 격려한다. 마지막으로 미술치료사들은 사례별 임상목적에 부합되고 표준화된 평가의 계획안을 임시변통하기도 한다(Mills & Goodwin, 1991).

문헌에서 부각되는 주제는 창의적인 미술치료가 내담자에 대해 평가적인 역할을 할 수 있다는 점을 강조한다(Bruscia, 1988; Feder & Feder, 1998). 현대의 미술치료에서 평가를 개발하는 연구자들은 그림이나 재료에 대한 심리표현을 강조하는 정통 정신분석학적인 접근을 포기하였다(Cohen, Hammer, & Singer, 1988; Cox & Frame, 1993; Gantt & Tabone, 1997; Landgarten, 1993; Silver, 2002).

초창기에 미술치료에 대한 연구자들은 심리학을 많이 참고했고 그들의 연구에 심리학의 경험적인 접근을 수용하였다(Kwiatkowska, 1978). 더욱 최근에, 행동과학과 인접 학문에서 개발된 모델을 미술치료 연구를 수행하는 데 기본 자료로 활용하기 시작했다(Kaplan, 2000; McNiff, 1998; Wadeson, 1992).

미술치료 문헌의 발달

학문의 발달과정을 알아보는 가장 좋은 것은 문헌상에 증거를 찾는 것이다. 인위적으로 시간을 나누어 이해하는 역사학자들은 미술치료 영역의 발달을 3단계로 나누고 있다.

고전적 시기(1940년대~1970년대)

20세기 중반, 심리상담소에서 개별 치료를 하는 치료사들이 내담자와 치료하는 과정을 설명하면서 '미술치료(art therapy)'라는 개념을 사용하기 시작하였다. 그러한 과정에서, 미술치료 개척자들은 구시대 치료사와는 구분되는 영역을 찾기 시작했다. 그 당시 공식적인 미술치료 훈련과정이 없었기 때문에, 초기 개척자들은 다른 영역에서 훈련을 받았으며 정신과 의사, 분석가 그리고 정신건강 전문가의 지도를 받기도 하였다. 이 시기 발달에 기여한 4명의 학자로는 Margaret Naumburg, Edith Kramer, Hanna Kwiatkowska 그리고 Elinor Ulman을 들 수 있다. 임상에서 이루어진 그들의 초기작업의 깊은 영향력은 그들의 자료가 현대 미술치료 문헌에서도 계속 사용되면서 인정받고 있다.

다른 저자들보다도 Naumburg는 미국의 미술치료 개척자로 인정되고 있으며, '미술치료의 어머니'로 자주 인용된다(Junge & Asawa, 1994: 22 참조). 그녀의 초기작업은 개혁적인 그녀의 여동생 Florence Cane(1951/1983)과 함께 설립한 Walden School에서, 그리고 1940년대에 그녀의 아이디어로 설립한 심리치료센터를 통하여, 미술치료로 알려진 기록들을 쓰기 시작하였다(Detre et al., 1983). Freud와 Jung의 개념을 이해한 후에 Naumburg(1966/1987)는 자신의 '역동지향 미술치료'를 그 당시 정신분석적 치료와 유사하게 생각하였다. 내담자의 미술작품은 직접적이고, 검열을 거치지 않고, 구체적인 형태의 상징적 의사소통이 되기 때문에 전이의 해결을 돕는다고 주장하였다(Naumburg, 1950/1973).

Naumburg가 정신분석적 치료에 유용한 기법들을 주로 활용한 반면에 Kramer는 Freud의 성격형성이론을 바탕으로 미술치료 과정을 설명하려고 시도하였다. '치료로서 미술(art as therapy)'이라는 Kramer의 입장은 작품을 만드는 과정에서 본유적인 치료효과를 강조하고, 이런 과정에서 내담자 스스로 승화로 연결되고, 이 방어기제가 중요한 치료효과를 일으킨다고 하였다(Kramer, 1971/1993). Kramer를 따르는 치료자들에 의하면 (정신역동을 강조하는 Naumburg 추종자들과 반대로) 교육적인 적용을 좀 더 강조하는 기법인 셈이다(1958, 1971/1993).

Ulman은 미술치료 분야의 연구들을 편집하고 저술하는 데 많은 기여를 하였다. 그녀는 미술치료 학술지를 처음으로 출간하였으며(1961년에 『*The Bulletin of Art Therapy*』), 1970년에 『*The American Journal of Art Therapy*』로 바뀌었다. 또한 Ulman은 공동 편집자 Dachinger(1975/1996)와 함께 수년 동안 미술치료의 학문을 이끈 미술치료 저서를 집필하였다. 저자로서 Ulman의 재능은 복잡한 생각을 체계화하고 종합한 것에 있다고 할 것이다. 『*Art Therapy: Problems of Definition*』이라는 에세이에서, Naumburg의 '미술 심리치료(art psychotherapy)'와 Kramer의 '치료로서의 미술(art as therapy)' 모델을 대비시켰으며, 미술치료 분야의 이론적 토대를 제공하였다(Ulman, 1975/1996).

마지막 4번째로 언급할 학자는 Kwiatkowska인데, 연구 영역과 가족 미술치료 분야에 중요한 기여를 하였다. 그녀는 여러 치료 장면에서 쌓은 경험을 종합하여 미술을 활용한 가족치료 기법의 기초를 정립하였다(Kwiatkowska, 1978). Kramer처럼 그녀는 제2차 세계대전 중에 유럽을 떠나 미국으로 망명하여 정신건강 분야의 발전에 기여한 이민 사상가로 인명록에 등재되었다. 또한 일반인들에게 미술치료 분야를 소개하는 짤막한 저서를 공저로 남기기도 했다(Ulman, Kramer, & Kwiatkowska, 1978).

앞에 언급된 개척자들은 미술치료를 알리는 강연을 하던 첫 번째 교육자 부류에 속한다고 볼 수 있다. 이 기간 동안에 미술치료의 학위과정이 처음으로 설치되었다(Junge & Asawa, 1994; Levick, Goldman, & Fink, 1967). 마지막으로 미국 이외의 나라에서 활약한 전문가로는 메닌저 클리닉(Menninger Clinic)에 Mary Huntoon을 들 수 있는데, 전문 분야로 발달하는 데 기여한 사람이다(Wix, 2000).

중기: 다른 여러 개척자(1970년대~1980년대 중반)

1970년대부터 1980년대 중반까지 비록 정신분석이 상당한 영향을 미치고 있지만, 미술치료의 광범위한 적용과 개념 수립에 관한 출판이 이어졌다(Betensky, 1973; Landgarten, 1981; Levick, 1983; NcNiff, 1981; Rhyne, 1973/1995; Robbins & Sibley, 1976; Rubin, 1978/1984; Wadeson, 1980). 이 기간 동안에 문헌 발달이 풍부해졌다. 두 개의 새로운 학술지가 소개되면서 그 학술지는 1973년에 창간된 『미술심리치료(*Art Psychotherapy*)』[1980년부터는 『심리치료에서 미술(*The Arts in Psychotherapy*)』로 이름이 바뀜], 1983년에 발간된 『미국치료: 미국미술치료학회 저널(*Art Therapy: Journal of the American Art Therapy Association*)』이다. 1969년에 미국미술치료학회가 발족되고, 공인된 논문 수가 증가하면서 미술치료사의 전문성을 확보하게 되었고, 점차 신뢰감을 갖추어, 인접 분야의 전문가와 어깨를 나란히 할 수 있게 되었다(Shoemaker et al., 1976). 이 기간에 Lucille Venture(1977)는 최초로 미술치료 박사논문을 썼던 것은 주목할 만한 일이다.

현대 미술치료 이론(1980년대 중반~현재)

미술치료 문헌이 계속 증가하면서, 1974년에 Gantt와 Schmal은 1940~1973년까지 미술치료 주제와 연관된 자료집을 정리하여 주석을 달았다(1,175개의 논문, 책 그리고 발표지). Rubin(2010)은 같은 기간에 미술치료사에 의해서 오직 12권의 책이 쓰였고, 10년 후에도 겨우 19권에 불과하였다고 기술하였다. 1980년대 중반에 매우 빠른 속도로 성장하여 100권 넘는 책이 출간되었다. Rubin(2010)은 또한 미술치료사가 "예술가로서 스스로 자부심과 타고난 민감성, 반권위적인 성격, 그리고 반이론적인 성향"이 있기 때문에 여타 정신건강 전문가보다 통찰적인 접근을 더 편하게 느낀다고 하였다(p. 117). 미국미술치료학회의 조사에 의하면 치료사의 약 21%는 '절충적인' 치료 접근을 취한다고 응답하여 최고의 비율을 나타내었다(Elkins & Stovall, 2000). 이런 입장은 Wadeson(Rubin, 1987/2001에서)의 생각과 비슷한데, 치료사의 배경이 다양한 것을 감안하면 놀라운 비율은 아니다. 다음으로 높은 비율을 보면, 정신역동적 접근(10.1%), 융의 분석적 접근(5.4%), 대상관계 접근(4.6%), 치료로서 미술(4.5%), 그리고 정신분석적 접근(3.0%) 순으로 조사되었고, 이 모든 접근은 정신 내부의 역동성을 특히 강조하고 있다. 전체 비율이 27.6%에 이르니 현대 임상가들도 정신역동적 개념을 많이 적용한다고 볼 수 있다(Elkins & Stovall, 2000). 1987년에 이정표가 될 만한 저서인 『미술치료의 접근(*Approaches to Art Therapy*)』이 최초로 출판되었고, Rubin(1987/2001)은 치료 영역에서 다양한 이론적 입장을 취하는 저자들을 한 책으로 모았다. 각 이론의 견해를 다음에 간략히 정리하였다.

정신역동적 접근

현대 전문가들은 전통적인 정신분석적 기법의 적용 정도보다는 '전이(transference)'와

'방어기제(defense mechanisms)' 같은 개념을 더 강조하기를 원하지만, 프로이트와 그의 제자들(2장)은 초창기부터 미술치료의 일부를 사용했다. Kramer, Rubin, Ulman 그리고 Wilson(Rubin, 1987/2001에서 모두 인용)과 Levick(1983) 등은 정신분석적 언어와 개념을 사용한다. Klein의 이론(Weir, 1990), 자아심리학(Lachman-Chapin) 그리고 대상관계이론(Robbins)처럼 정신분석 분야의 새로운 발달에 대한 해석이 미술치료 문헌에서도 발견된다(Rubin, 1987/2001에서 모두 인용).

무의식에 의한 심상을 강조함에 따라, 융의 분석적 및 원형 심리학 개념이 미술치료와 연결된다(2장). 이런 연관성을 강조한 연구는 Edwards와 Wallace(Rubin, 1987/2001에서 모두 인용), McConeghey(1986) 그리고 Schaverien(1992)을 들 수 있다.

인본주의적 접근

Elkins와 Stovall(2000)은 미술치료사 중 일부만이 인본주의적 입장을 취한다고 보고했다(인본주의, 형태주의, 실존주의 그리고 내담자 중심 치료. 이 가운데 인본주의 입장이 2.9%로 가장 높음). 만일 조금 다른 각도에서 인본주의 접근을 "인간 본성과 조건에 대한 낙관적 견해, 인간은 스스로 운명에 대한 책임을 지고 성장 및 발달을 지향하는 존재"(Rubin, 1987/2001: 119)라는 포괄적 개념으로 볼 경우는 그 비율이 더 올라간다.

Garai는 일반적인 인본주의적 입장에 있으며(Rubin, 1987/2001에서 인용), Rogers(1993)와 Silverstone(1997)은 인간 중심 모델을 사용하고, Dreikurs(1986)와 Garlock(Rubin, 1987에서 인용)은 Alfred Adler에 의해 처음으로 정의된 개념을 사용하고 있다. 인본주의를 지향하는 다른 모델로는 실존주의(Moon, 2009), 현상학(Betensky, 1995), 형태주의(Rhyne, 1973/1995) 접근을 들 수 있다.

학습 및 발달적 접근

학습을 강조하는 심리학 이론은 인간을 기계론적 견해로 보기 때문에 미술치료와 접목되기 어려운 점이 있다. Elkins와 Stovall(2000) 연구에서, 인지-행동주의(6장), 인지주의, 발달주의(8장), 행동주의는 대략 2% 이하의 비율을 갖는 것으로 조사되었다. 이 수치는 미술치료에 관한 저서를 남기는 저자들을 기준으로 분류한 것이다.

Silver(2000)는 인지적 접근을 사용한 평가에 집중하였으며, Lusebrink(1990)와 Nucho(1987)는 일반적 체계이론에 근본을 두고 있다. 정서장애 및 발달장애 아동을 돕는 미술치료사들은 발달심리학(Aach-Feldman & Kunkle-Miller, Rubin, 1987/2001에서 인용; Williams & Wood, 1975)과 행동주의 심리학(Roth, Rubin, 1987/2001에서 인용)에서 규명된 개념을 사용하고 있다.

가족치료 및 그 외 접근들

많은 저자들(Land garten, 1987; Linesch, 1993; Riley & Malchiodi, 1994; Sobol, 1982)이 Kwiatkowska의 초기 가족치료를 기초로 임상을 하고 있으며, 특히 캘리포니아 주는 미술치료사에게 결혼 및 가족치료사 자격증을 부여하고 있다. Riley(1990)는 자신의 작업에 대화치료의 개념을 활용하고 있다(5장). 관계적(Dalley, Rifkind, & Terry, 1993) 및 여성주의적(Hogan, 1997) 접근은 내담자/치료사 관계의 서열에 의문을 제기하고 대안으로 내담자에게 권한을 주면서, 미술치료를 적용한다. Allen(2005), Horovitz-Darby(1994), Farrelly-Hansen(2001) 그리고 McNiff(1992)의 저서는 심리학 이론에 철학과 정신을 강조한다. Franklin 등(2000)은 미술치료에 대한 초월적 접근을 설명하고 있는 반면, Kaplan(2007)은 사회행동적 접근을 촉진하고 있다. Allen(1992)은 임상적 접근의 지나친 강조를 반대하면서, 미술치료사들이 자신의 정체성을 재조명하기를 조장하였다. 표현적 미술치료 접근을 지지하는 Lachman-Chapin(1983)과 Knill(1995, 8장) 그리고 Moon(2002)은 이론과 임상을 겸비한 치료실을 운영하고 있다.

결 론

모든 미술치료사들은 완성된 작품을 관찰하거나 또 물러서서 볼 때뿐 아니라 미술작품을 만드는 과정에서 많은 것을 배우게 된다. 미술치료 작품은 박물관 벽에 걸려 있는 먼지 쌓인 유물이 아니라 생동감 있는 삶이다. 내담자가 만든 작품을 경탄하고 의미를 엮어 내는 데 홍분도 되는 즐거움이 있는 곳이다. 독자들은 내담자들이 만들어 낸 작품과 과정을 감상할 수 있게 되길 바란다.

CHAPTER 02

미술치료와 대뇌

미술치료는 역사적으로 과학과 연관시키는 것을 꺼려 하여, 치료의 철학이나 임상에서도 미술에 기초한 입장만을 견지하려고 했다. 그러나 최근 심상(images)이 정서(emotion), 사고(thoughts), 행복감(well-being)에 어떤 영향을 미치는가를 밝힌 과학적 발견과 그리기(drawing), 색칠하기(painting), 기타 미술활동의 경험에 대뇌와 신체가 어떻게 반응하는지를 알게 되면서 왜 미술치료가 다양한 내담자에게 효과적인가를 분명히 설명하게 되었다. 과학의 발달에 따라 정서와 건강, 스트레스와 질병, 대뇌와 면역체계의 연관성이 밝혀지면서, 미술치료가 임상 장면에서 심상과 미술표현을 사용하는 새로운 개척자로 자리매김하였다.

지난 수십 년간 과학과 의학 분야의 지식 증가로 정신건강 분야의 중재도 객관화되어 왔다. 대뇌의 기능을 연구하는 신경과학은 심리치료 및 심·신 접근의 실용성과 그 범위 설정에 많은 영향을 미치고 있다. 신기술로 대뇌와 기타 신경 및 생리작용을 찍어 낼 수 있게 되면서, 정신건강 전문가는 심-신 관계론을 더 잘 알게 되었다. Damasio(1994), Sapolsky(2004), Ramachandran(1999, 2005) 등은 기억과 관련한 신경 및 생리적 증거, 어떻게 이미지가 개념화되는지, 어떻게 이미지가 대뇌와 신체에 영향을 끼치는지를 설명하였다. Siegel(1999, 2010), van der Kolk(2006), Perry(2001, 2008), Schore(2003) 등의 연구는 대뇌, 인간 생리, 정서가 어떻게 상호 복잡하게 연관되어 있는지, 일생에서 신경학적 기능에 관한 초기 애착의 중요성, 기억에 대한 외상의 영향 등을 이해하게끔 했다. 이런 발견은 심리치료를 계획하고 실시하는 방법에 지대한 영향을 끼쳤다.

신경과학과 미술치료 간의 관계는 모든 영역에 영향을 미치는 중요한 요소다(Malchiodi, Riley, & Cohen, 2001). Kaplan(2000) 그리고 Hass-Cohen와 Carr(2008)는 미술치료 적용에 관한 과학적 마음가짐의 중요성, 그 영역에 대한 신경과학의 중요성, 정신적 심상과 미술 활동에 따른 심-신의 작용 등을 강조했다. 궁극적으로 과학은 미술치료가 어떻게 작동하고, 왜 강력한 치료양식이 되는지를 이해시키고 규정해 주는 핵심이 될 것이다. 이 장은 미술치료와 대뇌에 대한 이해를 촉진하는 중요한 전제들을 요약하고 검토한다.

심상 형성, 미술작업, 대뇌기능

대뇌 반구와 두 반구 간 상호작용에 대한 이해가 깊어지면서 정신적 심상과 미술작품에 대한 이해에 기여할 수 있게 되었다. 초기 연구에서 우뇌와 좌뇌가 상이한 기능을 담당하는데, 우뇌가 직관, 창의성의 중심이고, 좌뇌는 논리적 사고와 언어에 관여한다고 밝혀졌다. 어떤 연구자들은 미술치료의 가치는 우뇌 기능을 활성화시키는 데 있다고 하면서, 미술작품은 '우뇌' 활성화라고 하였다(Virshup, 1978). 실제로는 좌뇌(언어기능이 위치함) 또한 미술작품에 관여한다. Gardner(1984), Ramachandran(1999, 2005) 그리고 여러 연구자들은 미술표현에는 양쪽 반구가 관여한다고 하고, 특정 대뇌 부위에 손상을 입은 환자의 그림을 통해서 이런 증거를 볼 수 있었다. 연구자들은 그림에 언어와 특정 운동이 연관됨을 밝혔다. 예를 들어, 양전자 방출 촬영술(PET)을 활용한 연구에서, 그림을 그리는 동안 대뇌활동을 기록하였다. 그 결과 아주 단순한 그림도 대뇌 여러 부위가 복잡한 상호작용을 하고 있음을 밝혔다(Frith & Law, 1995).

정신적 심상이거나 종이에 그린 심상이거나 간에, 심상과 심상 형성은 모든 미술치료 활동에 중요하다. 미술작품을 통해서 내담자들은 개인이 어떻게 느끼는지 재구성하게 되고, 사건이나 문제에 대한 반응 양상을 이해하고, 정서 및 행동 변화에 미치는 영향을 체험하게 된다. 그러나 정신적 심상과 반대로, 미술작품은 내담자가 능동적으로 실천하고, 실험을 하고, 그림, 색칠 혹은 콜라주를 통해서 원하는 변화 수준을 연습하게 된다.

즉 이것은 신체가 변화하는 데 필요한 유형의 대상을 자극하는 것이다.

또한 기술도 어떻게 이미지가 환자에게 영향을 미치는가에 대한 유용한 정보원이다. 가상현실(virtual reality: VR)에 대한 연구는 특정 심상이 개인에게 긍정적인 영향을 줄 수 있다는 것을 입증하고 있다. 가상현실 장치는 사용자에게 몰입, 3차원, 대화형 심상 기반 경험을 제공함으로써, 주의를 다른 곳으로 돌리게 하고, 그래서 고통스러운 의료시술을 받는 소아종양 환자의 스트레스와 고통을 감소시킨다고 추측하고 있다(Wolitzky, Fivush, Zimand, Hodges, & Rothbaum, 2005). 가상현실은 또한 성인집단의 외상 후 스트레스 장애(PTSD) 같은 외상 장애에 적용해서, '가상' 노출치료를 통해 대뇌가 스트레스 사건에 반응하는 것을 변화시킨다(Mary Ann Liebert Inc./Genetic Engineering News, 2010).

또한 사고, 질병, 중풍 등으로 대뇌를 다친 환자의 이야기는 미술작품과 대뇌기능 간에 연관성을 명료화시킨다. Miller와 Cummings(2006)는 대뇌피질의 언어영역 가까이 큰 종양(결국 수술로 좌뇌 측두엽을 제거함)을 가진 앨런(Allen)의 이야기를 소개하고 있다. 대뇌의 좌측 수술은 가끔 좌측 측두엽에도 영향을 미친다. 앨런은 종양 제거 후에 언어와 책 읽기에 문제를 보였다. 그러나 그 수술은 2차적으로 놀라운 영향을 보였는데, 우뇌가 자극을 받아서 미술에 관심을 촉발시켰다. 수술 전에 앨런의 관심은 반대로 과학과 의학 연구였다. 요약하면, 우뇌는 일반적으로 정서, 공간 방향성, 창의성과 연관되어 있다. 앨런의 경우, 언어영역 손상은 부분적으로 최근 보이기 시작한 창의성의 이유를 설명해 준다. 앨런의 사례는 특이하지만, 인간 대뇌는 과거에 믿었던 것 같이 2진법(즉 되고 안 되고)이 아니라 매우 융통성이 있다는 증거들이 누적되고 있다.

퇴행성 대뇌 손상 또는 중풍 후유장애를 겪는 화가의 경험에서 정보를 얻을 수 있다. Drago 등(2006)은 치매로 뇌 손상이 시작된 화가의 수술 전 · 후의 작품을 비교하였다. 질병 진행 후에 만든 작품들이 예술적 기술을 더 많이 담고 있었지만, 완성도는 떨어지고 정서성은 강력했다고 분석했다. Drago와 동료들은 화가의 측두엽 손상이 예술적 기교는 높여 주었지만, 완성도는 방해하였다고 추측했다. 시각예술에 대한 연구 또한 뇌졸중 후 작업은 전 작업과 상당히 달랐고, 추상성 혹은 작가만의 표상 방식이 나타나는지 여부는 대뇌 손상 영역에 달려 있었다(Bogousslavsky, Hennerici, Bazner, & Basetti, 2010).

서번트 증후군(savant syndrome)은 특이한 예술, 음악, 수학적 재능을 지닌 조건을 말하는데, 이것도 미술표현과 대뇌에 대한 지식을 더해 주었다. 이 증후군은 종종 아동기에 나타나고 또 자폐증, 질병, 뇌졸중, 경련 등과 연관된다. 나디아(Nadia)는 자폐아 중에 가장 뛰어난 미술능력을 보인 유명한 사례 중 하나다(Malchiodi, 1998). 나디아가 사춘기가 되면서 작품이 덜 진보적이고 더욱 평범해졌는데, 숨겨진 신경학적 장애의 결과로 보인다(Selfe, 2011). 소수의 자폐아들만 미술적 서번트이므로, 나디아 사례는 고급 창의적 능력에 대한 신경과학적 이해를 제공해 준다.

Oliver Sacks(1996)는 자폐 서번트인 스티븐 윌트셔(Stephen Wiltshire)를 소개했는데, 그는 한 번 본 기억으로 세밀한 풍경화를 그릴 수 있었기 때문에 '인간 카메라'로 알려졌다. Sacks은 윌트셔가 언어와 의사소통을 방해하는 대뇌장애가 있었지만, 여러 서번트가 그런 것처럼 강박적 집중력을 보인 결과라고 해석했다. 자폐 경우에, 감정과 사회적 상호작용에 기여하는 대뇌 영역의 세포가 충분히 발달하지 못했거나 또는 적절한 연결망을 형성하지 못한 것이다. 그 결과 많은 자폐인들이 타인과 관계를 맺는 데 어려움이 있지만, 그리기 같은 반복적인 세부작업에는 편안함을 느낀다.

마지막으로 미술 만들기는 대뇌피질(상징, 의사결정, 계획수립), 변연계(정서와 감정), 중뇌 · 뇌간(감각 및 운동) 체계 등 대뇌의 많은 부분이 동시에 개입할 필요가 있다. McNamee(2003)는 미술치료가 손으로 좌우 시야를 넘나들면서 내담자들의 활동을 유도하는 '양측 미술 만들기(bilateral art making)' 이므로, 이것을 통해 외상이나 결손의 통합을 증대시킬 수 있다고 하였다. 덧붙여 미술치료과정에 의존해서, 개인은 미술에 대해 말하게 됨으로써 좌뇌 언어중추를 자극하고, 단어를 비언어적 경험(우뇌)과 연관시키는 것이다(Malchiodi, 2008).

정서의 생리학

상식적으로 심상은 우리가 어떻게 느끼고 반응할지 영향을 끼친다. 심상은 쾌락, 공포, 불안, 평온함을 유발하고, 또 감정을 변경시키고 행복감으로 이끌기도 한다는 증거가 있다(Benson, 1996, 2000). 심상은 신체에 중요한 영향을 끼친다는 확실한 증거도 있다. 간단한 실험을 통해 병원 창문을 통해 자연의 모습을 볼 수 있는 경우에 환자의 입원기간이 줄고 또한 행복한 감정이 증진된다는 결과를 보여 주었다(Tieman, 2001: Ulrich,

Zimring, Joseph, Quan, & Choudhary, 2004).

미술치료사 Vija Lusebrink(2004, 2010)는 심상이 심-신 연결자이고 또 정보처리 수준을 도와서 생리적 · 정서적 변화를 일으킨다고 했다. 즉 개인에게 이완하는 동안에 구체적 심상을 떠올리게 제시하면 심상을 경험시키는 유도 심상이 증상을 완화하고, 감정을 변화시키며, 신체의 치유능력을 증가시킨다. 미술치료사나 상담가는 다양한 상황에서 내담자를 대할 때 유도된 심상과 정신 심상 원리를 적용해 왔다(Malchiodi, 1999).

비교적 최근까지, 연구자는 유도된 심상이 어떻게 작용하는지 연구하고 있다. 신경과학은 정신적 이미지, 이미지 형성, 이미지 생성에 관여하는 대뇌 영역에 대한 이해에 집중하고 있다. 예를 들어 우리가 보거나 또는 고의로 상상한 이미지는 대뇌의 시각피질을 비슷하게 활성화시킨다. 다른 말로 하면, Damasio(2000)에 따르면 우리 몸은 마치 그것이 현실인 양 정신 이미지에 반응한다는 것이다. 또한 이미지는 단순히 시각적이 아니라 모든 감각 양식, 즉 청각, 후각, 소화, 체감각(촉각, 근육, 온도, 고통, 내장기관, 전정기관 등)도 포함한다. 이미지는 대뇌 한 부위에만 저장되는 것이 아니라, 이미지 생성, 저장, 회상과정에 많은 부위가 관여한다.

우리 몸은 감정상태의 거울이다. 불안한 상태에 처하면 손바닥에 땀이 나거나 얼굴이 창백해지며, 당황하게 되면 얼굴이 빨개진다. 이미지는 정서에 영향을 미친다. 슬픈 표정 또는 행복한 얼굴을 보거나 마음속으로 행복한 얼굴 또는 슬픈 사건이나 그와 연관된 것을 생각할 때, 대뇌의 다른 영역이 활동한다(Sternberg, 2001). 심장혈관이나 신경학적 영향뿐 아니라 다양한 호르몬 변동도 생긴다. 사실 정서의 생리학은 매우 복잡해서 의식적으로 보여 주는 것보다 대뇌는 더 많은 것을 알고 있다(Damasio, 2000). 즉 사람들은 무엇이 감정을 일으키는지 의식하지 못한 채, 자기감정을 나타내는 것이다.

외상은 그 자체가 정서적 · 생리적 경험을 띠기 때문에 신경과학 분야에서 관심이 증가하고 있다. 외상사건은 마음뿐 아니라 신체에도 영향을 끼친다는 사실을 알고 있다. 그래서 PTSD는 심리적 · 생리적 증상으로 정의된다. 많은 사람은 생리적으로 외상의 본질을 보이기 때문에(Levine, 1997), van der Kolk(2006)가 비유한 것처럼, "신체는 정서 경험의 점수"라고 할 수 있다.

비록 대뇌의 많은 부분이 외상에 중요하지만, 생존본능과 반사의 중추인 변연계가 상당한 주목을 받아 왔다. 변연계는 시상하부(hypothalamus), 해마(hippocampus), 편도핵

(amygdala)을 포함하는데, 이것은 외상적 기억을 이해하는 데도 관련이 있다. 여기서는 변연계의 기능을 자세히 다루지 않지만, 최근 발견은 스트레스 사건 및 외상에 대한 감각기억(sensory memory)에 변연계가 관여한다고 한다. 이것은 미술표현이 치료의 유용한 부분이고, 외상을 다시 언급하게 해 주고, 심리적 회복에도 유용하다는 사실을 입증하는 것이다. 외상 경험의 핵심은 생리적인 것이기 때문에, 외상 사건에 대한 감각기억의 표현과 처리는 치료의 성공과 해결에 핵심문제다(Schore, 2003). 미술은 촉감, 냄새, 다른 감각 경험을 내포하기 때문에 매우 자연스러운 감각표현 양식이 된다. 그리기와 다른 미술활동은 언어적 치료 중재로는 할 수 없는 감각기억의 표현을 활성화시킨다(Steele & Raider, 2001). 외상 같은 매우 충전된 정서 경험은 변연계에 감각적 현실인 양 남아 있게 된다(Malchiodi, 2008). 내담자의 외상 경험이 성공적으로 치유되기 위해서는, 외상이 감각적 수단으로 처리될 수 있어야 한다. 감각적 재료(사건에 대한 변연계의 감각기억)를 활용하는 미술치료는 외상을 중재하는 데 유용한 도구다. 예를 들어 미술작업은 노출치료의 형태가 되므로(22장 재향군인과 군인에 대한 미술치료), 외상기억에 대한 구조화된 재경험을 제공하는 것이고, 또는 PTSD의 후유증을 낮추기 위해 인지적 재구성 기법(Steele & Raider, 2001)으로 수정하는 과정에 대화를 유도하는 데 사용된다. 미술표현은 내담자가 기억을 탐색하게끔 대화를 촉진하고 왜 그렇게 혼란스럽게 되는지를 생각하게끔 도와줌으로써 스트레스 사건에 대한 암묵적(감각적) 기억(감각) 및 외현적(선언적) 기억을 연결시킨다. 이런 의미에서 미술활동은 외상을 입은 내담자를 도와서 당혹스러운 경험의 의미를 동시에 생각하고 느끼도록 해 준다(Malchiodi, 2001, 2008).

Perry(2001, 2008)는 외상 경험이 대뇌기능을 근본적으로 영원히 변경시킬 수 있고, 특히 심각한 외상반응은 대뇌 낮은 부위(뇌간과 중뇌) 및 높은 부위(변연계와 피질)에도 영향을 미치기 때문에 전통적인 언어, 통찰 지향적 치료로는 적절한 치료효과를 볼 수 없다는 사실을 밝혔다. Perry와 van der Kolk(2006)는 감각활동 그 자체가 전통적인 치료로는 접근할 수 없는 대뇌 낮은 부위를 자극하기 때문에 외상 중재에 더 적합하다고 제안했다.

마지막으로 미술치료가 신체의 긴장이완을 촉진시킬 수 있다는 생각에는 모두 동의한다. 예를 들어 그리기는 여러 방법으로 정서적으로 부과된 사건에 대해 언어적 표현을 촉진시킨다. 불안을 감소시키고, 아동이 치료사와 편안함을 느끼도록 돕고, 기억회상을 증가시키고, 대화를 경험하고, 언어표현만으로는 하기 힘든 세부적인 사건에 대해서도 언급하도록 돕는다(Gross & Haynes, 1998; Lev-Wiesel & Liraz, 2007). 미술작품이 불안 및 스트레스 반응을 낮출 수 있다는 이론을 지지하는 연구들이 나오고 있다. Walsh, Radcliffe, Castillo, Kumar, Broschard(2007)는 암환자를 돌보는 가족 구성원을 대상으로 2시간 동안 작품 만들기 전·후에 스트레스 물질인 타액 분비 물질 코티솔을 측정하였다. 표준화된 불안 척도를 사용해서, 그들은 참가자들의 불안과 스트레스가 유의미하게 감소했음을 발견했다. 언젠가는 대뇌 촬영이나 기타 기법으로, 미술치료를 어떻게 활용하는 것이 극심한 스트레스를 겪는 모든 연령층에게 이완반응을 유도할 수 있는지를 정확하게 알 수 있는 순간이 올 것이다.

애착과 관계적인 측면

모든 창의적 미술치료는 관계적인 접근, 즉 거울, 역할놀이, 상연, 공유, 보여 주기, 목격 등을 활용한다(Malchiodi, 2005). 미술치료에서 관계적인 측면은 미술매체의 존재, 미술작품에 대한 기대, 물감이나 점토 및 기타 재료로 할 수 있는 것에 대한 학습, 치료사로부터 도움 및 재료를 받는 것 등을 말한다. 이런 것들은 내담자와 치료사 간 단지 언어적 소통이 아니라 경험, 촉각, 시각의 변화를 통한 상호작용을 강조하는 경험들이다.

애착이론(Bowlby, 1988)은 오랫동안 심리치료의 이론적 근거로 활용되어 왔지만, 최근에 신경과학의 중요한 관심을 받으면서, 치료사들 가운데 새로운 관심을 끌고 있다(Klorer, 2008). Siegel(1999)은 애착을 다음과 같이 설명하였다. "애착은 자신을 돌보아 준 인물에 대하여 동기화되고, 정서적 안정성을 갖고, 기억과정에 영향을 미치게 된다. 이러한 과정은 진화에 의해서 대뇌 속에 내재된 체계다." (p. 67) Schore(2003)는 일생 동안에 유아애착의 중요성에 대한 신경학적 모델을 제안하였다. 출생 직후에 양육자와 유아는 상호작용 방식을 발달시키게 되는데 이것은 감정조절의 과정에 중요한 역할을 한다. 면 대 면의 접촉과 달래는 듯한 피부접촉은 곧 사람들의 자극에 반응하는 방법에 중요한 바탕이 된다. Perry(2001, 2008)는 성공적인 애착이 대뇌 특정 부위의 적절한 발달에 핵심적 역할을 한다고 하였다. 유아와 양육자 간의 건강한 애착은 '자기조절'의 역량을 발전시키는 초석이 된다. 유아기 때 유대감은 대뇌에 각인되고, 아동기 이후의 인간관계 형성의 기초가 되는데, 외상을 겪게 되면 대뇌 각인이 변화되지만 적절한 심리적 중재로 교정될 수 있다.

미술치료는 치료사와 내담자를 통하여 부모와 아동 간의 건강한 상호작용을 격려함으로써 건강한 애착의 재형성을 돕는 한 가지 방법으로 자리 잡고 있다. Riley(2001)는 미술치료가 어떻게 초기 아동기의 애착 프로그램을 활성화시키고 단순한 그림이 어떻게 대인관계 문제를 해결하고 부모-자녀 간의 유대를 강화시키는가를 설명하고 있다. 그녀는 미술활동의 비언어적 요인이, 언어 습득 이전의 초기 인간관계 상태를 재현하게 하여, 대뇌로 하여금 새롭고 더욱 생산적인 양상으로 재형성하게끔 돕는다고 설명하였다. 유사하게 심한 학대와 외상을 당한 아동을 치료한 Klorer(2008)의 작업은 애착장애를 치료하고 부모-자녀 유대를 증가시키는 데 미술 및 놀이치료의 독보적 힘을 입증하였다.

Siegel(1999)과 Schore(2003)는 유아기 때는 우뇌 피질이 좌뇌보다 더 일찍 발달하기 때문에 아동과 양육자 간의 상호작용이 우뇌의 작용을 활성화시킨다고 하였다. Siegel은 또한 좌뇌 성장에 언어자극이 필요하듯이, 우뇌 성장에는 정서자극이 필요하다고 하였다. 우뇌의 사고과정은 그림을 그리거나 혹은 느낌이나 사건을 설명하는 것처럼 '비언어적인 방식에 기초'하여 표현된다. 이러한 생각에 따르면, 미술치료는 정서적 문제를 일으킨 경험이나 장애를 애착문제와 연관시켜 해결할 수 있는 중요한 방법이 된다.

신경 가소성

신경 가소성(neuroplasticity, 대뇌 가소성이라고도 함)은 대뇌가 새로워지는 능력 또는 어떤 경우에 손상이나 상처를 보상하기 위해 스스로 재연결되는 능력을 말한다(Doidge, 2007). 대뇌 가소성은 어린 시절 더 쉽게 다가갈 수 있고, 애착, 정서조절, 대인관계 기술, 인지, 정서발달을 증가시키기 위해 어린 아동에게 중재하는 것이 중요하다는 점을 강조한다. 그러나 신경 가소성은 일생 동안 노년기에도 잘 일어난다는 증거도 있다. 실제로 Cohen(2000)은 70대와 80대에도 새로운 기술체계를 학습하는 능력과 창의성의 재출현을 설명하였다(19장 창의성과 노화). Alders와 Levine-Madori(2010)는 미술치료가 노년층에게 인지능력의 지각 및 인지수행력을 증가시킨다는 증거가 나오고 있는데, 미술작품이 신경 가소성과 연관된 중요한 경험을 심어 주고, 실행기능과 연관된 대뇌 부위를 재연결하도록 돕는 치료방법이 될 수 있다고 강조했다.

인지-행동 치료(cognitive-behavioral therapy: CBT)와 같은 방법은 대뇌가 중재에 적응하고 변화시킬 수 있음을 인정하는 직접적인 결과다. 대뇌는 유연하고 융통성이 있기 때문에, 우울, 강박충동장애, 불안장애는 화학적 변화를 촉진시키는 CBT 같은 중재에 의해 조절될 수 있다(Linden, 2006)(7장). 비슷한 의미로, 작품 만들기와 공예를 포함한 반복적이고 보상 지향적인 활동은 대뇌의 선조체(striatal)−중격핵(accumbens)−피질(cortical) 영역을 '재배선하여', 우울과 불안을 낮춘다(Lambert, 2010). 요약하면 긍정적인 즐거움, 즉 그리기, 색칠하기, 도자기 만들기, 목세공, 뜨개질, 기타 창의적 활동 등이 규칙적으로 경험된다면, 효과적인 항우울제 처방이 궁극적으로 나타내는 화학적 변화와 비슷한 방식으로 기분이 좋아진다.

결 론

신경과학의 발전으로 대뇌와 신체가 스트레스, 외상, 질병 그리고 세상사에 어떻게 반응하는지를 자세히 이해하게 되었다. 또한 심상이 정서, 사고, 삶의 질에 영향을 미치는 과정과 미술에서 시각, 감각, 표현 언어 등이 치료에 어떻게 통합되는지를 깨닫게 되었다. 이 장에서는 미술치료 접근의 이론적 바탕을 제공한 신경과학의 연구 업적을 살펴보았다. 예를 들어 대상관계이론의 적용은 애착과 인지-행동적 접근이 심상, 심상 형성 그리고 정서의 생리학에 관한 이해를 통하여 지지받을 때 더욱 활성화된다.

모든 정신건강 분야에서 신경과학의 연구 성과가 중요하고, 앞으로 정서 및 생리 장애를 치료하는 데 미술치료가 어떻게 활용될 수 있는가를 설명하는 데에도 이론적 기반을 제공해 준다(Kaplan, 2000). 신경심리학(neuropsychology) 및 심-신 관계론에 관한 연구가 축적될수록 미술표현이 정서적 어려움과 신체적 어려움을 겪는 사람을 돕고, 심상과 심상 형성이 건강과 행복감을 어떻게 증진시키는가를 더 잘 이해하게 될 것이다.

CHAPTER 03

미술치료의 재료와 매체, 방법

미술재료 사용의 핵심은 미술치료 회기에 일어나는 일들이 모든 다른 심리치료 접근법과 다르다는 것이다. 미술치료에서 개인은 어떤 형태의 시각표현에 참가하도록 격려받는다. 일반적으로 이런 표현에는 구성하기, 배열하기, 혼합하기, 만지기, 조형하기, 붙이기, 그리기, 사진 찍기, 촬영하기, 형성하기 등의 활동이 속한다(Malchiodi, 2002). 디지털 기술의 급격한 발달로, 심상 형성을 위한 키보드, 컴퓨터 화면, 새롭고 비전통적인 장치 등도 미술활동에 포함될 수 있다(Malchiodi, 2000; Moon, 2009; Seiden, 2001).

미술치료는 내담자에게 다양한 심리치료접근뿐 아니라 시각미술의 영역을 결합시켜 도움을 주는 것이다. 초기에 미술치료는 20세기 중반에 정신병동에서 환경요법(milieu therapies)으로 사용된 방법과 전통적 재료에 영향을 받았다. 이런 상황에서는 자아표현 수단으로서 그리기와 조각하기, 또 재활, 동작치료 및 작업치료의 형태로서 만들기를 강조하였다. 그 후에 미술치료는 심리치료와 상담 영역으로, 또 지역공동체, 사회 서비스 기관, 개인 미술치료실, 학교 등의 새로운 영역으로 확장되었다. 이런 과정으로 미술치료 방법의 개선과 새로운 매체의 도입이 촉진되었다.

최근에 디지털 매체(디지털카메라, 사진인화기술, 인터넷 의사소통) 등은 이미지 생성, 변형, 전달방법에 상당한 영향을 끼쳤고, 이런 전자시대에 미술치료가 어떻게 실시되고 어떻게 응용되는지에 대한 틀을 다시 짜게 한다.

전통적인 매체와 재료

미술치료사는 일반적으로 치료에 사용되는 다양한 매체, 재료, 진행과정 중에 익숙하다. 그러나 아무리 뛰어난 치료사라도 요즘 시대에 가능한 다양한 기술, 매체, 재료, 과정 모두를 알지는 못한다. 그러나 대부분 치료사는 전통적인 매체와 재료, 즉 여러 형태의 그리기, 색칠하기, 점토/조각, 콜라주 등에 익숙할 것이다. 이런 재료들은 지난 60년 동안 미술치료에서 중추적인 역할을 해 왔는데, 다음에서 이런 기본 재료를 살펴보자.

- **그리기** 그리기는 사용의 간편성, 표준화된 재료, 이동의 편리성 때문에 미술치료 평가와 치료에 가장 널리 사용되는 매체다. 또 그리기는 많은 연구의 단일 매체로 사용되어 왔다(Malchiodi, 1998). 그리기 재료는 연필, 크레용, 마커, 파스텔, 오일파스텔 등이 있고, 또 그리기 위한 다양한 종류의 표지(즉 다양한 종이)가 제공된다. 디지털 미술매체의 사용이 증가하면서, 그리기가 책상용 컴퓨터로, 심지어 특수한 어플리케이션(앱) 및 소프트웨어를 적용한 스마트폰으로도 진행된다.
- **색칠하기** 색칠재료에는 워터컬러, 템퍼라, 핑거페인트, 아크릴, 오일, 잉크와 색칠도구(즉 브러시, 펜, 손) 등이 포함된다. 그리기처럼 여기도 다양한 표지, 즉 캔버스, 워터컬러용 종이, 보드, 판 등을 제공한다. 색칠하기도 디지털 색칠하기 소프트웨어(다음에 디지털 미디어 편)를 통해 컴퓨터 화면에 그려 낼 수 있다.
- **점토** 점토는 3차원 사고 및 촉감각의 사용을 촉진한다. 여기에는 진흙, 플라스티신(소상용 점토), 플레이도(공작점토), 피모(Fimo, 독일에서 만든 일종의 폴리머 점토), 밀가루 반죽(소금을 섞은) 등이 있다. 점토 작업은 손으로 직접 만들거나 또는 도구를 사용해서 형태, 틀, 양각, 장식 등을 할 수도 있다. 도자기용 점토나 손수 배합한 점토 경우에 돌림판이나 유사한 장치로 작업할 수도 있다(Henley, 2002).
- **콜라주** 콜라주는 미술치료에서 인기 있는 매체인데, 콜라주 재료로는 면(종이, 마분지, 캔버스, 기타)에 갖다 붙일 수 있는 어떤 것도 좋고, 2차원 재료(신문, 잡지, 사진 등)

또는 3차원 재료(나무토막, 실, 섬유, 옷, 자연재료, 공작용 소품)를 활용한다.

앞의 매체는 미술치료 임상에 핵심 재료이지만, 재료 및 매체의 효과성이나 질에 관련한 상대적 연구는 거의 없다. 대부분이 임상적 관찰이나 일화적인 정보를 근거로 기술되어 있다. 1971년 초, 미술치료사 Edith Kramer는 그리기, 색칠하기, 점토 등은 치료에서 아동에게 다른 반응을 유발할 것이라고 언급했다. 또한 종종 'Kramer 평정'이라고 부르는 임상면접 기법을 설명하기도 했는데, 이것은 아동에게 그리기, 색칠하기, 점토를 활용해서 실시하는 것이다(Kramer & Gerity, 2001). 간단히 소개하면, 내담자가 자기표현의 주제를 선택하고, 세 가지 매체 중에 한 가지씩으로만 작품을 만들도록 격려한다. 각 매체에 떠오르는 주제가 있지만, 또 중요한 것은 개인이 매체에 어떤 반응을 보이고 또 어떻게 활용하는가다. 대부분 치료사들은 치료 초기에 몇 가지 재료를 제공하는 것이 자기표현을 위해 이 세 가지 재료의 사용에 대한 선호성, 관심, 능력 등을 확인하는 데 도움을 준다는 사실에 동의했다.

다른 치료사들은 개인이 자기표현을 위해 어떻게 전통적인 미술재료를 사용하고 또 작품과정을 진행하는지 확인하고 분류하는 연구를 해 오고 있다. Kagin과 Lusebrink (1978), Lusebrink(1990), Hinz(2009)는 표현치료 연속체(Expressive Therapies Continuum: ETC)를 제안했는데, 이것은 작품, 과정, 사람의 관점에서 미술치료를 평가하고 이해해 보려는 틀을 제공하는 것이다. ETC는 미술치료에 얼마나 다양한 재료와 과정들이 사용되었는지를 설명하기 위한 종합적인 틀 중에 하나다. 미술작업에서 발견되는 세 가지 수준의 과정이 있는데, 운동/감각, 지각/감정, 인지/상징 등이다. 네 번째는 창의적 수준으로서 서로 다른 세 수준 중 어느 곳에서도 나타날 수 있다.

미술치료에 사용되는 전통적 미술재료는 그 특성에 따라 유동적(fluid) 또는 저항적(resistive)으로서 정의될 수 있다(Lusebrink, 1990; Hinz, 2009). Landgarten(1987)은 매체를 연속선 위에 위치시키면서 이 용어를 적은 통제(least controlled)와 많은 통제(more controlled)로 이 용어를 사용했다. 예를 들어 더 구성적이거나(콜라주 또는 나무 조립) 또는 딱딱한(연필 또는 매우 단단한 점토) 재료인 경우는 저항적 또는 더욱 통제적이라고 한다. 현실에서 어떤 재료는 다른 것보다 더 유동적이거나 저항적이고, 또 어떤 매체는 중간쯤에 속하고, 어떤 매체는 두 가지 측면을 모두 갖고 있으므로, 재료를 연속선 위에 위치시킬 수 있다.

유동적 또는 저항적 재료는 각각 더욱 감정적이고(유동적) 또는 인지적(저항적)이라고 말할 수 있다(Kagin & Lusebrink, 1978; Hinz, 2009). 예를 들어 성폭력 피해자를 치료하고 있는 Hagood(2000)는 점토와 풀처럼 촉감을 느끼는 재료가 성적인 기억을 촉발시킨다고 가정했다. Malchiodi(1997, 2008)는 좀 더 저항적 재료가 보관, 선택, 저장의 항상성뿐 아니라 가정폭력이나 학대를 당한 아동에게 도움이 된다는 점을 보고했다. 치료사들 간에 유동적 재료가 저항적 재료보다 감정적 반응을 더 잘 유발시킨다는 공통적 생각이 있지만, 이런 관찰을 입증할 연구는 별로 없다. 감정 및 인지 내용은 자기표현을 위해 미술을 사용하는 개인적 선호성 및 작품을 만드는 과정에 내포된 창의성 측면에 녹아 있다.

과제 복잡성과 구조 또한 내용과 결과에 영향을 끼치는데, 예를 들어 여러 단계 또는 복잡한 지시를 주는 경우(높은 복잡성)는 한 단계만 있거나 덜 구조화된 지시(낮은 복잡성)보다도 인지적 반응과 처리가 더 많이 관여할 것이다(Hinz, 2009). '당신이 원하는 어떠한 색칠하기'는 덜 복잡하고, 덜 구조화된 과제의 한 예다. 콜라주와 탈춤가면을 이용하여 '당신 내면의 느낌과 제3자에게 당신이 보여 주고 싶은 감정 마스크를 만드세요.' 라는 매우 복잡하고, 매우 구조화된 과제 예가 된다.

덧붙여, 많은 전통적 미술재료가 실용적 목적을 위해 상대적으로 비구조화되고 단순하다는 사실을 염두에 두어야 한다. 첫째, 임상에서 미술치료를 사용하는 전문가는 자기표현에 개인 및 문화적 선호성에 관한 심리적 영향을 알고 있다. 치료가 진행되는 환경도 어떤 재료가 제공되는지에 영향을 준다. 공간이 작으면 사용할 수 있는 매체도 한정될 것이고, 치료실 정도면 다양한 재료와 방법을 활용할 수 있을 것이다. 어느 경우에라도, 치료사들은 좋은 재료 공급이 내담자의 자기표현을 증가시키고 또 창의성과 만족감도 증진시킨다는 전제하에 가능하면 좋은 미술재료를 제공해야 한다.

공 예

공예는 모든 문화에 존재하고 또 수세기 동안 인간의 조형활동으로 이어져 왔다. Dissanayake(1990)는 미술작품의 연속성에 공예의 가치를 강조했다. 인간은 장식하고 가

꾸고 싶은 기본 욕구를 갖고 있고 또 다른 예술 형태 중에서도 공예를 아름답게 디자인하고 만들어 특별한 것을 만들었다는 점에 주목했다. 미술세계에서 시각 '미술'과 '공예'로 크게 구분하기도 한다. 미술은 생각과 의도를 자극하기 위하여 의도를 가지고 만든 미술 형태이면서 종종 상징적 의미를 담고 있는 것이라고 정의를 내린다. 공예는 근본 특성이 기교(손재주)와 연관이 있고 보통 장식으로 여겨진다. 그러나 이 둘의 정의는 중복되는 것으로 본다. 색칠은 장식 디자인으로 학습된 기술을 의미하고, 짜기(weaving)는 감정을 전달하기 위해서 색채를 사용하고 또 상징적 이미지를 내포할 수도 있다.

과거에 미술치료사들은 공예에 대해서 깊은 토론을 회피하는 경향이 있었다. 왜냐하면 공예를 심리치료보다는 활동 지향적이고 오락과 더 연관되는 매체로 여겼기 때문이다. 미술작품에 대한 문화적 취향의 영향을 고려하고(Malchiodi, 2005; Moon, 2009), 미술작품, 대뇌, 감정에 대한 지식이 밝혀지면서(2장), 미술치료에서 공예 역할의 인정과 탐색이 점차 증가하고 있다. Kramer(1971)는 전통적인 그리기, 색칠하기, 점토 조각 등에 불편함을 느끼는 내담자 경우 공예의 가치를 강조했으며 또 신체적 장애나 질병으로 전통적 미술재료를 잘 사용하지 못하게 된 사람에게도 도움이 된다고 했다. Malchiodi(1988)는 중국에서 미술치료를 처음 배우는 교육자 집단 및 환자에게 문화적으로 적합한 공예에 기반을 둔 작품활동을 기술하였다. 그때 이후로, 공예가 재취업훈련(Kalmanowitz & Lloyd, 1999), 의료 장면(Nainis, 2008), 문화적으로 민감한 미술 및 놀이치료 아동과 함께하는 현장(Gil & Drewes, 2005; Malchiodi, 2005)에 미술치료 형식으로 도입되었다. Malchiodi는 미술과 공예의 합작형태인 제지(papermaking)를 재향군인에게 적용하였다. 여기서 미술과 공예를 종이로 변형시켜서 전투복을 해체하고 재생하였다. 모든 경우에 공예 기술이 향상되고, 부분적으로 자기효능감과 자기가치에 대한 지각을 느끼게 되고, 또 의미도 있고 미적 가치도 있는 작품을 만든 자신에 대한 능력을 증대시킨다.

미술치료, 놀이치료, 표현치료에 사용되는 매체

미술치료에는 엄격하게 시각미술재료라고 분류할 수 없는 다양한 많은 매체가 활용되고 있다. 왜냐하면 시각자료는 놀이치료와 표현예술치료에도 활용되기 때문이다. 어떤 정의에 따르면, 만들기는 놀이의 한 형태로 간주되기도 하고, 역사적으로 봐도 아동 및 가족의 놀이치료 기법의 한 부분으로 사용되었다(Webb, 2007; Gil & Drewes, 2005). 놀이치료사는 미술재료로 손수 만든 장난감이나 소도구를 만들기도 하고(Kottman, 2010), 또 미술작업, 놀이, 음악을 융합한 다중양식과 통합적 경험을 촉진시킨다(Oaklander, 2007).

또한 미술치료사는 내담자에게 카타르시스 수단으로 이야기 꾸미기, 춤 또는 드라마 등으로 예술표현을 하게끔 돕는다. 가면 만들기, 옷 재단, 인형 만들기, 기타 활동 등은 시각미술에 근거한 과정인데, 이것은 자연스럽게 소리, 동작, 활동을 촉진시킨다. 예를 들어 드럼 치기는 리듬이나 소리로 자기를 카타르시스 하는 수단이 되고, 인형 만들기는 자연스럽게 이야기 꾸미기를 유도하고, 가면 만들기는 연극 또는 역할극을 촉진시키는 방법으로 사용될 수 있다([그림 3-1]).

[그림 3-1] 드라마 공연과 역할극에 사용되는 손수 만든 가면

사진과 필름

사진과 필름은 당연히 시각미술 형태이지만 최근까지도 미술치료 논문에 거의 언급되지 않았다. Seiden(2001)은 카메라 사용이 힘을 느끼게 하는 수단이 되는데, 왜냐하면 사

진을 찍고 자기가 이미지를 포착하는 것이기 때문이다. Weiser(1999, 2010)는 사진치료와 미술치료는 치료 상황에서 내담자로부터 다른 반응을 끄집어내기는 하지만, 상호 배타적이지는 않다. Krauss(1983)는 "미술치료는 외현적인 주제에 의존하고, 사진은 내면적인 주제에 의존하기 때문에 개인 상징의 여러 측면을 다룰 수 있다."라고 했다(p. 53). Weiser(2004)는 또 다른 관점, 즉 사진을 찍는 사람은 외면뿐 아니라 내면에도 관심을 갖는다는 점을 주목하였다. 관찰자(사진사 또는 다른 개인)는 다양한 요소와 세계관을 바탕으로 사진에 독특한 의미를 투사한다.

Weiser(2011)는 심리치료에 세 가지 중요한 사진 응용법을 정리하였다.

- **사진치료** 사진치료(PhotoTherapy)는 다양한 기법을 적용하는 치료실에서 널리 적용되는데, 개인의 스냅사진, 가족 앨범, 다른 사람이 찍어 준 사진을 활용한다. 이런 기법은 감정, 사고, 기억, 연상 등을 유발시킴으로써 통찰을 깊게 하고 소통을 증진시키게 해 준다([그림 3-2]). '사진-투사(photo-projectives)' 라는 개념은 이런 접근의 핵심이고, 관찰자(즉 내담자)에게 사진의 의미는 마치 미술치료사가 내담자에게 미술작품이나 기타 이미지에 대한 반응을 유도하는 것과 동일한 역할을 한다.

[그림 3-2] 사진치료 모습

Judy Weiser의 허락을 받음(www.phototherapy-center.com/home.htm).

- **치료적 사진촬영** 치료적 사진촬영(Therapeutic photography)이란 치료사의 관여 없이 자아발견 및 사회성 또는 예술성 함양을 위하여 개인이 사진촬영을 활용하는 것이다. 이것은 미술 형태를 사용하여 자기자각, 창의적 표현, 자기지시적인 치료와 건강을 추구하는 것이다.
- **사진-미술 치료** 사진-미술 치료(photo-art therapy)는 사진을 미술재료로 활용하는 다양한 기법을 적용하는 것이다. 이 기법은 미술치료 또는 표현치료에서 훈련받은 치료사들이 자주 쓰는 방법이다. 사진치료와 반대로, 사진촬영 기법은 회기 중에 미술작품을 만들고 또 사진촬영 기술 및 그것과 연관된 미술적 기교를 배우는 경험을 한다. 사진-미술 치료는 사진치료의 하위 유목으로 분류하는 게 바람직하며, 필름과 비디오도 이런 유목에 포함시킬 수 있다.

비디오치료(videotherapy)는 미술치료에 필름을 사용한다는 의미를 담고 있다(Fleshman & Fryrear, 1981). 미술치료사 및 기타 재활치료사들은 치료에 비디오를 다양한 방식으로 사용하는데, 치료 회기를 녹화하여 치료사와 내담자가 함께 보기도 하고, 내담자가 미술 형태로 필름을 만드는 것을 돕기도 한다. 최근에는 디지털 캠코더 등 많은 카메라가 흔하고, 사용 가능하게 되었다. 비디오치료란 의미는 영화치료라는 용어로도 불리고, 즉 치료 목적으로 특정 영화를 보게 한다거나 또 치료사에게 영화에 대해 느낀 점을 말하게 하면서 추수 탐색을 해 나간다(Marsick, 2010; Wedding & Niemiec, 2003).

디지털 매체

끝으로 미술치료의 재료, 매체, 방법으로 새롭게 도입된 디지털 매체를 설명하고자 한다. 소프트웨어와 디지털 기반 기술이 너무 빨리 변화하기 때문에, 매년 새롭게 나오는 것을 독자에게 목록으로 제공하는 것은 어렵다. 대신에 여기에서는 미술치료 영역에서 당면한 문제 및 부각되는 영역에 대한 개관을 하려고 한다.

초기에 디지털 매체는 전자장비를 사용하여 이미지를 생성, 변경, 조작하는 것을 통칭하는 '전자 예술'이라고 정의하였다(Malchiodi, 2000). 1980년대 후반, 가정용 컴퓨터의 보급에 따라 Canter(1987, 1989)는 어떻게 컴퓨터 소프트웨어가 인지 및 학습문제를 겪는 아동에게 도움이 될 수 있는지를 검토한 문헌을 제시했다. 후에 McNiff(1999)가 컴퓨터 색칠 소프트웨어를 '실질적인 치료실'로 간주할 수 있을 것이라고 하였다. 더욱 최근에 Austin(2009)과 Thong(2007)은 컴퓨터 응용기술을 오늘날 디지털 미술치료(digital art therapy)라고 확대하여 부르게 되었다. 디지털 미술치료는 모든 형태의 기술 기반 매체를 포함하는 것인데, 치료사가 치료과정의 일환으로 내담자에게 작품 형태로 디지털 콜라주, 삽화, 필름, 사진 등을 만들게 하는 것을 의미한다.

아동, 청소년, 성인에게 디지털 미술치료의 적용을 촉진시킨 몇 가지 여건이 있다. 첫째, 오늘날 컴퓨터 화면뿐 아니라 핸드폰 및 다른 간편 장치들로 이미지를 만들어 내는 디지털 장치와 스프트웨어가 널리 보급되었다. 많은 내담자들이 통상 즉각적으로 의사전달, 타인과 연결, 정보 및 이미지 주고받기를 빛의 속도로 하게 되었다(Klorer, 2009). 쉽게 활용할 수 있는 온라인 필름 만들기 프로그램, 온라인 게임, 캠코더, 유튜브 등은 10년 전만 해도 상상할 수 없는 일들을 가능하게 한다. 또한 디지털 필름 편집이 가정용 웹 카메라로 가능해지고 또 기타 간편 장치는 내담자로 하여금 디지털 이야기(digital narratives), 즉 디지털 이야기 꾸미기(digital storytelling)로 기록하게 해 주었다(Hartley & McWilliams, 2009). 이런 짧은 일인칭 자서전 필름은 목소리, 정지사진, 움직이는 사진, 음악 및 기타 소리 등을 결합시켜 만들었는데, 치료사가 개입하게 되면서, 대화치료의 현대판 버전이 되었다. 요약하면, 자아와 소통하는 이야기 꾸미기의 현대적이고 '중재적인' 형태(Lundby, 2008)인데, 내담자가 타인을 보게 하고, 기술을 통해 다양한 이야기에 반응한다. 이것이 새로운 기반이기 때문에, 심리치료에 이것을 응용한 자료는 앞으로 축적되어야 한다.

미술세계 그 자체가 또한 미술치료에 디지털 매체를 포함시키게 했다. 현내 예술가들은 다양한 디지털 수단을 통해 이미지가 구성되고, 해체되고, 조립되고, 조작되는 작품을 발표했고, 이미 존재한 이미지를 결합하여 새로운 방식의 자아표현을 가능하게 했다. 브리콜라주(bricolage)는 시각미술을 포함한 여러 영역에 사용되는 용어인데, 여러 가용한 재료로 작품의 구성과 생성을 설명하는 것이다. Dueze(2006)는 브리콜라주를 상징, 형태, 모양, 개념, 이미지의 재적용, 재구성, 구축, 재혼합 과정으로 정의했다. 디지털 기술 및 소프트웨어의 확산 또 온라인 브리콜라주 홈페이지, 즉 Polyvore(디지털 콜라주에 사용할 수 있는 수 백만 개의 이미지를 제공)나 Picassohead(피카소 같은 디지털 그림을 만들어 내기 위해 간편 조작 메뉴를 활용하는 프로그램) 등은 랩톱(laptop)으로 인터넷에 있는 이미지를 편집하고 배열하여 자기 이미지를 만들 수 있게 해 주었다([그림 3-3], Picassohead의 사례).

[그림 3-3] 저자의 Piccasohead 이미지

디지털 매체는 전통적인 미술재료와 반대로 몇 가지 특이한 관계, 촉감, 감각 경험을 제공한다. Seiden(2001)은 기술이 전통적 재료보다 특이한 감성을 요구한다고 했다. 디지털 매체의 사용은 대부분 경우에 손 기술보다 지각능력 및 개념적 능력을 강조한다. 재료에 대한 촉각 접촉이 어떤 내담자에게는 도움이 될 수 있지만, 다른 내담자에게는 디지털 매체의 속성이 도움될 수 있다. 예를 들어 구글(Google)에 의해 개발된 스케치 능력 증가 삼차원 모델링 소프트웨어(Sketch up 3-D: Project Spectrum, 2010)는 자폐 스펙트럼 장애를 가진 환자에게 도움을 줄 수 있었다. 요약하면, 많은 내담자들이 집을 그리는 손 움직임 과정이 좌절을 느끼게 한다고 보고했지만, 프로그램으로 집 이미지를 만드는 것은 종이에 연필로 그리기보다 즐거울 뿐 아니라 시각적 의미를 더 강하게 해 준다고 하였다.

사 례

조쉬(Josh)는 10세 남아인데, 4륜 구동 자동차 사고로 아동병동에 입원하였다. 조쉬는 힘든 수술을 몇 차례 받았고, 병원에 적응하는 데도 어려움을 겪었다. 세 번째 만났을 때, 그는 의료 처치를 거부했고, 약물처방과 링거주사를 위해 간호사들이 강제로 제압하였다. 그는 미술치료사 및 아동담당 직원과 즐겁게 지냈고, 특히 이미지를 만드는 아이패드(iPad) 사용을 좋아했다.

조쉬를 진정시키기 위해, 미술치료사는 SpinArt Studio 및 Spawn Glow 앱(소프트웨어 응용에 대한 축약어)을 도입했다. 이 두 앱은 사용하기 쉬웠고, 회전형 가상 페인트(SpinArt)로 화려한 디자인을 가능하게 하고, 손가락으로 화면 도처에 색깔 선을 넣을 수도 있다([그림 3-4]). 조쉬가 종종 아이패드 사용에 몰입되어 디자인을 만들어 내면서, 병원 직원들은 조쉬가 불안을 느끼거나 통증을 불평하는 것 없이 더 쉽게 주사하고 통상적인 의료 처치를 할 수 있게 되었다.

며칠 후에, 미술치료사가 Doodle Buddy라는 다른 앱으로 아이패드에서 미술작품을

[그림 3-4] 조쉬의 디지털 매체 활용작품 '회전형 가상 페인트'

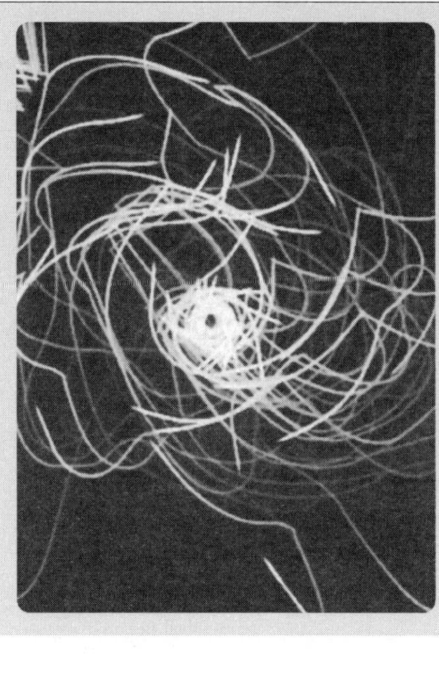

만드는 방법을 가르쳤다. Doodle Buddy 앱은 다양한 그리기 도구(컬러 펜과 페인트 브러시 선들)를 갖추고 있으며 또 앞에 사용한 앱과 마찬가지로 화면에 손가락만으로 특별한 효과를 낼 수 있다. 아동은 이런 도구를 이용하여 동물, 환경물, 기타 물건 또는 이모티콘(즉 웃는 얼굴 기호) 같은 아이콘으로 찍듯이 만들 수 있으므로 특히 좋아한다. 소리도 선택하여 내담자가 디지털 화면에 옮겨 놓으면 각 아이콘이 자체 소리를 낼 수 있게도 한다. 이런 작품을 만드는 데는 단지 몇 분밖에 걸리지 않는데, 처음 배경(즉 해변, 산, 숲 등 환경 장면이나 색채)을 선택하고 진행하면 된다. 각 작품은 저장하여, 출력할 수도 있고, 빔 같은 다른 장치로 보기 위해 전송할 수도 있다.

조쉬는 며칠 동안 Doodle Buddy를 사용하여, 초능력을 가졌다고 한 바다거북 아이콘에 대해 이야기를 꾸며 냈다. 슈퍼스타는 병원에서 시간을 보내는 아동이나 일반 아동들에게도 흔한 주제인데, 슈퍼스타는 만화, 디지털 게임, 기타 매체를 통해 자주 접하기 때문이다. 처음에 조쉬의 바다거북은 많은 위험물, 즉 대양의 위험한 절벽에 살고 있는 험악한 거미 등에 의해 포위되어 있었다([그림 3-5]). 조쉬는 거북이가 자주 무서움을 느끼지만, 거미를 유인해서 바다로 따라오게 하여 익사시킬 수 있는 방법을 터득했다고 말했

[그림 3-5] 위험에 처한 바다거북에 대한 조쉬의 이미지. Doodle Buddy 앱으로 아이패드에서 만든 작품

[그림 3-6] 특별한 섬에서 무당벌레와 함께 있는 바다거북에 대한 조쉬의 이미지

다. 결국 특별한 섬을 발견했고, 그곳에서 친구 무당벌레를 만나서([그림 3-6]) 섬에 머무는 동안 외로움을 덜 느끼도록 도와주었고 또 즐겁게 이야기를 나누었다고 말했다. 그들은 화창한 날 해변에서 함께 게임을 했고, 결국 거북이는 다른 거북과 함께 사는 안전한 자신들의 섬으로 돌아갔다고 말했다.

이 짤막한 소품으로, 조쉬가 위험한 요소와 위험한 존재(병원에서의 불행 및 심리적 투쟁)에 직면한 바다거북(자신을 의미)에 대한 이야기를 만들어 내고 또 입원 및 회복기 동안 자신의 감정을 탐색하고 소통하려는 무당벌레(치료사)를 떠올린 것으로 해석할 수 있을 것이다. 그 외에도 치료사가 그리기와 조각재료를 도입했지만, 디지털 매체가 조쉬 같은 어린 내담자(자기표현을 위해 어떻게 앱을 활용한지를 쉽게 배우는)에게는 매력적인 대안물이다. 또 병원 환경에서 아이패드 같은 간결한 장비는 침대에서도 다양한 미술 경험을 구현할 수 있는 효과적 매체다.

또한 디지털 매체는 사회 연결망을 구축하는데, 개인이 실시간으로 소통하고 또 지지체계 및 지역 공동체와 연결시키고 영향을 미치는 장이 된다. 사회 연결망으로 유튜브 필름 또는 사진은 하루 또는 수 시간만에 전 세계인에게 영향을 끼친다. 이런 사회에서 성장한 개인은 과거와는 상당히 다른 방식, 즉 사회적 연결망, 휴대전화, 기타 장비로 자

신을 표현하고 소통하기를 기대한다. 일부 치료사들은 내담자를 치료하면서 고립되고 비인격체인 컴퓨터 작업을 디지털 매체로 활용할지를 고민하고 있다(Malchiodi, 2000; Klorer, 2009). 동시에 디지털 소통은 어디까지 사적이고 공적인지에 대한 경계 및 이해를 흐릿하게 만들기도 한다. 예를 들어 인터넷에 올린 미술 이미지는 잘려질 수도 있고 다운로드될 수도 있으며, 이렇게 되면 타인이 조작하고, 변화시키고, 다시 올리기도 한다.

디지털 소통은 미술치료를 포함해서 치료 전달체계에 영향을 미친다. 인터넷 치료 및 상담(실시간 또는 시간차 소통방식의 내담자-치료사 간 상호작용), 원격진료(telemedicine, 환자 간호를 위해 디지털 방식으로 정보를 교환), 원격의료(telehealth, 진단, 교육, 중재를 적용) 방식의 건강지원 서비스와 컴퓨터 매개치료가 증가하고 있다(Collie, Bottorff, Long & Conati, 2006; Collie & Cubranic, 1999). 놀이치료는 '최상의 임상' 이란 문헌에서 컴퓨터/인터넷 기술에 관한 학회 분과를 만들었고(Association for Play Therapy, 2009), 상담 분야는 인터넷 상담까지 가이드라인을 만들었다(National Board for Certified Counselors, 2010). 또한 미술치료 영역은 상담가-치료사 소통을 위한 인터넷 사용 및 이미지 공개에 관한 표준안을 개발하고 있다.

미래 추세

Moon(2009)은 재료 및 매체와 관련해서 향후 예상되는 네 가지 추세를 인용하였는데, 다음에 요약하였다.

- **작업 장면** 미술치료는 이제 전통적인 정신과 장면 밖에서 또 지역공동체로 확대되어 적용되고 있는데, 치료의 목표는 심리치료적 목적보다 사회적 운동을 포함한다.
- **시각 이미지의 영향** 전통적 미술 형태는 더 이상 이미지를 생성하는 유일한 방식이 아니다. 디지털 매체는 이미지에 대한 새로운 영역 및 시각적 문법(visual grammar, 당연한 수단으로 발전할 것임을 의미)을 제공할 것이다. 개인이 이미지를 어떻게 전달하고 받는지에 대한 중요한 문화적 변화가 생겨날 것인데, 이것은 미술치료에서 소통방식으로 미술표현을 활용하는 방식에 영향을 미칠 것이다.

- **연구** 미술치료 공동체는 효과적인 치료적 접근에 관해 더 많은 연구를 필요로 한다. 여러 재료, 매체, 방법이 어떻게 내담자의 삶을 향상시키는가에 관한 연구가 필요하다.
- **미술에 노출** 미술치료 영역과 건강관리를 목적으로 하는 미술, 이 두 측면은 강의, 전시, 박물관을 통하여 노출의 중요성을 인식하게 해 주고, 인터넷 또한 병원에서 미술치료 내담자 및 환자에게 미술 역사와 미술 이미지를 소개하는 기회를 제공한다. 노출은 미술치료에 대한 지식을 증가시키고 또 자신의 창의적 욕구에 맞는 방법, 매체, 재료에 대한 개인의 선호성에 영향을 미친다.

신경과학이 미술표현과 이미지 처리에 어떻게 영향을 끼치는가 하는 문제는 5번째 추세가 될 텐데, 미술치료, 안녕, 작품 만들기에 대한 집합적 지식에 지속적으로 영향을 미칠 것이다. 심상 형성, 감각 경험, 창의성, 임상보고, 내담자와 대화 등에 관한 신경과학적 연구자료를 축적함으로써, 미술재료가 어떻게 심리치료 목적 및 아동, 성인, 집단치료에서 작업목표를 효율적으로 해 주는지에 대해 미술치료 분야의 발전을 지속시킬 것이다(Malchiodi, 2006, 2008).

미래에는 미술치료가 여러 집단 및 치료 장면에 따라 재료, 매체, 방법의 적용을 구체적으로 규정할 수 있게 될 것이다. Seiden(2001), Moon(2009), 그리고 저자 외에는 구체적으로 미술재료 및 미술매체에 대해 기술한 것이 거의 없다. 따라서 전통적인 그리기, 색칠하기, 콜라주, 조각 영역 외에 미술작업 임상에 언급될 참고문헌이 없는 셈이다. 미술치료 집단과 장면이 지속적으로 변화하고 확장될 것이기 때문에, 내담자의 욕구에 부합되는 매체를 포함시키는 것이 최상의 치료로 연결될 가능성이 높을 것이다. 또한 치료에 사용되는 구체적인 미술방법의 영향에 관한 연구가 진행되면서 새로운 정보가 생겨날 것이다.

결 론

이 장은 치료에 사용되는 미술재료 · 매체 · 방법에 관해 피상적으로 소개하였다. 이 책을 통하여 다양한 적용을 보고 또 독자들은 더 많은 정보를 얻기 위해 참고문헌과 기타 자료들을 사용하기 바란다. 치료 및 평가에 미술을 활용하는 모든 치료사는 이런 주제에 조예가 있을 뿐 아니라 재료 · 매체 · 방법을 어떻게 구성할지에 대해 변화하는 모습에 익숙해져야 한다. 내담자가 미술표현을 어떻게 하기를 원하는지, 특정 디지털 매체가 어떻게 치료에 영향을 주는지를 알아야 한다. 미술작업의 연속선은 기술의 진보에 따라, 또 21세기에 미술에 대한 정의가 변화하면서 끊임없이 확장될 것이다.

CHAPTER 04

미술치료 임상: 윤리, 증거, 문화적 민감성

다른 정신건강 전문가들처럼, 미술치료도 모든 정신건강 전문가들이 중요한 간호 수준으로 지키는 똑같은 문제에 관심을 갖는다. 즉 윤리, 방법 및 접근의 효율성, 문화적 민감성을 뜻한다. 이 장은 중요한 몇 가지 영역을 강조하면서, 이 영역에 관해 매우 짤막한 개관을 하려고 한다. 치료윤리에 관해 다양한 정보와 토론이 효율성, 효과성, 다양성에 대한 증거를 보여 주기 때문에, 복잡한 문제를 깊이 있게 다루지는 못한다. 독자들은 참고문헌이나 각 장에서 인용되고 있는 연구, 문화, 윤리에 관한 책이나 문헌 등을 참고하기 바란다.

윤 리

미술치료 윤리헌장으로 가장 많이 인정되는 내용은 대부분 다른 정신건강 윤리장전과 비슷하다. 양자 관계, 전문가 행동, 경고 의무 등에 관련된 내용을 담고 있다. 미술치료는 내담자가 만든 미술표현을 강조하는 창의적 과정이기 때문에, 미술치료 윤리는 상담 혹은 심리학 장전에는 없는 몇 가지 특별한 영역을 설명하고 있다(Knill, Barbs, & Fuchs, 2004; Malchiodi, 1998, 2005, 2008; Moon, 2006). 여기에는 ① 미술작품의 저장 및 보관, ② 미술작품에 대한 소유권, ③ 미술작품의 전시 및 비밀, ④ 미술에 기초한 평가가 있다.

미술작품의 저장 및 보관

기록물과 같이, 치료 중에 제작된 미술작품은 손상 또는 절도 염려가 없으며, 비밀이 보호되는 안전한 곳에 보관해야 한다(Malchiodi, 1998; Moon, 2006). 미술작품의 저장과 보관은 작품이 치료의 기록이므로 법적 · 윤리적 문제를 가진다. 예를 들어 내담자가 만든 작품을 얼마나 오랫동안 치료사가 보관할 수 있는가? 기록을 위해 디지털 혹은 사진으로 남길 수 있는가? 이런 여러 질문은 다양한 지침을 살펴보아야 답할 수 있을 것인데, 이런 내용은 조직 자격심사, 자격위원회, 환자 기록에 대한 주정부 및 연방정부 법률에 담겨 있다. 요약하면, 치료수단으로 미술을 활용하여 돕는 전문가는 내담자가 만든 작품을 어떻게 보관하고 이런 작품을 어떻게 기록에 남길지를 진지하게 고려해야 한다.

소유권

대부분 미술치료사들은 최종적으로 내담자가 치료기간 동안에 만든 작품을 소유한다고 믿는다. 그러나 어떤 경우에는 기관이나 치료실이 환자의 작품에 대한 소유권을 명시할 수 있다. 내담자가 미성년일 경우, 어떤 여건에서는 부모나 보호자가 아동 작품에 대한 합법적 소유주가 될 수 있다. 덧붙여 어떤 임상가는 법정 증거물이 될 작품을 영원히 보관하는 것이 중요하다고 판단할 수 있고, 또 다음 미술치료 회기를 위해서 보관하는 것이 도움이 될 수도 있다고 생각할 수도 있다.

미술작품의 전시 및 비밀

모든 치료관계의 기본 윤리문제인 비밀은 치료관계에서 승인받지 않은 정보 노출을 금지해서 내담자를 보호하려는 책임이라고 정의한다(Corey, Corey, & Callanan, 2010). 미술치료사는 치료 상황에서 만든 미술표현을 비밀 재료로 간주해야 한다. 미술치료 윤리장전에는 미술작품을 노출할 경우에는 내담자를 확인할 수 없게 해야 한다고 되어 있다(Art Therapy Credentials Board, 2010). 동시에 그리기, 색칠하기, 조각 등의 독특한 습관으로 내담자가 누구인지 드러날 경우 비밀유지를 어렵게 하는 상황이 있을 수도 있다(Wilson, 1987). 또한 어떤 미술작품은 타인이 쉽게 알아볼 수 없는 정보를 담고 있어서, 개인(아동 및 성인)의 안전을 보장하면서도 매우 특징적인 정보를 드러내기도 한다(Malchiodi, 1998, 2008). 예를 들어 학대를 당했거나 또는 의심되는 아동이거나 법률적으로 사소한 문제에 처한 아동의 경우는 내담자의 작품을 공개할 때 특별히 고려해야 한다. 일반적으로 치료 중에 만든 작품일 때 비밀 규칙이 중요하지만, 어떤 경우에는 작품 전시 그 자체가 치료의 한 부분이 될 수도 있다. 미술은 종종 타인의 충고를 반영하는 경우도 있다. 가장 중요한 윤리문제로서 비밀이 치료사-내담자 관계의 핵심이지만, 내담자에게 어떤 것이 가장 좋은지도 중요한 고려요인이다.

미술에 기초한 평가

윤리장전에는 구체적으로 언급하지 않았으나, 개인의 심리평가에 미술작품을 사용하는 것도 중요한 윤리적 고려사항이다. 평가 시에 미술을 활용하는 임상가는 내담자의 이미지를 치료사의 직관이나 투사에 의존하여 해석해서는 안 된다. 만일 내담자를 평가하기 위해 특정 작품을 사용한다면, 치료사는 그 그림이 무엇을 측정하는 것이고 도구의 타당도, 신뢰도, 현재의 연구자료에 대한 분명한 지식을 가져야 한다. 미술치료는 치료에서 개인 경험을 강조하기 때문에, 일반적으로 성공적인 치료란 치료사의 해석에 의한 것이 아니라 작품에서 내담자 스스로 개인적인 의미 및 관점을 발견했다는 것을 확신할 수 있어야 한다.

마지막으로 인터넷 또는 디지털 기술의 사용은 온라인 치료의 형태로서 치료매체의 한 종류로서 부각되고(3장), 또 대중에게 미술치료를 제공할 수 있는 방법을 확대시키는 것이다. 이 글을 쓰는 시점에서는, 미술치료 윤리지침이나 임상 표준으로 자세히 설명되지 않고 있다. 현재는 치료 회기에 전자수단을 사용해서 원거리 내담자에게 웹 카메라 또는 영상소통 기법으로 작품을 받을 수 있는지 그리고 창의적 탐색을 자극하기 위해 앱(스마트폰의 어플리케이션)으로 내담자 작품을 만들게 하는 것을 허용할지에 대해서는 결정된 바 없다(Malchiodi, 2009a). 또한 웹 사이트에서 내담자가 만든 작품을 노출하고 작품을 전송하는 것도 윤리적 갈등을 일으키는데, 이것이 이미지화되고 치료사-내담자 사이에 활용될 때, 디지털 소통 및 특히 소셜 매체는 비밀의 경계를 애매하게 한다.

증 거

미술치료가 효과적인 치료법이라는 증거가 있는가? 만일 효과적이라면, 미술치료가 어떻게 작용한 것인가? 다른 건강보호 서비스처럼, 미술치료도 아동 및 성인의 심리사회성, 발달, 인지, 신체적 욕구를 다루는 데 효율적이고 효과적인 방법이라는 설명을 하고 있다. 지난 10년 동안, 이 영역은 전통, 즉 단일 관찰과 검증할 수 없는 믿음에만 의존하지 말고 객관적 자료를 활발히 모으라는 내적 · 외적 압력을 수용해 왔다(Malchiodi, 2009b). 또한 미술치료 연구의 초점도 개인에게 미술치료의 효과를 평가하는 사후 결과보다는 그림의 특성을 측정할 수 있는 미술에 기초한 평정을 개발해 왔다(4부 미술에 기초한 평가).

미술치료는 임상 및 관찰 지식을 바탕으로 임상영역에서 시작되었고 이런 임상효과를 정당화할 과학적 증거는 부족하다. 미술치료사는 내담자의 작품 가치를 열정적으로 분명히 보여 주고 인정하지만, 어떻게 미술치료가 실제로 효과를 미치는지에 관한 의문은 여전히 남아 있고 또 일화적인 보고가 미술치료 문헌의 대부분을 차지하고 있다. 수십 년 동안, 미술치료의 유용성을 증명할 보다 근본적인 연구노력이 필요하다는 저변의 합의가 있었고(Gilroy, 2006; Kaplan, 2000; Malchiodi, 1995; Wadeson, 1980) 또 미술치료가 어떻게 다양한 연령층과 다양한 상황에 적용할 수 있는지에 대해 보다 엄격한 방법 및 연구 설계를 적용해야 한다는 합의도 있다.

연구를 진행하는 데 어려움은 미술치료 그 자체, 즉 미술, 심리학, 의학 그리고 상호 영향 등이 혼재해 있다는 점이다. Junge(2010)가 말했듯이, "미술치료 연구에 대한 갈등은 학제 간 융합" 되었다는 것이다(p. 272). McNiff(1998) 같은 일부 미술치료사들은 미술치료의 독특한 효과를 찾아내기 위한 연구가 "미술에 기초해야 한다." 라고 했다. 반대로 Kaplan(2000) 같은 보다 과학적 자세를 가진 치료사는 미술에 기초한 연구가 결과의 타당성보다 오히려 보여 주는 것으로 비춰질 수 있다고 했다. 다른 말로 하면, 미술에 기초한 의문은 새로운 가능성을 찾으려는 연구자를 격려할 수는 있지만, 반드시 발견한 사실을 정당화하고 확정할 수는 없다. '혼합된 방법' 설계를 지지하는 Gilroy(2006)는 제3의 의견을 제시했는데, 즉 양적인 자료를 위해 표준화된 측정치를 사용함과 동시에 개인에게 작품의 영향을 정확하게 입증할 수 있는 열린 마음의 관찰을 사용할 수 있다고 했다.

양적 정보를 얻기 위한 한 가지 강력한 동기유발자는 미술치료사 및 모든 건강지원 전문가들로 하여금 증거에 기반한 임상(evidence-based practice: EBP)을 하게끔 압력을 가하는 것이다. EBP는 심리 및 행동 중재의 사용을 설명하기 위한 용어인데, 이것은 특정 문제의 치료법으로 그 중재가 통계적으로 효율성이 있는지 증거를 제시하는 것이다. EBP는 체계적 연구 설계나 절차의 수준 같은 요인에 대해 일련의 증거를 확보하는 것이다. 요약하면, 어떤 치료가 효과적임을 지지하는 결과도 그 정도의 차이가 있다는 것을 의미한다. Gilroy(2006)는 EBP가 유일한 연구방법이 될 때, 치료사의 직관, 일화적 사례, 전문가 견해 등에 의문을 던지게 됨을 알았다. 이것은 치료사들이 견지하는 관점인데, Gilroy의 판단으로는 이런 의문들은 증거에 기반한 미술치료로 발전하는 데 있어서 중요한 진전을 이루려면 반드시 극복해야 할 문제다.

이 책의 첫 판 이래, 미술치료가 유용한 치료 접근으로 자리 잡아 가기 시작하는 최근 자료와 성과 연구들이 있다. 미술치료의 효율성에 관한 정보를 제공하는 많은 체계적 연구들은 미술치료를 부가적인 접근과 결합시키고 있다. 예를 들어 Monti 등(2006)은 암 환자를 치료하기 위해 미술치료와 명상이나 요가 같은 마음챙김(mindfulness) 연습을 결합시켰다. 통제집단과 비교해 볼 때, 실험집단은 고통 감소 및 삶의 질에 대한 지각도 증가함을 보였다. 요즘 외상환자를 치료하기 위해 증거에 기반한 인시-행농 치료는 아동에게 외상반응을 완화시키기 위해 미술과 놀이치료 기법을 섞었다(Cohen & Deblinger, 2006). 비슷하게 Steele과 Raider(2001)는 아동과 청소년의 외상 후 스트레스 장애를 치료하기 위해 그리기 활동과 놀이 활동을 융합시켰다. 모든 경우에 미술 기반 또는 미술치료 기법은 치료내용에 포함되어 있지만, 이런 기법이 증상 완화와 개선에 작용하는 정확한 역할이 무엇인지를 결정하기는 어렵다.

이런 제한과 도전에도 불구하고, 다음의 예뿐 아니라 미술치료의 가능한 효과성을 강조하는 몇 가지 좋은 연구가 있다.

- **암환자** 몇몇 연구는 미술치료가 암의 심리사회적 치료를 증가시킨다고 입증했다 (Monti et al., 2006; Nainis et al., 2006; Svensk et al., 2009).
- **소아 천식 환자** 천식 아동에게 미술치료 회기를 섞어서 진행한 결과 소집단에게 효과성이 입증되었다(Beebe, Gelfand, & Bender, 2010).
- **아동 및 청소년의 PTSD** 앞서 언급한 것처럼, 그리기 활동을 응용한 연구는 PTSD 치료에 밝은 전망을 보였다(Steele & Raider, 2001).
- **인지장애와 노화** 미술치료와 다른 창의적 예술치료는 치매 및 관련 장애를 보이는 노인의 인지기능을 촉진하고(Levine-Madori, 2009), 또 파킨슨 환자의 우울증도 낮춘다는 증거가 많아졌다(Elkis-Abuhoff, Goldblatt, Gaydos, & Coratto, 2008).
- **미술과 언어** 미술표현이 아동에게 언어화 및 기억을 증가시킨다는 두 개의 연구가 제시되었다(Gross & Haynes, 1998; Lev-Wiesel & Liraz, 2007).

미술치료는 2장에서 설명한 신경과학적 발견에 초점을 두면서, 어떻게 작품이 정서, 인지, 생리적 반응에 영향을 미치는지에 대한 이해가 증가하고 있다. 더 많은 연구자들이 마음과 신체에 대한 작품의 영향을 확인할 평가방법으로 '생체표지(biomarkers, 호흡, 피부반응, 스트레스 호르몬 같은 신체적 변화)'를 사용하고 있다. 이 영역의 연구문헌이 근본 자료는 아니지만, 시간이 지나면서 '가장 좋은 실용증거'가 될 것이다. 실용증거는 임상가의 치료 경험에서 얻어지는 것임으로 증거에 기반한 임상과는 다른 측면인데, 이 책은 임상 장면에서 좋은 치료라고 현재 인정하고 있는 문헌에 기초해서 아동, 청소년, 성인, 집단에 적용하는 미술치료 방법을 소개하는 것이 주목적이다.

문화적 민감성

미술치료에서 문화적 민감성이란 인종뿐 아니라 문화의 수용 수준, 즉 환경, 지역 특성, 가족, 조부모 가족 및 또래, 사회경제적 지위, 성, 장애, 발달, 종교 또는 정신 단체 등의 영향을 고려해야 한다는 것이다(Malchiodi, 2005). 미술치료사는 다양한 집단, 특히 인종이나 민족성 같은 문화의 영향을 고려해 왔다(Dokter, 1998; Hiscox-Riley & Calisch, 1998; Hocoy, 2002). 또한 교차 문화적 미술치료(Hocoy, 2002) 및 다문화 미술치료(Hiscox-Riley & Calisch, 1998)라는 이름 등으로 연구되고 있다. 어느 경우든, 아동, 성인, 가족, 집단 그리고 공동체 등 이 모든 형태의 다양한 변수에 민감하게 대응하고 또 문화를 고려한 적용은 공통분모일 것이다. 20세기 융의 연구를 바탕으로, McNiff(2009)는 미술과 신화에 대한 보편적이고 문화적인 상징은 미술치료에서 다문화 문제를 이해하는 근거를 제공했다고 설명했다. 또한 미술치료에 문화적 연관성을 적용하려는 이유는 세계 도처에 다양한 문화 집단의 예술적 전통 및 미술표현이 알려지면서 부각되었다.

문화적 차이와 미술치료 임상과 관련된 공헌은 치료과정에 문화를 고려해야 할 중요성을 재차 강조하고, 또 정신의학, 심리학, 상담 분야가 문화적 연관성에 대해 발견한 것들을 돌이켜 보게 해 주었다. 다른 말로 하면, 미술치료에서 문화의 영향에 대해 거의 알려진 것이 없지만, 평가와 치료를 할 때 문화를 이해하고 존중해야 한다는 공통된 생각이 있다는 것이다. 정신건강 및 의료 서비스 전문가들처럼, 미술치료사도 내담자를 존중하는 마음과 문화적 고려를 해야 하고 또 수련, 교육, 개인 가치와 믿음에 대한 자기평가를 통해서 내담자의 세계관을 이해하려는 노력을 해야 한다.

미술치료에 관해, 치료과정에 창의적 방법을 사용하여 돕는 전문가들은 내담자가 이 방법을 어떻게 생각하는지를 고려해야 하는데, 즉 생물학적, 심리학적, 사회적, 영적·종교적, 문화적 관점 등을 다양하게 생각해야 한다. 또한 다양성과 세계관은 성인이나 아동이 미술재료 및 연관된 소품이나 장난감을 지각하는 방식에 영향을 끼치기 때문에 창의적 미술표현에 개인의 선호성 및 발달 수준이 영향을 미친다는 사실을 염두에 두어야 한다. Gil과 Drewes(2005)는 치료 시에 문화가 어떻게 아동의 놀이 및 창의적 표현에 영향을 미치는지에 대해 포괄적인 견해를 제시하였는데, 발달, 성별, 문화에 따라 어떤 유형의 소품이나 장난감을 제시할지 민감하게 판단해야 함을 강조했다. 예를 들어 동물은 문화마다 다르고 또 다양한 의미를 가진다. 즉 개인의 경험과 관점에 따라 다양한 의미와 반응을 보이게 될 것이다. 상담 전문가들은 다양한 문화에 적합한 미술매체를 갖추어야 하는데, 피부 색깔에 가까운 다양한 색조의 그리기 재료 또는 점토도 준비해야 한다. 사진 콜라주 재료도 다양한 교차 문화적 이미지, 즉 인종, 가족, 생활방식, 신념 등을 반영할 수 있게 해야 한다. 섬유, 실, 구슬 등의 공예품도 섬유장식, 보석가공, 전통예술에서 영향을 받은 개인의 미술 경험을 자극하는 데 도움을 줄 수 있다(Campanelli, 1991; Malchiodi, 2005, 2008).

문화적으로 민감한 미술치료를 실시할 때, 치료사는 내담자가 어떤 창의적 표현을 시도하는지 유연하고 민감하게 지켜보아야 한다. 미술 및 다른 표현치료는 언어를 사용하지 않는 소통의 수단인데, 즉 어떤 상황묘사의 경우 언어로는 잘 안 될 수도 있어서 미술이 더 편하다. 그러나 모든 경우에 미술치료가 문화적으로 적합할 수는 없다. 예를 들어 많은 사람은 자신의 감정을 스스로 통제하거나 품고 있기를 좋아하므로, 감정 또는 자신의 기억을 표출하는 것이 유치하거나 나약함의 지표라고 믿는다. 미술에 기초한 지시라는 관점에서 볼 때, '당신이 원하는 무엇이나 그리시오.' 라는 요구가 안전 또는 신뢰관계를 맺는 데 위협적이고, 침범적이고, 역효과를 낸다고 판단될 수도 있다. 많은 사람들은 여러 가지 이유로, 그림을 모방하거나 치료사의 지시를 받는 게 더 편할 수도 있다. 이런 반응유형의 내담자는 치료사를 존경하는 관점을 갖고 있거나 또는 일반적인 생각에 따라 다른 가치를 보이는 것이다. Malchiodi(1988)는 '사회 문화적' 효과가 미술표현 시에 개인의 성향과 동기에 영향을 미치고 일반적으로 미술작품에 대한 개인의 태도에도 영향을 미친다고 했다. 이런 영향들은 인종, 사회경제적 지위, 가족, 믿음과 가치관을 말하고, 다른 사회 문화적 영향들, 즉 교사나 권위 있는 사람으로부터 미술활동에 대해 어떻게 배웠는지에 따라 다르다. 예를 들어 '그림을 그리세요.' 라는 지시에 머뭇거리는 아동은 가정에서 어른을 존경하고, 예의를 지키고, 일을 하기 전에 승인해 줄 때까지 기다리도록 가르침을 받았을 수도 있다. 그런 아동은 또한 특별한 그리기 방식, 상징 또는 소속 문화 및 가족만의 독특한 창의적 표현을 학습했을 수도 있다.

또한 치료사의 문화적 민감성은 개인적 편견을 인정하는 것인데, 이것은 치료사가 어떤 미술매체나 방법을 선호하거나 싫어하는 성향이 있다는 의미다(Cattaneo, 1994). 다양성에 대한 인정은 미술치료적 접근의 대부분이 영국과 미국에서 발전되었다는 점도 깨달아야 함을 의미하는데, 이런 국가는 개인주의, 자기표현, 개성이 담긴 표현을 강조하는 문화권이다. 미술치료 세미나를 위해 중국 북부를 여행하면서, Malchiodi(1988)는 지역 특성 재료, 전통미술 형태, 민속미술과 공예 등에 뿌리를 둔 강의를 개최하였다. Kalmanowitz와 Lloyd(2002)는 Kosovo 지방에서 미술치료에 소금반죽을 사용했는데, 이

지역은 전통적인 미술재료는 없었지만 소금, 밀가루반죽, 기름이 풍부했기 때문이다. 요약하면, 미술치료에서 문화적 역량은 다양한 인종에게 미술표현을 촉진시키는 도구 제공, 재료, 환경 등을 의미하고, 각자 작품에 문화를 내포하고 활용하게 만드는 것이다.

세계 도처에서 재난구조 및 인본주의적 미술치료사들의 노력은 문화적으로 적합한 미술치료 중재 사례를 점점 축적시키고 있다. Chu(2010)는 르완다에서 집단학살 위기에서 살아남은 젊은 남성에게 미술치료를 적용했다. 이런 남성들에게 문화적으로 바람직한 중재를 계발함에 있어서, 그녀는 감정을 드러내기 싫어하는 문화적 경향과 세상을 보는 관점을 고려했다. 미술치료의 목표는 감정을 담아 두려는 욕구를 존중하는 방법으로 외상 경험을 완화시키는 것인데, 그런 상황에 대한 반응으로 상자에 감정을 담아 두는 기법의 중재를 개발했다([그림 4-1], [그림 4-2]).

비슷한 맥락으로, 전 세계 재난상황에서 미술 및 놀이를 사용하는 치료사들은 심리사회적 측면뿐 아니라 각 나라의 예술적 전통, 예술재료에 대한 내담자의 안락 수준, 회복 과정에 자기표현 및 창의성 정도에 관한 개인의 의미를 고려해야 한다(Malchiodi, 2005). 2005년에 아시아 남동부 쓰나미 피해자에게, Chilcote(2007)는 아동들에게 자신들의 문화와 축제나 축화, 공동체의 예술적 전통을 담은 모습을 그리고 색칠한 것을 회상시켰다.

[그림 4-1] 르완다인 대량학살에서 생존한 자의 상자작품

[그림 4-2] 대량학살에서 생존한 다른 사람의 상자작품

어떤 아이는 중요한 불교 축제인 Vesak 축제(스리랑카의 대표적 종교행사)를 그렸다.

다문화 속에서 최상의 미술치료는 아직 충분히 연구되고 정의되지 못하고 있다. 도처에서 미술치료 영역에 대한 관심이 발전하고 있으므로, 미술치료사나 관련 상담가들은 미술치료가 건강 및 행복감에 어떻게 작용하고 또 미술표현의 보편적 측면과 개인적 측면이 있는지를 다양하게 학습할 필요가 있다.

결 론

미술치료에 인종, 증거 기반, 문화적 차이를 고려한 이해와 적용은 모든 사람에게 효과적인 치료를 하는 기본이 된다. 이런 개념의 학습은 일생의 연속과정이고 또 새로운 발견이나 윤리적 의사결정 관점, 최상의 임상, 부각 중인 다문화 문제 등이 지속적으로 밝혀지고 있다. 치료에 미술을 사용하는 상담가와 미술치료사는 끊임없이 치료의 핵심적인 측면을 도전받고 있다. 상담 및 심리치료에 창의적 방법을 사용하려면 내담자에게 최상의 치료 가능성을 제공하기 위해서 이 분야 지식을 섭취할 필요도 있다.

Part 02

미술치료의 임상 접근

여기서는 임상 장면에 적용되는 중요한 치료방법과 접근법을 개관하려 한다. 심리치료와 상담에서처럼, 미술치료도 다양한 이론적 모델을 활용하고 다양한 영역으로 발전해 가고 있다. 미술치료는 여러 영역—미술, 심리학, 의학, 교육학—을 통합한 것이고, 이런 접근은 지난 60년 동안 다양한 관점으로 발전해 왔다.

미술치료에 대한 다양한 접근방법이 정착되고 있지만, 이런 모델을 모두 언급하지는 못한다. 그 이유는 첫째, 모든 가능한 이론적 모델이 미술치료에 적용되어 왔지만, 이런 접근들이 현대 미술치료 이론 문헌에 접목되거나 분명한 근거를 갖추지 못하기 때문이다. 둘째, 어떤 것은 간략하게 인용될 뿐이고, 어떤 것은 한 명의 치료사가 소개하고 있어서 광범위하게 활용되지 않고 있다. 확인 가능한 방법, 전략 그리고 기법은 심리학과 상담 분야에서 자주 언급되는 모델일 뿐 아니라 철학적인 바탕도 갖추고 있다. 셋째, 미술치료에 대한 여러 접근이 있었지만, 이 책의 초점은 역사적인 문헌을 소개하는 것보다는 현재 적용되는 모델을 설명하고자 했다.

대부분의 치료사들은 미술치료를 적용하는 데 있어서 '절충적(eclectic)'이라고 하였는데, 즉 미술치료사는 대부분 임상에서 내담자에 따라, 드러난 문제에 따라 혹은 치료상황에 따라 한 가지 이상의 모델이나 이론을 사용한다고 했다. 1판이 출간된 이래, 상담가, 놀이치료사, 사회복지사, 심리학자 등은 치료에 미술치료 및 미술에 기초한 접근을 많이 하게 했다. Gil(2006), Selekman(2010), Gladding(2010)은 정신건강 전문가로서 미술치료를 확대 적용한 사람들이다.

이용 가능한 자료와 현대 미술치료 문헌을 보면, 정신분석과 분석이론(5장)이 여전히 강세를 보이고 있으며, 거의 모든 미술치료사들이 기본 바탕을 두고 있다. 20세기 중반에 미술치료가 심리치료의 형태로 부각되면서부터, 정신분석을 근간으로 하였으며 현 시점에도 우세한 패러다임으로 자리 잡고 있다. 미술작품에 심리 저변의 무의식이 반영된다는 생각은 Freud와 Jung이 강조한 개인의 사적 세계를 미술을 통해 알아볼 수 있다는 것이다. 대상관계이론(5장)은 정신분석에서 뻗어 나온 것이고, 이 역시 미술표현이 내재된 대상관계의 거울이 될 수 있음을 강조한 것이다.

심리치료의 인본주의 이론(6장)은 정신분석 모델과 대별되는 개념으로 발달되어 왔으며, 자아성취와 인간의 잠재력 개념을 골격으로 하고 있다. 창의성(Abraham Maslow, Rollo May)과 인간잠재력(Carl Rogers) 이론은 미술작업의 창의적 과정이 성장, 자기이해, 개별화를 증대시킨다는 미술치료의 기본 원칙을 지지해 준다. 내담자 중심, 형태주의, 실존주의, 그 외 현대 초월적 치료는 개인의 창의적 잠재력을 자극하여 통찰로 이끈다는 믿음을 실현하는 것이고, 이를 미술치료와 접목시키는 것이다.

심리치료가 정보처리, 인지 그리고 인간행동의 영역과 연계되면서, 인지-행동 치료모델이 급속히 발달하기 시작하였다. Albert Ellis, Aaron Beck, 그리고 Donald Meichenbaum은 미술치료를 접목시켜(7장), 부정적 행동과 불안을 일으키는 생각을 심상화시켜 냄으로써 변화를 유도할 수 있다고 하였다. 이런 접근에 따라 심상은 감정의 거울일 뿐 아니라 인지적 표상은 개인의 고통, 스트레스, 공포를 감소시키거나 제거할 수 있도록 돕는다. 대뇌가 어떤 스트레스 또는 특정한 조건, 즉 치매, 뇌졸중, 정서장애에 반응하는지를 밝히는 신경과학의 영향은 심-신 관계 이해에 기여를 하고 있는데, 이 책의 새롭고 중요한 첨가물이다. 마음챙김 기법을 미술치료에 통합시켰을 뿐 아니라, 여기에는 문제 지향 접근, 신체 치료 중재 등이 포함된다.

2부에서는 새로운 심리치료이론을 미술치료와 접목시킨 접근법을 소개한다. 해결 중심(solution-focused)과 대화(narrative) 이론(8장)은 최근에 소개되는 치료이론인데, 당면한 문제의 해결책을 찾아가는 과정에 내담자의 역할을 더욱 강조하는 심리치료이론이다. 미술표현은 내담자가 자신의 세상을 볼 수 있도록 돕고 또한 대화를 통해 문제를 긍정적으로 해결하도록 상상하게끔 자극하는 매체다. 이런 구체적 접근을 활용하는 치료사의 수가 증가될 것인지 여부에 관계없이, 이론을 검증하는 데 시간이 필요하다. 그러나 이러한 접근법들은 단기치료의 유행과 임상가들에게 제한된 치료 회기 내에 치료

목표를 달성해야 한다는 요구를 반영한다.

미술치료에 대한 발달적 접근(9장)은 인지-행동 모델과 연관성이 높다. 왜냐하면 이 접근법은 인생주기 동안의 인간발달, 인지, 행동을 이해할 것을 강조하기 때문이다. 이 접근은 Piaget가 제안한 인지발달이론과 아동기 동안 미술표현의 발달 수준을 기초로 한다. 2판에서는 발달적 접근에 미술치료 중재의 적용과 평가를 위해 신경위계적 구조를 포함시켰는데, Perry(2006)와 신경심리학자들의 연구는 이러한 접근에 크게 영향을 미쳐 왔다. 비록 대부분 아동에게 많이 적용하는 기법이지만, 그 원칙이나 접근은 모든 연령층의 치료와 평가에 활용될 것이다.

마지막으로, 표현예술치료(통합적이란 용어로도 언급) 접근은 모든 형태의 예술, 즉 미술, 음악, 춤, 드라마, 수필을 치료에 응용한다(10장). 치료과정에 이런 현대 이론이 인정받게 되면서, 표현예술치료는 모든 예술을 접목시키려는 치유노력에 전통과 문화적 전례를 연결시킨 것이다(McNiff, 2009). 이 치료법은 자기탐색의 기회를 만들어 주고 모든 예술이 치료효과를 증진시키기 위해 통합적 방법으로 적용될 수 있다는 점을 강조한다. 인지-행동, 심-신, 발달적 접근 등이 발전하면서, 표현 예술치료 및 통합적 접근은 어떻게 모든 예술이 대뇌기능과 행동에 영향을 끼치는지에 관해 새롭게 규명된 정보의 영향을 받고 있다.

어떤 미술치료사는 미술치료가 다른 치료이론에 의존하기보다는 그 자체로서 자신의 이론을 가져야 한다고 주장한다. 2장에서 살펴보았던 미술작업에 대한 '과학적' 사실이 밝혀지면서, 미술과 건강의 연관성, 심상과 미술표현을 통한 대뇌의 변화, 미술치료에 대한 자유로운 입장이 더 잘 부각될 수 있다. 4장에서 언급한 것처럼, 미술치료가 정확히 어떻게 작용하는지를 객관적으로 밝히는 연구가 더 많이 필요하고 또 이것은 미술치료와 그 응용에 대한 '순수이론'을 개발하게 될 것이다.

마지막으로 이 부에서 살펴볼 많은 접근법은 몇몇 이론에서 언급된 개념을 응용할 것이다. 예를 들어 초월적 접근은 종종 인본주의, Jung의 이론, 심-신 연관이론을 활용할 것이고, 발달적 접근은 인지-행동적 개념을 사용하거나 혹은 음악이나 운동 같은 다른 양식도 포함한다. 임상에서 미술치료를 적용하는 대부분 치료사들은 만일 치료사가 단일 이론 혹은 단일 작업과정에 국한된다면 내담자의 여러 모습이 간과될 수 있다고 믿는다. 비록 미술치료에 절충적 접근을 활용하는 것이 가능하지만, 여러 이론 틀에서 규정된 기법을 단순히 선택하는 것이 바람직한 치료라고 생각해서는 안 된다. 각각의 임상 상황에서, 각종 기법은 내담자의 욕구와 성장과 변화를 도모하기 위한 구체적 목적하에 사용되어야 한다.

다음 내용에서 보겠지만, 미술치료에 대한 모든 접근은 언어적 치료만으로는 할 수 없는 경험, 생각, 정서의 요소를 알아내는 강력한 능력이 있다. 시각적 심상을 통해 감정, 감각, 지각 그리고 인지의 내적 세계를 알아내는 이런 능력으로 인하여 바로 미술치료(정신분석 형태든지, 인본주의 형태든지, 발달적 형태든지 혹은 기타 접근법의 형태든지 간에)가 모든 내담자에게 적용될 수 있는 독특한, 창의적인 그리고 효과적인 방법이 되는 것이다.

CHAPTER 05

정신분석적, 분석적 그리고 대상관계 접근

1장에서 언급했지만, 현대 미술치료는 20세기 전반부에 정신병동으로부터 시작되었다. 미술치료의 발달과정에 Freud의 정신분석적 이론과 Jung의 분석적 이론의 영향은 매우 심대하고, 모든 미술치료의 접근은 어느 정도 이런 기초에서 성장해 왔다. 정신분석적 성격이론은 일반적으로 미술치료 영역에서 주류를 형성하고 있으며, Sigmund Freud와 Carl Jung의 업적은 미술치료에 대해 정신분석 및 분석 접근뿐 아니라 대부분의 미술치료 방법의 개념구조를 제공하였다.

이 장에서 미술치료에 영향을 미친 정신역동 이론을 모두 이해할 수는 없으며, 임상장면에서 활용되는 방식을 일일이 설명하기도 어렵다. 이 장의 주요 관점은 미술치료에 영향을 미친 Freud, Jung 그리고 대상관계이론의 핵심개념을 알아보고, 미술치료 영역에서 정신분석과 분석적 접근의 기여, 미술치료에서 전이에 대한 정신분석 원리의 역할, 미술치료에 적용되는 정신분석적, 분석적, 대상관계 접근에 활용되는 기본 원리와 기법을 소개하고자 한다.

정신분석과 정신분석적 성격이론

Freud의 견해는 대부분의 심리치료이론의 근간이 되고 있으며, 의심의 여지없이 20세기와 지금까지도 미술치료의 발달에 중요한 영향을 끼치고 있다. 단기치료의 출현에도 불구하고, 정신분석적 접근은 최근에 긍정적 관심을 받고 있는데, 치료 전 · 후 동안 치료효과에 대한 경험적 증거가 입증되고 있다(Shedler, 2010). 이런 접근은 미술치료를 포함하지 않은 반면, 미술치료사 및 다른 치료사들은 정신분석적 구조로 치료한 사례를 보고하고 있으며 또 지속적으로 사용하고 있다.

Freud는 대부분 환자들에게 가장 의미 있는 설명은 시각적 심상을 설명하는 것이라고 했다. 첫 번째 아동분석 사례에서 Freud는 Little Hans(1905) 사례에서 그림을 활용하였고 또 'the wolfman'(1918)으로 알려진 고전적 사례에서도 그림 그리기가 핵심 역할을 하였다. 꿈이 의미를 갖는다는 Freud의 발견은 미술치료에서 정신분석적 접근이 기초가 됨을 보여 주는 것이다. 그는 "우리는 독특한 시각적 심상으로 꿈을 경험하고…… 설명하기 어려운 꿈의 일부는 이러한 심상을 언어로 해석하지 못하기 때문이다. 꿈을 꾼 사람들이 종종 우리에게 '나는 그것을 그릴 수 있어요' '그러나 그것을 어떻게 말해야 할지는 모르겠어요' 라고 말한다." 고 보고하였다(Freud, 1916, 1917: 90). 이 이야기는 치료양식으로 미술치료의 출현과 지속적인 발달을 고무하는 설명이다.

아마도 Freud의 가장 큰 기여는 무의식에 대한 개념 정립일 것이다. 꿈은 말의 실수, 자유연상과 투사기법으로 얻은 자료, 정신병적 증상의 상징적 내용과 마찬가지로 무의식의 증거라고 하였다. 무의식에 대한 Freud의 견해는 심상을 통해 무의식적 자료의 표현을 강조해서 만든 투사기법의 발달과 마찬가지로 미술치료에 대한 정신분석적 접근의 발달에 영향을 미쳤다. Freud의 자아방어기제(ego defense mechanism) 이론, 특히 미술표현과 연관된 승화(Kramer, 1993)도 또한 미술치료에 정신분석적 접근의 응용을 자극하였다. Freud의 딸인 안나(Anna)도 미술치료에 영향을 끼쳤다. Freud는 환자에게 직접 그림을 그리라고 지시한 적은 없지만, 안나는 아동의 경우 성인에게 적용한 자유연상 기법을 쓸 수 없었기 때문에 치료의 보조재로 미술표현을 인정하고, 미술 및 기타 표현활동을 사용하였다.

분석심리학

2009년 Carl Gustav Jung이 쓴 『나의 빨간책(*The Red Book*)』이란 것이 완벽히 복제되고 번역되었다. Jung은 이것을 자신의 가장 중요한 업적이라고 했는데, 그 이유는 '무의식에 대한 직면'이라고 명명한 확대된 자아탐색을 강조했기 때문이다. 미술치료 영역에서도, 이것은 Jung이 심상의 상징적 역할에 대해 Freud와 다른 견해를 가졌다는 것을 엿볼 수 있는 책이다. Freud와 반대로, Jung은 미술을 자기분석의 방법으로 사용하였고, 개인의 경험을 분석과정에 상상의 중요한 기초로 사용하였다. Jung은 만일 환자가 꿈이나 환상의 해석을 치료사에게 의존한다면, 그 환자는 분석과정에서 의존적 상태로 남을 것이라고 했다. Jung(1934)은 환자를 불러 그림을 그리게 하고, "이 방법의 목적은 무의식 내용에 접근해 보고 환자가 이해할 수 있게끔 더 가까이 가져오기 위한 것"이라고 말했다(p. 182).

심리치료에 대한 Jung의 생각은 심리적 평형을 달성하기 위해 사람들은 의식과 무의식 간의 대화 통로를 마련해야 한다는 그의 신념에서 발전되었다. Jung은 이런 평형에 도달하는 한 가지 방법은 미술과 꿈과 같은 초월적 상징재료를 찾아냄으로써 달성될 수 있다고 믿었다. Jung은 상징을 단일 실체(single entity)보다 오히려 통합체로 간주하고, 또한 상징화는 내부 갈등을 조정하고 개별화하기 위해 개인의 정신세계에서 자연적으로 시도되는 것으로 생각하였다. Jung은 각자의 숨겨진 가능성을 찾아내고 그로 인하여 인생에서 자기의미와 통합을 구현하도록 돕기 위하여 개인의 심상을 찾는 작업에 몰두하였다.

Jung은 모든 인간이 집단 무의식(collective unconscious)을 공유하고 있으며 또 모든 문화권은 공통된 일반적인 원형(archetypes)을 갖는다고 하였다. 원형이란 동화, 신화, 관습에 내재되어 있으며, 꿈이나 미술 속에서 알아낼 수 있다고 했다. 실생활에서 원형은 형태를 갖고 있지는 않지만 심상의 기본요소가 되며, 심상 그 자체보다 심상의 내용이 된다. Jung은 자신 및 환자의 경험으로부터 원형을 이해하였고, 미술작품은 원형의 치료적 측면을 알아내는 유용한 방법이라고 했다. 이런 분석에 따라 Jung은 심상이란 환자를 도와서 자신의 원형을 자각하게끔 해 주고, 그것을 의식으로 가져오도록 돕는다고 하였다.

미술치료에서 정신분석과 분석적 접근의 발달

20세기 후반부에 미술치료 영역의 발달에 기여한 몇몇 인물은 정신분석과 분석이론을 미술치료와 통합시키는 데 기여하였다. 가장 크게 공헌한 사람은 아마 Margaret Naumburg (1966)일 것인데, 정신분석 과정에서 자유화를 활용하였다. 그녀는 상징적 표현을 통해 무의식이 소통될 수 있다는 자신의 믿음을 설명하기 위하여 '역동적으로 지향된 미술치료'라는 용어를 정립하였다. Naumburg는 미술표현은 사람들의 무의식적 재료를 바로 심상으로 바꾸어 주는 역할을 한다고 한 반면, 정신분석에서는 시각 경험을 언어체계로 변환시켜야 한다고 하였다. "미술치료는 환자의 환상, 백일몽 그리고 공포로 표현되는 무의식을 언어보다는 그림으로 더욱 직접적으로 투사될 수 있도록 해 준다."(Naumburg, 1966: 3)

Naumburg는 Freud와 Jung의 영향을 받았는데, Freud의 자유연상 개념을 지지하면서 심상을 만든 사람이 자유화에 대해 설명하도록 독려하였다. Naumburg가 비록 주관적 경험을 언어화시키는 정신분석적 훈련에 동의하지는 않았지만, 그녀는 개인의 언어적 연상이 중요하다고 생각하였다. 그러나 미술표현을 해석하는 데 있어 한 가지 이론을 따르지 않았으며, 개인의 자유연상은 치료에서 생성된 심상을 이해하는 핵심이 되고, 변화와 성장의 촉매제라고 하였다.

Edith Kramer(1979, 1993)는 아동을 치료하면서 Freud의 성격이론과 미술치료를 잘 섞었으며, Freud가 정립한 자아방어와 승화의 중요성을 강조하였다. 승화의 경험을 통하여, Kramer는 내용과 형태의 통합이 감정적 재료를 완전하게 형식화된 심상으로 변환시킬 때 이룩된다고 믿었다. Judith Rubin(1978)은 전통 정신분석 기법을 훈련받은 치료사인데, 환자에 대한 정신분석적 이해는 치료로서 미술표현을 사용하게 될 때 증대된다고 하였다. 아동과 성인에 대해 치료하면서 Rubin은 Freud의 이론을 발달원리와 창의적 과정으로 통합시켰다. 임상현장에서 정신분석적 원리를 통합시킨 치료사로는 Milner (1957, 1969)(분석, 창의성, 그리고 예술적 과정의 상호 연관성 탐색), Levick(1983)(자아방어기제를 반영한 미술표현을 읽어 냄), Lachman-Chapin(2001)(미술치료와 자아심리학의 연결) 등을 들 수 있다. Winnicott(1971) 또한 아동에 대해서 미술과 놀이치료를 통한 정신분석적 이해를 도모하였고, Winnicott의 생각은 다음(난화 기법)에 논의되며 10장(미술과 이야기 꾸미기)에서 언급된다.

영국 미술치료사들은 미술치료와 Jung의 분석원리를 통합하려는 시도를 많이 하였다. Schaverien(1997), McNeilly(2005), Simon(2005) 등은 미술치료과정에서 분석심리학의 역할을 심도 있게 다루었고, 분석에서 심상 형성의 기능에 대해 가장 포괄적인 검증을 실시하였다. Edwards(1987)는 Jung 분석으로 훈련받은 영국 치료사인데, 분석이론과 미술치료의 통합을 시도하였다. 이외에도 Jung에 기초한 미술치료의 발전에 영향을 미친 사람은 Wallace(1975, 1987)(적극적인 심상과 미술표현을 결합시킨 분석가 겸 미술가), Keyes(1983)(교류분석과 형태주의 같은 이론에 기초한 인본주의적 접근과 Jung 원리를 결합), Allan(1988)(아동치료에서 Jung의 원리와 상담원리를 결합) 그리고 Kellogg(1978)(Jung의 집단무의식과 연관된 만다라 그림 연구) 등이 있다. 더욱 최근에 미술치료에서 초월적 접근은 Jung의 철학과 초월적 심리학과 정신훈련을 결합시키려는 노력의 일환이고(Franklin, Farrelly-Hanson, Morek, Swan-Foster, & Wallingford, 2000; Malchiodi, 2002), 원형 미술치료는 원형심리학, 분석심리학 그리고 미술치료를 통합시키는 접근법이다(McConeghey, 2001). 이런 접근들은 심리치료에서 심상의 중요성을 강조하는 것이고, 미술표현과 꿈을 통한 원형 재료는 정신의 중요한 변환체로 간주한다.

미술치료 형태의 정신분석과 분석적 접근에 영향을 미친 개념들

Freud의 정신분석학과 Jung의 분석심리학에 내재된 몇 가지 개념은 미술치료에 대한 정신분석 및 분석적 접근에 영향을 미쳤다. 분석과 치료의 기초로서 전이(transference) 개념, 무의식에서 나온 재료로서 자발적 표현 그리고 확대와 능동적 심상화에 대한 분석적 기법 등의 개념을 들 수 있다.

전 이

정신분석에서 전이는 중요한 부분을 차지하고 있으며, Freud 이론에서는 전이의 검증이 치료의 기본이 된다. 간단히 정의하면, 전이는 내담자의 무의식적인 투사감정을 치료사에게 쏟아 내는 것이다. 이런 투사감정은 개인의 인생에서 억압되거나 미해결된 문제로부터 유래되는 것인데, 치료의 정수로 간주되며, 치료의 성공은 그것의 정확한 분석 여부에 달려 있다.

미술치료에서도 전이는 중요하지만, 미술치료는 전이에 관해 독특한 상황을 제공하는 것 때문에 논쟁거리가 되고 있다(Agell et al., 1981). Naumburg(1966)는 전이는 그림에서나 언어표현 과정에서 공히 일어날 수 있으며, 심상을 표현하는 내담자는 치료사에 대해서뿐 아니라 미술표현 속에서도 정서적 연결성을 나타낼 수 있다고 하였다. Naumburg는 미술작품에 대한 내담자의 애착이 점차적으로 치료사에 대한 의존으로 발전하고, 치료사는 어떠한 해석도 내리지 않으면서 내담자의 자율성을 격려해야 한다고 생각했다. 이런 방법으로, 내담자들은 "상징적 그림이 자신에게 어떤 의미를 갖는지를 발견"하게 된다(p. 3).

Rubin(1978, 2001)은 미술치료에서 전이개념을 지지하였지만, 전통적인 정신분석과는 다르게 표현될 수 있다고 하였다. 정신분석적 입장을 취하는 치료사는 일반적으로 중립성(neutrality)이 전이를 불러일으키는 데 핵심이라고 간주하기 때문에 내담자를 지지하지도 비판하지도 않는 태도를 취한다. 그러나 심리치료에 미술표현을 활용할 경우는 전이에 영향을 미칠 수 있는 지시적인 구조화 그림을 요구하기 때문에 완전한 중립을 유지할 수 없다. 예를 들어 Rubin은 치료사가 미술활동에 필요한 재료를 제공할 때 내담자의 눈에 치료사가 따스한 양육자로 보여질 수 있으며, 이에 따라 내담자는 자연스럽게 치료사를 충분한 조력자 혹은 부족한 조력자로 간주하게 된다. 이때 충분 혹은 부족에 대한 판단은 타인과의 과거 관계에 대한 전이에 달려 있다. 내담자는 미술재료에 관한 자신의 행동을 통해서도 전이를 나타내고, 인생 경험과 관련된 여러 감정, 퇴행, 분노 혹은 불안은 심상을 만드는 과정(작품 형성)에서 묻어 나온다.

어떤 연구자들은 미술표현은 치료사에게 직접적으로 전이반응을 주고받는 방법이라고 했다. 예를 들어 어머니에게 버림받은 6세 여아가 치료사가 아파서 놀이치료 회기를 연기한 후에 치료사에게 '화난 그림'이라는 제목으로 그림을 그렸다([그림 5-1]). 내담자는 자기감정을 언어로 나타내는 것이 불안하고 그녀의 감정이 처벌받지 않을까 두려워하기도 했지만, 그림은 어머니로부터 버림받은 경험과 치료사가 약속을 지키지 않은, 즉

[그림 5-1] 치료사에 의해 버려졌다고 느낀 6세 여아의 '화난 그림'

또 다른 형태의 버림을 나타내기에 좋은 방법이다. 재료를 준비하고 작품 완성을 돕는 미술치료는 자연스럽게 상호작용을 하게 되기 때문에, 내담자는 치료사에 대한 투사감정을 미술표현으로 나타내고, 치료사 쪽에서도 양육자와 제공자의 역할을 취하기 때문에 역전이가 일어날 수 있다.

Schaverien(1992)은 '분석적 미술심리치료'라고 부르는 치료 구조에 따라 전이관계를 집중적으로 연구하였다. Schaverien에 따르면 심상은 단순히 전이의 표현뿐 아니라 치료상황에서 확장될 수 있는 전이의 재료도 된다고 했다. 전이는 모든 미술표현에서 반드시 나타나는 것이 아니며, '윤곽으로 그린 심상'(단순히 기술적인 그림)과 '일체화된 심상'(좀 더 상징적 의미를 내포한 그림)을 구분하였다. Schaverien은 모든 미술표현에 대해 치료사의 도움으로 그 의미를 찾아낼 수 있지만, 전이는 단지 일체화된 심상에서만 반영된다고 하였다.

미술표현을 하는 상황은 치료사에 대한 전이 수준과 연관이 있다. 예를 들어 개인이 치료과정에서 심상을 표현할 수 있는데, 이 경우 치료사는 치료사에 대한 내담자의 전이를 분석하는 데 전통적인 접근을 사용하게 된다. Naumburg는 종종 내담자들에게 치료 회기 밖에서, 즉 집 등에서 미술작품을 만들어 보라고 지시한 후에 그것을 치료시간에 가져오라고 한다. 꿈이나 환상 같은 미술표현은 치료과정에서 자유연상이나 분석의 중요 대상으로 삼는다. 반대로 대부분의 현대 미술치료사들의 경우, 내담자는 치료사 앞에서 미술표현을 하도록 한다. 많은 미술치료사는 이런 환경이 진정한 전이발달에 심각한 영향을 미친다고 생각한다. 만일 치료사 앞에서 작품을 나타내게 한다면, 전이감정이 조장되어, 미술과정의 치료적 효율성을 억제하게 되고 또한 전통적 의미의 전이발달과는 다른 양상으로 미술치료가 진행될 것이라고 생각한다(Allen, 1988). Kramer(1979, 1993)는 이런 생각에 동의하면서, 나아가 치료사에 대한 전이감정과는 반대되는 치료적 동맹을 추구할 것을 강조하였다. 그러나 대부분의 치료사는 어느 정도의 전이감정이 미술표현의 투사적 특성과 내담자와 치료사 간의 관계 때문에 항상 존재함을 인정한다.

자발적 표현

미술치료에 대한 정신분석 및 분석적 접근은 자발적 미술표현(spontaneous art expression)이 무의식으로 들어가는 통로가 된다고 본다. 자발적 미술표현은 자유화 또는 자유작품 등으로 불릴 수 있는데, 비지시적으로 내담자 스스로 심상을 만들어 가는 것이다. 즉 내담자가 원하는 것은 무엇이나 색칠하고, 그리고, 조각하도록 요청하고, 어떤 재료를 선택하느냐 하는 것도 완전히 자율에 맡긴다. 자유연상(free association)처럼 자발적 표현의 목적은 내담자를 도와서 자신을 괴롭히는 고통을 가능한 한 많이 표현하게 하는 것이다.

미술치료에 대한 다른 여러 접근법처럼 정신분석적 미술치료 접근에서도, 치료사는 내담자들이 자발적 심상을 만들어 내고 또한 그 표현에서 심리적 의미를 찾아보도록 격려하는 역할을 잘해야 한다. 심상을 만드는 것은 자발적이지만, 미술매체(art media)를 어떻게 활용하여 그림을 그리고 색칠하는지를 잘 모르는 내담자에게는 활용법을 설명해 줄 필요가 있다. 이것은 간단한 시범으로도 가능한데, 즉 파스텔 혹은 붓을 쓰는 법과 '난화(scribble)' 같은 기법을 보여 준다. 그러나 미술표현의 강조점은 상징적 표현에 있는 것이지 미적 감각을 담아 내는 것이 아니다. 따라서 모든 표현을 수용하고, 가능한 한 갈등과 정서를 많이 담아 내도록 격려하여야 한다.

정신분석적 혹은 분석적 입장을 선호하는 치료사는 자발적 표현을 미술치료의 핵심이라고 간주하지만, 다른 접근을 선호하는 치료사는 단지 특정 상황에서만 도움이 될 뿐이라고 그 의미를 축소한다. Furth(1988)나 Bach(1966, 1990)는 미술표현을 이해할 때 Jung의 분석적 접근을 선호한 치료사인데, 자발적 표현은 내담자가 정서적 갈등, 신체적 고통 혹은 죽음의 과정을 겪고 있을 때 유용한 방법이라고 한다. 자발적 그림활동은 즉흥적인 표현이 되기 때문에 무의식의 내용뿐 아니라 직관과 개인의 내적 치유능력을 찾아내기가 용이하다. Jung처럼 Furth와 Bach도 자발적 미술표현은 심리적 내용을 변형시키기도 하지만, 억압된 감정을 담아 낸다고 보았다.

내담자의 무의식을 드러내는 데 자발적 미술표현이 중요한 기법이 된다고 믿지만, 다른 접근을 취하는 치료사들은 심리적 변화를 불러일으키는 데 치료사의 역할이 중요하므로 좀 더 지시적인 방법도 필요하다고 한다. 정신분석적 치료방식을 따르는 Kramer(1993)는 미술치료에는 자발적 표현뿐 아니라 비교적 완성된 미술표현을 위하여 시간배정을 많이 하여 몰두시키는 과정도 필요하다고 했다. Furth(1988)는 질병에 시달리는 성인과 아동을 대상으로 분석적 치료를 하면서, 투사적 그림(예를 들어 집, 나무, 사람을 그리라고 요구하는 것)이나 치료사가 지시한 그림을 즉석에서 그리게 함으로써 무의식의 내용을 드러내, 치료과정을 효과적으로 해 주는 역할도 한다고 했다.

자발적 표현을 촉진시키는 한 가지 방법으로 '난화기법(scribble technique)'이 있다 (Cane, 1951; Naumburg, 1966). 난화기법은 미술치료에서 다양하게 활용하지만, 아마 정신분석적 치료에 가장 많이 적용될 것이다. 즉흥적인 심상을 떠올리기가 어려운 내담자가 있을 때, 난화기법을 적용하면 내담자가 심상을 형성하기가 훨씬 용이하고, 난화로 표현하면서 자신의 생각과 감정을 투사하기 쉬워진다. 가장 간단한 형태를 보면, 종이 위에 낙서하듯이 선을 그린 나음에, 그린 선들을 보면서 모양 · 형태 · 물건 같은 것을 연상하고, 점차 정교화시켜 가면서 색깔까지 칠해 보도록 유도한다. 자유연상은 두 가지 방식으로 구분하여 진행하는데, ① 내담자가 난화에서 무언가를 연상할 수 있는 심상을 찾고, ② 그런 다음에, 난화에 내포되어 있는 심상을 개인의 생각 · 감정 · 생활경험을 연관시켜 언어화하게 한다.

Winnicott(1971)은 난화기법을 응용한 '난화 게임(squiggle game)'을 개발했는데, 이것은 아동과 라포 형성을 쉽게 해 주고 자유로운 표현을 격려해 주는 기법이라고 했다. 임상에서 적용할 때는 다음과 같이 한다. "자, 어떤 놀이를 해 보자. 내가 하려는 놀이를 너에게 보여 줄게. 이 게임은 규칙이 없어. 그냥 연필을 가지고 이렇게 가보는 거야……(눈을 감고 꾸불꾸불한 선을 그린다). 이것들이 어떤 그림처럼 보이는지 혹은 그것에 첨가해서 어떤 것으로 바꿀 수 있으면 나에게 말해 주거나 설명해 주겠니? 그런 다음에 다른 종이에 똑같은 것을 보여 주면, 그것이 어떻게 보이는지 나도 알 수 있을 거야." (Winnicott, 1971: 62-63)

비슷한 맥락으로, 나도 아동이나 성인이 자유표현을 하게끔 '난화 따라 하기(scribble chase)' (Luesbrink, 1990)를 사용한다. 이 게임을 시작하기 위해서, 먼저 내담자에게 크레용이나 분필을 선택하게 하고 치료사는 다른 색깔을 하나 선택한다. 다음에 치료사가 "나는 내 크레용으로 이 종이 위에 낙서할 거예요. 그러나 내가 낙서할 동안 당신도 크레용으로 내가 그린 길을 따라와 보세요."라고 한다. 이런 낙서를 완성한 다음에 내담자에게 그림을 보게 하고, 어떤 형태나 심상을 찾아보게 하고, 떠오르는 영감이 있으면 난화선을 덧붙여 그림을 완성하게 하고 좀 더 자세히 표현하게 유도한다. 다음 간단한 사례는 폭력을 당한 아동에게 이 기법을 적용한 예다.

사례

7세 소년인 Bobby는 자신이 사는 동네에서 총기사건을 목격하였다. 자기 집에서 조금 떨어진 곳에서 벌어진 조직폭력배들의 싸움에서 학급 친구가 총에 맞아서 사망하였다. 그 사건을 목격하거나 들었던 다른 아동들과 Bobby에게 외상 중재 노력을 했지만, Bobby는 친구의 사망 후에 수주간 우울증에 빠지고 활동이 현저하게 줄었다. 학교에 대한 흥미와 친구 수가 감소하였고, 교사는 Bobby가 학급에서 자주 '백일몽' 에 빠진다고 하였다. 부모님의 걱정이 심해지면서 나에게 심리평가를 의뢰하였다.

Bobby는 치료실에 와서 앉은 후에 장난감이나 게임도구에 전혀 관심을 보이지 않고 고개를 숙여 자기 무릎만 보고 있었다. 아동이 그림 그리기를 좋아하는지를 물어보니, 고개를 숙인 채로 "예."라고 중얼거렸다. 그림 그리기 게임(아동이 잘할 것 같은)을 하자고 말하고, 그런 다음에 책상 위에 전지를 올려놓았다. 난화 따라 하기(scribble chase) 기법의 선택은 매우 적절하였는데, Bobby가 그림 그리는 내내 종이에 시선을 집중하였다. 이 방법은 또한 언어표현을 많이 요구하지 않고 비교적 중립적인 입장에서 관찰할 수 있는 활동이다.

Bobby가 약 1분 동안 치료사가 그린 난화를 따라 그린 후, 이제 우리가 그린 그림을 한 번 볼까라고 한 다음, 그림재료를 활용해서 선 밖에 그림을 그려 보도록 요구했다. 이후에 약 20분 동안 난화 가운데 일련의 그림을 그렸는데, 사람을 향해 달려오는 자동차, 불타는 건물을 그렸다([그림 5-2]). 폭력에 노출된 여느 아동처럼 Bobby도 위험과 파괴를 주제로 삼고 있으며, 머릿속에 공포 심상을 가지고 있지만 그것들과 의사소통은 하지 못하는 것으로 묘사되어 있다. 자신이 느낀 공포, 갈등, 심지어 자신의 불안 때문에 타인을 괴롭히려는 욕망과 연관된 심상을 통해서 느낀 감정과 '자유연상'을 나타낸 것이다. Bobby의 경우, 이 그림활동은 자신이 겪은 경험을 직접적으로 표현할 만큼 자아가 클 때까지 자기감정을 안전하게 표시할 수 있는 투사적 방법으로 매우 유용한 것이다.

후속 회기에서 Bobby는 구조화된 지시 없이 자발적으로 심상을 만들어 낼 뿐 아니라 '난화 따라 하기'를 자주 활용하였다. 이후에도 몇 회기 동안 아동 스스로 표현하도록 허용하였고, 자신이 목격한 총기사건에 대해 느낀 공포나 두려움, 혹은 죄책감을 '나쁜 감정(bad feelings)'이라고 말로 언급할 때까지, 그림 그리는 과정이나 심상 형성 과정을 조용히 관찰하기만 했다. 마지막 11회기에서 Bobby는 자신이 '좋아진 것'을 느끼고, 자

[그림 5-2] 학급 친구가 죽은 후 7세 남아 Bobby의 난화에서 발견된 이미지

신이 두렵거나 슬플 때 '나빴던 감정'을 부모님에게 말할 수 있게 되어 행복하다고 말했다. 아동의 부모도 Bobby가 친구들과 다시 어울리기 시작하고, 품행도 상당히 향상되었다고 했다. 앞의 짤막한 사례는 난화기법이 어떻게 자발적 표현을 격려하는 방법으로 사용될 수 있는지를 보여 주는 것이고, 언어적 의사교환이 불가능할 때 투사를 요약할 수 있는 기법이 됨을 보여 준다. 난화와 후에 심상을 명명하게 함으로써 심상을 찾아내는 것이 Bobby로 하여금 외상 경험을 직접 말로 표현하지 않고도 생각과 감정을 전달하는 좋은 매체임을 알게 되었다. 난화기법은 투사나 자유연상에 대한 정신분석적 원리를 보완하는 것이기 때문에, Ulman(1992)과 Kwiatkowska(1978)에 의해 발전된 절차들과 함께 미술에 기초한 평가의 기본 기법이 되었다.

확대와 능동적 심상화

확대(amplification)는 엄격하게 분석적인 접근법으로 본다. 이것은 Jung이 개발한 꿈 해석의 한 방법인데, 꿈속 심상 혹은 동기는 신화 속담 그리고 비교종교학적 의미에 비추어 확대, 명료화, 의미 있는 내용으로 해석해 가는 방법이다. 이런 과정에 따라, 심상은 내용 자체만으로 해석되는 것이 아니고, 그 내용이 상징화하려는 것이 무엇이고, 상징 그 자체가 의미 있는 내용으로 해석될 수 있는 측면이 무엇인지를 고려하여 추측해 나간다. Jung은 확대는 꿈에 대한 집합체를 만들어 가고, 그 집합체는 모든 인간이 공유하는 일반적 원형(general archetypal terms)뿐 아니라 개별적인 측면(무의식)을 내포하고 있다. 다른 말로 하면, 심상의 각 요소는 원형적인 상징과 현재 상황 그리고 각자 인생의 표상이 된다고 하였다.

확대는 모든 각도에서 초기 심상을 보게 하는 '심상에 붙어 있기(sticking with the image)'를 강조하기 때문에 자유연상과는 다르다(McConeghey, 2001). 이해를 돕기 위해 단순한 예를 들어 보자. 신발 그림에 대해 자유연상할 경우, 사람들은 "신, 발, 신발장, 옷, 침대"라고 말하는데, 이것은 처음 심상이 후속되는 연상자극 간에 고리역할을 촉진시킨다. 한편 확대의 경우에는 가급적 신이라는 최초 심상에 가까이 있도록 격려하는데 사람들은 아마도 "신, 발, 신, 샌들, 신, 스타킹"이라고 말하게 될 것이다.

일반적으로, 확대에는 두 가지 접근법, 주관적(subjective) 접근과 객관적(objective) 접근이 있다(Keyes, 1983). 객관적 확대의 경우에, 분석가들은 상징을 찾아내기 위해 신화, 종교, 기타 근원에서 주제를 수집한다. 달리 말하면, 만일 어떤 사람이 좋지 않은 관계에 대한 꿈을 자기 어머니 또 지하세계에서 어떤 남자와의 만남과 연관시킨다면, 분석가는 비슷한 주제를 그린 그리스 신화, 즉 지하세계에서 데메테르와 페르세포네 혈육관계에 관한 내용을 연관시키려고 할 것이다. 주관적 확대의 경우, 상징과 연관된 것을 찾기 위하여 '능동적 심상화' 기법을 사용한다. 능동적 심상화란 Jung(1916)이 소개한 방법인데, 환상(fantasy)과 꿈(dream)을 이용하여 개인 내부의 창의성(creativity)을 자극하는 치료방법이다. 내담자가 여러 심상을 보게끔 격려하여 내부의 심상을 역동적으로 끄집어내게 하는 것이다(Jacobi, 1942). 치료사들은 내담자의 미술작품도 능동적 심상화의 한 형태이므로, 작품활동을 매개로 정신적 심상을 생성해 낸다.

Von Franz(in Keyes, 1983)는 능동적 심상화를 다음 4단계로 설명하였다.

- 명상과 같은 방법으로 자신의 마음 비운다.
- 정신집중을 하고 있는 어떤 대상에 대한 심상을 떠올리고 한 심상에 너무 오래 주의를 붙잡아 두지 않게 하면서 주마등처럼 심상이 지나가게 한다. 심상을 생성시키기 위해 필요한 이완(relaxation)과 심상에 주의를 기울임으로써 생기는 긴장(tension) 간의 균형은 달성되기 매우 어렵기 때문에 많은 인내와 연습이 필요하다.
- 무엇을 보았든지 간에 기록으로 적어 두거나, 경험한 것을 어떤 형태, 즉 미술작품으로 남기게 한다.
- 경험에서 얻은 전달내용을 숙고하게 한다.

미술표현 그 자체를 능동적 심상화의 한 형태라고 볼 수 있나. 자발적 그리기, 색칠하기 그리고 조각하는 과정에서 생겨난 심상은 '심상에 붙어 있기' 혹은 능동적 심상화를 통한 지속적인 탐색을 촉진시키는 재료를 제공하는 것이다. 다음에 Jenna라는 젊은 여성에게 Jung에 근거한 미술치료 방법을 통해서 능동적 심상화를 시켜 나가는 과정을 보자.

사례

Jenna는 20대 후반에 심한 우울증으로 사회관계 형성이 어려워 치료를 시작하였다. 그녀는 또한 자립을 방해하는 어머니로부터 벗어나기 위해 노력하는 중이었다. Jenna는 자신을 예술가로 생각하지 않았지만 치료 시작 전에 그림잡지와 소설잡지의 편집을 지속하였고, 치료과정에서도 그녀의 잡지를 활용하기를 원했다. 몇 회기 후에, 자신의 잡지 일에 적용할 수 있는 그림 그리는 기법을 배우고 싶은지를 물었다. 치료사는 마음의 심상을 생성시키는 한 방법으로 능동적 심상화의 과정을 설명해 주었고, 치료시간에 그것을 실습하도록 도와주었고, 다음 치료 회기까지 스스로 몇 차례 시도해 보도록 요청하였다. 또한 내담자가 원하면, 능동적 심상화를 할 때 보았던 심상을 잡지 편집과정에 그려 넣도록 제안하였다.

첫 번째 '능동적 심상화'에서 떠올린 심상은 어두운 터널인데, 끝에 별이 나타나 있었다([그림 5-3]). 내담자는 자신의 첫 번째 능동적 심상 경험을 다음과 같이 기록하였다. "처음에 오직 어두움만 보였고 다음에 터널을 통해서 보고 있는 것을 알았다. 내 발 밑에

[그림 5-3] Jenna의 능동적 심상화: 어두운 동굴 끝에 있는 별

물이 있었지만, 너무 어두웠기 때문에 볼 수는 없었다. 저 앞에 먼 불빛이 보여서, 걸어서 터널 끝까지 가겠다고 생각했다. 그 불빛은 희미하고, 작은 흰색이었다. 점점 가까이 다가가자, 터널 벽에 뭔가 반사되는 것 같았다. 다섯 개 끝 점을 가진 별이 보였고, 그 안에는 여러 가지 색채가 있었고, 아주 강렬한 빛을 띠었지만 별의 모든 형태를 볼 수 있었다. 갑자기 더 이상 나갈 수 없다고 느껴서 포기하였다."

다음 회기에서 별의 심상을 미술표현의 출발점으로 하였고, 치료 회기에서나 집에서 능동적 심상화 연습을 하였다. '심상에 붙어 있기'를 통해서, Jenna는 떠오른 심상에 대해 글로 표현하면서 스스로 의미를 확대해 갈 수 있었고, 그것을 통해서 더 많은 그림을 그려 나갔다. 궁극적으로 그녀의 미술활동과 능동적 심상화 경험은 우울에서부터 미래에 대한 더욱 긍정적 감정으로 변화해 가고, 어떻게 어머니와의 관계를 변화시킬 수 있는지를 이해하고 점차 자율성을 찾아가게 해 주었다. 동시에, 별 심상은 초기의 어두운 배경에서부터 움직이면서 궁극적으로 하늘 위에 복잡한 점을 가진 단독 별로 나타났다 ([그림 5-4]).

[그림 5-4] Jenna의 능동적 심상화: 다극이 있는 별

Jenna의 치료는 몇 달 동안 지속되었고, 다행히 그녀는 수 차례의 심각한 우울에도 불구하고 능동적 심상화, 그리기, 글쓰기 과정을 지속적으로 시행하였다. 능동적 심상은 내담자가 마음의 준비를 하고 자기검증과 표현에 참여할 것을 요구한다. 달리 말하면, 내담자는 치료에 적극적으로 참여하여야 하고, 장시간 동안 떠오르는 심상을 유지시키는 노력을 하여야 한다. Jenna는 치료기간에 헌신할 준비가 되어 있었고, 그녀의 능동적 심상화 작업은 언어와 심상으로 드러나고 변형된 이야기를 만들어 냈다. 치료사의 도움으로 그녀는 이런 과정을 지속할 수 있었으며, 자기 삶과 연관된 심상에 대한 의미를 찾아가게 되었다.

능동적 심상화에 대한 Jung의 기법은 McNiff(1994)가 활용하였는데, 그는 이것을 '심상과의 대화(dialoguing with the image)' 라고 명명하였다. Jung과 그 제자들에 의해 설명된 능동적 심상에 대한 초기과정과 마찬가지로, 이런 적용은 정신분석이론의 틀에서 심상을 판단했던 것과는 반대로 치료사와 내담자가 비지시적 치료에서 만들어진 심상을 활용하도록 도와주었다.

대상관계

대상관계(object relations)는 정신분석이론의 시대적 추세로 발전된 이론이다(Corey, 1996). 대상관계이론으로 치료하는 전문가들은 인간은 관계를 형성하고 지속하려는 본능적인 충동(innate drive)이 있다고 하며, 사람들과의 관계를 통해서 성격도 형성되어 간다고 말한다. 한번 형성된 성격은 수정될 수 있지만, 초기 관계를 재확인시켜 줄 다른 사람을 찾게 된다. 대상관계는 현실과 환상에서, 타인과의 현재 상호작용을 형성하는 대인관계다(Corey, 2009). 이 치료방법은 내담자가 현재 관계에 영향을 미치고 있는 초기 대인관계와 초기 경험을 비추어 보는 방법을 이해시키면서 진행해 간다. 이 접근은 분리와 개별화의 문제 혹은 의존심과 독립, 그리고 친밀성에 문제를 가진 내담자를 치료하는 데 잘 적용된다.

'대상(object)' 이라는 용어는 대상관계이론의 중심이다. Freud는 내담자가 기쁨을 얻는 사람, 물건 혹은 정신적 표상을 대상이라고 했지만, 그의 제자였던 Melanie Klein(1964)은 아동이 욕구, 소망 혹은 다른 강렬한 정서를 투사하는 것, 즉 어떤 사람(보통 어머니)이라고 하였다. 애착개념 역시 대상관계의 기초다. 처음에 아동은 어머니와 결합되는데, 좋았던 혹은 나빴던 애착을 경험하게 된다. 발달과제는 성공적으로 어머니와 분리되는 것이고, 성숙함에 따라 좋고 나쁜 모든 측면을 경험하면서 자율성을 발달시켜야 한다. 최근에, 대상관계에서 발견된 애착개념은 Bowlby(1969), Karen(1998) 그리고 다른 연구자의 연구에서 새로운 각광을 받고 있는데, 치료과정은 초기 관계에서 야기된 발달의 결함을 보완하는 데 목표를 둔다.

미술치료 영역에서, Robbins(1987, 2001)는 대상관계적 미술치료 접근을 취하는 대표학자다. 정신질환을 가진 성인을 치료하면서, 그는 미술이 치료사, 내담자, 미술작품 간의 상호작용과 내적 대상관계를 포함하고, 조직화하고, 거울 역할을 한다고 하였다. 미술표현은 초기 아동기 활동인데, 미완성된 발달 단계를 재조명하는 것으로 모든 연령층에 활용될 수 있다. 치료에서 미술표현을 관찰하고 촉진시키는 것은 치료에서 다루어져야 할 미해결된 대인관계 문제를 증폭시키는 것이다.

Henley(1991, 1992)는 발달장애 아동, 정서장애 아동, 기타 장애를 가진 아동을 대상으로 대상관계 치료방법을 개발해 왔다. 자폐, 정신지체, 청각 및 시각 같은 신체장애를 포함한 발달장애인들은 자아개념이 결여되어 있고, 사람들과의 관계형성 경험도 부족한 편이다. 이러한 사람들은 대상관계적 접근이 매우 적합한데, 왜냐하면 초기 애착이 잘 되지 않았거나 제대로 발달되지 못했기 때문이다. 대상관계는 대상에 대한 애착과 성숙이 일련의 발달순서로 진행되는 것이기 때문에, 감각자극을 느끼고, 대상을 형성하고, 그리고 치료사와 미술작품 간의 상호작용을 격려하는 미술치료과정을 보완해 주는 방법이다.

미술은 치료사와 내담자 간의 새로운 상호작용 차원을 조성시켜 줄 수 있다. 즉 창의적 작품 만들기와 새로운 탐색을 통해서 분리(separation)와 개별화(individuation)를 목격하고, 연습하고, 완성시키게 된다. 이러한 특성으로, 미술매체를 설정하거나 제안해 주는 것은 치료사에 대해 애착을 갖게 하고, 힘을 얻어서 창의적 표현의 기회를 제공함으로써 양육된다는 느낌을 주기도 한다.

미술치료에서 대상관계 접근과 연관된 개념

이행공간과 이행대상

미술치료에 특히 관심을 불러일으킨 두 가지 대상관계 개념은 Winnicott(1953)의 '이행공간(transitional space)'과 '이행대상(transitional objects)'이다. '이행공간'은 내부현실과 외부현실 간의 분명한 구분이 없는 중간 경험영역을 설명하는 개념이다. 미술활동과 놀이활동은 아동들이 주관적 현실과 객관적 현실을 연결시켜 보는 방법이고, 자기 주변의 세상과 관계 맺기와 애착형성을 연습하는 방식이기 때문에 이행공간이 되는 것이다. 창의적 표현을 촉진시키고 유도하는 치료사의 존재와 그 앞에서의 미술활동은 대상관계를 경험하고 나아가 발달시키는 환경을 조성해 준다.

'이행대상'이란 담요 혹은 장난감 같은 실제 물건을 지칭하는데, 아동 입장에서 그 물건들은 실제 물건 그 이상의 의미를 갖는 중요한 무엇이다. 미술작품은 작품 그 이상의 의미가 녹아 있는 이행대상이 되는 것이다. 예를 들어 지지적 입장의 치료사에게 의존하고 있는 아동 내담자의 작품(그리기 혹은 색칠하기)은 분리불안(separation anxiety)을 겪기 싫어하는 내담자가 치료사의 부재(치료 종결이나 헤어짐)에 관한 이행대상이 될 수 있다. 비슷한 맥락에서, 어린 시절에 유기된 성인 내담자가 점토 모형 부모를 만들었는데 상징적으로 그 누구와 연관되며 미해결된 분리 외상(unresolved trauma of separation)을 보이는 것이다. Henley(1992)는 미술작품은 그 자체가 자아관계와 능력을 지지해 주기 때문에 이행대상으로 기능하고, 나아가 창의적 표현을 촉진시키는 치료사와의 관계형성을 강화시켜 준다고 했다.

Mahler의 대상관계 단계이론

대상관계이론 전문가들은 심리적 문제란 특정 발달 단계에 '고정(stick)' 된 표현을 하는 것으로 설명한다. 치료과정은 치료사와의 관계를 통하여 해결방안을 격려한다. Mahler(1968; Mahler, Pine, & Bergman, 1975), Winnicott(1965), 그리고 여러 연구자들은 어머니와 유아 간의 성공적인 애착이 일생 동안의 관계형성에 영향을 미친다고 믿고 있다. Mahler 등(1975)은 대상관계적 접근으로 미술치료에서 사용되고 있는 분리와 개별화 단계를 설명하였다. 그녀는 어머니와 아동 간의 애착형성을 강조하는 이론을 발전시켰다. 각 단계는 상이한 특성이 있으며 달성되어야 하는 발달과제도 있다. 첫 단계는 '정상적 자폐(normal autism stage)' 로서 자궁 내에 있는 기간 및 출생 후 잠깐동안 지속되는 기쁨에 찬 존재의 단계다. 둘째 단계는 결합적 '공생기(symbiosis stage)' 인데, 엄마와 끈으로 연결되어 있는 시기이어서 분리된 실존이라는 생각을 하지 못한다. 5, 6개월 무렵에는 자기자각(self-awareness)과 분화(differentiation)가 발달하기 시작하는데, Mahler는 '부화단계(hatching stage)' 라고 하였다. 곧 아동은 엄마로부터 '분리-개별화(separation/individuation)' 연습을 시작하고, 마침내 아동은 엄마를 포함한 타인이 자신과 완전히 다른 실체임을 깨달음으로써 3세 무렵에는 '대상 항상성(object constancy)'이 나타나게 된다.

Mahler의 단계는 미술치료에서 내담자의 작품을 이해하는 기준으로 활용되고, 미술작품은 마음의 거울로서 대상관계의 어려움과 대인 의사소통을 촉진시키는 역할을 한다. 예를 들어 Henley(1992)는 어머니와 누나 사이에서 심각한 곤란에 빠진 다운증후군의 젊은 남성내담자를 치료한 적이 있었다. "그의 그림은 항상 붙어 있는 상태로 묘사되었다. 그림 중에 하나는 말 그대로 공생적 융합을 묘사하듯이 서로 맞대어 거울을 보고 있는 두 얼굴을 그렸다. 미술치료 기간을 거치면서, 치료 초점은 가족 내의 여성들에게 많이 의존하지 않도록 분리를 촉진하고, 자아개념과 능력을 확장하는 데 두었다." Henley에 의해 응용된 대상관계이론은 중요한 사람과의 아동기 관계를 평가할 수 있는 구조를 밝혀 주었고, 애착문제를 해결하고 자율성을 격려하도록 하는 데 목표를 두고 치료계획을 세웠다.

성인을 대상으로 치료한 Robbins(2001)는 대상관계적 미술치료 접근을 요약하면서, 치료사는 의사소통을 하기 위해 미술과정을 이용해야 한다고 강조하면서 다음과 같이 안내하였다. "나는 당신과 함께 있으면서 당신을 돕고, 배울 수 있도록 도와주겠지만, 나는 당신과 분리되어 있으므로 당신이 기쁘든지 괴롭든지, 독립적이든지 자율적이든지 간에 당신 마음속에서 발전시켜야 합니다." 이런 접근은 대상관계이론이 미술치료를 조직화하고 마음속에서 어릴 적 애착과 연관된 당면문제를 이해시키는 것임을 강조한 것이다. 치료에서 나타난 심상은 과거 관계를 반영하는 것인데, 치료사와 내담자 간의 상호작용이 개별화 과정을 증대시키고 지지적인 상황으로 발전될 때 더욱 효율적이다.

결 론

20세기 초에 출현한 정신분석은 미술치료 방법의 발전을 초래한 촉매제 역할을 하였고, 심리치료에서 미술표현의 잠재적 가치를 부여할 수 있는 개념구조가 되었다. 심상과 미술작품의 본질적 치유력에 대한 Jung의 믿음은 확대와 능동적 심상화 같은 기법과 미술치료에 대한 분석적 접근을 자극하였고, 치료과정에서 얻은 심상을 이해하고 다음 심상과 연결시키는 기법과 연결시켰다. 정신분석에서 최근에 발달된 대상관계이론은 초기 애착과 현재 대인관계 문제를 연관시키는 데 미술치료과정에서 내담자의 반응을 생각해 보는 방법을 제공하였다. 대부분의 현대 치료사들이 미술치료를 하면서 엄격하게 정신분석적, 분석적 혹은 대상관계적 접근을 고집하지는 않지만, 이러한 철학적 요소들은 현대의 여러 가지 미술치료적 접근에 스며들어 있다. 또한 여러 이론은 내담자와의 의사소통 방법이나 치료적 변화처럼 미술치료의 발전과 진보의 기반이 되고 있다.

CHAPTER 06

인본주의적 접근

'제3심리학(third force of psychology)'으로 알려진 인본주의 심리학은 정신분석과 행동주의의 대안으로 출현하였다. 이 모델에 속하는 것들로는 실존치료(Frankl, 1963; May, 1953, 1961), 내담자(인간) 중심 치료(Rogers, 1951, 1961), 그리고 형태주의(Gestalt) 치료(Perls, 1969; Passons, 1975; Zinker, 1978)를 들 수 있다. Maslow(1968)도 자아성취와 인간 잠재력이란 개념을 제안하면서 인본주의 심리학의 발전에 기여하였다. 그는 Freud는 적대감, 공격성, 신경증에 너무 주목하고, 사랑과 창의성 및 즐거움에 거의 주목하지 않았다고 비판하였다.

미술치료에서 인본주의적 접근은 1960년대와 1970년대의 인간 잠재력 운동과 정신분석적 미술치료에 대한 반작용으로 발전되었다. 미술치료사인 Josef Garai(1987)는 세 가지 원리에 기초한 미술치료 방식에서는 인본주의적 접근이 가장 중요하다고 했다. "① 생활 문제 해결을 강조할 때, ② 창의적 표현을 통하여 자아성취를 강조할 때, ③ 자아성취를 대인관계에서의 친밀감과 신뢰성 및 자기초월적 삶의 목표추구와 연관시키려고 할 때"(p. 189)다. Garai에 따르면, 인본주의적 미술치료의 목적은 불안(anxiety), 불행감(unhappiness), 기타 감정을 제거하는 데 힘을 쏟는 것이 아니라 그것들을 미술적 양식을 통해서 진정한(참, 진아 등) 표현으로 변형시켜 주는 것이다. 이런 주장은 인본주의 심리학의 가치관과 일치하는 것이고, 특히 치료의 매개물로서 인간 잠재력을 달성하고 경험하게 하는 수단으로 창의성의 역할을 강조한다.

이 장에서는 인본주의적 접근 중에 내담자 중심, 형태주의, 실존주의 미술치료를 알아보고, 인본주의 철학에서 유래된 초월적 치료 접근법을 소개하고자 한다. 이 모든 접근법은 미술을 통해서 표현되는 내담자의 주관적인 경험에 대한 존중과 사람들은 각자 낙관적이고 건설적인 선택을 한다는 믿음을 토대로 하고 있다. 모든 접근법은 개인 자유, 선택, 가치, 책임성, 자율성 그리고 의미 같은 개념을 강조한다. 각 접근법에서 내담자와 치료사는 심상과 창의성을 탐색하기 위해서 함께 노력하고, 자신을 완전히 이해하기 위하여 각 순간 내담자의 특별한 참여를 지지한다.

실존주의 접근

실존주의(existentialism)는 철학으로 시작되었고 후에 심리학과 정신의학 분야에서 차용하였다. 실존주의 이론으로 유명해진 Frankl(1963)은 개인의 자유, 의미, 가치추구라는 개념을 강조하였다. 그의 핵심 신념은 '의미추구(will to meaning)' 다. Frankl은 내담자가 삶에서 의미와 목적을 찾는 도전정신을 심어 주는 것이 치료라고 했다. Bugental(1987)도 이런 주장을 인정하면서, 치료의 핵심은 내담자가 인생의 실존적 질문에 답하고 진정한 모습으로 살아가도록 돕는 것이라고 했다.

Rollo May(1961)는 실존주의를 임상 장면에 적용하는 데 중심 역할을 했고, 창의성을 강조한 것 때문에 미술치료에 실존주의적 접근의 발달에 중요한 역할을 했다(May, 1976). May(1976)는 창의성(creativity)은 비통합에 반대되는 핵심 이론이고 '새로운 종류의 존재'를 의미하는 것이다. 그 자신이 실존주의 치료에 미술기법을 사용하지는 않았지만, 미술이 '창의적 노력에 힘'을 주는 것이고, 창의적 과정은 자아의 표현이고 실존적 갈등을 직면시킨다는 생각을 확신하였다. Clark Moustakas(1959, 1994)와 May(1976)는 창의성이 정신건강의 핵심이라고 믿었고 실존주의 치료에 창의성 개념을 사용하였다.

Frankl, Bugental, May 그리고 다른 연구자들이 개발한 개념구조는 미술치료에 실존적 접근의 기초가 되었다. 미술치료사 Bruce Moon(1995)은 미술치료에 실존주의 원칙을 적용한 이론을 제안하였는데, 미술표현은 개인의 의미를 추구하는 수단이 되고 창의성은 개인의 건강에 중요한 개념이라고 생각하였다. 실존주의 미술치료는 특정 기법을 갖춘 모델이 있는 것이 아니라 치료사의 철학이 임상에 적용되는 것이라고 볼 수 있다. 임상장면에 이런 이론을 적용하는 치료사는 인간의 의미에 대해 사랑, 기쁨, 고통 그리고 의문 같은 보편적으로 경험하는 실존주의 개념과 주제에 따라 치료방향을 정하게 된다.

실존주의 가치는 인간의 고귀함과 비극에 대한 강한 의식에서 생겨나는 것이기 때문에, 실존주의 접근은 공포와 불안으로부터 인간을 자유롭게 하고 인간의 잠재력을 꽃피우는 점을 강조한다. 창의적 미술작업은 바로 이런 과정의 일부로 간주되고 자유선택의 경험을 제공해 주고, 또한 의미 없고 무의미한 것으로 생각했던 것에 의미를 부여하는 기회를 제공해 준다. 치료관계에서 미술작품을 만들어 가는 과정은 실존주의 혼란에 대한 비유로 볼 수 있고, 미술작품은 내담자를 최상의 심리상태로 이끌어 가게 해 준다 (Moon, 1995, 2007).

미술치료에 실존주의 접근을 적용할 경우에는 미술작품과 치료적 상호교환 과정을 통하여 다음 사항을 염두에 둔다. ① 자기자각(self-awareness)의 확대, ② 자유와 책임성, ③ 주체성 확립과 타인과의 의미 있는 관계 확립, ④ 의미, 목적, 가치 그리고 목표를 탐색, ⑤ 생활조건에서의 불안 인식, ⑥ 죽음과 비존재에 대한 자각(Corey, 1996에서 각색됨). 실존주의 치료를 택한 치료사는 인간 내면의 경험을 이해하고 개인이 존재의 의미를 깨닫도록 돕는 노력을 해야 한다. "내가 누군가?" "내가 어디서 왔는가?" "내가 어디로 가고 있는가?" 같은 질문은 실존주의 모델의 초점이 된다.

Moon(2007)은 실존주의 미술치료가 미술을 통해 꿈을 탐색하고 이미지(심상)의 의미를 조명해 보려는 치료사 주도적인 면접에도 도움이 됨을 밝혔다. Moustakas(1994)의 연구를 근거로, Moon은 미술로 이미지를 묘사하고, 이미지에 대해 글로 적고, 내담자와 치료사가 그 글을 읽고, 이미지와 글에 담긴 핵심요소를 확인하고, 확대와 연상을 활용(5장)하고, 최종적으로 미래 행동을 위한 계획을 실존적인 진술로 구성하도록 제안했다. 본질적으로 Moon의 모델은 꿈을 미술표현의 영감으로서 활용하고 또 꿈꾸는 자의 가능성을 탐색하고 다양한 대화 방식을 이끄는 발판으로 활용했다(Moon, 2007).

여타 인본주의 접근처럼, 실존주의 미술치료도 공유된 여정을 강조하고, 내담자는 이런 만남에서 얻는 심상을 생각하고 그 의미를 찾도록 한다. 해석은 내담자가 미술표현의 내용과 창의적 과정에 대해 스스로 해석하는 것만큼만 한다. 치료사는 언어적 의사소통이나 미술표현으로 진솔한 행동의 모델이 되어야 한다. 예를 들어 개인의 미술표현뿐 아니라 사적 경험과 생각을 선택적으로 개방하는 것은 치료관계를 맺는 기초가 되고, 지속적으로 탐색해야 할 실존주의 주제가 된다. 요약하면, 실존주의 치료는 미술과정을 선택과 자유의지로 은유하는 방법이고, 내담자에게 방향과 결과를 선택하는 기회를 주는 셈이다. 미술과정은 선택의 자유, 의미추구의 의지 그리고 목적, 가치, 목표에 대한 탐색 등에 관한 실존주의 문제를 놓고 치료사-내담자 간의 대화를 이끌어 가는 것이다.

내담자 중심 접근

내담자 중심 치료의 목표는 내담자가 좀 더 자율적이고, 자발적이며, 자신감을 갖도록 돕는 것이다(Rogers, 1951, 1969). 사람들은 자기 내부에서 문제를 해결하고 치유하고 회복할 잠재력을 발견한다. 치료사는 내담자가 잠재력을 온전히 발현시키고 각자가 잘될 수 있는 내부 역량(internal capacity)을 갖고 있음을 믿도록 하는 성장환경을 제공해야 한다.

실존주의 치료와 마찬가지로, 내담자 중심 미술치료도 사적 의미(personal meaning)를 발견하는 개인의 능력을 강조한다. 치료과정은 과거 보상의 과정을 강조하지 않고 실현, 즉 될 수 있음을 강조한다(Rogers, 1969). 이 접근법의 중요한 측면은 사람들이 비적응을 억압하기보다 표현할 수 있고, 더욱 건강한 삶을 지향할 수 있다는 믿음을 바탕으로 한다. 내담자-치료사 관계는 변화하고 성장하려는 개인의 역량을 촉진시키려는 수단으로 창의적 미술표현을 강조한다.

놀이치료도 종종 창의적 미술표현을 포함하고 있는데, 치료절차상의 다양성과 비지시적인 입장을 취하기 때문에 내담자 중심 치료에 포함시킨다. 아동치료에서 내담자 중심 접근방법은 Axline(1964) 그리고 Landreth와 Sweeney(1999)의 임상보고에 잘 나타나 있다. 아동 중심 놀이치료는 창의적 표현을 통해 '자아탐색과 자아발견의 여정'을 갖추게끔 개인 내부의 역량을 신뢰할 수 있게 촉진시키고(Landreth & Sweeney, 1999: 39), Rogers의 자아실현과 자아성취의 원리를 활용한다.

내담자 중심 미술치료는 Carl Rogers의 철학적 견해에 따른 두 가지 원리, 즉 적극적이고 감정이입적인 보기 및 수용을 특히 강조한다.

적극적이고 감정이입적인 '보기'

Rogers(1969)에 따르면, 적극적이고 감정이입적인 청취(listening)는 치료사가 내담자에게 완전한 주의집중을 보여 주는 능력이고, 내담자에게는 자신이 온전히 존중받고 이해받고 있다는 감정을 증대시켜 주는 방안이다. 이런 과정은 생각과 감정을 반영하는 것이고, 치료 중에 생겨나는 것을 명료화하고 요약화해 주는 것이다. 미술치료의 경우에는 내담자의 창의적 표현과정을 진지하게 지켜보는 것, 다른 말로 하면 적극적이고 감정이입적인 '보기(seeing)' 는 곧 치료사의 능력을 보여 주는 것이다. 내담자 중심 치료에서 치료사는 미술을 통하여 내담자가 표현하는 것을 정확하게 이해하고 보는 사람과 상담하는 것이다. 이 과정은 미술작품을 해석하는 것이 아니라 내담자가 미술을 통하여 말하려고 하는 것을 치료사가 이해할 수 있도록 조심스럽게 질문한다. 예를 들면 아동에게 "네가 그린 것을 나에게 말해 주렴." 하고 요청한 후에, 치료사는 "그림 속에 어린 소년이 집에 혼자 남아서 슬퍼하는구나. 아이는 엄마가 집에 와서 함께 놀아 주기를 바라는데." 라고 말하는 정도다. 내담자 중심 치료의 목적은 미술표현의 내용을 점차적으로 내담자에게 반영시켜 주고 내담자가 차츰차츰 명료화(clarification)해 나가도록 돕는 것이다.

미술표현을 결합시킨 내담자 중심 치료는 언어적 설명을 청취하는 것 외에도, 부가적으로 내담자가 느끼고 생각한 것을 치료사가 '목격' 할 수 있게 한다는 장점이 있다. Rogers는 치료사가 내담자의 사적 세계를 파악하고 내담자가 그것을 보는 방식을 이해할 때, 건설적인 변화(constructive change)가 더욱 쉽게 야기된다고 주장한다. 미술표현은 내담자의 의사소통 능력을 증대시키고, 치료사에게 내담자를 이해하기 위한 또 다른 양식을 제공해 주는 것이다.

수 용

수용이란 치료사가 한 개인에게 무조건적이고 긍정적인 존중(unconditional, positive regard)을 나타내는 것이다(Rogers, 1969). 미술치료에서 내담자 중심 치료를 적용할 경우, 내담자의 미술표현을 무조건적이고 긍정적으로 존중해 주는 것이 치료 경험의 핵심이 된다. 치료사는 내담자가 긍정적인 방향으로 나아가려고 하는 능력을 신뢰하고, 어떤 미술표현도 판단당하지 않고 수용된다는 치료 분위기를 조성해 주어야 한다. 창의적 작업이 아름답고 혹은 심미적일 필요가 없다는 생각을 갖도록 해 주어야 하지만, 미술표현의 목적은 시각적 양식으로 자신의 느낌과 생각을 표현하고 해방시키는 데 있다. 내담자 중심 미술치료는 창의적 과정을 방해하고 평가하지 않으면서 자기지향, 자기평가 그리고 치료에서 책임감을 강화시켜 나간다.

Carl Rogers의 딸이면서 미술치료사인 Natalie Rogers(1997)는 미술치료에서 내담자 중심 치료를 적극 옹호한 사람이다. 그녀의 접근은 비록 시각적 미술뿐 아니라 모든 예술적 양식을 포함한 것이었으나, 그녀는 내담자 중심 미술치료 이론과 실제에 대한 기초를 제공하였다. 다음 Natalie Rogers(1999)의 간략한 치료 사례는 임상 장면에서 내담자 중심 미술치료 원리를 어떻게 적용하는지를 보여 준다.

> 만일 치료사(촉진자)가 미술표현 혹은 운동표현이나 자기자각을 자극하여 내담자를 적극적으로 이끌어 가야겠다는 의도를 가졌다면, 치료사는 내담자가 그것에 대해 말하게 해야 하는 과제를 안고 있다. 이전에는 알지 못했던 자아의 측면을 (치료사와) 공유해야 할 위험이 있음을 예술가(내담자)가 알게 될 때, 치료사는 그 미술작품을 매우 존중해야 한다.
>
> 치료사들은 예술가의 개인 경험을 진정으로 경청하고 존중하는 것이 중요하다. 그러므로 나는 항상 예술가에게 그 작품에 대해 자신의 느낌, 의미 그리고 해석을 먼저 말하도록 요청한다. 내담자가 그것이 무엇을 나타내는지를 말하기 전에 피드백(치료사의 해석 등)을 제공하면 미술작품에 대해 내담자가 갖는 자발적 반응이나 신선함을 빼앗게 된다. 만일 내담자의 자기지시와 자기통찰을 위한 분위기를 조성하기를 원한다면, 내담자의 경험을 존중해야만 한다.
>
> 미술작품에 대한 내담자의 생각과 느낌을 공유한 다음에, 치료사인 내가 "내 생각을 진정으로 듣고 싶나요?"라고 내담자에게 물어본다. 만일 그렇다고 한다면, 나의 진솔한 느낌을 말해 주고 이것이 당신의 작품에 대한 나의 투사(projections)임을 분명하게 해 준다. 나는 내담자의 미술작품을 해석하지 않는다. 진솔한 개인적 반응을 하는 것과 타인의 작품을 해석하는 것 간에는 미세하고도 미묘한 차이가 있다. '내가 당신의 미술작품을 볼 때, 나는 …… 느낀다. 혹은 당신의 색감을 보면서, 나는 …… 느낀다.' 라는 피

> 드백을 주는 것은 치료사 자신의 독자적인 반응이다. 하지만 다음과 같은 방식으로 피드백을 주게 되면 아주 다른 일이 생긴다. "이 작품은 당신이 얼마나 우울한지를 보여 주는 거예요. 혹은 당신의 현재 삶이 얼마나 혼란스러운지를 보여 주는 것입니다." 이처럼 내담자의 작품이 무엇을 의미한다는 것을 선언적으로 말해 버리면 자기이해를 위한 분별력을 앗아가 버린다(p. 122).

Natalie Rogers는 40여 년 전에 그녀의 아버지가 개발한 개념을 반영하였다. 그러나 그녀는 내담자 중심 치료 접근을 증진시키는 데 내담자의 창의성이 자아실현과 자아성취 깨달음에 강력한 도구가 된다는 것을 입증함으로써 미술표현의 효과를 보여 주었다.

형태주의 접근

형태주의 치료는 다른 인본주의 접근과 마찬가지로, 정신분석적 접근에 대한 반작용으로 생겨난 경험적인 접근법이다. '형태(Gestalt)' 는 부분의 합 그 이상인 완전한 형태(whole form) 혹은 윤곽(configuration)이란 뜻이다. 형태주의 접근의 목적은 내담자와 치료사 간의 책임감있고, 정직성, 직접적이고, 진솔한 대화를 강조한다. 실존주의와 내담자 중심 접근법처럼, 치료과정은 내담자와 치료사 간의 감정과 생각을 상호 탐색해 간다. 치료사는 또한 전반적인 '형태'의 역할을 하고 전체 형태의 역할을 담당한다.

형태주의 치료사들은 감각-운동의 움직임(sensory-motor activation)을 통하여 문제의 인식과 명료화가 일어난다고 믿기 때문에 개인의 연기와 능동적인 참여를 격려하고 유도한다. 형태주의 치료의 경험적인 본질이란 미술활동을 통합시켜 이끌어 가는 것이고, 몇몇 학자들은 '형태주의 미술치료' 이론의 발전에 기여하였다. 형태주의 치료사이면서 조각가인 Joseph Zinker(1977)는 형태주의 이론에 기초한 창의적 표현의 여러 양식(여러 가지 미술표현 형태와 양식을 의미함, 10장)을 개발하였다. 그는 미술을 통하여 사람들이 짧은 시간 내에 스스로 완전한 존재임을 알게 되고, 완전한 존재란 형태주의적 생각과 일치하는 것임을 깨닫게 되기 때문에 미술표현이 치료적일 수 있다고 했다. Violet Oaklander(1978, 2007)는 미술, 놀이 그리고 다른 감각양식을 사용하여 아동과 가족을 대상으로 하는 형태주의 접근을 개발하였다. 미술치료사인 Mala Betensky(1973)는 현상학적인 접근을 형태주의 원리와 결합시켜서 내담자와 치료사가 그 심상에 무엇이 들어 있는지를 결정 내리게 하는 방법을 개발하였다.

임상 장면에서 형태주의 원리를 사용한 모든 치료사 중에, 미술치료사인 Janie Rhyne은 '형태주의 미술경험' 이란 개념을 발전시킨 사람으로 유명하다. Rhyne은 1960년대 Esalen에서 치료사로 명성을 떨친 형태주의 치료사인 Fritz Perls(1969)와 함께 연구하였다. Perls는 몇 가지 실험적 기법을 연구하였는데, 후에 Rhyne의 통합적 미술치료 개념의 토대가 되었다. Rhyne(1995)은 미술표현 시에 적극적 움직임을 강조하여 경험으로서의 형태주의 미술치료를 정립하였다. 내담자를 격려하여 시각적 메시지의 형태와 양식을 생각해 보도록 하고, 적극적으로 선이나 모양, 표면 결, 색채, 운동이 어떻게 되어 있는지를 지각해 보도록 격려한다. 그리고 그런 형태들이 어떻게 개인적인 의미를 표현할 수 있는지를 느껴 보도록 한다. 미술표현은 스스로 자신이 온전한 사람임을 알도록 해주고, 어떤 의미에서 미술표현은 그러한 움직임 속에서 그 사람의 '형태주의' 인 셈이다. 창의적인 미술작품 과정은 내담자가 더욱 완전한 통합적 인간임을 느끼도록 도와주는 역할도 한다. Rhyne은 형태주의 미술치료가 시각, 소리, 몸짓언어, 그리고 언어적 의사소통을 포함하는 다각적으로 자신을 표현하는 방식을 다룰 수 있음을 확인하였다. 이것은 10장에서 소개할 표현예술치료와 유사하다.

Thompson-Taupin(1976)은 '선 게임(line game)' 이라고 하는 간단한 다음 예로 형태주의 미술치료의 몇 가지 원리를 설명해 준다.

> 선 게임은 큰 종이를 압정으로 벽에 붙이고, 한 손에는 여러 가지 색깔의 크레용이나 혹은 분필을 담은 바구니 들고 시작한다. 한 번에 한 사람이 '술래(it)' 다. 그 사람은 종이에 다가가 "한 가지 색깔을 골라 선 혹은 모양을 그리시오."라는 지시를 받는다. 그것이 끝나면, "이제 다른 사람이 다른 색깔로 하시오."라고 지시를 받는다. 나는 보통 내담자에게 각 선이나 형태를 그리면서 소리를 내거나 운동을 하라고 요청한다. 다른 집단 구성원들은 모방하도록 격려받고 술래가 그린 각 선이 어떻게 느껴지는지 마음속으로 들어가 보도록 한다. 이 순간에 여러 가지 선택이 있을 수 있다. 한 가지 가능성은 술래가 그린 선들이나 모양을 '형태화' 한다. 다른 가능성은 '술래' 에 대해 말을 한다.

> "이제 집단에 있는 사람이 다음 선이 되거나 무엇이 되는지를 드라마로 구성하게 한다. 몇 분 동안 연극 감독이 되고, 역시 주인공도 될 수 있다. 바로 당신이 만드는 연극이다."(p. 113)

형태주의 미술치료 혹은 '미술 경험'은 자신의 잠재력을 실현시키고 성취하려는 적극성, 헌신, 능력이 있는 내담자에게 적합한 방법이다. 일반적으로 자기지향과 자기동기화가 되는 사람이다. 치료사는 치료 회기를 촉진시키지만 궁극적으로 자기평가를 내리고 목표에 부합되는 책임은 내담자에게 있다. 형태주의 미술치료는 개인에게 적용될 수 있고, 집단치료에도 성공적으로 적용될 수 있으며(Rhyne, 1995), 자아탐색의 촉매제로서 집단 상호작용에 이용된다.

초월주의 접근

미술치료에 대한 초월주의(transpersonal) 접근은 앞에서 설명한 인본주의 접근에서 유래되었고 자아를 넘어선 그 무엇이 개인의 안녕(well-being)에 중요하다는 신념을 근거로 한다. Boorstein(1996)에 의해 설명되었듯이, "초월 심리학은…… 인간 성장과 발전의 한 가지로서 정신의 힘을 전개시키고자 하는 열망에서 출발하였다."(p. 5) 제4심리학은 공식적으로 Maslow(1968), Rowan(2005), 그 외 학자에 의해 발전되었고 자아의 발전과 의식 바깥의 자아의 한계를 넘어서려는 충동(urge)에 관심을 가진다. 초월적 미술치료는 명상과 기도 같은 정신력, 심-신 관계론, 인본주의 원리, 미술표현의 통합을 통하여 정신, 신체 그리고 영혼을 다루려고 노력한다.

Franklin, Farrelly-Hansen, Marek, Swan 그리고 Wallingford(2000)는 Carl Jung을 초월적 미술치료를 적용한 최초 임상가라고 하는데, 그 이유는 Jung은 개별화 과정이 꿈이나 미술의 심상을 통하여 표현되는 것같이 정신적 차원의 탐색과 통합을 요구한다고 믿었기 때문이다(Jung, 1964). '난화기법'(2장)을 개발한 Florence Cane(1951)은 미술활동과 명상적 자각을 결합시켰으며, 또한 미술치료에 대한 초월적 접근의 이론적 근거를 제공하였다. 후에 인본주의적 미술치료를 개척한 Garai(1976)는 미술표현이 어떻게 자아초월로 연결될 수 있는지를 설명하였고, Joan Kellogg(1978)는 만다라 그리기를 통하여 초월적 자아 모습에 다가갈 수 있는 미술표현 가치를 강조하였다. 다른 학자들도 미술표현과 정신세계를 연결시켰고(Allen, 1995; Malchiodi, 2002; Moon, 1997), 미술표현을 샤머니즘적 치료 모델과 연결시켰으며(McNiff, 2009), 정신적 신념과 미술치료 임상 간의 연관성을 찾았다(Chickerneo, 1993; Farelly-Hansen, 2009).

초월적 미술치료가 토대로 하고 있는 많은 개념은 인본주의적 개념을 많이 내포하고 있다. 예를 들어 여러 가지 초월적 작업은 성장과 건강을 달성하려는 인간 본유의 능력을 강조하는 내담자 중심 접근과 비슷하다. 명상을 가르치는 것도 사람과 함께 그 순간에 머물고자 하는 Carl Rogers의 생각과 일치하고, 개인마다 변화와 자아실현을 이끌어 가는 권능이 있다는 것을 강조한다.

'내가 누군가?' 그리고 '삶의 의미가 무엇인가?' 같은 질문을 강조하는 것은 초월적 미술치료에서 실존주의 요소를 보여 주는 것이다. 초월적 미술치료를 견지하는 치료사는 인간관계 혹은 삶의 만족 같은 생활영역을 향상시키기 위하여 개인의 욕구를 이해하게끔 해 주지만, 이 접근은 정서적 위기, 심각한 질병 혹은 죽음 같은 정신적인 갈급함도 깨닫게 해 준다(Grof & Grof, 1989). 미술표현은 '자아를 넘어서(beyond the self)' 탐색할 수 있는 방법이 되고, 일상에서 벗어나 의식에 다가갈 수 있는 과정이 되기도 한다. 다음의 치료 사례는 암 진단으로 죽음의 가능성과 정신적 신념이 흔들린 성인에게 적용된 초월적 접근법이다.

사례

45세 여성인 Anna는 최근에 유방암 진단을 받고, 질병에 대한 반복되는 두려움으로 상담실을 찾아왔다. 그녀의 표현에 의하면 "내가 누구인지 혹은 더 이상 어디로 가야 할지 모르겠다."라고 하였다. 최근에 집으로 가는 고속도로 위에서 갑작스런 공황으로 갓길에 차를 세우고, 거의 실신할 것 같은 호흡곤란을 느꼈다고 했다. 지나가던 운전자들이 차를 세워 Anna의 급박한 호흡 상태를 보고는 응급실로 태워 주었고, 불안치료를 받고는 퇴원하였다.

Anna가 말하길, 강렬한 공황으로 '자신의 신체와 정신이 반으로 쪼개지는 느낌' 을 받아서 상담하러 왔다고 했다. 그녀의 불안은 약물로 진정되었지만, Anna는 자신의 감정을 다룰 몇 가지 대안을 찾아야 할 필요를 느꼈고 미술표현과 심상작업이 자신에게 도움이 될 것으로 생각했다. 초기 상담 동안, 내담자에게 몇 가지 단순한 명상연습을 시키고 집에서도 스트레스를 감소시키기 위하여 규칙적으로 명상하도록 지시하였다. 또한 그림 잡지를 계속 만들도록 하는 것도 도움이 되고, 명상과 더불어 어떻게 만다라—원 모양 내에 심상표현—가 긴장을 이완시키는지와 불안을 완화시키는 데 도움이 되는지를 설명해 주었다.

만다라 그리기와 명상을 통하여 Anna는 화학치료에 의한 탈모현상과 죽음의 공포 같은 혼란스러운 문제를 점점 표현할 수 있었다([그림 6-1]). 더 중요한 것은 이 방식으로 Anna는 긴장이완법을 터득하고 적어도 순간적으로는 자신의 병을 넘어설 수 있었다. Anna는 명상과 그림이 나로 하여금 고통과 역겨움을 극복할 수 있게 해 주었고, 더 중요한 것은 자신을 '온전한 인간처럼' 그리고 '적어도 순간적으로 암의 희생자가 아닌' 사람으로 느끼게 해 주었다고 말했다. 궁극적으로, 자아를 초월한 감정을 경험함으로써 그녀의 만다라 심상도 변화되었는데, 질병에 대한 경험을 표현한 심상으로부터 내부의 안정과 균형을 갖춘 성장 경험을 나타냈다([그림 6-2]).

치료기간 동안 정체감과 의미를 찾으려 노력하며 불안과 연관된 여러 문제를 다루었

[그림 6-1] 암과 죽음에 대한 공포를 표현한 Anna의 자기그림

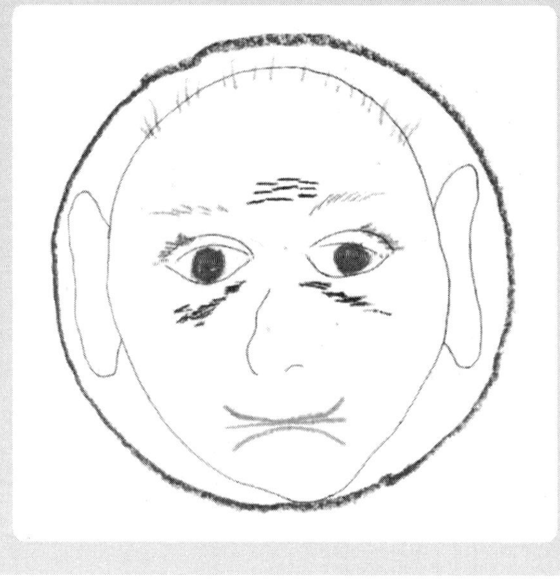

[그림 6-2] Anna가 그린 만다라 그림

지만, Anna가 '신체와 정신' 에서 느끼는 위기를 더 다루는 것이 중요하다. 그녀의 현재 공황은 어떤 면에서 암으로 진단받은 외상 및 진단 후에 받은 화학치료와 수술과 연관된 것일 수도 있다. Anna는 "모든 것이 너무 빨리 일어났고, 나는 생각할, 느낄 혹은 슬퍼할 시간이 없었어요."라고 했다. 치료사는 의사가 내담자에게 암이라고 말했을 때 느낀 감정을 심상과 색채로 신체에 표현해 보도록 요청했다. 그 과정을 촉진시키기 위해, 치료사는 Anna에게 신체 윤곽을 단순히 묘사한 세 가지 그림을 보여 주고 한 그림에는 '진단결과를 들었을 때' 그녀가 느낀 것들을 색칠해 보도록 하고([그림 6-3] A), 두 번째 그림에는 '수술 후' 내담자가 느낀 자신의 신체에 대한 느낌(유방종양 제거 수술: [그림 6-3] B), 세 번째 그림에는 '공황발작을 가장 크게 느끼는' 부위를 색칠하게끔 요구했다([그림 6-3] C).

Anna의 그림은 세 가지 경험 모두를 한 패턴으로 드러냈다. 자신의 유방수술을 묘사한 가슴 부위에 색칠한 것은 놀랄 일이 아니다. 그러나 두 가지 다른 그림에서 Anna는 진단을 들은 다음 충격과 공황발작을 강하게 느낀 부분이 가슴이었다는 사실과 이런 심상들이 자신의 수술과 유사하다는 것을 보고는 놀랐다. 계속된 치료에서 다른 신체 윤곽 그림으로 Anna가 불편함, 특히 자신의 삶을 혼란스럽게 한 공황을 느낀 신체와 가슴 부

[그림 6-3] Anna의 세 개의 신체: A '진단명을 들었을 때', B '수술 후'(종양을 제거하기 위한 유방절제술)의 신체에 대한 느낌, C '공황발작을 가장 크게 느끼는' 부위

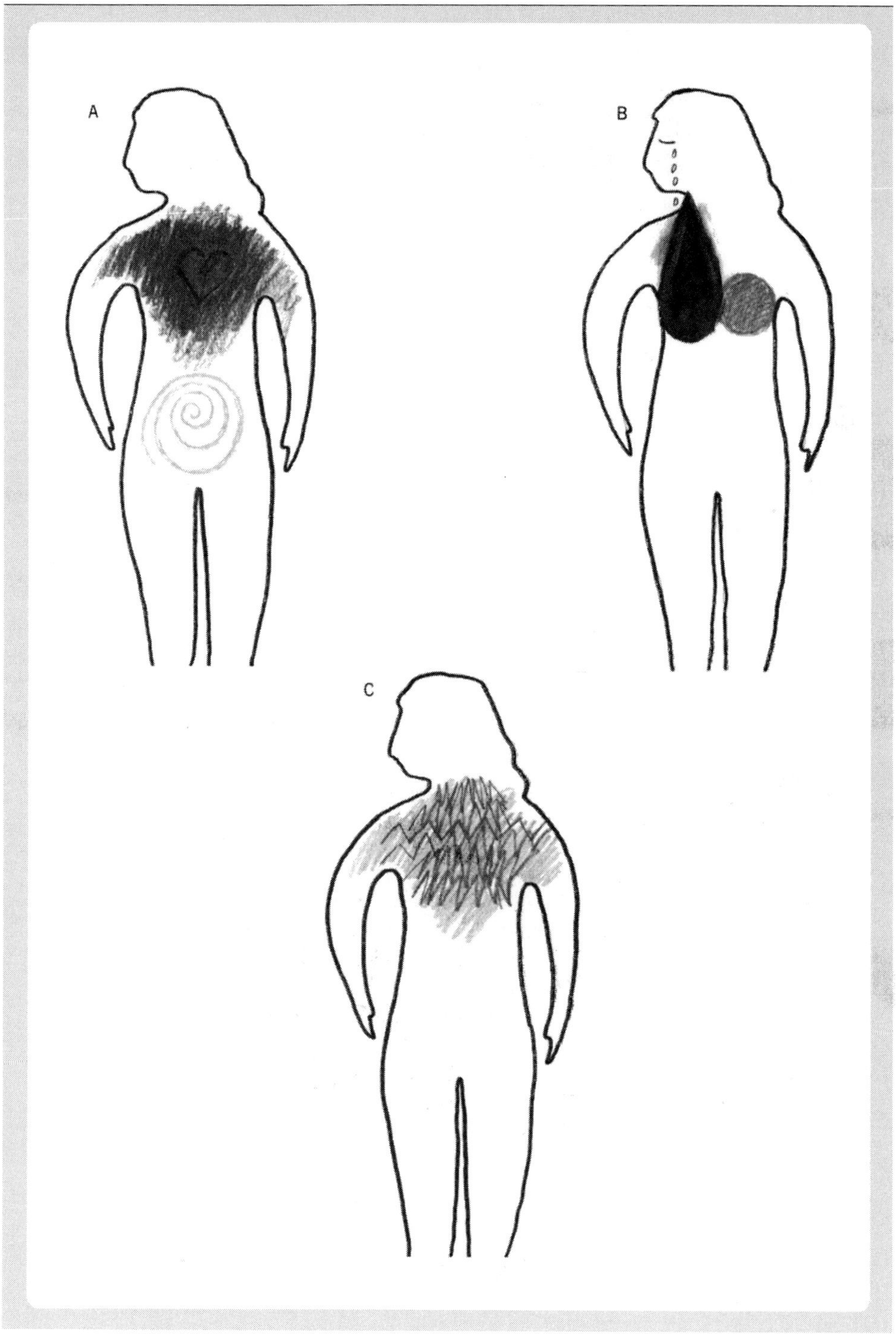

위를 진정시키기 위해 명상을 한 다음에 색채와 심상을 결정하도록 도와주었다.

치료 중에 내담자는 여러 방법으로 미술표현과 심상을 활용했지만, 만다라 그리기를 가장 선호했고 명상 후에 떠오른 심상을 그림 잡지 형태로 그려 두었다. 마지막 회기에서 Anna는 아름다운 꿈을 꾼 아침에 '직관적 밝아짐(epiphany)'을 묘사한 만다라 그림을 가지고 왔다([그림 6-4]). 꿈에서 그녀는 산을 오르고 있었고, 양쪽에는 내담자가 등반할 때 손을 내밀고 격려해 주는 자신의 친구들이 있었다. 가파른 비탈면을 등반할 때 그녀를 가장 놀라게 한 것은 피곤함을 모르고 오직 계속 등반할 수 있게 힘이 충전되었다는 것이다. 그 꿈의 마지막은 말로는 설명하기 어렵고, 산 정상에 올랐을 때, 그녀는 자신을 따스하고 안락하게 감싸고 있는 찬란한 빛을 보았다고 했다. 꿈에서 깨면서 몇 달 동안 경험해 보지 못한 평화와 기쁨을 느꼈다.

Anna의 꿈 심상과 만다라 그림은 자신이 새로운 에너지로 가득 차 있고 동시에 자신을 '초월한' 경험을 나타낸다. 이것은 Maslow가 인간 잠재력을 설명하면서 언급한 '절정경험'의 예다. 여러 유형의 암환자처럼, Anna의 진단, 수술, 화학치료는 개인의 인생을 근본적으로 변화시킨다. 그것은 정서적 위기를 초래하고 자신의 인생을 재평가하도록 강요하고 어떤 삶이 의미 있는지를 돌이켜 보게 한다. 초월적 미술치료는 Anna가 미술

[그림 6-4] 즐거운 꿈을 꾼 다음에 평화로움을 느낀 '직관적 밝아짐'에 대한 Anna의 만다라 표현

표현을 사용하도록 경험시키면서 궁극적으로 불안을 경감시키고, 진단, 수술, 화학치료의 위기를 극복하게 했고, 신체, 정신 그리고 영혼에 대한 질병의 충격을 창의적으로 극복하는 양식을 제공해 준 것이다.

결 론

미술치료를 인본주의적으로 접근하는 것은 미술매체를 통하여 삶의 실존적 의미를 탐색하는 것에서부터 형태주의 미술치료의 다소 적극적이고 경험적인 기법과 초월적 치료에 응용되는 사변적인 방법에 이르기까지 다양하다. 무조건적 존중, 인간 잠재력, 자유의지, 자아실현 그리고 자아초월 등의 각 개념은 창의적 과정의 요소를 강조하기 때문에 치료과정에 미술표현의 응용을 보충하는 개념이다. 이러한 접근을 연결시키는 근본 배경은 치료과정에서 내담자의 중심 역할을 존중하고, 모든 미술표현은 곧 의미를 추구하는 의지로 인정하고, 창의적 탐색을 통하여 개인의 행복을 발견하고자 하는 개인의 신념을 존중한다.

CHAPTER 07

인지-행동 및 심-신 접근

신경과학에 대한 이해의 도움으로(2장), 치료사들은 아동이나 성인을 치료하면서 심-신 관계와 인지를 잘 통합시키고 있다. 이 장은 인지치료 및 심-신 중재의 중요한 개념적 연관성을 논의하고 또 이런 틀에서 미술표현을 활용하는 방법을 제안하고자 한다. 인지-행동 치료 및 심-신 관계의 원리를 간단히 살펴봄으로써 어떻게 이런 기법이 미술치료 맥락에서 활용될 수 있는지를 설명하고 예증하려고 한다.

인지-행동 치료

인지-행동 치료(CBT)는 합리적-정서적 행동치료(REBT; Ellis, 1993), 인지-행동 수정(Meichenbaum, 1985) 그리고 인지치료(Beck, Freeman, & Davis, 2006; Ellis & Grieger, 1996) 등 몇 가지 상이한 접근법을 융합한 것이다. 여러 접근법의 핵심 개념은 부정적 감정을 일으키는 사건에 대한 각자의 해석, 기대, 개인적 가정을 이해하는 것이다(Beck et al., 2006). 인지-행동 치료에 따르면, 심리적 혼란은 대부분 인지과정의 혼돈으로 생겨나고, 인지를 변화시키면 정서와 행동 차원에서 바람직한 변화를 일으킬 수 있다고 본다. 인지-행동 치료의 기본 목적은 내담자가 자신의 행동을 조정하는 그릇된 부정적 규칙이나 가정을 확인하도록 도와주고, 나아가 보다 현실적이고 긍정적인 규칙과 기대를 갖도록 인지적 재구성 또는 대치할 수 있는 방법을 발견하도록 돕는다. Beck의 기법, Meichenbaum의 스트레스 접종, Ellis의 REBT는 기본적으로 증상 제거에 목표를 둔다. 내담자와 상담가 간의 협동 관계는 인지적 접근의 기본이고, 일반적으로 치료는 시간 제한이 있으며, 심리교육적인 요소가 반드시 포함된다.

치료를 위해 혼란된 사고를 갖고 있는 내담자의 인지구조는 두 가지 수준에서 분석되어야 한다. 첫째, 자신에 대해 갖고 있는 신념, 우리가 어떻게 살고, 주위 환경과 개인에게 어떻게 영향을 미칠 것인가에 대한 가정에는 효율적이지 못한 규칙이 많이 있음을 밝힌다. 예를 들면 어떤 상황이 이런 규칙과 기대를 촉발시킬 때, 우울하거나 불안한 사람은 부정적 사고가 반복적으로 가득 차게 된다. 이것은 특정한 상황에서 어떤 의식적 노력이나 의도 없이 나타나기 때문에, '자동적인 부정적 사고' 혹은 '부정적 자기독백'이라고 한다(Corey, 2009). 어떤 상황에 대한 개인의 믿음과 기대는 '형태'로 조직화되어서 사람들이 특정 상황(대중 앞에서의 발표, 자동차 운전 혹은 의사결정)에 처하게 되면 자동적으로 촉발된다. Beck(Beck at al., 2006)은 이런 규칙과 기본 가정의 형태를 '도식(schema)'이라고 하였다. 둘째, 인지도식은 사람들이 자신의 경험과 행동, 그리고 타인의 행동을 해석하고 평가하는 지침서가 된다. 인지도식이 부정적이거나 비현실적 규칙으로 정립되면, 모든 경험은 바로 이 징계 여과기를 거치게 되어 그 사람의 시각은 세상을 불안전한 존재로, 자신을 무가치하고, 재능도 없고, 사랑받지도 못하는 존재로 간주한다.

인지-행동 치료는 매우 지시적이고 구조화된 접근을 취하기 때문에 내담자들에게 능동적 참여와 교육적인 중재를 처방한다. 대부분의 경우, 치료목표는 내담자들에게 증상-탈출 상태로 남을 수 있는 도구를 줄 뿐 아니라, 6~20회기 내에 증상을 제거하거나 상당히 감소시키는 것이다. 앞에서 보았듯이, 인지-행동 치료의 핵심 요소는 부정적 사고를 확인하고, 재구조화하고, 제거하는 것이며, 내담자를 가르쳐서 불안과 공황 상태를 초래하는 자동적 반응을 통제하도록 해 주고, 증상에서 벗어나기 위해 습득한 기술을 활용하도록 한다.

심상 형성과 인지-행동 치료

미술치료, 상담, 심리학, 사회복지 영역의 임상가들은 미술치료와 인지-행동 치료 원리를 결합시킨다. 인지-행동 치료는 외상 중재에 가장 많이 응용되는 접근법이고 또 외상 사건을 재구조화하고 처리하는 과정을 포함하는데(Malchiodi, 2001, 2008; Steele & Raider, 2001), 성 학대를 당한 아동을 치료하기 위해 인지-행동 전략과 미술치료를 사용하거나(Pifalo, 2007), 학대당한 아동에게 인지-행동 치료와 함께 미술, 놀이, 가족치료를 결합시켜 사용했다(Gil, 2006). 일반적으로 미술과제와 인지-행동 치료는 위기에 처한 아동에게 자신의 경험을 묘사하도록 돕는 데 활용되고, 그렇게 함으로써 개인감정 및 부정적 사고를 재구성하고 또 외상 사건의 후유증을 낮출 수 있다. 어떤 치료사는 상담 장면에서 아동에게 REBT를 적용하였고(Grey, 2010), 또 인지-행동 치료와 미술치료가 학교에서의 집단치료 상황에서 사회성 기술을 증진시킴으로써 자폐 및 기타 증상을 치료할 수 있었다(Epp, 2008).

미술치료가 심상의 사용에 기초하지만, 인지-행동 치료는 언어를 활용한다. 내담자들에게 부정적 생각을 글로 쓰게 하고, 언어화시키고, 마음속으로 추적하도록 한다. 목록을 만들고, 차트를 완성하고, 정서 수준에 순서를 매겨서 심각성을 결정하도록 하고, 진행과정을 감시하도록 한다. 이것은 매우 이지적(理智的)인 방법이어서 논리화하고, 인지적 평가를 하고, 질문하고, 그리고 대답을 하게끔 이끌어 간다. 그러므로 어떻게 상담자가 인지적으로 구조화된 치료 방안에 심상 형성과 같은 비언어적인 기법을 활용할 수 있겠는가?

인지-행동 치료에서 미술을 활용하는 데에서 첫 번째 장벽은 '예술적'으로 되어야 한다는 내담자의 가정과 기대다. 아마 치료사들은 이와 비슷한 개인적 가정과 기대를 직면한 경험이 있을 것이다. '미술'은 함축된 언어이고, 그림을 그려 보라고 부탁받으면 대부분 사람들은 습관적인 반응, 즉 "나는 그림을 잘못 그려요." "나는 재능이 없어요." "당혹스럽네요." 또는 "실패할 거예요."라고 한다. 이런 대답을 피하는 가장 좋은 방법은 '미술'이라는 용어의 사용을 버리고 '심상'을 표현해 보라는 주문이 내담자의 갈등을 낮출 수 있다. '심상'이라는 용어가 인지-행동 치료 회기를 완성하여 줄 수 있는 좀 더 정확한 단어로 논란의 여지를 줄여 준다. 내담자는 부정적 도식, 불안을 야기하는 인지, 부정적인 자기독백에 대해 구체적인 표상 혹은 심상을 만들게 된다. 이러한 심상은 정신작용과 개인의 속마음을 잘 드러내게 된다. 내담자에게 우울 혹은 불안에 대한 심상을 그려 보라고 주문하면 '미술'을 그리라는 주문보다 덜 당황하고, 덜 경직된다. 이것은 치료에서 인지적 재구성을 위한 첫 단추이고, 이것을 통해서 부정적 도식과 가정이 재구성되었는지를 확인할 수 있다.

인지-행동 치료에서 새로운 정서 형태를 연습하는 방법으로 정신적 심상 기법을 활용하는 전통도 있다(Meichenbaum, 1985). 상담가는 내담자들이 생각하고, 느끼고, 행동하기를 원하는 방법을 시각적으로 상상해 보도록 요청한다. 인지-행동 치료는 내담자와 치료사 간에 협동을 꾀하는 접근이기 때문에, 몇 가지 이유로 심상을 만들어 내는 기법이 도움이 된다. 첫째 인지-행동 치료에서 성공적인 변화전략을 개발하기 위해 치료과정을 결정하는 데 내담자를 참여시키는 것이다. 또한 인지-행동 치료는 실천 지향적이다. 즉 내담자는 치료시간과 현실생활에서 시간과 에너지를 기꺼이 쏟도록 해야 한다. 치료의 일부로서 심상 형성은 내담자로 하여금 변화와 회복과정에 적극 참여시키는 방법이고, 내담자는 그림, 콜라주 혹은 다른 미술매체를 통해 실천전략을 스스로 깨닫게 된다.

초기 회기

미술치료에서 인지-행동 접근을 활용할 때 가능하면 빨리, 보통 두 번째 회기부터 심상을 형성하도록 유도하는 것이 좋다(첫 회기는 인지-행동 치료 절차를 설명하고, 목표를 설정하고, 정보를 수집한다). 한 가지 방법은 언어적 지시를 심상 지시로 바꾸는 것이다. 예를 들어 우울증을 일으키는 사건을 적어 보라는 것보다, 우울을 야기시키는 문제를 심상으로 표현하도록 요구한다. 심상과 문제의 분석을 통해서 내담자를 이끌어 가기 위해, 치료사는 다음과 같은 질문을 제시하는 것이 도움이 된다.

- 무엇이 문제인가?
- 심상이 그림 주인공에게 무슨 말을 하는가?
- 심상을 만드는 동안 어떤 생각들이 떠오르는가?

- 지금 어떤 생각들이 마음속에 있는가?

시각적 전략은 인지-행동 치료의 형태에 포함된다. 예를 들어 부정적 생각을 지도로 만들거나 비기능적 도식을 그려 보게끔 칠판의 활용도 흔히 사용되는 방법이다(Emery, 1989; McMullin, 2000). '흰색과 검은색'으로 대비시켜 자신의 부정적 사고를 보는 것은 아주 강한 경험이 될 수 있으며 개인의 인지적 경향성을 이해하게 된다. 그러나 자신의 부정적 사고 측면을 보는 것이 도움이 될 수 있지만, 심상으로 부정적 자기관념을 보게 됨으로써 그 생각에 압도당할 수 있으며, 어떤 내담자들은 그러한 심상을 형성하기를 거부하거나 생각해 보지도 않으려고 저항한다. 치료사의 이론적 지식과 민감성을 발휘하여 내담자의 방어 수준에 맞추어 치료 회기에 경험시킬 내용을 조절함으로써, 치료사는 내담자의 부정적인 자동적 사고, 느낌, 행동을 깨우치게끔 도울 수 있으며, 그에 따른 부적응 행동을 확인하고 처리할 수 있도록 돕게 된다.

인지치료의 초기 회기에서 심상을 형성하게 하는 이유는 지도(charts)나 작업표(worksheets) 등이 인지적으로 도움을 주는 것과 비슷하게 심상 사용을 지시하고 구조화하기 위해서다. 내담자가 심상표현에 성공할 수 있는 가능성을 높이기 위해서 가능한 지시와 재료를 고수하는 것이 중요하다. 인지치료에서 작업표와 지도는 종종 내담자에게 큰 부담을 줄 수 있으므로, 내담자의 자아 상태를 고려하여 적절하게 도입하여야 한다. 같은 맥락으로 심상 형성의 사용도 적합하게 해야 한다. 인지적 이해가 행동으로 실천되려면 상당한 시간과 정열을 투자해야 한다. 내담자들에게 왜 지시를 하는지, 그것이 어떤 역할을 하고, 어떤 도움이 되는지를 이해시켜야 한다.

치료과정에 심상 형성을 활용하는 것은 다음에 설명할 사실을 경험시키고자 하는 것이다.

- **'스트레스'에 대한 심상 형성** 부정적 느낌을 촉발하는 스트레스를 확인하는 것은 대응방략을 개발하고 이해하는 핵심 사항이다. 치료사는 내담자가 부정적 행동 혹은 자기독백을 하는 사건, 상황 혹은 사람에 대해 심상 여행을 계속하도록 이끌어 가야 한다.
- **'스트레스에 어떻게 대항 할지'에 대한 심상 형성** 예를 들어 현재 자신이 처한 상황이

스트레스일 경우에, 내담자는 '내가 무엇을 할 수 있는가' 혹은 '만일 내가 성공적으로 이런 도전에 대응하려면, 어떻게 해야 할까'에 대해서 심상을 형성하도록 격려받는다.

- 문제에 대해 '단계별 조정'을 하는 심상 형성 어떤 내담자의 경우 문제나 스트레스를 해결하는 단계를 분석하는 것이 도움이 된다. 문제가 어떻게 대처 가능한 요인으로 나누어질 수 있는지를 볼 수 있는 일련의 심상은 내담자를 시각적으로 돕게 되어, 어려운 상황과 이런 경험으로 야기되는 문제행동을 극복하는 방법을 배우게 한다.
- 스트레스 감소에 대한 심상 형성 심상을 만드는 행동은—그림이든지 혹은 콜라주든지 간에—부정적 경험으로부터 '벗어나는(time out)' 방법이고, 이완반응을 유도하는데 유용하다(DeLue, 1998; Malchiodi, 1999). 치료사는 내담자에게 잡지 등에서 자신에게 위안을 주는 그림을 오려서 개인 사무실이나 잘 보이는 곳에 걸어 두도록 한다.

숙 제

인지-행동 치료의 경우, 내담자와 치료사는 상호 협의하여 삶의 현장에서 실천해야 할 숙제를 개발한다. 숙제는 문제 목록을 만들고, 신념을 기록하고, 부정적 자기독백을 정리하고, 내면화된 자기암시를 기록하는 것이다. 미술치료에 인지-행동 치료를 접목할 경우, 이런 숙제들은 신념이나 가정들을 재구성하는 심상을 활용하도록 하고, 심상을 통해 내면화된 자기암시를 기록하게 한다. 예를 들어 치료사는 숙제를 효과적으로 하도록 독려하기 위해서 노트를 준비하여 심상을 차례로 꽂아 두도록 한다. 숙제의 일부로서, 내담자는 비기능적인 생각이나 감정을 시각 지도로 정리해야 하고 내담자가 경험하는 가장 위축된 생각을 적어도 하루에 한 개 이상씩 적도록 한다.

부정적 심상의 재구성

내담자가 부정적 생각을 기록하거나 확인하기 위해 충분히 탐색하고 나면, 치료 회기에서나 혹은 숙제를 통해서 이러한 생각이 자신의 인지와 멀어지기 시작하고 마침내 자신의 지각과 가정을 지배하는 구체적 도식 틀을 인식하기 시작한다. 일단 인식이 되고 나면 인지적 재구성의 과정이 시작된 것이다. 보통 이 과정에서 그릇된 논리를 분석하고, 가설 검증을 해 보고, 대안적인 설명을 찾아보고, 좀 더 큰 생각을 가지고, 실패를 방지하는 노력을 기울이게 된다(Ellis, 1993; Emery, 1989). 먼저 치료사가 사고와 도식의 분석과정을 통해 내담자를 안내하면, 내담자는 미술표현을 통하여 부정적 심상을 물리적으로 변경하는 경험을 하여 좀 더 긍정적인 가설을 개발할 수도 있다.

사례

다음 사례는 인지치료의 과정에 심상을 활용하는 기법을 보여 주고 있다. 40대 초반의 여성으로서 낮은 자존감과 우울 때문에 일상이 힘들다고 호소하고 있다. 이 여성은 지지적인 남편을 만났고, 임신을 두 번 했었고, 가정부의 도움을 받을 만큼 경제적 여유도 있기 때문에 "이러한 감정을 가질 만한 이유가 없어요."라고 호소하였다. 그러나 두 명의 아이는 그녀가 음악활동을 하는 데 심각한 영향을 미쳤지만, "나는 그것을 알고 있었고, 준비했었어요."라고 설명하였다. 또한 내담자는 스스로를 '지나치게 낙관적'이며 '침착한' 사람이라고 설명했고, 이 순간 자신의 실패한 모습을 발견하게 되었다고 했다. 내담자는 우울감정을 느끼고 있으며 또한 자신이 '감당할 수 없는 방해물'에 가로막혀 있어서 절망감을 느낀다고 했다.

내담자에게 초기의 부정적 사고를 기록하게 요청하고(목록 A), 그 사고가 우울증을 야기하는 문제인데, 그것에 대해 연관된 이미지를 떠올리게 했다([그림 7-1]).

목록 A: 초기의 부정적 생각

"나는 압도당하고 있다."
"나를 변화시켜 줄 누군가를 원한다."
"아파서 침대에 누워 있기를 원하고 타인이 일들을 하게끔 조정하고 싶다."
"나는 쓸모없는 사람이다."
"나는 재능도 없고 시간을 낭비한다."
"나는 화려한 경력을 갖고 싶어 한다."
"나는 Betty Crocker 같은 음악가를 좋아하는데, 내 노래는 형편없어서 조리법과

[그림 7-1] 우울을 일으킨 문제의 그림

의상디자인 법을 나의 CD에 담아 두는 게 낫다."

"나는 시간을 뭔가 중요한 것, 온전한 엄마의 역할을 하는 데 사용해야 할 것이다."

[그림 7-1]은 생각을 기록한 다음에 그린 심상이고, 여기서 내담자는 자신의 우울증에 단서가 되는 문제를 나타낸 것으로 느꼈다. 성적 매력은 없지만 완벽한 가정주부를 묘사한 그림인데, 예술가로서 자신의 정체성을 드러내는 피아노는 작게 그렸다. 피아노를 배경에 그렸으며, 또한 피아노 위에 가재 소품을 어지럽게 그리면서 악기로서 피아노의 역할을 위협하고 있다. 이 그림은 엄마로서 좋은 모습이 아님을 묘사하는 동시에 예술가로서 자신의 핵심 정체성을 위협하는 것이다. 이 그림은 자신의 문제를 정확하게 반추시켜 주기 때문에 치료사는 내담자에게 치료 중간 중간에 몇 번 더 이 그림을 보여 주었다. 다음 회기에서 내담자는 어머니로서 자신의 새로운 역할과 타협할 뿐 아니라, 피아노를 전경(foreground)으로 끌어오는 작업을 꾸준히 하게 되었다. 치료사는 내담자와 작업하면서 핵심문제를 정의하고, 자신을 우울하게 만들었던 부정적인 가정들을 확인하게 해 준다. 궁극적으로 어머니 역할이 예술가의 길을 막았다는 개념에 도전을 하게 하고, 더욱 현실적으로 시간을 조절할 수 있게 해 준다. 심상의 활용은 내담자가 작업에 집중하도록

하였고 자신의 갈등 윤곽을 분명하게 드러내도록 하였다.

내담자는 우울하게 만든 불쌍한 자기상을 벗어나고 남편과의 성관계도 원활하게 되기를 원한다. 이런 문제를 다루기 위해 치료사는 자신의 신체에 대한 부정적 독백을 기록하도록 요청하였다(목록 B).

목록 B: 이차 부정적 생각

"무슨 일을 하든지, 되는 일이 없다."

"나는 일을 되게끔 할 수 없다."

"나는 항상 이런 방식으로 느낀다."

"나의 가슴이 싫다."

"몸무게도 무겁고 체중을 다시 맞출 수 없을 것이다."

"내 몸을 통제하지 못한다."

"내 몸은 쓰레기 같고 더 이상 매력적이지도 않다."

내담자에게 부정적 독백을 하게 한 다음에 떠오르는 그림을 그리라고 했다. [그림 7-2]는 두 단계로 그려졌는데, 혼자 있는 여성 모습, 다음에 남성 그림을 추가하였다. 내담자가 그린 첫 심상은 혼자 있는 여성 그림이었고, 신체 외모에 대해 자기염증을 느끼는 모습이다. 내담자는 몸무게 자체가 문제가 아니라 최근에 출산으로 인해 몸무게가 줄지 않는다고 느끼고 있으며, 이런 생각은 목표를 달성하는 데 도식을 촉발시켰다. 치료사가 부정적 생각들과 연관해서 그림표현을 물었을 때, 자신을 바람직하지 않고 비매력적이라고 느낀 사고과정에 대한 자각이 부족했다. 또한 자신이 정열적이고, 운동을 잘하고, 강하고, 몸무게에는 별 관심이 없다는 주장을 하고 싶은 도식을 보여 주고 있다.

치료를 진행하면서, 내담자는 한 개의 부정적 생각, '내 신체는 쓰레기 같고 더 이상 매력적이지도 않다.'를 떠올리면서 심상을 재구성하였다. 내담자는 배우자의 그림을 첨가하면서, 자신을 보호하는 바람직한 방법으로 껴안게 묘사했다. 실제로 남편은 외모에 대해 아내와 다른 생각을 갖고 있으며, 성적으로도 아내에게 접근하고, 스스로 성적으로 매력이 없다는 믿음에도 동조하지 않았다. 그림에 남편 모습을 추가한 것은 내담자

[그림 7-2] 부정적 자기독백을 반영한 그림

스스로 비기능적인 인지도식을 직면하는 것이고, 어떤 자신감을 제공하는 것이다.

매력적이지 않다는 강한 확신을 직면하는 수단으로 이 그림을 자주 보여 주었다. 신념과 반대되는 분명한 증거(남편의 지지와 신체에 대한 관심)에도 불구하고, 자신의 매력에 대한 비기능적인 법칙은 부정적 독백과 우울한 감정에 불을 지르고 있다. 내담자는 자신이 만들어 낸 그림을 보면서 긍정적 진술을 할 수 있었고([그림 7-2]), 부정적 생각을 감소시키기 위해서 그림을 활용하기도 하고, 이 그림이 자신을 '수정시키는 진언(眞言)' 이 된다고 말했다.

심-신 관계의 접근

심-신 중재란 마음의 능력을 개발하여 신체 회복과 치유를 도모하는 기법이라고 폭넓게 정의된다. 이런 중재의 일부는 '보완' 또는 '보완 및 대체의학(complementary and alternative medine: CAM)' 이라고 하는데(National Center for Complementary and Alternative Medicine, 2011), 이것을 전통적인 증거에 기반한 접근법과 결합하여 사용한다. 인지-행동 치료 및 유사한 인지적 접근은 심-신 중재를 위한 규준에 부합되지만, 현대에 와서 다양한 질환의 치료에 효율적이라는 연구들이 축적되기 때문에 '주류' 로 수용되고 있다. 표현 및 창의적 미술치료는 아직도 새로운 접근으로 간주되고 또 일반적으로 접근 기법도 실험적, 신체 지향적 수단을 통해 행동을 변화시키는 데 바탕을 두고 있기 때문에, 보완 및 대체의학의 형태로 분류된다(Malchiodi, 2005).

지면이 많지 않으므로, 심-신 중재 및 미술치료의 주요 흐름 중에 주목받고 있는 다음 세 가지, 즉 마음챙김(mindfulness), 신체치료(somatic therapies), 초점지향적 기법(focusing-oriented techniques) 등을 살펴보기로 한다.

마음챙김에 근거한 미술치료

마음챙김은 현재 경험에 완전히 집중하게 하는 불교수행법인데, 대개 명상 또는 주문(chanting)을 사용한다. 명상은 생리적 · 정서적 반응을 긍정적으로 변화시키는 것으로 인정되기 때문에, 1970년대 이래 심리학은 치료에 다양한 마음챙김 방법을 적용하여 응용해 오고 있다. 심리치료와 함께 '마음챙김' 이란 용어가 사용되기 때문에, 마음챙김에 근거한 스트레스 감소를 의미하는 것인데(Kabat-Zinn, 2005; Siegel, 2007, 2010), 이것은 사람들이 질병에 의한 스트레스 반응을 관찰하고, 평가하고, 감소시키도록 돕는 것이다. 심리치료에서 마음챙김은 자기조절을 증가시키고, 현재 순간에 주의를 집중하여 긍정적 정서 및 결과를 높이기 위해 사용되는 기법이다(Germer, Siegel, & Fulton, 2005; Siegel, 2007).

어떤 의미에서 미술작품에 몰입하는 것도 초점을 맞추거나 '마음 챙기는' 것으로 간주되지만, 색칠하기나 그림에 몰두하는 것이 반드시 마음챙김은 아니다. 그러나 암 생존자의 치료에 마음챙김과 미술치료의 경계를 보여 주는 한 가지 설명이 있다(Monti et al., 2006). 무선집단 및 통제집단 연구에서 연구자들은 마음챙김의 스트레스 감소 기법(가벼운 요가, 정좌 명상)과 미술치료 및 집단지지를 결합시켰는데, 그 결과 불행의 느낌을 감소시키고 삶의 질에 대한 지각이 증가하였다. 8주 동안 마음챙김을 먼저 하고 다음에 작품 만들기 경험을 하였다. 예를 들어 요가로 몸 풀기, 정좌 명상, 자애 명상(loving kindness meditation) 등을 한 다음에, 신체적 · 정신적 · 정서적 고통을 표현하는 작품 만들기 및 자기치유 심상 형성을 시켰다. 이 프로그램의 미술치료 구성요소는 각 회기에 소개된 마음챙김 연습을 확장시킨 것이다.

신체적 접근

신체 심리학(somatic psychology)은 신체, 신체 경험, 자기구현(embodied self)에 관한 연구다(Ogden, Minton, & Pain, 2006). 일부 치료사들은 마음챙김을 안구운동 둔감 및 재처리(eye movement desensitization and reprocessing: EMDR)처럼 신체적 접근의 한 방법으로 간주한다. 이 두 기법은 특히 외상을 당한 사람에게 유의미한 생리적 · 인지적 변화를 일으킬 수 있는 것으로 보고되었다(Foa, Keane, & Friedman, 2009; Siegel, 2007). 표현치료 중에 무용/동작 치료는 신체적 접근을 반영한 것이고 또 신체 심리학의 한 영역이라고 설명하기도 한다(Payne, 2006).

신체적 접근의 기본 가정은 사람이란 인생경험을 외현적(대화식) 및 암묵적(신체 또는 감각기억방식)으로 기록한다는 것이다. 이런 이유로 이 접근은 외상 경험 또는 외상 후 스트레스 장애의 치료에 자주 적용되는데, 그 이유는 외상에 노출되면 생리적 증상이 나타나기 때문이다. 치료사들은 소리, 호흡, 운동, 반영(mirroring) 같은 다양한 감각기법을 사용하지만, 불행에 대한 신체감각 경험을 탐지해 내기 위해서 신체활동을 유발시키는 미술치료를 활용한다.

신체에 기반을 둔 인기 있는 미술치료 지시는 '전신 스캔(body scan)' 이라고 불리는 것인데, 이것은 미술치료사뿐 아니라 상담가, 심리학자, 놀이치료사 등도 외상환자에게 자주 사용하는 기법이다(Malchiodi, 2008). 요약하면, 내담자를 이완시켜서 자기 몸을 발끝부터 몸통으로 팔로 머리 방향으로 스캔하도록 하면서, 불편한 곳, 불안, 기타 불행감 등에 대한 감각을 주목하게 한다. 내담자에게 신체 윤곽을 제시하여([그림 7-3]), 그리기 재료를 활용하여 어떤 감각 부위를 선, 형태, 색깔, 이미지로 나타내 보라고 지시한다. 이 활동의 목적은 암묵적 감각을 시각적으로 드러내게 하고 또 신체에 불편한 곳을 자각하게 하는 것이다. 회기가 진행되면서, 치료사는 불편한 곳 또는 불행을 감소시키거나 제거할 수 있는 곳을 선, 형태, 색깔, 이미지로 표현해 보게 한다. 궁극적으로 내담자는 외상이 어떻게 자기 신체에 영향을 끼쳤는지 명료화하게 도와주고 또 외상반응은 실제로는 스트레스 상황에 대한 신체적 반응임을 깨닫게 한다(Malchiodi, 2008; Steele & Raider, 2002).

[그림 7-3] 미술치료에서 신체적 접근 사례(선, 형태, 색채, 이미지를 사용해서 신체감각을 묘사함)

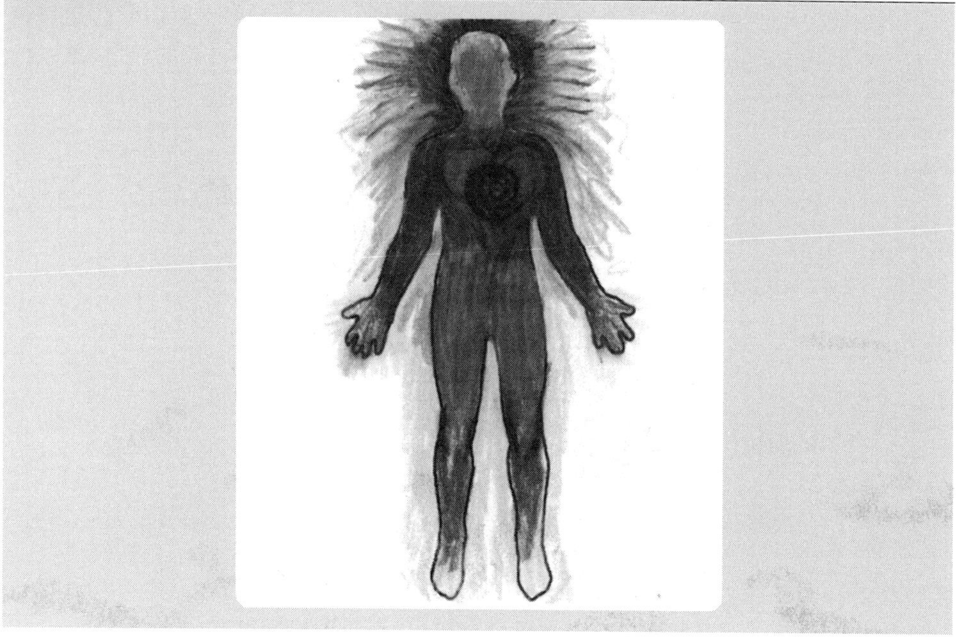

마지막으로 일부 미술치료사들은 외상 생존자에게 신체적 접근 및 미술치료를 EMDR과 결합시킨 결과를 보고하였다(Talwar, 2007; Tobin, 2006; Tripp, 2007). 이 치료사들은 미술치료 또는 기타 미술에 기초한 기법을 EMDR과 함께 적용했을 경우 내담자의 외상흔적이 빨리 부각되고 변형된다는 사례를 보고했다. 이런 관찰에 대한 확실한 증거는 부족하지만, 외상내용의 처리와 함께 작품 만들기(면의 가운데 선을 넘나드는)에서 좌-우면 동시 활용이 EMDR에서 강조하는 핵심 개념의 일부를 담고 있는 것이다.

초점 지향적 미술치료

심리학에서 '초점'이라는 용어는 내담자가 사적인 경험, 또한 뭔가 느끼지만 말로는 표현하지 못하는 것에 열린 마음으로 비판단적으로 주의집중을 유지하도록 돕는 것을 의미한다. 1960년대 Eugene Gendlin은 초점을 증가시켜, 내담자가 감정, 인간관계, 사건에 대한 '감각 느끼기(felt sense)'를 쉽게 해 주는 기법을 개발하였다. Gendlin의 철학은 심리학자 Carl Rogers와 공동연구 중에 형성되었는데, 신체적 접근과 비슷하게 암묵기억과 감각을 다루게끔 초점을 맞추었다(Gendlin, 2007).

[그림 7-4] Brianna 작품 '지금 내 상태가 어떠하지?'

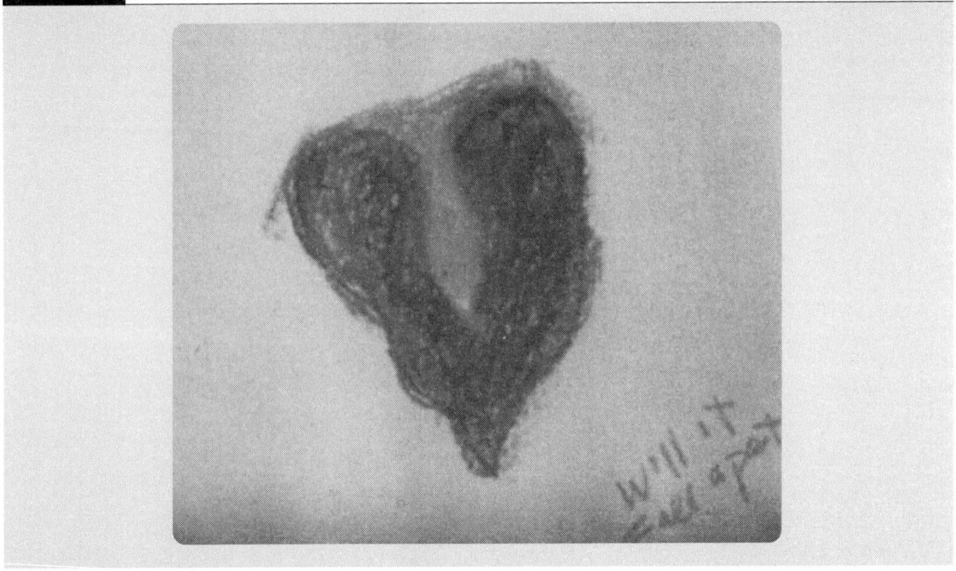

감각 느끼기를 용이하게 하는 Gendlin의 절차가 자신의 이론에 기반을 둔 것이지만, 표현치료는 종종 언어에 앞서 신체 지향적 감각에 의존함으로써, 초점 지향적 심리치료 원칙을 반영하고 있다. 초점의 목적은 느끼는 감각을 구체화시키는 것인데(Gendlin, 2007), 모든 표현치료 중에 미술작품 만들기가 감각을 구체화시키는 시각적 산물이 되는 셈이다. 미술치료사 Laury Rappaport(2008)는 Gendlin의 철학을 초점 지향적 미술치료(FOAT: focusing-oriented art therapy)의 작품 만들기와 통합시켰는데, 다음 이야기는 어떻게 FOAT를 치료에 적용할 수 있는지 보여 준다.

Brianna는 이혼 상태에 있는 55세 여성이었다. FOAT를 활용해 1년 가까이 치료를 했다. Brianna가 자신의 감정을 말하기 시작하면서, 연습을 통해 '지금 내 상태가 어떠하지?' 에 대해 느끼는 감각에 초점을 두게 하였다. 얼마 후에, Brianna가 눈을 뜨고, 보라색 파스텔을 잡고서, 심장이 터진 형상을 만들기 시작했다([그림 7-4]). 심장 표면에 분홍색을 칠하고, 찢어진 심장 틈에 회색을 칠했다. Brianna는 종이 뒷면에 '상처 입은 심장' 이란 단어를 적고, 다른 면에는 '이것이 허물어질까요?' 라고 적었다. Brianna는 내 속에 초점을 두면, 자기 심장과 가슴에 불타는 감각을 느끼고 다음에 심장이 찢어지는 이미지를 떠올리게 된다고 말했다. 감각 느끼기가 Brianna의 심장과 가슴에 불타는

[그림 7-5] '무엇이 필요한가?' 에 대한 Brianna 작품

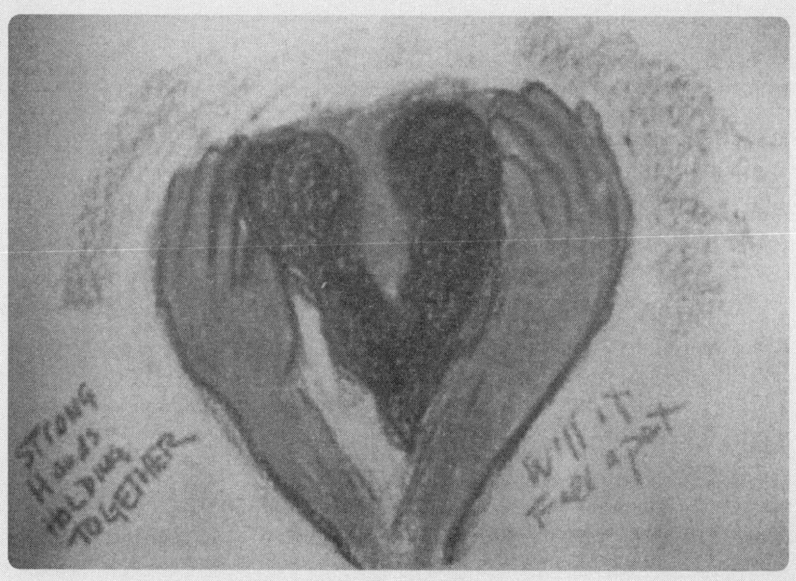

감각인 것이다. 보라색과 분홍색, 찢어진 상처 받은 심장은 자신이 느낀 감각을 상징하는 '감촉(이미지)' 인 것이다.

이런 연습 다음에, Rappaport는 Brianna에게 다시 한 번 초점을 두어서 감각 느끼기로 돌아가, '무엇이 필요한가?' 라고 질문했다. 그에 대한 반응으로, Brianna는 심장을 감싸는 큰 주황색 손을 그렸고 또 심장 주변부에 빛을 내는 노랑색을 칠했다([그림 7-5]). 요약하면 회기가 진행되면서, 감각 느끼기는 '꽉 막힌 심정' 에서 '온화한 위로' 로 내담자를 이행시킨 것이다. 신체적 접근으로, 감각 느끼기가 미술표현으로 드러났지만, 더 근본적인 것은 내담자가 자신의 신체 및 심상 변화를 주목해야 한다. 심상은 긍정적 변화의 증거다(Rappaport, 2008).

결 론

치료사들에게 정신분석과 인본주의 접근이 여전히 선호되지만, 인지-행동 및 심-신

중재가 점점 미술치료에 스며들고 있다. 인지-행동 치료는 전통적으로 언어를 변화의 주체로 활용하지만, 실제로 심상 형성은 인지적 접근을 보충하는 것이고, 인지-행동적 통찰을 증대시키기 위해 시각적 의사소통 방식을 이용하는 기회를 제공하는 측면도 있다. 신경과학 및 어떻게 마음이 스트레스와 질병에 대한 신체반응에 영향을 끼치는지에 대한 관심은 미술치료 분야에 마음챙김, 신체 심리학, 기타 심-신 중재방법을 융합시키게 자극한다. 모든 경우에, 치료에 심상을 불러오는 것은 내담자에게 치료사와 협력하여 변화를 이루고, 감정 및 경험을 재구성하는 전략을 배우고, 더욱 긍정적인 자아개념을 갖도록 현대의 '대뇌 지식'을 활용하는 기회를 제공하는 것이다.

CHAPTER 08

해결 중심 및 대화 치료

이 장은 해결 중심 및 대화 치료의 핵심 개념을 개관해 보고, 어떻게 미술치료를 접목시켜서 활용할지를 살펴보겠다. 이러한 접근을 시도하려면 치료사는 전통적이고 오래된 병리 지향적인 이론을 잠시 덮어 두고 내담자를 전문가로 인정하고 치료사와 협조하는 동등한 입장에 있는 사람이라고 인정해야 한다. 치료는 협동적인 것이며, 치료사가 선호하는 이론이나 성격 특성에 부합시켜 진행되는 것이 아니라, 내담자의 기준으로 진행해 나가는 것이다.

미술치료는 언어만 매개로 진행하는 치료법보다 당면한 어려움을 좀 더 빨리 치료 장면으로 가져오게 하는 이점이 있다. 두 언어, 즉 하나는 구두로, 다른 하나는 시각적으로 내담자가 적절한 방식으로 문제를 찾아내도록 돕기 때문에 치료과정이 더욱 촉진되는 것이다(Riley & Malchiodi, 2004). 해결 중심 및 대화 접근법과 더불어 미술활동을 함께 진행하면서, 구체적인 중재 방안과 창의적 표현을 거치면서 치료적 변화가 시작된다.

해결 중심 치료

해결 중심 치료의 가장 중요한 기여자는 De Shazer(1980, 1982, 1985, 1991)다. 그는 내

담자, 배우자, 가족 구성원들이 치료적 대화에 참여하여 자신들의 생활경험과 문제를 설명하도록 해 주어야 한다고 주장하였다. 치료사는 내담자의 목표에 맞추어 가능한 해결책을 구성하는 역할을 맡는다. 그 문제가 왜 일어났는지를 설명하려는 '문제 말하기' 대신에 치료사와 내담자가 함께 노력하는 '해결책 말하기'로 유도해 나간다. 예를 들어, 해결 중심 치료사는 "당신의 문제를 해결하기 위해 우리가 어떻게 함께할까요?"라고 말한다. 이런 질문은 내담자를 치료에 참여시키고 변화를 기대하게 만드는 단계로 사용한다.

전략적 치료사처럼, De Shazer는 근본적으로 문제해결을 잘못 시도할 때 문제가 시작된다고 믿는다; 내담자나 가족이 문제를 다루는 여정에서 완전히 밀려나게 되어 버린다. 또한 그들은 문제해결 가능성은 매우 제한적이거나 없을 수도 있다고 믿는다. 왜 처음에 제기된 특정 문제가 내담자가 창의적인 방법으로 문제해결책을 찾도록 도와주는 것보다 덜 중요한가? De Shazer는 각자가 긍정적인 변화를 꾀할 수 있는 핵심 열쇠를 갖고 있음을 알게 되었고, 치료사의 임무는 그 열쇠가 왜 효과가 없는지를 이해하기보다 내담자들이 그 열쇠를 찾도록 돕는 것이라고 한다.

해결 중심 치료는 해결 중심 단기치료(solution-focused brief therapy; SFBT, Cade & O' Hanlon, 1993)라고도 한다. 즉 대략 5~10회기 정도로 진행된다. 치료 회기가 제한되므로, 치료사는 변화가 비교적 빨리 일어날 수 있다는 믿음을 지지한다. 미술치료에서 심상을 형성하는 과정이 생각을 노출시키기 용이하고, 기억이나 세부적인 측면까지 회상할 수 있게 만들기 때문에 단기 접근하는 해결 중심 치료와 잘 부합된다.

해결 중심적 미술치료

Selekman(1997, 2002, 2010)은 미술활동은 덜 위협적이고 치료사와 문제해결의 동반자로서의 내담자 간에 유대를 지지하기 때문에 해결 중심 치료에 유용하다고 했다. 해결 중심 치료에 활용될 수 있는 여러 기법이 있지만, 그 중에 몇 가지 중요한 미술치료 기법이 있는데 저항의 역할, 예외의 질문, 기적의 질문, 변화촉진 등이다.

저항 중재하기

Selekman(1997)은 해결 중심 치료에서 "저항은 유용한 개념이 아니다."라고 가정한다(p. 141). De Shazer(1994)는 저항은 내담자가 변화를 원하지 않는 것을 의미하기 때문에 치료를 방해하는 측면으로 이해하였다. 만일 치료사가 내담자(저항)로부터 부정적 반응을 찾으면서 치료적 관계를 시작한다면, 저항은 발견될 것이고 강화될 것이다.

해결 중심 미술치료에서, 치료관계는 상호 목표설정과 협동적인 태도로 시작하고, 저항을 중화시키는 목표를 갖는다. 초기 회기에, 내담자에게 콜라주 혹은 간단한 그리기를 통해서 몇 가지 목표를 설정하도록 한다. 치료 초기에 미술표현을 시키면 내담자로 하여금 문제의 핵심을 알아내기 쉽고, 심상을 통해 치료사에게 문제를 알려 주는 데도 도움이 된다. 치료사가 미술작품을 탐색하고, 내담자가 작품을 어떻게 지각하고 해석하는지 들을 때, 내담자는 치료사가 자신의 소리를 듣고 있다는 것을 느낀다.

가족치료 회기에서, 구성원들에게 가장 어려운 점을 그려 보라고 하거나 가정에서 각자가 느끼는 '가장 긴급한 문제'를 자신의 관점에서 그려 보라고 한다. 심상은 다음 회기의 상담 방향을 열어 주고 당면한 문제에서 서서히 벗어나게 해 준다. 가족의 경우에, 치료목표에 대한 서로 다른 견해를 인정하게 함으로써 타협하고 의견일치를 본 가장 긴급한 목표에 동조하게 해 준다.

다음 간단한 사례를 통해 치료방법을 이해해 보자. 가장 긴급한 문제를 그려 보라고 할 때, 부모는 자녀들을 방황하게 만든 못마땅한 친구와 함께 아동을 그린다. 아동은 자신을 불공정하게 처벌해 온 '두려운' 선생님을 그렸다. 치료사는 부모와 아동에게 그들의 그림에 표현된 가족 바깥으로 그 사람들을 잘라 내거나 접도록 주문함으로써 치료단계를 진전시켰으며, 부모와 아동의 심상을 가깝게 하여 피부가 맞닿게 한다. 다음에 이러한 외부의 힘에 대항할 수 있도록 한 장의 종이에 해결책을 함께 그리도록 주문한다. 같은 종이에 부모와 아동이 함께 그리게 하는 것은 문제를 해결하기 위해서 그들이 함께 노력해야 한다는 것을 알려 주는 입문과정이다. 회기가 진행되면서 다양한 방법으로 협조할 수 있도록 이끌어 간다(즉 어머니는 학교 방문을 묘사하고, 아동은 집으로 친구들을 데리고 오는 그림을 그린다).

예외적인 것을 발견하는 질문

치료의 진실은 변화가 불가피하다는 점인데 이것은 치료 중에 간혹 망각하기도 한다(Selekman, 2010). 개인이나 가족은 삶의 변화를 겪으면서 발전해 간다. De Shazer(1985), Berg와 Miller(1992)는 '예외적인 것을 발견하는 질문'으로 변화를 자극하는 해결 중심 중재를 제안하였다. 여기서 질문은 예외적인 것에 초점을 둠으로써 문제를 재구성하도록 돕는 것이다. 예를 들어 '당신이 우울하지 않을 때 어떤 성취경험을 갖는가?' 모든 내담자의 문제에는 만일 그 문제가 일어나지 않을 때 지금 모습과는 다른 사람으로 되어 있었을 것이다. 치료 장면에서의 보편적인 문제는, '그녀는(혹은 그는) 나에게 항상 고함친다.' 다. 해결 중심 치료사는 "만일 그녀가(혹은 그가) 고함치지 않았던 순간을 생각해 보라?" 라고 질문한다. 예외적인 것이 발견될 수 있는 기회가 많기 때문에, 한 가지 예외적인 것과 그것에 연관된 환경에 집중하도록 함으로써 문제를 해결하고 변화를 유도하도록 자극하게 된다.

치료 회기 중에 이런 질문에 대한 답을 그림으로 표현하도록 요구한다. 태도 및 행동 변화는 좀 더 구체적인 상황에서 쉽게 야기된다. 예를 들어 문제행동을 보이는 청소년에게 치료사는 "만일 네가 학교에서 선생님 및 학생들과 협조적이라면 네가 어떤 변화를 경험할 수 있는지 그려 볼래?" 라고 질문할 수 있다. 가족에게 치료사는 "저녁식사 시간에 서로 고함치지 않고 누구나 자유롭게 토론한다면 식사가 어떻게 될 것 같은가요?" 라고 질문한다. 이런 질문들은 내담자로 하여금 가족생활에서 그런 문제가 일어나지 않았다면 어떻게 변화될 수 있었을지 상상해 보게 만든다. 신체를 움직이는 미술활동은 의사결정 과정에서 집중하도록 강화하는 측면도 있으며 가능한 해결책을 생각해 볼 수 있도록 자극한다.

기적의 질문

De Shazer(1991)가 개발한 '기적의 질문(the miracle question)'은 내담자에게 내일 아침에 일어나서 문제가 진정되었을 때 자신의 삶이 어떻게 될 수 있는지 상상해 보도록 하는 기법이다([그림 8-1]). "어느 날 저녁에 기적이 일어나 당신이 잠자고 있는 동안 상담

[그림 8-1] '기적의 질문'에 대한 그림 예

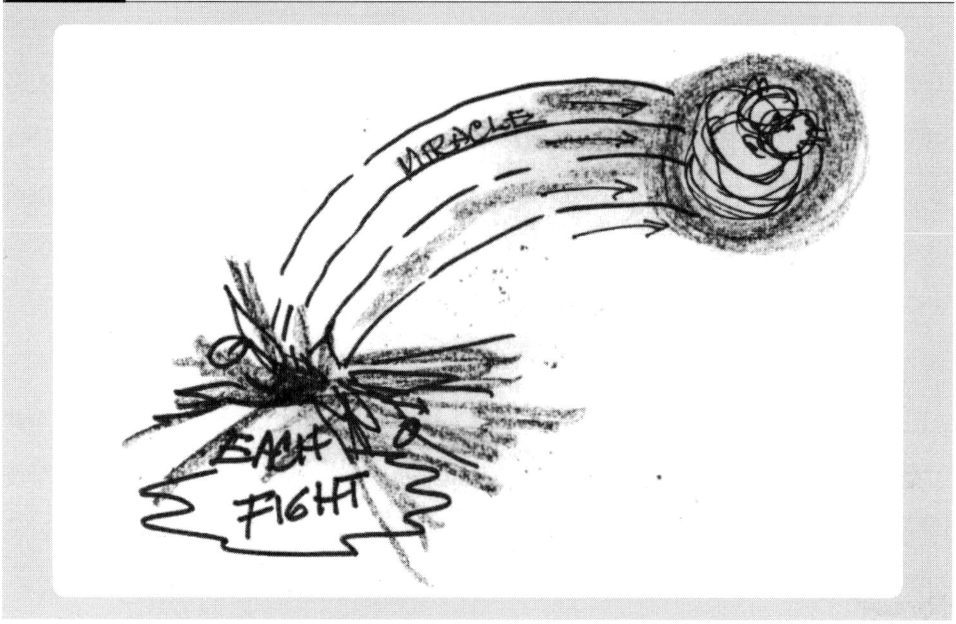

하러 온 그 문제가 해결되었다고 상상해 보세요. 당신은 어떻게 알 수 있을까요? 무엇이 변화되었을까요? 다음 날 아침에 기적이 일어났다는 것을 어떻게 알아차릴 수 있을까요?" 라고 주문한다.

기적의 질문은 가정적인 해결책을 계획하기 위해 고안된 기법이며 심리문제가 해결되었을 때 자신의 인생이 어떻게 변화될 수 있을지 생각해 보도록 격려하는 것이다. 또 다른 차원의 질문, 즉 "누가 알아차릴 수 있는가?" "누가 돌봐 줄 수 있는가?" "당신의 목표를 어떻게 매진할 수 있겠는가?"에 대해서도 탐색해 보도록 격려한다. 몇몇 질문은 문제해결의 목표에 근접하거나 긍정적 변화를 이끌어 가는 개념을 생성할 수 있게 한다.

예를 들어 사회적으로 전문가로 성공한 48세 여성이 치료 중에 결혼생활을 돌이켜보고 어떤 변화를 추구하려고 한다. 결혼생활이 쉽지 않았고 지난 10년 동안 퇴보되었다. 남편은 수 차례 혼외정사가 있었고, 그 이유를 나이가 들고 매력적이지 않은 아내의 탓으로 비난하였다. 남편은 아니라고 하지만 조기치매 증상이 있고, 낯선 사람과의 부적절한 성행동 때문에 감시하는 사람도 필요했다. 아내는 아이들 때문에 참아 왔고, 이제 자녀들은 성장하여 독립하였다.

내담자는 스스로 희생자로 간주했지만 너무 수동적이었다는 것을 인정하고, 어떻게 가정과 남편을 떠날 수 있는지 생각하고 있었다. 미술치료 중에 비참하리만큼 좁은 방에서의 결혼생활, 외로움 그리고 가정에서 전혀 느껴 보지 못한 자신의 존재를 그려 보게 하였다. 가정 밖에서 경험하는 우울사건을 수회 반복한 다음에, 치료사는 "지난밤에 수면을 취하고 아침에 깨어났을 때, 삶이 좀 더 만족스럽게 정리된 것을 상상해 보세요."라고 지시한다. 내담자는 눈을 감고 잠시 조용한 시간을 가진다. 그런 다음 자리에서 일어나 활기 있고 힘찬 목소리로 "내가 왜 떠나야 하지? 남편은 결혼생활의 모든 맹세와 약속을 저버린 필요 없는 존재야. 그가 떠나야 해! 나는 남겠어. 이것이 나를 행복하게 만드는 것이고 바로 그것이야!"라고 말했다.

이때 치료사는 내담자의 믿음을 강화시키고 보상하기 위해 심상으로 자신의 결심을 굳건히 하도록 유도한다. 수 주 안에 남편을 위해 좋은 아파트를 빌려서 간병인과 함께 이사하고, 가정의 결정자가 되었다. 이런 결정에 자녀들은 물론이고 놀랍게도 남편도 찬성하였다.

콜라주 같은 기법으로 기적의 질문, 즉 "이런 문제가 더 이상 지속되지 않을 때 앞으로 당신이 어떤 일을 할 수 있을까?" 혹은 "당신에게 영향을 미친 문제가 사라질 때 어떠한 결정을 내릴 수 있을 것인가?"라는 질문을 제시하여 도식화시키는 것은 즉각적인 느낌을 갖게 해 준다. 미래에 대한 긍정적인 관점을 제시하면서, 내담자 주도의 문제해결 접근에 부합되는 언어를 사용하게 한다.

변화촉진

O'Hanlon과 Weiner-Davis(1989)는 해결 중심 접근을 사용하는 치료사는 세 가지를 성취하려는 것이라고 했다. "① 문제라고 지각되는 환경에서 '행위'를 변화시킨다. ② 문제라고 지각되는 환경에서 '관점'을 변화시킨다. 그리고 ③ 문제가 되는 환경으로 잠재자원, 해결방안, 힘을 동원시키는 것"(pp. 126-127)이다.

예를 들어 가족을 부양하기 위해 밤낮 일하는 힘든 이혼모는 그녀가 매일 해야 하는 모든 임무에 대해 자녀의 도움으로 미술작품을 만들어 봄으로써 자신이 겪는 고난을 명료화할 수 있게 되었다. 부모는 종종 과업의 수를 보고서 놀라게 되고, 자녀들은 가정을 꾸리기 위해 헌신해야 하는 힘든 일을 새롭게 인식할 수 있게 된다. 이런 상황에서, 치료사는 내담자가 여분으로 해야 하는 시간을 생각해 보도록 격려한다. "어떻게 당신이 그런 일들을 할 수 있는 시간을 만들 수 있는가?" 질문한다.

한부모 가정에서, 부 또는 모가 자녀를 한쪽 방향으로 몰아 붙일 때 고성이 오가기 쉽다. 상황에 대한 '관점'을 바꾸기 위하여, 치료사는 예외적인 것을 확인하고 부정적 감정 없이 대화를 수용하는 순간에 초점을 맞춘다. 예를 들어 치료사는 어머니에게 '아들 Johnny에게 고함치는 순간 당신을 진정시키는 내부 힘을 어떻게 확인할 수 있는지를' 그려 보게 한다. "당신이 화난 이유를 설명한 후에 어떻게 Johnny를 잠시라도 다르게 행동할 수 있을지 그려 볼 수 있겠는가?" "Johnny는 엄마가 고함치지 않도록 서로서로 돕는 모습을 그려 보자." 문제해결 치료사는 내담자와 협조하여 당면한 스트레스를 풀고 문제 상황에 대한 '행위'와 '관점'을 변화시킨다.

문제를 해결하려는 노력이 반복적으로 실패하면 오히려 더 심각해진다. 이 시점은 바로 변화를 위한 자원과 힘이 있는지를 확인해야 할 때다. 내담자는 성공경험을 별로 갖지 못했기 때문에 창피함을 자주 경험하지만, 문제해결을 위한 대안적인 접근을 생각해 내는 데 치료사와 협조함으로써 실패에 따른 죄책감을 떨쳐 버리게 된다. 성공이나 실패로 이끌었던 과제를 논의한 다음에, 그 가족은 종이 가운데 '극복할 수 없는' 산을 그리고는 그에 연관된 '문제'의 심상을 그려 넣었다. 그들은 '산을 움직일' 방법을 찾도록 격려받는다. 이것은 성인들이 쉽게 연관시킬 수 있는 보편적인 비유이며, 그림을 변화시키기 위해 자신의 자원(잠재력)을 활용하는 방법도 안다. 산은 폭발해 버리고, 터널이 뚫리고, 주위를 돌고, 점점 올라가고, 잘려진다([그림 8-2]). 산이 어떤 문제로 둘러싸여 있는지는 중요하지 않고, 상황을 변화시키기 위해 가족들이 어떻게 자신들의 자원을 사용할 것인지가 중요하다. 당면한 문제는 한 가지 혹은 여러 가지 방법으로 극복할 수 있고, 새로운 방법으로 문제를 해결하기 위해 가족이 성장이 될 수 있다.

어떤 면에서 치료사는 해결 중심 전략을 부가적으로 사용하여 변화를 격려한다. 예를 들어 내담자에게 다음과 같은 질문을 하여 도움을 준다.

"이번 주에 당신은 얼마나 자주 긍정적인 행동을 반복하겠는가?"

"이런 예외적 부분(이미지를 가리키면서) 중에 어떤 부분이 먼저 일어날 것이라고 생각되는가?"

[그림 8-2] '움직이는 산'에 대한 치료사의 그림 예, 문제를 극복하도록 내담자를 돕는 예

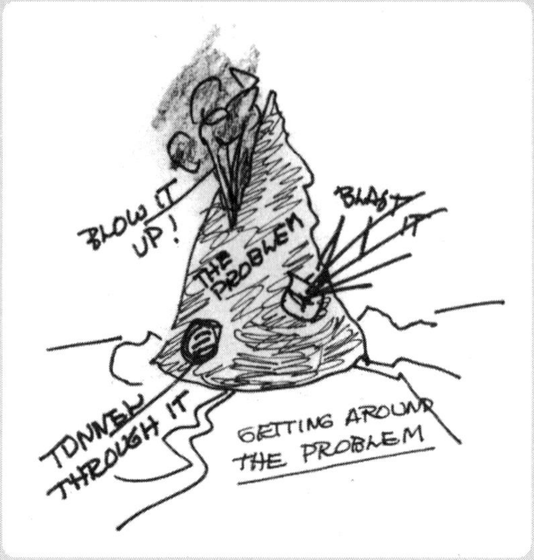

"미술작품을 집으로 가져가서 변화된 행동의 빈도를 확인해 보기를 원하는가?"

"당신이 원했던 목표에 도달했을 때 치료사가 어떻게 알 수 있겠는가? 그런 상황들을 그려 보라."

대화치료

대화치료(White & Epston, 1990)는 가족치료의 새로운 방법으로 간주되고 있으며, 해결중심 치료와 비슷하다. '대화(narrative)'라는 용어는 치료과정에서 이야기를 언급하거나 재언급하는 상황을 의미한다. 대화치료는 문제에 초점을 둔 중재기법이지만, 그것의 기본 원리는 미술치료 원리와 유사하고 이런 이유로 아동, 성인, 가족의 치료에 적용하기 적합하다.

대화치료의 기본 목적은 내담자들이 문제를 외현화하도록 도와서(White, 2007; White & Epston, 1990) 내담자를 문제로부터 분리시킨다. 실제로 대화치료를 극대화하는 것은 '문제는 곧 문제이며, 사람은 문제가 아니다.'라는 것이다. 내담자가 문제가 자기 성격의 일부 때문이라고 믿게 될 때, 변화를 꾀하고 바람직한 변화를 실행하기 위해 내부 힘

을 동원하는 것도 어렵게 된다. 문제 자체와 내담자 특성을 분리시켜 줌으로써 비난이나 책임의 수위를 낮추고 치료사와 내담자를 자유롭게 하여 어떻게 그 문제를 해결할지에 집중하게 된다.

대화치료는 우선적으로 언어수단—이야기 꾸미기와 치료관계에서 서신 주고 받기—을 사용하여 내담자로 하여금 자신의 문제를 밖으로 드러내도록 돕는다. 미술치료에서 대화식 접근을 할 때, 미술표현도 치료과정에서 문제를 외현화시키는 데 부가적인 이점을 갖는다. 예를 들어 그리기, 칠하기, 콜라주를 통한 문제 드러내기는 미술작품이 문제를 외현화하는 것이기 때문에 문제와 내담자를 분리시키는 자연스러운 방법이다. 이 방법은 내담자들이 문제를 구체적으로 인식하도록 해 주고, 자신 밖에 존재하고 있는 것으로 생각하게 한다. 시각적 외현화는 의사소통능력이 부족한 아동을 치료하는 데 특히 유용하다. 미술형태의 창의적 생각을 드러냄으로써 언어로 외현화시키기 어려운 성인이나 가족의 습관, 별명, 행동 혹은 생활방식을 표현하기가 쉬워진다. 또한 신체적 감각을 유발시켜서 그 문제를 어떻게 느끼는지, 의미를 만들 기회를 제공하고 심상을 재평가하여 새로운 이야기를 이끌어 낸다.

Freeman, Epston 그리고 Lobovits(1997)는 대화치료에서 통합적인 접근으로서, 특히 아동과 그의 가족들에게 표현적인 활동을 강조한다. 또한 "말로 표현하는 것은 특히 아동을 치료할 때는 놀이나 표현적인 미술치료로 쉽게 유도할 수 있다."라고 하였다(p. 11). 아동과 그의 가족은 인형옷 입히기, 가면 만들기로 놀이를 유도하거나 그리기, 색칠하기, 만화식 표현, 조각 등을 활용하여 좀 더 쉽게 대화식 치료과정에 참여시킬 수 있다. 아동은 미술을 아주 좋아하므로, 이야기를 만들어 내거나 다른 사람에게 전달하는 표현양식을 좋아한다.

Riley(1997)는 미술치료에서 대화식 접근은 특히 가족과 작업할 때 다양한 관점을 유도하기가 용이하다고 했다. 대부분의 가족은 일종의 신념을 갖는데, '어떤 문제를 이해하는 데 있어서' 또 무엇을 행할 때 구성원 모두 의견일치를 보아야 한다는 것이다. 그러나 문제를 해결하는 데 있어서 가족들은 합의를 보이지 않는 경향이 있다. 이런 점에서 미술표현은 다양한 관점을 나타내기 쉬워서, 가족들이 문제를 달리 이해하고 서로 다른 해결책을 갖고 있는지를 알게 한다. 예를 들어 가족들이 관심 갖는 '문제'를 개별적으로 묘사하도록 한다([그림 8-3]). 가진 문제에 대해서 다양한 심상을 갖고 있다는 것

[그림 8-3] 가족 문제를 묘사한 내용(저자의 예)

을 표현하게 함으로써 가족과 치료사들이 좀 더 쉽게 문제를 파악하게 된다.

또한 Riley와 Malchiodi(2004)는 "어떤 가족이 자신들의 이야기를 시작하고, 새로운 결말을 상상하기 시작하고, 새로운 사실을 발견하기 시작할 때, 창의적으로 된다고 했다. 다양성을 인식하면서 치료가 효과적으로 될 확률이 높아진다. 성공의 방해물은 언어다. 예를 들어 신혼부부의 경우 배우자가 실제로 무엇을 의미하는지를 이해하는 데 수년이 걸린다. 신혼부부가 내담자일 경우 치료의 효율성을 높이기 위해서 치료사가 내담자의 독특한 언어나 기괴한 습관을 알아야 한다." (p. 21)라고 강조했다. 이런 관찰은 내담자의 대화를 이해하기 위해 또 대화내용과 문제해결을 보충하는 데 심상을 사용하기 위해 치료사와 내담자 모두를 돕는 것이 된다.

대화전략과 미술치료

대부분 대화치료는 치료사가 어떻게 질문을 하면 내담자를 이해하고 '문제에 몰입된 이야기'를 분리시킬 수 있는가에 기초하고 있다. 미술치료에서 대화식 접근을 할 때, 다음 질문을 하게 된다.

"얼마나 오래 그 문제(태도, 행동, 정서적 어려움, 습관, 질병 등)로 고민하였는가? 무엇이 당신으로 하여금 원하지 않는 행동을 하게 만드는가? 그것이 당신 주위를 맴돌 때, 어떻게 보이는지를 그림으로 그려 볼 수 있나?"

"당신이 그 문제에 몰입되지 않는 시기는 언제인가? 그 문제가 일어났지만 당신이 견뎌 내었던 최근의 시점을 심상으로 표현할 수 있겠는가?"

"그 문제가 당신을 괴롭힌다고 느낀 시기가 있었는가? 그 문제에 부닥칠 때 무엇처럼 보이는지 그려 볼 수 있겠는가?"

다음 간단한 사례는 대화식 접근을 사용해서 미술표현을 유도하여 내담자와 문제를 분리시킨 예를 보여 준다. 한 여성이 대학을 졸업한 후 그녀에 대한 가족들의 기대가 스스로의 생각과 달라서 다툰 다음에 괴로움을 호소하고 있다. 그녀는 가족 중에 처음으로 학위를 취득했고, 결혼 전에 가족을 떠난 것도 처음이다. 부모는 이민 1세이며 미국에서 정착하였고, 어머니는 영어 구사에 제한이 있으며, 옛날 관습과 생각을 고수하고 있다. 어머니는 관습에 따라 여자는 남자보다 낮은 위치에 있어야 한다고 생각했고, 구세대의 행동방식을 따랐다. 여대생인 딸은 남자 친구를 자유롭게 사귀길 원했지만, 가족의 압력은 자신에게 갈등을 불러일으켰다.

치료사는 내담자에게 여성에 대한 전통적인 관습에 대한 심상을 콜라주로 표현하도록 하였고, 자신을 통제하는 긍정적 혹은 부정적 요구사항을 심상화하도록 했다. 다음에 내담자가 준수하기를 원하는 관습과 버리기를 원하는 관습을 구분하도록 요구했다. 좋은 관습으로는 여성이 가족 구성원을 사랑하고 삶의 방식을 자유롭게 선택한다는 점을 들었다. 가족과 자신에게 얽힌 문제를 시각적으로 분리시킴으로써, 그녀는 대안적인 삶을 생가해 내게 되었다.

젊은 여성 내담자를 '독자적인 결과'의 형태(White, 2007)—극복하지 못한 문제투성이의 이야기를 반박하는 예외적인 사건, 생각 그리고 행동—를 느낄 수 있는 방법으로 표현하게 함으로써, 문제에 얽매인 고정관념에서 벗어날 수 있었다. 이런 절차로 내담자로 하여금 주된 이야기를 변화시킬 그 무엇을 할 수 있는 권한이 있음을 깨닫게 해 주었다. 독자적인 결과는 대안적인 이야기를 탐색하고 실험할 수 있는 방법을 제공하였다. 이것은 내담자에게 문제 중심에서부터 해결 중심으로 이야기 구성을 옮겨 보도록 심상화시킨 De Shazer의 '기적의 질문'과 유사한 방법이다.

Riley(1997)는 여성 및 가족 치료를 하면서, 대화적 접근을 보충하는 미술치료 방법을 제안하였다.

- 대인관계와 성에 대한 당신의 기대를 설정했을 당시로 돌아가 봅시다. 그 당시 이야기들을 묘사해 보고 다음에 최초 스크립트를 재구성할 새로운 심상을 묘사하면서 탐색해 보시오.
- 당신 가족에게 '새로운 자아(new self)'를 보여 줄 시각적 삽화를 만들어 보시오.
- 실생활에 적용해 보기 전에 미술표현을 통하여 새로운 역할을 꾸며 보시오.

이런 지시들은 '독자적인 결과'와 비슷하고 내담자에게 대안적인 이야기를 나타낼 뿐 아니라 심상을 통하여 실제로 그것을 보게끔 해 준다.

결 론

Alter-Muri(1998)에 의하면, "포스트모더니즘식 접근을 취하는 미술치료사는 삶의 의미를 내담자와 함께 만들어 가는 방식을 취한다고 한다. 이 방법이 내담자의 작품 속에서 병리적 혹은 건강의 신호와 상징에 대해 단순히 해석을 내리는 것보다 더 중요하다."라고 했다(p. 250). 해결 중심 및 대화 치료는 치료사와 내담자 관계를 문제해결의 협력자로 평등관계를 유지할 것을 지지한다. 심상표현은 문제에 몰입된 이야기의 대안적 해결책을 찾는 데 있어 치료사와 내담자를 돕기 때문에, 미술표현은 이 장에서 강조하는 치료적 접근을 보완하는 기법이 된다. 미술치료 기법 외에 내담자 마음속을 실제로 볼 수 있고 느낄 수 있는 치료 형태는 없다. 또 미술치료는 내담자들이 창의적 방법으로 문제를 외현화하고, 재구성하고, '다른 이야기로 만들어 봄'으로써 변화를 촉진하는 기법이다.

편집자 글

이 장의 책임 저자인 Shirley Riley는 2004년에 사망했고, 이 장의 원래 내용은 그대로 유지하였지만 참고문헌만 최근 출간물로 대치하였다.

CHAPTER 09

발달적 미술치료

미술치료를 사용하는 많은 치료사들은 치료 시에 다양한 발달이론, 즉 심리성욕(Freud, 1905/1962), 심리사회(Erikson, 1963), 대상관계(Mahler, Pine, & Bergman, 1975) 그리고 좀 더 최근의 애착이론(Bowlby, 2005) 같은 모델 등을 통합시켜서 접근한다. 또한 미술치료는 Lowenfeld(1957), Gardner(1980), Kellogg(1970), Golomb(1990) 등이 제시한 정상 미술능력 발달 단계 및 Piaget(1959; Piaget & Inhelder, 1971)가 제안한 인지발달의 원리를 참고로 한다. 발달적 미술치료는 보통 아동에게 적용하는 것이지만, 신체장애, 인지장애, 발달지체 등이 있는 모든 연령층의 사람에게 응용할 수 있다. 작품 만들기가 초기 감각경험을 불러일으키고 또 발달선상에서 발견되는 상징적 표현을 엿볼 수 있기 때문에 정서적 스트레스나 외상을 경험한 사람에게도 적용할 수 있는 치료법이다(Malchiodi, 2002, 2008). 이런 이유로 신경위계 구조(neurosequential framework, 뇌간에서 신피질까지의 두뇌의 위계적 서열을 의미)(Perry, 2002) 이론을 어린 아동부터 청소년까지의 미술치료에 적용하는 것이 적절하다고 생각된다.

이 장은 발달적 미술치료에 대해 개관해 볼 것이고, 아동의 경우에 정상적인 미술표현 단계를 요약해서 제시한다. 또한 미술치료 중재방법으로 신경위계적 접근을 적용한 기본 구조를 제공한다. 발달적 미술치료를 적용한 간단한 사례를 제시하고 또 신경위계적 접근의 주요 목표를 강조해서 설명한다.

발달적 미술치료 이론

미술치료 시에 발달적 접근은 개인을 이해하는 가이드로 정상적인 창의성 및 정신 성장을 사용한다. 100여 년 전에 정신의학자와 교육자는 연령에 따른 아동의 그림 변화를 알게 되었다(Malchiodi, 1998). 초기의 공식적인 지능검사는 사람 그림 검사를 기초로 만들었고(Goodenough, 1926), 대부분 문화권의 아동은 사람그림을 그릴 수 있고, 그 그림 특성은 연령에 따라 변화된다는 것을 발견했다. 교육자인 Victor Lowenfeld(1957)는 미술과정은 아동의 창의성 및 정신 성장의 여러 측면을 나타낸다고 생각했고, 이것이 발달적 미술치료의 임상 응용에 가장 중요한 영향을 끼쳤다. Lowenfeld는 미술작품이 자기표현의 기초일 뿐 아니라 정서적 안녕을 증진시키는 잠재력이 있다고 믿었다. 그는 '미술교육치료'라는 용어를 처음 만들어서 장애아동에게 미술활동을 치료적 및 교육적 적용으로 이용할 때를 지칭하였다. 그는 이 시기에 정신분석적 개념에 영향을 받아서, 그 결과 아동의 자아개념에 장애가 어떻게 영향을 끼치는지에 관심을 갖게 되었고, 어떻게 미술과정이 아동의 발달을 촉진할 수 있는지에도 관심을 가졌다.

Lowenfeld의 많은 개념이 아동 및 성인 치료 작업에 발달원리를 적용해 온 미술치료사에게 응용되고 있다. Kramer(1971)는 문화적으로 불리한 처지에 있고 또 정서적으로 장애가 있는 아동을 치료하면서, 아동의 삶을 발달적으로 풍요롭게 하는 미술의 힘을 확인하였다. Uhlin(1972)은 신경을 다친 아동에 대한 연구물을 출간하였고 또 정상적인 예술능력 발달, 정신분석 및 분석적 이론에 영향을 받은 발달적 미술치료 이론을 제공하였다. Williams와 Woods(1977)는 실제로 '발달적 미술치료'라는 용어를 만들어 냈는데, 그들의 치료 작업은 아동의 인지 및 운동기술 획득에 초점을 두었다. Silver(1978, 2001, 2002, 2007)는 미술표현으로 어떻게 아동 및 성인의 발달과 인지능력을 이해하고 인식할 수 있는지에 관해 수십 년간 연구하였다(30장의 Silver 그림검사에 대한 설명 참조). 또한 Cox(2005)는 초기 아동기부터 청소년까지 심상을 생성하기 위해 아동의 발달능력에 관한 포괄적인 설명을 제공하였다.

Henley(1992)는 Lowenfeld와 Kramer의 이론을 통합하여 신체 및 정서장애가 있는 아동을 치료하는 접근법을 개발했는데, 그의 작업은 치료실 및 교실에서 아동에 대한 미술치료 및 미술교육의 원리를 적용하는 좋은 기준을 만들어 내었다. Aach-Feldman과 Kunkle-Miller(Aach-Feldman, 1981; Aach-Feldman & Kunkle-Miller, 1987)는 다양한 장애 유형과 정서문제를 가진 아동을 치료하면서 미술표현에 대한 발달이론뿐 아니라 심리성욕, 심리사회, 운동발달의 개념을 적용하였다. 더욱 최근에 정신적으로 그리고 심상 형성 활동을 통해 심상을 만들어 내는 대뇌의 능력에 관련된 신경과학의 영향력이 증가하고 있는데, 신경과학이 인간발달, 특히 초기 아동기와 전 생애를 통해서 미술표현의 기능에 영향을 미치고 있다(Malchiodi, Riley, & Hass-Cohen, 2001; Malchiodi, 2008).

정상적인 미술발달 단계

일반적으로 발달적 접근을 선호하는 치료사는 미술표현의 정상적 발달 단계를 활용하고, 같은 각도에서 평가와 후속적인 치료 중재의 판단 근거로 정상적인 놀이, 운동기술, 사회적 상호작용 등을 평가한다. 대부분 미술치료사와 발달심리학자들은 아동의 정상적인 미술발달의 단계와 특징을 잘 알고 있다. 그러나 이런 개념들에 익숙하지 않은 치료사의 경우, 다음 간략한 내용을 참조하면 된다. 이 장에서는 아동 미술표현의 발달적 특징을 깊이 있게 이해할 수 없기 때문에, 독자들은 Gardner(1980), Winner(1982), Golumb(1990), Kellogg(1970) 그리고 Lowenfeld와 Brittain(1987)을 참조하기를 바란다. Malchiodi(1998)와 Henley(1992)는 장애아동 혹은 발달장애 아동을 다루는 치료사를 위한 구성체계를 제공하였다. 앞으로 연구를 위해서 미술교육과 미술치료 영역의 연구자들은 확립된 발달규준을 재평가하기 위해서 현장자료를 수집하고, 문화적 배경이 다른 아동 그림을 검토하고, 정상 아동의 미술 성취 수준을 확립해야 한다(Deaver, 2009).

아동기를 지나면서, 모든 아동의 미술표현 양식은 점진적으로 발달하고, 연령에 따라 그림 특징도 변화하게 된다. 〈표 9-1〉은 개략적인 연령을 기준으로 기본 특징과 그림 요소들을 정리한 것이다(주의: 대부분의 연구는 아동이 어떻게 그리는가에 초점을 두고 있고, 물감이나 점토 같은 매체로 표현된 것에는 주의를 덜 기울임). 그림표현의 발달 단계는 전 세계적으로 공통적이고, 미술로 표현하려는 아동의 능력은 곧 심상 형성으로 나타난다. 어떤 아동은 특정 단계에 머물러 있고, 어떤 아동은 발달하고 있는 여지는 보이지만 치료사가 적절한 유도를 할 때만 비로소 나타나기도 한다.

발달적 접근을 사용할 경우나 미술치료의 다른 이론을 적용할 경우에도 미술발달 단계를 정확하게 이해하는 것이 중요하다. 발달 단계와 아동 그림 특성을 이해함으로써, 개별 아동의 미술표현에서 어떤 측면이 정상에서 벗어났으며, 또 내용 및 형태 측면에서도 이탈된 정도를 찾아낼 수 있게 될 것이다. 기술과 인지능력이 발달함에 따라, 미술표현도 순차적으로 발전한다. 그러나 운동발달이나 인지처럼, 연령대나 그림기교가 중복되기도 하고 대부분 아동은 변동이 심해서 일정 단계를 유지하기도 어렵다. 예를 들어 하루는 사람 그림을 그리고(3단계), 또 하루 뒤에는 덜 복잡한 형태를 그리기도 한다(2단계). 발달 단계에 따라 아동이 그리는 그림에는 공통점이 있지만, 아동 자신도 '개인적 시각(personal visual logic)' (Winner, 1982)이 있어서 물체를 어느 편에 위치시킬 것인지, 어떤 색이나 선을 표현할 것인지, 자신이 처한 환경에 따라 사람과 물체에 대한 상징의 형태도 달라진다. 이것이 발달적 미술표현의 정상적인 모습이란 점을 명심해야 한다.

〈표 9-1〉 미술표현 단계

• 0단계: 적응, 애착, 운동감각 발달 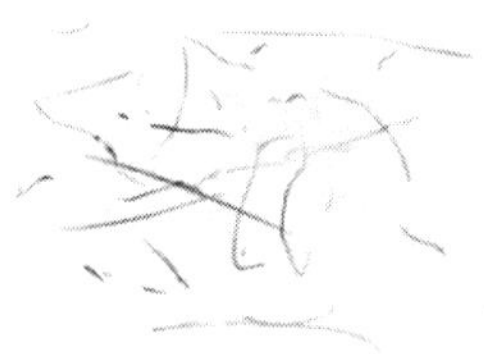	0~18개월	이 단계에서 아동은 시각적 지각이 되고 색채와 모양을 볼 수 있다. 그림책, 이미지, 사람에게 적응하고 물건뿐 아니라 사람과도 애착을 형성하기 시작한다. 손으로 물건을 잡는다. 후반으로 갈수록 아동은 크레용을 잡고 종이 위에 표시를 하거나 마음대로 난화를 할 수 있게 되지만, 자신이 무엇을 했는지는 알지 못한다. 움직임, 반복, 감각활동, 대운동 기술 자체가 재미있다.
• 1단계: 난화 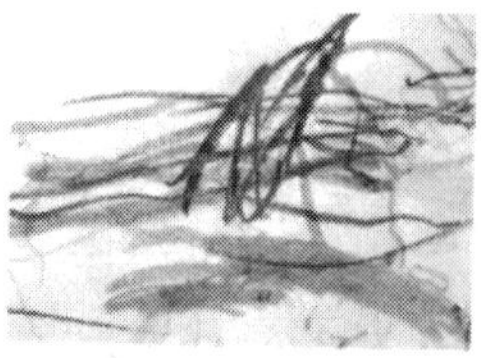	18개월~3세	이 단계에서 종이 위에 최초의 표식을 나타낸다. 난화를 그리는 과정에 운동조절이 거의 되지 않으며, 형태가 우연적으로 나타나고 선의 질이 일정하지 않다. 운동기술이 발달되면서, 난화는 반복된 운동을 띠고, 수평 혹은 수직선, 원, 일정한 점, 표식, 기타 형태를 보인다. 이 단계에서 색채 사용을 의식적으로 하지 않고(즉 구체적 의도 없이 그냥 재미로 색깔을 취함), 움직임의 경험을 즐기는 차원의 그림이다. 주의집중 시간이 짧고 미술작품에 대해 대화도 거의 없다.

• 2단계: 기본적 형태 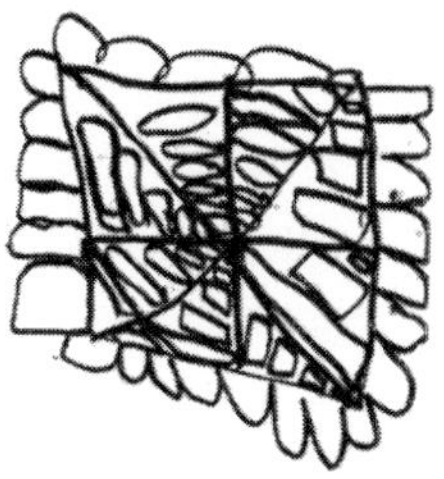	3~4세	이 단계에도 여전히 난화를 그리지만, 이야기를 지어 내거나 명칭을 갖다 붙인다. 종이 위에 아동이 그린 그림과 자신의 주변 사물을 연관시키려는 시도가 엿보인다. 확인하기 어려운 난화로 나타내지만 자신이 그린 그림에 대하여 이야기하기를 원한다. 집중시간은 여전히 짧고 제한적이다. 심상에 대한 의미가 변화하기도 하는데, 가령 "이것은 내 엄마야."라고 말하면서 계란화를 하는 동안에 곧바로 다른 명칭을 붙인다. 이 단계에서 다른 형상도 나타내는데, 만다라, 동심원, 삼각형이나 원, 십자가, 정사각형, 사다리꼴 같은 형태를 나타내기도 한다. 이것들은 사람이나 기타 대상을 그리기 전에 나타나는 전조이며, 다음 단계로 발달해 간다는 지표이기도 하다.
• 3단계: 사람 형태와 초기 도식 형성 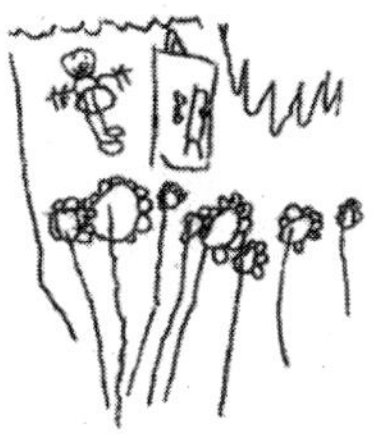	4~6세	이 단계의 중요 지표는 올챙이화(tadpoles), 두족화(cephl-apods), 원형(prototypes)이라 칭하는 기본적인 사람 모습을 그리기 시작하는 것이다. 사람 그림은 원시적이지만 가끔 그럴듯하기도 하다. 어떤 아동은 그림의 색깔과 실제 주변에서 지각한 것(예: 나뭇잎은 초록) 간의 연관성이 있지만, 이 단계의 색채 사용은 주관적이다. 이 단계 아동은 색채보다도 그림 혹은 대상을 그리는 데 더 많은 관심을 기울인다. 또한 구성이나 도식을 의식적으로 하지 않고, 기저선이나 크기의 연관성을 고려하지 않고 종이 위 원하는 곳에 대상을 그린다. 그림은 종이 위 어느 곳, 즉 상단이나 좌우측에 치우쳐 그리기도 한다. 이 시기 아동은 대상의 방향이나 연관성에 관심이 없기 때문에 180도 뒤집어 그리기도 한다.
• 4단계: 시각적 도식의 발달 	6~9세	아동의 미적 감각이 급속히 발달한다. 사람, 동물, 집, 나무, 기타 환경 자극에 대한 시각적 상징 혹은 도식이 발달되어 있다. 이런 상징은 비교적 표준적인 것이다. 가령 머리는 원으로, 머리카락, 팔, 다리는 갈색 수관과 초록색 잎을 가진 나무로 그리고, 종이 상단 구석 부근에 노란색 태양, 삼각형이나 경사진 지붕을 띤 집 그림 등을 들 수 있다. 색채는 객관적이지만 간혹 경직된 것도 있다(가령, 모든 잎은 똑같은 초록색이어야 한다). 기저선의 발달도 생기는데(대상이 위치하고 있는 곳에 밑선을 나타냄), 종종 스카이라인(하늘을 표시한 그림 상단에 가로로 푸른 선을 나타냄)도 묘사한다.

		이 시기에 X-ray처럼 묘사하기도 하고(집을 그리면서 응접실 가운데가 절단된 모습으로 도식하면서 집 안 내부를 모두 그림), 조망을 표시하기 위하여 멀리 있는 대상을 더 높은 곳에 그리게 된다. 중요한 것은 강조의 의미로 더 크게 그리게 된다. 예를 들어 자신을 강조하고 싶으면 집 혹은 나무보다 자신을 더 크게 그린다. 공을 던지는 사람을 그리는 아동은 보통 때보다 팔의 길이를 더 길게 그린다.
• 5단계: 현실주의 	9~12세	이 시기 아동은 현실적 요소로 자신이 지각한 것을 묘사하려고 한다. 조망 표현을 구체화하려는 시도를 한다. 더 이상 단순 기저선은 그리지 않지만 깊이를 묘사하기 위해 하늘에 닿은 배경을 그린다. 색채 표현이 더욱 정확해지고(가령, 잎을 초록색 이외의 색으로 묘사함), 사람 모습은 남성이나 여성에 따라 더욱 자세하고 분화시켜서 묘사한다(가령, 머리카락, 옷, 체형을 더욱 자세히 나타냄).
• 6단계: 청소년기 	12세 이후	모든 사람이 이 단계에 도달하는 것은 아니다. 이 단계 표현은 10~11세 이후에도 미술교육을 지속적으로 받아야만 가능하다. 그러나 13세까지 미술훈련이나 창작활동을 지속한 청소년은 그림 조망을 더욱 정확하고 입체적으로 묘사하게 될 것이고, 정밀성도 발달하고, 재료 숙달감도 발달하고, 색채와 설계도 사실적이고, 추상적 심상의 창조도 가능해진다.

주: Lowenfeld와 Brittain(1987), Gardner(1980), Kellogg(1969), Winner(1982)의 이론에 근거함.
Malchiodi(1998)에서 발췌

발달적 미술치료

발달적 미술치료는 또래와 비교해서 인지 및 신체능력이 지체된 아동을 치료할 때 가장 많이 응용된다. 이것은 일반적으로 학업에 부담을 느끼는 아동 또는 정교한 운동이나 대운동에 어려움을 겪는 아동을 포함하지만, 또래에 비해 뛰어나거나 평균 이상의 능력을 보이는 경우에도 적용할 수 있다. 어떤 경우이든, 발달적 접근은 아동의 능력 수준을 고려하고 또 기술 및 전반적 성장과 발달을 증진시키기 위해서 작품 만들기를 응용하는 것이다.

발달적 구조에 따라 작업을 하는 대부분 미술치료사들은 회기를 계획할 때 목표와 목적을 수립하기 위해 초기 평가를 실시한다. 발달적 미술치료 접근에서 평가를 할 때는 상징적 미술표현은 덜 강조하고, 정상적인 미술발달의 단계를 토대로 비교 및 평가를 내린다. 정서장애를 가진 8세 여아를 치료하면서, 그 아동이 나이에 적합한 인물 그림을 그렸는가 혹은 4~5세 수준의 특징이 더 많은가? 발달 문제를 가진 아동은 미술표현도 지연된다. 예를 들어 11세 된 정신지체 아동이 여전히 3세 수준의 난화를 그리는가? 정신지체의 정도가 다양하기 때문에, 일반적으로 치료사는 미술표현에서 발달지체를 찾아내게 된다. 특정 아동의 그림 혹은 색채를 평가할 때 이와 같은 문제점이 제기된다.

치료사는 또한 운동, 인지 혹은 사회 기술을 평가하기 위해 미술발달 단계를 활용할 수 있다. 예를 들어 시각장애 혹은 자폐장애 같은 감각 결손을 지닌 아동이 정교한 운동기술이나 형태 표시를 이해할 만큼 연령에 적합한 능력을 갖추고 있는가? 발달지체를 지닌 청소년이 구체적 조작 단계에 도달해 있는가? 장애를 지닌 아동이 치료사와 적절한 눈 맞춤이 가능한지 또는 미술작품을 수행하는 동안에 모방이나 지시를 잘 따르는가? 미술작품과 미술활동의 과정에 대한 관찰을 통해 행동지표나 관련된 기술영역을 평가하게 된다. 마지막으로, 발달적 미술표현은 개인이 실제로 자기표현을 미술로서 할 수 있는지 혹은 다른 표현방법을 모색해야 하는지를 평가과정에서 결정해야 한다. 예를 들어 그림 묘사 능력은 3세밖에 안 되는 6세 된 지체아동은 미술기술이나 심상 형성 능력에 초점을 두기 전에 모래치료, 물치료, 기타 다른 놀이치료 기법을 경험하게 하는 것이 좋다.

치료목표

발달적 관점의 미술치료는 여러 목표를 갖고 있으며, 그 중 몇 가지는 특히 중요하다.

- **감각자극(Sensory stimulation)** 감각자극은 체성감각, 시각, 운동기능 그리고 치료사와 아동 간의 상호작용 기술을 증진시키기 위해 미술과 놀이재료의 활용에 관련이 있다. 예를 들어 치료사는 물놀이 책상(water play table)을 사용하여 아동이 직접 만지

고, 튀겨 보고, 컵이나 다른 장난감을 사용하는 방법을 배우게 한다. 이런 활동은 수채화 붓을 사용하기 위한 사전 활동이고, 뒤이어 간단한 유화나 워터컬러(watercolor)를 사용하는 법을 배우게 된다. 기타 감각자극과 관련된 발달과제는 모래상자, 인형과의 상호작용 혹은 여러 가지 옷감, 오트밀, 반죽, 그 외 촉각재료를 느껴 보고 감각체험을 다양화시킨다.

- 기술습득(Skill acquisition) 기술습득은 복잡한 운동기술을 능동적으로 동화하려는 목적을 위해 체계적인 순서로 구체적 동작을 학습시키는 것이다. 예를 들어 치료사는 특정 과제를 세분화하여 다음 순서로 조직화시켜 준다. ① 작업 책상에 앉는 법을 배우기, ② 치료사와 눈 맞추기, ③ 붓 사용법 배우기, ④ 붓을 물에 담근 다음에 칠하는 법 배우기, ⑤ 종이 위에 붓, 물, 물감을 사용하는 법 배우기. 어떤 내담자의 경우 이 과정은 몇 가지 절차만 거치면 되지만, 어떤 아동은 이 기술을 습득하는 데 수 주, 수개월 혹은 그 이상이 걸리기도 한다.
- 적응(Adaptation) 미술작품을 만들기 전에 미술재료와 도구에 대한 적응이 필요한 내담자도 있다. 예를 들어 뇌출혈 장애를 가진 나이 든 한 여성이 더 이상 펜 종류를 잡을 수 없다고 가정해 보자. 치료사는 그 대안으로 잉크 패드(ink pad)나 페인트 롤러(paint roller)를 활용하게 하거나 부목으로 보조하여 도구를 잡을 수 있게 해 준다. 과잉행동 장애를 가진 아동을 치료할 때는 치료와 무관한 재료를 치우거나 과잉 자극을 막기 위하여 칸막이를 설치한다. 선반이나 미술도구함을 일정하게 정돈해 주는 것도 내담자가 자신감을 갖고 자기신뢰를 갖도록 격려해 주는 보조 방법이다 (Henley, 1992; Malchiodi, 1997).

발달적 접근은 치료사가 앞에 언급한 목표를 촉진시키기 위하여 적극적인 역할을 취한다. Kramer(1986)는 치료과정에서 아동의 발전을 돕기 위하여 제안, 비유, 기타 기법을 치료사가 직접 사용하기 때문에 이를 언급하는 개념을 '제3의 손(third hand)' 이라고 불렀다. 치료사는 내담자가 창의적 과정을 성공적으로 경험하도록 전략적으로 도와주는 제3의 손이 되는 셈이다. Henley(1992)는 청각장애 아동 피터에게 자신의 치료방법을 적용한 예를 보여 주었다. 학교에서 싸움으로 꾸중을 들은 후, 피터는 손을 왜곡시켜서 그렸는데, Henley는 아동에게 그림 주제에 대해 어떤 말도 하지 않고 계속해서 손을 그려 보라고 격려하였다. 또한 유명화가가 그린 손 그림을 보여 주면서 아동의 흥미를 자극하였고, 아동에게 3차원 표현을 위한 음영처리기술과 선이나 형태를 대비시키기 위한 윤곽처리기술 같은 기법을 시연해 보였다. 피터는 결국 처음에는 화나고, 불안하고, 좌절했지만, 그림 작업에 깊이 참여하면서 자신의 기술습득에 만족해하고 감사해하고 자신의 그림 방식을 발전시키게 되었다. Henley는 이와 같은 제3의 손 중재법이 아동을 격려하고 창의성과 정신 성장을 도울 뿐 아니라 미술적 탐색을 자극하게 된다고 했다.

신경위계적 발달과 미술치료

대뇌기능, 심상 형성, 언어, 감각기능 등에 관한 두뇌 역할을 이해하는 연구는 발달적 접근을 포함해서 미술치료에 사용되는 방법을 객관화시키기 시작했다. Perry(2002, 2006)는 유아부터 청소년까지 미술치료를 적용하는 데 있어서 신경위계적 발달의 구조를 제공하였다. 간단히 설명하면, 대뇌는 위계적으로 조직화되어 있다는 원칙인데, 뇌간(brainstem)부터 변연계(limbic system) 및 피질(cortex) 같은 복잡한 영역으로 발달을 진행한다는 것이다(Perry, 2009).

신경위계적 접근은 새로운 수준의 인지, 심리사회성, 신체적 발달을 자극하고 성취하도록 계획하고 숙달시키는 목적을 갖는다. 특히 Perry(2009)는 적절성, 반복성, 연관성, 리듬 있는 활동 등이 이런 접근의 기초라고 했다. 신경위계적 치료모델은 유아기부터 청소년기까지 시간대별로 발달하는 대뇌 영역을 중재하도록 구성되었다. 이런 접근들은 모든 연령층에 적용할 수 있는데, 아주 어린 유아뿐 아니라 학령기 아동, 10대, 성인들까지 연령 대비 신경위계 수준이 제대로 발달하지 못한 집단이 많기 때문이다.

신경위계적 미술치료 접근은 대뇌의 가장 밑부분에서 발달이 시작되어 능력이 향상됨에 따라 위계적으로 진전되도록 하는 것이다. 초기 발달은 뇌간(brainstem)과 중뇌/간뇌(diencephalon)에서 시작되고, 차차 변연계와 피질로 진행된다(네 가지 뇌 기능, 연령범위, 정상적 발달시간을 검토하기 위해 [그림 9-1], 〈표 9-2〉 참조). 신경위계적 접근을 적용할 때, 미술치료는 개인의 두뇌발달과 생리적 욕구를 참조하여 정서적인 자기조절능력, 자기위로능력, 기본 애착, 감각 통제 및 숙달성, 대인관계 및 인지능력의 향상 등에 초점을

[그림 9-1] 신경발달과 대뇌기능의 위계

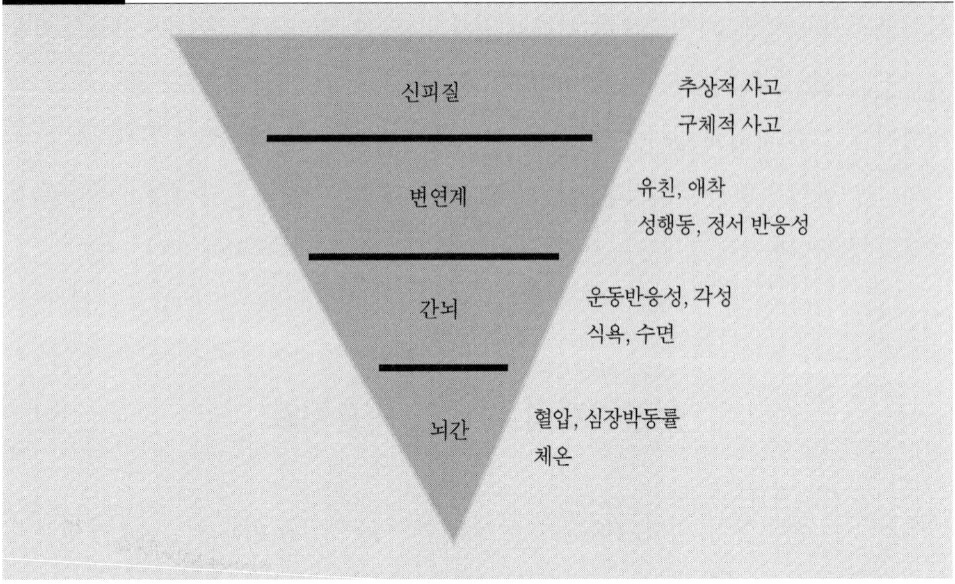

출처: Perry(2006)에서 발췌

둔다. 통찰 지향적 미술치료 접근과 반대로, 이 목표는 개인이 아동기부터 청소년기까지 정상적인 대뇌발달로 알려진 진전을 이룩하도록 돕는 것이다.

궁극적으로, 목적은 내담자가 긍정적 애착, 자기조절, 타인에 대한 적응, 유친뿐 아니라 인지적, 정서적, 사회적 기능을 증진시킬 수 있도록 하는 것이다(Perry, 2006). 애착, 타인에 대한 적응 및 유친 같은 요인은 오래전에 Erikson(1963)이나 대상관계(Mahler, Pine, & Bergman, 1975) 같은 심리사회성 이론에서 제기된 지침으로, 학습하고, 효율적으로 되고, 발전하려는 개인의 능력을 지지하는 것이다. 치료 시작 시점에 발달전문가에게 신경정신의학적 기능을 검토받는 것이 도움이 되지만, 기본 발달 단계를 이해만 해도 아동, 청소년, 성인에게 발달적 미술치료 원리를 적용할 수 있을 것이다.

〈표 9-2〉 신경발달과 미술치료

뇌 영역	일반기능	ETC 수준	미술치료 중재
뇌간	• 초점 • 타인에 대한 적응 • 타인에 대한 애착 • 스트레스 반응	운동/감각	• 감각적인 미술재료 • 표면 결 및 촉각요소 • 자기위로를 주는 미술경험 (시각, 음악, 운동) • 인정(지지) 및 연결에 대한 경험 • 의식절차/구조적 제시
중뇌 간뇌	• 운동기술 • 협응 • 스트레스 반응 • 타인에 대한 적응 • 타인에 대한 애착	운동/감각	• 신체활동 (중앙선 넘나들기: 신체 움직임) • 미술 및 놀이를 통한 학습기술 • 자기위로를 주는 미술경험 (시각, 음악, 운동) • 연결과 인정에 대한 경험 • 의식절차/구조적 제시
변연계	• 감정조절 • 쾌락 • 관계 • 적응 • 애착	지각/감정	• 투사를 시켜 주는 가면, 인형 만들기 또는 관계놀이 • 창의적 표현을 위한 미술과 공예, 기술 향상 • 집단미술치료/가족 미술치료 • 자기위로를 주는 미술경험 (시각, 음악, 운동) • 의식절차/구조적 제시
신피질	• 인지 • 실행기능 • 자아상 • 사회적 능력 • 의사소통	인지/상징성	• 인지에 기초한 방법들, 경우에 따라 감각 및 감정적 방법이 필요함 • 미술과 놀이로 하는 독서치료 • 기술 향상 및 자존감을 위한 미술활동 • 집단미술치료에서 팀 작업 • 문제해결 기술

주: Lusebrink(2010), Malchiodi(2011), Perry(2006)에 있는 표현치료의 연속성(expressive therapies continuum: ETC)에 근거함.

신경위계적 미술치료 임상

사례: 뇌간 및 간뇌 발달을 고려

Cassie는 5세가 다 되었지만, 충동성과 주의집중 시간이 너무 짧아서 유치원에서 쫓겨났다. 그녀의 담임교사는 Cassie가 때때로 다른 아동을 때리고, 일상적인 눈 맞춤을 하지 않고, 극단적 분노 표현을 자주해서 행동통제가 불가능하다고 했다. 또한 Cassie는 배변 훈련에 문제도 있고 소운동 및 대운동 기술에도 문제가 있었다. 그녀의 그림은 2세 무렵의 형상이고([그림 9-2]), 페인트 브러시, 연필, 마크 같은 도구나 재료를 사용하는 데에도 어려움이 있고, 도구들로 이미지를 만들고는 그것을 먹으려고도 했다.

Cassie는 생후 6개월간 신체적 학대를 받았고, 양부모 보호를 받았으며, 결국 입양되었다. 초점 맞추기 및 주의집중이 안 되고 충동성도 높아서 어려운 처지가 되었는데, 발달적 미술치료 중재의 목표를 뇌간 및 간뇌 기능을 자극하는 것으로 하였다. 그녀의 경우에 자기위로 및 자기조절을 지지하는 경험을 갖게 하면서 동시에 감각자극 활동을 유

[그림 9-2] Cassie의 난화 색칠

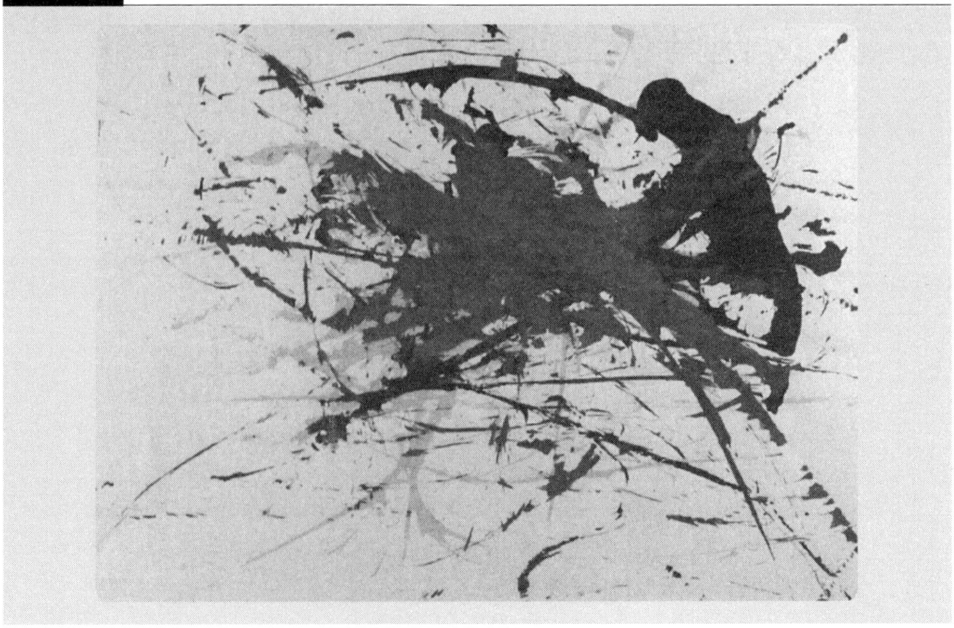

도하기로 했다. 예를 들어 미술치료사는 촉각재료를, 즉 면도용 크림, 푸딩, 모래 등을 체계적으로 경험하게 했는데, 그녀는 유아기에 간호를 받지 못해서 이런 미술 및 놀이 활동을 하지 못했을 것이다. 중재는 모든 감각(후각, 촉각, 청각, 미각)을 체험하게끔 모래나 푸딩으로 그리는 동안에 다양한 멜로디와 자장가를 들려주었는데, 이 과정에 과자도 만들고 친숙한 음식의 다양한 냄새를 느끼도록 펠트마커(felt marker)를 활용했다. Cassie의 목표는 페인트 브러시, 딱풀, 아동용 안전가위를 사용해서 협응력 및 운동기술을 향상시키는 것도 포함되었다. 또한 자신이 낙서한 것에 대해 말로 표현하도록 격려하고, 이야기로 만들어 보게도 하고, 그림과 언어를 연상도 시키고, 언어기술도 증진시켰다.

치료사는 애착을 구축하는 전략을 세웠는데, 매주 양부모를 초대하여 가정에서 Cassie와 함께할 수 있는 미술 및 놀이활동을 학습하고, 표현치료 방법을 배워서 애착, 즉 자장가 부르기 및 달래는 음악에 맞추어 몸을 껴안아 앞뒤로 흔드는 행동을 많이 하도록 했다. 일 년 이상 매주 한 번씩 발달적 미술치료와 기타 놀이치료 및 표현치료를 진행하면서, Cassie는 상당한 진전을 이루었고, 또래와 유치원에 다닐 수 있었다. 그 후 특수학급으로 진학해서 지속적으로 자기조절 및 초점 맞추기 훈련을 받을 수 있게 되었다.

Cassie가 비록 어리긴 했지만 만일 뇌간과 중뇌의 자극이 적용되면, 어느 연령층이든지 도움을 받을 수 있다. 이 책 전반에 걸쳐서 언급되는 여러 장애에도 초기 두뇌기능, 즉 자기위로, 자기조절, 타인 및 환경에 대한 적응, 언어 및 이야기 꾸미기, 운동기술에 초점을 두는 치료가 도움이 될 것이다. 예를 들어 중풍으로 고생하는 노인도 운동 및 언어 기능을 회복하기 위해 신경위계적 과제를 재복습할 필요가 있다. 중간 정도의 지적장애 및 분노 조절 문제가 있는 청년도 Cassie에게 적용한 프로그램을 연령 및 능력에 맞게 조율하여 자기위로와 리듬에 맞추는 활동으로 도움을 받을 수 있다.

사례: 변연계와 피질에 대한 자극

12세의 James는 1~3세 사이에 3회에 걸쳐 장기간 어머니와 따로 살았고, 어머니는 두 번 이혼을 하였다. 아동보호소에는 수 차례 학대와 가정폭력을 당했다고 기록되어 있었는데, 그 결과 James는 입원치료를 받기도 했다. 8세 무렵에도 자동차 사고로 짧게 입원했다. 지금은 생모인 Anna와 살고 있지만, 최근에는 학교에서 파괴적이고 엉뚱한 행동으로 주의력 결핍 장애(ADD) 약을 먹게 되었다. 담임교사는 James가 단기기억에 문제가 있다고 보고했다. 또한 놀이터에서 다른 친구와 싸우고, 새로운 환경에 지나치게 예민하고, 수면장애를 겪거나 간혹 악몽도 꾸고, 타인의 감정을 이해하지 못하고, 집에서도 반항적이었다.

현재 James는 인지 및 행동문제를 설명할 만한 다양한 외상에 노출되었다. James도 Cassie처럼 자기조절 학습 같은 활동으로 도움을 받을 수 있지만, 외상적 반응은 변연계 반응, 즉 과잉각성(수면장애, 악몽, 불안), 타인에 대한 공감 및 적응성 부족, 빈약한 사회기술이 문제로 대두되었다. 따라서 감정반응과 스트레스 반응을 다루고, 안전감을 느끼게 하고, 공감 및 사회적 자각을 가르치는 중재도 필요하다.

치료사는 개인감정을 진정시키고, 위협에 처하거나 당황했을 때 적절하게 반응하는 기술을 습득시키는 중재를 시작했다. James가 특히 촉각적이고 자기위로를 느끼는 재료를 좋아했기 때문에 레고 조립과 점토 만들기 활동을 포함시켰다. 자기분노가 다른 아동에게 어떤 반응을 야기시키는지 알게 하고, 또 의사소통을 돕기 위해 미술치료사는 '두려움을 느낄 때 자기 신체반응' 과 '그런 감정을 어느 장소에서 느끼는지' 생각해서 그려 보라고 요청했다. 특히 '두려움' 과 '불안' 이 어떤 색깔로, 어떤 형태로, 어떤 선으로 보이는지를 묘사해 달라고 했다. James의 경우에, 두려움은 심장박동이 뛰고 싸우고 싶은 욕구를 불러일으키고 반면에 근심은 위장이 '칼 같은 것에 의해 상처받는' 것으로 묘사되었다([그림 9-3]). 미술치료 중에 이런 작업을 반복하면서 상당히 도움을 받게 되었다. 치료사의 도움으로 자기 몸에 다양한 감정을 어떻게 알아차리고 또 특정 상황이 불안, 분노, 두려움을 언제 일으키는지도 인식하게 되었다.

James는 또한 치료사와 함께 '행복한 장소들' 을 콜라주로 만들었는데, 이것은 안전과 휴식 경험을 나타내는 손 활동을 통해 상황을 확인하게 해 주었다([그림 9-4]). 긴장이완 연습도 하고 사건 등이 자신을 불안하게 만들 때 그러한 장소를 시각화시켰다. 타인의 감정을 알아차리게 하기 위해, 치료사는 타인이 자신을 어떻게 생각하는지 가면의 바깥 면을 꾸며 보게 하였다. 가면 안쪽 면은 타인이 알아채지 못하는 감정을 색칠하게 했다. 다른 회기에는 치료사가 '잡지 사진 게임(magazine picture game)' , 즉 사진에 있는 사람이 무슨 감정을 갖고 있는지를 추측해 보게 하는 놀이를 했다.

[그림 9-3] 자기의 복통이 '칼 같은 것에 의해 상처받는 것'에 대한 James의 그림

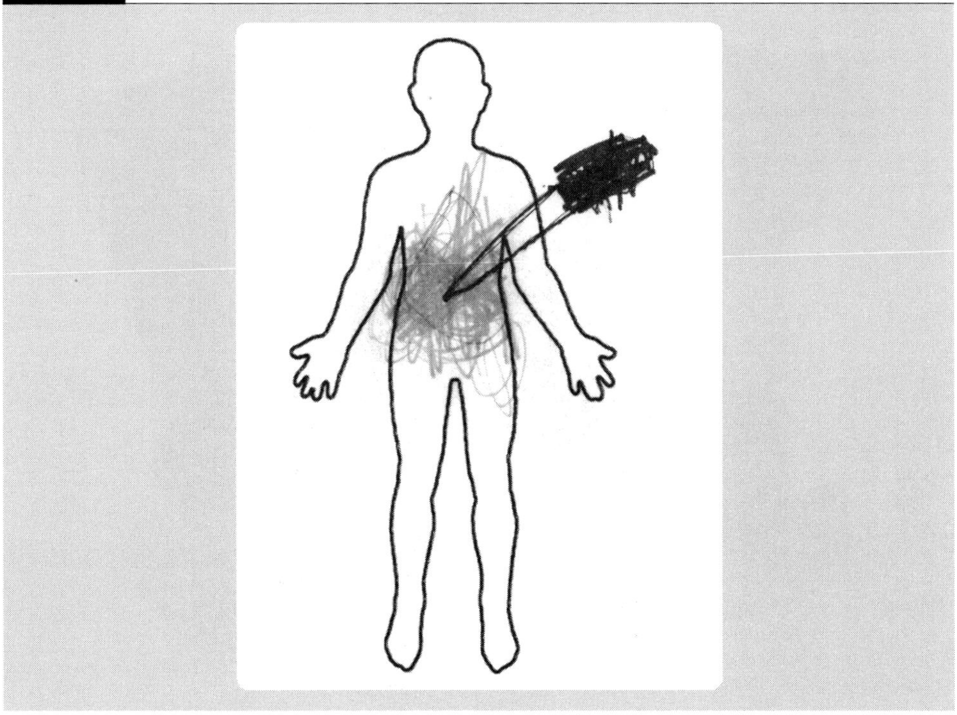

앞의 두 사례에서, 정상적인 신경위계적 발달 관점에 따라 내담자에게 필요한 미술치료 중재를 구체적으로 선택하였다. Cassie 경우에 운동기술을 향상시키고, 충동성을 낮추고, 애착을 증진시키는 활동을 중재했고, James는 감정의 흥분을 낮추고, 타인의 감정에 적응성을 증가시키고, 자기조절을 올리는 구조화된 접근이 도움을 주었다. 요약하면, 미술치료에서 신경위계적 접근은 어떤 연령층의 내담자라도 새로운 기술을 배우고, 성장시키고, 촉진시키고, 대인 반응을 증가시키고, 그 과정에서 자기가치를 성취하게 하는 발달영역을 강조한다.

[그림 9-4] '행복한 장소들'에 관한 James의 콜라주

결 론

발달적 미술치료는 이 책의 여러 부분에서 소개될 것인데, 주의력 결핍 과잉행동장애 아동에게 미술치료를 적용한 Safran(14장), 자폐아동을 치료한 Gabriels와 Gaffey(15장), 청소년을 치료한 Miller(17장)의 연구를 볼 수 있다. 이 장에서처럼, 발달지체를 가진 개인, 즉 인지, 시각, 청각 장애 혹은 신체장애를 가진 내담자들에게 특히 인기 있는 접근이다. 또한 아동기와 청소년기에 애착문제와 외상반응을 포함한 여러 영역에 유용하게 적용된다.

비록 특정 집단에 적용되지만, 발달적 접근은 아동과 성인에 대한 모든 미술치료에 기초를 제공한다. 이것은 치료사에게 발달 수준의 평가뿐 아니라 또한 정상적인 미술표현 및 대뇌발달에 근거하여 치료 목표와 목적을 확인하는 규준을 제공하기도 한다.

표현예술치료와 다중양식 접근

미술치료는 여러 미술치료 논문이나 이 책을 통해서 설명한 바와 같이 여러 가지 접근을 가진 독특한 분야다(Malchiodi, 2006; Junge, 2010). 그러나 어떤 상담가는 미술치료(art therapy)를 표현예술치료(expressive arts therapy), 즉 미술, 음악, 무용/동작, 드라마, 시/글쓰기 등의 매체를 활용하는 거대 영역 중에 한 부분으로 간주하기도 하고, 여러 영역을 통합하거나 혹은 다중양식(즉 한 가지 예술 형태에서 다른 형태로 이동하는) 접근으로 생각하기도 한다. 이 장은 표현예술치료와 다중양식 접근, 이론적 근거, 표현예술치료 평가 및 측정에 대한 간략한 역사를 소개하고, 치료 사례를 통하여 미술치료, 표현예술치료, 다영역 접근의 통합 예를 보여 주고자 한다.

표현예술치료가 무엇인가

표현예술치료는 세계인이 오래전부터 활용한 모든 문화와 전통을 통합시켜서 활용하는 것이다(McNiff, 2009). 무당 혹은 마을 심령사의 의식을 보면 노래와 춤을 추고, 심상을 떠올리고, 태초의 정신적 뿌리를 회상시키는 이야기를 진행한다. 예를 들어 고대 그리스에서 춤, 음악 그리고 이야기 꾸미기 같은 드라마 각본은 사람들에게 카타르시스 같은 해방감을 주었다. 미국 남서부에 사는 나바호(Navaho) 인디언은 아직도 모래 그리기, 노래, 춤, 챈트 같은 예술활동으로 마을의 병자를 치료한다.

비록 표현예술치료에 대한 개념이 20세기 후반에 발달했지만, 아직도 그것의 범위나 정의에 대한 개념은 발전하고 있다(Malchiodi, 2005). 표현예술치료가 한 영역으로 소개되고 있지만, 이것의 원리를 가르치는 공식적인 프로그램은 거의 없다. 표현예술치료는 어떠한 형태의 예술치료—미술, 음악, 무용/동작, 드라마, 시/글쓰기—라도 포함시키는 것으로 특징지어진다. 그래서 집단치료나 개인치료에서 한 가지 이상의 예술활동을 할 때 표현예술치료라고 정의한다. 이해를 좀 더 어렵게 하는 것은, '표현치료' 또는 '창의적 미술치료'라는 용어가 간혹 표현예술치료와 같은 의미로 사용된다는 점이다(Malchiodi, 2005).

표현치료는 예술의 적용과 그에 따른 생산물로 내담자의 자각을 일깨우는 데 활용하고, 정서 성장을 격려하고, 상상력을 통하여 타인과의 관계를 증진시키는 것으로 정의한다. 치료로서 예술, 미술심리치료, 전통적인 치유를 위한 예술의 활용 같은 것을 포함하고, 치료에서 예술의 상호 연관성을 강조한다(Lesley College, 1995; McNiff, 2009). 어떤 치료사는 표현예술치료를 치료과정에서 한 가지 혹은 두 가지 영역을 사용하는 것으로 이해하고(Levine & Levine, 1999), 반면 또 다른 치료사들은 이러한 양식을 좀 더 융통성 있게 활용하는 것이라고 말한다(Knill, 1978; Knill, Barba, & Fuchs, 1995; McNiff, 2009). Rogers(1993)는 표현예술치료는 "감정을 경험시키고 표현시키기 위한 지지적인 상황에서 다양한 예술—운동, 그리기, 색칠하기, 조각하기, 음악, 글쓰기, 소리 그리고 즉흥연주 등—을 활용하는 것"이라고 정의했다(p. 115). 미술치료처럼, 예술작업의 미적 감각은 중요하지 않고, 단지 자기표현을 돕고 통찰의 획득을 촉진하는 매체역할을 하는 것이다.

많은 치료사들은 표현예술치료가 여러 가지 예술치료에 '매체 간' 혹은 '다중매체양식'을 엄밀하게 활용하는 것이라고 규정짓기도 한다(Estrella, 2005). '다중양식 표현예술치료'에 대한 개념이 제안되었고, 여러 가지 예술 형태를 치료적 관계에 통합시키는 것으로 규정하였다(Spaniol, Spieser, & Cattaneo, 1999). 즉 어떠한 예술도 치료 장면에 사용할 수 있으며, 단지 치료사가 내담자의 욕구에 잘 부합될 것인지 판단하는 눈이 필요하며, 특정 회기에서는 한 가지 이상의 예술 형태가 사용될 수도 있다.

이론적 근거

표현예술치료 혹은 매체 간 접근을 취하는 치료사는 다양한 이론적 입장을 갖고 있다. 미술치료를 활용하는 치료사처럼, 표현예술치료사들도 치료과정을 이해하고 구조화하는데 Jung의 입장, 대상관계이론, 기타 이론적 경향을 견지한다. 여러 접근에 깔린 기본 상식은 5장에서 설명했던 정신분석적 원리를 바탕으로 한 무의식의 표현원리(the principle of unconscious expression)다. 표현예술 경험—시각미술, 음악, 무용, 드라마 등—은 사람들로 하여금 알지 못했던 내면의 모습을 탐색하고, 비언어적으로 소통하고, 통찰을 성취하도록 돕는다.

Carl Rogers의 딸 Natalie Rogers는 표현예술치료와 매체 간 작업에 대해 좀 더 타당한 이론을 제안하였고, '인간 중심' 치료를 통합하였다. Malchiodi의 토의에서 본 것처럼(6장), '내담자 중심' 혹은 '인간 중심' 이론은 Carl Rogers가 발전시켰고, 치료사는 민감하고, 생각이 깊고, 감정이입능력을 갖추어야 한다고 강조했다. 인간 중심 표현예술치료도 비슷한 입장을 견지하여, 각각의 사람은 자기주도 능력이 있고, 성숙과 잠재력 실현을 향한 갈망이 있다는 전제를 갖고 임한다.

Natalie Rogers(1993) 또한 치료에서 예술 간의 상호작용을 증진시키고 격려하는 용어, 창의적 연관(the creative connection)을 사용하였다. 그녀는 한 가지 예술 형태는 자연스럽게 다른 것을 촉발시킨다고 하였는데, 가령 창의적 움직임은 그리기를 통하여 무엇을 표현할지에 대한 영감을 떠올리게 해 주고, 그리기는 사람이 느끼고 생각하는 것을 자극한다. 이러한 창의적 연관은 치료과정에 예술에 대한 일련의 경험을 다양하게 진행시킨다. 그러나 개인은 치료과정의 중심이 되고, 치료사의 안내와 촉진에 따라 치료과정이 진행되고 예술이 사용되는 방향을 결정한다.

또 다른 인본주의적 접근은 치료과정에 표현예술치료와 다중양식 기법을 자주 사용한다. 예를 들어 형태주의 치료사는 다중양식적 접근에서 고려되어야 할 것, 미술, 움직임, 다른 양식 등을 결합시켜서 사용한다(Rhyne, 1973, 1995).

심리치료에 동작을 포함하는 것은 이론적 입장이 무엇이든지 간에 표현예술치료의 기본이다. 치료 시에 동작은 단일 표현양식으로 제한하지 않고, 한 가지 표현 형태는 다른 것과 연결되고, 예술 형태는 상호 보완적인 기능을 한다고 보았다. 또한 이런 접근은 각 사람이 상이한 표현양식을 갖고 있음을 고려한 것이다. 예를 들어 어떤 사람은 말수가 많고, 어떤 사람은 시각적이고, 또 어떤 사람은 활동적이거나 촉각적일 수 있다. 각 예술 형태(시각예술, 무용, 음악, 드라마, 시/글쓰기)는 내담자들이 특별한 방식, 즉 심상을 통한 시각미술, 운동을 통한 무용, 소리와 리듬을 통한 음악, 동작을 통한 드라마, 언어를 통한 시/글쓰기 등으로 감각과 의미를 만들어 내도록 도와준다(Knill et al., 1995). 시각예술을 초월하여 치료적 경험을 확장함으로써, 치료의 깊이가 확대되고 특정 내담자에게 가장 적합한 표현을 촉진시킨다.

Estrella(2005)는 표현예술치료의 기본 개념과 공통성을 다음과 같이 정리하였다.

- **감각에 기초한 표현** 모든 예술은 비언어적이고, 분명한 표현으로 요약되는 과정이기 때문에 치료에 독특한 이점이 있다. 최근 외상 및 언어기능에 관한 신경과학적 발견에 비추어 볼 때, 예술을 통한 감각표현은 언어적 표현이 불가능할 때 특히 유용하다(2장).
- **미학** 모든 예술은 미, 조화, 리듬, 역동적 긴장, 기타 속성을 포함한 미학의 원리를 공유한다. 예술은 감정과 경험에 상징적 형태를 부여하는 능력이 있다.
- **창의성** 창의적 과정은 표현예술치료의 정수다. 통합적인 표현치료에서, 치료에 여러 예술 형태를 적용하는 것이 핵심이다. 요약하면, 예술을 통한 창의성은 조직화, 즉흥성, 변형, 기타 활동을 포함하는데, 미술 형태, 음악, 움직임, 상연, 글 표현 등으로 형식화된 표현을 이끌어 낸다.

표현치료 연속성

표현예술치료를 이해하고, 촉진하고, 평가하는 가장 잘 발달된 구성은 Kagin과 Lusebrink(1978)가 제안한 표현치료 연속성(expressive therapies continuum: ETC)이다. 초기에 ETC는 미술치료에 초점이 맞추어졌으나, 최근에 모든 예술 형태로 확장되었다(Hinz, 2009; Lusebrink, 1990, 1991, 2010). ETC는 대뇌가 감각-운동 발달, 인지, 심리사회적 행동,

자아심리학에 대한 이론으로 어떻게 이미지를 처리하는지에 관한 신경학적 연구에서부터 정보를 통합한 것이다(Lusebrink, 1990, 2010). 가장 중요한 것으로, Lusebrink(1990, 2010)는 ETC가 창의적 작품의 평가 및 치료적 중재를 결정하는 데 유용하다고 했다. Lusebrink가 미술치료에 대해 처음 언급했지만, ETC 구조는 치료를 개념화시키는 모든 예술치료에 적용될 수 있을 것이다.

요약하면, ETC는 네 가지 경험 수준을 제안하고 있는데, 단순한 과정에서 좀 더 복잡한 과정까지 진행되어 간다. 여기에는 ① 운동/감각(동작), ② 지각/정서(형태), ③ 인지/상징(도식), ④ 창의성 등이 있는데, 각각은 ETC의 한 수준으로 나타날 수도 있고 또 모든 수준의 기능이 통합될 수도 있다(Hinz, 2009; Lusebrink, 2010). 처음 세 수준은 Perry(2006)의 신경위계적 발달이론, 즉 뇌간/중뇌에서부터 변연계로 또 대뇌피질로 진행되는 과정이다. 운동/감각 수준은 대뇌의 낮은 기능과 연관되고, 지각/정서 수준은 변연계를 반영하고, 인지/상징 수준은 대뇌피질 기능에 속한다(9장). 다음 요약은 ETC 수준에 대한 매우 기초적 설명이다.

운동/감각 수준의 경우, 일반적으로 내담자는 탐색적 방법으로 예술 형태와 상호작용한다. 운동적 측면은 움직임과 근육활동을 의미하지만, 감각적 측면은 매체를 탐색하기 위해 촉감 혹은 다른 감각을 활용한다. 자유 움직임 혹은 난화(scribble drawing)는 운동으로 볼 수 있으며, 찰흙에 대한 손 경험은 감각 수준의 한 예다. 무엇이 만들어졌는가 하는 세부 사항은 중요하지 않고, 단지 예술 형태를 통한 신체적 운동표현에 초점을 둔다.

지각/정서 수준의 경우, 내담자는 아이디어를 짜낸 형태를 개발하고 감정을 소통하기 위해 어떤 예술 형태에 몰입한다. 이 수준은 예술 형태의 구조적 속성을 탐색하게 하고 감정이 묻어나는 형태를 만들도록 고취시킨다. 예를 들어 그리기로 형태를 만들기 위해 선이나 색채를 사용하는 것은 지각적 수준에서 표현된 것이다. 정서를 표현하기 위한 수단인 음악은 정서 수준의 한 예다. 이 수준에서 내담자는 사고 수준을 나타내고 예술 형태로 생각의 변화과정을 스스로 관찰하게 된다.

인지/상징 수준의 경우, 사람들은 문제해결을 위해 예술 형태를 사용하고, 어떤 경우에는 의미 추구도 한다. 이 수준에서 작용하는 내담자는 예술과정에 참여하는 동안 분석적, 논리적 그리고 순차적 기술을 사용할 수 있게 된다. 이런 경험은 개인적인 의미를 탐색할 수 있는 상징적 수준까지 다다르게 된다. ETC의 인지/상징 수준에서 작업하는 내담자는 예술작품 과정에 합리적 사고와 지력을 사용하게 되고 자연스럽게 심상과 예술 경험에서 의미를 찾게 된다.

창의적 수준은 ETC의 모든 수준을 통합하여 표현예술치료 과정에 융합시키는 것이고 이전의 모든 수준은 분명한 예술 형태를 갖는다. 모든 내담자 혹은 예술 형태가 반드시 이 수준에 도달하지는 않지만, 한 가지 창의적 형태는 ETC의 세 수준 각각에서 나타날 수 있다. 예를 들어 비록 그 경험이 연속선 위에서 움직임 수준으로 판단될지라도 어떤 내담자는 자발적 운동을 통하여 창의성을 경험하기도 한다.

이론에 따라 치료사는 ETC로 내담자의 예술작품을 평가하기도 하고, 또 다른 예술 형태(무용 혹은 창의적 글쓰기)가 치료를 증진시킬 수 있는지를 결정하게 된다. 만일 다중양식 표현예술치료적 접근을 사용한다면, 치료사는 다양한 매체로 내담자 표현을 이해하기 위한 지침서로서 ETC를 사용하고 치료목적을 위해 부가적인 표현양식을 선택하기 위한 모델을 사용한다. 예를 들어 정서를 표현하려는 욕구가 있는 내담자는 음악이나 색칠하기를 사용하도록 유도할 수 있을 것이고, 감각양식을 의사소통하는 아동의 경우는 찰흙을 통한 촉감의 특성을 탐색하도록 유도할 수 있다. Johnson(1999)은 ETC 같은 발달모델이 미술치료에서 내담자를 평가하는 것뿐 아니라 여러 예술매체를 치료에 통합하는 데에도 유용하다고 했다(Lusebrink, 1990, 2010; Hinz, 2009).

표현예술치료 적용

여러 가지 치료적 접근처럼, 표현예술치료도 내담자 개개인에게 맞추는 것이다. 회기를 시작하는 표준절차는 없지만, 치료사에 따라 첫 회기에 특정 예술 형태를 정하여 실시하는 경우도 있다. 어떤 내담자의 경우에는 그리기를 먼저 시작할 수 있고, 다른 내담자에게는 시 짓기 혹은 글쓰기를 작품으로 시작하기도 하고, 춤이나 율동으로 시작하기도 한다. 다음 도안은 표현예술치료 회기의 예를 보여 줄 것이다.

입원 병동에서 집단 표현예술치료를 할 경우에는 준비활동으로 시작하고 치료사는 짤막한 움직임 순서를 지도하면서 의자에 앉아서 단순한 근육 스트레칭을 하기도 한다. 수분 후에, 집단 참가자들은 준비 단계로 오일 파스텔을 사용하여 선 · 형태 · 색채를 만들게 하고, 움직임 혹은 스트레칭 경험을 시킨다([그림 10-1]). 이러한 그림을 완성한 다음에, 치료사는 악기(드럼, 벨, 마라카스, 키보드 등)를 선택하도록 지시하고, 그림에 대한 리듬을 소리로 표현해 보라고 한다. 여기서 치료사는 악기를 활용하여 집단 소리를 만들어 내면서 공동 활동을 촉진시킬 수 있다. 끝마칠 무렵에, 참가자들을 의자에 둥글게 앉게 한 다음에 율동, 그리기, 음악에 대한 각자의 경험을 토론하게 한다.

[그림 10-1] 신체 움직임을 보여 주기 위해 선 · 형태 · 색채를 이용한 그리기

Spaniol 등(1999)은 다중양식 치료 회기의 예를 다음과 같이 보여 주고 있다.

> 다중양식 표현예술치료 회기는 내담자들을 둥글게 서 있게 하여, 돌이기면시 자신이 즉시 느낀 감정을 움직임으로 표출하게 한다. 두 번째 회기에서는 오일 크레용, 파스텔 혹은 펠트펜을 사용하여 그런 움직임을 대형 전지에 표현해 보게 하고, 다음에 그 표현 그림으로 정교화시키게 한다. 치료사는 참가자들이 다른 사람의 그림을 보게 하고, 가까운 곳에 글귀를 쓰게 할 수도 있다. 다음에 각 참가자는 단어와 구를 이용하여 시를 짓고 집단이 함께 그 시를 암송한다. 일련의 표현을 전개하면서, 즉 신체 제스처에서 시 암송까지, 정서의 상호작용, 신체 움직임, 언어표현 혹은 집단 상호작용을 통

해서 얻게 되는 통찰 등을 토론하게 된다(pp. 364-365).

개인의 치료 회기에서는 보통 준비과정에서 자발적 움직임 혹은 그리기로 시작한다. 치료사는 내담자에게 가장 안락하고 덜 위협적인 표현양식을 찾아 주어야 한다. 어떤 상황에서는 내담자가 계속 한 가지 예술 형태에 몰두할 수도 있어서 치료사의 별다른 제안 없이 지속적으로 사용하기도 한다. 표현양식이 더 안락해질수록 자발적 표현도 더 많아지기 때문에, 치료사는 다른 표현양식으로 이행하도록 격려해 주어야 한다(Knill, 1978). 비지시적 놀이에서 아동은 한 가지 행동에서 다른 행동으로 자연스럽게 이행된다(즉 핑거 페인팅에서 드라마 연기, 다음에 인형극으로). 다른 양식으로 이행하는 것은 자연적으로 나타난다. 성인은 여러 가지 양식으로 스스로를 표현하기도 하지만, 치료사가 양식 이동을 지시하는 것이 좋다. 양식 이동을 촉진시키는 목적은 자발적 표현을 격려하고, 창의성을 자극하고, 감정을 증대시켜서 더 깊은 이해를 허용하기 위한 것이다. 마지막 회기 무렵에, 내담자는 심상, 단어, 소리 혹은 움직임을 반추하고 치료사와 함께해 온 과정을 논의하고 생각해 보는 시간을 갖는다.

미술치료와 다중양식기법

이미 언급했듯이, 표현예술치료 또는 다중양식 미술치료를 사용하는 치료사는 시각적 표현을 수반하는 예술 형태를 사용함으로써 내담자 혹은 집단 경험을 촉진시키게 된다. 이 책은 임상 장면의 미술치료이론과 그 적용을 소개하고자 하기 때문에, 표현예술치료의 중심으로서 미술표현을 사용하는 다중양식의 공통 기법을 간략히 소개하고자 한다. 창의적 글쓰기와 미술표현, 움직임과 미술표현 그리고 몇 가지 상이한 미술 형태를 포함한 양식 간 경험.

창의적 글쓰기와 미술

다중양식을 활용하는 많은 치료사들은 예술적 심상에 대해 글로 표현해 봄으로써 심상에 대한 개인의 이해를 증진시키는 데 도움이 된다고 믿는다. 글쓰기는 이미지를 보았을 때 마음속에 떠오르는 단어들을 적는 것(자유연상 과정처럼), 이야기 꾸미기 혹은 단순히 제목을 붙이는 것을 포함한다. 어떤 치료사는 심리학 이론에 기초하여 특정 기법을 사용한다. 예를 들어 형태주의적 접근의 경우에 내담자에게 심상에 대한 세 가지 진술문 형태, 즉 '나는 ~ 이다' '나는 ~ 느낀다' 혹은 '나는 ~ 생각한다'를 사용하도록 지시한다. 또한 심상이 목소리를 내게 하고, 자아와 심상 간의 대화를 글로 나타내는 것은 공통 기법이다. 치료사는 내담자를 격려하여 심상과 불일치되거나, 논쟁이 되는 점을 경험하도록 하거나 혹은 내담자가 하고자 하는 것을 대화체로 나타내게 한다.

글쓰기는 신체 및 정신건강에 심대한 영향을 미친다는 증거가 있다. 예를 들어 Pennebaker(2004)는 사소한 것 혹은 일상적인 지루함에 대해 글로 쓰는 것과 달리, 외상을 글로 표현하는 것은 면역체계에 중요한 영향을 미친다고 한다. 외상을 글로 쓴 사람은 불쾌한 경험을 자기표현으로 나타내지 못한 사람보다 그다음 해에 더욱 건강하게 지냈다는 보고도 있다. 그 외 연구로는 관절염 같은 만성질환에 대해서도 글로 표현하게 되면 긍정적인 효과를 보이고, 자신의 질병에 대해 규칙적으로 글로 쓰게 하면 고통에 대한 지각이나 증상 완화에 도움이 된다는 결과도 있다. 미술표현과 글쓰기의 영향에 대해 구체적인 연구가 없지만, 예술치료의 한 형태로 어떤 형태든지 글쓰기를 하면 특정 내담자에게 매우 유익하고, 특히 외상을 겪은 사람이나 만성 신체질환을 겪고 있는 사람에게 도움이 된다.

움직임과 미술

앞의 '표현치료의 연속성'에서 Lusebrink(2010) 그리고 Johnson과 Sandel[Johnson(1999)에서 인용]에 의해 설명되었듯이, 리듬 혹은 움직임에 대한 운동내용은 모든 예술 형태에 존재한다. 수년간 여러 집단을 대상으로 적용해 본 예술 및 움직임을 결합시킨 양식 간 예술활동은 그림에 대한 영감을 떠올리기 위하여 움직임을 사용하기도 한다. 참가자(내담자)들은 '오늘 어떻게 느꼈는지'를 신체의 일부분 혹은 전체를 활용하여 움직임으로 설명해 보라고 지시한다. 집단 구성원은 수분 동안 움직임을 연습해 보고, 움직임에 대해 마음속으로 어떻게 느끼는지를 주목하도록 하고, 그것을 반복하는 동안 어떤 선, 모양, 색채가 마음에 떠오르는지를 상상해 보게 한다. 다음에 각자에게 전지와 오일 파스텔을 주고서 움직임 후에 떠오르는 선 · 모양 · 색채를 그려 보도록 지시한다.

그리기를 마친 다음에 참가자들에게 방을 돌아다니면서 다른 참가자들이 그린 그림을 살펴보도록 했다. 이때 다른 참가자가 그린 것 중에 선 · 형태 · 색채 등이 마음에 들거나 좋아하는 것을 선택하도록 요구한다. 다음에 만일 참가자가 원하면 그림이 전달하고자 하는 느낌이나 움직임을 상상해 보도록 하고, 가능한 한 구성원들에게 자신이 생각했던 움직임을 보여 주게끔 한다. 시간이 허락되면 그림을 그린 사람이 예술작품이 설명하고자 하는 움직임을 집단에게 보여 주도록 요청하고, 또 참가자들이 그들의 움직임을 함께 따라하고 두 사람 간에 단순한 율동을 시현해 보게 유도한다.

작품 만들기와 움직임을 통합한 미술활동은 상호작용이 강조되거나 참가자들 간에 역동이 중요한 역할을 하는 집단작업에 특히 유용하다. 이러한 예술치료과정은 또한 동작과 감각경험을 잘 묘사하는 내담자에게 더 만족스러운 자기표현을 위한 기회를 제공해 준다.

난화 따라 그리기

Lusebrink(1990; Hinz, 2009)의 작업에 근거하여, '난화 따라 그리기(scribble chase)'로 불리는 것은 Johnson과 Sandel이 제안한 다양한 표현치료의 연속성과 표상의 양식을 보여 준다(Johnson 1999에서 인용). 치료과정을 어떻게 이끌어 가느냐에 따라, 이런 활동은 움직임, 음악/소리 혹은 이야기 꾸미기 또는 창의적 글쓰기를 포함하는 다중양식 작업을 포함한다.

이런 활동은 두 명이 한 쌍이 되어 난화로 시작한다. 참가자는 차례로 종이 위에 초크로 난화를 그리고 다른 사람은 다른 초크로 그 선을 따라 그리게 한다. 구체적인 이미지를 묘사하지 않기 때문에, 보통 아동의 낙서와 비슷한 미로와 같은 혼란스러운 그림이 된다. 이런 초기 경험은 종종 유쾌한 놀이가 되고 표현치료의 연속성 과정에 운동/감각 수준의 추억을 느끼게 된다.

그런 다음 참가자들에게 그들의 난화 속에서 이미지를 찾아보도록 지시한다. Lusebrink(1990)는 난화에서 형태를 찾아내고, 이 형태에 색깔, 선, 정교화 등을 부가하고 나면 지각적 수준으로 변형되고, ETC의 다른 수준, 즉 인지적 · 상징적 · 창의적 수준으로 올라가게 된다고 했다. 참가자들이 인지/상징적 수준을 경험하도록 안내하기 위하여, 치료사는 내담자를 격려하여 만들어진 이미지를 묘사하도록 하고, '그 이미지와 대화'하거나 혹은 그 이미지에 대해 글을 쓰거나 시를 만들어 보게 한다. 글쓰기에 덧붙여, 다른 양식도 내담자를 도와서 난화 따라 그리기 활동에서 생성된 이미지를 탐색하고 확장시키는 데 사용할 수 있다. 예를 들어 치료사는 내담자에게 질문하여 그림의 각 이미지에 대해 소리 혹은 움직임을 만들어 보게 요구한다.

이런 활동은 그들의 이미지를 단편 그림 혹은 벽화로 결합시켜서 집단 참가자를 촉진시키는 데 적용할 수 있다. 이때 집단 구성원이 협동그림에 대해 이야기를 만들도록 격려하고 짧은 드라마 혹은 작곡 형태로 자신의 미술작품 내용을 표현하게끔 격려한다. 동시에 치료사는 소리 혹은 움직임을 생성하도록 참가자를 격려하고, 개인의 통찰 혹은 표현보다 집단역동을 알아내는 것이 경험의 목적이라고 강조한다. [그림 10-2]는 한 집단의 과정을 보여 준 예다. 두 쌍(4명)은 각각 난화를 완성하고, 그 속에서 이미지를 발견하여, 마침내 각자의 종이에서 몇 개의 이미지를 선택한 것으로 집단벽화를 만든 것이

[그림 10-2] '고향을 떠난 고래', 참가자들이 선택한 난화 속의 이미지를 활용한 집단벽화

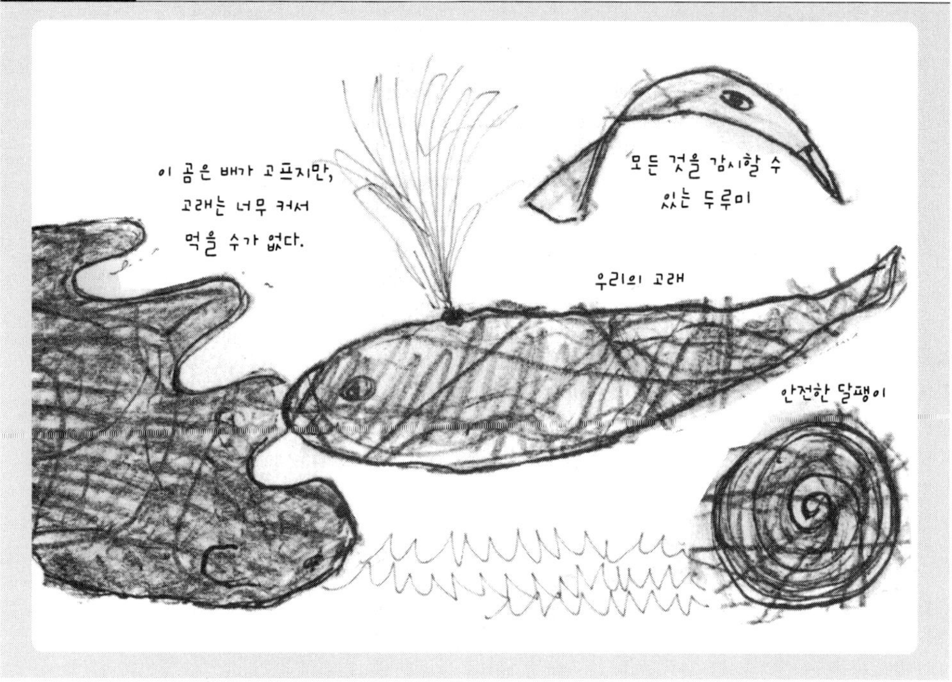

다. 협동작품은 '고향을 떠난 고래' 로 명명되었고, 집단은 짤막한 춤을 시연해 보였는데 각각은 벽화의 세부 사물을 설명하기 위하여 단순한 움직임을 구현하였다. 이런 경험을 통하여, 참가자들은 그들이 소규모 집단에서 어떻게 상호작용해야 하는지를 이해하고 또 이야기 꾸미기와 창의적 율동(무용, 움직임)으로 집단작품 속의 주제와 이미지를 이해하게끔 이끌어 간다.

결 론

미술치료에서 표현예술치료 혹은 다중양식적 접근은 두 가지 이상의 예술표현을 치료에 통합시키는 것으로 정의된다. 이런 접근의 바탕에는 다양한 심리학 이론이 적용되지만, 표현예술치료와 다중양식 작업은 미술치료와는 다른 독특한 철학이 있다. 그러나 철학은 다르지만, 표현예술치료는 미술치료와 비슷한 임상방법을 사용한다. 이 책에서 설명하고 있는 다른 미술치료 접근처럼, 다중양식 예술치료는 창의적 양식을 제공하여 내담자가 생각과 느낌을 표현하고, 비언어적으로 소통하고, 통찰을 달성하고, 창의적 과정으로 치료적 잠재력을 활용할 수 있게 한다.

Part 03

아동 및 청소년에 대한 임상 적용

3부에서는 아동 및 청소년에 대한 미술치료를 소개한다. 아동의 경우에 미술표현을 많이 쓰는 데는 몇 가지 이유가 있다. 먼저 미술은 모든 아동의 자연적 언어이고, 외상, 걱정 혹은 상실감에 대한 표현을 용이하게 해 주는 양식이 된다(Malchiodi, 1997, 2008). 또한 아동은 위기를 명료하게 표현할 언어능력을 갖추지 못하고, 학대나 폭행을 당한 사람들의 경우 미술은 언어에 의존하지 않고 감정과 경험을 의사소통할 수 있는 한 방법이다. 아동을 치료함에 있어서 왜 미술표현을 적용하는 것이 도움이 되는지 몇 가지 이유가 있다.

- 미술표현은 불안을 낮추고 아동이 치료사와의 관계를 더 안락하게 느낀다.
- 미술표현은 기억회상을 증가시킨다.
- 미술표현은 아동이 자신의 대화를 조직화하게끔 돕는다.
- 미술표현은 언어면접만 할 때보다 더 많은 말을 하게끔 촉매역할을 한다.

아동과 상담할 때, 성인 기준에서 아동의 작품을 보지 말고 내용과 의미에 대한 가설을 세우지 않는 것이 중요하다. 그 이유는 아동의 경우에 그 의미와 내용에 대한 분명한 해석이 어려우므로, 아동 및 그 작품에 대한 현상학적인 접근(phenomenological approach)을 택하는 것이 도움이 된다(Malchiodi, 1998). 즉 아동의 미술표현을 볼 때 다양한 의미에 대한 개방성, 작품을 만들어 낸 맥락,

그리고 아동의 지각방식에 대해 열린 생각을 하면서 접근해야 한다. 이런 작업의 첫 단추는 아동도 개인적 경험을 갖고 있음을 인정하고, 미술표현에 대해 설명해 보도록 용기를 북돋우어 주어야 한다. 치료사가 내용에 대해 사전에 결정된 의미를 갖고 있을 때, 아동 입장에서의 의미를 이해하기 어렵고, 잘못 해석될 수 있으며 혹은 경시될 수도 있다.

현상학적 접근의 또 다른 측면은 다양한 미술표현, 즉 인지, 정서, 대인관계, 발달을 포함한 많은 측면을 알아낼 수 있는 기회를 갖는다. 치료사는 자신의 이론적 틀에 얽매여서 신체적·정신적 측면을 생각해 보게 된다. 다양한 각도에서 의미를 찾아봄으로써 치료사는 내담자의 독특성을 존중할 뿐 아니라 치료관계를 발전시키고 깊게 조성할 수 있는 정보를 얻게 된다(Malchiodi, 1998).

아동에게 예술활동을 사용하는 많은 치료사들이 궁금해 하는 것은, '대화가 필요한가?' '만일 그렇다면, 언제 말을 걸어야 하는가?' '예술활동을 하는 동안 얼마나 많은 이야기를 해야 하는가?' 하는 문제다. 이런 질문에 대한 해답은 아동에 따라, 치료사와 내담자 간의 관계에 따라 다르며, 또 치료과정과 맥락에 따라 다르다. 어떤 아동은 예술활동에 너무 몰입되어서 치료사와 대화하는 것을 귀찮게 여기기도 한다. 청소년들은 특히 작품에 대해 직접적으로 대화하는 것을 싫어하기도 하고, 치료사가 좀 더 기다려 주고 격려해 주기를 바라기도 한다. 다른 측면에서, 많은 아동은 치료사와 아동 간의 신뢰감이 형성된 경우 작품을 만드는 동안에 그것에 관심을 보여 주기를 바란다. 만일 외상을 겪은 아동의 경우 그림을 그리는 동안에 대화가 도움을 주어서 대화가 외상을 그리는 동안에 야기되는 불안감이나 어떤 힘을 희석시키는 역할을 한다(Malchiodi, 2008; Steele & Raider, 2001).

완성된 작품에 대해 회기 끝부분에 대화를 하는 것이 중요하고 말을 하게끔 아동을 격려하는 것이 필요하다. ① 미술표현과 대화를 통하여 아동이 생각, 감정, 경험 등을 밖으로 표현하게 해 주고, ② 치료사가 아동을 더 잘 이해할 수 있게 해 주고 또 아동 입장에서 가장 바람직한 중재를 제공하게 해 준다. 대화를 거절하는 아동을 대할 때, 미술표현은 이야기 꾸미기, 가장놀이, 기타 놀이를 통하여 대화를 촉진하는 한 방법이다. 실제 대부분 아동은 자신의 미술표현이 무엇을 의미하는지 모르지만 치료사의 도움으로, 개인의 감정, 지각, 세계관을 상당히 내포하고 있는 그림 혹은 색채에 대해 상징적인 대화를 발전시킬 수 있다.

3부에서는 아동과 청소년에 대한 미술치료의 기본 원리를 소개하고 여러 장애에 대한 다양한 미술치료 적용방법을 소개할 것이다. 11장은 이야기 꾸미기와 미술작업이 아동치료에 얼마나 효율적인지 설명할 것이다. 저자들은 치료사와 아동이 그리기와 이야기 꾸미기에 함께 참여할 수 있는 간단한 방법인 '난화 게임(squiggle game)'을 창안한 소아과 의사 Donald Winnicott의 세미나 내용을 참고하였다. Winnicott의 연구는 저자들에게 영향을 주어 아동을 위한 미술활동으로 '계란화(Egg drawing)'와 '동굴화(Cave drawing)'를 고안했는데, 아동의 상상력을 은유법과 이야기로 자극하여 치료적 중재 및 창의적 평가도구로 그리기와 사적인 대화의 가치를 탐색하였다. 이 사례는 아동에 대한 대상관계 미술치료에도 일부 강조되었다.

12장과 13장은 외상을 중재하기 위해서 미술과 놀이를 사용하는 방법을 알아볼 것이다. 그리기 중재는 학교 총기사건, 가정폭력, 아동학대, 외상적 상실을 경험한 아동, 즉 외상 후 스트레스 장애를 겪는 아동을 성공적으로 개선시켰다. 이 책을 공부하는 동안, 치료사들은 세계무역센터 및 펜타곤 테러(9 · 11 테러)로 공포와 불안을 느낀 수백만 명이 그리기로 개선됨을 보게 될 것이다. 미술 중재는 신체적 위협이나 테러로 야기된 외상 후유증, 불안, 공포를 겪는 아동에게 도움을 줄 수 있는 몇 가지 방법 중 하나다. 테러 장면이 공중파 방송으로 재생되면서, 처음에 대부분 아동은 빌딩에 충돌하는 비행기, 불타는 무역센터, 소방차와 헬리콥터를 묘사하였다. 테러리스트 공격에 노출된 아동은 2001년 9월 11일 이후

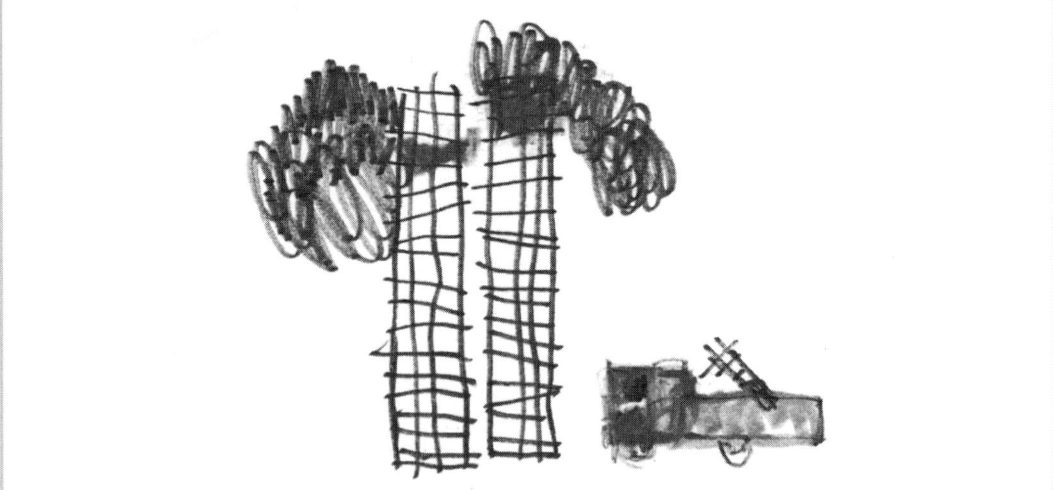

[그림 Ⅲ-1] 세계무역센터 공격에 관한 5세 여아 그림

[그림 Ⅲ-2] 비행기가 세계무역센터에 충돌했을 때 '무엇이 일어났는가'에 대해 9세 남아가 그린 그림

에도 수개월간 이러한 이미지를 반복적으로 나타내었다.

최근의 재앙과 전쟁으로, 아동들에게 의사소통의 한 형태로 미술의 중요성이 강조되고 있다. 예를 들어 다르푸르(Darfur) 지역에서 일어난 인종학살 및 그 지역에서 인권운동가들의 작업은 잔학행동에 충격받은 아동에게 수백 장의 그림을 받았다([그림 Ⅲ-3]). 다르푸르 지역에서 활동한 소아과 박사 Annie Sparrow 는 아동들의 그림을 수집하면서, 이 아동들이 자신의 경험, 특히 전쟁에 대한 시각적 언어를 표현하고 싶어 한다는 것을 느꼈다(Solinger, Fox, & Irani, 2008). Sparrow가 수집한 그림

[그림 Ⅲ-3] 11세 남아가 그린 다르푸르 지역에서 잔자위드 민병대를 지원하러 온 수단 군인의 탱크 및 픽업 트럭의 자세한 그림. Waging Peace(2007)에서 인용

은 마침내 인종학살에 관여한 군대에 대한 국제전범재판소의 증거로 제출되었다.

미술치료는 여러 장애를 치료하는 데 유용하고, 특히 주의력 결핍 과잉행동 장애(attention-deficit/hyperactivity disorder)와 자폐증의 두 장애는 창의적 미술치료에 적합하다. 14장에서 Safran은 미술치료가 ADHD에 유용하게 적용된 사례를 보여 줄 것이고, 이런 유형의 아동들의 충동성과 주의력 결핍을 다루는 방안을 소개한다. 개별 아동과 집단에 적용되는 사례는 독자들에게 어떻게 미술치료가 치료단계를 통합시켜 나가는지를 좀 더 이해하기 쉽게 해 준다. 15장에서 Gabriels는 아동 자폐증에 대한 포괄적인 개관을 제시하고 다양한 문제에 필요한 중재 방안을 소개해 준다. 이 두 저자들은 아동 치료에서 가족에 대한 미술치료의 중요함을 강조하고, 완전한 행동 변화를 이끌어 내기 위하여 부모와 형제자매와 함께 아동을 치료하는 것이 필요하다고 강조한다.

16장은 특히 암으로 고통당하는 소아과 환자에게 미술치료를 적용한 사례를 보여 준다. 의료 장면에서 미술치료는 그 적용범위가 점차 확대되고 있으며 암으로 고통당하는 아동, HIV, 천식, 관절염, 심한 화상, 기타 질병에 걸린 아동에게 적용되고 있다(Malchiodi, 1999). 미술치료는 질병, 수술, 약물복용, 입원치료에 연관된 외상뿐 아니라 심리사회적 치료 및 스트레스 완화를 목적으로 하는 치료에도 적용된다. 소아과 환자에 대한 미술치료는 수술불안과 공포를 낮추어 주고 질병을 극복하려는 자기권한을 증진시킨다. 독자들은 미술에 근거한 평가와 미술치료에 적용되는 다양한 기법을 배울 것이고, 병원 장면에서 소아환자가 창의적 미술표현으로 도움을 받는 과정을 보여 주고 있다.

마지막 장은 청소년기에 적용하는 미술치료 기법을 제시한다. 17장은 청소년의 치료에 미술표현이 어떻게 보조적인 역할을 하는지 소개하고, 반항적인 청소년뿐 아니라 위축된 청소년에게 어떻게 다가가는지를 설명한다. 요약하면 미술치료가 일반적인 청소년들과는 다르게 말을 사용하지 않는 이들과 의사소통할 수 있는 창의적 방법이다.

3부에서 설명하는 미술치료 적용은 아동 및 청소년을 상담하는 치료사가 어떻게 자신의 치료 방향에 미술치료를 통합시킬 것인지를 강조하는 것이다. 미술은 아동 및 청소년의 문제, 외상기억, 발달, 세상에 대한 관점을 드러내는 창문 역할을 한다. 미술의 근본 목적은 어린 내담자들에게 자신, 타인, 환경에 대한 느낌, 사고, 지각, 관찰을 공유하는 또 다른 언어를 제공하는 것이다. 미술치료는 치료사와 아동 및 청소년 간의 마음의 소통과 상호작용을 증진시켜서 관계의 깊이와 너비를 확대시키는 중요한 촉매제로 기능한다.

아동에 대한 심리치료로서 그리기와 이야기 꾸미기

아동이 자신의 감정을 안전하게 말로 표현하도록 돕는 가장 효과적인 중재 가운데 하나가 다양한 표현양식을 포함한 기법인 이야기 꾸미기(storytelling)다. 이야기 꾸미기는 창의적 표현을 풍부하게 하고, 심리치료에 다양하게 적용될 수 있다. 아동이 이야기를 만들어 낼 때, 자신의 자존감을 회복하는 작업에 적극적으로 참여하는 것이다. 이것은 걱정, 분노, 혼란을 효과적으로 또 비직면적인 방식으로 곤혹스러운 감정의 표현을 촉진시킨다(Bergner, 2007; Gardner, 1974; Kestenbaum, 1985; Lawson, 1987; Silver, 1996; Stirtzinger, 1983; Tanaka, 1992, 2001a, 2001b).

많은 일본 아동들의 경우 학대나 방치로 인한 사회적 철회, 학교 거부, 불안장애, 선택적 함묵증, 사회공포증, 외상 후 스트레스 장애 등의 광범위한 정서적 문제가 드러나 아동보호센터(Child Guidance Center)나 교육상담센터(Educational Counseling Center)에 의뢰된다. 또 다른 아동들은 질병으로 인한 우울증을 극복하기 위해 상담을 한다. 심리치료를 받는 아동들은 걱정 근심과 자신이 겪었던 외상 사건을 말로 표현하는 데 어려움을 겪는다. 흔히 직접적인 질문에 잘 반응하지 않는다. 특별히 신체적으로나 성적으로 학대받은 아동이라면 사건에 대해 이야기하는 것에 당황스러움을 느끼거나 이런 감정을 표현하는 데 죄책감을 느낄 것이다. 또한 그들은 다른 사람에게 개인적이고 가족적인 비밀을 공유하기를 꺼리는 문화적 딜레마로 고심할 것이다. 그 결과로 이런 아동들은 내면화된 수치심과 낮은 자존감을 갖게 된다.

기질적 장애로 발달이 지체되었거나 외상 때문에 발달이 멈추어 언어장애가 생긴 아동을 언어로 치료하는 것은 매우 어렵다. 외상 경험을 언어화하기 어려운 아동들은 적절한 도움을 받지 못하게 됨으로써 외상의 계속적인 위험에 놓이게 된다. 이런 현상은 아동을 점차 자기희생(self-victimization)의 나쁜 순환 고리로 이어지게 하여서 무력감과 고립감의 희생양이 되게 한다.

이 장에서는 심리치료에서 그리기와 이야기 꾸미기 방법의 사용을 난화 게임(Squiggle Game), 계란화 기법(Egg Drawing technique), 동굴화 기법(Cave Drawing technique)에 적용된 사례들이 논의될 것이다.

난화 게임과 이야기 꾸미기

난화 게임은 영국에서 아동을 위한 전통적인 게임으로 사용되었다. Winnicott은 아동을 치료하면서 치료의 한 영역으로 이것을 소개하였다. 난화 게임은 후에 효과적인 미술적 지시로 전 세계적인 인정을 받았다(Walrond-Skinner, 1986). Winnicott(1971)은 이 기법이 각자의 난화를 교환하고 그 속에 숨겨진 심상을 발견하면서 치료사와 아동 간에 신뢰를 촉진한다고 강조하였다(Claman, 1980; Nakai, 1982; Tanaka, 1993; Winnicott, 1971; Ziegler, 1976). 난화가 어떤 형태 혹은 의미인지를 서로 추측하는 게임은 치료사와 아동 간에 즐거운 상호작용을 제공해 준다. 난화 게임은 내담자가 불완전하고 대상을 통합시키지 못하는 점을 치료사가 인정하고 수용함으로써 상징적인 활동을 촉진하게 되고, 그것에 의해서 아동의 그림을 엿봄으로써 치료관계를 촉진시키게 된다.

Winnicott(1965)은 유아는 성숙과정에 관한 자신의 개념에 따라 자기 주위에 있는 물건들을 지각하고 그 대상들을 변별하지 못하는 지각상태에서 발달해 나간다고 보았다. Winnicott은 '성인(adult) 치료사'는 '유아(infant)' 혹은 발달적으로 억압된 아동의 생각을 알아보기 위해 안정된 환경을 조성할 필요가 있음을 강조했다. 이러한 과정은 내담자가 대상을 적절히 분리하고 외부세계에 대한 객관성을 획득하게 해 준다(Winnicott, 1989a, 1989c).

놀이치료 상황에서 난화 게임은 주관적인(즉 투사) 경험으로부터 객관적인(즉 대상 개념) 경험으로의 자연스러운 전이(smooth transition)를 하게끔 도와주며, 바로 이때 내담자에게 치료적 이득, 즉 두 현실 간의 다리를 놓게 된다. 최종적으로 Winnicott은 난화 게임을 치료사와 아동의 상호놀이를 촉진시키는 표준방법으로서 사용할 의도를 가지지는 않았다(Winnicott, 1989b). Tanaka는 난화 게임에서 이야기 상호작용 방법의 가능성을 보았다. 게임에서 만들어진 예술작품을 사용하여 Tanaka는 전통적인 일본의 그림카드 쇼, 즉 카미시바이(kamishibai) 혹은 4단 만화 컷을 통해 이야기 꾸미기를 촉진했다(Tanaka, 1992, 1993, 2001a, 2001b). 난화 게임으로 두세 회기 진행한 후에 치료사는 아동에게 네 개 내지 여섯 개의 그림으로 구성된 어떤 이야기를 만들어 보도록 제안함으로써 이야기 표현을 유도해 낼 수 있다. 두 가지 접근방법이 있는데, 치료사와 아동이 각각 좋아하는 그림을 선택하여 각자의 이야기를 만들 수 있고 혹은 차례로 그림을 선택하고 무작위로 다른 사람의 이야기에 덧붙여 가면서 이야기를 꾸미도록 협동한다. 이 두 가지 접근은 짧은 시간 내 생산적인 상호교환에 필요한 아동의 현재 문제에 대해 통찰을 획득하는 효과적인 방법이다.

계란화 및 동굴화: 기법과 이야기 꾸미기

Tanaka의 미술치료 기법인 계란화와 동굴화는 상징적 표현이 풍부하고 이야기 꾸미기를 촉진시킨다(Tanaka, 1995, 2001a, 2001b). 이것들은 첫 회기나 치료기간 내내 반복적으로 각각 혹은 병행하여 사용될 수 있는 미술치료 기법이다. 두 기법은 치료사가 시각적이고 언어적인 수단을 통해 이야기 꾸미기를 유도해 가는 것처럼 치료사의 적극적인 참여에 달려 있다. 먼저 아동에게 타원을 그려 주고 치료사는 이것은 계란 혹은 동굴 입구라고 말해 준다. 이런 시각적이고 언어적인 촉구는 아동의 능동적인 상상력을 자극하고 미술표현과 이야기 꾸미기에 끌어들이는 동기를 부여한다. 하나의 이야기를 시작함으로써 그림공간은 아동이 자기의 개인적인 의미를 불어넣는 상징적 공간으로 전환된다. 간단히 말해 계란화와 동굴화는 구체적인 방향과 유도된 심상을 통해 이야기의 가능성을 향상시킨다.

두 가지 기법에서 창조되는 투사적인 내용은 심리적 공간에 대한 두 기법의 상이한 접근 결과이고, 따라서 아동의 다른 면을 반영한다. 그러므로 두 가지 미술작품에서 만들어진 이야기는 치료사가 아동의 심리적인 상태를 이해하는 데 유용하다. 계란화와 동굴화를 위해 요구되는 매체들은 다음과 같다.

- 편지지 크기의 종이 혹은 8×10인치의 스케치북
- 2B에서 6B 정도의 다양한 굵기의 연필심
- 지우개
- 연필깎기
- 뾰족한 검정색 마카
- 24개 혹은 36색 색연필 또는 크레용

계란화에서 치료사는 다음 절차를 준수한다.

- 치료사가 먼저 종이 한 장에 타원형을 그린다.
- 그다음 아동 내담자에게 "이게 뭐 같아 보이죠?" 하고 묻는다. 아동은 아마 계란 같다고 할 것이다. 그러면 치료사는 맞았다고 답한다. 아동이 대답하지 못하면 치료사가 계란이라고 말해 준다. 이때 치료사와 내담자가 함께 계란의 심상을 가지는 것이 중요하다.
- 뭔가가 태어나려고 한다고 설명한 후에 치료사는 아동에게 계란에 금이 난 모양을 그려 보라고 한다.
- 아동이 금을 그릴 때 치료사는 "무엇이 태어나려고 하나요?"라고 묻는다. 대부분 아동은 "병아리요." 하고 대답할 것이다. 치료사는 "이것은 요술계란이에요." 하고 반응하며 "여기서 무엇이라도 나올 수 있다고 생각할 수 있어요."라고 말해 준다.
- 치료사는 새로운 종이를 주며 아동에게 깨어진 계란 틈으로 나올 수 있는 상상의 창조물을 그려 보도록 지시한다.
- 마지막으로 치료사는 그림에 색칠을 하게 한다.

동굴화의 경우 치료사는 다음 절차를 준수한다.

- 계란화를 완성한 후 치료사는 타원을 처음보다는 조금 크게 다시 그려 준다. 이번에는 계란이 아니라고 말한다.
- 치료사는 그것이 동굴 입구라고 설명한다. 동굴 내부에서 바깥세상을 바라보는 그림을 그리도록 격려한다. "이 속에 산다고 생각하고, 바깥에 무엇이 보일까요?"
- 내담자가 이러한 지시를 이해한다고 확신한 후 치료사는 내담자에게 그림을 시작하라고 할 수 있다.
- 아동이 더 원하면, 치료사는 동굴 내부벽도 마찬가지로 색칠하게 할 수 있다.

두 개의 그림이 완성되었을 때 치료사는 아동에게 계란화와 동굴화에서 만들어진 그림으로 이야기를 꾸밀 수 있게 한다. 대체로 이 두 기법은 함께 사용되지만, 따로따로 사용할 수도 있다. 최근에 Tanaka는 정신질환이 없는 일반집단에게 기본 표현과 반응을 알아보기 위해 난화(Squiggles) 및 계란화/동굴화 등에 관한 연구를 했고(Tanaka, Konno, & Osano, 2003), 또 다른 연구로는 투사적 미술표현을 목적으로 1983년에 Nakai가 고안한 '그림 유도자(Elicitor-Induced Drawing)' 라고 부르는 '수정된 난화 기법'의 효율성을 연구하였다(Nakai & Goto, 1983; Tanaka & Konno, 2007). 더욱 최근에 Tanaka와 일본 연구진들은 Buck(1948)이 개발한 HTP(House-Tree-Person) 대용으로 PDI(그림 그린 후 면접: Post Drawing Interview)에 기반을 둔 절차를 연구하였다. PDI는 아직 유효성이 입증되지 않았지만, 연구자들은 그림을 그린 후에 내담자를 관여시키는 데 도움이 된다고 하였다. 이것의 목적은 PDI를 통하여 내담자에게 이야기 꾸미기를 유도하는 것이다. 독자들은 이야기 꾸미기를 어떻게 각 내담자에게 적절하게 활용할지에 대한 임상적 판단을 내려야 한다. 다음은 PDI 적용의 예를 보여 주고 있다.

계란화 PDI

"당신이 그린 계란화에 대해 이야기를 좀 해 주세요."

- "당신이 그린 것이 무엇인가요?"

– “이것이 당신과 가까이 있나요 혹은 멀리 있나요? 왜 그렇게 느꼈습니까?”
– “이것이 어디로 가려고 한다고 상상해 보세요. 그것(혹은 당신)이 어디로 갈 것이라고 생각하나요?”
– “만일 가는 길에 누군가(혹은 물건)를 만났다면, 어떤 일이 발생할까요?”
– “만일 이것이 성장했다면, 이것이 어떻게 변경될 것이라고 생각하나요?”
– “이것이 당신에게 어떤 것을 떠올리게 하나요?”
– “이것이 원하는 무엇이 있나요? 또 무엇이 당신에게 그런 생각을 갖게 했나요?”
– “이것이 필요로 하는 무엇이 있나요? 또 무엇이 당신에게 그런 생각을 갖게 했나요?”

동굴화 PDI

“당신이 그린 동굴화에 대해 이야기를 좀 해 주세요.”

– “이것이 어떤 장소인가요? 또 당신은 이것이 무엇 같다고 생각되나요?”
– “이 동굴이 당신과 가까이 있나요 혹은 멀리 있나요?”
– “동굴 안이 따스한 것 같나요 또는 추운 것 같나요? 무엇이 그런 식으로 느끼게 했나요?”
– “당신은 이 동굴에 살고 싶나요? 왜 그런지 말해 주실래요?”
– “이 그림 중에 가장 좋아하는 것은 무엇인가요? 왜 그런지 말해 주실래요?”
– “이 그림 중에 가장 마음에 안 드는 것은 무엇인가요? 왜 그런지 말해 주실래요?”
– “이 동굴에 가장 잘 맞는 기후는 무엇일까요(햇빛 또는 구름 낀 날 등)?”
– “만일 동굴 밖에 바람이 분다면, 어떤 방향에서 불어오는 건가요(좌측, 우측, 위, 아래)?”
– “만일 누군가/무엇이 동굴 속으로 들어온다면, 누가/무엇이 들어올까요?”
– “만일 동굴 속에 사는 사람이 밖으로 나가려고 한다면, 그 사람은 어느 곳을 가려 하나요?”
– “만일 이 동굴 속에 무엇이 부족하거나 또는 필요한 것이 있다면, 그것이 무엇일까요?”
– “이 그림을 보면 무엇이 생각나나요?”
– “이것을 그리는 데 어려운 곳은 어디였나요?”

요약하면, Tanaka와 Konno(2007)는 미술치료가 효과적으로 되려면, 창의적 과정 및 유용한 그림공간을 공유하여 이야기와 이미지를 경험하는 방식에 주파수가 맞아야 하고, 그렇게 함으로써 치료적 경계를 느슨하게 해야 한다고 하였다. 애착을 형성시키면 퇴행을 자극하여 심리치료 결과를 더 좋게 한다는 주장은 이제 새로운 것이 아니다. 이 장에서 소개하는 치료방식도 Balint(1968)의 초기 대상관계 형성이론을 참고로 부합시킨 것인데, 즉 최초 사랑에 대한 최초 심리상태 또 최초 대상과 연관된 양가감정이 생기기 전인 '조화로운 융합(harmonious mix-up)'을 유발시킬 목적이다.

사 례: L.B.

L.B.는 고운 피부에 자그마한 체구를 가진 13세 된 일본 여아로, 오랫동안 성적, 정서적 학대를 받아 왔다. 태어나면서부터 친부모에게 버려져 외조부모에 의해 키워졌다. L.B.는 8~13세 때 아동보호센터에 도움을 구할 때까지 외조부에게 그야말로 괴롭힘을 당하였다. 사춘기가 되자 친구들이 그녀를 색다르게 보는 두려움으로 인한 사회공포증과 등교 거부가 시작되었다. 그리고 성적 학대로 인한 외상으로 타인에 대한 과다경계, 신체접촉과 큰 소음에 민감성, 등하굣길 통근 기차에서 공황, 그리고 만성적인 신체질환 같은 여러 증상이 나타났다.

치료 초기에 L.B.는 계란껍질에서 얼굴을 숨기고 있는 갓 태어난 천사를 묘사하였다([그림 11-1]). 동굴화의 경우 그녀는 키 크고 무성한 풀밭을 그렸는데, 멀리 신비롭고 깊숙한 숲이 있고 그림 전경에는 동굴 입구에 두 개의 바위가 양 옆에 틀을 이루고 있었다([그림 11-2]). 그러고 나서 그녀는 다음과 같이 '천사의 탄생'이라는 이야기 주제를 말하였다.

"사람들이 살고 있는 곳에서 멀리 떨어진 곳에 비밀스러운 숲이 있었어요. 숲은 오랫동안 수호천사를 기다려 왔지요. 천사는 숲을 지켰고 사람들로부터 보호했어요. 그리고 천사는 상처 입은 사람과 동물들을 치유했지요. 나무의 밑둥치에 태어나지 않은 천사의 황금알이 있어요. '깨져라. 깨져라. 깨져라.' 알이 깨졌어요. 계란껍질이 깨지고 은빛이 터질 듯이 뿜어져 나왔어요. '깨져라. 깨져라.' 조각들이 땅으로 떨어져 나왔어요. 은빛

[그림 11-1] 계란껍질 속에서 그녀의 얼굴을 숨기고 있는 갓 태어난 천사를 그린 계란화

[그림 11-2] 앞쪽 입구에 두 개의 바위로 짜여 있으면서 숲에서 떨어져 있는 동굴

이 계란의 금빛을 관통하였어요. '퍼드덕, 퍼드덕, 퍼드덕' 껍질이 반쯤 벗겨지고 뭔가 날개를 퍼덕이는 희미한 소리가 들렸지요. 그것은 새로 태어난 천사였어요. 잠시 후 천사는 날개를 말리느라 분주히 움직였지요. '쳇!' 천사는 말은 하지 못하고 긴 숨을 쉬었어요. 계란은 균형을 잃고 천사는 알 밖으로 던져졌어요. 다행히 긴 풀들이 부드러운 침대가 되어 주어서 다치지 않게 되었지요. 천사가 주위를 둘러보니 가까운 곳에 동굴이 있었어요. 천사는 그곳에서 한동안 숨기로 하였지요. 깨진 계란껍질 조각들은 잠시 후 하늘로 돌아가 별이 되었어요."

이 사례에서 보듯이, 계란화와 동굴화의 이야기 꾸미기에서 만들어진 이야기 내용은 임상가로 하여금 내담자의 개인적인 의미를 더 깊이 이해할 수 있게 한다. 이야기로부터, L.B.는 안전기지를 찾고 있는 것으로 추론될 수 있다. 즉 (이야기의) 작가는 천사의 기능을 치료사로서 탐색함으로써 이야기 속의 (껍질 속) 천사가 치유받고 싶은 L.B.의 소망과 예후에 대한 격려를 느꼈을 것이다.

천사의 상징성은 L.B.의 치료를 향상시켰다. 6개월 후에 L.B.가 그린 천사([그림 11-3])는 눈이 가려져 있었고, 동굴화([그림 11-4])에서는 장미와 묘지가 묘사되어 있었다. L.B.는 "천사는 세상의 오물을 보지 않도록 하기 위해 눈이 가려졌다."라고 설명했다. L.B.가 묘사한 것과는 반대로 그녀의 심상은 반복적으로 '하나의 눈'을 묘사했다. 그것은 일본 문화권에서 보이는 (자학적인) 자기 모욕의 의미였다.

치유자로서 천사의 역할이 가정되었음에도 불구하고 수호천사는 성적 학대를 받은 L.B. 그녀 자신임이 명백하다. 더군다나 장미와 묘지의 그림은 그녀가 한 번도 만난 적이 없는 엄마에 대한 상실감과 그녀 자신의 성폭행을 묘사하는 것이다. 이런 과정은 L.B.가 자발적으로 지은 짧은 '장례식' 이야기를 이끌어 냈으며, 이것은 부재하는 엄마

[그림 11-3] 6개월 후 L.B.가 그린 시각장애인 천사

[그림 11-4] 장미꽃과 묘비를 묘사한 동굴화

에게 도움을 얻고 싶은 소망을 표현하였다.

계속되는 회기 동안 L.B.는 심장과 눈에 피를 흘리는 천사로 자신을 그렸고, 한쪽 팔은 피로 흠뻑 젖은 자신의 스커트를 향하고 있고, 몸통은 결박된 것처럼 뒤틀렸다. 그것을 '상처 입은 천사' 라고 이름 지었다. 이러한 분명한 심상의 내용은 자기비난과 무력감을 나타내는 것이며, 이것은 근친상간의 희생자에게는 흔한 일이다. 그것은 폭행당한 자신을 고통스럽게 자각하는 인간의 자화상이다.

이런 자화상은 외상을 직면하려는 용기를 의미하는 중대한 전환점 표현이다. 이러한 때를 주목하면서, 치료사와 치료동맹(therapeutic alliance)도 높아지고, 이제 L.B.는 투옥된 범죄자로부터 자신을 보호해 주지 못한 할머니를 향해 공개적으로 분노를 표현하기 시작했다.

사례: J.Y.

J.Y.는 12세의 일본 남아로 선택적 함묵증과 사회공포증의 증상을 보여 스스로 상담기관을 찾아온 아동이었다. J.Y.는 그의 부모와 8세 된 동생과 살고 있었다. J.Y.는 왜소증으로 또래와 비교하여 무척 작았다. 유아기 때부터 J.Y.는 성장을 촉진시키는 호르몬 주

사를 맞아 왔다. 면접 때 J.Y.는 수줍었으나 치료사에게 진실했다. 그러나 상담을 힘들어 할 때는 말에 힘이 없고 거의 들리지도 않았다.

J.Y.가 나타내는 주요 관심은 안구공포증(DSM-IV에서 사회공포증과 유사한)의 증후였다. 그는 여자친구들을 두려워했고 그들이 그를 빤히 쳐다볼 때 적의를 가지고 있다고 느꼈다. 학교 보고에 따르면 그의 주장을 지지할 만한 증거는 없었다. 그러나 J.Y.는 적어도 학급 절반의 여아들이 자신을 '노려본다.' 라고 주장하였다. 몇몇 남학생들은 J.Y.의 신체적 외양을 가지고 계속 괴롭히는 사건들을 연속적으로 일으켰다.

이것은 J.Y.가 낮은 자아상으로 고통받는 증거였다. 외부 자극이 별로 없는 조용한 상황에서는 자신을 표현할 수 있었지만 타인과의 능동적인 상호작용이 요구되는 때에는 행동이 억제되었다. 즉 자기주장이 부족하고 타인 앞에서는 그의 감정이 완전히 지배당했다. J.Y.는 치료를 받으려는 동기가 있었는데, 그가 언어치료에는 참여가 전혀 불가능하였기 때문에 미술치료가 더 적절한 수단으로 선택되었다.

두 번째 회기에서, 계란화와 동굴화가 사용되었다. 첫 번째 계란화는 'UFO, 별들, 시계, 버스, 조개, 그리고 체리' 로 이름 붙여졌다. 그림은 여러 가지 조그마한 사물로 채워졌다. 반대로 첫 동굴화는 화산에서 분출된 녹아내리는 용암을 그렸다. 치료사(Tanaka)는 화산을 그릴 때에 통제되고 이완된 행동과는 사뭇 다른 J.Y.의 분노표출에 놀랐다.

J.Y.는 미술 지시에 잘 반응했고 치료를 받으러 오는 것을 즐거워했다. 치료에서 점차 치료적 활동에 자기주도가 증가했고 주관적인 매체를 선택하여 그리려는 소망을 표현하기 시작했다. 치료 중기에 치료사는 계란화와 동굴화 그림을 세 번째로 지시했고 J.Y.가 두 작품으로 이야기를 만들어 내도록 요청했다. J.Y.는 외계에서 일어난 이야기를 해주었다.

계란화의 제목은 '우주와 우주선' 으로 지구에서 멀리 떨어진 작은 은하수가 외계의 잊혀진 곳에 널려 있다. 이는 그의 방어로서 고립과 철회의 경향성을 말해 준다([그림 11-5]). 동굴화는 'Ganta라는 괴물의 공격' 이란 제목으로 J.Y.는 도시를 공격하는 고질라 같은 괴물을 그렸다. 그의 억압된 분노와 공격성은 이 그림을 통해 관찰되었다([그림 11-6]). 그러나 이런 지시로부터 나온 이야기는 J.Y.로부터 최소한의 언어적 반응을 유도해 냈다. "괴물 Ganta는 커다란 계란을 낳았다. 계란은 화려했다. 부화되었을 때 안에는 많은 별들이 있었다."

[그림 11-5] '우주와 우주선'으로 명명된 계란화

[그림 11-6] 'Ganta라는 괴물의 공격'으로 명명된 동굴화

계란화에 밝은 별들의 성운과 거대한 은하수는 J.Y.의 발전 가능성을 보여 주는 것 같고, 이야기는 자신(괴물)의 긍정적인 측면을 인정하는 능력을 가리키는 듯하였는데, 한편 그 이야기에 괴물의 공격성은 무시되고 싸우는 장면은 다루지도 않았다. 언어적 표현

과 비언어적 표현의 불일치는 J.Y.가 그림에서 그의 분노를 표현하는 데 있어서는 자신감이 상승함에도 불구하고 그의 감정을 언어화하는 데에는 어려움이 남아 있음을 시사하는 것으로 해석된다.

계속되는 회기에서 이야기 꾸미기와 함께 계란화, 동굴화, 난화 그리고 분할색채법(심리적 부담을 가지는 사람들을 위하여 한 장의 종이에 미리 정해진 분할에 채색하는 것을 포함하는 활동)이 비언어적 그림 지시로 통합되었다. 그림에 대한 이야기 구성의 표현은 눈에 띄게 증가하였다. 단어 수도 처음에는 51개, 69개에서 점차 빠르게 증가하여 171개, 981개, 1,176개 단어까지 이르렀다. 이런 향상과 함께 치료에서 그의 언어적 참여와 타인과의 관련도 필적할 만큼 진전되었다.

J.Y.는 언어적 상호작용을 더욱 능동적으로 하게 되었고 그의 사회공포증도 점차 진정되었다. J.Y.는 유아 같은 왜소증으로 진단받았고 성장에 어려움을 겪었다. 그는 친구들에 의해 거부되었고 괴롭힘을 당하였으며 심한 열등감으로 고통을 받았다. 여자 친구들의 응시를 두려워하는 핵심 증상은 엄마의 감시와 병원에서 의학적인 발달상태를 모니터링한 것에 대한 투사로 해석할 수 있다. 청소년기의 성장결핍으로 인한 어머니의 슬픔, 좌절, 자기연민이 내면화되고 그 결과로 J.Y. 자신을 비판적인 견해로 본다는 것은 있을 법한 일이다.

J.Y.그림의 내용은 분노와 자기표현의 적절한 출구를 찾지 못한 무능력을 묘사한 것이고 또한 감정과 행동을 통제하고 싶은 욕구도 나타내고 있다. 사회공포증 때문에 J.Y.는 치료사가 직접적으로 관계하는 언어로 진행하는 치료체계에 위협을 받는다. 미술과 이야기 꾸미기에 초점을 맞춤으로써 J.Y.는 치료사와의 치료관계에 참여할 수 있었다. J.Y.는 우주, 우주인, 괴물들, 미래도시 이야기를 끊임없이 만들어 내면서 그의 미술과 관계를 발전시켰고 그 자신의 이야기를 시작했고 내적 대화를 뚜렷이 만들어 내기 시작하였다. 이런 과정은 J.Y.가 자신의 의학적인 상황 그리고 친구와 가족과의 관계와 관련한 감정과 타협하도록 도왔다.

J.Y.는 미술과 이야기 꾸미기의 기능을 통해 얻은 대처기술처럼 자신의 의학적 곤경을 극복하는 법을 배웠다. J.Y.는 초기에 표현하지 못하였던 자신의 감정을 고찰하고 인정하는 것을 배웠다. 그의 성공은 자신의 두려움과 걱정을 언어로 공개하고 경감하는 데 도움을 준 비언어적 표현양식의 적용에서 시작되었다.

논 의

사례를 통해서 증명되듯이, 정서적인 문제를 가진 아동은 자주 죽음과 파괴, 재생의 주제를 나타낸다. 이런 주제들은 변화에 대한 강렬한 소망을 나타낼 수 있다. 임상가의 첫째 임무는 이 소망을 깨닫고, 이런 표현을 허용할 수 있는 안전한 치료적 공간을 제공하는 일이다.

계란화와 동굴화 기법은 내적 소망에의 접근을 제공하고 그들의 반응을 민감하게 유도해 내고, 이런 것들을 비직면적(nonconfrontational) 방법으로 한다. 특별히 계란화는 역설적인 접근을 통해 도움을 준다. 즉 외상이나 정서적 문제를 경험한 아동이 깨지기 쉬운 계란이라는 자아상을 은유적으로 깨뜨리는 데 있어 적극적인 역할을 수행한다. 이런 변화는 아동이 통제감을 경험하도록 돕고 이 순간 무엇인가 새로운 것이 탄생한다. 결과는 사실상 파괴적이기보다는 건설적인 자기결정으로의 전환이다.

약간의 파괴를 사용하는 계란화의 이론적 배경은 Winnicott(1989c)의 개념과 일치하는데, 즉 "파괴는 현실을 대처하고, 대상을 자기 바깥으로 옮기는 한 부분이다."(p. 223)라고 하였다. 위기 조장은 치료를 성공적으로 이끌 수 있는 핵심적인 부분으로 간주된다. 계란화의 과정은 위기 조장의 과정(내담자로 하여금 계란을 깨게 하는 것)을 포함하고 있고, 이것은 불안이 엄습하는 순간에도 불구하고 아동이 성취감을 맛볼 수 있게 한다. 반복적인 중재로 아동은 자신의 개인적인 심상(계란과 그것으로부터 나오는 무엇)이 변화의 두려움에 덜 민감하게 되고 그리하여 끊임없는 자아상의 부활에 동참하게 된다. Howard(1991)는 이야기 꾸미기와 '이야기 보충 연습'은 개인의 정체성을 확립하는 데 기본이라고 했다.

그럼에도 불구하고 주의할 점은 계란화가 가지는 역설적인 면을 고려해야 한다는 것이다. 이 기법을 사용할 때, 임상가는 외상을 입은 아동이 저항을 하고, 조심하지 않으면 고의로 자기가 만든 대상을 파괴하는 지시를 하게 될 수도 있다는 것을 명심해야 한다. 이런 이유로 바람직한 임상적 판단이 유지되어야 한다. 최근 연구에서 외상을 재경험시키는 것이 치료를 촉진한다고 보고되었지만(Malchiodi, 2001; Meichenbaum & Fitzpatrick, 1993; Shapiro, 2001; van der Kolk, McFarlane, & Weisaeth, 1996), 학대의 심각성과 어떤 중재를 적용할 것인지를 적절히 고려해야 한다. 그림을 그려 보도록 지시하는 과정은 외상재현을 촉진할 수 있다. 이것은 정신병이나 자해적인 행동이 있는 행동적 · 정신적 비조직화를 나타내는 내담자에게는 부적절하다. 공개적으로 표현하기보다 담고 있기를 바라면서 이런 행동을 은유적으로 표현하는 아동에게 적용할 때도 신중해야 한다. 일반적으로 계란화 기법은 치료관계가 안정적일 때는 모든 집단에 유용하다.

저자는 동굴화가 안전기지에 대한 은유성 때문에 광범위한 적용력을 가지고 있다고 주장한다. 계란 형태로 심상화된 동굴은 현실공간과 치료적(그림의) 공간에 경계를 짓는 기능을 한다. 그러므로 그리는 사람과 그의 개인적 심상 간에 안정적 거리가 확립된다. 이 거리는 임상가로 하여금 내담자의 소망과 열망을 안전하게 탐색하게 한다.

더욱이 동굴화와 이야기 꾸미기는 상징적 방법으로 표현되는 내담자의 제한점을 인정하면서, 치료과정 동안 아동을 평가할 수 있게끔 적용된다. 예를 들어 L.B.의 매혹적인 숲([그림 11-2])을 보호하는 바위들, 묘지에 대한 새의 눈([그림 11-4]), J.Y.의 익살스럽고 영화 같던 괴물의 폭력([그림 11-6])에서 볼 수 있다.

계란화가 아동의 내면적인 세계를 관찰하는 반면, 동굴화는 대부분 갈등과 갈등 해결과 연관된 환상을 나타낸다. 이런 두 가지 현실을 합병하는 이야기 꾸미기는 아동에게 더 큰 자극을 가져다줄 것이고, 만약 그렇지 않았다면 해결을 위한 소망과 통찰을 분명하게 말할 수 없을 것이다. 예를 들어 J.Y.의 계란화는 경계가 없는 모호하고, 미분화된 자아를 그린 것이다. 그의 동굴화는 질서와 시간의 순서가 중요하다. 두 그림은 모두 외계 괴물에 대한 구체적이고도 일관된 이야기로 J.Y.의 곤경에 대해 즉각적인 이해를 제공한다.

여기에서 언급된 기법은 단순한 투사검사가 아니라 정보를 확인할 수 있는 도구이고, 또한 아동의 환상과 현실 사이에 다리를 놓아 줄 수 있는 방법이다. 이 사례연구는 미술과 이야기 꾸미기를 통합시키는 중재가 어떻게 아동의 표현을 촉진시키는지를 보여 주고 있는데, 여기서 아동의 표현은 자기자각을 향상시키고 아동이 그의 삶에 도전과 변화를 준비하도록 해 준다. 요약하면, 치료사는 이런 두 가지 기법을 적용할 때 다음 사항을 고려하여야 한다.

- 계란화는 적절한 치료동맹 수준이 형성되지 않는 저항적인 내담자에게는 효율적이지 못하고 치료적이지도 않다.
- 동굴화는 다양한 집단에 적용 가능성이 크다. 그러므로 치료 초기에 적용할 수 있다.

결 론

언어와 그리기 요소를 함께 적용하는 임상적 중재는 심리치료의 진전을 촉진한다(Gardner, 1974). 미술치료양식의 장점인 비언어적 의사소통은 아동들이 정상적으로 언어화하지 못하는 것을 분명하게 해 준다. 결론적으로 미술은 아동이 이야기 꾸미기를 통해 마음속의 환상과 생각을 언어로 표현하게끔 도와준다. 이야기 꾸미기를 통해 자기표현을 하는 것이 아동의 문제와 결부된 생각을 조직화하여 혼란을 감소시키고 아동을 변화의 통로로 안내하게 돕는다(Bergner, 2007).

미술표현을 보면 내담자와 치료사 간의 치료동맹의 수준 및 치료의 진행 수준을 알 수 있다. 심상을 자유롭게 표현할 수 있는 분위기가 지속될 때, 미술표현이 변화되고 이것은 곧 치료동맹이 증가되었음을 시사한다. L.B.와 함께한 치료에서 핵심은 사랑하는 사람에 의한 학대와 유기다. 천사 그림과 이야기로 상처받은 자신을 점차 외현화하는 만큼 치료사도 L.B.의 성장을 확신하게 된다. 치료관계가 더욱 발전할수록 가장 단순한 이야기에서조차 개인적인 의미를 많이 담은 이야기로 번져 가기 마련이다.

이야기와 함께하는 미술 중재 접근을 사용할 때 중요하게 기억해야 할 점은 미술을 통해 의사소통하기 위한 치료사의 주의 깊고도 열성적인 노력이 필요하다. 아동이 치료를 즐기고 또 오기를 원한다면 그 자체에 치료적 가치가 있다. 이러한 이유로 치료사는 아동의 두려움과 불안을 완화하기 위해서는 가장 추상적이고 가장 덜 위협적인 미술 중재를 고려해야만 한다. 임상가의 목표는 미술표현과 이야기의 완성에 초점을 두는 것이 아니라 치료단계를 유연하게 전환해 가면서 치료기간 동안 주제를 뒷받침하기 위한 연속성을 견지하는 것이다.

Winnicott의 난화나 Tanaka의 계란화, 동굴화와 같은 그림과제의 사용은 정서적 문제를 가진 아동을 돕는 데 강력한 기법이 될 수 있다. 치료관계와 함께 그리기와 이야기 꾸미기의 결합은 곤경에 처한 아동들이 안전하게 투사할 수 있게 해 주고, 미술은 비언어적인 표현을 통해 그들의 두려움과 불안을 표현하기 위한 방법을 제공하고, 또 문제에 대한 효과적인 해결을 촉진시킨다.

CHAPTER 12

단기 외상치료에서 그리기

이 장에서는 그리기, 외상 내용을 대화로 발전시키기 그리고 인지적 재구조화 방법을 통하여 외상과 연관된 기억을 재노출시키는 구조화된 외상 중재 기법을 소개한다. 이 중재는 아동의 외상과 상실(Trauma and Loss in Children: TLC)에 대한 국립보건원에서 개발된 프로그램에 기반하고 있다. 증거에 기반한 연구는 DSM-IV-TR의 세 가지 하위 질환에 대해 외상 특징적인 반응을 유의하게 낮추었다. 즉 재경험(reexperiencing), 회피(avoidance) 그리고 흥분(arousal)(Steele & Raider, 2009; Steele, Kuban, & Raider, 2009; Raider, Steele, Delillo-Storey, Jacobs, & Kuban, 2008)이다. 비교적 약한 외상뿐 아니라 가장 강한 외상에서도 반응감소가 나타났다.

이런 결과는 피험자 아동뿐 아니라 부모가 평가한 사전, 사후 그리고 3개월 후 추수평가에서도 나타났다. 임상 장면에 적용 가능한 프로그램을 개발할 목적으로 학교 상담가와 건강 전문가들이 실제 적용하고 평가하였다. 인지적 재구조화(cognitive reframing)를 목적으로 하는 구조화된 그림활동은 외상을 재노출시키기 위한 우선 기법이고 외상을 언어화시키려는 시작이다. 그러나 외상을 중재하려는 노력을 시작하기 전에 외상이 무엇이고, 어떻게 발달되었고, 현재 이 아동에게 어떻게 발현되고 있는가를 이해해야 한다.

아동의 외상반응

1994년에 미국정신의학회는 외상 후 스트레스 장애(PTSD)를 경험한 아동의 진단 준거를 설정했다.

- 죽음 상태 혹은 죽음의 위협 혹은 심각한 부상을 당할 뻔했거나 목격했거나 또는 자신 혹은 타인의 신체적 안전이 위협받는 것을 목격한 사람. 또 부상이 없었어도 신체적 안녕의 위협만으로도 외상이 될 수 있다.
- 외상당한 사람의 반응은 강렬한 두려움, 무기력감, 공포에 대한 그 사람의 반응, 외상의 핵심증상은 강렬한 두려움과 무기력감이다. 이혼 가정에서 무기력에 처한 아동도 심각한 PTSD를 보일 수 있다.

Pynoos와 Nader(1990), Bremmer, Randall, Scott, Bronen 그리고 Seibyl(1996), Dykman과 Buka(1997) 등은 신체학대, 성 학대, 살인, 가정폭력, 임의적인 폭력, 기타 위협 등이 아동에게 전쟁에서 생존한 성인들과 같은 반응을 일으킨다고 하였다. Eth와 Pynoos(1985)는 폭력을 목격한 사람도 외상반응을 보인다는 것을 밝힌 첫 번째 연구팀이다. 폭력현장에 가깝게 있었으면 그만큼 반응 강도도 증가된다. 그러나 단지 희생자와 친인척 관계이거나 알고 지내는 사람도 외상반응을 보인다. 가령, 가족, 친구, 동료 혹은 같은 학교에 다니거나 같은 동네에 사는 사람들도 외상반응을 보일 수 있다. Schwarz와 Kowalski(1991)는 사건 발생 당시 개인의 정서상태에 따라 그 사건과 연상된 기억 강도가 달라진다고 했다. Saigh와 Bremner(1999)와 다른 연구자들은 개인의 취약성에 따른 '관련성 지각'이 내담자의 PTSD 반응 강도에 영향을 미친다고 제안하였다.

오크라호마 시청 건물이 폭발된 6개월 후에 유치원 교사를 대상으로 한 교육에서, 어떤 교사가 아동들이 스스로 두 집단으로 어떻게 나누었는지에 대해 이야기했다. 한 집단은 낮잠 잘 때 사용하는 매트를 방 한쪽으로 가지고 가서, 마치 묻힌 것처럼 매트로 자신을 덮었다. 다른 집단은 실내 축구경기에 사용하는 그물을 방 한쪽으로 가지고 가서, 두 명이 한 팀이 되어 한 팀이 매트 아래에 숨어 있는 아이들에게 가서 그물에 그들을 넣었다. 다른 팀도 똑같은 행동을 따라 하면서 매트 아래 있는 아이들을 모두 끄집어내어 다른 쪽으로 옮길 때까지 계속했다. 모든 아동이 옮겨지고 난 다음에 이제 역할을 바꾸어 이제 구출자가 매트 아래에 '숨고' 다른 아동이 '구출해' 내었다. 아동들은 스스로 서로 서로 구출해 주는 능력을 재현하였다. 아동들은 텔레비전으로 오크라호마 폭발을 목격하여 테러외상에 노출되었으며, 연령이나 환경이 비슷하였기 때문에 스스로 희생자와 연관이 있는 것처럼 지각하였다.

최근 연구(Perry & Szalavitz, 2006)는 외상을 겪은 아동은 정보를 처리하는 데 어려운 시기를 겪는다고 했다. Ford, Chapman, Mack 그리고 Pearson(2006)은 외상을 겪은 아동이 학습과 문제해결력에도 어려움을 겪는다고 했다. Perry와 Szalavitz(2006)는 외상아동은 종종 수업 중에 교사들의 이야기를 절반밖에 듣지 못한다고 보고했다. Levine과 Kline(2007)은 외상 상태가 지속되면, 인지 및 행동장애가 야기된다고 했다. 실제로 아동이 외상 후 스트레스를 가장 많이 받는다는 것은 의심의 여지가 없다. 여기서 문제는 '어떤 중재가 외상을 유발시키는 사건에 노출된 아동에게 가장 도움이 될 것인가?' 하는 것이다.

아동에 대한 외상 중재

외상을 경험한 아동에 대한 중요한 중재 방안은 다음 사항을 포함한다. 외상에 대한 기억과 경험에 재노출시키고, 외상에 관한 대화를 시작하거나 이야기를 꾸미게 하고, 인지적 재구조화를 이끈다. 외상을 성공적으로 치료하려면 외상을 경험한 이야기를 시각적 표상으로 나타내야 하고 인지적으로 재구조화해야 한다. 그림은 재노출과 이야기 꾸미기의 결정적 요소인데 이 장의 후반부에서 논의할 것이다. 구조화는 또한 안전감을 주는 중요한 요소이고 치료기간 내내 유지시킴으로써 아동을 적극적으로 참여시킬 수 있게 된다.

재노출

외상에 의한 희생자 경험을 재노출시키는 것은 외상치료의 핵심이다. 노출(exposure)

은 외상을 당한 내담자들의 의식으로 경험을 가져오는 것으로서 이후 자신이 대처할 수 있는 방법으로 재기억하는 것이다. Rachman(1966), Marks(1972), Saigh(1987), 그리고 다른 연구자들은 노출을 핵심과정으로 간주하고 이것은 외상을 겪은 자의 경험을 의식화시키는 과정을 돕는 것이라고 했다. Bessel van der Kolk(van der Kolk, McFarlane, & Weisaeth, 1996)는 다음과 같이 말했다. "외상기억은 일상 기억처럼 될 필요가 있는데, 즉 외상기억은 개인의 생활 맥락 속에서 변형 · 수정되고 언어적으로 재구성되어야 한다. 외상에 완전히 노출시키는 목적은 외상의 후유증이 조건화된 자극처럼 작용되는 힘을 잃어버리게 만드는 것이다. 그렇지 않으면 현실 경험과 부합되지 않는 외상과 연관된 행동과 감정을 재활성화시키게 된다." (p. 420)

외상 사건으로 경험된 강렬한 공포와 감정반응을 참는(자기조절) 것을 학습하는 능력이 회복의 결정적 부분이다(Rothschild, 2001). Siegel(2007), Perry와 Szalavitz(2007), Colozino(2006) 등은 외상에서 회복되려면 자기조절이 중요한 역할을 한다고 강조하였다. 외상 경험이 수정되고 재배열됨으로써 외상을 경험한 사람은 인지적 재구조화가 일어나서 통합된 이야기로 다루게 된다. 외상기억이 의식으로 통합되지 않을 때, 기억은 외상상태를 자극하고 조건화된 회피와 정서유발반응을 일으킨다.

인지치료와 재구조화

인지치료(Cohen, Mannarino, & Deblinger, 2006; Reinecke, Dattilio, & Freeman, 2003)는 통합된 외상기억이 의식적 기억과 현재 생활 경험을 촉진시키도록 한다. 외상으로 야기되는 생각들이 변경될 때 '인지적 재구조화' 라고 말할 수 있다. 외상이 세세한 경험으로 이야기될 때, 세부 사항이 대처할 수 있는 방식으로 재기록된다. 일단 대처방식이 만들어지면 외상자는 더 이상 희생자가 아니라 경험을 통제할 수 있는, 즉 경험의 산증인이 된다. 예를 들어 '이런 경험이 내 인생을 망치거나 선택의 여지를 없애는 것이 아니라', 희생자의 입장을 바꾸어 '나는 이런 경험으로 살아남았고 선택할 수 있기 때문에 타인을 살릴 수 있다.' 라는 인지구조로 바뀐다. 그러므로 인지적 재구조화는 외상으로 야기된 비기능적인 생각 때문에 나타나는 이러한 정서와 행동을 제거하는 데 도움을 준다.

인지적 재구조화는 구체적 외상 주제를 다루어야 하는데, 그렇지 않고 도움을 주려는 사람이나 부모가 아동의 반응을 무시하고, 최소화하려 하거나 부적절하게 반응하게 되면 이차 외상이 일어날 수 있다. 중재자는 공포, 테러, 걱정, 근심, 분노, 복수, 책임, 피해의 감정 같은 중요한 외상 주제에 대한 아동의 반응을 재구조화시켜야 한다.

그리기와 외상적 대화

그림 그리기는 외상기억으로부터 아동을 돕고 이야기를 재구조화할 수 있도록 해 주는 노출의 한 형태다. 인지-행동심리학은 "기억은 의식하고 있지 않은 때에도 현재 상황을 해석하는 데 영향을 미친다."고 한다(Mihaescu & Baettig, 1996: 243). 아동은 감각운동 수준에서 외상을 경험하지만, 다음에 그것이 상징적 수준인 지각적(또는 영상적) 표상으로 변경된다(p. 246). "후에 성인이 되어 이런 기억들은 언어적으로 재배열된다. 외상 같은 무서운 사건이 경험될 때 개인의 경험 맥락과 맞지 않을 때, 새로운 기억 혹은 해리 현상이 일어난다."(van der Kolk, 1987: 289) 만일 기억이 개인의 맥락에서 언어적으로 연결되지 않을 때, 그것을 설명할 용어가 없는 상징 수준으로 남게 된다. 기억으로 부호화되어 있는 것을 회상하고, 언어화하고, 다음에 의식으로 통합시키기 위해서, 상징적인 지각(영상) 형태로 끄집어내어야 한다.

그리기는 해리된 기억과 회상 간을 연결시켜서 의식화하는 한 방법이고, 이후에 그 경험을 이야기하게 되고 아동의 과거, 현재, 미래의 삶과 통합시킨다. Malchiodi(1997, 1998, 2001, 2008)는 그림 그리기가 아동에게 자기 이야기를 하는 동력을 주고 자신의 외상 경험을 이야기로 해석하는 한 방법이라고 하였다. Riley(1997)는 그리기 행동은 외현화로서, 자아와 생각 그리고 감정을 보이게 투사하는 것이라고 했다.

Pynoos와 Eth(1986)는 폭력적 외상을 입은 아동의 초기 중재에 그리기를 많이 사용하였다. 그들은 그리기는 "외상기억에 사로잡힌 아동의 무의식을 알아내는 방법"이라고 하였다(p. 316). 그리기는 운동(그리기)과 언어(이야기 꾸미기)를 통하여 경험을 외현화시키는 데 도움을 주고, 외상으로 무기력한 상태에서 경험을 적극적으로 표현하도록 해 준다. 외상을 경험한 아동이 외상을 이야기하고 상징적 형태로 표현하고 나면, 그 아동은 테러로부터 벗어나고 힘을 회복하게 해 주고, 더 이상 외상으로부터 야기된 증상이나 유발 인자를 회피하거나 반사반응을 하지 않게 된다.

그리기의 또 다른 이점은 성인과 마찬가지로 아동의 경우에도 외상이 단지 인지적 경험이 아니라 감각적 경험이기 때문에 심상으로 남게 된다는 것이다. 외상의 충격을 완전히 이해하고 그 아동에게 결정적인 외상요인을 찾아내기 위해서, 치료사는 아동의 경험을 보아야만 한다. 외상으로 인하여 아동이 자신과 주변 세상에 대해서 무엇을 보는지 알아야 한다. 그리기는 경험내용을 보고 아동이 보는 것처럼 볼 수 있는 기회를 제공한다. 또한 아동에게 자극을 제공하여 자신의 이야기로 만들 수 있게 해 주고 근본적으로 우리 모두에게 공포, 테러, 걱정, 상처, 분노, 복수, 책임, 전체 희생자 등을 목격하게 해 준다.

중재의 핵심요소

- 외상 중재에서 다루어야 할 주제는 공포, 테러, 걱정, 상처(정서 및 신체), 분노, 복수, 책임감, 희생자 대 생존자 생각들이다. 외상의 실제 증상, 즉 침입적 사고(intrusive recollections)가 아니라 이러한 주제에 초점을 둠으로써, 외상 경험에 대한 감각적이고 인지적인 기억으로 나타나는 증상과 역기능적인 반응의 정도를 완화시키게 된다.
- 재노출, 외상적 대화, 인지적 재구조화는 중재를 지지하는 이론적 바탕이다. 아동 및 청소년의 경우에, 노출은 그리기를 통하여만 달성될 수 있다. 외상적 대화(즉 이야기를 만들어 내는 것)는 외상과 연관된 구체적 질문을 함으로써 격려되고 촉진된다. 인지적 재구조화는 아동이 중요한 외상 주제를 연결시키는 것이다.
- 외상과 연관된 질문은 사고 그 자체와 연관된 것이 아니라 반드시 외상 경험과 연관시켜야 한다. 다음과 같은 질문을 할 수 있다. "네가 보고, 듣고, 만진 것을 무엇이든 기억해 보라?" "네가 원하지 않을 때조차도 무엇이 일어날 것이라고 때때로 생각하니?" "어떤 소리, 보기, 냄새 등이 갑자기 나타나서 그 사건을 떠올리게 하니?" "이런 경험을 해본 적이 있다고 생각되니?" 중재과정에서 질문은 지금 다룰 주제에 대해 구체적이어야 한다. 이런 질문은 아동을 구체적 주제에 몰입하게 함으로써 각 주제에 관련된 이야기를 하도록 격려하고, 세밀한 점에도 주목하도록 격려한다. 외상에 대한 세밀한 감각경험은 통제감을 재형성하도록 돕는 결정적인 것이고, 치료사

에게 아동이 가진 부정확한 정보(환상 등)를 수정할 기회를 제공해 주고, 새로운 정보를 제공한다. 그래서 세부적인 사실을 다루는 것은 통제감을 도울 뿐 아니라 인지적 재구조화를 촉진시키기도 한다.

- 외상 사건의 재경험은 구조화시켜서 진행해야만 세부적인 사건이나 기억에 노출되어도 신경과민 같은 압도당하는 경험을 갖지 않는다. 치료사는 천천히 단계적으로 세부적인 위안을 경험시키고, 구조화된 세부 질문을 제기하고 한 번에 한 주제씩 다루면서 그림으로 연결시킨다('사례' 참조). 외상과 연관된 질문은 재노출뿐 아니라 '느리고도 안전하게' 이야기를 하게끔 돕는 데 목적이 있다.

그리기 활동은 반드시 외상 주제와 연관시켜야 한다. 예를 들어 '무엇이 일어났는가'를 그리도록 하고 '그 당시 그 희생자가 어떻게 보였는지'를 그려 보도록 요구한다. 그리기의 목적은 분석하거나 평가하기 위한 것이 아니라 외상에 대한 감각기억들을 촉발시키기 위한 것이다. 아동이 경험을 표현하고 구체화할 때 그 경험에 대한 목격자가 되게끔 해 주며, 이런 과정은 그 기억에 대해 힘을 회복하게끔 도와주고 그것을 다룰 수 있는 방식으로 재기록하게 만들어 간다. 그리기는 구체적 주제와 활동과 연합시킬 수 있는 일련의 순서로 진행시킨다. "네가 좋아하는 것을 무엇이든지 그려 볼래."와 같은 지시는 하지 말아야 한다. 예를 들어 매우 구체적으로 "너의 상심이 무엇과 같은지 그림으로 그려 줄래."라고 해야 한다.

사 례

Johnny가 10살 때 그의 누나 Sally는 연쇄살인범에 의해 비참하게 살해되었다. 누나의 시신은 6개월 후에 발견되었다. Johnny는 살해자의 행동을 보고 있었지만, 그는 꼼짝 못하게 묶여서 Sally를 도와줄 수 없었다.

1년 후 Johnny는 자주 다투고 Freddie Krueger 같은 공포 인물에 몰두하였고, 성적도 떨어졌다. 그의 어머니는 살인사건 전에 Johnny는 4명의 자녀 중에 최고였다고 했다. 그녀는 살인사건의 목격자는 아니지만 희생자와의 인간관계를 통해서, 또 끔찍한 살인사건을 다루는 방송매체를 통해 그 상황을 이해할 수 있게 되었다.

Johnny는 그 사건 1년 후에 치료 중재를 받으러 왔다. 사회복지사와 면담을 했었고 정신과를 수 차례 찾아간 적도 있었다. 여기서는 직접적으로 외상을 다루지 않았고, Johnny에게 그림을 그려 보도록 요구하지도 않았었다. 처음으로 Johnny에게 무엇이 일어났는지를 말해 보도록 하였다. 그때 이야기하고 싶은 단어를 실제로 입에 담기를 어려워하였다. 또한 이야기 내용에 대해 마음속에 떠오르는 심상을 설명할 수도 없었다. 5개월이 지나서 처음으로 울음을 터뜨렸다.

Johnny의 신체 및 정서반응은 마치 살인사건이 방금 일어난 것처럼 매우 강렬하였다. 그의 반응은 그의 느낌을 말하지 않거나 생각하지 않는 것이 좋다고 생각한 주위 어른들이 불러일으킨 것이다. 이것은 이해할 만한 반응이지만, 또한 테러에 대해 어른들을 보호하는 기능도 하고 무기력한 Johnny의 감정이 어른들의 감정을 촉발시킬 수 있을 가능성으로부터 자신들을 보호하기 위한 것이기도 하다. 아동의 경험에 대해 목격자가 되기 위해서, 어른들은 아동이 자기 주변 및 자신을 어떻게 생각하는지뿐 아니라 그 경험을 어떻게 시각적으로 보고 있는지를 알아야 한다.

Johnny에게 경험한 것을 그려 보라고 한 후에 그것에 대해 이야기할 수 있었다. 그의

[그림 12-1] Johnny가 마지막으로 누나를 보았던 거실 모습

그림([그림 12-1])은 유치했지만 20분 동안 누나와 함께 보낸 지난밤의 사건을 그렸다. 가족 중에 자신이 누나의 마지막 모습을 보았다[외상 당한 자가 무엇을 그리는지 혹은 그것을 어떻게 그리는지는 문제가 되지 않으며 그냥 그리는 것이 중요하다. 그림은 심리운동적 활동(psychomotor activity)을 하는 것이고 그것이 외상 경험에 대한 감각기억을 촉발시키게 된다].

Johnny는 마지막 밤에 자신과 누나 그리고 자기 친구와 TV를 보고, 피자를 먹고, 함께 놀이를 했던 거실을 그렸다. 바로 자신이 안전하게 느끼는 곳이며 이야기를 시작한 출발점이다.

다음 그림([그림 12-2])에서 Johnny는 누나가 살해되기 전의 자기 모습을 그렸다. 입 모양에 대해 물었을 때, "웃고 있는 모습 같다. 웃는 모습으로 바꿀 필요가 있다."라고 대답했다. 색연필을 잡고서는 입 모서리를 치켜 올려 그리려고 했지만 그렇게 할 수 없었다. 전문가들은 이런 행동을 분석하려고 시도하고 그것의 의미를 통찰로 입증하려고 노력한다. 그러나 분석과 해석은 그런 과정을 멈추게 하고 인지적 수준으로 돌아가게끔 한다. 외상은 인지적 경험이 아니다. 외상은 감각적인 것이다. 감각적 수준에서 중재하는 것이 중요하다. 더구나 그림이 무엇을 의미하는지를 말하는 것이 필요하다.

[그림 12-2]는 누나가 살해되기 전에 자기 모습이기 때문에, Johnny는 누나가 살해된 후에 자신의 그림을 그려 보게끔 요구받았다([그림 12-3]). 외상을 다룰 때 우리는 항상 '그때(then)'와 '지금(now)'을 함께 다루어야 한다. '그 당시 가장 괴롭힌 것이 무엇인

[그림 12-2] 누나가 살해되기 전의 자아상

[그림 12-3] 누나가 살해된 후에 자아상

지, 지금 가장 괴롭히는 것이 무엇인지?'를 질문함으로써 그때에서 지금으로 옮겨간다. 다시 강조하지만 그림에 대한 해석은 하지 말아야 한다. 지금 Johnny가 느끼는 감정은 힘, 즉 테러에서 공포 주인공인 Freddie Krueger와 Candyman이다.

외상으로 야기된 분노 혹은 싸움은 외상이 앗아 간 힘을 회복하려는 반작용이다. 이것은 외상이 야기할 수 있는 무력감과 취약함으로 압도된 것을 경험하지 않게 하는 방법이다. 죽은 누나를 그려 보라고 Johnny에게 요구했을 때, 그는 그것을 제대로 그릴 수 없었다([그림 12-4]). 대신에 그는 누나가 살해당하는 과정을 그렸다. 누나 신체를 관통하는 두개의 선은 연쇄살인범의 팔이다. 이때 그는 중지하고 살인범을 그리고 싶지 않다고 말했다. 후에 "무엇이 너를 가장 두렵게 하니?" 하고 물었을 때, 그는 재판일에 어떻게 그 살인범을 볼까 하는 문제와 살인범이 감옥에서 나와 나머지 우리 가족을 죽일 거라는 공포를 느끼는 것에 대해서 말했다. Johnny는 스스로 자신을 힘 있는 자로 확인하고 경험해 볼 필요가 있다고 생각하고 있다.

그의 누나가 죽은 것은 그리지 않았기 때문에, Johnny는 재차 질문을 받았다. 그의 그림([그림 12-5])은 누나에 대해서 갖고 있는 기억이다. 고통(마음의 상처)은 외상 중재를 다루는 데 중요한 주제다. 이 그림을 그린 다음에, Johnny에게 다음과 같은 질문을 했다. "네가 처음 발견했을 때, 신체 중에 가장 아픈 곳이 어디였다고 느꼈니?" 그의 반응은

[그림 12-4] 살해되고 있는 누나 그림

[그림 12-5] Johnny가 그린 누나에 대한 기억

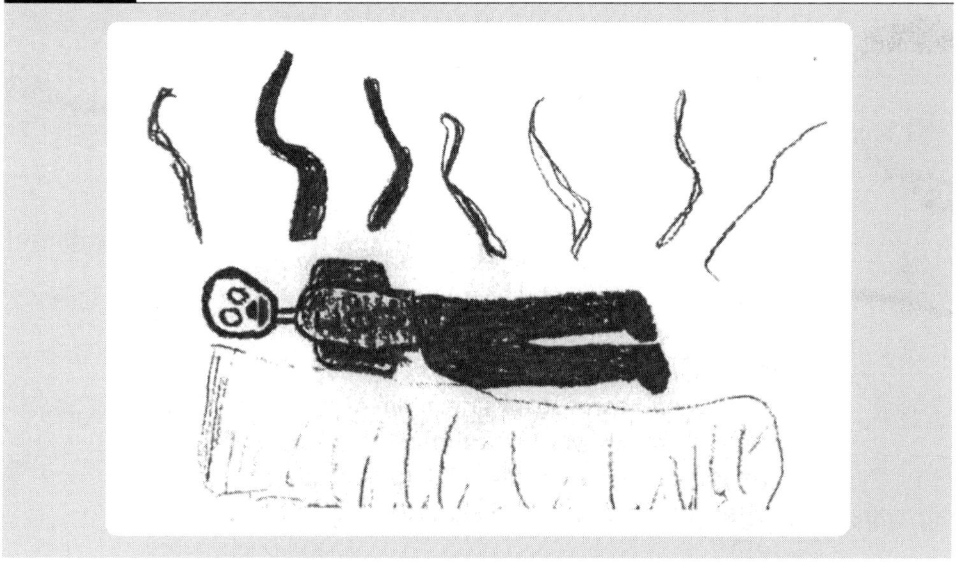

그가 "머리가 너무 아팠다."라는 것이다. Johnny는 더 이상 두통을 느끼지 않았지만, 누나를 생각할 때마다 "여전히 두통을 느꼈다."

견학생들이 비디오를 통해 Johnny의 치료 회기를 관찰했을 때, 더 이상 단어구사에 대해 힘들어하지 않았다. 그는 생기가 있었고, 웃기도 했으며, 과도한 반응 혹은 울음도 보이지 않고 자세하게 이야기할 수 있었다. 45분 동안의 치료 회기 중에 초기 5분이 지난

[그림 12-6] 상처의 모습

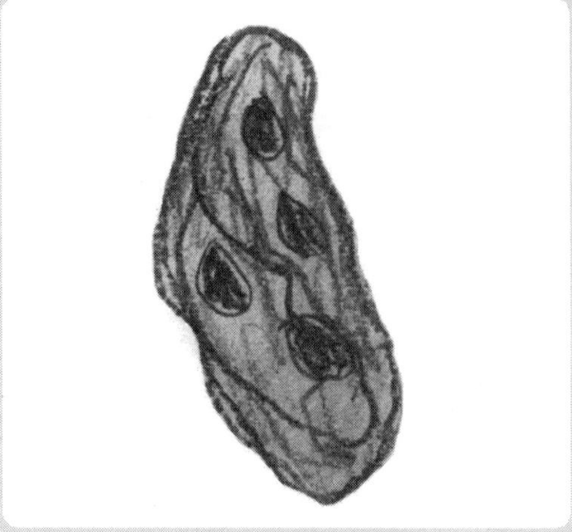

다음에 중요한 변화가 있었다. 테러, 공포, 감각적인 어려움은 더 이상 나타나지 않았다.

치료사는 Johnny에게 그 상처가 무엇과 같은지 설명해 보라고 요구했다. 그는 설명하지 못했다. 치료 회기를 20분쯤 남겨 두었을 때 Johnny는 "잠깐, 우리가 말하고 있는 상처를 알고 있습니까?" 라고 말했다. 다음에 색연필을 잡고서 조용히 다른 그림을 하나 완성했다([그림 12-6]). 다 그린 다음에, '이것이 바로 상처입니다.' 라고 말했다.

이런 과정은 내담자가 자기치료에 적극적으로 관여하는 것이다. 그림을 통하여 Johnny의 경험 중에 감각기억이 드러나고 외상에 대해 이야기 꾸미기를 시작할 때, 그는 공포에 짓눌린 감각에서 해방되었으며 동시에 스스로 조정능력을 갖추게 되었다. 수주 후에 어머니는 Johnny가 "다시 거의 제 모습으로" 되었다고 했다. 치료 중에 Johnny의 싸움 혹은 다른 행동증상에 대해 한마디도 하지 않았고, 단지 그가 느끼는 공포, 테러, 걱정, 상처, 분노, 복수 그리고 죄책감에 관해서만 이야기했다.

치료연구소에서 이런 과정을 가르치지만, 경험 있는 치료사의 경우 통찰을 해 보려는 분석을 중단하는 것이 어렵다. 대개 치료사들은 외상 사건으로부터 아동을 구하기 위해 감정을 반영하고, 탐색하고, 해석하기를 원한다. 치료사들은 아동에게 첫 회기에 사람이 죽고, 살해되고, 심한 상처에 관한 그림을 그려 보도록 요구하지 않는다. 이런 접근은 치료사에게는 안전감을 주겠지만, 외상을 경험한 아동은 다른 사람이 자기경험을 함께 목격하기를 간절히 원한다. 그림과 외상에 관한 세부적 질문을 통한 노출은 이런 일이 일어나게 해 준다(Raider et al., 2008; Steele, 2009; Steele & Raider, 2009; Steele et al., 2009; Steele & Malchiodi, 2011).

결 론

외상을 중재하는 데 그리기가 왜 중요한 양식이 되는지 몇 가지 핵심 사항이 있다.

- 그리기는 심리운동이다. 외상이 인지경험의 비중보다 감각경험의 비중이 크기 때문에, 중재는 외상에 관한 감각기억을 찾아내는 방식을 포함해야 한다.
- 그리기는 외상을 말로 설명하지 못하는 아동, 어른까지도 의사소통으로 이끄는 안전한 수단이다.
- 그리기는 아동을 스스로의 치료과정에 능동적으로 참여시킨다. 아동으로 하여금 외상에 대한 수동적, 내성적, 비통제적 반응으로부터 능동적, 직접적, 통제적 상태로 옮겨가게 한다.
- 그리기는 외상경험에 대한 상징적 표상을 언어 및 구체형태로 변형시켜서 외현화하고 구체화하고 그를 통해 대처 가능하게 해 준다.
- 그림 형식 그 자체가 효과적이다. 종이는 외상을 담는 그릇 역할을 한다. 외상을 담음으로써 이제 감각 및 촉각 수준에서 다룰 수 있게 된다. 아동은 자신이 원할 때 그것을 사용할 수 있고, 그럼으로써 아동은 외상에 대해 통제력을 갖게 된다.
- 그리기는 외상과 연관된 구체적 질문을 통하여 세부적인 사항을 시각적으로 재현하고, 그것에 '언어'를 부여해 그들의 이야기를 만들도록 아동을 격려하여 다룰 수 있는 방식으로 기록되게 할 수 있다.
- 그리기는 시각적 재노출을 반복시켜 줌으로써 외상기억에 대한 불안 혹은 반응을 감소시켜 주고 따라서 지각 및 느낌을 안전하게 해 준다.

한 개의 장으로 외상 중재 모델을 완전히 설명하기는 어렵다. 여기서 제공하는 정보는 한 가지 구조이고 외상을 경험한 아동을 다루기 위한 안내에 불과하다. 안전한 환경을 만들어 주기 위해서 구조화된 과정이 필요함을 강조하고 싶다. 안전한 환경에서 아동은 외상의 세부 사건들도 재경험하게 되고 이야기를 구성해 가면서 테러 경험으로부터 위안을 얻게 되고, 자기 자신과 주변 환경에 대한 숙달감과 힘을 회복하게 된다.

성 학대 아동에 대한 미술 및 놀이치료

성 학대 아동의 가장 큰 특징은 침묵하는 희생자가 된다는 점이다. 조정하는 어른 혹은 이해 범위를 넘어선 상황에 압도되어, 성 학대 아동은 종종 마음속의 스트레스를 말하지 못하게 된다. 간혹 '부적응적인' 행동으로 숨겨진 사건을 드러내고 보호를 원하는 신호를 보내기도 한다. 어떤 경우에는 밖으로 드러내면 가정 붕괴나, 가족의 사랑을 잃게 되거나, 자신 혹은 사랑하는 사람에게 해가 될 수 있다는 무서운 결과를 초래할 것이라는 생각으로 수년 동안 참아 내기도 한다. 미술치료는 이런 아동에게 초기에 의사소통을 촉진하고, 후에 고통스럽고 복잡한 정서적 문제를 다룰 수 있게 해 준다.

성 학대의 후유증

지난 30년간 성 학대 관련 연구가 많아졌다(Conte, 2002). Briere(1992)는 성인 및 청소년 성 학대로 인해 나타나는 일곱 가지 심리적 혼란을 설명하였다. 여기에는 외상 후 스트레스, 인지 왜곡, 정서성 변화, 해리, 자기-존중감 손상, 인간관계 혼란, 회피가 포함된다. Gil(1991)은 아동의 경우에도 같은 증후가 나타난다고 하였다. Kendall-Tackett,

Williams 그리고 Finkelhor(1993)는 40개 이상의 임상연구를 검토한 후에 네 가지 주요 증상을 확인하였다. 그 주요 증상은 외상 후 스트레스 장애(PTSD, 공포와 불안), 공격, 우울 그리고 성적인 공격행동이다. 특히 성적인 공격행동은 치료 중재에 저항을 많이 한다(Lanktree & Briere, 1995). Friedrich(1995)는 치료과정에서 아동에게 매우 중요한 문제로 자아, 애착, 감정, 행동적 비통제력의 회복을 발달시켜야 한다고 주장했다. 이런 광범위한 주제들은 대개 수면 및 섭식장애, 낮은 자존감, 부적절한 상호작용, 학습장애 같은 문제와 연관된다.

비록 학대 아동들은 비슷한 증상을 갖고 있지만, 모든 학대 아동이 앞서 언급한 방식으로 반응할 것이라는 가정이나 기대는 버리고 그들의 다소 독특하고 기괴한 반응을 주의 깊게 평가하여야 한다. 실제 학대받은 아동은 자신의 경험에 대해 독특한 의미를 가지고 있으며 괴로운 외상을 극복하기 위하여 독창적인 방어전략을 발전시키게 됨을 명심해야 한다.

성 학대는 급성 혹은 만성적 허약함과 무력감을 느끼거나 파묻히게 하는 스트레스적인 사건이다(Friedrich, 2002). 학대는 여러 가지 요인에 따라 미미한 수준에서 심각한 수준까지 있을 수 있다. 일반적으로 충격은 학대의 기간과 빈도, 범죄자 수, 신체적 접촉 여부, 강제적인 성행위, 학대의 연령, 학대행동의 기괴성, 희생자의 감정, 무력감, 배신감이나 오점으로 남은 흔적에 따라 더 심각하게 된다(Briere, 1992: 5-6). 부모나 잘 아는 어른에 의한 만성적 성 학대는 아동에게 가장 큰 충격을 주고 마음속에 더욱 은밀한 방어전략을 구축해야 할 필요를 느끼게 된다. 그러므로 초기 임상 과제는 아동의 특별한 경험을 평가해야 한다.

임상현장

성 학대 가능성으로 치료실에 의뢰된 아동은 전문 조력자와 언어적 면담을 시작한다. 대개 치료실에 들어올 때 머뭇거리고 보호자와 같이 오고, 무슨 일이 일어났는지 어떻게 느끼는지에 대한 질문에 반응하기 싫어하거나 못한다. 예상 가능한 이런 저항에 대해, 치료사는 비지시적이고, 놀이를 활용하고, 언어를 많이 사용하지 않는 평가를 하도록 노력해야 한다(Gil, 2002). 이렇게 함으로써 아동은 안전감과 편안함을 갖고 동시에 상징이나 언어를 통해 의사소통할 힘을 확장시키게 된다. 또한 후속치료 작업의 환경을 구성하게 됨으로써 문제 증상에 접근 가능하게 된다(Heineman, 1998; James, 1994).

놀이치료실은 상징적 힘을 엿보기 위해 의도적인 장난감으로 구성한다(Landreth, 1982). 나의 치료실은 어떤 놀이활동이 일어날 수 있는 '장소' 다. 즉 미술, 놀이, 인형 그리고 장난감 등을 갖추고 있다. 미술 장소는 많은 연필, 마크, 물감, 종이, 공예, 칠판걸이 등을 갖추고 있다. 모래놀이 공간은 모래상자, 모래, 미니어처 인형, 물을 갖추어 둔다. 아동들에게 모래에서 만들고 싶은 '세상' 혹은 '만들고 싶은 어떤 것' 을 만들어 보라고 격려한다(Mitchell & Friedman, 1994; Homeyer & Sweeney, 1998, 2011; Labovitz Boik & Goodwin, 2000). 준비할 인형으로는 지배성, 나약함, 공격성, 온순, 변형(나비로 변할 수 있는 곤충 모형)을 표현할 것을 준비한다. 그 외에도 다양한 직업군(경찰, 의사)을 보이는 사람 인형과 다양한 동상(왕, 왕비, 대리모, 마법사 혹은 조부모)을 준비한다. 나는 두 가지 놀이 장소를 갖고 있는데, 양육장소에는 동물이나 다양한 인종의 가정, 주방기구, 유아들, 욕조, 접시, 식탁용 그릇을 비치해 놓고, 수선장소는 의료용 기구와 병원 모형 같은 치료를 상징하는 장난감으로 채워져 있다. 그 외에 가슴보호대, 외투, 안경, 마스크, Nerf(제조회사명) 칼 등은 비난이나 공격 감정을 표현할 기회를 제공한다.

치료사는 아동에게 이용 가능한 재료와 활동을 소개하고 놀이치료 장면에서 그가 할 수 있는 무엇이나 탐색해 보고 선택하도록 허용한다. 치료사는 흥미를 표현하고 무조건적인 지지와 진솔한 관심을 제공한다. 치료실에서 아동의 경험을 묻거나 놀이주제를 제시하지 않으면서 신체적으로나 정서적으로 현재에 머물게 한다. 궁극적으로 치료사에 의해 자신이 존경받고, 가치가 있고, 안전함을 느끼게 됨으로써 아동의 저항이 감소한다.

치료사는 아동의 행동, 정서, 예술활동, 놀이 등을 기록하는데, 아동이 하는 것과 하지 않는 것, 빈복 혹은 회피하는 장난감, 다른 감정을 불러일으키는 놀이경험, 미술과 놀이에서 부각되는 주제를 파악해야 한다. 또한 치료사는 아동을 도와서 은유적으로 본 것에 대해 생각하고 질문을 명료화하거나 확장해서 제기할 수 있게끔 한다. 종종 치료사가 아동에게 현실적이지 않은 거부적인 이미지로 자화상을 그려 보게 요구하는데 이렇게 하면 아동을 이해할 수 있는 중요한 기회를 잃어버리게 된다. Rubin(1984)은 "자기표상은 현실에서 사물을 보는 방식을 반영하거나 혹은 아동의 환상을 투사한다. 자기표상은 소망 혹은 공포를 담기도 하고, 성격의 다른 모습을 나타내기도 한다."라고 설명하였다(p. 73). 다음은 6세 아이가 힘든 감정을 어떻게 쉽게 말하는지 보여 준다.

치료사: 네가 그린 그림에 대해 말해 보렴.

아 동: 이것은 다람쥐, 나무, 바위예요.

치료사: 음.

아 동: 바위 뒤에 다람쥐가 있어요.

치료사: 아, 알겠다. 바위 뒤에 다람쥐가 있구나. 왜 바위 뒤에 있는지 궁금하네.

아 동: 좋아서요.

치료사: 바위 뒤에 있는 것이 좋구나? 왜 그런지 궁금하네.

아 동: 바위는 다람쥐를 안전하게 해 줘요. 아무도 다람쥐를 볼 수 없어요.

치료사: 만일 누가 바위 뒤에 있는 다람쥐를 보면 어떻게 되니?

아 동: 다람쥐가 무서워할 거예요.

치료사: 오, 알겠다. 다람쥐가 무서워하겠구나? 무엇이 다람쥐를 무섭게 만드는지 궁금한걸.

아 동: Cuz가 다람쥐를 놀리고 있는데, 다람쥐는 그것을 좋아하지 않아요.

치료사: 아, 그 소년들은 다람쥐를 놀리고, 다람쥐는 그것을 좋아하지 않는구나. 다람쥐는 어떻게 느낄까 궁금하네.

아 동: 슬플 거예요.

치료사: 아, 슬픔. 사람들이 다람쥐를 놀려서 다람쥐가 슬프기 때문에 다람쥐가 바위 뒤에 있구나.

아 동: 예, 다람쥐는 슬퍼서 미칠 듯이 싸워요.

치료사: 그래서 사람들이 다람쥐를 놀릴 때, 다람쥐는 슬프고 싸울 것 같은 분노 감정을 느끼는 구나.

아 동: 예, 다람쥐는 화나면 곤란하게 돼요.

치료사: 그래서 바위 뒤에 있는 것이 다람쥐에게는 안전하고, 곤경에 빠지지 않는구나.

아 동: 예, 거기는 조용해요.

치료사: 다람쥐는 바위 뒤가 조용하다고 생각하는구나. 다람쥐는 내내 뒤에서 조용하게 있는 것을 좋아하니?

아 동: 음, 가끔 너무 지겹기도 해요. 그는 친구들과 함께 놀고 싶어 해요.

치료사: 다람쥐는 놀고 싶지만 가끔 바위 뒤에 숨어 있구나.

아 동: 예, 가끔 나는 친구가 없어요. 다람쥐가 친구가 없다는 뜻이에요.

치료사: 다람쥐가 친구를 사귀려면 무엇을 도와주어야 할지 궁금하네.

아 동: 나도 모르겠어요…….

이것은 치료사가 흥미를 보이고 최초에 제공된 정보에 대해 이야기하면서 아동을 도와 아동의 이야기, 상징 혹은 은유를 유도한 한 가지 예다. 몇 가지 점을 언급할 필요가 있는데, 아동이 그림을 그릴 때, 무의식적 상징과 의식적 상징을 의도적으로 선택한다. 아동은 마음속에 갖고 있거나 특정한 성질 혹은 요인과 연관된 상징을 그리거나 만들어 낸다. 그러한 과정으로 아동은 의식적 · 무의식적 투사를 활용하거나 어려운 정서적 충격을 다루게 된다. 상징은 외상과 일정한 거리를 두게 함으로써 아동이 외상으로 느끼는 불안정, 위협, 압도당하고 있다고 느끼는 정서, 인지, 지각으로부터 완충역할을 하게 된다. 이런 간접적 접근은 자신을 가장 두렵게 한 것에 조금씩 노출되면서 갈등적이고 당혹케 하는 정서적 상처를 다룰 수 있게 해 준다.

미술과정에서 치료기회

미술치료는 여러 가지 방법으로 성 학대 아동을 도울 수 있다. 미술은 자아와 세상에 대한 자신의 지각과 의사소통할 수 있는 심상을 만들어 간다. Naumburg(1987)에 따르면, "객관화된 그림은 즉시성이 있는 상징적 의사소통체계로 말하기 어려운 내용을 우회하고…… 즉 상징적 심상은 언어표현보다도 Frued가 마음의 검열자(censor)라고 명명한 억압으로부터 더 쉽게 탈출한다."라고 했다(p. 2). 또한 그림이란 것은 일정 공간으로 한정된 종이 위에 옮기는 것이다. 일단 심상이 종이 위에 그려지면, 아동이 힘들어했던 감정을 포함하게 된다. 혼란스럽고 비조직적으로 경험하는 것은 다음에 다룰 수 있는 어떤 감정으로 되게 해 준다. 임의적인 생각과 느낌은 아동을 과잉 자극하게 되고 혼란스럽게 한다. 그런 생각과 느낌을 특정 공간에 옮길 만큼 진정되면 이제 아동은 통제감을 획득하게 된다. 한 아동이 자기를 공격한 사람을 그린 다음에, "이제 이 종이 위에 있는 사람은 그렇게 크지도 강하지도 않은 것 같아요."라고 언급했다. 다음에 자신을 더 크고 힘세게 만들었고 "당신은 더 이상 이 큰 녀석을 공격하지 못할 거야."라고 적었다.

미술활동은 아동들이 불안, 공포, 혼란 혹은 말 못하는 갈등으로 묶여진 정서를 표현하게 해 준다. 목소리를 내기 두려워하는 화난 아동은 종이 위에 붉은(화남) 물감을 흩뜨릴 수도 있고 그러한 행동으로 어떤 위안을 느낄 수도 있다. 이것은 다음에 다른 방식으로 분노를 표현할 동기를 제공하여, 목소리를 내거나 고함을 지르거나 궁극적으로 말을 하게 된다.

또한 미술은 아동이 무슨 느낌을 갖는지, 마음속에 무엇이 있는지를 더 잘 이해하게 해 준다. 아동이 그린 심상의 구성이 변할 때 치료사는 아동의 지각 · 태도 · 신념이 변했음을 알아차려야 한다. 아동이 그린 일련의 그림을 관찰함으로써 치료사는 치료의 진전이나 미비점을 가늠할 수 있다.

마지막으로 Malchiodi(1998)가 주장했듯이, "대부분의 아동은 비록 고통스러운 사건을 경험했음에도 불구하고, 미술활동을 하면서 즐거움을 찾게 된다. 미술활동을 하면서 일체감을 경험하거나 혹은 일체감을 가지려는 노력을 하게 되고, 무엇이 가장 중요한지를 외상당한 아동의 그림을 통하여 이해할 수 있다".(p. 137)

외상 후 놀이에서 제공되는 숙달기회

Terr(1990)는 외상을 경험한 아동은 '그것을 놀이로 하거나' 혹은 '그것에 압도' 당하게 된다고 했다. 실제로 놀이장면에서 아동이 외상 사건을 자주 반복하거나 하고 싶어하는 것에 '외상 후 놀이' 라는 명칭을 붙인다(Gil, 1998). Rubin(1984)은 외상 후 놀이장면에서 working-through 과정이 재현된다고 묘사하였다. "종종 외상 수정의 정도에 제한을 주는 억압된 주제가 미술이나 놀이로 재현되면서 공포스러운 상념에 반복해서 직면함으로써 극복된다."(pp. 85-86) 덧붙여 외상 후 놀이는 아동이 가장 두려워하는 것과 가장 필요로 하는 것에 서서히 노출되는 기회를 제공하려는 목적을 갖는다. 점진적 노출은 인지-행동 치료모델에서는 입증된 전략인데, 두려워하거나 회피하는 것을 도입하여 감정을 참아 내고 궁극적으로 조절할 수 있을 때까지 서서히 진행하는 것이다(Gil, 2010). 외상 후 놀이는 동일한 결과를 달성하지만, 치료 중재의 결과로서 되는 것이 아니라 아동의 직관적 바람으로 치유해 나가는 것이다. 또한 외상 후 놀이는 무엇이든지 간에 아동이 원하는 매체를 사용하며 아동이 계획하는 것이고 또 아동의 상상력과 다수의 중복, 아동 스스로 생각한 표현기법으로 진행된다. 치료사는 안전한 환경, 신뢰할 수 있는 관계, 무조건적 존중을 제공하고, 아동이 선택한 것이면 무엇이나 환영하고 존중해 준다. 치료사 역할로 임상적 수용, 관심, 유도는 숙달의 목적에 더 다가가게 해 줄 것이다.

외상 후 놀이는 숙달 의도를 갖고 있으나, 외상 사건 및 외상과 연관된 생각과 느낌을 아동이 직면하고 변형시키려는 노력이다. 이것은 또한 폐쇄(외상) 및 진전(해결책)을 위한 통로다. 아동은 외상과 그것의 후유증을 직면하려는 의지와 능력을 갖고 있다. 외상 후 놀이의 가장 놀라운 측면은 아동이 원하는 수준의 작업을 하게끔 안전한 거리를 유지하고 장소를 찾게 된다는 점이다. 아동이 자신의 두려운 기억, 지각, 생각, 느낌을 구체화하고 외현화할 때(아마도 단편적으로, 눈에 띄지 않게, 추상적으로), 아동은 이전에 참지 못한 감정을 참아 내면서 자기감정을 탐색하고 진전시켜 나간다. 외상 후 놀이는 감정이 덜 고조되고 아동이 좀 더 통제(사건을 어떻게, 어떤 순서, 어떤 대상, 어떤 결과에 대한 통제)적인 즉각적 느낌을 갖게 해 준다고 정의한다.

불행히도, 외상 후 놀이의 긍정적 의도가 항상 달성되는 것은 아니다. 가끔 아동이 놀이를 시작했을 때, 진행과정에서 장애물을 발견하게 된다. 자신이 만든 이야기나 시나리오에 의해 당혹감을 느끼기도 한다(그것을 반복하려는 압박을 느낌). 아동은 또한 자신이 만든 것에 매료되기도 하고, 가끔 해리반응을 보이기도 한다(특히 허공을 보거나 눈에 확 뜨이는 심호흡 및 기타 신경생물학적 반응). 가장 큰 문제는 외상 후에 돌보는 사람이 아동의 증상이 급격히 증가된다거나 또는 퇴행하거나 행동을 조절하지 못한다고 보고하는 경우다. 외상 후 놀이를 숙달하는 의도가 위협을 받기도 하는데, 이럴 경우 외상 후 놀이가 아동을 위험에 빠뜨려 더 나빠지고 재외상을 입히는 결과로 나타나기도 한다.

나는 역동(dynamic)과 침체(stagnant)라는 두 가지 외상 후 놀이를 논의하려고 하는데(〈표 13-1〉), 놀이의 잠재적 이점 또는 몇몇 단점을 모두 볼 수 있기를 바란다(Gil, 1998). 외상 후 놀이가 역동적 놀이 또는 고정(정리)된 별 도움 안 되는 놀이로 진행되는 과정을 매우 자세히 기술하였다. 최근 책에서는 아동이 어떻게 치료과정의 길로 진행되는지 또 어떻

〈표 13-1〉 역동적 및 침체된 외상 후 놀이의 차이점

역동적 외상 후 놀이	침체된 외상 후 놀이
감정이 유동적이다.	감정이 제한되었다.
신체적 움직임이 분명하다.	신체적 속박이 있다.
놀이의 상호작용이 다양하다.	놀이의 상호작용이 제한된다.
치료사와의 상호작용이 다양하다.	치료사와의 상호작용이 제한적이다.
놀이가 변하고 또 새로운 요소가 들어온다.	놀이가 똑같이 머물러 있다.
놀이가 다른 위치에서도 일어난다.	놀이가 똑같은 장소에서 진행된다.
놀이가 새로운 대상을 포함한다.	놀이가 특정 대상에 제한되어 있다.
주제가 변하고 또는 확대된다.	주제가 일정하다.
결과가 다르고 또 건강하고 더욱 적응적인 반응이 유발된다.	결과가 고정되고 비적응적이다.
놀이의 경직성이 시간이 흐르면서 느슨해진다.	놀이가 경직되었다.
놀이 후에 행동이 이완되거나 피로를 느낀다.	놀이 후에 행동이 경직되고/긴장한다.
회기 밖에서 처음에는 증상이 변하지 않고 지속되지만, 차츰 감소한다.	회기 밖에서 증상이 변하지 않거나 증가한다.

주: Gil(1998). 1998년 놀이치료협회의 저작권

게 다양한 표현치료를 활용할 수 있는지에 대해 몇몇 사례를 통해 설명하였다(Gil, 2010).

사 례

8세 된 스페인 소녀 Rosa는 인근병원에서 성 학대 검사 간호사에 의해 의뢰되었다. 의학적 검사 결과, 외할아버지에 의해 성 학대를 당했다는 진단을 받았다. Rosa의 어머니는 도움을 청하고, 혼란스럽고 공포에 질렸으며, 치료실에 들어와 아이의 상태에 대해 말하기를 간절히 원했다. 그녀는 동기가 있었음에도 불구하고, 처음 두 번의 약속을 어기고 난 후에야 전화로 상담하기를 원했다.

어머니는 눈물로 자신의 상황을 설명하였다. 자신과 남편은 종교인이고 두 자녀 Rosa와 5세 된 남아 Jose를 끔찍하게 보호해 오고 있다고 했다. 어머니는 그녀의 아버지와 2년 전에 함께 살기 시작했으며, 가족은 아버지와 맞추기 위하여 많은 희생을 감수해 왔다고

했다.

어머니의 급박한 관심은 두 가지였다. 딸의 처녀성과 딸에게 무슨 일이 생겼는지 남편에게 말할 방법을 찾을 수가 없었다. 전화로 2시간 정도 상담한 후에 치료실로 왔다. 첫 회기에 상당한 시간을 '착하고 예민한 남편' 에게 말하기가 어렵다는 점을 논의했다. 그녀가 남편의 지지를 필요로 하고 있다는 가정하에, 나는 그녀의 관심을 함께 논의했다. 그녀는 남편이 폭력적인 반응을 보이며 그녀의 아버지를 죽여 버릴 수도 있다고 두려워했다. 흥미롭게도 Rosa의 아버지는 지금까지 한 번도 싸운 적이 없었기 때문에 나는 그러한 두려움이 어머니가 느끼는 격렬한 분노를 스스로 억제하려는 시도라고 생각하게 되었다. 또한 Rosa에 대해, 여자는 결혼할 때까지 처녀성을 지켜야 한다는 남편의 전통적인 관념에 상처를 입힌 자녀로 볼까 봐 걱정하고 있었다.

어머니와 치료사는 공포에 대해 이야기하고 치료사의 제안을 수용하여, 남편을 빨리 만나서 Rosa의 성 학대 사실을 알려 주자는 데 동의했다. 나는 Rosa가 어리기 때문에 만일 반응이 적합하고, 민감하고, 빨리 대처한다면 신체적 · 정서적 문제를 오랫동안 가지지 않을 수도 있다고 생각했다. 어머니는 치료실에서 남편에게 전화를 걸었고, 남편은 무엇인가 잘못되었다는 것을 느끼고 치료실에 오기로 했다. 나는 마침 다음 약속이 취소되어서, 곧바로 부부를 함께 만나기로 결정했다.

무슨 일이 일어났는지 남편에게 말하도록 그녀를 도와주었고 예상대로 남편은 충격을 받았고 심각해졌다. 남편은 울고 있는 아내를 붙잡고는 빨리 말해 주지 않은 것에 대해 질책하며 치료사에게 몇 가지 질문을 했다. "아이가 다쳤나요?" "아이가 괜찮을까요?" "앞으로 어떤 영향을 받을까요? 아이가 너무 작고, 어리고, 착한데, 어떻게 이것을 이해할 수 있을까요?" 치료사는 가장 나쁜 것은 지나갔다고 말해 주었고, 지금은 Rosa가 회복되도록 도와주는 데 초점을 맞추자고 했다. 또한 Rosa의 회복력이 매우 좋다고 말해 주고, Rosa가 이런 경험을 극복할 수 있을 것으로 기대된다고 말해 주었다. 마지막으로 "아이가 아직 처녀인가요?"라는 질문을 제기했다. 나는 의사는 아니지만 그러나 간호사가 확신했듯이 Rosa의 상처는 빨리 치료될 것이라고 말해 주었다. "아이는 아직 어리고, Rosa가 결혼할 시점에 이것은 매우 먼 기억이 될 것이고, 아이의 신체는 완전하게 회복될 것" 이라고 말해 주었다. 초기 상담 후에 Rosa를 만날 약속을 하였다. 부모는 서로 손을 잡고 치료실을 나갔고, 곧이어 Rosa를 만났다. 치료사는 부부에게 아이를 안아 주라고 했고, 할아버지가 너에게 상처 준 것을 매우 미안하게 생각한다고 말하고, 더 이상 학대가 일어나지 않도록 이렇게 이야기해 준 데 대해 자랑스럽게 생각한다고 말하도록 하였다.

Rosa의 치료

처음에 Rosa는 수줍어하고 조용했지만 두 회기 후에는 놀이치료실에 오는 것을 기대하고 흥분되어 있었다. 나는 지시적 · 비지시적 작업을 함께하여, 놀이치료실에서 치료를 시작하고 아이가 원하는 것은 무엇이든 하도록 허락했다. 첫 회기에, Rosa는 자유롭게 이것저것 움직여 보았다. 모래상자와 모형물에 관심을 보였고 벽 뒤에 곤충을 숨기면서 모래에 공룡 한 마리와 큰 거미 두 마리를 옮겨 놓았다([그림 13-1]). 또한 우물을 메워서 건조하게 만들었고, 무덤 옆에 작은 상자를 묻어 두었다. 그 죽은 사람은 돌아가신 나의 '좋은 할아버지'라고 말하고는 우리 마을에 묻었다고 했다. 할아버지가 죽어 버렸다고 생각할 때마다 눈물이 난다고 말했다. Rosa가 감정을 표현하는 능력에 깊은 인상을 받았고, "마치 돌아가신 할아버지를 그리워하고, 자신에게 좋은 할아버지였다는 것처럼 들린다."고 조언했다. Rosa는 긍정하듯이 머리를 끄덕였다. 더 이상 질문하지 않았지만 다리가 많은 곤충을 더 많이 선택하였고 모래상자는 다소 황폐하고 슬픔과 위협이 있는 것 같았다.

[그림 13-1] 큰 거미 두 마리, 벽 뒤에 숨은 곤충, 공룡을 배치한 모래상자

다음 회기에 Rosa는 색칠을 할 수 있는지 물어보며, "나는 내 그림을 만들 거예요."라고 했다. 이젤, 물감, 붓을 준비해 주고, Rosa에게 종이 크기를 선택하라고 했다. 그녀는 표준크기(22cm×328cm) 혹은 큰 것(46cm×361cm)이 아니라 28cm×36cm를 선택했다. Rosa는 종이 오른편 하단에 조그마한 그림을 하나 그렸다([그림 13-2]). 다소 큰 직사각형의 팔은 신체와 떨어져 있는 것 같았는데, 소녀는 밝은 붉은색 정사각형 형태의 자화상을 캡슐에 넣고 나서 자주색과 직각의 초록, 검정의 형태를 그리고 칠하였다. 검은색 사각형은 사람 그림 바로 위에 그려서, 그림을 부각시켰다. 그림을 다 그렸을 때, "이것은 나고요. 나는 집 안에 있어요. 집 안에 검은색 구름이 있지요."라고 말했다. "오, 그래."라고 응답하고는 "너의 집 안에 검은 구름이 있구나."라고 반응하였다. 의자 뒤로 앉고는 조용한 목소리로 말하기를, "나는 할아버지가 내 침대에서 나쁜 짓을 했기 때문에 내 방을 싫어해요."라고 했다. "그런 말을 들어서 안됐구나."라고 말했다. "마치 한 할아버지는 매우 좋고 한 할아버지는 너에게 나쁜 짓을 한 것 같네." Rosa는 "예."라고 말했다. 그리고 "할아버지가 나에게 오려고 할까 봐 두려워요."라고 말했다. Rosa와 치료사는 그녀가 발설했기 때문에 할아버지가 Rosa를 죽일 것이라는 공포에 대해 이야기하였다.

Rosa가 이야기를 많이 하면 할수록 할아버지가 더 심한 위협을 가하여 무기력하고도 공포에 떨게 하였다는 것을 알아차렸다. Rosa는 마치 수문을 연 것처럼 경멸적으로 할아버지에 대해 이야기했다. "할아버지는 성기를 만지라고 하고, 거기에 키스하라고 해서 그렇게 했어요." "그래 괜찮아, Rosa야." "만일 할아버지가 손녀에게 어떤 것을 하라고 말하면, 아이들은 작고, 할아버지들은 어른이니까 복종해야 돼. 너에게 성기를 만지

[그림 13-2] 작은 그림 주위의 색칠

라고 하는 할아버지가 잘못한 것이고 너는 어떤 잘못된 것도 하지 않았어."라고 말해 주었다. Rosa는 눈물을 흘리며 치료사를 보고 말하기를, "할아버지는 신은 내가 나쁜 아이라는 것을 알고 있다고 말하면서 나에게 화를 냈어요."라고 했다. 덧붙여서 Rosa는 "할아버지는 엄마와 아빠가 내가 한 행동을 알게 되면 몹시 화를 낼 것이라고 말했어요. 내가 나빴어요."

나는 마음속에서 화가 치밀었다. 이 노인이 아이를 침묵하게 하려고 사용한 조작행동이 너무 가증스러웠다. Rosa는 슬퍼 보였고 혼돈에 빠진 것 같았다. 나는 Rosa의 손을 잡고 "할아버지가 너에게 나쁜 행동을 했어. 너는 착한 어린 소녀이고, 신과 부모님은 너를 더욱 사랑할 거야."라고 말해 주었다. 계속해서 부모님은 할아버지가 너를 만진 것은 잘못된 것이기 때문에 할아버지가 잘못했다고 생각하실 것이라고 말해 주었다. "뿐만 아니라," 나는 덧붙였다. "부모님은 너를 더 잘 돌보고 다시는 이런 일이 일어나지 않게 해 주실 거야." 이후에 우리는 엄마가 치료에 참여하는 것에 동의했고 우리끼리 이야기했던 것을 Rosa가 엄마에게 말하도록 격려하였다. Rosa는 엄마에게 "제발 울지 마, 응?" 하면서 이야기를 했다. Rosa는 힘을 회복하였고, 수개월 동안 압도되었던 것을 드러내 놓으며, 주위 사람들로부터 양육받고, 지지받고, 분명히 반응하게 되었다. 그들이 떠날 때 아마 방 안에 드리웠던 구름이 더 이상 무겁고 어둡지 않게 느껴질 것이라고 말해 주었다. 그녀는 미소를 지었다.

다음 두 회기 동안 Rosa에게 Sobol과 Schneider(1996)가 개발한 치료계획을 적용하였는데, 이것은 아동이 동물 모형을 위해 '안전한 환경'을 만드는 절차다. 나는 이 절차가 한정된 자신의 방에서 느끼는 모습을 드러낼 것이라고 생각하고 선택하였다. 캡슐로 싸인 Rosa의 자화상은 두 가지로 해석되는데, 안전한 경계 속에서 안전감을 느끼고 싶은 마음 혹은 감옥에 갇히게 될 것이라는 느낌이다. 나는 이런 심상을 변화시킬 기회를 제공하기 위해서 제한이 아니라 자유를 느끼게 하는 안전한 환경을 만들도록 요구했다. Rosa는 강아지를 택해, "나는 항상 강아지를 원했지만 집주인이 허락하지 않았다."라고 말했다. Rosa는 강아지를 집어서, 작은 판지 위에 올려 두고([그림 13-3]), 강아지가 원하는 안전한 세상을 만들기 시작했다(즉 음식, 물, 푹신한 침대, 함께 놀 장난감). 다음에 장난감 전화기를 갖다 놓고 강아지가 도움이 필요할 때 전화 걸고 또 부모나 친구와 이야기할 수 있게 했다. 완성된 자신의 놀이 모습에 스스로 기뻐하면서 자신이 만든 것을 보라

[그림 13-3] 강아지가 희망하는 안전한 세상

고 치료실 밖에 있는 부모에게 달려 갔다. 앞서 어려운 치료 회기가 지난 다음에는 숙달감과 만족감으로 가득 찬 회기가 되었다.

다음 두 회기에서 Rosa는 모래와 모형물로 가서 결혼 장면을 만들었다. 첫 주에는 약간의 물을 갖다 부으면서 모래를 축축하게 만들어 잘 뭉치게 했다. 아마 젖은 모래의 감각을 좋아하는 것 같았다. 집 주위의 해변에 대해 이야기하였으며, '좋은 할아버지'와 함께 해변에 가서 재미나게 놀았다고 했다. 분명히 이런 기억들을 즐거워했지만, 갑자기 결혼 장면을 구성하면서 신랑과 신부, 신부들러리, 멋진 남자, 그리고 모든 사람을 돌보는 작은 공룡을 갖다 두었다([그림 13-4]). 요정 같은 대모가 신랑과 신부를 돌보기 위해 가운데 있었다. 마지막으로 Rosa는 두 개의 머리를 가진 용을 가져와서, "이 공룡은 무섭고, 사람들을 위협하지만 아무도 모르고 그냥 좋은 상태로 있다."라고 말했다. Rosa는 자신이 얼마나 안전한 느낌을 가지는가에 대해 갈등하고 있는 것으로 생각된다. Rosa의 할아버지는 학대가 드러나자 그 마을을 떠났고, 현재 위협이 없기 때문에 행복했지만, 최근에 어머니에게 아무도 보지 않을 때 은밀히 돌아올지도 모른다고 말했다고 했다.

Rosa와 나는 결혼에 대해 이야기를 나누며, 신부와 신랑이 위험에 빠질 수 있다는 것을 말하고 싶다고 했다. 무슨 일이 일어날지 모르기 때문에 다음 회기에 다른 모래놀이를 만들어야겠다고 했다. [그림 13-5]는 머리 둘 달린 공룡 옆에 더 많은 동물을 가져다 놓은 결혼 장면을 구성한 것이다. 이제, Rosa가 말하기를, "코끼리가 그를 중단시키기 때문에 나쁜 짓을 할 수 없어…… 코끼리들은 매우 매우 힘세." 이것은 Rosa가 현실을

[그림 13-4] 결혼 장면을 연출한 모래상자: 신랑과 신부, 신부들러리, 멋진 남자, 머리가 두 개 이면서 모든 사람을 돌보는 작은 공룡, 요정 대모

분명하게 표현한 것이다. 부모는 장차 어떤 위험이 닥치더라도 그곳에 있을 것이다. Rosa는 새 둥지에 아기 새와 어미 새를 조심스럽게 옮겨 놓고, 부모가 아기들을 돌볼 것이라고 말하고, 새끼가 자라도록 도울 것이고, 좋은 음식을 찾아 줄 것이라고 했다. Rosa는 웃었고 치료사는 모래놀이 작품을 집으로 가져가도록 사진 찍어 주었다.

Rosa는 점차 나아졌고 치료사에게 편안함을 느끼는 것 같았다. 어머니에게도 왜 신은 이런 사건을 경험시키는지 궁금하다고 말해서, 그녀의 어머니와 치료사는 어떻게 반응할지에 대해 논의하였다. 많은 아동이 성 학대를 받는다는 것을 Rosa가 아는 것이 중요

[그림 13-5] 머리 둘 달린 공룡 옆에 더 많은 동물을 가져다 놓은 결혼 장면

하다고 생각되었고, 그런 아동들은 종종 무엇이 잘못되었음을 느끼게 된다고 말해 주었다. 그래서 『안 돼요, 안 돼요, 비밀스런 접촉』이라는 책(Patterson & Feldman, 1993)을 선택하여 Rosa에게 읽어 주었다. 녹음도서도 틀어 주고, Rosa가 즐기는 시간이 되게 해 주었다. 당장 그 책을 좋아하게 되었다. 공공연히 어린 물개(삼촌에게 성 학대를 당한)와 동일시하면서 "나도 그런 식으로 느꼈어요" 혹은 "어린 물개가 상처를 입었지만 엄마와 아빠에게 말해야 돼요…… 부모는 도와줄 거예요."라고 말했다. 이야기 속에서 Rosa는 어린 물개에게 긍정적 동일시를 하였고, 다음 주에 나는 그녀가 참으로 좋아하는 대상에게 투사하는 것에 놀랐다. 나는 부모물개와 아기물개 세트를 구입하여 다른 안전한 환경을 만들어 그녀를 초대하였다. 그녀의 부모는 나에게 요즘도 그녀가 물개 가족에게 "잘 자."라고 말한다고 전했다.

성 학대를 직접적으로 다룬 작업 후에, Rosa에게 다른 자화상을 만들도록 했고, 적극적으로 잘 만들었다. 두 번째 자화상([그림 13-6])은 큰 종이 위에 그렸으며 색채구도가 변화되었다. 로사는 발밑에 자라나는 꽃이 있는 잔디 위에 자신을 위치시켰다. Rosa는 오렌지색으로 '매우 따스한 하늘'을 만들었고, 태양이 너무 뜨거워서 뜨거운 '구름'을 만들 거라고 말했다. Rosa가 '무겁고 어두운'이라고 표현한 최초 그림에서 머리 위에 구름은 이제 '꽃들이 자라도록 돕는' 따스한 구름으로 대치되었음에 주목했다. 또한 Rosa의 팔은 이제 몸과 연결되었고, 두 다리를 땅에 단단하게 딛고 서 있음에 주목했다. 팔을 뻗쳐서 따뜻한 태양을 맞이한다고 말했다. 이 그림은 Rosa의 감정상태가 호전되었음을 보

[그림 13-6] 큰 종이에 그린 자화상

여 주는 것이고, 양육과 안전 같은 새로운 환경을 반영하는 것이라고 생각된다.

이 시점에서 Rosa의 부모는 그녀가 이제 '한층 자신을 찾았다.' 라고 느꼈다. 그래서 그들은 성 학대의 흔적을 묻어 두고 그들의 생활로 되돌아가기를 원했다. 가족 상담에서, 무슨 일이 생겼는지, 즉 학대에 대한 사람들의 반응, 할아버지에 대한 현재 감정을 솔직히 상담하고, 앞으로 사람들이 제기할 수 있는 생각을 논의하였다. 이 만남에서 Rosa의 마지막 진술을 결코 잊지 못할 것이다. "할아버지가 여기 없어서 경찰이 그를 벌주지 못하더라도, 할아버지가 하늘나라에 가면 신이 벌주실 거야." 부모는 신이 할아버지를 벌줄 것이라고 단언하고 그 회기를 마쳤다.

마지막 회기에 Rosa는 치료사를 위해 구운 과자를 가져왔고, 작은 그릇에 담아서 함께 나누어 먹었다. 과자를 먹은 후에, 마지막 모래상자 놀이를 하려고 급히 들어갔다. 결혼 장면을 재현하였고, 이번에는 두 쌍이 결혼하는데 꽃을 든 소녀들, 요정들, 마법사들, 축하객, 그리고 대부분은 네 발 동물로 가득 채웠다([그림 13-7]). Rosa는 뒤에 서서 말하기를, "이것은 나의 결혼 모습이고, 이것은 엄마와 아빠예요. 결혼식에 좋은 사람들이 많이 와서 사랑이 넘쳐 흐르고 있어요." 웃으면서 "내가 결혼할 때 할아버지가 나와 함께 있을 것이기 때문에 여기는 나의 좋은 할아버지 자리야."라고 말했다.

지금까지 Rosa가 했었던 일들을 함께 돌이켜 보고, 마음속 문제를 제기한 시점, 의학적인 검사 결과 등을 돌이켜 보았다. Rosa가 했던 그림들도 보여 주었더니 그것을 보고

[그림 13-7] 두 쌍이 결혼하는 모습: 꽃을 든 소녀들, 요정들, 마법사들, 축하객, 대부분 네 발 동물

웃기도 하고, 그 중 몇 점은 집으로 가지고 갔다. 그녀가 학습한 내용과 작품에 대해 몇 가지 통찰을 제안하였다.

요 약

Rosa는 사랑하고 신뢰하는 가족 구성원에 의해 성 학대를 당한 아동이다. 그 결과 그녀는 어머니에게 무슨 일이 일어난 것인지를 말하기가 점점 두려워졌고, 어머니와 신이 나쁜 소녀라고 벌주고 배척할 것이라고 확신했다.

Rosa는 일련의 급성반응, 즉 악몽, 과잉경계, 우울 등을 보였다. 학대 사실을 폭로한 다음에 자신은 여전히 몇 가지 인지 왜곡으로 고통당하고 있었으며, 당장 치료 중재가 필요하였다.

Rosa에 대한 치료는 개인 상담과 가족치료를 병행하였다. 그림과 함께 행한 모래상자 치료에서 Rosa의 관심을 이해할 수 있게 되었는데, 공포, 올가미에 걸린 느낌, 그리고 위험으로부터 자신을 보호하고 방어하고 싶은 욕구를 가지고 있었다.

Rosa는 언어화하지 못하고 개념화하지 못하는 것을 그림으로 나타냈다. 머리 위에 검은 구름을 그렸으며 신체적으로 안전함에도 불구하고 안전 여부를 지속적으로 물었다. 처음에는 말로 표현하기 어려웠던 관심을 밖으로 표현함으로써 걱정거리를 잘 이해하여 적절한 반응을 하도록 했다.

감정을 드러내는 또 다른 방안으로 모래상자를 활용하였는데 여기서도 절박한 위험과 위협을 보여 주었다. Rosa는 신랑과 신부가 보지 못하는 공포에 직면하였지만, 자신 옆에 구원처로 코끼리 가족을 배치시켰다. 처음 이야기를 변경하고, '안전한 환경' 을 만들어 가면서 안전과 보호의 가능성을 가질 수 있었고, 궁극적으로 회복, 보호, 양육의 심상(요성, 마법사, 애완동물들)을 만들어 갔다. 또한 Rosa는 부모 대신에 자신의 결혼(미래의 방향을 묘사) 장면을 만들었으며, 이것은 부모에 대한 새로운 안심을 표현한 것이며, 학대를 가한 할아버지를 죽은 모습으로 나타낸 것은 연민의 표시이기도 하다.

Rosa의 부모는 치료과정에 적극적으로 협조하였다. 부모는 Rosa가 그림, 공예, 모래놀이를 통해 자신을 표현하고, 울음을 터뜨리고, 언어화한 다음에 심리적으로 안정되어 가는 것을 관찰하였다. 부모는 Rosa의 미술작품을 가치 있게 평가하고 로사가 스스로 다룰 수 있게끔 도왔다.

Rosa를 치료하면서 문화적 차이가 문제되기도 했는데, 아직도 스페인 계통은 심리치료에 덜 익숙하고 가족 이외의 사람에 대한 신뢰가 부족하다. 따라서 신뢰할 수 있는 관계를 맺어 어머니를 치료실에 나오게 하기 위해서 전화상담 과정이 필요했다.

또한 치료에 대한 이해가 부족하기 때문에, 치료가 무엇인지 설명하고 그것으로 얻는 잠재적 이점을 설명해 주는 것이 중요하다. 많은 스페인계 내담자들은 아동은 학대를 잊어야 하고 그것을 밖에서 말하면 안 되고, 생각하면 할수록 고통만 받게 될 것이라고 믿고 있다. 부모를 설득하여 과거 학대경험을 잊어버리고 망각하는 것이 궁극적인 목적이지만, 그렇게 되려면 아이가 의문점을 묻고, 생각을 분명히 하고, 여러 생각이나 감정을 표현하는 기회를 가져야 가능하다고 말해 주었다. 부모는 어떻게 해야 아이에게 도움이 되는지를 이해하고 성에 대한 구체적 질문에 어떻게 대답해야 하는지를 이해할 필요가 있다.

마지막으로 스페인계 가족은 논리와 힘의 근원을 교회와 기도에 종종 의존한다. 이 경우에 가족은 믿음직한 감정적 자산을 활용하도록 격려받는다. Rosa는 궁극적으로 신에게 공정한 역할을 위임하게 되고 권위에 대한 위안을 얻었다.

결 론

성 학대를 당한 아동이 엄청난 스트레스와 혼란스러운 경험으로부터 회복하기 위해서는 연령에 적합한 치료를 제공받아야 한다(Klein, 2001). 미술과 놀이치료는 대부분 아동들의 감정표현의 출구이며 비교적 스트레스를 적게 느끼는 보편적인 활동이다. 이런 활동은 아동으로 하여금 참기 힘든 감정을 참게 해 주고, 혼란스럽고 비조직화된 생각을 더욱 절제하고 다룰 수 있게 해 주며, 동일시, 투사 그리고 갈등적인 생각과 감정을 훈련하게 도와준다. 미술과 놀이는 아동의 주변 환경에 대한 지각상태를 알려 주는 창문이다. 자신이 생성한 심상, 상징, 은유에 대하여 아동이 반응할 때, 긍정적 변화의 첫 번째 단서(변형)가 가능해진다. 변화를 상상하는 것은 긍정적 변화를 만들어 내는 첫 번째 단계다.

CHAPTER 14

주의력 결핍 및 과잉행동장애에 대한 미술치료 접근

지난 30년간, 주의력 결핍 및 과잉행동장애(attention-deficit/hyperactivity disorder: ADHD)로 진단받는 사례가 증가하고 있다(Centers for Disease Control and Prevention, 2008). 행동치료를 병행한 약물치료 혹은 약물치료가 일차적 치료로 도움이 되고 있다. 그러나 부모 혹은 아동이 약물복용을 꺼리거나 다른 의학적 이유 때문에 약물치료를 할 수 없는 경우도 많다. 또한 약물은 충동성과 과잉행동 같은 사회적 기술 결핍을 다룰 수 없다(Barkley, 2006). 이 장의 목적은 ADHD 아동을 돕는 미술치료가 사회적 기술을 발달시키고 이런 장애를 더 잘 이해할 수 있도록 하는 것이다.

ADHD의 핵심 증상

과잉활동성을 수반하거나 수반하지 않은 주의력 결핍 장애를 진단하기 시작한 것은 최근의 일이다. 이 증상은 DSM-II에 처음 등재되었다(American Psychiatric Association, 1967). 지금은 이 증상을 신경학적으로 기인된 장애로 보는데, 학습과 행동에 영향을 미치고(Zametkin, 1995), 흔히 학교 적응에도 영향을 미친다. 이 장애를 잘못 이해하여 게으름이나 완고함으로 명명하기도 하였다. DSM-IV 판의 정의를 보면(DSM-IV-TR; American Psychiatric Association, 2000), 이런 행동 이면에는 인지처리과정의 문제가 수반되는 것으로 본다. 상대적으로 여아의 비율은 낮고, 잘못 진단될 확률도 낮다(Nadeau & Quinn, 2002).

DSM-IV에서 정의 내린 많은 장애처럼, ADHD도 흔히 학습장애, 불안, 우울, 품행장애 같은 문제를 자주 동반한다. 그러나 매우 분명한 문제영역은 부주의(inattention), 충동성(impulsivity) 그리고 과잉활동성(hyperactivity)이다.

부주의

부주의 또는 혼란은 ADHD를 가진 대부분 아동의 공통점이다(Barkley, 2006). 미술치료는 주의를 지속하는 데 필요한 에너지를 재조정하는 방법을 찾아 주는 데 초점을 맞추어서, 듣기 훈련과 학습 그리고 학습한 정보를 효율적으로 활용하도록 해 준다. 부주의는 백일몽(daydreaming) 같은 형태를 취하기도 한다. 한 소년의 그림을 보면 자신의 머리가 '창문 밖으로 날아가는' 것으로 묘사하였다([그림 14-1]). 이 소년은 조용하고, 매우 방어적이며, 보통 ADHD가 그렇듯 언어치료를 거부하는 학생인데, 게으름을 피우는 것으

[그림 14-1] '혼란'에 대한 그림

로 알고 있었다. 미술치료를 통해서 그는 자신에게 ADHD가 어떤 영향을 미치는지, 느끼는 감정을 비언어적으로 설명할 수 있는 방법을 찾았다.

충동성

결과에 대한 생각 없이 행동하거나 말하는 충동성은 ADHD 아동의 기본 모습이다. 이런 아동은 종종 높은 기대치를 갖고 있으며, 자신이 그것을 성취할 수 없는 것에 대해 놀라기도 한다. 이것을 '실패 사슬(failure chain)'의 움직임이라고 하며, 이들은 실수로부터 깨닫기보다는 반복적으로 실수를 한다.

충동성은 거짓말이나 절도 같은 다른 행동을 유발하기도 한다. 한 남아가 그린 'ADHD의 충격'이라는 그림은 충동성을 잘 보여 주고 있다. 생각 없이 행동하는 것이 가장 어려운 문제다(가령 무엇을 하나 궁금해서 샤워 커튼을 불태운다).

과잉활동성

과잉활동성은 운동, 안절부절못함, 손톱 물어뜯기, 머리카락 꼬기처럼 눈으로 보이는 증상이고, 또한 수면장애, 수다스러움, 지나친 상상력을 보이기도 하고, 생각의 범람으

[그림 14-2] 'ADHD의 충격'

로 일의 우선순위를 정하지 못한다. 미술치료에서, 과잉활동성은 난화를 마음대로 그리는 것으로 나타나고, 활동을 중지하지 못하고, 다른 아동의 작품을 침범하기도 한다.

ADHD 아동에 대한 미술치료의 이점

ADHD 아동에게 미술치료는 중요한 치료양식이 될 수 있으며, 몇 가지 구체적인 장점은 다음과 같다. ① 아동에게 적합한 활동이다. ② 시각적인 학습기술을 사용한다. ③ 구조화된 치료를 할 수 있다. ④ 아동에게 자신을 표현할 수 있는 방식을 제공한다. 미술작품 그 자체는 아동에게 자신의 느낌 혹은 생각에 대한 즉각적이고 시각적인 기록을 제공한다. ADHD 아동은 배운 것을 기억해 내기가 어렵기 때문에, 미술치료 작품은 감정과 생각을 다시 돌이키게 해서 학습을 더 쉽게 한다.

미술표현은 언어 이전의 표현이다. 다른 말로 하면 전적으로 어휘에만 의존하지 않는다. 분노 같은 격렬한 감정을 표현하는 적절한 어휘를 찾지 못하는 경우 이런 감정을 설명하기 위하여 비언어적인 의사소통을 취할 수 있다. ADHD 경우에, 미술을 통하여 타인에게 말로는 설명할 수 없는 경험을 이해시킬 수 있다. 그림은 교사나 행정실무자들에게 ADHD의 영향을 설명할 수 있는 매우 효과적인 매체다. 중학생 내담자에게 "학교가 무엇과 같으니?"라고 물으니까, 자신을 감옥에 갇힌 작은 소년으로 묘사하였다. 그림 제목으로 '학교에 있는 것이 곧 감옥에 있는 것 같다!'라고 붙였다. 치료사가 학교에 가서 행정담당자와 회의를 했는데, 학교에서는 그 학생을 의도적으로 파괴하는 학생이라고 생각하고 있었다. ADHD로 진단받은 그의 그림과 학습을 보고 난 후에는 회의 분위기가 달라졌다. 그 학생에게 화를 내는 대신에, 학교에 잘 적응하도록 돕는 프로그램을 만들어 주었다. 교사는 후에 그의 그림이 어떤 이야기보다도 그 학생을 이해하는 데 도움이 되었다고 말했다.

정신과적 관찰, 심리검사, 개인 혹은 집단상담 그리고 교육적인 지원과 함께 미술치료가 적용되는 것이 가장 효과적이다. 이런 것들이 ADHD 장애를 가진 내담자를 이해하는 데 매우 중요하다(Ellison, 2000).

미술에 기초한 ADHD 평가

미술표현은 ADHD에 대한 표준심리평가도구와 더불어 평가수단으로 사용될 수도 있다(30장). ADHD 아동을 평가할 때, 동적가족화(Kinetic Family Drawing: KFD; Burns & Kaufman, 1972), 집-나무-사람 그림(House-Tree-Person Drawing: HTP; Buck, 1978; Hammer, 1967), 실버 그림 검사(Silver Drawing Test; Silver, 2007) 그리고 Levick 정서 및 인지 미술치료 평가(Levick Emotional and Cognitive Art Therapy Assessment: LECATA; Levick, 2009)를 사용해 보기를 권한다. 이런 검사들은 그림 구성에 필요한 단계를 계획하는 능력과 함께 공간을 조직화하고 활용하는 아동의 능력에 대한 정보를 얻을 수 있다. 빗속의 사람 그림(Draw-A-Person-In-the-Rain; Oster & Gould, 2004)과 난화기법(Cane, 1951; Naumburg, 1966) 또한 임상관찰 시에 도움이 될 수 있다.

미술표현에 아동을 참여시킴으로써 수행을 방해하는 인지적 요소뿐 아니라 다른 공병문제를 평가할 수 있는 기회를 얻게 된다. 미술재료를 다루는 방식은 작업치료 평가에서 볼 수 있는 정보를 제공해 준다. 또한 치료 회기 중에 치료실에 어떻게 들어오는지 어느 자리에 앉는지를 관찰한다. 평가 단계와 치료 중의 그림은 내담자 평가의 한 부분이고 진단의 근거가 되므로 다른 전문가의 도움을 받을 수도 있다.

치료과정

개인 혹은 집단미술치료는 ADHD 아동에게 도움이 된다(Henley, 1998). 미술은 활동이고 아동들은 학교에서 활동에 익숙하다. 활동에는 듣기 기술을 필요로 하고, 단일 과제에 집중할 수 있는 능력, 계획성과 조직성, 그리고 공간과 재료를 공유할 수 있는 능력을 필요로 한다. 미술치료가 자발적인 움직임을 격려하기 때문에, ADHD 아동에게 약물처방 정도를 평정하는 방법을 제공하기도 한다. 치료사는 약물의 반작용이나 역치 및 효과를 관찰할 수 있으며, 의사에게 좋은 단서를 제공하기도 한다(Epperson & Valum, 1992).

미술치료 공간은 적어도 두 개의 흰색 보드를 벽에 붙여서 아동이 만든 작품을 붙이기 쉽게 해야 한다. 팔걸이가 있는 의자는 다른 사람으로부터의 방해를 예방해 주는 경계선 역할을 한다. 종이 규격은 46cm×61cm를 사용한다. 냄새 나는 색보드마카를 사용하기를 권하는데 그 냄새들이 아동의 흥미를 자아내고, 그 색연필을 다루는 방식을 관찰하면서 또 다른 측면을 이해하게 되고, 혼란 정도를 평가하는 데 도움이 되고, 중재가 필요한 부분을 찾아내는 데 도움이 된다. 펠트펜과 색연필 작품은 페인트 클레이나 오일 파스텔보다 더욱 구조화된 정보를 제공해 준다. 이런 아동은 자극을 찾아다니기 때문에 예측 가능성, 항상성 그리고 구조화의 수준을 올리는 것이 필요하다.

치료사는 마음속에 아동이 충동적으로 행동하고 인내심이 없고, 조바심을 낼 것임을 예상하고 있어야 한다. 아동의 연령 또한 발달문제를 다루는 데 참고로 해야 한다. 6세 미만 아동은 원래 주의집중 시간이 짧기 때문에 더욱 심하게 느껴질 것이다. 아동은 자신의 능력을 보여 주려고 활동적으로 되고, 그림을 단순하게 그리고, 짧게 마무리하려고 한다. 만일 치료시간을 학교수업 마지막 부근에 할 경우를 고려해 보아야 한다.

각 치료 회기는 세 부분으로 구조화된다. 처음에 규칙을 다시 숙지하고, 이전 회기 중에 발견한 것과 중요한 것을 정리하고, 통찰한 것을 논의한다. 다음에 아동에게 영향을 미칠 수 있는 ADHD에 대한 새로운 개념을 소개하고, 아동으로 하여금 그려 보게 한다. 마지막 부분에는 관찰과 토론을 통해 그림을 공유하고, 회기의 진행 및 과정에 대해 재검토하고 마무리를 하게 한다.

집단미술치료

ADHD 아동에 대한 집단미술치료는 효과적인 방법이고, 개인치료보다 더 효율적일 수도 있다. 집단미술치료의 목적은 ① 자기자각을 향상시키고, ② 사회적 기술을 향상시키고, ③ ADHD에 대해 지속적으로 교육시키고, ④ 자존감을 올려 주고, ⑤ 학교, 가정, 동료들과 성공적으로 적응할 수 있는 기술과 전략을 가르치고, ⑥ 동료집단과 안전하게 지낼 수 있는 기술을 연습시킨다. 개인 목적은 공동 목표와 함께, 각 구성원마다 조금씩 다르다(Safran, 2002).

집단미술치료는 8주간 진행한다. 첫 회기에 아동들과 함께 규칙을 정한다. 이때 자신들이 ADHD임을 알고, 진단상의 정의를 공부하고, 그림으로 자신을 소개한다. 모든 치료 회기는 핵심 증상인 ADHD를 다루는 데 초점을 둔다. 아동에게 "학교에서 ADHD로 힘든 것이 무엇이니?"라고 질문한다. 그림에 대해 토론할 시간도 할당해 놓고, 집단토론 중에 주제를 끌어내기도 한다. 예를 들어 ADHD 아동은 대부분 학교에서 어려움을 겪고, 그들의 그림은 집중 곤란, 충동적 행동, 이해해 주지 않는 교사와 놀리는 친구들에 대한 분노, 낮은 성적, 교사와 부모의 부적절한 기대에 대한 느낌 같은 것을 그리도록 한다.

두 번째 회기에서, 아동은 ADHD 비디오를 시청하고, 'ADHD에 대해 어떻게 느끼는지'를 그려 보라고 한다. 그림을 그리기 전에 몇 분간 느낌을 말로 표현해 보도록 한다. 다음에 ADHD 때문에 느끼는 감정을 그리게 하고, 그러고 나서 그것을 잘 이해하지 못하는 어른인 나조차도 분명히 이해하게 되었다고 말해 준다. 이러한 경험은 치료사와 (ADHD) 아동 동료들 간에 신뢰감을 갖게 해 준다. 많은 아동은 말 대신 그림으로 나타내고, "나는 행복하지 않다." "공정하지 못해." 혹은 "이것은 나를 화나게 만든다."라는 주석을 단다. 또는 "나는 좌절감을 느낀다." "나는 다르게 느낀다." 혹은 "나는 정상적인 감정이 아니다."라는 말을 한다. 집단 내에서 감시받지 않고, 우둔하지 않고, 방어적이지 않으면서 자신의 감정을 표현하는 법을 배운다. 대부분의 ADHD 청소년은 그들의 차이점이 다른 아이들로 하여금 자신들을 따돌리게 한다고 말한다. 이 회기에서 치료사의 주안점은 스스로 '희생자'라고 생각하지 않도록 하는 것이다. 이 시점이 아동이 그림을 통해 진정으로 자신의 감정을 의사소통하게 되는 순간이다.

다음 회기에, 학교와 숙제, 우정 그리고 가족관계에 영향을 미치는 정도를 서로 이야기하였다. 아동은 약물에 대해 공부하고, 약물의 작용이 어떤 것인지 학습한다. 각 회기에 주제를 포함시킨 그림을 그리게 한다. 한 소년은 ADHD가 자신에게 미치는 영향이 어떤지를 질문받고, '뒤바뀐 수면 습관'이라는 그림을 그렸다([그림 14-3]). 그의 그림은 ADHD 아동이 흔히 경험하는 문제—상황을 진정시키거나 잠들기 어렵고—를 보여 주고 있다. 이런 문제는 피곤함, 부주의, 성가심, 수면장애 그리고 학업실패 등을 야기한다.

집단 구성원은 각자의 어려움을 탐색하고 사회성 및 학업수행에 어떤 영향을 미치는지 이해하게 된다. 또한 개인 그림에서부터 집단투사 그림까지 경험하면서 자신들의 생각을 나열해 본다. 벽에 바로 작업하기도 하는데, 이것은 자신의 감정을 바로 소통하는

[그림 14-3] '뒤바뀐 수면 습관'

데 중요한 장이 되며, 특히 자신의 행동이 타인에게 직접 영향을 미치는 것을 깨닫게 하고 혹은 집단활동을 협조적으로 하는 방식을 배우게 된다. 집단활동은 듣기, 협상하는 방법 배우기, 생각 공유하기 그리고 끈끈한 정으로 협동하기 같은 기회를 제공해 준다. 충동성 같은 문제는 집단토론의 핵심 문제이고, 아동들은 궁극적으로 관계를 발전시키려고 노력하는 사람들에게 자신의 행동이 어떤 영향을 끼치는지 이해하게 된다. 아동들은 각기 비슷한 문제로 갈등하기 때문에 학습이 촉진되고, 교실 상황에서 ADHD 아동은 종종 '잘못된' 혹은 '나쁜' 아이로 인식된다.

종종 아동들은 또래와 우정을 형성하는 방법을 모른다. 그들의 지칠 줄 모르고, 부적절한 노력은 보통 실패로 끝나고, 자기비방(self-disparagement), 고립 등을 초래한다. 집단미술치료는 이런 기술들을 연습하는 기회를 제공한다. 자신들의 행동이 다른 집단 구성원에게 마음의 상처를 입힐 수 있다는 생각을 믿지 않는다. 그러나 미술작품을 완성하기 위해 함께하면서, 청소년들은 미술과 언어로 자신의 감정을 전달하는 충분한 기회를 제공받는다. 예를 들어 한 소녀는 복잡한 혼합물처럼 여러 가지 색깔로 난화를 그렸다. 그녀의 그림은 다양한 감각과 그에 대한 느낌으로 포격당한 것 같은 감정을 나타낸 것이지만, 언어로는 어떻게 표현할지 잘 모르겠다고 하였다. 나는 "여기 수많은 감정이 있고, 감정의 층도 많구나. 집단에서 다른 사람이 동시에 같은 것을 느낄까?" 라고 했다. 한 아동의 그림에서 분명히 나타난 것을 논의하면서, 그 아동과 집단 전체가 함께, 그 사람이 그린 것이 무엇과 연관되는지를 생각해 보고 그림에서 나타난 감정을 찾아보았다. 이것은 집단 구성원들로 하여금 시각적인 미술작품과 언어적인 토론으로 자신의 개별 감정을 공유하게끔 해 준다.

미술은 또한 아동이 지닌 장점을 찾아 준다. 대부분 ADHD 아동은 창의적이어서, 집단미술치료는 타인이 자신의 창의적 작품에 감탄하는 긍정적 경험을 제공함으로써 자신을 발견할 수 있는 기회를 갖게 한다.

사 례

Bill은 어릴 때부터 활동적이어서 일상생활에서 어른이나 동료들과 마찰을 빚었다. 대부분의 ADHD 아동이 그렇듯이, Bill은 학습장애뿐 아니라 청각과정에 문제가 있었다. 과잉활동성, 충동성, 지나친 민감성 등은 일을 제대로 할 수 있거나, 말을 제대로 하거나, 올바른 감각을 느끼거나 혹은 올바른 사람이 될 수 있다는 스스로의 믿음을 상실하게 만들었다. 그 결과 그는 함묵증이 되었다.

Bill은 9세 무렵에 치료실에 왔다. Bill과 처음 만났을 때, 집과 학교에서 상당한 어려움을 겪고 있었다. 집에서의 행동은 더욱 심각했다. 그는 가족관계에서조차 연결고리를 만들지 못했다. 행동은 폭발적이고 분열적이었다. 학교에서 성적은 내내 저조하였다. 이런 행동은 만 3세 무렵, 어린이집에서 쫓겨나면서 시작되었다. 어린 시절부터 빌은 연역적 추론(deductive reasoning)을 못하였고 다치는 것에 대한 두려움도 없었다. 마음속에 어떤 것이 떠오르면 그대로 행동에 옮겼다. 또한 고통에 대한 역치(threshold)도 높았다.

우리가 만났을 때, Bill은 학교운동장에서 다툼을 하면서 다른 친구를 질식시키는 극단적인 행동을 하였다. 교사는 화가 나서 처벌하였다. 부모는 좌절하여 엄한 처벌을 가하였다. 누나는 Bill을 싫어하면서 가정생활을 깨뜨리는 주범으로 취급하였다. 할머니는 혼란스러워했고 그를 이해하지 못했다. 소아과 의사는 Bill에게 엄하게 하라고 당부하였다. Bill의 부모는 여러 정신건강 전문가를 찾아갔지만 별 효과를 보지 못하였다. Bill이

치료실에 왔을 때 그는 함묵증도 보였다. 치료사인 나도 Bill이 만난 수많은 사람, 즉 Bill의 주치의, 알레르기 의사, 신경 전문가, 소아혈관 전문가, 대체 의학자, 영양학자, 신경심리학자 그리고 소아정신과 의사 중에 한 명이었다. 정신과 의사가 미술치료사인 나에게 의뢰하였는데, Bill이 더 이상 '대화치료'에 반응하지 않았기 때문이다. 놀이치료조차 빌에게 적용되지 못했다.

Bill과 치료사는 미술로 서로 가까워지면서 치료가 시작되었다. Bill의 충동성은 그림에서도 잘 나타났다. Bill은 재능 있는 어린 미술가였으며, 재료 사용과 미술작품 만들기를 편안하게 했고, 그의 작품에 대해 이야기하지 않기로 약속하였다. Bill이 말할 때는 단지 음절 단위의 중얼거림만 들렸다. 초기 단계에 그의 그림에 대해 언어적으로 칭찬하거나 어떤 것을 해 보려는 것이 비현실적이었다. 미술치료 초기 단계에, 자신이 어떻게 느끼고 또 ADHD 때문에 생활에 어떤 불편함이 있는지 느끼는 대로 그리게 하였다. 학교를 그리면서 아동이 그를 놀리고, 함께 놀아 주지 않고, 학교 교사도 자신에게 고함 지르는 것 등을 묘사하였다. 또한 그의 형, 누나, 부모에게 어떤 영향을 미치는지 그렸고, 무능력하고 멍청하게 느낀다고 그렸다. 그러한 그림들은 가족에게는 일종의 선물이었다. 부모도 Bill이 상처받고 있음을 알기 시작하였다. 처음으로 Bill 스스로 세상과 투쟁하고 있음을 시각적 증거로 보았다([그림 14-4]).

[그림 14-4] '친구 만들기'

Bill이 11세가 되었을 때 또래와 함께 집단미술치료에 참가하도록 권하였다. 모든 아동이 충동성에다가 학교 및 가정에서 문제를 보였다. Bill에게 이번 집단의 목적은 충동성을 조절하고 통제하는 법을 학습하는 것이라고 말해 주었다. 돌이켜 보면, 그 목적을 달성한 것이 지난 수년간 함께한 것보다 가장 성공적이었다.

집단이 첫 번째 벽화 작업을 할 때 충동성을 다루는 중요한 교훈을 얻었다. 집단원은 이미 Bill이 충동적이면서 실력 있는 미술가라는 점을 알고 있었다. 집단원에게 섬을 그리고 그곳에서 필요한 것 등을 그리게 하였다. 그러나 집단원이 그림 구성에 대한 상호 제안을 하기도 전에 Bill은 즉시 그리고 토론이나 주의 사항도 없이, 벽화 종이 가운데를 차지하고는 섬을 그렸다. 집단원은 필요한 것을 그려 넣지도 못하고 Bill이 그린 섬에 첨가하였는데, 이내 그림 크기가 부적절하게 되었다.

다음 개별 치료 회기에, Bill과 치료사는 집단 경험을 다루면서 단독적인 충동행동이 구성원에게 어떤 영향을 끼쳤는지 그 경험을 탐색하였다. 비록 그 순간 자신의 감정을 말하지 못했지만, 각 구성원은 그가 어떻게 느끼는지를 알 수 있었다. 그의 신체는 창피함, 분노 그리고 당혹감을 그대로 드러냈다. Bill의 귀는 빨갛게 되었다. 그의 신체가 그에게 적나라하게 전달하는 느낌 때문에 Bill은 자신을 증오하였다. 이런 경험으로 집단원은 적대적이지 않은 방식으로 그들의 감정을 Bill과 자발적으로 논의할 기회를 제공하였고 또한 충동성이 타인에게 어떤 영향을 미치는지 알게 해 주었다.

미술치료에서 나는 항상 Bill의 그림을 통해 최근의 성공을 기록하였다. 이것은 연약한 어린 남자에게 지속적인 깊은 인상을 남겨 주었고, 부모와 누나도 감명을 받았다. Bill과 나는 개인치료 및 집단미술치료를 수년간 함께하였다. Bill은 조금씩 말할 의지를 회복하였고, 후에 약물치료도 하면서 자신의 신체가 참아 내는 것을 배워 나갔다. Bill의 후속 그림 중에, 약물을 보물에 비교한 것이 있다. 그는 약물 효과를 추적하면서, 가치를 인정하고, 집중력도 향상시켜 주고, 충동성도 조절해 주고, 자기 삶도 변화시켜 줌을 깨달았다. ADHD와 지속적으로 싸워야 함을 이해하고, 이것이 자신의 한 부분이고, 자신임을 이해하였다. 그림을 통하여 Bill은 그의 고통을 표현할 수 있었고 집단미술치료를 통하여 ADHD를 다루는 새로운 전략을 학습하게 되었다.

ADHD 아동이 있는 가족의 미술치료

미술치료는 그 아동의 부모와 누나에게도 효과적이었다. 아동의 작품은 부모와 가족 구성원에게 중요한 정보원이 된다. Bill의 사례에서, 부모는 Bill의 그림을 보면서 이해력을 높였고, 부모가 깨닫는 것보다 더 많이 아동의 마음속에 진행되고 있는 많은 것을 알게 되었다.

가족이 ADHD로 심한 고통을 당했기 때문에, 치료에 참가하는 것은 중요하다. 가족은 처음에 속 태우는 것뿐 아니라 게으르고, 일탈적이고, 고집스럽고, 무능력하고, 무책임하고, 이기적이고, 수동-공격적이고, 혹은 나르시시즘까지 보이는 ADHD 행동에 대한 반응에 대처하는 법을 배운다. 가족은 각자 건강하고 기능적인 가족구성원이 되도록 연습한다. 가족은 방어적이지 않은 의사소통 방법을 학습하고, 가족 그림 투사는 효과적인 수단이 됨을 깨닫게 한다(Riley & Malchiodi, 2004).

가족치료에서는 협동적인 미술활동이 효과적이다. 예를 들어 치료사는 가족에게 가족이 배를 타고 여행하는 벽화를 그려 보라고 요청한다. 비록 단순하지만, 각자는 이런 것들이 어디로 가야 할지, 어떤 종류의 보트를 선택할지, 어떤 것을 준비할지, 날씨가 어떨지, 누가 무엇을 그릴지를 결정해야 한다. 가족치료의 핵심은 ADHD가 구성원 각자에게 영향을 미치는 정도를 이해할 수 있는 단서, 즉 구성원 중에 누가 강하고 연약한지를 찾아내는 것이다. 치료사는 누가 무엇을 말하고, 누가 누구를 돕고, 누가 참여하고 참여하지 않는지, 누구의 생각이 먹혀 드는지, 누가 반대하는지, 그리고 누가 조절자 역할을 하는지, 누가 먼저 포기하는지, 누가 지도자가 되는지, 좌절되었을 때 무슨 일이 생기는지를 관찰하게 된다.

가족 구성원의 핵심 주제를 찾아내는 것도 중요한 과업이다. 예를 들어 만일 가장 충동적인 가족 구성원이 너무 작은 보트를 그려서 목적지에 도달할 수 없고 또 여행 필수품 외에는 재미난 기구를 넣을 수 없다면, 구성원들이 그것을 어떻게 느끼는지 충동성 혹은 인내심 결여가 가족 전체에 어떤 영향을 끼치는지에 대해 토론한다. 가족벽화 같은 집단투사 그림은 미술경험에 대한 가족의 반응뿐 아니라 가족 역동을 명료하게 이해할 수 있다. 치료사는 만일 아동이 너무 어릴 경우, 부모끼리 투사그림을 토론하게 한다. 경우에 따라 형제만을 만나는 것도 도움이 된다(Landgarten, 1987).

ADHD 자녀를 가진 부모는 비생산적인 사람이라고 느끼기도 한다. 예를 들어 세 자녀를 둔 어떤 가정에서, 가장 어린 5세 남아가 ADHD였는데, 가족은 갈등을 막기 위하여 힘을 행사하지 않는다고 했다. 섬을 그려서 그곳에서 어떻게 함께 살지를 그려 보라고 하니, 부모는 열대 휴양지를 그리려고 계획했지만, 문제 아동은 군인들과 탱크들을 원했다. 어머니가 자신은 아무것도 그리지 않겠다고 결정하자, 아버지는 아들을 설득하려 했으나 실패했다. 장녀는 매우 좌절되어 참여하기를 거부하였다. 중간 아이는 어머니도 그리도록 노력하였다. 마지막에 가족은 섬을 분할하여 각자 자기대로 앉아 있었다. 그러나 섬 전체는 군인과 철조망으로 포위되었고, 아무도 통제하지 못했다. 한쪽 부모가 한계를 설정하고 경계를 설정했지만 5세 아동이 가족지배자로 행동하는 신호를 부모들이 이해하지 못했다.

이런 간단한 예는 미술치료가 언어만으로 이해하기 힘든 가족 역동을 깨닫는 데 아주 유용할 수 있음을 증명하는 것이다. 간혹 부모는 그냥 앉아서 자녀들이 그림에 대해 중요한 결정을 내리도록 허용한다. 아마도 부모는 끝없는 갈등으로 지칠 것이고, 아동이 민주적인 과정의 한 부분으로 깨닫는 데 필요한 부분이라 생각할 수도 있을 것이다. ADHD 아동을 천천히 행동하게 하는 것이 부모들에게 더 큰 도움이 될 것이다. 가족이 섬을 없애 버리는 방법을 고안하게 하는 것이 좋은 신호가 된다. 덜 건강한 가족의 경우에, 물에는 상어들이 득실거리고, 섬에는 야생동물과 화산폭발 모습이 그려진다. 어느 곳도 각자 즐기는 안전한 장소를 상상해 내지 못한다.

가족미술치료를 경험하면서 부모는 자녀를 대할 때 좀 더 단언적이거나 한계를 명확히 설정해 주는 연습도 한다. 가족치료를 통해 아동은 부모의 새로운 '과제 부과'에 어떻게 반응해야 하는지를 학습하게 된다. 치료사는 가족미술치료 경험을 활용하여 가족구조를 개선시키는 방안, 즉 새로운 기술과 습관을 확인하고, 설명해 주고, 통합시켜 주는 방식을 깨닫게 해 준다(30장).

결 론

미술치료는 ADHD 아동이 학습할 수 있도록 시각적 · 활동적 접근을 제공하는 능동적인 치료 형태다. 이것은 ADHD 아동이 성공적으로 적응하기 위해 필요한 기술을 증대시키는 생동감 있는 도구다. 아동은 그림을 통하여 자신의 어려움을 알게 되고, 자존감을 증대시키게 된다.

집단미술치료는 ADHD 아동들에게 각각 학습할 수 있는 기회를 제공한다. 그림 및 생각을 공유하는 것은 변화의 수단이 되고, 동시에 자기가치를 증대시켜 준다. ADHD 아동을 둔 가족은 가족미술치료로 이득을 얻는다. 공동화 혹은 벽화작업은 부모, 형제, ADHD 당사자에게 ADHD 경험과 이것이 가족 역동에 어떤 영향을 미치는지를 표현하는 창구 역할을 한다. 미술작품은 이런 장애를 효과적으로 대처하도록 아동과 부모를 돕고, 이해하고, 중재하는 강력한 도구가 된다.

Bill은 마지막 그림에서 'ADHD 때문에 좋아진 것'을 묘사하였다. Bill은 자신의 창의성, 높은 에너지, 운동 참여 그리고 우정에 대한 그림을 그렸다. Bill은 미술치료에서 많은 친구를 사귀었고, ADHD가 저주가 아니라 이점이 될 수도 있다는 것을 알게 되었다.

자폐아동과 가족을 위한 미술치료

자폐 스펙트럼 장애(autism spectrum disorder: ASD)를 가진 아동 및 청소년을 이해하는 것은 무척 당혹스럽기도 하고 신비스러운 측면도 있다. 자폐아는 타인과 어떻게 상호작용하는지 방법을 모르기 때문에, 부모와 전문가들의 도전정신을 북돋운다. 이러한 장애를 분명히 이해하는 것은 효과적인 중재 방안을 개발하고 프로그램화하는 데 필수적이다. 이 장은 ASD를 지닌 아동과 연관된 문제를 개관하고, 미술치료로 해결될 수 있는 구체적인 ASD 학습유형을 검토하고, ASD 집단과 가족을 위한 미술치료 중재 사례를 소개한다.

ASD에 대한 개관

자폐를 최초로 명명한 사람은 1943년 Leo Kanner다. 그는 자폐를 아동기 정신분열증의 초기 형태로 기술하였다(Wing, 1997). 비록 자폐증이 Kanner가 처음에 언급한 행동 증상으로 간주되지 않지만, Kanner가 처음 기술했던 행동 특징과 ASD에 대한 현대의 정의가 비슷하다. ASD는 자폐장애, 아스퍼거(Asperger) 장애, 명확히 진단되지 않는 확산적 발달장애(Pervasive Developmental Disorder Not Otherwise Specified: PDD-NOS)를 포함한다(American Psychiatric Association, 2000). 오늘날 ASD가 매우 유전적이라는 것이 알려졌다(대략 90%)(Eichler & Zimmerman, 2008; Weiss et al., 2008). 그러나 생물학적 진단검사는 없다. 현재 ASD는 삼각 비정상행동, 즉 사회적 상호작용, 의사소통, 행동의 영역에서 비정상행동의 3자 관계에 기초하여 진단된다. 자폐장애는 3세 이전에 행동 증상이 시작되는 심각한 발달장애다. 이 증상은 사회적 상호작용과 의사소통 영역에 발달의 지연 및 손상과 함께 반복적이고 판에 박힌 행동과 제한적인 관심 행태를 보인다. 아스퍼거 장애를 구별 짓는 주요 특징은 3세 전에는 아무런 발달지체가 없다는 점이다(American Psychiatric Association, 2000). 연구조사에서 아스퍼거 장애와 고기능 자폐장애의 결함과 서비스 내용이 매우 유사함을 밝혔다(Kasari & Rotheram-Fuller, 2005). PDD-NOS는 자폐장애와 아스퍼거 장애의 핵심적인 사회적 장애를 공유하고 있고 또 의사소통 장애 또는 제한된 관심과 반복행동 두 가지 다 문제가 있거나 한 가지만 문제가 있는 것인데, 그 정도는 약하다.

진단 특징

ASD는 독특한 상호작용 형태와 학습유형을 나타내는 다양한 생물학적 또는 대뇌 이상을 갖고 있다(Weiss et al., 2008). ASD 사회성 장애는 눈 응시, 얼굴표정, 억양, 사회적 상호작용을 시작하고, 유지하고, 종결짓는 몸동작을 협응하는 데 어려움이 있다(American Psychiatric Association, 2000). ASD 내담자는 비록 사회적 상호작용에 관심이 있더라도 연령에 맞는 관계형성에 어려움을 겪는다. 이들은 타인의 의도와 감정을 이해하는 데 어려움을 겪고 또 상대방과의 상호작용과 관계에서 자신의 역할을 알아차리지 못한다(Baron-Cohen & Belmonte, 2005; Baron-Cohen, Tager-Flusberg, & Cohen, 2000). ASD 내담자의 의사소통장애는 의사소통에만 있는 것이 아니라, 오히려 언어를 실용적으로 구사하는 것에 장애를 보이는 것에 있다(언어능력과 무관하게). 이것은 타인과 의미를 공유하는 사회적 의사소통기능을 이해하지 못한다는 의미다(Twachtman-Cullen & Twachtman-Reilly, 2007). 예를 들어 ASD이면서 언어가 유창한 사람도 대화를 부가해서 덧붙이는 데 어려움을 겪는데, 즉 사건을 설명해서 상대방이 이해하게끔 하거나, 또는 맥락에 따라 다른 의미로 해석되는 단어를 이해하는 데 어려움이 있다. ASD에서 보이는 정형화되고 제한된 행동은 반복적인 신체 움직임, 물건의 일부를 조작하는 데 몰두하는 것, 변화를 싫어하는 것, 특정 의례나 습관을 고집하는 것, 과도한 집착 등으로 나타난다.

관련 문제들

ASD 증상은 다양한 문제를 갖고 있는데, 감각 처리, 인지, 적응성, 운동 협응력 등에 관련해서다. 비정상적인 감각반응 현상은 증상의 경중에 따라 차이가 많은데, 감각자극을 스스로 과도하게 찾기도 하고 또 외부 자극에 대해 지나치게 반응적이거나 반대로 무반응적이기도 하다(Baranek, Parham, & Bodfish, 2005: Dunn, 1999). 이 장애를 가진 사람은 지적 능력도 천차만별이다(Lainhart, 1999). 또한 지능 수준에 비해 생활 적응성이 낮거나 또는 생활기술의 수행이 저조한 경향이 있다(예, Billstedt, Gillberg, & Gillberg, 2007; Klin et al., 2007; Saulnier & Klin, 2007; Shattuck et al., 2007). 이런 문제로 인하여 일상생활을 영위하는 데에도 타인의 도움에 의존해야 하는 경우가 많다. 또한 ASD 증상은 감각에 대한 반응 협응력이 매우 저조해서 신체 균형 잡기, 동작순서(예, 태권도 품세), 양손이나 발의 협응, 특히 새로운 순서를 모방하는 능력이 현저히 떨어진다(Miller, Lane, Cermak, Osten, & Anzalone, 2005; Rogers, 1999; Rogers & Williams, 2006).

ASD 증상 중에 많은 환자들이 강점을 보이는 영역으로는 뛰어난 단순기억과 시각-공간/문제해결 기술 등이 있다(Happe & Frith, 1996). ASD 아동 중 몇몇은 예술적 능력이 뛰어나다는 연구보고가 있었다(Cox & Eames, 1999; Gardner, 1982). Hou 등(2000)은 PPD-NOS로 진단된 6명의 서번트 아동의 미술작품과 자폐증으로 진단된 비서번트 아동의 미술작품을 비교해 보았다. 서번트 아동의 작품에는 몇 가지 공통적인 특징이 있었는데, 즉 한 가지 미술재료와 주제 변경이 거의 제한되어 있었다(2장). 자폐증에서 보이는 공통적인 미술 특성은 시각적 정확성, 탁월한 기계적인 기억능력, 시각-공간 기술, 강박적인 관심과 반복 등이 뛰어난 미술능력으로 나타나는 것 같다(Hou et al., 2000).

ASD 중재

ASD 아동을 치료하는 많은 프로그램과 접근방식이 있으나, 어느 것도 뚜렷한 효과를 보이지 못하고 있다. ASD에 걸리는 빈도는 높아지고 있지만, 과학적 증거에 기반한 효과적인 중재 방안이 더 밝혀져야 할 것이다. 그러나 아직은 인정받지 못하거나 논쟁중인 방법이 치료영역에 적용되고 있는 실정이다(Hess, Morrier, Hefflin, & Ivey, 2007).

행동 중재연구는 학습이론에서 발전된 응용기법이 ASD의 사회성 부족 및 행동, 언어, 모방, 인지능력 결함을 치료하는 데 어느 정도 긍정적 효과를 보이고 있음을 밝히고 있다(Granpeesheh, Tarbox, & Dixon, 2009). 행동 중재는 예측 가능하고 또 분명한 인과관계/시행착오 학습환경을 제공하고 있는데, 여기에는 과제를 매 단계로 나누어 아동이 흥미를 가지게끔 보상/유인체계를 사용하여 구조화된 상황에서 새로운 기술을 가르치게 한다. TEACCH(Treatment and Education of Autistic and Related Communication Handicapped Children, 자폐 및 자폐와 연관된 의사소통 장애아동을 위한 치료와 교육) 프로그램에서 연구된 시각적 단서기법은 ASD 집단에 효과적이었다(Hume, 2005). TEACCH는 시각적 산만함을 줄이는 물리적 환경을 구성 및 수정하는 전략을 제안하고 또 시각적 계획 같은 기법을 사용하고, 복잡한 과제나 사건을 좀 더 작은 다루기 쉬운 부분으로 나누고, 선호하는 활동과 덜 선호하는 활동을 번갈아 하게 하는 등의 기법을 적용하여 이해력을 증가시킨다(Schopler & Mesibov, 1995). Koegel, Vernon, 그리고 Koegel(2009)은 아동의 사회행동 맺기를 증대시키기 위해 사회적 상황에서 일어나는 결과나 자연적 보상을 활용하여 치료에서 사회적 상호작용을 연습시킬 필요성을 강조하였다. 발달연구에서는 고급 수준의 기술에 도달하게 하려면 치료사가 그 아동에게 필요한 전제조건(즉 주의집중 기술) 및 기술적 결함 양상에 대한 통찰을 해야 한다(Schreibman & Anderson, 2001). 인지-행동치료가 고기능 ASD 아동에게 도움이 된다고 했는데, 즉 의사소통 결함, 정서조절 기술, 불안 같은 증상을 설명해 준다(Wood et al., 2009).

중재 프로그램의 역할에도 불구하고, ASD 증상의 심각성에 잘 들어맞는 다양한 치료 프로그램이 아동, 청소년, 성인 ASD의 욕구를 효과적으로 개선시킬 것이다. 이를 위해서는 인지적, 행동적, 발달적 치료방법을 통합시켜서 학습 및 일반적 기술을 가르칠 창의적 기회를 제공해야 한다.

ASD 학습유형에 따른 미술치료 중재

ASD의 독특한 학습유형은 미술치료 중재에 잘 활용될 수 있다. Mesibov와 Shea(2005)는 ASD를 '문화(culture)'라고 했는데, 즉 ASD 증상의 다양한 변이성은 공통적인 학습 특징과 행동 패턴에 초점을 두어야만 이해할 수 있다는 의미다. 성인 자폐이면서 콜로라도 대학의 동물과학부의 교수인 Temple Grandin 교수는 ASD의 사고 및 학습에 관해 그들의 독특한 방법과 통찰을 제공하는 몇 권의 책을 집필하였다(Grandin, 1992, 1995; Grandin & Johnson, 2005). Grandin이 밝힌 아주 중요한 측면 중에 한 가지가 바로 ASD를 가진 사람은 시각에 기반을 둔 학습자라는 주장이다(Grandin, 1995). Grandin(1998)은 또한 치료사와 교육자에게 ASD를 가진 사람 각자의 구체적인 흥미에 초점을 두라고 했으며 또 그것을 학습 및 상호작용의 기초로 배양하라고 강조했다. 다음 기술은 미술치료사가 임상에서 고려해야 할 ASD의 학습유형과 구체적 전략을 개관한 것이다.

의사소통과 이해력 향상

ASD 내담자는 구체적이거나 상상력이 뒤떨어지는 경향이 있다(Mesibov & Shea, 2005). ASD 내담자는 행동을 조직화하고 순서적으로 진행하기 어렵고, 충동조절을 잘 못하고, 행동개시를 잘 못하기 때문에 실행기능 장애가 있는 것으로 기술되었다(Ozonoff, 1995; Russell, 1997). 미술은 ASD 집단에게 구체적인 시각단서를 다양하게 제공하여 과제이해력 및 사회성 자각을 일깨울 수 있다.

미술치료사는 미술작품을 만드는 환경을 구조화하거나 수정하여 시각적 순서로(계획대로) 그리고 세부적인 단계로 나눈 기법을 적용하여 자폐장애인의 이해력을 증진시키고 협동성을 키울 수 있다. 그림 순서(또는 글을 알면 언어계획)는 집단이 해야 할 활동을 구체적 지시로 전달하는 방법이다. 그림-단어 지시는 작품 만들기 과정을 단계적으로 분명히 제시하는 방법이다. 〈표 15-1〉은 미술치료에서 언어적 활동 계획표의 예를 보여 주고 있다. 시각적 순서는 또한 ASD가 미술치료사를 도와 집단의 보조 지도자로 참여할 기회를 제공해 준다. 시각적 순서는 보조 지도자가 집단과 공유하는 활동내용을

〈표 15-1〉 미술치료에서 언어적 활동 계획표

미술치료 집단	종 료
친구들에게 집단미술치료 책상에 앉도록 한다.	
집단 규칙을 복습한다.	
점수평가서를 돌려서 현재 감정 상태에 점수를 매기게 한다.	
미술활동을 소개한다.	
작품을 만든다.	
집단과 작품을 함께 만든다.	
정리정돈한다.	
점수평가서를 돌려서 현재 감정 상태에 점수를 매기게 한다.	

제공해 주어서 보조 지도자가 각 상황에서 자신이 무엇을 해야 하는지 이해하게끔 한다.

감각문제 다루기

감각문제는 ASD 내담자를 쉽게 방해한다. 하지만 활동이 자기의 특별한 흥미에 잘 부합되거나 그 자체가 감각적일 때, ASD도 작품 만들기 과정이나 사회적 상호작용에 몰입할 수 있다. 중요한 것은 미술치료사는 감각재료(즉 시각, 청각, 촉각, 후각 등)들이 개인에게 끼치는 영향을 이해하는 것이 중요하다. 이렇게 하려면 치료사는 보호자나 작업치료사에게 그 환자의 특별한 감각문제 또는 욕구에 관해 조언을 들어야 한다. 이런 정보는 매체를 제시했을 때 일어날 수 있는 돌발적 행동을 방지할 수 있다. 또한 감각통합에 전문성이 있는 작업치료사와 지속적 정보교환으로 그 환자에게 유해한 또는 과흥분시키는 매체에 둔감화되게끔 체계적인 계획을 수립하는 데 도움을 받는다.

어떤 감각활동은 ASD에게 감각적이고 반복적인 특성을 완화시킬 수 있다. 예를 들어 [그림 15-1]은 11세 ASD 아동이 그린 동일한 반복적인 그림 세 개를 보여 주고 있다. 이 아동은 매번 이 그림을 그리면서, 똑같은 방법으로 노래를 불렀는데, '아빠의 얼굴' '아빠의 눈' '아빠의 귀' 그리고 '아빠의 코' 라고 했다. 그녀는 똑같은 순서로 똑같은 노래를 부르면서 엄마와 누나를 그렸다. 또 다른 고정 행동으로 그림의 냄새도 맡고, 잉크 펜과 종이의 냄새를 즐겼다. 아버지 그림은 중앙의 큰 그림이고, 네 개의 원은 아빠의 눈과

[그림 15-1] 반복적인 그림

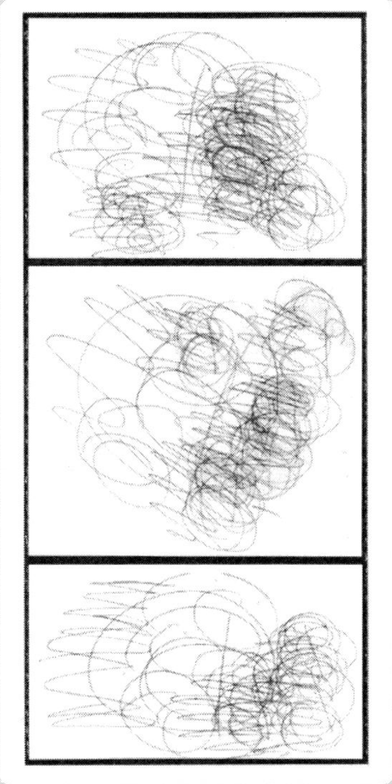

안경이라고 했다. 그녀는 전 면적에 아빠 수염과 머리카락을 첨부했다. 다음에 종이 전체에 걸쳐 엄마와 누나를 겹쳐서 그렸다.

미술치료사는 ASD 내담자가 보이는 감각 또는 반복행동이 사회적으로 적합하고 또는 기능적인지를 판단할 필요가 있다. 만일 그렇지 않다면 개인의 관심을 좀 더 적합하고 기능적인 행동으로 연결시키는 창의적 방법을 개발해야 한다. 예를 들어 ASD 아동은 수직으로 천천히 떨어지는 침을 관찰하는 것을 즐길 수도 있다. 이 경우, 미술치료사는 이 행동의 감각적 매력을 먼저 고려해 보고 다음에 떨어지는 침을 그림으로 만드는 활동 및 더 적합한 매체를 활용하세끔 가르친다. 아동에게 특별한 욕구나 문제를 느끼는 감각이 무엇인지를 자각함으로써 미술치료사는 사회적으로 부적절한 감각활동을 적합하게 변경하는 활동으로 바꾸고, 그것을 돕는 재료를 선택하도록 안내하고 또 작품을 완성시킨다.

운동기술 증진

ASD 논문에는 운동기술 결함도 자주 보고되었다(De Giacomo et al., 2009; Dowell, Mahone, & Mostofsky, 2009). 이런 결함은 모방/응용에 문제가 있는 것으로 언급되었다(Vanvuchelen, Roeyers, & De Weerdt, 2007). 미술치료는 내담자에게 자르기, 풀칠하기, 그리기, 색칠하기 같은 다양한 활동으로 운동협응과 모방기술을 연습시키는 무대가 된다. 자폐아동이 복잡한 미술활동 혹은 집단활동에 참여하기를 기대하기 전에 일대일 지시로 이런 기술들을 먼저 숙달시키는 것이 필요하다. 자폐아동에게 운동기술의 기초를 가르칠 때, 과제 목표를 시각단서로 분명하게 정의되는 방법으로 준비해야 한다(즉 가위질할 부분을 가로선으로 분명히 그려 주거나, 형태 속에 색칠할 곳을 구체화시키기 위해서 주변을 풀로 붙임). 이러한 준비는 아동이 이해하기 어려운 과제나 기대에 직면할 때 발생할 수 있는 부정적 행동을 미연에 방지하는 데 효과가 있다. 또한 빨대를 자르거나 방 안에 조각들이 날아다니는 것을 보는 것 같은 과제는 본질적으로 아동들이 좋아하기 때문에, 새로운 운동기술(즉 자르기)에 더 쉽게 적응하도록 돕는다.

아동이 기본적인 세밀한 운동기술을 숙달한 직후, 어떤 자폐아동은 새로운 과제에 일반화하기를 거부하거나 혹은 물리적으로 어려운 운동과제를 수행할 때 혼란을 느낀다. 이런 문제를 다루기 위해서, 치료사는 아동이 특히 흥미를 가지는 주제나 원래 동기화가 잘되는 활동으로 바꾸어야 한다. 만일 어떤 활동이 아동의 흥미를 끈다면, 그 아동은 어려운 운동활동이 목표에 도달하는 수단이 된다는 사실을 이해하기 시작한다. 예를 들어 4세 6개월 된 남아가 좋아하는 크리스마스 만화인물을 위한 집을 만들어 주려고 할 경우에 다양한 운동협응과 움직임을 하도록 동기화된다. 이러한 활동을 하는 동안, 그는 집이나 크리스마스 트리를 자르고 풀로 붙인다. 나아가 눈사람을 만들기 위해 점 스티커를 떼고, 집을 장식할 반짝이를 뿌리기 위해 풀통을 쥐어짜기도 한다.

적응적인 생활기술 증진

앞에 언급한 바와 같이, ASD는 자신의 인지능력에 비해 적응적 생활기술이 떨어지는 경향이 있다(Bolic & Pousika, 2002; Bryson & Smith, 1998; Carter et al., 1998; Freeman et al.,

1991; Gabriels, Ivers, Hill, Agnew, & McNeill, 2007; Gillham, Carter, Volkmar, & Sparrow, 2000; Lockyer & Rutter, 1969; Rumsey, Rapoport, & Sceery, 1985; Schatz & Hamdan-Allen, 1995). 다른 구체적인 적응 생활기술 부족으로 제한된 취미영역과 일상사를 타인에게 의존하는 경향이 있다(Billstedt et al., 2007; Klin et al., 2007; Saulnier & Klin, 2007; Shattuck et al., 2007). 미술치료는 ASD 내담자들에게 미술치료 활동을 사전 준비하고 사후 청소하는 일들을 하면서 적응적인 생활기술을 기르는 데 도움을 준다. 예를 들어 ASD 내담자에게 작은 점토 항아리 작업을 위해 준비물을 제공하여 책상 위에 나열하게 할 수도 있다(즉 물컵, 수건, 점토 틀, 점토 자르는 도구 등). 시각적 지시 또는 목록을 제공하여 ASD 내담자들의 이해를 돕고 또 모든 청소 순서를 완수하게 한다(즉 만든 항아리를 선반에 올리고, 컵이나 수건을 버리고, 책상을 청소하는 등). 미술치료 시간에 배우는 이런 정리정돈 기술은 가정에서 식탁 준비와 청소 같은 일상활동에서 개인의 역할을 연결 짓게 해 준다.

사회성 기술 개발

ASD 내담자는 타인의 의도, 행동, 감정을 이해하는 데 어려움이 있다(Baron-Cohen, 1995; Baron-Cohen et al., 2000). 따라서 자신의 행동이 어떻게 타인에게 영향을 미치고 또 자신의 행동을 어떻게 변화시켜야 문제를 해결할지도 잘 모른다.

사회성 이야기(Gray, 2000)는 ASD 내담자에게 사회적 훈육과 지식을 제공하기 위해 사용되는 중재기법을 담았다. 사회성 이야기는 시작, 중간, 마무리를 조직화한 간단한 이야기다. 여기에는 하지 말아야 할 것이 아니라 긍정적 행동을 적어 두었고 또 세 가지 필수 요소, 즉 진술문장, 관점을 설명한 문장, 지시적인 문장 등으로 구성되어 있다. 이야기 만들어 내기 과정으로 ASD 내담자와 작업하는 미술치료사는 각 이야기 부분을 그림으로 묘사하게 한다. 사회성 이야기를 그림으로 그려 내고 또 문장으로 적어 볼 때 더욱 의미 있는 활동이 된다. 사회성 이야기를 반복적으로 읽어 주어서 ASD 내담자들이 사회적 개념을 숙달하고 이해하게끔 도울 수 있다. 〈표 15-2〉는 사회성 이야기의 구성 예를 보여 주고 있다(Gray, 2000).

집단미술치료는 ASD 내담자들에게 타인과의 관계를 더 잘 이해할 수 있는 신기한 매체를 제공할 수 있다. 집단원은 자신이 만든 것을 전시하고 이야기할 수 있으며 또 만든

〈표 15-2〉 사회성 이야기의 구성

사회성 이야기의 부분	질문에 대한 사회성 이야기
도입/설명	"나는 사람들에게 질문하기를 좋아하는데, 왜냐하면 나는 대답을 알기 원하기 때문이다."
지시	"물어볼 질문이 있을 때, 나는 조용한 목소리로 물어본다."
관점	"조용한 목소리는 사람들이 더 잘 들을 수 있게 한다. 나는 이 사람이 나의 질문에 대답하기를 원하다는 것을 알고 있다."
본문/지시	"이 사람은 내 질문에 답할 것이고 또 답을 내 그림판에 그림으로 그릴 것이다." "답을 그림으로 그린 것은 내가 기억하기 쉽게 해 줄 것이다." "내가 그 질문을 반복할 때, 내가 그 답을 기억하기 좋게 그림을 보라고 할 것이다. 이것은 내가 질문했던 것을 알게 해 준다."
결론	"내가 그 대답을 알때, 나는 행복하고 또 조용해질 것이다."

시각적 작품은 대화를 위한 구체적 단서가 된다. 예를 들어 아스퍼거 장애를 가진 10대 집단원에게 자신의 정체성에 대해 생각해 보도록 질문한다(즉 구체적 지시: 자신이 좋아하고 싫어하는 것). 집단원은 마크, 크레용, 오일 파스텔, 잡지를 활용한 콜라주로 자신의 정체성을 그림으로 만들게 요청한다. 집단과정은 관심사뿐 아니라 그런 관심이 다른 집단원과 같고 다른 점이 무엇인지를 구체적으로 보고 토론하게 해 준다.

미술을 활용한 구조화된 상호작용은 사회적 상호작용 과정의 깨달음을 증가시키는 기회를 제공할 수 있다. 상호작용적인 집단 그림과제는 그림 돌려 그리기 활동(pass-around-picture activity)인데, 이것은 집단원 각자가 상이한 색깔의 마크를 선택해서 그림을 그리게 된다. 집단원은 각각 수 분 동안만 그림을 그리고 다음에 자기 오른편에 있는 사람에게 전달해서 또 그리게 한다. 집단원은 다른 사람의 그림을 고려하도록 주의를 주고, 처음 그린 사람과 주제가 통하도록 그림을 추가하라고 주문한다. 이런 전달과 그림 추가 과정에는 모든 구성원이 참여하게 한다. 이 과정 후에 집단원은 각자가 무엇을 그렸는지를 이해하는 시간을 갖는다. 이 토론 중에 집단원은 특정 그림을 첨가한 이유를 확인하고 또 타인의 소망이나 원하는 것을 고려했는지 또는 자기 생각의 중요성을 조명해 보는 피드백을 받는다. ASD 내담자는 자기 그림을 타인과 공유하기가 어렵다. 이런 때는 큰 집단벽화에다가 집단원이 차례로 어떤 그림을 추가해 보도록 하는 경험을 시도한다. 이 활동의 중요한 가르침은 순서를 기다리는 것을 배우게 하고, 이것은 미술작품

과정에서 강조되고 치료사가 구조화시켜 준다.

감정 자극과 이해 증진

ASD의 어려움은 자기 감정 및 타인 감정을 이해하는 것인데, 이로 인해 사회 상황에서 오해를 불러일으키고 사소한 문제로도 타인에게 극단적인 반응을 보일 수 있다. 예를 들어 이런 감정장애가 타인의 얼굴표정을 읽고 이해하는 데 문제가 있는 데에서 기인하는 것으로 밝히기도 했다(Grossman & Tager-Flusberg, 2008; Khetrapal, 2008; Stel, van den Heuvel, & Smeets, 2008). 많은 ASD 내담자들은 감정 이해 및 확인에 어려움을 겪는다. 그래서 감정조절 기술을 가르치는 것이 일차적인 치료목표가 되기도 한다(Wood et al., 2009).

미술치료의 시각적 본질은 그 자체로 자신 및 타인의 감정을 읽고 이해할 수 있게 돕는다. 예를 들어 얼굴표정과 인지의 자극을 증가시키기 위해 10대 내담자가 4점 정서 평정 척도를 그렸다([그림 15-2]). 이 척도에서 1은 조용한 감정을 나타내고, 4는 매우 흥분된 감정상태를 나타낸다. 이 척도는 시각재료의 복잡성을 줄이고 혼란을 낮추기 위해 4점 척도로 했다. 각 숫자 아래 그림은 내담자가 생각하는 점수별 얼굴표정이다. 치료사는 내담자에게 자신이 생각하는 대응기술을 만들어 보도록 격려하고, 또 심호흡이나, 스트레스 공(손으로 감쌀 수 있는 고무공)을 사용해서, 음악을 들으면서, 자신의 공간을 확보하면서, 그림을 그리면서 각 감정 수준을 낮출 수 있도록 돕는다. 내담자는 이 점수 척도를 어떻게 활용하는지 배우고 또 일상에서 사건이 생길 때마다 돌보는 사람이 내담자에게 감정상태를 평가해 보라고 요청하는데, 이런 과정으로 일상 사건에서 일치하는 감정상태를 어떻게 이해하는지를 배운다. 점수에 따른 대응기술을 보여 주면 내담자는 점수를 받을 때마다 배운 대응기술을 활용하게 해 준다. 4점 척도는 집단 상황에서 자신의 감정 수준을 더 잘 이해하게 해 준다. 예를 들어 ASD 내담자는 집단미술치료 시작과 끝에 자신의 감정을 평정하게 하여서 자기와 타인의 감정을 자각하는 능력을 증진시킨다.

미술치료는 안전하고도 침착하게 감정표현을 하도록 돕는다. 예를 들어 16세 남아에게 색깔 점토를 준 다음에 자기의 다양한 감정 수준을 묘사하게 했다. 이 10대 내담자는 자기가 만든 4점 척도에 일치하는 네 개의 조각으로 만들었다([그림 15-3]). 처음에 '매

[그림 15-2] 평정척도

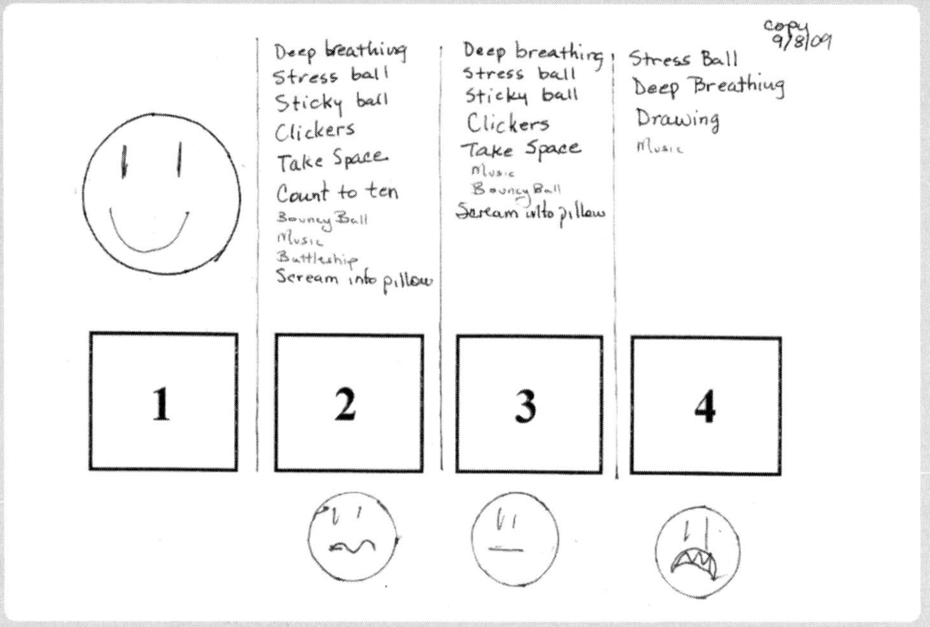

우 화난' 4를 먼저 조각했다. 이 조각은 '정유공장'이라고 했는데, 즉 일반적인 노란색과 붉은색 불이 아니라 더 뜨겁기 때문에 꼭대기에서 푸른 불꽃이 솟아난다고 했다. 또 4점 척도는 '불 같은 위험'으로 느낀다고 했다. 이것은 압력밥솥 같아서 그렇게 화가 났을 때 문을 닫고 있는다고 했다. 높아진 압력을 완화시키기 위해 어떻게 문을 열 수 있는지 모르겠다고 했다. 이 내담자는 척도 1에 해당하는 조각을 했고, 이것은 조용하다고 했다. 다음에 둥근 청색 점토 공을 만들고는 이것의 색깔과 부드러움 때문에 조용한 상태라고 말하였다. 양극단에 끼인 2점과 3점 감정을 어떻게 생각해야 할지 잘 모르겠다고 했는데, 이것은 자신이 조용히 있다가 순간 흥분/화가 난다는 것을 반영한 결과다. 그러나 장작불을 만들어서 3점이라고 했다. 3점은 "조용히 흥분했지만 분노는 작아서 조절 가능하다."라고 했다. 다음에 2점에 해당하는 초록색 공을 만들었다. 2점은 "꽤 조용하지만 완전한 원은 아니다."라고 했다.

신문 만들기(journaling)는 ASD 내담자에게 적절하고 절제된 감정표현을 독려하는 통로가 될 수 있다. 많은 새로운 과제처럼, 내담자에게 자신이 신문을 만들어 보게 하는 것이 중요하다. 신문 만들기는 적어도 하루에 하나씩 자기감정을 규칙적으로 그리게 하고

[그림 15-3] 점토 조각들

또 이 신문을 가족 구성원이나 미술치료사와 공유하도록 한다. 이런 규칙은 내담자에게 정보를 언어적으로 또 시각적으로 처리하게 해 주는 기회를 제공한다.

가족 역동의 설명 및 평가

가족미술치료 평정은 가족들 간에 발생하는 상호작용을 이해하는 구체적인 수단이다(Riley & Malchiodi, 2004). 공개적인 지시는 미술치료사가 약간의 구조화만 시켜 줄 때(즉 "이 큰 종이 위에 함께 그림을 그리고 제목을 붙여 보세요."라고 간단히 지시), 가족의 역할을 관찰할 수 있게 해 준다. 과제를 하는 동안에 누가 그림 주제를 결정하는지, 어떻게 공간 활용을 협상하는지, 또 다른 구성원의 그림을 존중하는지, 겹쳐서 그리는지를 관찰하면서 가족역할과 역동을 볼 수 있다. 또 다른 중요한 역동은 ASD 아동을 위한 환경을 구조화하는 능력이 부족하거나 또는 부모가 그런 능력을 갖춘 경우다. 이런 관찰을 통해서 ASD 내담자가 집에서 어떻게 지내는가에 대한 단서를 얻을 수 있다. 관찰을 하고 난 후에, 미술치료사는 작품 만들기를 하면서 더욱 긍정적이고 기능적인 가족 상호작용을 증대시키기 위해 구조화된 중재를 제공할 수 있다. 예를 들어 가족미술치료를 할 때, 두 명의 사춘기 자폐아가 누가 종이 위에 어느 공간을 사용할지에 대해 다투기 때문에 그림을 시작할 수 없었다. 이 내담자들은 입양되기 전에 광범위한 성적 · 신체적 학대를 받아 왔었다. 가정에서 서로 경계가 너무 모호해서 형제 간 갈등이 많고 또 공격성을 보였다. 형제 간 역동을 살펴본 다음에 미술치료사는 종이 가운데 선을 그어 주었다. 다음에 내담자들은 자기 쪽 종이 위에서 그림을 그렸다. 물리적 경계를 정해 주면 내담자가 안전함을 느낄 수 있고, 또 어떻게 가정에서 이런 경험을 반복해서 느끼도록 경계를 설정할 수 있는지에 대해 가족들과 논의하였다.

ASD 내담자에게는 충동조절과 조직적으로 문제를 다룰 수 있게끔 구조화된 환경을 제공하는 것이 좋다(Ozonoff, 1995; Russell, 1997). 구조화는 다양한 형태로 제공될 수 있는데, 지시와 훈육을 시각적 계획표로 제시한다거나, 시각적 경계를 제공한다거나, 내담자의 정서 수준에 적절한 매체를 도입할 수 있다(충동성이 있는 ASD 내담자에게는 날카롭거나 지나치게 골치 아픈 재료를 피해야 한다). [그림 15-4]는 작품 과정에서 구조화를 활용한 예를 보여 주는데, 엄마와 5세 남아(자폐 및 양극성 장애로 진단)와 가족미술치료 회기에서 그린 그림 세 개다. 치료 전에, 아동은 학교와 가정에서 여러 가지 위험한 행동, 즉 때리기, 발로 차기, 깨물기, 상대방(특히 엄마)에게 위협적인 말을 하기 등을 보였다. 치료 프로그램에서 이 내담자에게 잘 맞는 전략은 분명한 기대를 제공하는 것인데, 즉 그림 단서로 짧은 지시를 내리고 또 두 가지 지시를 준 다음에 5까지 수를 세게 하면서 결정 또는 반응할 수 있는 시간적 여유를 준다. 그러나 내담자의 엄마는 아이에게 성공적이었던 전략을 실천하기를 주저했는데, 그 이유는 엄마가 과거에 아이가 자신에게 행했던 공격성에 두려움을 느끼고 있었기 때문이었다. 가족미술치료 회기 동안에, 엄마와 함께 그림을 그리라는 지시에 전면에 그림을 그려서(상단 그림), 엄마가 그릴 자리를 남겨두지 않았다. 다음에 미술치료사가 활동을 약간 구조화시켰는데, 즉 두 번째 그림은 엄마가 먼저 그리라고 요청하였다(중간 그림). 엄마는 태양을 그렸고, 아이는 엄마 그림을 무시하고 낙서로 나머지 공간을 다 채웠다. 아동은 엄마에게 지시해서 자기가 그린 원 안에서만 그림을 그리도록 시켰다. 아이의 그림 반응을 보면 엄마의 한계를 시험해 보고 또 엄마를 무시하는 것을 시각적으로 분명히 보여 주고 있다. 엄마와 이런 점을 토론한 후에, 미술치료사는 엄마가 먼저 그림을 그리고(하단 그림), 선으로 경계를 그은 다음에 엄마가 아이에게 한쪽 칸에만 그림을 그리도록 지시하라고 시켰다. 아동은 엄마가 제한한 구조화 및 작은 시각적 단서에 잘 따라 했는데, 엄마의 분명한 경계 설정을 지켰다. 미술치료사는 이런 그림과 토론과정을 거친 다음에 구조화시켰을 때 끼치는 긍정적 영향을 엄마가 이해하게끔 한다.

[그림 15-4] 가족치료 그림

결 론

미술치료는 ASD 증상과 그들의 가족을 돕는 데 중요한 역할을 한다. 미술매체의 구체적인 시각 및 감각재료는 ASD 내담자에게 중요한 생활과 상호작용 또는 사회성 기술에 대한 자각을 가능하게끔 유도할 수 있는 구조화된 환경을 제공한다. 미술치료 집단활동은 ASD의 자기표현 기술, 정서적 자각, 사회적 상호작용을 증가시키는 장을 제공한다. 가족미술치료 평가 및 중재는 가족 구성원들이 ASD 아동을 어떻게 다루고 또 가정환경을 구조화할 수 있는지 좋은 방법을 깨닫게 해 준다. 마지막으로 ASD마다 독특한 학습특성 및 행동을 이해하는 것이 중요하고, 그렇게 함으로써 미술치료 중재가 방해행동을 감소시키고 기술습득을 증가시킬 수 있게 된다.

감사의 글

이 장에 소개된 가족의 작품과 경험을 공유하도록 허락해 준 내담자들에게 감사를 표한다. 또 이 장을 집필하는 데 기술적 도움을 준 John Agnew 박사에게 감사드린다.

CHAPTER 16

아동을 위한 의료적 미술치료

일반적으로 아동에게 활기 넘치는 창의적인 과정을 갖게 하는 기본적 특성이 그들로 하여금 의료적 처치를 견디게 하여 정상으로 회복시키는 요원이 될 수 있다. 병을 앓고 있는 아동이 미술작품에 몰입할 때, 스스로 모든 재료의 활용 범위, 내용, 이미지 등을 구성하는 작품 감독이 되고, 작품을 끝마쳤을 때 작품을 보존할 것인지 혹은 버릴 것인지를 결정한다. 이러한 모든 요인은 아동 예술가의 통제하에 있는 셈이다. 의료 장면에서 감정을 안전하고 절제되게 표현할 기회를 가지는 창의적 미술작업에 참여하는 것은 어린 아동의 희망, 자존감, 자율성 그리고 능력감 등을 재건하는 것이다.

미술치료는 암, 신장질환, 청소년 류머티즘, 만성통증, 심한 화상 등 여러 소아질환 아동에게 다양하게 적용되고 있다(Malchiodi, 1999). 팀 치료에 의료적 미술치료를 포함시킬 때, 어린 환자는 자신을 돌봐 주는 전문가와 자신의 지각, 욕구, 소망에 대해 의사소통하려는 수단으로 미술표현을 이용한다. 의료상황에서 미술치료사는 아동 환자의 강점, 대응방식, 인지발달을 평가하는 데 능숙해야 한다. 미술작품을 통해 수집된 정보는 단지 질병이나 진단뿐 아니라 전인적 치료에 도움이 된다. 외상적 상처, 만성질환, 생존을 위협하는 질환을 가진 아동은 의료처치를 이해하고, 자신의 이야기를 하고, 자아감을 재구축할 필요성이 있다.

의료적 진단의 의미는 무엇인가

심각한 질병이나 질환으로 진단되면 당사자인 아동뿐 아니라 가족의 믿음과 행복감을 한꺼번에 날려 버리는 것이다. 심각한 질병의 시작은 종종 청천벽력 같은 충격을 겪게 하고, 아동 및 가족의 일상생활을 빼앗아 가고 나쁜 일이 생길 것이라는 환상을 갖게 한다. 성인은 비록 파괴적인 생활습관이나 노화의 결과로 아프게 되지만, 아동은 지속적인 발달과 성장을 할 것으로 기대하게 된다. 그럼에도 불구하고 몇 가지 심각한 질환은 유전에 기인하지만, 많은 질환은 그 이유를 모르고, 또한 가족들은 그 질환에 준비해야 한다. 예를 들어 아동기 암은 원인도 모르는 경우가 대부분인데, 신체 세포가 부정확하고 잘못된 복제를 할 경우에 발생한다.

Kushner(1989)의 『나쁜 일이 좋은 사람에게 일어날 때』라는 유명한 저서는 불행에 대해 보편적인 설명을 하고 있다. 인간이 죄책감과 자기비난으로 고통을 느낄 때, 그들은 이 저서에서 위안을 받는다. 그는 미술치료사 초년 시절에 8세 남아와 함께 '처벌'이라는 주제로 놀이와 미술작품을 진행한 적이 있다. 그 아동의 미술과 놀이에서의 특성은 그들이 무슨 나쁜 일을 했는지 분명하지는 않지만 항상 처벌적이었다. 그 아동과 오랫동안 같은 주제를 다룬 다음에, 치료사는 그의 놀이와 미술표현을 말로 설명해 주기로 결정했다. "너도 알다시피 의사나 간호사 선생님도 아이들이 왜 암에 걸리는지 잘 몰라. 그렇지만 암이 자신의 잘못이 아니라는 것은 알지. 암은 처벌도 아니고, 그냥 사람들의 세포가 정상적으로 활동하지 않는 것이야."라고 말해 주었다. 그러자 아동이 하던 일을 멈추고, 치료사를 똑바로 쳐다보면서 "선생님은 내가 아무 까닭도 없이 앓고 있다는 의미이군요?" "글쎄, 일종의…… 그러나 분명한 것은 암이 너의 잘못이 아니라는 것은 알고 있지." 잘못된 가정을 온정이 넘치는 진실로 바꾸어 주려고 노력하는 과정에서 치료사는 아동의 입장과 부딪히게 되었다. 아동은 의사와 간호사로부터 이전부터 이런 말들을 들어 왔지만, 우리가 함께한 미술과 놀이치료는 아동으로 하여금 자신의 질병에 대해 다른 방식으로 설명하도록 하는 첫 경험이었다.

병원 분위기 자체가 병을 앓고 있는 아동과 가족에게 희망과 슬픔의 근원이 될 수 있다. 비록 진단과 치료가 희망을 주고 고통을 감소시키지만, 의료 환경 자체가 외계인 같은 경험을 갖게 한다. 의학 용어도 빨리 깨달아야 할 새로운 언어다. 의료 환경, 즉 실내 구조, 냄새, 소리, 리듬 속에 사는 입원환자는 이질적인 문화 속에 이식되었다고 느낄 수 있다(Spinetta & Spinetta, 1981). 주사기와 약 대신에 미술재료와 미술작품을 함께하는 미술치료사의 방문은 겁먹은 아동에게 항상 위안을 준다. 첫 면담에서 미술작품을 만들든지 혹은 단순한 그림만 표현하든지, 이것은 병원 바깥세계와 연결시켜 주고 병원 경험을 표현하는 방법을 제공해 준다.

Ranmal, Prictor 그리고 Scott(2008)는 "암에 대해 이야기 나누기는 일부 아동 및 청소년에게 병과 치료를 이해할 수 있게 도와주며 또 암에 잘 대처하도록 돕는다. 치료 실험에 대한 연구에서 구체적인 정보 주기 프로그램, 특정 치료절차 전 · 후의 지지, 학교에 다시 입학하는 프로그램 등은 아동과 청소년에게 도움을 줄 것인데, 이때는 나이, 이해 및 의료상태의 수준 같은 개별 요소를 고려하여야 한다. 이 분야는 더 많은 연구가 필요하다."(p. 4) 환아에게는 여러 가지 중재와 지지를 제공하기 때문에 미술치료만의 변수를 구분해 내기는 어렵지만, 치료과정의 스트레스와 난관들은 치료과정에서 미술치료가 창의적으로 기여할 기회를 제공한다.

의료 장면에서 평가

중병을 앓고 있는 아동이 대부분 정신건강문제를 갖고 있지는 않다. 의료평가란 질병, 대처, 인지 적응에 초점을 맞추는 것이다. 인지 및 성격 발달을 이해하는 것은 부모 및 의료팀을 도와서 환아의 욕구를 예상하게 해 준다.

- 독립성과 정체성을 형성해 가려는 유아가 치료과정에 분노와 퇴행 반응을 보일 수 있음을 아는 것은 부모가 어린 자녀의 행동에 어떻게 반응해야 하는지를 결정하는 데 도움을 준다.
- 학령기 아동은 자신의 독립성이 방해받으면 정서 변동, 짜증, 요구 등이 많아지고, 감정을 표현하고 숙달의 정도를 보여 주는 데 단어와 이미지를 사용하는 창의적 방략을 활용할 줄 안다.

- 일반적으로 아동이 나이가 들수록, 상실감에 대한 정서적 충격은 심각한 질병과 더 크게 관련된다. 나이 많은 아동은 상실을 극복하려고 하지만, 나이 어린 아동에 비해 인생의 도전에 대응하려는 방략도 세우고 관심 범위도 더 넓다.

능력 있는 치료사는 미술재료와 치료과정을 세부적 수준으로 나누고 어린 참가자가 미술을 통하여 창의적인 목소리를 낼 수 있도록 도와준다.

의료 환경에서, 아동이 어떻게 죽음의 개념과 신체에 대해 생각하는지를 이해하는 것이 중요하다.

- 아주 어린 아동은 신체를 혈액 주머니로 생각하거나 혈액검사를 위한 혈액 채취과정에서 피가 흘러 나갈 수도 있다는 두려움을 갖는다. 이런 경우 아동에게 피가 어떻게 우리 몸을 도는지를 쉽게 설명해 주고 신체 내부가 어떤 모습인지를 그림으로 그려 줌으로써 확신을 심어 준다. 이때 치료사는 신체 본뜨기를 시킨 다음에 실물과 똑같은 크기의 콜라주를 시작하는데, 다음에 혈액이 흐르는 신체 내부는 붉은색 리본으로 붙이게 하고, 폐는 플라스틱으로 만들고, 뼈는 아이스 막대로 연결시켜 보게 한다. 이런 작품은 아동의 지각을 이해하는 데 도움을 주고, 잘못된 이해를 교정시켜 주고, 두려움을 감소시키는 데 도움이 되는 정보를 제공하는 놀이가 된다.
- 대부분 아동들은 죽음을 되돌릴 수 있는 것으로 믿는다. 따라서 죽음의 의미보다는 보호자에게 유기되지 않을까 더 걱정한다. 어린 아동은 신체적 위해에 대한 공포나 온전할까 하는 문제에 몰입해 있다.
- 학령기 아동은 죽음이 영원할 수 있다고 이해하기도 하지만, 종종 질병 혹은 죽음을 처벌로 해석한다.
- 좀 더 나이 든 아동은 죽음을 좀 더 세부적으로 이해하지만, 대부분 정복할 수 없는 것이라고 믿는다.
- 질병과 치료과정을 겪으면서 아동은 정서적으로 성숙하게 되고, 또래 수준과는 상당히 다른 감정을 가지게 된다.

청소년에 대한 의견

청소년의 발달 단계 특징 때문에 10대 환자들이 미술치료에 관여하기 싫어할 수도 있다. 혈액투석을 받는 청소년 환자에 대한 연구에서, 소아과 의사이면서 미술치료사인 Ruth Luninbuehl-Oelhafen(2009)은 "환자 스스로 결정을 내리고 압박을 느끼는 환경에서 자유로움을 찾아내고 개발하게끔 미술치료가 환자에게 통제 가능한 환경인 안식처가 될 수 있는지"를 연구하였다(p. ix). 병원 및 많은 소아과 의원의 장식, 가구, 일반적 인상 등을 어린 아동에게 맞추었다. 병원에서 치료받는 청소년은 미술치료가 단지 유아에게만 도움이 된다고 추측한다. 지속적이고 꾸준한 헌신으로, 의료적 미술치료가 청소년을 의미 있는 창의적 작업에 관여시킬 수 있다. 청소년의 자율성을 존중하고, 지지하고, 관심을 보이는 것은 의미 있는 관여를 이끌어 내는 초석이다.

내담자 중심을 지속하는 것이 청소년 치료에 특히 중요하다. 치료가 의미 있으려면, 목표는 환자 중심으로 해야 한다. 의료상황에서 치료사는 대부분 치료과정을 주도하게 된다. 미술치료는 병원 밖 세상과 연결시키는 창문 역할을 하고 또 청소년 환자의 목소리를 가족 및 의료팀에 전달하는 소중한 방법이 된다.

미술평정

미술치료사는 미술을 통하여 성격을 평가하는 많은 방법을 개발하였다. 대부분은 정신병 증상을 밝히는 데 목적이 있다. 대부분 환자들은 정신질환을 갖고 있지 않기 때문에, 전통적인 평정은 이런 단서를 놓칠 수 있다. 의료상황에서 목적은 대개 환자의 강점, 대응기제, 회복력의 질을 발견하는 것이다. 의료환경의 제한점, 특히 오랜 시간 사적 공간을 가지기 어려운 점 때문에 미술로 평가를 내리기가 어렵다.

의료적 치료의 응급성은 환자를 자세한 미술 그림으로 평가하기 어렵게 하지만, 미술치료사는 아동의 작품과 행동을 지속적으로 평가할 수 있다. 종종 아픈 아동 또는 부모들은 공식적인 평가나 심리치료에 저항하기 때문에 삶을 위협하는 질병에 대처하는 방식을 측정할 수 없다고 해석하기도 한다. 치료환경의 한 부분으로 아동과 가족을 치료하는 것은 동맹을 맺고 지지를 제공하는 비위협적인 기회를 제공할 수 있다.

만일 아동이 이상한 행동문제 또는 진단 및 치료과정에 극도의 정서반응을 보인다면, 미술에 기초한 평가가 팀원들에게 환자를 더 잘 이해하게끔 해 준다.

다음의 한 가지 그림과제는 유용한 정보를 빨리 제공할 수 있다.

- 사과나무에서 과일을 따는 사람(Person Picking an Apple from a Tree: PPAT)그림(Gantt, 1990; Lowenfeld & Lambert-Brittain, 1975)은 대응능력과 잠재자원을 평가하는 데 유용하다. 이 그림은 아동에게 누가 문제를 해결하는 것—나무에서 사과를 따는 것—을 묘사해 보라고 지시하고, 실제 생활에서 장애물을 만났을 때 아동이 어떤 방략을 택하는지 표현하게 한다.
- 한 장소와 다른 장소를 연결하는 다리 그림과 다리 위에 자신을 표현하게 하는 것은 현재와 미래에 대한 환자의 지각을 엿볼 수 있다(Hays & Lyons, 1981). 이런 과제는 삶을 위협하는 질병에 직면한 환자에게 중요한 의문을 제기하는 것이며, 오랜 시간 입원 후에 집으로 가는 전환 시점의 감정을 엿볼 수 있다. 나는 아동 암 생존자에게 사용한 Hays Bridge의 '암 연결다리(cancer bridge)' 프로그램을 수정하여 사용했다. 암 진단 및 치료 시점부터 미래까지 연결되는 다리를 그리라고 지시하고, 또 네가 다리 어느 위치에 있는지를 가리키게 시킨다. 이 지시는 아동에게 암 경험을 통합시키고 암을 극복하고 미래로 나아가는 진행을 도식하게끔 돕는다.

이 두 그림 과제는 완전한 성격검사가 아니라, 생활경험에 대한 은유적 표현을 격려하는 방법이다. 이 방법은 일반적으로 내담자가 5세 이상이어야 하고 식별되는 표현을 할 수 있는 환자에게 적용될 수 있다.

미술작품의 발전을 이해하는 것은 아동을 다루는 모든 치료사의 필수 과업이다. 치료사는 아동의 미술작품으로 발달 단계를 구분할 수 있어야 하고, 가능한 병리현상, 즉 정서적 문제부터 기질적 문제까지를 찾아내는 능력이 중요하다. 아동의 미술발달을 평가하는 공식적 기준은 없지만, 치료사는 『그림세계에 대한 아동의 작품(*The Child's Creation of a Pictorial World*)』(Golomb, 2003)이라는 책에 친숙해져야 한다. 이 책은 Lowenfeld와 Lambert-Brittain(1975)의 저서 『창의성과 정신적 성장(*Creative and Mental Growth*)』이나

Gardner(1980)의 저서 『미술적 의미의 난화: 아동 그림의 의미(*Artful Scribbles: The Significance of Children's Drawings*)』가 있는데, 아동발달과 미술에 관한 중요한 책이다. 자발적 그림으로도 미술치료사가 환자의 강점, 기술 그리고 이해 수준을 파악할 수 있다. 특히 아동이 자신의 작품을 치료사와 토론할 때 더욱 잘 파악할 수 있다.

미술을 활용하여 병원 환자를 평정하는 정확한 방법은 없다. 그러나 치료사가 어떤 훈련을 받았고, 구체적 평가를 해석하는 훈련을 받았는지가 중요하다. 또한 내담자의 그림에 대한 해석과 다면적인 의미를 이해할 수 있어야 한다.

소아과 환자에 대한 미술치료

미술치료 가치 중에 하나는 환자의 강점에 주의를 기울이는 능력이다. 만성 정신장애인을 치료한 미술치료 개척자 Elinor Ulman은 성격평가의 한 부분으로 환자의 강점에 대한 이해를 강조하였다(Ulman & Levy, 1975). 강점을 발견하는 방식을 이해하고 나면, 이제 미술치료는 질병에 대한 슬픔과 외로움에서부터 인간에 대한 이해 및 상호 연결에 의한 즐거움으로 가는 교량역할을 하게 된다.

예를 들어 백혈병을 앓고 있는 7세 여아는 약물치료에서 이상한 반응을 경험하였는데, 즉 반복운동과 반복적인 언어를 수반하는 간질 같은 이상한 행동이 나타났고 특별한 중재를 할 수도 없었다. 그녀의 증상은 예상되는 질병 형태가 아니었기 때문에 치료사에게 평가를 의뢰하였고, 나는 혹시 관심을 얻으려는 의도된 반응 형태인지를 판단하여야만 했다. 미술평가 회기 중에, 그녀는 오페라 무대 중앙에서 입을 크게 벌리고 베르디식 무대의상을 입고 노래 부르는 그림을 그렸다. 그림에 대한 설명은 오페라 가수가 유괴당해서 숲 속에 잡혀 있다고 하였다. 그녀는 가능한 큰 소리로 노래를 불러서 사랑하는 사람이 와서 자신을 구해 줄 것이라고 하였다([그림 16-1]). 이 그림은 내담자의 지속적인 집중, 통합된 구성 그리고 실행능력을 볼 때 인지적 기능이 정상이라는 점을 확신시켜 준다.

[그림 16-1] 7세 백혈병 아동의 그림

무대 중심에 주인공을 그린 것은 주의를 끌려는 행동으로 보이고, 그림에서 강조되는 점은 도움을 외치는 모습인데, 숲 속에 홀로 겁먹은 외로운 모습으로 구조되기를 바라고 있다. 아동이 발작으로 이차 이득(secondary gains)을 얻는지에 관계없이, 아동은 의료진에게 도움을 필요로 한다는 메시지를 시각적 매체로 보낼 수 있었다. 다른 전공 의료팀과의 회의를 통해, 아동의 상태가 특정 약물에 의한 희귀한 부작용으로 진단되었다. 따라서 약물처방을 변경하였고, 부작용도 나타나지 않았다.

행복감의 재구축

미술작품 만들기는 무형 재료로부터 의미를 만들어 내는 독특한 인간행위인데, 입원환자들의 행복을 재구축해 주는 강력한 도구다. 능숙한 치료사의 도움으로 익숙한 미술재료를 제공받게 되면 환자 자신이 아직도 멋진 일을 할 수 있다는 것을 재확신하게 된다. Edith Kramer(1979)는 미술과정의 본질적인 힘이 혼란스러운 마음을 정돈시켜 주는 효과가 있다고 했다. 아동이 아플 경우, 의료 단어를 모르거나 혹은 자신을 돌보는 어른들을 보호해야 한다는 느낌 때문에 언어구사가 줄어든다(Bluebond-Langner, 1978).

의료적 미술치료는 병원, 외래환자, 지지집단 등에게 통합적인 지지 간호서비스로서 매우 효과적이다. 급성 간호 상황이 아닌 경우에는 아동에게 병원 내의 비밀대화가 가능한 곳에서 의료적 경험을 다루는 기회를 제공한다. 외래환자 중에도 암, 혈액장애, 면역장애, 기타 '단골고객' 환자들은 개인 미술치료실에서 만나는 것이 이상적이다. 의료적 미술치료사는 당면한 질병과 슬픔에 대응하는 가족 구성원과 환자를 위한 집단 및 개인치료 회기를 제공한다. 환자 및 가족의 욕구가 너무 다양하기 때문에, 의료상황에서 미술치료는 융통성이 높은 임상가를 필요로 한다.

미술치료를 치료 장면에서 실시할 때, 즉석에서 지지를 위한 기회를 제공한다. 워싱턴 D.C.의 국립아동의료센터에서 Catherine Rubin의 사례는 미술치료 프로그램의 활용을 보여 주고 있다.

> 4세 여아는 곧 있을 혈액 채취와 그런 경험에서 느낀 고통으로 매우 침울해했다. 미술치료사는 내담자와 함께 종이에 괴짜 같은 눈과 파이프 청소용구를 첨가한 커다란 '무서운 괴물'을 만들었다. 내담자는 괴물이 된 것처럼 큰 소리로 으르렁거렸고, 미술치료사가 그 무시무시한 괴물에게 공포를 느끼는 것처럼 행동하였다. 미술치료사가 피를 뽑을 때 자신을 지켜 주도록 그 괴물을 가지고 가자고 제안하였다. 그 괴물을 가지고 내담자는 미술실에서 병원 실험실로 쉽게 갈 수 있었다. 내담자는 심지어 혈액전문의사도 무서운 괴물이라고 말했다. 내담자는 그 괴물이 피를 뽑을 때에도 너무 아프지 않게 해 줄 것이라고 치료사에게 말했다(Council et al., 2009: 204).

증상 완화와 대응절차

중환자들이 통증에 대응하고, 증상에 대해 설명을 듣고 또 위로받을 수 있도록 꼼꼼하게 신경 써야 한다. 통증은 신체적 고통, 지각 그리고 설명 등이 복잡하게 상호작용하여 나타난다. 환자의 통증이 중요한 진단적 단서가 되는 경우가 많다. 암, 백혈병, 기타 혈액성 질환, 자율면역장애 같은 만성질환자는 치료를 필요로 하는 급성통증일 뿐 아니라 일생 감수해야 할 만성통증이 되기도 한다. 미술치료는 의학적으로 완치되지 않는 통증에 대응하기 위해 환자와 함께 사전 대책을 마련하는 것이다.

어떤 연구팀은 의학적 절차와 치료와 연관된 통증이 10대 암환자에게 가장 일반적인 고통이라고 했다(Hedstrom, Haglund, Skolin, & von Essen, 2003). 시카고에서 미술치료사로 일하는 Nancy Nainis(2006)는 성인 암환자와 실험집단을 비교 · 연구하면서, 1회기를 기본으로 적용한 치료(원하면 더 많은 회기도 가능)로도 통증을 포함한 여러 증상을 완화시킬 수 있었다고 했다.

만성통증 환자는 종종 의료진도 어쩔 수 없는 고통을 갖고 있다고 느낄 때, 외로움을 느끼게 된다. 신체 부위에 통증을 표시하거나 통증을 상징하는 이미지를 만들어 보거나, 스스로 통증 정도를 매겨 보는 기법 등은 자신의 고통과 소통하도록 해 준다. 개인의 경험을 시각화하고 또 그것을 재활 팀원과 토론하는 것이 약을 먹어도 증상이 줄어들지 않는 좌절감을 완화시켜 준다.

창의적 과업은 환자들이 고통을 이야기하고, 고통을 심화시키는 생활사건에 통찰을 갖고, 긴장을 낮추고, 통증에 대처하는 기법을 찾도록 도와준다. 분노와 공격성은 상처 및 고통 그리고 수술 등에 대한 정상적인 반응이다. 아동의 인지발달 수준에 따라 치료의 목적과 힘든 치료절차의 의미를 이해시킬 틀을 구성한다. 미술치료는 힘든 치료과정을 이해할 수 없는 환자에게 자기를 조절하는 방식과 표현할 수 있는 출구를 제공한다.

다음 사례는 워싱턴 D.C.의 국립아동의료센터에서 Kathleen Barron이 치료한 것인데, 힘든 치료절차를 마친 후 아동에게 정서통제력을 재형성시켜 주기 위해 미술치료를 적용한 것이다. 겸상적혈구증(sickle cell disease)을 앓고 있는 6세 여아는 연약한 정맥 때문에 수회의 고통스런 채혈시도를 당했다. 아이가 매우 무서워했기 때문에 내담자의 아버지가 미술치료실로 데리고 왔으며, 뭔가 '즐거운 활동' 이 필요하다고 말했다. 처음 왔을 때, 다른 아이의 작품에 다가가서, 그 위에 난폭하게 색칠을 더했다. 다음에 옆으로 비켜서서, 조용히 손을 씻고서, 작업복을 입고는 미술재료를 모았다. 자신의 그림을 만들다가 이내 마음이 바뀌었다. 웃음을 짓다가 또 막 어떤 동작을 하였다. 다음에 아버지가 아이에게 '아픈 곳' 을 물어보니, "나는 전혀 느낄 수 없어." 라고 대답했다. 아이의 공격적 충동을 제한하고 또 아이에게 작품을 만들 공간을 구조화시켰더니 자신이 두렵고 고통스럽다고 느꼈던 상황에서 차츰 통제감을 갖게 되었다. 이제 긴장이 이완되고 창의적 작품과정에 진입하면서, 미술치료를 하면서 공격성을 방출하고 자기방어를 재구축하게 되었다.

Klosky 등(2007)은 방사선 치료를 받는 소아 암환자의 스트레스를 검사하였다. 그들은 다음과 같이 보고하였다.

> 연구 결과에 의하면 소아 암환자가 방사선 치료를 받으면서 경험하는 고통으로는 누구나 예외 없이 일정한 통증도 있고 변경 가능한 것도 있다. 학령기 전 또는 초등 저학년 아동들에게 발달에 맞게 적절한 중재를 하면 이런 변인을 분명히 다룰 수 있다. 더구나 아동에게 대응절차(즉 영상으로 만든 모델링, 주의 흩뜨리기, 교육 등)를 증진시키기 위해 경험적으로 입증된 전략을 조합하는 것이 성공적인 결과(고통 및 진정제 사용률을 낮춤)를 극대화하는 데 필요하다(p. 8).

이들의 발견은 의료지원 체계로서 미술치료의 활용을 시사하는 것이다.

희망 만들기

Snyder 등(1997)은 "희망적으로 생각하는 아동은 신체 질병을 성공적으로 치료할 수 있다는 목표를 상상하고 또 마음에 품고 있으며…… 건강문제를 가진 아동은 새로운 목표에 초점을 맞출 필요가 있고, 대안을 찾아야 하며, 치료식이요법을 시작하고 지속할 수 있는 정신에너지를 부양시켜야 한다."라고 했다(pp. 400-401). 미술작품은 편안하게 자신을 표현하는 수단이다. 처음에 갈겨쓰기 혹은 선 그리기로 시작할 수 있고, 무엇을 포함할지, 언제 작업을 마칠지, 그것이 무엇을 의미하는지에 대한 결정은 치료사의 책무다. 특히 신체 질병을 가진 아동에게 미술치료는 작품을 만드는 과정에서 희망을 갖게 한다. 아동과 치료사는 함께 재료를 선택하고, 목표를 수립하며, 작품을 완성할 방법을 계획한다. 완성된 작품은 아픈 아동이 굉장한 일을 성취했다는 실증적 증거가 된다. 이러한 성취는 아동을 질병의 수동적 희생자에서 회복 의지를 가진 능동적 동료로 변화시키는 데 도움을 준다.

공동체 조성

중병의 경험은 환자를 가정 및 지역사회 공동체로부터 분리시키는 결과를 초래한다.

병원의 일상은 규칙적인 학교생활이나 운동 리듬을 대신하게 되고, 병원 담당자와 다른 환자들은 잠시 친구로서 또는 교사로서 역할을 하게 된다. 치료 장면에서 미술작품 만들기는 병원 바깥 생활과 연결되는 문이 되는데, 환자와 가족이 함께 참여할 때 새로운 공동체가 만들어지는 셈이다. 병원 장면에 근무하는 미술치료사는 강력한 치료도구로 이런 공동체 의식을 심어 주는 것이다. 공통의 주제로 함께 작품을 만드는 것은 목적의식과 협동심을 조성해 준다. 링거 주사를 다 맞을 때까지 또는 검사결과를 기다리는 시간이 흥미롭게 되고 몰입하게 된다.

조지타운 대학병원의 Lombardi 암센터에 환자, 가족, 의료진 등은 여러 집단을 만들었다. 2006년에는 '나는 날 수 있다고 믿는다.' 라는 문구가 들어간 비단 굴렁쇠 모빌(a silk hoop mobile)을 만들어 암센터 천장에 걸어 두었다. 2002년 시 전역의 미술전시를 목적으로 '파티 동물' 이란 주제하에 가족들이 '코끼리 지혜' 라는 작품을 함께 만들었다. 코끼리 조각상은 손으로 만든 모자이크 타일을 덧붙였는데, 각 타일에는 각자가 원하는 내용을 새겨 넣었다. 전시를 마치고 병원으로 가져온 다음에, 조각상은 병원 공동체의 희망과 치료의 상징물로 사랑받게 되었다. 비록 모든 것이 불확실한 상태이지만

[그림 16-2] 코끼리 지혜, 시 전역 설치미술

어떤 것을 소망하는 용기는 더 깊은 자아와 연결되는 강력한 힘이 된다([그림 16-2]).

숙달감 획득

의료적 미술치료는 아동이 고통스러운 사건을 극복하고 숙달감을 갖도록 도와준다. 치료가 효과적으로 진행될 때, 의료팀은 질병 및 치료과정에 대한 아동의 충격을 이해하게 된다. 국립아동외상스트레스협회에 따르면(2009), 소아 질병이나 상처 경험은 잠재적으로 외상이 된다. 아동과 부모는 엄청난 진단과 이후 치료과정에 대해 두려워하고, 무기력해지고, 유약해진다. 많은 아동과 부모는 외상 스트레스 증후군을 경험하고 일부는 상당히 심각하고 지속되는 증상을 보이게 된다. 암을 극복한 생존자와 부모들에게서 외상 후 스트레스 장애가 증가하고 있음을 보고하였고, 특히 발달이행기 아동인 경우는 더욱 심했다(Rourke, Stuber, Hobbie, & Kazak, 1999). 이 장애의 특징은 사건의 재경험, 회피 그리고 자기 신체의 통합성과 사랑하는 사람을 위협했던 치료 장면을 떠올리면서 야기되는 각성반응 등을 보인다는 점이다(American Psychiatric Association, 1994). 지지적 중재는, 치료 중이나 후에, 치료과정의 외상 충격을 감소시키고 환자들이 그들의 경험을 더 잘 통합하도록 도와준다고 했다. 미술작품 만들기 같은 능동적이고 비언어적이며 구체적인 과정은 지금 이 순간에 감각자각에 집중하도록 격려함으로써 환자들을 돕는 기초가 된다. 의료적 미술치료는 환자가 병원에서 치료되도록 돕는 창의성과 안전함의 오아시스를 제공하는 것이다.

Valerie Appleton(2001)은 심각한 화상을 당한 아동에게 적용할 수 있는 외상을 다루는 이론을 개발하였다. 그녀는 4단계를 제안하였는데, 각 단계는 구체적인 심리사회적 문제, 미술적 주제, 그림양상을 특징적으로 분석한다. Lee(1970)는 그녀의 모델에 근거하여 외상에 대한 정서 반응을 확인하였지만, Appleton은 다음과 같은 미술치료 목표를 포함한다고 설명하고 있다.

- 1단계: 충격(Impact): 지속성 형성
- 2단계: 회피(retreat): 치료동맹 형성
- 3단계: 인정(Acknowledge): 숙달감을 통하여 고립 및 사회적 결점을 극복

– 4단계: 재구성(Reconstruction): 의미 추구

이러한 치료 구조로, 미술치료사는 내담자의 그림 메시지의 중요성을 더 잘 이해할 수 있고, 외상 때문에 변화된 삶의 환경에 적응해 가는 과정을 평가하게 된다.

외상 경험의 통합을 증진시키는 데 목표를 둔 장기치료계획에서, Chapman, Morabito, Ladakakos, Schrier, 그리고 Knudson(2001)은 종합병원에서 치료 중인 아동의 PTSD 증상을 감소시킬 목적으로 미술치료를 연구하였다. Chapman 등의 절차는 '의료적 외상인 구체적 사건에 대해, 아동이 외상 사건을 인지적으로 이해하고, 순차적으로 말을 하도록 아동에게 기회를 제공하여, 다음 치료단계를 이해하고, 병원으로 이동하고, 응급처치를 받도록 하여, 입원치료와 식이요법, 병실 적응을 돕는 구체적 사안들' 로 구성되어 있다.

대뇌가 어떻게 작동하는지에 관한 과학적 연구는 사고, 기억, 문제해결, 정서, 표현 같은 다차원적 인지과정을 더 잘 이해하게 도와주었다. 신경생물학의 최근 연구는 기억은 적극적이고 구성적인 과정이라고 밝혔는데, 즉 "마음은 끊임없이 과거 느낌을 재구성하고 또 과거 느낌에 새로운 정보를 첨가한다." 라고 주장했다(van der Kolk, 2002: 2). 미술치료는 비언어적인 상징적 이미지 영역을 잡아 내고(Haas-Cohen, 2008), 비언어적 차원의 경험을 통합시키는 것을 돕는다. 외상은 인지처리가 중단되고 또 어떤 사건이 장기기억으로 완전히 동화되지 않을 때 발생한다. 외상 치료에서 중요한 사건은 언어적이지 않으므로, 그 사건에 대한 비언어적인 기억, 즉 감각 및 정서적 요소가 더 중요하다.

Talwar(2007)는 PTSD 치료를 위해 양면적인 미술치료 계획표를 발전시켰다. 이것은 Michelle Cassou(2001)의 직관적인 색칠과정과 양측 대뇌기능이론을 융합한 것이다. Talwar의 계획표는 먼저 내담자에게 우세한 손으로 색칠하게 한 다음에 다른 손으로 색칠하게 하는데, 즉 힘든 재료(외상으로 인해)를 좌뇌-우뇌(오른손-왼손으로)로 왔다 갔다 하면서 체험시키는 것이 목적이다. 이것은 외상 사건을 익숙하게 경험한 방식에 불균형 및 인지적 갈등을 불러일으키게 하는데, 즉 내담자가 비언어적 수단으로 힘든 기억을 처리하고, 그것의 원래 힘을 낮추고, 숙달감을 조성하는 것이다. Talwar의 모델이 성인 대상으로 사용하도록 개발되었지만, 소아 미술치료사도 이런 요소들을 응용할 수 있을 것이다. 화폭에 일련의 자유그림을 그려 내면서 '손을 교환하는 것' 은 인지 부조화로 인한

장난스러운 요소(즉 잘 쓰지 않는 손인 경우는 어눌하게 느리게 될 것이므로)를 미술치료 회기에 접목하는 것이 되며, 새롭거나 기대치 않았던 생각들이 표현될 수 있다. '나비 포옹' 이나 드럼 치기 같은 자기위로 도구는 나비처럼 팔을 쭉 뻗어 팔을 교차하거나 자기 어깨를 두드리는 것을 말하는데, 양측 자극을 통해 자기위로를 유도하고 또 고통에 처한 아동에게 쉽게 가르칠 수 있는 기법이다. 미술치료 회기 동안에 힘든 경험이 미술로 설명되고, 힘든 감정에 익숙해지기 위한 단계로 발전하게 된다.

의학의 발전

한때 치명적인 장애나 많은 질병이 이제는 조직 이식술이나 정밀 수술기법으로 치료 가능하게 되었다. 이런 절차들은 장기간의 보호조치가 필요하고, 치료에도 수개월 그리고 심지어 수년이 걸린다. 의료적 치료는 이런 어린 환자의 삶에 필연적인 강압으로 작용된다.

암 치료를 받은 7세 아동이 감염 위험성 때문에 다른 환자와 수개월간 격리되어 있어야 했다. 정상 면역기능을 가진 경우 감염 위험이 없지만, 입원환자들에게는 매우 위협적인 것이었다. 아동은 학교도 다니지 못하고, 영화관, 운동시설, 기타 공동 활동에 참여하지 못하였기 때문에, 병원 밖의 생활에서도 상당한 상실감을 느꼈다.

미술치료사는 전염 없이 안전하게 치료할 수 있는 방식을 개발하였지만, 격리기간 동안은 미술활동을 줄였다. 감염 위험에서 해방되고 미술치료 활동에 다시 참가하였을 때, 아동의 첫 번째 미술작품은 에스키모인의 가옥인 이글루(igloo)를 점토로 조각하여 만든 것이었고, 그 밖에 강아지와 음식 그리고 자신을 따뜻하게 해 주는 불을 만들었다([그림 16-3]). 그리고 설명하기를, "그는 필요한 모든 것을 가지고 있지만 사람은 없어요."라고 했다. 이 작품은 오랜 시간 격리된 자신의 경험을 자세하게 반영하고 있다.

나의 경험으로는 다른 환자들의 경우에는, 불안을 불러일으키는 기계장비, 즉 진단용 스캔 장비나 방사선 치료 모습을 그렸다. 이런 절차는 치료기간 동안 격리시켜야 하고 치료과정도 볼 수 없고 느낄 수 없기 때문에, 아동을 특별히 어렵게 한다. 치료 장면, 사용된 기계장비 그리고 자신이 치료를 받는 모습을 그리는 것은 병원의 경험을 다시 돌이켜 보는 기회를 제공하고 치료사와 내담자가 치료과정을 공유하면서 숙달하게 해 준다.

[그림 16-3] 아동의 이글루 점토 작품

[그림 16-4] 마스크 작품의 기초로 사용된 플라스틱 철사 방사선 마스크

아동들은 또한 의료장비를 미술작품으로 변형시켜 봄으로써 이득을 얻을 수 있다. 의료장비를 우연히 만들어 냄으로써 아동은 병원에서 통제감을 더 크게 느낄 수 있다. 플라스틱 철사 방사선 마스크가 미술작품의 기본으로 활용될 수도 있는데, 즉 방사선 치료 시에 자기 머리를 감쌌던 플라스틱 철사를 활용하여 자아상징, 아름다움, 힘, 동화 속 상

상물을 만들도록 도와준다.

심-신 의학과 미술치료

지난 30년간 신체적 웰빙과 정서상태 간의 관계가 강조되어 왔다. 국립건강연구소 산하의 국립보완 및 대체의학센터(National Center for Complementary and Alternative Medicine: NCCAM)는 심-신 의학을 신체기능과 증상에 영향을 끼치는 정신능력을 향상시키는 다양한 기법을 활용하는 것이라고 설명하고 있다. NCCAM의 임무는 활발한 과학적 연구를 통해서, 보완 및 대체의료기술의 유용성과 안전성 및 건강 증진과 간호를 증대시키는 역할을 밝히는 것이다(NCCAM, 2011). Monti 등(2006)의 연구는 여성 암환자에게 마음챙김 미술치료가 고통을 낮추고 자신의 삶의 질을 더 좋게 지각하게 했다고 밝혔다. 증거에 기반을 둔 미술치료의 시대에, 입증된 연구 결과는 이 분야의 발전에 기여할 것이다.

은유적 표현

아동의 질병은 생활방식이나 심리 내적 발달의 문제와 연관되지는 않았지만, 아동의 미술작품은 직관적인 입장에서 개방적인 생각을 갖게 해 준다. 병원에서 수년간 아동 그림을 수집한 Jung 분석가 Susan Bach(1990)는 질병과정을 이해하는 데 아동의 그림을 분석하고 또 최종적 결과 및 죽음과 죽어 가는 것에 대한 아동의 경험을 예측하는 시스템을 계발하였다. 그녀는 특정 시각적 메시지가 자기 몸 상태와 자기 운명에 관한 '내면의 앎'에서 스며나오는 신체적 치유 혹은 악화 과정을 드러내 준다고 판단했다(p. 185). 이 지표는 상징, 색채, 그림 구성에 대한 재미있는 해석을 제안하고 있으며, 치료사에게 미술표현을 통해 아동의 무의식적 지혜가 표현됨을 생각해 보게 해 준다. 그녀의 연구는 환자에게 직접적으로 활용되기보다는 환아의 미술작품을 해석하는 유용한 지침을 제공하는 것이다.

나의 치료 사례에서 놀라운 경우가 있었는데, 어린 아동이 백혈병을 회복하는 동안 한쪽 다리만 가진 '성난 괴물(anger monster)'을 그렸다. 그 그림에 큰 인상을 받아서 의료진에게 아동의 다리를 검사해 달라고 부탁했다. 그 당시에는 아무 문제도 발견되지 않았으나, 2년 후 소년의 암이 오른쪽 다리 부위, 바로 성난 괴물의 다리가 절단되었다고 그렸던 그 부위에서 재발하였다. 자유그림은 정서적 적응상태뿐 아니라 신체 증상에 대한 그림표현으로 의료 평가에 유용한 정보를 제공해 준다.

뇌종양으로 사망한 9세 남아는 밝은 청색과 오렌지색을 띤 나비 한 마리를 그리고는 '나는 건강하다!'라는 글을 써 넣었다. 나비 그림은 그해 소아 종양 환자 미술전시회에 출품되었지만, 이것은 객관적인 측정과 반대되는 의학적 상태를 반영한 것이었다. 아동의 종양은 쉽게 치료되지 않았지만, 조금씩 자랐으며, 수년 동안 점진적으로 기능을 잠식해 갔다. 아동이 나비를 그렸을 때, 집중치료에도 불구하고 그는 종양이 아직도 자라고 있다는 사실을 알고 있었지만, 그의 미술작품은 자신의 경험을 권위자에게 말하고 있는 셈이다. 자신에 대한 통합된 지각과 자기 신체에 대한 과학적 측정 간의 현저한 대비가 드러났다. 발랄한 성격, 가족의 격려, 미술치료에서 작품은 암과 투병하는 수년간 건강한 자아를 경험하고 확인하게 해 주었다. 이러한 지각은 비록 자신의 인지 및 신체 기능을 상당히 상실했지만, 자존감과 웰빙의 핵심을 유지하게 해 주었다.

가족 스트레스

의학적 질병은 환자와 가족체계에 심각한 스트레스를 주게 된다. 만성질병의 치료는 수년이나 걸리고, 가족 구성원 모두가 적응되어야만 한다. 질병 진단 전에 가족체계의 건강 정도가 아동이 질병에 적응하는 정도를 예언할 수 있다(Ievers, Brown, Lambert, Hsu, & Eckman, 1998). Shudy 등(2006)은 가족에게 중병 환아의 충격에 관한 문헌 검토를 하였다. 그들은 "가족 구성원이 아동 간호에 적극 참여하고 또 직접 정보를 받을 때 대처행동이 향상된다"는 연구를 발표했다(p. 14). 치료팀의 일원으로 참가하는 의료적 미술치료사는 가족들이 의료 정보를 대처하도록 돕고, 의료진들이 다루기 힘든 환자의 욕구를 의료팀에게 제공해야 한다.

의학적인 간호 자체만 평가하는 것은 가족 스트레스를 가중시킨다. 일시적으로 환자를 특별 치료가 가능한 병실로 옮기는 것이 보통이다. 어떤 7세 남아는 이런 상황에서 방어기제가 약하여, 아동이 좌절되거나 통제력을 잃을 때마다 치료를 거부하고 장시간 우는 퇴행을 보였다. 미술치료사와 전 의료팀의 합심으로, 즉 어머니를 지지하여 아동에게 맞는 새로운 전략을 고안해 내는 등, 분노를 느끼고 겁먹은 아동이 자기감정을 표현하고 다루기 위한 더욱 효과적인 전략을 발견하였다. 아동과 아동의 어머니는 치료 동안에 점토로 25cm 정도 되는 화산과 여러 가지 조각을 만들었다. 아동은 화산에 베이킹 소다와 식초를 섞고, 붉은 템페라(tempera) 화법을 이용하여 용암을 묘사하고 그것이 분출하듯이 만들어 자신이 갑자기 퇴원하는 상황을 묘사하였다.

미술작품을 만드는 것도 자신을 돌보는 강력한 요소가 된다. 미술매체는 환자의 이완 정도를 표현하는 수단이 되고, 안전한 장소를 그려서 병실에 붙여 두는 것은 병실을 더욱 안락하게 해 주고, 상상의 여행을 떠나는 단서가 된다. 환아의 부모들은 종종 상당한 스트레스에 처하게 되고, 부모가 미술치료에 참가하는 것이 긴장이완 및 마음을 회복하는 데 도움을 준다. 외래로 치료받는 남아의 어머니가 개방식 미술치료를 받은 다음에, "미술치료가 마치 부엌 탁자에 둘러앉는 것처럼 병원에 오게 만들어요. 이것은 안락하고 정상적으로 느끼게 해 주죠. 나는 다른 엄마들과 이야기하고 내 아들은 스트레스를 덜 느끼는 것 같아요."라고 말했다.

치료 공간에 아동의 작품을 전시하는 것은 자신감, 수용, 안전감을 증대시키고, 또 자신이 온전한 인간으로 알려지고 이해받고 있다고 느끼기 때문에 의료팀과 동맹을 맺도록 촉진해 준다.

치료 후 이행

중병의 치료는 아동이 장기간 학교에 결석하게 만든다. 류머티스성 관절염이나 겸상적혈구증 같은 장기질환은 거의 몇 년을 결석하게 만든다. 길고도 자주 결석하는 것이 또래와의 단절, 괴리, 학교로 돌아가는 것에 대한 저항을 느끼게 해 줄 수도 있다. 미술치료사는 이런 이행과정을 지원할 수 있는데, 아이들이 학교에 결석하는 동안 자신이 경험한 이야기를 학급 친구와 공유할 사진, 스크랩북, 영화, 작품 등을 만들게 한다. 이것은 부모 및 환아 자신도 편안함을 느끼게 해 준다. 이런 것은 또래가 그 병이 친구의 잘못이 아님을 깨닫게 하는 데도 도움이 되고, 자신이 환자로부터 전염되지도 않음을 알게 해 준다. 가끔 학교의 또래에게 자신의 의료상황을 설명해 주는 것도 환자의 치료 경험을 통찰하고 종결시키는 데 도움을 준다(Padden & Masterson, 2009).

미술재료와 전염병 통제

병원에서 얻게 될 감염으로부터 환자를 보호하고 환자들 간 전염을 막는 것이 일반 치료실에서는 고려하지 못할 중요한 의료상황 미술치료의 실제다. 강한 소독약으로 책상, 함께 쓰는 붓, 도구 등을 깨끗이 하는 것이 중요한 예방책이다. 면역기능이 정상인 사람은 점토를 포함한 다양한 재료를 사용해도 된다. 막대기, 나뭇잎, 콩깍지 등 자연물을 가져오는 것은 금지해야 한다. 병원 시설은 치료사에게도 소독일지를 잘 작성하도록 요구한다. 병원 내 소독부서와 잘 협조해서 효과적인 청소방법을 따르고 철저하게 준수하는 것이 중요하다.

특히 환자의 면역이 문제가 되는 상황에서, 미술재료는 제한적이어야 한다. 흐르는 물이나 자연재료(브러시의 나무손잡이 등)도 감염의 근원이 될 수 있다. 나무 대신에 인조 페인트 브러시를 사용하고, 물은 사용 후 반드시 즉시 버려야 하며, 이런 환자에게는 항상 새로운 재료를 제공하고 또 실내복도 반드시 소독해야 한다. 어떤 환자는 다른 환자에게 감염시킬 수 있어서 분리되기도 한다. 미술치료사를 포함한 모든 방문자는 일회용 가운, 장갑, 환자와 작업할 때는 마스크를 사용해야 한다. 이런 경우 미술재료를 소독처리 담당자의 허락 없이 다른 환자에게 사용하면 안 된다. 가능하면 환자 자신만이 해당 재료를 사용하는 것이 가장 이상적이다.

결 론

건강문제에 당면한 아동은 신체적 · 정서적 도전에 직면하게 된다. 그들은 의료 중재를 허용할 만큼 적절한 방어기제로 긴장이완을 해야 하고, 동료 · 학교 · 가정으로부터 오랜 기간 격리되는 것을 참아야 한다. 동시에 치료는 즐거운 것이 아니며 가끔 고통스럽기도 하다는 생각을 수용해야 한다.

미술치료는 생소한 의료환경에서 친숙한 재료를 접할 수 있게 해 주고 시각적 표현이라는 보편적 언어를 사용한다. 미술활동과 민감한 치료사를 통하여, 아픈 아동은 의미와 목적을 가지고 자신이 처한 상황에 반응해 나간다. Judy Rubin(1984)은 자신을 치료하기 위해 창의적인 과정을 사용하는 방법을 찾아내는 아동의 능력에 깊은 신뢰를 갖고 있다. 입원한 아동에게 미술치료를 적용할 때, 스트레스 상황에서 정서적 지지와 연결을 제공할 여러 가지 방법을 찾아준다.

의료상황에서 미술치료는 건강의 중요성을 깨닫게 해 주고, 내담자에게 권한을 느끼게 하여 직관, 창의적 지혜를 발휘할 수 있는 잠재력을 불러일으킨다. 미술표현을 통하여 내부의 힘을 느낄 수 있도록 환자를 돕고 경청하는 것은 미술치료의 근본이다. 의료적 미술치료는 안락함, 도전, 즐거움 등을 느끼게 하여 아동에게 삶을 위협하는 심각한 질병에 대한 느낌을 표현하게 하고 희망을 준다.

청소년 미술치료

청소년은 괴물이 아니다. 그들은 이 세상 성인들 틈바구니에서 어떻게 살아가야 할지를 배우려고 시도하는 그냥 사람일 뿐이고, 스스로 확신을 갖고 있지 못할 뿐이다.
– SATIR(1988: 315–316)

청소년들을 미술치료하면서, Satir(1988)의 문구가 나에게 중요한 지침서가 되고 청소년 경험에 기원한 관점을 갖게 해 주었다. 이 문구는 청소년도 우리가 이 세상을 이해하려고 노력하는 것처럼 공통의 문제로 고민하고 있고, 동시에 의미 있는 영향을 창조해 낸다는 점을 알려 주는 것이다. 불확실한 느낌, 이해 및 인정의 타당성, 삶의 압력과 스트레스 같은 내부 · 외부 영향에 대응하려는 시도 등은 성인도 경험하는 것이고 또한 자신의 청소년기 경험이나 추억으로부터 좋은 것을 기억해 낸다. 정체성과 관련된 문제뿐 아니라 여러 가지 혼란스러운 변화, 감정적 · 신체적 · 인지적 · 사회적 변화는 청소년 경험을 다른 발달 시점의 경험과 다르게 느끼게 한다.

청소년 미술치료사 및 청소년에 관해 저술한 치료사들은 종종 도전적이기도 하지만 보람도 있다(Linesch, 1988; Moon, 1998; Riley, 1999). 청소년 미술치료는 무감동, 반대행동, 저항, 잦은 감정 변화, 권위적 인물과의 갈등 등을 목격하게 될 것이다. 청소년의 의사소통은 놀랄 만큼 강하고 과장된 메시지를 띠고, 또는 충동적으로 강한 감정을 보이기도 한다. 이런 행동과 표현 외에도, 청소년은 아동기에 머물려고 하고 성인이 되어 현대의 복잡한 세상으로 진입하기를 주저한다. 정체성을 찾고 경험을 해 보려는 청소년은 어느 곳에서 어떻게 세상에 적응할지 고민하고 애착과 구조화에 대해 저변에 숨은 그리움이 있다. 사춘기, 또래, 학교 환경, 사회, 대중매체, 청년문화 등이 스트레스로도 작용하고 또 자신들이 직면한 압력을 대처하는 데 관련된다(Klorer, 2009; Potash, 2009; Riley, 1999). 가족 구성과 위기, 정신건강, 외상 경험, 상실 같은 다른 복잡한 문제도 청소년에게 영향을 미친다.

이 장은 청소년기의 독특한 발달, 감정, 치료적 욕구를 지지하기 위한 접근, 문제, 상태 같은 것을 고려할 때, 미술치료의 이점과 활용에 초점을 두고 있다. 미술 중재 및 매체와 관련한 권고사항도 사례와 작품을 통해 소개될 것이다.

청소년과의 미술치료

현장에서 미술치료를 하면서 여러 연령층을 만났지만, 청소년을 치료하는 것이 가장 즐거웠다. 청소년들의 표현, 주장, 지각 등은 거칠고, 검열되지 않고, 피상적이고, 과장되고, 비밀스러운 암호로 되어 있지만, 이들이 제기하는 도전, 이들이 성인을 가르치는 교훈, 미술치료로 어떻게 그들을 도울지를 학습하는 것 등이 아주 흥미로웠다. 청소년 미술치료는 미술표현을 통해 종종 연결수단, 지원, 중요성을 경험함으로써 가치 있는 의미를 제공한다(Moon, 1998).

부모, 사회복지사, 대리기관을 통해 계획을 세운 초기 상담단계에서, 나는 가끔 미리 주의를 듣는데, 즉 치료사에게 반항적으로 행동할 것이라든지 또는 치료에 협조적일지 확실치 않다는 등의 이야기를 듣는다. 내가 경험한 대부분의 청소년들은 매우 까다로웠고 또 종종 외상 경험, 즉 심각한 학대와 방치, 만성적인 상실과 유기, 가정폭력, 사랑하는 사람의 죽음으로 복잡한 슬픔에 처해 있었다. 이런 내담자의 일부는 어린 시절부터 사회서비스를 받아 왔으며, 사회복지사나 치료사의 관리대상이었고, 위탁가정을 여러 번 거쳤고, 또 폭력, 약물남용, 빈곤, 집단 깡패무리에 유혹당하기 쉬운 환경에서 살고 있었다. 많은 청소년은 이미 첫 회기에 감정적 격변, 실망, 괴로움, 상처를 호소하고 또 자신이 왜 그런 처지에 있는지 경계하고, 방어하고, 저항하고, 무감각하게 되고, 또는 치료사의 의도에 의심을 품기도 함을 명심해야 한다.

치료에 참가하는 청소년들은 종종 평가받는 것에 대한 불안, 안전에 대한 공포, 또는

'미친 존재'로 잘못 지각될 것이라는 걱정을 갖고 있다. 청소년의 저항이나 행동표출이 치료사 또는 미술치료 자체에 대한 것이 아니라고 생각해야 한다. 치료라는 새로운 관계에 대해 유기될 수 있다는 생각을 보호하려는 욕구로 이런 반응을 이해하는 것이 치료적 관계를 여는 시작 단계에 아주 중요하다. 청소년들은 미술치료의 중요성을 빨리 평가절하하고 묵살하고 싶어 하는데, 이것은 과거에 스쳐 지나간 어른들과의 이별 및 실망한 상실 경험에 대처하려는 방어, 통제감 획득, 안전 확보 노력의 일환이다. 신뢰 및 라포가 형성되고, 청소년이 치료사 및 작품 만들기 과정에 편안함과 안전을 느끼기 시작할 때, 비로소 미술치료의 의미 있는 진전이 시작된다.

라포 형성 및 치료적 관계의 중요성

미술치료로 얻을 수 있는 자산은 단어만으로는 설명하거나 묘사하지 못하는 내부/외부 경험을 상징적으로 의사소통할 수 있는 작품 만들기에 빠져드는 기회를 제공한다. 청소년을 공감적으로 수용하고, 환영하고, 초대하지만 분명한 한계도 설정하고 또 기대도 갖고 라포를 형성하고 구축하는 것이 필수사항이다. Riley(1999)는 치료관계 초기에 동맹을 맺는 중요한 수단으로 심상의 역할과 미술표현의 중요성을 설명하였다. Riley는 특히 저항적인 청소년을 치료하는 중요한 국면으로 신뢰를 구축하고 진실성과 연결을 촉진하여 관여를 조성하는 미술적 중재를 적절하게 그리고 균형 있게 적용할 것을 강조했다. 이런 고려사항을 잘 조절하면 융통성 있고 수용적 접근을 필요로 하는 흥미로운 도전을 시작할 수 있음을 발견했다. 돌보아 준 사람과 성인에게 유기되고 또 아동복지 기관이나 사회로부터 거절당한 경험을 공유한 많은 청소년을 만나 보았다. 이런 경험들은 결코 가볍게 다루어서는 안 되는데, 왜냐하면 그것들이 대부분 어른들을 불신하게 하고, 진실한 관여를 억압하고, 상처받고 통제를 잃을 수 있다는 두려움으로부터 벽을 쌓게 만들기 때문이다.

첫 회기에 나는 주로 청소년이 스스로 소개하고 또 자신이 누구인지 또 무엇이 중요한지를 소통해 보기 위해서 잡지를 활용한 콜라주로 시작한다([그림 17-1]). 콜라주 재료는 내가 미리 오려서 종류별, 즉 사람 · 장소 · 동물 · 물건 · 글귀 등으로 구분해서 모아 두었다. 다양한 콜라주 재료는 청소년들이 연관된 또 은유적으로 활용할 수 있는 이미지

[그림 17-1] 개인, 가족, 학교생활에 대한 걱정, 관심, 경험에 대한 Brenda의 잡지 콜라주

를 대변하는 것이다. 미리 자른 이미지와 내용물을 제공하는 것이 실제 잡지를 넘겨 가면서 작품을 만들 때 생기는 주의분산 및 주제이탈을 막아 준다. 마크, 컬러펜, 파스텔 같은 그리기 재료도 또한 부가적인 재료 선택을 제공하므로 잡지 콜라주와 함께 사용할 수 있다.

초기에 잡지 콜라주의 선택은 이 매체가 비위협적이고 청소년들이 평안하고 안락하게 느끼기 때문이다. Linesch(1988)는 콜라주 이미지를 보고 풀로 붙이는 과정이 초기에 자신을 많이 드러낼까 봐 걱정하는 불안감을 낮추는 좋은 방법이라고 했다. 초기에 콜라주를 하는 것은 "청소년에게 미술작품이 소통을 공유하는 수단"임을 알려 주는 것이다 (Linesch, 1988: 47). 콜라주에 대해 어떤 청소년들은 개인 관심과 선호하는 활동을 공유하지만, 어떤 이는 치료사에 대해 알고 싶어 하는 문제 또는 자신이 관심 있어 하는 경험, 상황, 감정, 기억, 사회적 지원을 확인하려고 한다. [그림 17-1]은 개인미술치료 첫 회기에 15세 여아인 Brenda(가명)가 만든 잡지 콜라주다. 미술표현은 Brenda의 걱정, 관심, 생각 또 지금까지 자신에게 영향을 미친 개인, 가족, 학교 경험에 대한 감정을 담고 있다. 이 첫 이미지는 내담자의 현재 경험에 대한 많은 단서를 제공해 주고, 자신이 선택한 이미지와 단어를 통해 이야기 꾸미기를 할 수 있는 기회를 제공하고, 미술치료 및 치료

적 관계를 맺으려는 내담자의 의지를 엿볼 수 있다.

어떤 경우에는 콜라주가 무감각하거나 공격성, 반사회성, 유치한 또는 신비스러운 메시지를 담은 피상적인 표현이 될 수도 있다. 가끔 청소년들은 거의 관심 없이 또 생각도 하지 않고 사진 이미지를 슬쩍 훑어보고는 "어떤 것도 찾을 수 없군요."라고 말하기도 한다. 하지만 Brenda 같은 내담자는 가능한 이미지를 자세히 보고는 자신을 나타내는 사진을 선택하기도 한다. 이러한 미술 중재는 청소년의 안락감 수준을 파악하는 데 도움이 되는데, 즉 치료적 관계, 자기노출을 빙 둘러서 하려는 자세, 또 생각, 느낌, 경험을 미술로 표현하려는 초기 관심 수준과 관계된 지표를 알 수 있다.

청소년 반응과 창조된 미술표현의 수용과 인식은 치료관계에 필수적인 요소다(Moon, 1998; Riley, 1999). 치료관계의 중요한 국면 동안에 창의적 과정으로 의사소통하려는 노력은 판단 없이 친절하게 인정해 주어야 하고, 지지하고 또 안전하고 존중하는 마음으로 미술표현을 다루고 보호해 주는 마음을 전달해야 한다. 나는 종종 내담자의 '미술 접책(art folder)'을 제작하게 하거나 또는 치료 경험의 중요성과 특별한 의미를 부각시키기 위해 첫 회기에 포토폴리오를 만들기도 한다. 이런 행동은 내담자에게 치료하는 동안 자기표현과 작품은 조심스럽게 다루어지며 또 비밀이 보장된다는 신호를 보내는 역할을 한다. 이런 환경 조성 노력이 부가적인 신뢰, 희망, 또 지속적인 미래 치료관계를 고무시킨다.

발달적 고려사항, 청소년 미술표현과 창의성

청소년의 발달적 고려사항을 분명히 하기 위하여, 나는 Moon(1998)이 설명한 것과 같은 단계를 채택했다. 청소년 초기는 10세에 시작하고, 청소년 중반은 14세 무렵이고, 청소년 후반은 18~20세다. 이 기간 동안, 여러 가지 중요한 고려사항이 있는데, 이것은 인지적, 신체적, 행동적, 사회적, 정서적으로 10대에게 영향을 미친다.

- 인지적 고려사항 청소년은 정보를 수집하고 인식하려는 노력을 하고, 이것이 자아, 타인, 주변 세상에 대한 정체성 문제, 지적·실존적·철학적 이해를 제공하는 역할을 한다.

- **신체적 고려사항** 청소년은 아동기에서 성인기로 변화되는 순간에 신체 변화를 겪는데, 이것이 일부 청소년에게는 스트레스적인 이행과정이 될 수도 있다. 호르몬 분비가 시작되면서 신체발달과 성숙과 연관된 변화가 일어나고 외모도 달라진다.
- **행동적 고려사항** 청소년은 인정하기 어렵거나 표현하기 어려운 감정을 행동으로 발산한다. 흔한 행동표출은 사회의 가치와 성인과 권위에 대한 거부와 검증을 하는 것이다.
- **사회적 고려사항** 청소년기 동안, 친구 및 또래관계가 매우 중요한데, '소속' 되고픈 노력이기도 하지만, 동시에 한 개인으로 자신을 정의 내리는 시도를 하게 된다. 청소년의 일반적 사회행동은 가족과의 소원함이고, 더 많은 비밀을 간직하고, 성에 관한 문제에 호기심을 갖는다.
- **정서적 고려사항** 개인의 정체성을 찾고 수립하려는 시도와 인생의 특별한 의미와 목적을 찾으려는 욕구 등이 뒤섞이면서, 감정은 깊어지고 강력한 표현을 하고 또 마치 아무도 이전에 이런 것을 경험하지 않았고 이해할 수 없는 것처럼 느껴지기도 한다.

이러한 발달적 고려사항은 청소년의 창의적 과정 및 미술적 표현에 영향을 미친다. 창의적 표현은 청소년기의 신비로운 생각이나 나르시시즘의 영향으로 자연스러운 현상이지만, 이런 도전들을 균형 잡으려는 시도가 강한 감정, 생각, 또 자신이나 타인, 주변 세상에 대한 미해결된 혼란, 위축행동, 고립감으로 촉진되는 경험 등을 소통하는 데 필요하다. 창의적 표현의 분출과 작품 만들기는 이런 욕구들을 이해하려는 시도이면서 또 분출하기 위한 안전하고 비위협적인 수단이며, 또한 힘든 발달적 이정표를 세우고 또 청소년이 겪는 스트레스에 대처하는 것이다.

미술단계에 관한 Lowenfeld(Lowenfeld & Brittain, 1987)의 설명은 청소년기에 '좋은' 현실적 이미지를 만들려는 발달적 욕구를 갖게 된다. 세밀한 것에 대한 강박, 개인적 상징, 해석, 완벽주의에 대한 영향, 자기자각 증대 등이다. Lowenfeld는 또한 이런 발달기간 동안에 상상력, 창의적 과정, 작품 만들기는 개인의 생각, 개념, 감정의 지지와 격려가 잘 부합된다고 보았다. 자기표현을 위해 미술재료 및 매체로 실험해 보는 기회는 이 발달 연령에서 성장에 도움이 된다. Riley(1999)는 "만일 미술치료사가 청소년들이 숙고한 의미를 존중하면서 표출할 수 있는 과제를 제안하거나 10대들이 관심을 갖는 주관적 문제에 참여하면, 청소년들이 창의성을 쉽게 발휘한다."라고 주장하였다(p. 38). 또한 미술 치료적 접근과 중재는 그리기, 색칠하기, 콜라주, 도예, 조각, 사진 같은 시각적 예술뿐 아니라 드라마, 음악, 춤, 창의적 글쓰기 요소도 포함한다는 점을 명심해야 한다.

청소년 정신건강에서 미술치료의 중요성

Moon(1998)은 청소년 미술치료의 특별한 이점과 역할을 많이 연구했다. 치료에서 종종 보이는 인지적, 행동적, 약리적 접근이 어떤 내담자에게는 제한적이어서, Moon은 "청소년 치료는 지각적, 정서적, 심상적, 사회적, 신체적 또 영적인 요소를 포함" 해야 한다고 주장했다(p. 6). 미술표현은 이 여섯 가지 영역을 포괄하고 있으며, 청소년 미술치료 프로그램에서 이런 요구를 다루고 지속시키기 위한 치료적 작품 만들기와 창의적 활동을 제공하는 것이 중요하다고 하였다. Riley(1999)는 또한 미술치료의 유용성은 언어로 신뢰를 구축하기 어렵고 불편할 때, 청소년에게 이미지를 통하여 강력한 표현의 돌파구를 제공하는 것이라고 했다.

청소년 미술치료가 적용되어야 할 다양한 상황으로는 다음 사항들, 즉 거주형 치료센터, 학교 및 지역 공동체에서 운영하는 프로그램, 외래환자 정신건강센터, 병원, 일시 입원/주간 치료 프로그램, 청소년 교정기관, 쉼터, 감정장애를 전문으로 치료하는 센터와 프로그램, 약물중독, 섭식중독, 성 학대, 가정폭력, 이별, 외상 등을 다루는 치료기관이 필요하다. 청소년 미술치료는 목적에 부합되도록 개인치료, 집단치료, 가족회기로 진행할 수 있다.

거주형 치료에서 청소년 미술치료

미술치료사로서 나의 첫 직장은 심한 정서적 · 행동적 문제를 겪는 청소년들을 임시 입원시켜서 치료를 진행하는 임상기관이었다. 여기서 내가 경험한 많은 청소년들은 가족 및 아동 서비스로서 일시적 또는 영구적인 양육관리를 받아 왔고 또 어린 시절에 유기, 방치, 애착문제, 학대, 외상, 상실을 경험하였다. 거주형 치료 프로그램은 일반적으로 현재 생활여건이 중단되거나(보통 대리 양육자 가정) 또 집중 치료와 구조화된 환경이 필요할 때 시행된다. 미술치료 프로그램은 남자 청소년의 전반적 치료를 부가적으로 다루는데, 즉 임상팀에서 다른 전문가로부터 일차적인 치료를 받고 이관되어 추가적인 치료를 받는다는 의미다. 미술치료는 부가적이고 비언어적인 지지를 하면서 미술과 창의적 표현을 통해 치료목표를 달성하게 된다. 미술치료에 참석하는 것은 청소년 치료의 필수 요소인데, 치료계획에 따르고, 서류를 작성하고, 임상팀에게 90일마다 검토를 받게 된다. 임상팀에는 미술치료사를 포함해서, 상담가, 사회복지사, 정신과 의사, 재활사, 청소년 시설에 근무하는 보모 등이 참가한다.

대부분 개인 미술치료 회기는 점진적으로 집단치료 형태로 진행된다. 청소년들은 개인치료 회기와 1시간씩 8주 동안 집단으로 특별한 치료 주제를 다룬다. 주제는 가령 유기와 상실, 분노 표현과 조절, 자존감 찾기, 감정, 행동, 외상적 스트레스를 다루는 대처기술 강화하기와 같은 것이다. 각 미술치료 집단은 4~6명의 내담자로 구성한다. 청소년 치료를 통해서, 각자는 8주 집단 프로그램에 여러 번 참가하는데, 각각은 설정된 치료목표에 따라 상이한 주제를 다룬다.

이런 상황에서, 개인 및 집단회기는 거주형 치료센터의 미술치료를 위한 공간에서 진행한다. 그 공간은 미술작품과 매체의 보관 및 작품 만들기 공간이 충분히 확보되어 있다. 미술매체 종류는 그리기, 색칠하기, 조각하기, 점토모형기, 인쇄기, 면직물, 콜라주, 혼합 매체, 마스크 만들기 등을 활용한다. 앞서 언급했듯이, 청소년은 첫 회기에 자신의 포토폴리오 접책자를 만들어서 치료 회기에 만든 작품을 보관하게 한다. 거주형 시설에 머무는 기간은 보통 6개월에서 1년이며, 가끔 1년 6개월까지 있기도 하는데, 긴 기간 동안 일정하게 여러 프로그램을 진행할 수 있다. 치료 프로그램을 마치고 나면 많은 남아들은 그룹 홈 또는 독립 거주공간(청소년 후반부 경우)으로 가게 되거나 다른 양육가정(이런 경우는 찾기 어렵지만)으로 간다.

나는 거주형 센터에서 미술치료 서비스가 청소년 치료에 필수적이라고 생각한다. 왜냐하면 미술작품을 만들면서 힘든 경험과 감정을 소통하고 발산하는 방법을 배울 수 있는 특별한 기회가 되기 때문이다. 일부 청소년은 몇 년 후에 다시 나를 찾아와서 미술치료가 아닌 장면에서 자신의 경험을 드러내고 또 처리할 수 있는 안전한 치료적 분출구가 없다고 호소하기도 하였다.

다른 상황에서 청소년 미술치료

나는 사별센터(보호자 사후 무연고자 아동을 보호하는 기관), 노숙자 쉼터, 소년원 프로그램, 가정폭력센터, 학교, 10대 건강센터, 생활기술과 청소년 능력개발을 위한 공동체 운영 프로그램 등에서 청소년들에게 미술치료를 제공하였다. 다양한 상황에서 미술을 통한 치료 중재는 회복력 구축 및 슬픔, 학대, 폭력과 연관된 외상 및 상실경험을 개인치료와 집단치료 형태로 진행한다.

슬픔에 빠진 또는 외상을 경험한 청소년을 치료할 때, 독특한 발달적 고려사항도 명심해야 한다. 자신과 타인의 신념체계를 알아보고, 조사하고, 비판하고 또 외상과 상실경험과 연관된 관점, 즉 경험이 어떻게 청소년의 미래에 영향을 끼치는가에 대한 생각도 다룬다. 당혹감, 분노, 걱정, 외로움과 연관된 감정은 '난 괜찮아', 무감각, 철회, 방어를 불러일으키기 때문에 청소년의 정서경험은 마음속에서 깊은 영향을 미치게 된다. 미술작품을 만들고 창의적 과정에 몰입하는 것이 감각을 자극하는 접근이 되어서 10대의 억눌린 감정을 안전하게 표현하고, 지지하고, 촉발시키게 하며 또 그것의 의미를 깨닫는 단계로 진입하게 해 준다. Malchiodi(1997)는 미술표현이 이런 불안한 에너지를 담아 내고 그것을 질서 있게 변형하고, 통제하고, 새로운 통찰과 자각을 위한 기회를 제공할 수 있음에 주목했다.

어떤 상황에 있는 청소년을 만나든, 치료의 핵심과 의도는 동일하다. 청소년 미술치료에서 초반부는 창의적 자기표현이 분출될 수 있도록 인정하는 분위기를 제공하고 강한 치료관계를 형성해야 한다. 회기를 거치면서 자신의 에너지, 관심, 존재에 대한 자각은 이런 노력에 도움을 준다. 이런 중요한 고려사항이 형성되면, 청소년의 개별적 욕구는 적절한 주제에 따른 중재, 매체, 기법으로 꾸준히 다루어질 수 있다.

청소년 공통 문제와 고려사항

Moon(1998)은 미술치료사가 다루고 이해할 필요가 있는 문제들은 창의적 표현으로 나타나는 청소년의 공통 경험, 즉 "정체성 혼란, 위험행동, 자살, 자기혐오, 강한 분노,

유기에 대한 두려움"과 연관되어 있다고 했다(p. 153). 이 부분에서는 청소년들의 고려 사항을 간단히 알아보고 또 어떻게 미술치료가 이런 주제를 더 깊게 다루고, 탐색하고, 지지할 수 있는 독특한 기회를 제공하는지 살펴보자.

유 기

청소년들은 유기와 연관된 많은 불안과 오해받아서 쫓겨나거나 또는 자신의 애착욕구가 수용되지 않을 것 같은 염려를 갖고 있다. 또한 유기된 주제의 회상은 어린 아동기에 시작된 다양한 상실경험으로 크게 영향을 받는다. 부모의 부재 또는 사망, 가족과 집에서의 분리, 부모 및 양육자를 잃을 두려움, 자신 또는 동생을 돌봐야 하는 걱정 등은 청소년이 다루기가 매우 어렵다. 앞에 논의했던 다른 문제들은 다양한 양육가정, 공동체의 보호시설, 거주형 센터에서 생활 적응에 어려움이 있고 또 애착, 거절, 무시 같은 경험을 좋게 또는 나쁘게 남긴 정신건강 전문가, 사회복지사, 치료사와의 만남에 문제가 있을 수도 있다.

Moon(1998)에 따르면, "유기에 대한 공포는 청소년이 보이는 혼란된 감정 및 다양한 두려움의 뿌리가 되고" 또 이런 강도 때문에 이런 주제의 표현은 종종 상징이나 이미지로 부각된다(p. 167). 미술표현, 창의적 과정, 치료적 관계를 통해서 청소년은 비언어적으로 강하고 깊은 감정을 안전하게 소통할 수 있도록 허용된 경험에 몰입하게 된다. 이런 가운데 관계, 애착, 책임 등의 개념을 느끼게 된다.

Rule-Hoffman(1999), Kaiser(1993), Hayes와 Lyons(1981)가 출간한 교량 그림 및 새둥지 그림은 평가를 하기 위한 것인데, 애착, 유기, 상실에 대한 주제를 밝히는 데 도움이 된다. 교량과 둥지 그림의 이 두 주제는 애착에 대한 연결, 관계, 소통에 관한 내담자의 지각을 흥미롭게 탐색할 수 있다.

분 노

미술작품과 창의적 과정은 청소년의 분노 및 공격성에 대한 건설적인 대체수단이 될 수 있다. 미술치료사가 이런 욕구를 다룰 수 있는 적절한 미술 중재와 재료를 찾아내고 활용하는 것이 쉽지는 않다. 청소년의 격노, 분개, 고통 등은 회기 중에 만든 미술작품으로 그리고 행동적으로 수용받고 다루어져야 하는데, 행동발작을 미술치료사에게 향하게 할 수도 있다. 이런 표현은 개인에게 하지 않게 하는 것이 중요하고 또 청소년의 욕구와 표현을 수용하고, 정당화시키고, 반응할 수 있는 미술치료 공간을 확보해야 한다.

분노를 은유적으로 탐색하고 확인해 보게 하는 작품 지시는 이런 감정과 주제를 다루기 위한 효과적인 치료의 시작방법이다. 색칠하기, 그리기 또는 조각으로 성난 괴물을 만들어 보라는 지시는 안전한 상태에서 분노와 연관된 감정을 지각하고, 관찰하고, 통찰하도록 해 주는 좋은 기회가 된다. 성난 괴물, 괴물의 신체에서 무엇을 느끼는지, 그 괴물이 살아가는 환경, 그리고 살기 위해 필요한 것이 무엇인지를 표현하게 하는 것은 모두 중요한 참조물이 되고, 이것을 더 깊이 있게 탐색해 보기 위해 이미지로 표현하게 한다. 마찬가지로 색칠하기, 그리기, 화산 모방 등은 분노 표출과 조절의 시원한 출구가 된다. 청소년들은 화산 폭발의 촉매자를 설명하고 또 폭발 후에 화산이 '식게' 된다고 말한다. 이런 상징적 은유는 고통스럽고 소통하기 불쾌한 감정을 안전한 공간에서 표출하게 해 준다.

정체성

청소년은 '내가 누구인가?' '나는 어디에 어울리는가?' '어떻게 어울릴 수 있는가?' '나를 나타낼 수 있는 것이 무엇인가?' 같은 질문에 끊임없이 답을 찾는다. 아동기에서 성인기까지 문제들, 개인화 대 동조에 대한 생각들, 사회집단 또는 사회적 영향 등은 자기지각과 성격에 큰 영향을 끼친다. 자기표현을 위해 미술을 활용하는 것과 창의성과 연관된 독특한 발달적 고려사항이 비언어적 소통을 통해 중요하고도 미묘한 개념을 탐색할 바람직한 기회를 제공한다.

자기자각을 촉진하고 또 개인의 가치, 꿈, 소망, 걱정, 믿음, 관계를 학습하고 연습하기 위해 청소년이 목소리를 내도록 하는 미술 중재기법은 정체성을 명료화시키고 확신하게 하는 데 도움을 준다. 다른 페이지에 '나는 존재한다.'라고 쓰는 것은 이미지, 사진, 콜라주, 시 또는 글쓰기를 해 내거나 색칠함으로 '나는 주장한다.'로 활용될 수 있다. 주장들에는 '나는 …… 필요하다.' '나는 …… 소망한다.' '나는 …… 사랑한다.'

'나는 …… 믿는다.' '나는 ……희망한다.' 또는 10대들이 좋아하는 다른 많은 것들을 담을 수 있다. 이런 개념은 다음 방식으로 수정하여 활용하는데, 즉 '나는 존재한다.' 상자를 3차원적으로 만들게 하고, 그 상자 안에 담을 '나는 주장한다.'를 나타내는 무엇을 만들게 한다.

우 울

우울에 빠진 청소년은 미술치료사에게 복잡한 문제를 던져 준다. 미술치료사는 10대들의 정상적인 지루함, 주저함, 감정변화에 따른 표현과 우울증상 및 행동이 다르다는 것을 구분하고 변별시켜 주어야 한다. 급성 우울증과 연관된 만성적이고 확산적인 지표는 자살시도, 자해 행동화, 사전 입원, 지속적인 무기력, 공허, 슬픔 같은 마비된 감정 등이다.

Riley(1999)는 『현대 청소년 미술치료』란 저서에서 청소년 우울증을 하나의 장으로 다루고 또 왜 미술치료가 우울에 빠진 청소년이 좋아하는 치료방식인지를 여섯 가지 항목으로 기술하였다. 우울 청소년을 위한 성공적인 미술치료 항목은 비언어적 소통을 위해 미술을 활용하는 데 편안함을 느끼는 점수를 기반으로 개념과 신념을 강조해야 하고, 이런 과정을 존중하고, 수용하고, 인정하는 미술치료사의 존재(작품에 관심) 및 미술 만들기에 아늑하고 안전한 공간을 제공하는 것이 중요하다. 미술치료 회기의 구조 속에서, 청소년은 새로운 가능성을 시도할 수 있고 또 문제해결, 표현, 위험감수를 격려하는 미술활동에 몰입하게 한다. Riley(1999)는 또한 우울을 "창의성의 반대"(p. 144)라고 설명하였고, 미술치료사에게 우울한 내담자와 조율하여 관심과 강점을 살려서 창의적 활동과 행동을 자극하라고 독려하였다. 이런 노력은 인간 고유의 발달 경향성과 창의적 기능을 다시 살리도록 지원하게 된다.

기법, 중재, 매체

청소년을 치료하면서, 나는 치료의 객관성과 발달적 고려사항을 망라하는 일반적인 미술치료 중재와 매체를 사용해 왔다. 다음에 논의할 각 매체와 중재는 경험에 따라 상황, 집단, 개인별로 수정하면 될 것이며 또 청소년을 치료할 때 '모두 적용되는' 기법으로 생각하면 안 된다. 미술치료에서 다른 집단을 만나서 재료와 매체를 적용할 때, 미술 표현의 기회를 다양하게 선택할 필요가 있다. 미술작품에 창의적 실험과 영감은 전통적인 그림이나 색칠재료에서도 나타나지만, 점토, 마스크 만들기, 모방 작업 그리고 나무, 발포용 고무, 석고 같은 재료를 이용한 조각 등 3차원 미술작업에서도 나타난다.

콜라주

이 장 서두에 기술했듯이, 청소년은 콜라주를 비위협적인 분출구로 생각하므로 그리기를 잘 못한다는 비판의식 및 완벽 욕구와 연관된 압력이나 불안을 느끼지 않으면서 자신을 상징적으로 안전하게 표현한다. 앞에 언급한 잡지 사진 콜라주 매체 외에 다양한 콜라주로 미술 중재를 할 수 있다.

정서표현을 증진시키고 탐색하기 위해, 다양한 감정을 묘사한 종이를 제공하여 자신이 어떤 감정 상태인지를 확인하게 한다. 감정 종류는 분노, 슬픔, 행복, 외로움, 무감동, 죄의식, 걱정 등이다. 다음에 내담자에게 자신이 확인한 감정을 의미하는 색티슈를 선택하게 지시한다. 그 색티슈를 접고 찢어서 감정의 크기에 맞추라고 지시한다. 다음에 페인트 브러시 또는 브러시로 쉽게 바르는 공예 풀(Mod Podge) 같은 매체나 보통 풀을 사용하여, 그 종이를 화폭이나 보드판에 붙이게 하는데, 이것은 선택한 감정을 나타낸 색채를 정렬하는 기회를 제공해 주는 목적이다. 색티슈 콜라주를 활용한 이런 기법은 청소년의 내부/외부 감정 상태를 상징하는 마스크 만들기에 쉽게 적용할 수 있다. [그림 17-1]의 콜라주를 만들었던 Brenda는 치료 초기에 색티슈 콜라주를 만들었는데, 그 당시 분노, 실망, 질투, 후회, 걱정, 불확실성에 기인한 다양하고 힘든 감정을 소통하기 위한 목적으로 실시했다([그림 17-2]). Brenda는 자신이 선택한 감정 및 콜라주를 조심스럽게 구성하고 정렬하면서 이면에 숨어 있는 경험에 대해 자세히 기술할 수 있었다. 새로운 학교에 적응하는 데 불안과 두려움 그리고 미래에 대한 걱정 등이 콜라주를 통해 찾아낸 감정의 일부분을 언어적으로 표현한 것이다.

[그림 17-2] 분노, 실망, 질투, 후회, 걱정, 불확실성에서 시작된 감정을 표현한 Brenda의 색티슈 콜라주

콜라주 기법은 책이나 잡지 만들기 중재와도 잘 부합되는데, 청소년 내담자에게 사용할 수도 있다. Chilton(2007)은 청소년에게 감정 반영을 위한 중재기법으로 책 작업을 시켰는데, 이런 책 작업은 정체성과 책임감과 연관된 문제뿐 아니라 사고 · 감정 · 경험을 상징적으로 탐색해 보는 용기 역할을 한다. 이런 수정된 책 기법은 버려진 오래된 책을 활용하여 새로운 의미와 목적으로 변형시키는데, 콜라주는 이런 과정에 응용할 수 있는 매체 중 하나다.

정서 X-ray

청소년을 치료할 때 규칙적으로 적용하는 중재가 '정서 X-ray' 다. 이 중재는 신체 모양을 미리 22cm×28cm, 31cm×46cm 또는 46cm×61cm 종이 위에 그려서 제공하고 동시에 컬러펜, 마크, 오일 파스텔 또는 워터컬러 같은 색칠 매체를 제공한다. '만일 내가 또는 다른 사람이 X-ray로 신체 내부를 들여다본다면 무엇이 보일 것인지 또 그 안에 숨어 있는 감정이 무엇인지' 에 대해 시각적 이미지를 선, 색깔, 모양으로 나타내 보라고 요구한다. 정서 X-ray는 이런 정서상태에 신체가 어떻게 반응하는지를 느끼게 하는 데 사용되고, 신체 어느 곳에서 그런 감정을 느끼는지를 깨닫게 해 준다. 이런 미술 중재는

미리 그려진 인물을 좌절, 흥분, 공격성, 분노 등과 연관된 강한 감정을 표출하는 용기로 간주하게 해 줌으로써 화난 청소년에게 특히 유용한다. 치료사의 도움으로, 어떻게 정서가 신체에 영향을 미치는지 이해하게 되고, 이를 계기로 이완과 대응에 연관된 개념을 탐색하고 도입하게 유도한다. X-ray 기법은 거주형 치료센터의 남아에게 특히 유용해서 내담자가 분노감정을 쉽게 표현하도록 도와주었는데, 그려 낸 많은 이미지에는 깨지거나 빨리 뛰는 심장, 혈액을 순환시키는 핏줄, 불규칙한 호흡, 팔다리에 긴장된 근육, 의문부호로 감싸거나 혼란스러운 낙서를 담고 있는 대뇌 등이 있다.

David(가명)는 12세 남아인데, 10세 때 아버지가 집의 욕조에 엄마를 익사시킨 사건과 연관된 상실 문제 및 다중 외상 때문에 개인치료로 의뢰되었다. 엄마의 살해 전에, 가족은 군대 기지에서 살았고, 다른 군인가족들처럼 몇 개 주를 옮겨 다녔다. 가정폭력 사건과 알코올 남용이 있었다. David는 점점 더 혼란스러운 환경에 처해졌다. 엄마의 사망 후 할머니가 살고 있는 도시로 갑자기 옮겨졌고, 아버지는 아내 살해 혐의로 재판을 받았다.

David는 새로운 집과 학교에 적응하기 위해 노력하고 양친의 상실로 심한 외상을 받았다. David가 보인 중요한 문제 가운데 일부는 자살 생각, 아버지가 찾아와서 때리는

[그림 17-3] 엄마의 죽음, 아버지의 투옥과 연관된 감정을 묘사한 David의 X-ray 이미지

악몽, 집중 곤란, 심각한 위축 등이었다. 치료 회기 중에는 무력감, 슬픔, 분노, 공포, 죄의식 등을 미술로 표현한 것이 많았다. 자기 경험을 말로만 표현하는 것은 너무 어려웠고, 미술작품이 숨겨진 힘든 감정을 확인하고 소통하도록 해 주었다. [그림 17-3]은 엄마의 죽음, 아버지의 투옥, 현재 당면한 많은 생활사건을 표현한 정서 X-ray 이미지다. 내담자는 엄마의 폭력적 죽음에 대한 자신의 고통과 슬픔을 항상 자신에게 붙어 있는 '비 내리는 구름'으로 설명했고, 그것을 그림 안에 표현했다. 내담자는 아버지의 행동, 자신의 현재 생활 그리고 이미지를 통해서 불확실성, 불안, 무력함을 느끼는 부위에 대해 분노와 혼란을 표현했다.

가면 만들기

저자가 청소년에게 자주 쓰는 기법 중 하나가 가면 만들기(mask making)다. 가면 만들기는 좋아하는 3차원 형태로 자기자각, 정체성, 감정과 연관된 내부/외부 개념을 탐색할 기회를 제공한다. '타인에게 보여 주어서 편한 느낌'을 가면 바깥에, 또 '드러내면 안전하지 않거나 숨겨 두고 싶은 감정'을 내부에 만들도록 격려하면서 시작한다. Sanders-Martin(2008)은 사고 생존자인 입원 청소년에게 적용하고서, "가면의 내부/외부를 이미지로 꾸며 보고서 내담자가 타인에게 표현되는 것과 내부에 있는 것을 분리할 수 있었다."라고 했다(p. 126). 이런 과정은 내면의 감정과 자신이 어떻게 행동으로 상대방에게 보여지는지를 연결지어서 부가적으로 자각하고 이해를 촉진시킨다. 가면 만들기는 청소년의 정체성 문제를, 또 타인이 그것을 어떻게 보는지 자각할 수 있게 해 주는 좋은 방법이다. 대화로만 감정 및 정체성과 연결된 주제를 탐색하는 것은 청소년에게 매우 어렵고 또 위협으로 느끼기도 한다. 가면 만들기는 10대에게 치료에서 다룰 내부/외부 내용을 다룰 수 있는 필수적인 통제력을 제공해 준다.

[그림 17-4]는 개인의 '양면'을 보여 주는 어떤 청소년의 가면이다. 가면 만들기가 어떻게 자아에 대한 지각 및 각종 감정상태를 탐색하고 표현하게 도와주는지를 보여 주고 있다. 가면 왼쪽은 역동적인 브러시 스트로크로 초록색, 주황색, 흰색, 검은색 아크릴 페인트로 자신의 슬픔과 분노를 상징적으로 표현한 것이다. 오른쪽은 일차적으로 빨간색으로 다양한 에너지를 표현했고 또 쉽게 냉담해지고, 위축되고, 단절되는 자신의 모습을

[그림 17-4] 여자 청소년의 자아에 대한 지각과 감정상태를 표현한 가면. 왼쪽은 10대의 슬픔과 분노를, 오른쪽은 무감각과 이탈을 표현했다.

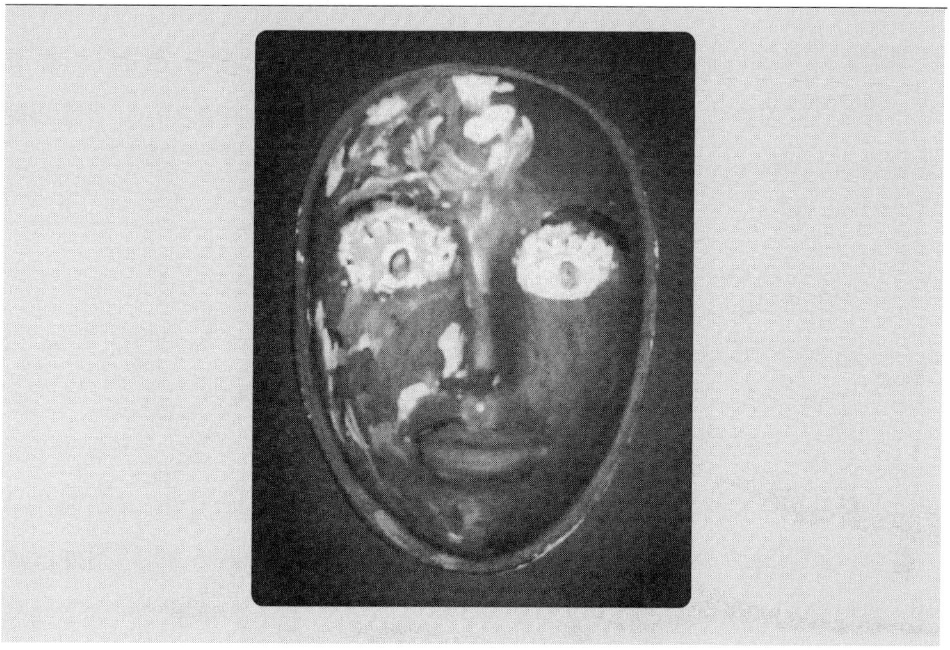

표현하였다.

가면 그 자체는 틀을 이용하여 풀을 먹인 회반죽 천(gauze) 등을 미술재료로 사용하거나 또는 조심스럽게 실제 청소년 얼굴을 본뜨거나 또는 가면 틀에 종이를 붙여 만들거나, 제지용 펄프, 스티로폼, 플라스틱 등으로 미리 만든 가면을 사용하면 되는데, 그다음에 여러 재료로 색칠하고, 콜라주하고, 장식하게 한다.

디지털 응용과 기법

청소년을 미술치료할 때, 컴퓨터나 디지털 장비를 적용하는 것이 효과적이다. 나는 전통적인 미술재료로 표현하기를 거부하는 일부 청소년을 치료하는데, 디지털 기술을 사용하였다. 일부 청소년은 디지털 프로그램 사용을 더 편하게 또 덜 위협적으로 느끼고, 더욱 열심히 참여한다. McNiff(1999)에 따르면, 디지털 미술작업은 미술치료 환경에서 종종 보이는 창의적 과정을 자극하고 보완한다. Gussak과 Nyce(1999)는 재료 선택으로서의 컴퓨터 기술이 미술치료과정에서 이행 공간이 된다고 하였다. 포토샵, 플라잉 칼라(그림 그리는 프로그램), 온라인 소셜 매체 사이트인 폴리보르(Polyvore, 3장) 같은 프로그램으로 디지털 이미지를 만들고 변형하는 것은 청소년에게 특히 관심이 있거나 친숙한 방식으로 사고 · 감정 · 생각을 표현하게 하는 좋은 기회를 제공한다. 컴퓨터 기술 자체가 청소년의 자존감, 자율성, 기술 숙달감, 발달 수준에 적합한 위험감수 및 실험 기회를 제공하게 된다.

결 론

미술치료는 격동기의 청소년이 당면하는 여러 가지 정서적 및 발달적 문제를 탐색하고 소통하기 위해 상징과 은유를 활용하는 것이다. 또한 치료적 미술작업은 스트레스 시기를 지나고 변화를 꾀하면서 청소년의 내부 성장과 성숙을 도모하는 건설적이고 효과적인 방법이다. 정체성과 소속을 표현하는 이미지, 애착과 유기의 불안, 연약한 감정상태, 힘든 생활경험 등은 관계 회복과 통찰을 위해 표출되고 검증받는다. 이 장에서 정리한 것처럼, 미술치료의 이점은 매우 많다. 청소년에게 적용할 다양한 접근과 중재가 있다. 미술치료는 어휘 표현이 힘들고 제한적일 때 미술로 비언어적 의사소통을 할 수 있는 안전한 공간을 제공한다. 미술작품 만들기의 내면적 요소와 창의적 표현에 편안함을 느끼는 청소년의 특성이 미술을 통한 치료관계에 지속적으로 기여할 것이다.

Part 04

성인을 대상으로 한 미술치료

미술치료를 낯설어하는 많은 치료사들은 미술치료는 놀이나 창의적 표현을 좋아하는 아동에게만 유용하다고 말한다. 앞의 치료 사례들을 보면 아동에게 특히 효과적인 매체이지만, 성인에게도 적용할 수 있는 매체이기도 하다. 예술치료의 초창기 기원을 보면 20세기 중반에 주로 정신과 의사 및 예술가들이 입원환자를 대상으로 접목하여 왔다. 후에 미술치료사 Margaret Naumburg(1950, 1953, 1966)가 성인을 대상으로 치료하면서 역동적으로 지향된 치료방법을 시연하였다. 그 후로 성인 대상의 미술치료는 Naumburg의 영향을 받아서 정신분석 이론을 사용해 왔고, 점차 현대적인 치료이론을 접목시켜 오게 되었다.

아동과 청소년에게 유용한 예술치료 요소들 대부분이 성인에게도 적용될 수 있다. ① 예술치료가 비언어적 의사소통이라는 점, ② 예술치료의 여러 매체를 통하여 감정, 사고, 세계관을 드러낼 수 있다는 점, ③ 변화에 필요한 개인 문제, 개인의 장점, 가능성 등을 탐색할 기회를 제공할 수 있다는 것이다. 창조적인 예술활동은 성인뿐 아니라 노년층에도 증진될 수 있다(Cohen, 2000). Landgarten(1981)은 성인에게 특히 도움이 되는 예술치료의 이점을 주장하였는데, "치료에 매우 저항적이고 자신 혹은 자기문제를 말하기 꺼리는 성인 내담자들은 치료사에게 역전이를 갖는 경향이 강하고 …… 예술심리치료사들은 이런 내담자를 대하기가 쉬우며, 작품을 만들면서 상징적 차원의 의사소통을 하게 된다. 이런 치료과정은 곧 치료사가 침묵하거나 방어적인 내담자에게도 지속적으로 관심을 가질 수 있게 해 준다."(p. 185) 예술과업은 특히 말하기를 꺼려하는 성인 내담자가 치료에 흥미를 갖게끔 해 주는 방안이 된다.

성인들은 작품 만들기가 실제 치료라기보다는 아동의 놀이 정도로 치부해 버리는 경향이 있기 때문에 미술재료를 사용하기 싫어할 수도 있다. 내 경험으로 볼 때 미술작품은 의사소통의 또 다른 형태이고 문제를 알아볼 수 있는 접근 방안이라고 설명해 주면, 대부분 내담자들은 미술작품 만들기에 참여하게 된다. 특히 미술치료에 처음 접하는 성인들은 여러 활동, 즉 그리기, 물감표현, 콜라주 같은 표현이 미적으로 나타낼 필요가 없다고 이해시키는 것이 중요하다. 어떤 경우에는 일반인의 관점에서 미술치료가 어떻게 진행되는지를 설명해 주는 것도 도움이 되며, 인간의 두뇌가 어떻게 심상을 만들고 반응하는지 또 이런 과정이 치료에 어떻게 도움이 되는지를 쉬운 용어로 설명해 주는 것도 좋다.

미술치료는 다양한 성인, 즉 감정 및 성격장애, 수술환자, 장애인, 중독, 가족위기 및 가정폭력, 죽음 및 애도를 겪은 자, 정서적 외상을 겪은 사람들에게 적용되어 왔다. 4부의 내용들은 성인 미술치료의 여러 가지 적용을 예시하였다. 사례를 보면, 정신분석적 접근, 인지-행동적, 해결 중심 및 대화, 인본주의 접근 등이 성인치료에 적용될 수 있는 다양한 방법이다. 다음에 보게 될 5부의 내용들은 미술치료가 어떻게 집단치료, 수술을 앞둔 환자들, 가정, 결혼한 부부들에게도 적용되는지를 보여 줄 것이다.

이 부분에서는 성인미술치료에 가장 많이 적용되는 몇 가지 예들을 자세하게 설명할 것이다. 18장에서는 상담에서 미술의 활용이라는 주제로 개관할 것이다. 저자들은 다양한 성인 내담자를 상담하는 데 있어서 미술의 활용에 대한 관심을 다시 불러일으켰다. 상담가와 다른 치료사들은 치료에서 표현양식의 가치를 깨닫기 시작하였고, 이 장은 미술활동(그리기, 콜라주, 사진, 기타 매체)이 어떻게 상담 회기를 증진시킬 수 있는지 임상적 예들을 제공하였다. 물론 상담을 할 때 미술활용과 연관된 윤리적 문제에 대한 조언도 제시하였고, 치료사들은 미술을 활용하는 데 있어서 능력의 한계를 깨닫고 필요한 교육도 받아야 한다고 제언하고 있다.

미술치료는 성인층에 더 넓게 활용되고 있다. 19장은 '창의성과 노화'라는 최근에 주목받는 영역을 알아보고, 미술활동이 노인의 대뇌에 진정 이롭다는 최근 과학적 증거를 살펴본 것이다. 미술표현은 뇌졸중, 알츠하이머병, 치매 등으로 손상된 신경과정을 드러내 주고, 노인의 신체적·정신적 기능을 이해하는 데에도 도움을 준다. 최근에 신경과학은 신경학적 장애가 있는 노인에게 그림 과제(Ramachandran & Blakeslee, 1998)로 많은 것을 알아낼 수 있고, 또 시각과제는 평가와 치료에도 적용된다(Wald, 1999)고 입증하고 있다. Gene Cohen(2000)의 획기적인 연구는 노인들이 70대, 80대를 넘어서도 창의성을 확대시킬 수 있고, 실제로 미술에 몰입하는 것이 심리사회 및 인지적 안정성, 심지어 증대효과까지 보이는 건강증진활동이라고 하였다. 미술치료는 구조화된 적용이 주의집중 폭을 자극하고, 우울을 낮추며, 신체활동을 할 수 없는 사람의 지루함이나 스트레스를 경감시킨다.

20장은 심각한 성인질환자를 위한 미술치료다. 역사적으로 미술치료는 다양한 성인질환자, 즉 정신분열증, 정신병, 우울, 해리장애를 가진 성인에게 수년 동안 사용되어 왔다. 저자는 보다 현대적인 치료모델을 접목하여서 치료사의 안락감을 강조하고, 이런 환자들을 치료할 때 필요한 세 가지 개념, 즉 진실성, 창의성, 회복력을 설명하고 있다. 진실성과 창의성 개념은 6장에서 인본주의 가치를 되풀이하는 것이고, 치료사 개인의 경험의 중요성 및 질병과 장애에도 불구하고 모든 내담자의 창의적 표현에 대한 중요성을 강조하고 있다. Spaniol의 가치는 심리치료를 정상화시키려는 미술의 능력뿐 아니라 창조적 개인으로서 정신질환을 포용하는 치료적 가치를 부각시켰다. 심한 질환자들과 작업할 때, 치료사들은 치료 상황을 진전시키는 미술표현의 중요성을 강조하고, 내담자가 적극적으로 치료에 참여하도록 격려해야 한다.

미술치료는 물질남용을 겪은 개인 · 가정 · 집단을 치료하는 데에도 사용되었다. 실제로 미술치료는 1950년대에 Elinor Ulman이 알코올환자의 재활치료에 사용하였다(Junge, 2010). 21장은 집단으로 중독환자들을 치료한 경험을 정리하였다. 그녀는 구체적인 미술활동을 지시하면서 안전함, 중독의 본질, 부정과 창피함, 회복과정 등을 설명해 나갔다. 저자는 중독환자들을 위한 12단계 프로그램을 구성하였다.

치료 전문가들은 현장에서 귀국 군인이나 예비군 및 그 가족을 자주 만난다. 22장은 군인에 관한 미술치료를 소개한다. 특히 외상 후 스트레스 장애(PTSD)의 치료에 초점을 두고 또 어떻게 미술작품 만들기가 스트레스 감소에 기여하고, 감정조절력을 향상시키고, 우울을 감소시키고, 인지-행동 노출치료의 효과를 증진시키는지를 알아본다. 또한 전쟁에 참여한 예비군에게 치료 형태로 어떻게 미술이 활용되는지 또 귀국 군인들에게 어떻게 미술을 활용하여 전쟁 경험과 외상을 탐색하고 극복하는지를 보여줄 것이다.

마지막으로 23장은 이 책에 새롭게 추가된 장인데 가정폭력의 생존자를 미술치료한 사례다. 매 맞고 쉼터에 온 여성을 치료하면서 이런 집단의 치료계획에 중요한 요소들을 설명하고 있다. 몇 가지 실용적인 미술 중재기법을 소개하면서, 어떻게 미술치료가 쉼터나 공동체 기반 시설에 있는 내담자들에게 단기적으로 적용될 수 있는지를 소개한다.

성인미술치료의 적용이 다양하고 미술작업의 여러 이점과 임상실제와 연구를 통한 창의적 과정을 전문가들이 지속적으로 확인하고 있다. Landgarten(1981)은 성인에 대한 미술치료는 치료과정에서 의사소통을 촉진하고 "눈을 통해서 들을" 수 있게 해 준다(p. 4). 전통적인 대화치료에 접목함으로써 상담 효용성이 증가되고 또한 새로운 각도에서 자기 문제를 돌이켜 보며, 피부로 느끼는 해결방안을 얻기도 한다. 미술표현을 접목하는 것 자체가 치료사에게는 다양한 접근방안이 되어서 치료효과를 올리는 데 도움이 되고, 치료 맥락에도 유용한 도구가 된다.

CHAPTER 18

상담에서 미술

이 장은 치료 장면에서 시각적 예술을 활용한 상담이 증가하고 있음을 보여 주고 있다. 특히 상담 전문가를 포함한 건강 전문가에게 도움이 되는 내용을 담았고, 상담과정에 시각적인 그림을 통합시키면서 성인 내담자를 도울 수 있는 방안을 알아본다. 성인 내담자에게 상담과정을 촉진할 때에 미술을 활용하는 중재 방안을 구체적으로 설명하고자 한다. 또한 치료 상황에서 이런 매체를 사용할 때 제한점과 윤리적 문제도 다루고 있다.

상담에서 미술에 대한 강조

치료과정에 통합적이고 체계적으로 미술을 항상 활용하는 상담가들이 있다. 그러나 상담에서 미술 사용의 강조점과 시각미술의 중요성은 최근에야 대두되었다. 상담에서 시각미술의 중요성을 인식하기 시작한 것은 2004년에 미국상담협회의 19분과로 창의적 상담협회(Association for Creativity in Counseling: ACC)의 설립과 상관이 있다. ACC는 모든 창의적 예술을 활용하지만, 상담가가 사용하는 매체로 시각미술을 강조한다. 미국미술치료학회와 영국미술치료학회 같은 다른 전문집단도 미술을 삶의 증진과 치유의 한 부분으로 간주하여 창의적 과정 및 교육적 규준을 지속적으로 증대시키고 있다.

성인에게 미술표현 이용 시의 이점

정신건강 전문가들은 성인을 상담할 때보다도 아동을 상담할 때 미술적 표현을 활용하기를 더 좋아한다. 이런 이유는 미술활동이 아동에게 친밀하다는 것을 반영하고, 또 성인 연령층에게는 적용한 치료사례가 많지 않기 때문이다(Stewart & Brosh, 1997). 정신건강 전문가도 성인 상담에 미술을 활용하는 것을 주저하는데, 그 이유는 성인의 경우에 미술치료를 그림기법이나 기교 등으로 평가될 수도 있다는 생각을 더 많이 하고, 창피하게 될 수도 있다는 염려를 더 많이 하기 때문이다(Gladding, 2011).

그럼에도 불구하고, 아동 및 성인에게 적합한 여러 미술치료 기법이 있다(Buchalter, 2004; Magniant, 2004). 더구나 성인 내담자를 치료하기 위해 미술매체를 활용한 연구들이 보고되고 있다. 이 책을 통해서 몇몇 사례를 살펴보고, 성인 상담에서 미술매체를 사용함에 있어서 어떤 이점이 있는지 살펴보자. 치료 상황에서 매체는 다음과 같다.

- 무의식을 탐지할 수 있고, 숨겨진 갈등을 표현하는 데 도움을 주고, 다른 과정으로는 알기 어려운 숨겨진 사고 및 감정을 의식으로 끌어올려서 자각하게 해 준다(Liebmann, 1990; Rubin, 2010).
- 내담자가 경험한 갈등, 감정, 처한 상황 등을 은유적으로 표현하게 해 준다(Ulak & Cummings, 1997).
- 자신이나 자신이 처한 상황을 구체적이고 객관적인 방식으로 묘사하도록 돕는다(Rubin, 2001, 2010).
- 물질남용센터의 경우 입원한 내담자의 여러 욕구를 평가할 때에 내담자와 치료자에게 도움이 된다(Matto, 2002).
- 정신건강 문제를 겪는 귀향한 노년의 자신감과 동기를 증진시킨다(McElroy, Warren, & Jones, 2006).
- 성 학대나 가정폭력같이 내담자의 창피한 경험이나 언어로 표현하기 어려운 지극

히 사적인 경험에 대해 미술매체는 내담자와 상담가를 연결시키는 교량역할을 한다(Brooke, 1995; Liebmann, 1990; Trowbridge, 1995).

- 시각적 단서를 제공하고, 알아차리기 쉬운 기록물을 남기고, 지난 회기를 함께 돌이켜 보기 용이하고, 발달과 변화를 함께 공유할 수 있다(Ganim, 2000; Liebmann, 1990; Lubin, 2010).
- 내담자들이 개인 성격의 일면을 더 쉽게 깨닫도록 도와준다(Mills & Crowley, 1986; Plante, 2006).
- 그림표현은 에너지 증가를 유발할 수 있고(Kahn, 1999), 미술은 단순히 생각에 그치지 않고 내담자가 뭔가를 하게 해 줌으로써 언어 중심의 상담보다 더 활동적으로 된다(France & Allen, 1997).
- 음악, 운동, 창의적 글쓰기, 심상 같은 다른 표현적 미술매체와 더 쉽게 융합될 수 있다(Galdding, 2011; McNiff, 1997, 2009).

상담과정과 미술

성인 내담자에 대한 상담에도 여러 형태의 시각미술을 활용하여 각 상담단계를 촉진시킬 수 있다. 상담에서 미술을 성공적으로 활용하기 위해서는 상담과정과 진행되는 단계마다 목표를 이해하고, 내담자의 욕구와 상담과정과 일치하는 미술매체를 선택해야 한다(Rubin, 2010). 상담가는 "오늘 회기에서 미술로 무엇을 표현시킬 필요가 있는가?" 또는 "어떤 미술활동으로 내담자가 지금 단계에서 더 진전된 깨달음을 느낄 수 있는가?" 같은 질문을 스스로에게 해야 한다. 일부 내담자의 경우, 미술이 라포 형성을 촉진시킬 수 있다. 또 다른 내담자의 경우, 내담자의 세계관, 문제, 관심사들을 알아보는 데 도움이 된다. 어떤 치료 상황에서는 미술표현이 치료목표를 설정하고 중재하는 데 가장 잘 사용될 수 있다. 상담가는 미술표현을 내담자의 생각과 행동 간의 불일치를 직면시키는 지시물로 활용할 수 있고, 대안을 찾고 문제를 좁혀 나가는 과정에도 활용하고, 행동으로 옮기도록 안내하고, 치료관계의 종결시점을 정하는 단서로도 활용한다.

미술치료는 정신분석적 이론에 많이 의존하지만, 여러 이론을 통합시키는 기법이 발전되었다(Kahn, 1999). 예를 들어 내담자 중심 치료는 내담자에게 미술로 자아를 실현한 모습을 표현해 보도록 격려한다. 즉 자신에 대한 지각과 현재 처한 환경을 통합시키고 자아를 스스럼없이 표현해 보도록 한다(Cochran, 1996). 인지치료를 선호하는 상담가는 만화 컷처럼 시리즈 그림으로 자신의 비합리적인 생각을 표현하도록 요구한다. 해결중심 상담가는 문제가 잘 풀릴 때를 생각해 보고 그때 자신이 무엇을 했는지를 그려 보도록 요청한다. 구성적 접근(constructivist approach)을 선호하는 상담가는 내담자에게 지금까지 경험했던 중요한 사건을 인생지도로 그려 보게끔 한다. 이때 긍정적 사건과 부정적 사건을 구분하여 다른 색깔로 표현하게 한다(Caldwell, 2005).

상담에서 미술의 임상적 활용

시각적 미술표현을 활용하는 상담 장면에서는 여러 재료를 잘 준비하여 내담자들이 좀 더 편안하게 또 창의적으로 표현하게끔 분위기를 조성한다(Makin, 1994; Nadeau, 1984). 상담에 중요한 다른 조건은 조용한 장소, 마음껏 움직일 수 있는 공간, 격려, 시간 등이다. 인내심 또한 중요하다. 위대한 미술작품을 완성하는 데 많은 시간이 소요되는 것처럼, 내담자의 심리사회적 적응력을 향상시키는 데에도 많은 시간이 소요된다. 내담자가 미술매체를 즐기고 실제로 어떤 치료효과를 얻기까지에는 몇 회기가 소요되고, 미술표현을 통해 자기 문제를 깨닫는 데에는 더 긴 회기가 필요하다.

모든 상담 장면과 마찬가지로, 진솔함, 공감, 긍정적 존중을 근간으로 상담가와 내담자 간 관계를 맺는 것이 중요하다. 상담가는 덜 적극적인 내담자를 격려하여 미술능력에 신경 쓰지 말고, 언어가 아닌 다른 매체로 자신을 탐색해 본다는 점을 인식시켜야 한다. 만일 내담자가 계속 거절하면, 미술매체를 활용하는 치료 회기를 변화시켜야 할 것이다(Ulak & Cummings, 1997).

미술표현을 촉진할 수 있는 몇 가지 기법이 있는데, 스케치, 그리기, 색칠하기 같은 중재법, 상담가가 그린 그림을 활용하는 방법, 사진을 활용하는 방법 등이 있다.

스케치, 그리기, 색칠하기

미술재료 선택은 내담자의 문제를 부각시키기 편리하면서 선호하는 표현방식에 기초하여야 한다. 스케치, 그리기, 색칠하기를 포함한 여러 활동을 마음껏 표현하게 한다. 다음에 다섯 가지 방법을 살펴보자.

- 감정의 선 때때로 사람들은 지금 어떤 감정을 느끼고 있지만 말로 표현하기에는 적합한 단어를 찾지 못하는 경우가 있다. 내담자의 자각과 표현을 돕기 위하여, 상담가는 내담자에게 여러 미술도구(즉 마카, 색연필, 물감, 크레용)로 자기감정을 선으로 그려 보게끔 요구한다. 선들은 길이도 다르고 모양도 다르게 할 수 있으며, 때로는 붉은색의 거친 선으로 분노와 불만을, 오렌지색으로는 부드러움을, 물결 같은 파스텔 톤의 색채의 선으로 평온함을 나타내기도 한다(Gladding, 1997, 2011).

색채의 의미는 공통점도 있지만, 주관적 선호성도 있기 때문에 획일적 해석은 삼가야 한다. 특히 정신질환이 의심되는 내담자가 색채를 선택할 경우에는 주관적 요소가 더 많이 관여될 수 있다. 상담진행 단계와 제기된 문제에 따라, 상담가가 택하는 활동은 다양하다. 한 가지 예를 든다면, 내담자에게 "현재 순간의 감정을 선으로만 표현해 보세요."라고 주문할 수 있다. 그다음 내담자는 선의 의미를 설명하고, 그 선이 미래에 어떻게 되면 좋을지 희망하는 것을 그려 보게 한다. 또 다른 접근은 내담자가 겪고 있는 문제와 연관해서 구체적인 과거-현재-미래 사건을 생각해 보게 요청한다. 선을 이용하여 내담자는 사건과 연관된 감정을 표출하고, 이를 통해서 자신의 사고 · 감정 · 행동을 알아보는 길을 제공하게 된다.

- 지도 지도나 이를 다양하게 변형한 기법(예, 인생지도나 인생선)은 내담자에게 지난 시간의 중요한 시기를 돌이켜 보게 하고 미래를 예상해 보게 한다. 이런 활동들은 같은 행동이나 실수를 반복했는지를 탐색하고, 자기표현을 확장하고, 삶의 계획을 더 효과적으로 설계해 보도록 한다(Kahn, 1999; Miller, 1993; White, 2007). 또한 상호작용을 촉진하여 질적인 평가를 가능하게 한다(Goldman, 1990).

지도는 내담자가 자신이 겪어 온 사건을 돌이켜 보고 어디로 가고 있는지 생각해 보게 해 주므로 미래를 위한 계획을 세우도록 돕는 기법이다. 내담자에게 지나온 삶을 그리거나 채색해 보게 하며 또 특정 목표를 달성하기 위해 어떤 경력을 쌓아 왔는지도 그려 보게 한다(Gladding, 1998; Liebmann, 1986). 이런 과정에서 내담자는 중요한 사건이나 경험 등을 묘사할 수 있게 된다. 상담가는 다음과 같은 요청을 한다. "당신 삶을 지도로 표현해 보세요. 어떤 길은 직선이면서도 넓을 것이고, 어떤 길은 좁고도 구불구불할 것이다. 또 어떤 길은 비포장도로이고, 어떤 길은 부드러운 아스팔트일 것이다. 길에는 장애물도 있고 우회도로도 있다. 당신 삶의 길도 많은 종류로 그려 볼 수 있을 것이다." 이런 지시는 내담자에게 과거-현재-미래를 동시에 볼 수 있는 상징적 표현이 되고 또 가장 영향을 받았던 요소들을 평가할 수 있는 자유로운 힘을 준다. 그림을 그린 후, 상담가는 내담자가 각 사건들을 말로 표현해 보게끔 격려한다. 내담자가 어떤 식으로든 표현하고 나면, 다음 질문을 한다. 어떤 사건을 기대했었는가? 기대하지 않았던 사건은 무엇이었는가? 그 사건에는 어떤 사람들이 연관되었는가? 특정 사건과 연관된 감정이 있는가? 이런 질문들은 내담자에게 자기탐색을 독려하는 방법이고, 상담가는 내담자의 발달내용을 구체적으로 알아 볼 수 있다.

지도기법을 약간 변형하여, 현재 내담자가 있는 길을 그려 보라고 하면서 시작할 수도 있다. 이때는 주도로에서 세 갈래로 갈라지는 길을 그려 보도록 요청한다. 높은 길, 기대했던 길, 낮은 길. 각각의 길을 따라, 내담자의 이상적 미래, 기대하고 있는 미래, 그리고 가장 나쁘게 될 시나리오를 가정해서 그리거나 또는 색칠해 보게 한다. 길들을 그리고 나면, 자신이 가고 싶은 길을 성취하기 위해 필요한 실천사항을 열거해 보도록 격려한다. 이런 작업은 직업 선택에 직면하게 하고 또 인생의 선택을 상당히 받아들이게 하는 데 특히 유용하다.

상담과정과 내담자의 회고를 촉진하는 또 다른 기법이 '인생선(lifeline)' 이다(Goldman, 1990; Miller, 1993). 인생선은 비교적 단순하고 자신이 처한 현실을 깨닫도록 돕는 직접적인 기법이다. A4 용지 긴 쪽을 따라 중간에 수평선을 쭉 그린다(스케치북, 기타 종이도 가능). 선 위에는 살아온 연도에 따라 긍정적, 행복, 보상 경험 등을 쭉 열거한다(그림이나 글자로). 선 아래는 반대 감정들, 즉 부정적, 불행, 고통 경험

등을 쭉 열거한다. 가운데의 선에서 높이 위치할수록 더 좋은 긍정 경험이고 반대로 더 낮게 위치할수록 부정 경험이 되게 한다. 인생선을 완성해 봄으로써, 자신의 발달에 영향을 끼친 가치관, 감정, 욕구, 자아감, 기타 요인들을 검토해 볼 수 있고, 또 당면한 문제를 극복하기 위한 해결책을 모색할 수도 있게 된다(Goldman, 1990).

- 다리 역경을 극복하려는 내담자를 위해서, 현재 상황 및 해결책을 시각적으로 표현하는 것이 힘을 북돋아 줄 수 있다(Gladding, 1997; Mills & Growley, 1986). 미술작업을 할 때, 주어진 종이를 세 부분으로 구획 짓거나 접는다. 그다음 첫 부분에 현재 당면하고 있는 문제나 관심사를 그리게 한다. 특정 상황을 그린 후, 세 번째 면에 만일 그 문제가 해결되었을 때 그 일이 어떻게 보일 것인지 그려 보도록 요청한다. 위 두 그림 사이에, 즉 두 번째 면에 세 번째 그림으로 향하려고 할 때 어떤 장애물이 있는지를 그려 보도록 한다(상징으로 표현해도 좋다). 다음에 장애물들 간에 다리(즉 문제와 해결된 문제 간을 연결하는)를 그리게끔 요청한다. 다리 위에 장애물을 헤쳐 나가고 삶을 좀 더 효과적으로 살기 위한 다양한 해결책을 표현하는 문구나 상징도 적어 보거나 그리도록 격려한다. 다양한 작업은 내담자에게 자신의 모습(처지)이 어떻게 변천해 왔는지를 한눈에 자각하게 해 준다. 즉 특정 위기(이혼, 외상, 입원 경험 등)가 생기기 전, 현재 내담자의 모습, 그 위기가 미래에 어떻게 되었으면 좋을지 등을 그린다. 이런 연속물 그림은 대응기술 및 새로운 행동양식을 찾아내는 데 발판 역할을 한다.

- 연재만화와 만화물 Liebmann(1990)은 연재만화는 상담과정에서 의사소통을 촉진하고 내담자의 적극적인 참여를 유도한다고 하였다. 보호 관찰소에서 범죄자들과 상담할 때, 개인의 문제행동 및 다른 대안을 찾는 방법으로 이 기법을 사용해 보았다. 먼저 이 기법은 범죄에 대한 지각을 더 쉽게 하는 방법이라고 설명해 준다. 밑그림을 제공해 주어야 하는 내담자(범죄자)도 있고, 연재만화가 대화수단이 되기도 하는데, 상담가는 가능한 많은 정보와 많은 그림 컷을 묘사하도록 내담자를 격려한다. 다 그려지고 나면, 상담가와 내담자는 그 작품을 함께 본다. 이럴 때 보통 내담자는 그 사건으로부터 한 발짝 떨어져서 자신을 보게 된다. 조금씩 자신이 주변 상황의

희생자가 아니라 그 사건의 중심에 있는 주인공임을 깨닫게 된다. 이제 자신의 선택-행동-그 결과에 대해 책임지는 길로 자신을 인도하게 된다.

보호관찰소 밖에서도, 연재만화는 자신의 비합리적 사고를 탐색해 보는 데도 사용할 수 있다. 예들 들어 어떤 여성이 자신이 직업과 연관된 불안 때문에 상담실에 왔다. 세밀한 평가 결과 내담자는 지나치게 완벽 성향으로 자신을 대해 왔다. 상담 중에 현장에서 자신을 연재만화로 그려 보게끔 요청하고, 불안한 느낌을 가져오는 생각들도 표현하게 했다. 자신이 그린 것에 대해 말을 한 다음에, 그 내용들을 다시 보게 하고, 이번에는 비합리적 사고와 두려움을 좀 더 건강하고 현실적 내용으로 변화시켜 보게끔 요청한다.

만화물은 단어로 표현하거나 그림 제목을 붙여도 되므로 상담에서 사용할 수 있다(O'Brien, Johnson, & Miller, 1978). 만화물은 자신의 본 모습과 약점을 요약하기 위한 기법이 된다. 상담가는 만화물을 상담시간에 중재를 위해 과제로 사용할 수 있으며, 또 자신이 선택한 상담주제 및 대화의 물꼬를 트는 촉진제로 사용한다. 상담에서 특정 관심사를 드러내기 위해 만화처럼 출판된 명화물을 재료로 사용할 수 있고, 또 현재 문제와 함축적 의미를 재구성하는 데에도 도움을 줄 수 있다. 다음 예를 살펴보자. 결혼에 위기를 맞은 한 남성에게 『*New Yorker*』란 잡지에 게재된 한 그림을 보여 주었다. 그 그림은 씩씩한 태권도복으로 차려입은 한 부부가 싸울 듯한 눈빛으로 결혼상담소로 돌진하는 모습이다. 그 만화 컷을 본 이 남성은 잠시 멈칫하고는 세밀히 관찰한 후 다음과 같이 말했다. "이거 바로 우리 모습이에요. 아내 마리와 나는 모든 것을 다 해 보았고, 심지어 상담까지 했으며, 공격적으로 이기려는 태도를 보이기도 했죠." 그 남성은 새로운 방식으로 자신을 보았고, 그의 방어적이고 비효과적인 적대감을 드러내고는, 다음 상담 회기에서 그 문제를 다룰 수 있었다(O'Brien et al., 1978: 55).

상담에서 만화물이나 연재만화를 사용함으로써 유머로 긴장을 풀고 내담자가 비위협적인 방식으로 상담과정에 관여하게 해 준다. 만화물은 내담자에게 상담 및 치료가 무엇인지를 보여 줄 수도 있다(Symington, Symington, Symington, & Symington, 2003). 그러나 주의점도 있다. 사용되는 재료의 본질을 특히 민감한 문제영역을 다룰 때는 조심스럽게 결정해야 한다. 내담자가 자신의 관심이 피상적으로 위협받는다고 느끼지 않도록 해야 한다.

- **심상** 내면의 경험을 심상으로 표현하게 하는 기법은 Jung(1965)에 의해 활성화되었다. Jung은 꿈이나 환상경험을 그리고, 색칠하고, 조각하게끔 시켰다. Jung은 이 기법의 심리학적 가치를 발견하고는 내담자에게 내면의 경험을 시각화하도록 독려했다(Edwards, 1987). 상담에서 심상을 사용하는 것은 Jung 학파에서 훈련받은 치료사에게만 제한된 것이 아니다. 여러 이론에서도 외상 경험이나 강렬한 정서표현을 촉진하기 위해 심상을 만들어 내도록 격려한다.

예를 들어 France와 Allen(1997)은 형태주의적 접근을 사용하여, 파괴적인 행동을 하는 청소년에게 심상을 유도하여 개인 감정을 자각하고, 갈등을 건강한 자아로 재통합하도록 도왔다. 이것은 4단계, 즉 점화(warm-up), 행동(action), 공유(sharing) 그리고 대화(dialoguing)로 구성된다. 점화단계에서 내담자는 구체적 관심사와 고민을 말하고, 관심사에 대한 자신의 생각과 감정도 말하게 한다. 행동단계에는 관심사를 심상으로 표현해 보게 격려한다. 심상이 그려진 다음에는 그 그림의 의미를 상담가와 공유한다. 대화단계에서는 상담가가 구체적 질문을 하면서 내담자가 그림과 연관된 여러 내용을 탐색하게 한다. 상담가의 질문은 다음과 같다.

> "이 그림은 당신에게 무슨 의미가 있나요?"
> "지금 어떤 느낌이 떠오르나요?"
> "그 그림의 에너지는 무엇인가요?"
> "빠진 것이 있나요?"

또는 내담자에게 그림에서 구체적 대상을 집어서, 그 대상과 역할놀이를 해 보게끔 요청할 수도 있다(Coan, 2000). 심상으로 만들어 내는 연습은 개인 갈등을 바라보는 관점에 영향을 주고, 통찰의 기회를 제공해 주며, 인생에서 가능성과 선택을 높이는 계기를 만들게 한다.

상담가의 밑그림

미술과 심리치료를 결합시키는 또 다른 방법은 상담시간에 즉흥적인 스케치를 해 주는 것이다. 이 그림들은 대화를 촉진하고 관심사를 객관화하기 위하여 내담자가 제기한 문제 중에 선택한 것이다. 상담가가 그린 그림은 적절한 갈등 상황 노출 그리고 그 상황을 비위협적인 방법으로 탐색하는 기회를 제공한다(Edens, Newsome, & Witherpoon, 1996). Cudney(1975)에 따르면, 회기 중에 상담가가 그린 그림은 문제를 이해하고 객관화하는 데 도움을 주고, 내담자의 개방을 증가시키고, 상담가-내담자 간 대화를 촉진시키고, 문제를 명료화하며, 비언어적 내담자(언어장애가 있거나 말을 하지 않으려고 하는)에게 다가가기 위한 기법이 된다.

스케치는 문제에 대한 상담가의 지각이 내담자와 다를 때 토론의 길을 열어 줄 수 있다. 가령 내담자가 문제가 너무 커서 극복할 수 없다고 말했지만, 구체적 문제가 상반되어 나타난다면, 상담가는 두 그림을 그릴 수 있다. 첫 번째 산은 두 번째 산보다 더 높고 더 깊은 협곡이 있었다. 다음에 상담가는 첫 번째 산에 연관된 문제를 내담자가 설명하는 것을 듣고서는 두 번째 산에 대한 문제도 듣고 그 어려움의 경사가 덜해졌다는 느낌을 받았다고 말해 준다. 물론 상담 장면마다 산 높이나 주제가 제각각이고, 어려움에 다가가는 경사도 다를 것이다. 이러한 시도는 내담자가 어려움 상황을 어떠한 형태로든 나타내고 그에 따른 자신의 견해를 수정하게끔 도울 수 있다(Gladding, 2011).

상담가의 밑그림(counselor-made drawings)의 또 다른 예는 내담자가 특정 상황이나 인간관계를 설명할 때 낙서처럼 끼적이면서 문제를 스케치해 준 것이다(Trimble, 1975). 이런 낙서나 스케치들은 상황을 명료화시키고 복잡한 관계를 드러내도록 돕는다. 언어표현만으로도 인간관계와 직업과 연관된 복잡한 문제를 다루는 것이 불가능하지는 않지만 상담을 진행하기가 어려울 때도 있다. 하지만 문제를 그림으로 묘사할 때, 복잡한 문제가 한번에 드러나고, 관계의 의미와 느낌을 알아차리기 쉽다. 종이 위에 묘사된 복잡한 그림은 단절된 부분 부분이 아니라 전체 시각으로 볼 수 있게 해 주고, 상담가와 내담자 입장에서도 문제를 명료화하는 데 도움을 준다.

상담가의 밑그림은 특정 형태를 강조한다. 예를 들어 스트레스가 어떻게 보이는지를 빠르게 스케치하면 내담자 삶에 연관된 대화의 물꼬를 틀 수 있다. 만일 내담자가 무거운 짐에 '짓눌린' 감정을 토로할 때, 상담가는 그림으로 어떤 짐을 도식화해 주고는 그 문제를 더 탐색해 보게끔 격려한다. 스케치는 문제의 즉시성, 개별화, 접근성을 용이하게 한다(Edens et al., 1996). 여러 형태의 상담가 밑그림은 독특한 방식으로 내담자의 세계에 깊이 들어가는 계기를 마련해 주는 잠재력을 갖게 해 준다.

사 진

"사진은 내 마음의 흔적이고, 삶의 거울이며, 감정의 회생물이고, 내 손 위에서 조용히 간직할 수 있는 부동의 기억이다. 사진은 내가 지내 온 시간, 또 내가 알았든지 몰랐든지 내가 가려고 했던 방향을 알려 준다."(Weiser, 1993: 1) Weiser에 따르면, 사진 또는 사진치료는 지나온 인생을 시각-상징적 형태로 감정과 생각을 표현하고 알아차리는 방법이 된다. "이것은 그림을 시작하기에는 너무 위험부담이 있거나 너무 요구가 많기 때문에 다른 시각예술을 모색하는 상담가에게 특히 좋은 작업이 된다."(Weiser, 1993: 13) 사진치료는 자각을 촉진시키고 민감성을 증대시키면서 상담을 개별화시킬 수 있다(자신과 관계된 사진이기 때문). 내담자의 관심사를 평가하고, 상담가-내담자 관계를 정립하고, 의사소통을 촉진하고, 진행과정에 변화와 진전을 평가하게끔 돕는다(Amerikaner, Schauble, & Ziller, 1980; Krauss, 1981; Loewenthal, 2009; Weiser, 2004).

일반적으로 상담과정에 사용되는 사진은 관계 증진에 초점을 둔다. 사진은 내담자를 찍은 것이나, 내담자가 찍어 온 것이나, 자화상, 동네 친구나 가족의 변천을 볼 수 있는 사진을 활용하는데, 이 경우는 내담자가 그 사진 속에 들어 있어도 혹은 없어도 좋다. 상담에 사진을 활용할 때는 진행하는 과정을 설명해 주어야 하는데, 그 경험에 대한 인지 반응과 자신의 감정을 살펴보는 기회를 제공한다(Weiser, 1993).

한 예를 든다면 자신이 누구이고, 되고 싶은 모습을 나타낼 수 있는 사진들을 가져오도록 요청한다(Nunez, 2009). 이런 연습은 내담자가 지금 현재에 자신을 토론하게끔 해준다. 내담자에게 자신이 누구이고 또 되고 싶은 자신에 관한 사진을 고르도록 한다. 사진을 고른 다음에는 자신을 가장 잘 표현한 사진부터 가장 덜 표현한 사진까지 순서대로 나열하게 한 다음에 각 사진에 대해 제목이나 설명을 곁들이게 한다(Amerikaner et al., 1980; Ziller, Vera, & Camacho de Santoyo, 1981). 사진들은 상담가에게 내담자의 세계관을 파악하게 해 주고, 동시에 내담자에게 회상, 목표설정 그리고 미래를 계획할 기회를 제공해 준다.

노년층은 사진치료를 사용하기가 더욱 유용하다(Madori, 2007). 오래된 사진은 지난 시간을 회상시키는 가장 우수한 방법이면서 자아통합을 고양시킬 수 있는 방법이다(Myers, 1989; Weiser, 1993). 사진치료는 상담 상황에 따라 다양하게 적용한다. 예를 들어 노인들을 위한 주간보호센터에 근무하는 상담가는 자신이 간직하고 있는 사진들을 가져오게끔 요청한다. 반면 입원 병동에 근무하는 상담가는 내담자들이 사진을 가져올 수 없으므로, 치료에 활용할 사진들을 미리 준비하고 또 상담과정에서도 적극적으로 행동한다. 목표는 긍정적인 것을 강조하고 어린 시절이나 청년시절을 회상하여 부정적인 것을 재해석하여 자존감을 구축하도록 돕는 것이다(Gladding, 2011).

내담자가 다양한 관점으로 상황을 검토해 보기 위해, 우편함(mailbox)이란 기법을 고안해 냈다. 이 기법에서는 내담자가 여러 각도에서 우편함을 찍도록 한 다음에 사진을 가져오게 하고, 엽서에 붙이게 한다(길게 진행될 수 있으므로 다음 회기에 연이어 사용해도 된다). 이런 활동이 완성된 다음에 상담가와 내담자는 수행한 과제를 토론하고 그 그림들을 검토한다. 그리하여 익숙한 대상이 다양한 방식으로 보이게 됨을 깨닫게 된다. 마찬가지로 내담자가 다루려고 하는 문제가 한 가지 관점이 아님을 보게 된다. 그런 경험을 토론하면서, 내담자는 문제해결을 위한 접근법을 수정하거나 완전히 변경시킬 수 있는 방법을 찾을 수 있게 된다(Gladding, 1997).

제한점과 윤리적 문제

성인 상담에서 언제, 어떻게 미술치료를 적용할까를 고민할 때는 몇 가지 사항을 고려해 보아야 한다. 즉흥적으로 적용된 때는, 미술치료가 혼란스럽게 하고 위험할 수도 있다(Kottler, 1993: 252). 만일 상담가가 목적을 잘 설명하지 않은 채 또는 미술작업에 적당한 시간을 할당하지 않은 채로 치료 작업을 진행하면 미술작업 및 그림에 대한 논의를 적절히 진행하지 못해서 시간활용에 불균형이 생긴다(Gladding, 1997; Rubin, 2010). 이렇게 될 경우는 미술이 단순히 기계적이고, 내담자의 눈길을 끌기 위한 수단이 되고,

결국 비치료적인 기법이 될 가능성이 있다. 반면 적절히 활용하면, 미술은 내담자의 상상력을 최대한 사용하고, 문제해결 기술을 증대시키고, 갈등을 이해하는 관점도 확장시키게 된다.

하지만 내담자가 미술전공자인 경우에는 상담에서 미술의 활용이 도움이 안 된다는 지적도 있다. Fleshman과 Fryrear(1981)에 따르면, "내담자가 예술가인 경우에, 치료과정에 미술의 사용은 부작용이 될 수 있다."(p. 6) 이런 부작용의 이유는 미술가가 자체적으로 이미 스스로 창의적 표현을 하게 되고, 또 치료환경에서 미술작품에 대한 질문을 받게 되면 일과 같다는 느낌을 갖게 될 것이기 때문이다. 하지만 만일 예술가에게 자신의 전문 영역과 아주 다른 방식으로 연관시켜 보라고 질문을 받을 경우에는 이런 장벽이 극복될 수 있다.

Hammond와 Gantt(1998)는 내담자에게 미술을 활용하기 위해 미술치료사로 훈련받지 않은 정신건강 전문가에 대한 문제를 논의한 적이 있다. 윤리 규칙은 정신건강 전문가가 자신이 교육받지 않은 영역을 활용해서는 안 된다고 되어 있다(Welfel, 2009). 그러나 "어떤 영역에서든 잘 교육받은 상담가는 치료 회기에 도입된 미술에 대해 내담자와 대화하는 것은 가능하다."라고 하였다(Hammond & Gantt, 1998: 275). 더구나 내담자가 언어로 표현하기 힘들어할 때, 명료화가 필요할 때, 또 어떤 것을 설명하기 어려워할 때, 상담가는 심상을 그리거나 색칠하게 함으로써 내담자를 촉진할 수 있다. 그러나 내담자의 미술작품을 내담자 문제로 해석하거나 또 그림 속 의미를 다른 사람에도 일반화시키는 것은 윤리적 문제를 야기한다. 상담가는 치료과정에 미술작품 활용의 정도와 깊이를 결정할 수 있어야 하고, 미술치료가 더 적합한 내담자는 더 전문적인 미술치료사에게 의뢰하겠다는 인식도 있어야 한다(Olivera, 1997).

미술치료에서 또 다른 문제는 비밀, 증거자료, 소유권, 연구 및 출판, 그리고 전시와 연관된 문제도 있다. 미술작품도 언어적 표현처럼 사적 비밀유지와 신상보호가 되어야 한다(Hammond & Gantt, 1998). 세부적으로는 내담자의 미술작품을 찍을 때, 내담자와 상담한 내용을 정리할 때, 또 전문학술지 형태로 출간할 때, 신상노출이 되지 않아야 하고 또 출간허락도 받아야 한다.

결 론

미술작품은 내담자를 창의적이고 독특한 방식으로 스스로 표현하게 할 수 있으므로 상담효과를 증진시킨다. 이 장에서 상담에서 시각미술을 사용할 때 윤리적 고려사항, 제한점, 작품, 전제 등에 관해서 알아보았다. 내담자 문제를 해결하고 예방하기 위해 채택한 시각미술의 예들은 극히 일부에 불과하다. 다양한 기법을 이런 논리 위에서 응용할 수 있을 것이다. 성인에게 미술치료를 적용할 때 고려할 사항과 미술을 사용할 때 주의점도 설명하였다.

상담에서 선택과 변화는 내담자가 지금까지 인지하지 못한 측면을 인식하게 하는 것이다. 미술은 자신의 처지를 이해하기 위한 촉매제 및 연결관 역할을 한다. 감정을 활성화시키고 변화 가능성을 엿보게 함으로써 이런 것이 가능하게 된다. 그래서 정서와 자각을 통해서, 상담에 미술을 활용하여 가능성과 관점을 다양화하고 또 확장시켜 줌으로써 내담자의 세상이 새로워지고 변화되기를 바라는 관점이 실제로 변하게 되는 것이다.

CHAPTER 19

창의성과 노화: 미술치료적 접근

노인은 지금도 성장하고, 배우고, 잠재력이 있고, 개인의 인생도 계속 발전하고 미래를 지향한다. 노인은 행복, 즐거움, 쾌락을 추구하고 또 이것을 온전히 유지하려는 생득권을 갖고 있다. 더구나 노인은 존경과 영광을 받을 자격이 있고, 개인의 긴 경험과 지혜를 통합해야 할 과업을 갖고 있으며, 다음 세대를 위해 유산으로 정리해 두어야 한다.

– Barry Barkin (in Weiss, 1984: ix–x)

Barry Barkin의 문구는 노년의 복잡성을 우아하게 요약하였고, 창의적 재활활동의 욕구뿐 아니라 심리사회적 중재의 필요성을 강조하였다. 노인을 대하는 사람은 연령, 사별, 퇴직 등으로 위협받게 될 신체적 · 정신적 · 정서적 능력에 주의를 기울여야 한다. 많은 노인들은 독립심도 상실되면서 불가피한 죽음도 맞이해야 한다.

오늘날 미술치료는 노인 시설 및 인지적 · 신체적 변화, 정서적 문제, 슬픔과 이별의 충격을 다루는 프로그램의 중요한 부분이다. 20세기 동안 노인 간호는 노화의 부정적 변화에 초점을 두었지만, 21세기는 잠재적 가능성을 변화시키고, 노인을 지속적인 잠재력과 성장의 객체로 간주하는 데 초점을 맞춘다. "우리는 결코 배우기를 멈추지 않는다."라고 하는 것은 생물학적 요소이고 대부분 개인도 가능하다. 연구에 의하면 노년기에도 대뇌는 발달 중이고 또 활동에 관여함으로써 자극된다고 하는데, 이런 활동 중에 하나가 미술에 관여하는 것이다(Cohen, 2000, 2009; National Center for Creative Aging, 2010).

노인 건강을 위해 미술 프로그램에 참여하는 것이 도움이 된다는 보고가 있다. 창의성과 노인에 관한 국가예술기금(National Endowment for the Arts)의 연구는 미술 프로그램에 참여한 65세 이상 노인이 참여하지 않는 노인보다 건강 및 활동 수준에서 놀랄 만한 긍정적 효과를 보였다. 노년학 연구, 신경과학, 노화연구로 잘 알려진 Gene Cohen(2000, 2006, 2009)은 노인에게 미술을 사용함으로써 생기는 창의성 이점을 몇 가지 인용하였는데, 감정 및 수면곤란이 해소되고, 긍정적 미래관이 생기고, 면역체계가 향상되고, 기억 및 기타 대뇌기능의 증진을 가져왔다.

미술치료가 종종 노인에게 통찰력, 자기자각, 치료효과를 촉진하는 목적으로 적용되었지만, 노인에게 끼치는 영향은 더 지대하였다. 이것을 위하여 이 장은 노인치료에서 미술표현의 적용을 전통적으로 부각되는 문제들에 대해 정리해 볼 것이다. 삶의 회고와 의사소통 방식으로의 미술, 사회적 연결, 재활문제 등을 다룰 것이고, 또한 인생 후반부의 건강 및 웰빙을 증진시키기 위해 '창의성과 노화' 라는 미술치료의 역할을 살펴보자.

임상의 고려사항

집단에 따라, 미술치료의 목적인 자기표현, 자기탐색, 기타 치료목표를 위해서 미술재료를 제공할 때는 고려사항이 있다. 특히 인지/신체적 어려움으로 시설에 머물러 있는 노인의 경우는 다음과 같은 구체적 고려사항이 있다.

- **신체적 측면** 노화는 시력, 청력, 크기 및 색채 지각, 운동, 협응력 등에 반드시 영향을 미친다. 촉감각도 역시 변화되는데, 대상과 표면을 비교하는 능력이 감퇴된다.
- **인지적 기능** 일생 동안의 인지변화는 기억 및 다른 실행기능에 영향을 미친다.
- **자기지각** 은퇴 및 가족과 공동체 내에서의 역할이 변경되는 것처럼 자신을 평가하는 시각이 노화 중에 점진적으로 변한다. 자기개념을 변화시키는 상실과 슬픔도 경험하게 된다.
- **심리사회적 변화** 늙는다는 것을 공포와 미래의 두려움으로 보게 되고 또 사회적 지위의 변화 및 아직도 여러 문화에서 노인에 대한 부정적 고정관념으로 본다.

노인은 앞 영역의 일부에서 변화를 겪고 있지만, 모든 노인이 그러하지는 않다. 각 요인은 사회적 지지, 성격요소, 지각 또 영역별 장애 및 손상 정도에 따라 상당한 차이가 있다. 예를 들어 노년층에게 정형화된 몇 가지 부정적 가정이 있다. 실제로 상당수 성인들은 사망 직전까지 기억 및 지능에 전반적 감퇴가 없다(Cohen, 2006). 노인에 대한 문화적 믿음, 가족/공동체의 지지 등이 노인의 자기지각 및 심리사회적 변화에 차이를 초래하는데, 이것은 어느 연령층에도 같은 영향을 끼친다.

현실에서 모든 노인은 연령 증가로 기능 변화를 느낀다. 이런 변화들은 어떻게 개인차에 맞는 미술치료를 적용할까라는 실용적인 고려사항이다. 어떤 노인의 경우에는 구조화를 해 주지 않으면 좌절감, 흥분, 퇴행을 보이기도 하므로, 내담자의 신체적 또는 정서적 변화에 맞춰 쉽게 통제할 수 있는 매체를 결정해야 한다. 다른 경우, 특히 인지적 곤란을 겪는 내담자는 한 번에 한 단계씩 진행하도록 계획해야 한다.

Weiss(1984: 27)는 초창기에 노인에 대한 미술치료를 개척하면서, 노인을 위한 목표 및 실용적 목적을 다음과 같이 요약하였다.

- 삶의 사적인 의미와 상호 관계적 의미를 재발견하기
- 타인과 상호작용하고 의사소통하는 빈도를 증가시키기
- 자기가치 및 자존감을 향상시키고 계발하기
- 지적 · 신체적 · 정서적 기능을 자극하기
- 일생을 돌이켜 보고, 자신과 타협하고, 개인 삶을 가치 있게 보기
- 삶의 의미와 개인 잠재력을 성취함으로써 '자기존재의 온전함' 을 경험하기

몇십 년 전에 출간되었지만, 이런 주제와 목표는 아직도 매우 적절하고 또 노인미술치료에 민감한 기술을 응용함으로써 성취될 수 있을 것이다.

미술에서 너무 늦다는 없다

미술과 노년학 분야에서, '미술에서 너무 늦다는 없다.' 라는 글귀가 있는데, 당신이 몇 세이든지 또는 어떤 문제가 있든지 상관없다는 의미다. 80대인 할머니 Elizabeth Layton은 68세에 우울증을 극복했는데, 미술교실에서 배웠던 기법으로 윤곽선 그리기

를 하였다. 그녀의 그림은 스미스소니언 박물관(Smithsonian Museum)에 전시되어 있고 또 그녀의 이야기는 1991년 미의회 청문회에 소개되었다(American Society on Aging, 1991).

내담자 중에 Bernice는 40대에 남편을 잃고 가족을 부양한 다음에 60대 초반에 미술치료에 참가하였다. 내가 진행하는 노인미술치료 집단에 참가해서 그녀의 재능을 발휘하였는데([그림 19-1]), 인근 대학에서 그림 관련 과목을 청강하도록 격려해 주었다. 집단 참가, 청강, 격려, 그리기와 색칠하기에 대한 시간 투자 등의 결과로 그녀의 기술은 놀랄 만큼 발전했다. Bernice는 지역에서 유명한 화가가 되었고 몇 차례 수상도 했다. 모든 노인들이 동일한 수준의 미술작품을 만들고 유명한 화가가 되지는 않지만, Layton과 Bernice의 이야기는 미술이 노년층의 삶을 진정 변화시킬 수 있다는 점을 보여 준다.

[그림 19-1] Bernice의 그림

인간발달, 미술, 노인 미술가에 관심이 있었던 Spaniol(1997)은 성인의 미술능력 발달에서 '노년 스타일(late style)'이 있는지를 연구하였다. 비록 60대 이상의 작품에서 구체적인 특징을 입증한 근본적 증거는 찾아내지 못했지만, 그녀의 연구는 성인 미술표현에 관한 의문을 던져 주었다. 예를 들어 Cohen(2009)은 민속미술은 65세까지도 미술을 배우지 않은 노년층에 의해 주로 만들어진다는 점에 주목했다. Gardner(1993)는 노인은 특정 지능 분야에 매우 융통성이 있는데, 미술표현이 그 중 하나다. Cozolino(2008)는 Gardner의 생각에 동의하면서, 노인들의 특정 대뇌 부위에 회백질(grey matter)의 양이 더 많다는 것에 주목하고, 자기초월(self-transcendence) 단계를 만들었는데, 이것은 더욱 세련된 창의성과 관련되고 또 상상력의 열쇠인 확산적 사고와 감정에 개방되어 있음을 지칭한다. 인지적 장애와 연관해서 볼 때, Sacks(2008)는 치매환자가 미술작품을 재인하고 반응도 보이며, 또 언어에 반응이 없고, 소통할 수 없고, 특정 상황에서 방향감각도 없지만, 색칠하기를 즐긴다고 하였다. 현대 추상화가로 잘 알려진 Willem de Kooning은 알츠하이머병이 시작될 때, 작품이 더욱 생산적이었다. 어떤 치매는 이전에 발견하지 못했던 놀라운 미술재능을 촉발시키고 또 작품 만들기에 관심을 보인다(Ramachandran, 1998, 2011).

노인에 대한 미술치료 가치는 대뇌 가소성 개념과 연관되는 것으로 보이는데, 정상적일 때는 특정 부위에서 담당했던 미술활동을 병이 시작되면서 대뇌의 다른 부위가 담당한다는 뜻이다. 인간 대뇌의 양쪽 반구가 노년기에는 덜 구분되고 더 많이 상호작용함으로써 이런 가소성을 나타내기 시작한다. Cohen(2000, 2006)은 미술활동은 양측화(bilaterization)라고도 명명된 좌뇌-우뇌의 상호작용을 촉진한다고 믿었다. 부분적으로 어떤 노인은 연령이 증가하면서 왜 미술능력이 더 좋아지고 또 미술이 더 중요한지를 설명할 수 있다.

감각자극

미술치료는 모든 사람, 특히 노인에게 감각자극의 한 유형으로 널리 인정받고 있다(Elkis-Abuhoff, Goldblatt, Gaydos, & Coratto, 2008; Levine-Madori, 2009). 단순히 보면, 감각자극은 오감을 통해 정보를 받음으로써 환경이 마음과 신체에 영향을 미치는 것이다. 노인 내담자에게 창의적 중재를 하려는 대부분 프로그램에서, 내담자들은 미술활동뿐 아니라 음악, 움직임, 기타 레크리에이션 경험으로 자극을 받는다. 이런 활동의 일부, 즉 작품 만들기, 움직이기, 노래하기를 선호하는 적극적인 참가자에게 도움이 되지만, 다른 노인들은 매체나 영상, 음악 듣기 또는 시각적 관망을 통한 자극이 도움이 된다.

예를 들어 최근 연구는 박물관에서 그림을 보는 활동이 간호를 받고 있는 노인에게도 강한 영향을 끼친다고 한다. 'MOMA(Museum of Modern Art, 2011)에서 만나요'라는 프로그램은 알츠하이머 환자를 박물관에 정기적으로 데려가는 것인데 다양한 방식으로 감각을 자극함으로써 감정과 기억을 좋게 하였다. 먼저, 미술을 경험하는 지적 자극이 새로운 학습기회를 제공하였고, 가족 및 대중과 경험을 나누면서 사회적 관여를 증진시켰는데, 갤러리 관람이나 편안한 환경에서 작품 설명식 토론을 하면서 긴장이완과 어울림이 증진되었다. 노인들에게 따스하게 상호작용하는 촉진자와 함께 인생에서 새로운 흥미와 새로운 타인과의 관계도 도움이 되는 자극이다.

마지막으로 미술작품을 통한 감각자극은 힘든 문제를 가진 노인들에게도 정서적으로 강력한 영향을 미친다. Levine-Madori(2009)는 노년층의 능력과 기술의 유지를 위해 포괄적이고 창의적인 미술치료 접근을 시도했다. TTAP(Therapeutic Thematic Arts Programming, 치료 주제 미술 프로그램)라는 방법은 신경자극을 위해 순서대로 아홉 가지 구조화된 활동을 제시하는데, 참가자들끼리 상호작용을 극대화하고 사회적 · 감정적 욕구를 다룬다. 이것의 목적은 미술작품 만들기를 포함해서 다양한 감각활동으로 인지기능을 활성화시키는 실제적 수단을 제공하는 것이다. Elkis-Abuhoff 등(2008)은 파킨슨병으로 진단받은 사람들을 격려하여 모형점토과제를 실시하고 창의적 표현을 하게끔 하면서 동시에 정서성과 증상 변화를 기록하였다. 많은 파킨슨병 환자는 손 떨림과 소근육 운동 능력에 결함이 있기 때문에, 점토로 모형 만들기를 미술매체로 사용했는데, 이 매체는 쉽게 조절되고, 모든 수준에 작용 가능하고 또 소근육 및 대근육 기술을 증대시킨다. 연구자들은 중재 전 · 후 행동을 평가하기 위해 표준 측정치를 사용했고, 강박 충동적 사고, 공포증, 우울증이 유의미하게 줄어들었고 또 정상 수준까지 낮아졌다. 이런 세 가지 정서적 지표는 특히 파킨슨병에 중요한데, 왜냐하면 증상을 곰곰이 생각하고, 공포를 자주 느끼고, 그 결과 우울을 경험하게 되기 때문이다. 요약하면 점토매체를 활용한 미술치료의 감각자극은 파킨슨병 환자를 독려하여 소근육/대근육 운동기술을 활성화시키고 자신의 환경에서 통제감을 느끼게 해 주고, 세상과의 촉각적 '연결'을 가능하게 하여 '세상을 움켜잡는(grip on the world)' 회복감을 준다.

심리적 성장과 의사소통

미술치료는 원래 모든 연령층에게 삶의 관심사 및 심리적 어려움을 표현하고 탐색하는 방법으로 활용되어 왔다. 앞서 말했듯이, 심리사회적 문제와 자기지각은 노화과정 중에 변화하고, 미술표현은 노인들이 이런 변화를 검토해 보고, 적응해 나가고, 노화과정을 수용하게끔 돕는 방법이다. 그러나 노년기에 창의적 중재를 제공하기 위한 구성은 성공적 노화를 위한 새로운 관점을 제공할 수 있으며, 또 노화가 배우기나 발달의 종결을 의미하는 것이 아니라는 인식을 제공한다.

개인은 일생을 통해서 심리적 성장 잠재력을 갖고 있다는 개념은 이제 널리 인정되고 있다. Cohen(2000)은 네 가지 단계로 설명했다.

- 40대에서 50대에 이르는 중년기 재평가단계(죽음에 대한 인식이 미개발된 개인의 잠재력을 찾아보고픈 소망을 증가시킴)
- 50대에서 70대 중반에 이르는 해방단계(은퇴 후 새로운 선택을 탐색해 보는 자유)
- 60대 후반에서 80대에 이르는 요약단계(삶의 의미를 다시 찾아봄)
- 70대 후반에서 죽음에 이르는 앙코르 단계(삶의 주요한 주제 또는 교훈을 수용하고 재확인)

이런 단계들은 쇠퇴가 아니라 창의적 잠재력 가능성을 강조하기 때문에 미술치료를 노인에게 적용하기 위한 구조를 제공한다. 예를 들어 해방단계는 새로운 흥미를 개발시키기 위해 많아진 자유와 자신감을 의미하고 또 살아오면서 해 보지 못했던 미술적 자기표현 같은 새로운 것을 시도해 본다. 요약단계는 개인의 경험과 지혜를 타인과 공유하기 위해 시각적 표현과 사회적 상호작용 기회를 통해 삶을 돌이켜 보는 것이다.

역사적으로, 노인과의 미술치료는 개인이 노화문제, 즉 정서적 고통, 슬픔, 상실 등을 소통하게끔 돕는 목적으로 활용되어 왔다. 이런 개인과 작업하는 것이 통찰 지향적이지만, 이것은 심리치료 또는 치료전문기관에서 제공되는 미술치료의 형태는 아니다. 부분적으로 중재기법은 인지적 문제가 있는 개인의 기능 수준에 따라 구성하게 된다. 또 중요한 것은 노인에 대한 미술치료가 참가자의 현재 관심사, 삶의 질 향상, 생활변화에 대한 적응, 사회성 증가에 초점을 둔다. 의사소통의 형식으로 미술을 사용하는 것은 초점을 다르게 둘 수도 있는데, 노인들이 삶의 지혜와 경험을 나누고 또 미해결된 문제가 있으면 다시 생각해 보게 한다.

미술이 항상 모든 노인의 심리사회적 문제를 해결하는 방식이 아니므로, 72세 된 Colin의 경우 미술치료가 자기발견의 촉매제가 되었다. Colin은 아내의 죽음으로 약간의 건강문제를 계속 보였는데, 걷기도 어렵고 또 혼자 살기에 두려움도 느껴서 집을 팔고 은퇴촌에 들어갔다. 공동체 생활에서 사회적 상호작용이 처음에는 도움이 되었지만, Colin은 계속해서 적응문제와 불안을 보였고, 아내를 그리워하고 여러 해 동안 해 왔던 집안일을 그리워했다.

처음에, Colin에게 긴장이완을 돕는 미술치료를 계획했지만, 궁극적으로 그리는 동안에 자기감정을 쉽게 표현하였다. [그림 19-2], [그림 19-3], [그림 19-4]는 Colin이 그렸으며, 각각 '갇혀진 감정'([그림 19-2]), '좌절'([그림 19-3]), '압도당함'([그림 19-4])이라고 제목을 달았는데, 이것은 불안과 그에 따른 지각으로 괴롭다는 것을 나타낸 것이다. 이런 깊은 감정에도 불구하고, 종이 위에 이것을 표출한 것에 깊은 감명을 받았으며, 또 "그것에 갇혀 있는 대신에, 잊어버려."라고 말했다. 시간이 지나 구성원이나 직원의 사회적 지지를 받고 또 그런 감정을 촉발시킨 것을 탐색해 보고서, Colin은 인생의 여러 긍

[그림 19-2] Colin의 '갇혀진 감정'

[그림 19-3] Colin의 '좌절'

[그림 19-4] Colin의 '압도당함'

[그림 19-5] Colin의 변화된 이미지, '낚시 가기'

정적인 순간을 회상해 냈다. '낚시 가기' ([그림 19-5])는 이 중 한 가지였는데, 이 그림은 낚시여행의 즐거운 기억뿐 아니라 비슷한 경험을 한 거주자들 사이에 열띤 토론을 벌이게 했다.

뇌졸중이나 기타 질병으로 언어능력을 전부 혹은 일부 상실한 내담자의 경우, 미술이 비언어적 표현의 잘 인정된 대체형태다(Johnson & Sullivan-Marx, 2004). 예를 들어 어떤 미술치료 회기에는 미술재료 또는 색깔의 선택과 실험에 초점을 두어, 실어증 내담자가 언어가 아닌 창의적 능력으로 평가받고 이해되게 한다. 다른 경우에 그리기, 색칠하기, 조각, 공예품을 만들면서 그 작품에 대해 이야기 꾸미기를 하고 구성원끼리 무언가를 공유하게 한다.

노인의 경우에 인생 돌아보기는 가장 흔히 사용되는 기법이다(Corey, Corey, & Corey, 2008). Johnson과 Sullivan-Marx(2004)는 추억 지향적인 집단미술치료가 인생 돌아보기에 특히 효과적이라고 했다. 미술표현은 실어증 내담자에게 특히 중요하지만, 우울증 또는 사별을 겪은 내담자에게도 유용하다. 대부분 회기는 작품 만드는 시간 및 후속 토론 시간을 갖지만, 공통 주제를 주었을 때는 구성원들에게 응집성을 갖도록 지시하는 것도 도움이 되고 보편적 주제를 사용하는 것이 좋다. Drucker(1995)는 미술치료가 과거 사건의 의미를 찾고 놓쳐 버린 기회에 대한 분출구 역할을 한다고 하였다.

인지기능의 평가 및 증진

기억 및 인지의 증진과 향상은 알츠하이머병, 치매 관련 문제를 가진 노인들의 미술치료의 공동 목표다. 많은 미술치료사들이 미술작업이 어떻게 노인의 대뇌기능을 돕는지 임상적 관찰을 해 왔지만, 미술표현이 도움이 된다는 증거는 지금에야 분명해졌다.

미술이 아동과 성인의 평가에 혼재된 결과를 보여 왔지만, 노인의 경우 인지장애의 식별에 예측도구로 활용되고 있다. 예를 들어 간단히 시계그림(Clock Drawing)은 여러 해 사용되었는데(Grant & Addams, 2009), 다른 인지기능 평가의 보조검사 역할을 했다([그림 19-6]과 〈표 19-1〉). 요약하면, 치매노인은 일반적으로 정상 인지기능을 가진 사람보다 이 과제를 잘 못한다. 이 검사는 실행기능, 즉 순서화, 계획, 독립생활에 결정적 능력이 조직화 등에 대한 좋은 예언자로 인정된다(Richardson & Glass, 2002; Samton et al., 2005).

[그림 19-6] 시계그림 평가의 예

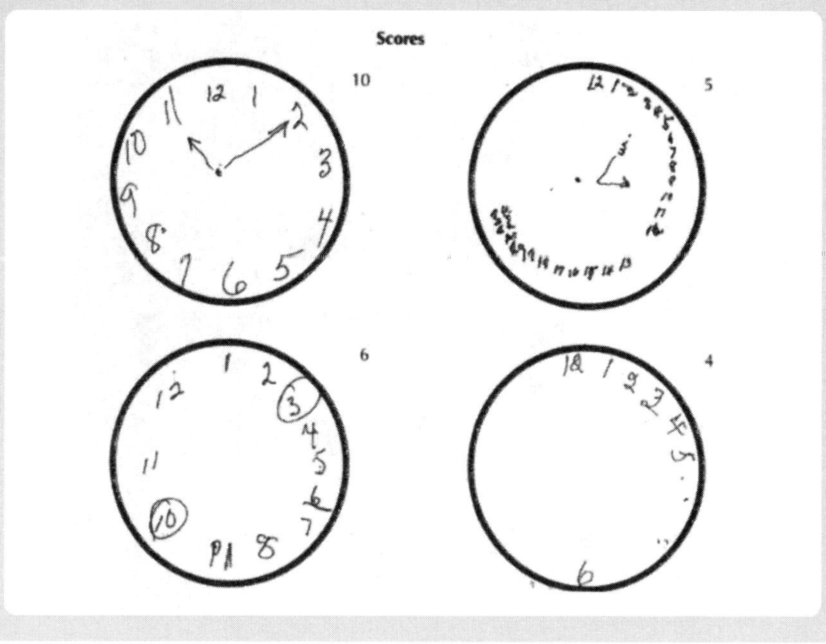

〈표 19-1〉 시계그림 평가방법

점수	준거
10~6	시계의 원과 숫자가 대체로 정상적으로 그려짐
10	시계바늘이 정확한 위치에 있음
9	시계바늘 위치가 약간 틀림
8	시계바늘 위치가 어긋난 것을 쉽게 알아차림
7	시계바늘 위치가 아주 벗어남
6	시계바늘의 역할을 못하고 있음(즉 반복적 지시에도 불구하고 숫자로 된 시계를 그리거나 숫자를 원으로 표시함)
5~1	시계의 원과 숫자가 손상되어 있는 시계그림
5	숫자가 회전되거나 나란히 붙여 씀
4	숫자 순서가 왜곡, 시계판의 통합성이 안 보임(즉 숫자가 빠지거나 원 밖에 적음)
3	숫자와 시계판이 관계없음: 시계바늘이 없음
2	지시를 다시 해도 시계의 희미한 표상만 그려 냄
1	시작도 못하고 또는 그려도 알아볼 수 없음

주: Sunderland et al.(1989)에서 채택

덧붙여 신경과학은 미술치료가 어떻게 노인에게 적용될 수 있는지를 알려 줄 뿐 아니라 미술표현이 어떤 인지기능을 드러내는지도 밝혔다. Ramachandran(1988, 2011)은 뇌졸중 환자가 어떻게 이미지를 그려 내는지 설명했다. 예를 들어 우반구가 다친 환자에게 말을 그려 보라고 지시하면, 필요한 모든 부분을 비교적 잘 그려 낸다. 그 그림을 자세히 그릴 수는 있지만 어색한 것은 말의 정수인 활력이다. 미술적 감각은 대개 우반구에 있기 때문에 그림표현에 생동감이 없다. 반대로 좌반구를 다친 사람은 그전보다 더 잘 그릴 수 있다(만일 팔다리 움직임이 정상이라면). 왜냐하면 우반구 기능이 더 우세해지기 때문이다. 비록 이것은 단순한 대비이지만, 미술표현은 대뇌 손상의 충격이 분명하게 나타나는 한 가지 방식이다.

앞서 언급했듯이 Levine-Madori(2009)는 창의적인 미술치료 접근인 TTAP 방법을 개발했는데, 이것은 인지기능을 증진시키는 수단이 된다. TTAP 방법이 알츠하이머병 환자의 인지력 감퇴를 늦춘다는 증거가 있는데, 이것으로 기억 유지를 향상시키고, 자존감 증진, 방향 상실감을 줄일 수 있다. 미술치료를 구체적으로 검증한 연구에서, Alders와 Levine-Madori(2010)는 스페인계/라틴계 공동체 노인들에게 적용해서 인지수행을 향상

시키는 미술치료를 발표했다. 미술치료에 참가한 자들이 일반적인 인지검사로 측정해 보았을 때 비참가자보다 훨씬 우수한 수행을 보였다. 이들의 발견은 미술치료 회기에 자기주도적 작품 만들기를 결합시키면 인지능력과 인지수행에 대한 개인의 지각을 향상시키는 데 도움을 주었다는 것이다.

마지막으로 Woolhiser(2010)는 콜라주가 치매노인의 회상과정을 향상시킨다고 했다. 잡지 사진 콜라주 평가(Magazine Photo Collage assessment)를 수정하여 분석한 자료에서 얻어진 것이다(Landgarten, 1993). 이런 발견들은 콜라주가 치매노인에게 언어로 구사할 수 없는 정보를 전달하는 기회를 제공하는 것이다.

결 론

80대 화가 Edna Eckert는 "나는 창의적인 사람이 종종 오래 산다고 생각한다. 왜냐하면 항상 삶을 재창조하기 때문이다. 어제 우리가 했던 것이 내일 새롭게 된다. 이런 과정의 핵심은 희망이다."(in Weiss, 1984: 25)라고 말했다. 기본적으로 이런 인용은 창의성과 노화의 연관성을 강조한 것이다. 미술은 사람이 뭔가를 새롭게 창조하는 동안에는 인생이 끝나지 않았고 또 어떠한 창의적 경험이라도 그 안에는 희망이 반드시 내재되어 있다는 것을 입증한다. 노인에 대한 미술치료의 응용이 계속됨에 따라, 미술이 어떻게 소통 및 인생회고를 촉진시키고, 인지능력과 사회적 연계망을 증진시키고, 노년기까지 심리적 성장을 유지하는지에 대한 이해도 향상될 것이다. Eckert가 말했듯이, 미술은 노인을 창의성과 자기표현에 몰입시켜 줌으로써 수명과 삶의 질에 영향을 준다.

CHAPTER 20

성인 정신증 환자의 미술치료

매년 약 500만 정도의 미국인과 그들의 친척이 심각하고도 지속적인 정신질환으로 고통을 받고 있다. 이런 질환들은 사고하고, 느끼고, 일하고, 인간관계를 유지하려는 인간능력을 방해한다. 가령 무능력에 빠뜨리는 정신분열증은 망상과 환각을 일으키는 사고장애를 보이고, 중증 우울증과 양극성 장애도 감정변화로 제 기능을 못하게 한다. 정신질환은 당뇨, 암, 심장병보다 더 많으며 미국 내 병상(病床)의 21% 정도를 차지하고 있다. 이제 정신질환자를 치료하는 효율적인 치료법을 모색해야 할 필요성이 더욱 절박해졌다. 정신분열증 환자의 1/10과 양극성 장애의 1/5 정도가 자살로 삶을 마감할 것으로 예측된다.

중증 정신질환자의 증가와 치료의 시급함은 치료사들에게 더 세분화된 치료적 접근법을 개발하도록 자극한다. 그러나 미국의 건강관리 현실은 적절한 치료를 제공하고 싶은 치료사들도 낙담시킨다. 즉 치료는 단기간, 심지어 입원 병동에서는 1~2회기만 보험지급을 하고, 통원치료 시에도 몇 개월만 보험지불이 된다. 개별 미술치료는 전무하다시피하고, 대개 집단치료 장면으로 만나야 한다. 집단을 구성하는 질환유형도 정서문제나 인지문제 등이 혼재되어 있고, 내담자의 회복단계도 다양해서, 효과적인 치료가 되지 못한다. 현재 미국의 정신건강체계하에서, 대부분 집단미술치료는 매체 활용에 제한이 있어서(비용문제로), 안이하게 진행되고 있다.

이러한 한계에도 불구하고, 중증 정신질환자를 위한 미술치료는 나름 효과를 보고 있다. 완전한 고립감을 느끼는 환자들 간의 관계 맺기, 절망에 빠진 환자에게 희망 주기, 미술도구를 활용하는 과정에서 삶의 의미와 목적을 찾기도 한다. 이 장은 미술치료가 성공적으로 적용되기 위한 조건과 정신건강센터 등에서 어떻게 적용할지를 설명한다. 또 치료를 넘어서 환자의 예술적 관심도를 증가시킬 방안도 제시하고자 한다.

심각한 정신질환자를 상담하는 전문가들이 갖추어야 할 세 가지 조건은 진솔성, 창의성, 회복력이다. '진솔성'은 치료사와 내담자 간의 심도 있는 인간관계를 의미하는데, 이것은 향후 내담자의 인간관계 형성 능력에 보탬이 된다. '창의성'은 미술치료과정에 내담자의 참여도와 사고의 융통성을 유도하려는 치료사의 전문적 역할과 연관이 있다. '회복'은 정신질환에도 불구하고, 삶의 의미와 목적을 찾게 해 주려는 치료사의 신념을 의미한다.

진솔성

치료기술, 치료지식, 적절한 기법은 성공적 치료의 요건이다. 중증 정신질환자와의 상담 장면에서, 치료사의 태도는 말보다도 훨씬 더 중요하다. 왜냐하면 사람에 대한 진솔하고 성실한 관여 또는 미술재료 그 자체가 미술치료에서 치료요인이 되기 때문이다.

전이를 자극하기 위한 기법이나 집단 참여를 독려하기 위한 전략이 아니라, 미술치료적인 동맹이 진솔한 관계가 되어야 한다. 이런 집단을 잘 치료하는 전문가는 정직함, 온화함, 적극성을 지니고 있다. 치료사의 기본은 내담자를 정신질환자로 보지 않고, 한때는 치료사처럼 꿈과 희망을 가졌던 사람, 즉 동류의 인간으로 생각하는 것이다. 치료사는 '빠른 해결책'을 찾지 못하는 무능력을 인정해야 한다. 치료사는 조절을 감내해야 하고, 절망하는 내담자에게 희망을 주어야 한다. 치료사는 내담자를 편하게 해 주기 위해 치료사의 삶도 기꺼이 공개해야 한다. 필요하면 외부 도움도 청하고, 심각한 정신질환의 결과물, 즉 빈곤, 오점, 차별감, 자기의심 등을 다루어야 한다(Deegan, 1993, 1996).

내담자와 실제적이면서도 진솔하게 연결되면서, 인간관계를 어떻게 맺는지 치료사가 모델역할을 하게 된다. 집단미술치료가 잘 진행될 경우, 내담자들끼리 공감과 연민을 발달시키게 된다. 환자 입장에서는 인생에서 처음 맛보는 감정일 수도 있다. 대부분 내담자들은 친밀감을 갈구하는데, 친밀감은 사람들을 온전하게 또 생동감을 느끼게 해 주기도 하지만 어떤 내담자는 친밀감을 맺는 과정에 걱정과 좌절감도 느끼게 되면서 치료과정을 포기하려고 한다(Davidson & Stayner, 1997). 집단원은 자신도 타인과 안전하게 다양한 방법으로 관계를 맺을 수 있고, 덜 외롭게 느끼게 될 수 있음을 배운다. 이제 집단구성원을 넘어서 대인관계에서 자신감을 개발시키기 시작한다.

창의성

정신질환이 다소 심한 집단을 치료할 경우에는 치료사의 창의성이 더 많이 요구된다. 중세시대 이후 예술적 창의성과 정신질환이 연관되어 있다는 개념은 일반상식처럼 간주되어 왔다. 후대 학자들에 의해 정신질환이 있었다고 여겨지는 위대한 예술가로는 Bosch, Dürer, van Gogh, Nolde, Pollock 등이 있다. 실제로 창의성과 정신질환 간의 실증적 연관성을 밝힌 연구에서 우울정서장애와 조증의 관련성을 밝히기도 하였다(Jamison, 1993; Ludwig, 1995; Post, 1994; Schildkraut & Otero, 1996).

정신질환을 가진 모든 사람이 창의성을 보이는 것은 아니지만, 예술과 감정변동 간의 상호 연관 가능성도 무시할 수 없다. 정신질환 소인이 창의성과 연관된다는 것을 보상적 이득이라고 할 수도 있지만, 그 대가는 너무 크다. 자신의 생활에서 예술성을 다듬어 가는 사람들을 보면, 예술가로서 선선한 사회적 정체성을 가지고 있으며, 이런 예술가들은 정신적 번민을 승화시킬 수 있는 능력을 갖추고 있다. 1990년 이후로, 여러 사회문제로 정신질환자의 증가를 초래하였고, 이들은 예술이 사회변화를 유도할 수 있다고 믿었다. 여러 나라에서 많은 사람이 사회문제를 극복하기 위해서 치료실 밖 현실에서 예술의 역할을 부각시키고 또 공동체 의식도 함양하고 있다(Bluebird, 1996, 2000). 자기치유 또는 자기성장을 꾀하는 과정에서 미술의 역할을 이해하기 시작한 치료사들은 내담자를 더 잘 공감하고, 임상적 미술치료 집단을 넘어서서 예술적 활동영역을 확장하는 데도 기여하고 있다.

회 복

심각한 환자를 잘 치료하는 치료사들은 비관적인 의료적 진단명보다는 장기적이고 희망적인 예후를 염두에 두고 있다. 만성적인 정신질환의 심각한 후유증에도 불구하고, 치료사들은 만성이라는 의미가 불명료하다고 간주한다. '회복(recovery)' 이라는 용어는 질병, 상실감, 외상 등으로 인한 고통을 극복해 나가는 인간의 소중한 능력을 지칭하는 말이다. 정신질환으로 고통을 받더라도, 의미 있는 삶을 구축하기 위해 정신의 한계를 극복해 나가는 것이다. 회복은 자기회복의 발달적 과정이며, 정신질환자들이 삶의 목적과 존엄성을 개발하도록 권한을 갖게 해 주는 변화과정이다.

감정변동 장애는 비교적 잘 치료되는 질환으로 알려져 있지만, 정신분열증은 긍정적 치료예후가 훨씬 적다. Harding 연구팀은 미국 버몬트 주립병원에서 정신분열증 치료를 받고 퇴원한 환자가 수십 년 후에 재방문한 사례를 분석한 결과, 62~68%는 증상이 사라졌다고 보고했다(Harding, Brooks, Ashikaga, Strauss, & Breier, 1987). 전 세계적으로 행해진 9건의 장기추적 연구보고서에서도 정신분열증 환자의 50% 이상이 회복된 것으로 보고되었다(McGuire, 2000). 이런 결과는 과거의 연구보고보다 훨씬 희망적이다.

심각한 정신질환을 성공적으로 치료할 수 있는 핵심은 환자 입장에서 병의 진행과정과 그것이 끼치는 영향을 이해하도록 해 주는 것이라고 하였다(Anthony, 1993; Deegan, 1993, 1996; Farkas, 2007; Farkas, Gange, Anthony, & Chamberlin, 2005; Spaniol, Gagne, & Koehler, 1999; Young & Ensing, 1999). 이런 입장의 연구자들은 병의 증상보다는 병으로 인한 영향을 설명해 주고 또 질병이 아니라 인간의 잠재력에 초점을 맞추기 때문에 전통적인 치료모델을 변혁시키려는 사람들이다. 즉 회복의 개념을 확산시키는 것이다. 정신병을 잘 치료하는 치료사는 대부분의 환자는 자신의 질병을 넘어서 성장할 것이라는 사실을 인식하고 있다. 치료사들은 어떤 것이 가능할지에 대한 비전을 갖고 있으므로 환자의 미래를 희망적으로 바라본다.

최근에, 연구자들은 회복과정의 단계를 세분화하는 연구를 진행해 왔다(Spaniol et al., 1999; Young & Ensing, 1999). 환자들마다 회복과정은 서로 다르지만, 유사한 경로가 있음도 밝혔다. 즉 장애에 압도당했다는 느낌에서부터 장애를 극복하려는 투쟁으로, 장애를 수용하면서 살아가려는 과정으로, 장애를 뛰어넘은 상태로 진행된다. 첫 번째 단계에서 환자는 힘도 없고 자신을 스스로 제어할 수도 없다는 절망감을 느끼게 된다. 두 번째 단계에서는 사람들이 그들에게 정신질환이 있음을 받아들이고, 그들의 장애에 대응하기 위한 전략과 정보를 갈구한다. 세 번째 단계에서는 이제 자신의 정신질환을 좀 다룰 수 있다고 느끼면서, 자아를 강화시키고 또 바람직한 사회적 · 직업적 역할을 회복하려는 데 관심을 기울인다. 마지막으로, 자신의 병을 극복하고 네 번째 단계에 도달한 환자들은 개인의 재능과 능력을 표현시키는 의미 있는 삶을 지향하게 된다. 이런 단계에 대한 이해는 치료사의 수준을 높여 줄 수 있으며, 회복의 관점에 근거한 치료계획을 구성하는 데 도움을 줄 것이다.

입 원

1단계: 위기극복

정신질환으로 입원한 첫 회복단계는 대개 입원 병동에서부터 시작된다. 심각한 정신질환 환자는 짧은 시간에 뭔가를 해야 하므로, 심리치료보다는 환자를 진정시키는 문제에 초점을 두고 퇴원계획을 우선시한다. 대부분 치료사들은 입원환자들을 한두 번 만났거나 서로 알지 못한다. 입원한 환자집단은 보통 매우 구조화되어 있고, 공통의 목표를 설정하고 있으며, 다루기 쉬운 문제들만 대처하려고 한다. 이런 제한점에도 불구하고, 병동에서 심리치료를 적용할 경우에 집단미술치료가 편리하고, 새로운 체험을 주기 때문에 치료를 목적으로 한 미술활동에 흥미를 갖기가 용이하다. 입원집단을 치료하는 것은 단일 회기에 의미 있는 미술경험을 제공하기 때문에 치료사에게는 까다롭다(Riley, 2001). 단기치료 모델을 따라야 할 것이고 또 병원이 목표하는 기대, 즉 미술과정을 실생활의 느낌을 갖도록 구조화해야 한다. 치료의 주제도 단순해야 하고 과거를 들추어 내기보다 지금 이 순간(here and now)의 문제에 초점을 둔다. 치료사는 집단치료를 시작할 때 구성원 스스로 자신을 소개하면서 동시에 구체적 관심사 또는 목표를 명료화 하도록 요구한다. 제기된 관심사에는 병원에서의 경험, 현재 여건 및 미래에 대한 희망 등을 포함한다.

그러나 치료주제의 선택보다 더 중요한 것은 어떻게 미술치료과정이 각자 생활과 연결될 수 있는가를 깨닫게 하는 것이다. 대부분 사람은 강력한 내면의 감정을 견디지 못할 때 입원을 택하게 된다. 우울증으로 무기력하게 되거나, 망상으로 두려움을 느끼거나, 또는 분노를 주체할 수 없는 상태가 된다. 집단치료사는 미술치료가 활동을 내포시키는 치료 작업이고, 이러한 작품활동과 치료의 결합이 힘든 감정을 다루는 데 유용한 기술을 제공할 수 있다고 설명해 준다.

미술작품을 만들기 전에, 치료사는 미술경험은 세 가지 단계, 즉 표현, 통합, 그리고 개인의 감정 및 생각을 담아 내는 과정이라는 것을 설명해 준다. 작품이 끝났을 때, 치료사는 집단원에게 안전한 방법으로 강한 감정을 표출하고, 그런 감정을 구성원들과 공유함으로써 통합시킬 수 있게 됨을 지적해 준다. 치료종결 시점에서, 치료사는 표현 및 공감할 수 있는 용기를 고무시키고 또 자신이 깨달은 것을 통합시킬 수 있고, 나아가 현실에서 자신의 기능을 회복할 수 있음을 짚어 준다. 퇴원 후에도 스트레스를 느낄 때 대처 전략을 미리 그림으로 그려 볼 수 있다고 제안해 준다.

주간치료

평 가

정신질환 집단의 치료는 보통 주간치료센터에서 진행되는데, 지역별 정신보건센터에 참가하는 환자들은 회복의 초기단계에 있다. 치료 참가에 대한 결정이 빨리 결정되므로 미술치료사들이 심리평가를 거의 할 수 없는 여건이다. 따라서 여기서 초기 평가는 보통 적당한 집단에 배치하는 것을 목적으로 한다. 도움이 되는 평가도구로는 인지 및 정서를 알아보는 Silver 그림검사(Silver Drawing Test: SDT)(Silver, 2002) 중에 심상 하위검사(Imagination subtest, 상상해서 그리기)를 들 수 있는데, 이것은 15장의 카드로 되어 있으며, 카드에는 사람, 동물, 사물들이 그려져 있다.

피험자에게 2장의 자극 그림을 선택하라고 요청하고, 그 그림들 사이에 어떤 그림을 그려 넣으면 좋을지 상상해 보라고 한 다음에, 자신이 상상한 그림을 그리고는 어떤 모습을 묘사했는지를 말로 표현하게 한다. 이 절차는 연필과 레터 사이즈 용지(A4와 비슷한 크기)를 사용하지만, 창의적 색채 활용 정도를 보려면 오일 크레용과 12인치(약 30cm)×18인치(약 48cm) 용지를 사용한다(Sandburg, Silver, & Vilstrup, 1984). 이 검사의 이점은 아주 부드럽게 문제해결 과제와 접목시킬 필요가 있는 창의적 과정을 학습시키는 것이다.

내담자가 2장의 그림을 선택해서 어떻게 결합시키고, 중간에 어떤 그림을 상상해서 그려 넣는지를 보면 인지기능에 관련된 정보를 엿볼 수 있으며, 그 그림을 어떻게 설명하는지 또 이야기를 통해 내담자의 창의성과 환상을 엿볼 수도 있다. 구체적인 인지기능과 어느 정도 한계가 있는(수용 가능한) 환상을 보이는 사람들은 심리교육적 미술치료 집단에 아주 적합하다. 생동감 있는 환상과 그것들을 심상으로 표현할 수 있는 능력을 지닌 내담자들은 심리사회적 집단에 잘 부합되며, 집단치료를 통해서 개성을 강화시킬 수 있는 도움을 받기 쉽다.

2단계: 대응전략 개발

통제력(sense of control)의 상실은 심각한 정신질환자들이 겪는 손상 중에 하나다. 정신분열증의 경우는 내부와 외부 경험을 구분하는 인식능력이 상실되어 현실과 동떨어져 보이고, 우울증은 절망과 마음의 고통으로 말미암아 에너지와 희망이 사라지고, 양극성 장애는 고양된 감정 때문에 한 가지 일에 초점을 유지하는 능력이 손상된다. 심리교육을 지향하는 치료사는 내담자에게 각 상황을 알려 주고, 대응방안을 제공해 준다. 언어적 지시도 도움이 되지만, 미술작업에서 학습을 구체화시키는 것이 자신의 감정도 규명하고, 해결책을 반복적으로 연습하는 데에도 도움을 준다.

스트레스는 모든 사람에게 공통이므로 내담자의 증상을 스트레스 반응이라고 규정하는 것도 도움이 된다. 스트레스는 정신병 증상, 즉 환각, 고양된 기분, 절망감을 불러일으키고 악화시킨다고 가르칠 수도 있다. 또한 스트레스는 외부 환경자극, 즉 오점이나 차별을 느껴도 촉발될 수 있음을 알려 준다. 미술치료에서 지시는 심리증상이 스트레스를 겪고 있다는 단서를 의미한다는 것을 깨닫게 하고, 그것을 다룰 수 있는 자원이 필요함을 느끼게 해 주는 목적으로 실시한다. 예를 들어 미술치료는 다음과 같은 순서로 체계화시킨다.

- **당신의 스트레스 증상은 어떤가?** 스트레스 느낌을 그림으로 표현케 하려면, 개인의 스트레스 경험을 인식하고 확인하는 방법을 배워야 한다. 심리교육적 접근과 마찬가지로, 스트레스를 구체화시키도록 지시하는 방법을 사용하는 것이 좋다. 스트레스를 어떻게 느끼는지 그림으로 표현하기 위해, 치료사는 "선, 형태, 색채를 이용하여 각자 스트레스를 그려 보세요." 또는 "당신의 스트레스를 날씨에 비유해서 그려 보세요."라고 지시한다. 이때 여러 표현매체, 즉 콜라주 또는 3차원 매체(예, 수수깡, 클레이 점토 등)처럼 특이하고 조작이 용이한 것으로 표현의 다양성을 확대시켜 준다.
- **당신에게 스트레스를 주는 것은 무엇인가?** 장차 스트레스가 될 상황을 인식하는 것이 중요하다. 이것을 촉진시키기 위한 한 가지 방법은 스트레스를 일으키는 상황을 묘사하도록 요청하는 것이다. 또 다른 방법은 미술재료를 활용하여 스트레스 상황을 유발시킨다(즉 조화롭지 않은 색깔 또는 즐겁지 않은 형태를 사용해서).
- **당신의 스트레스 증상을 다루기 위한 효과적인 전략은 무엇인가?** 여기서 초점은 미술작품을 생산하는 과정 또는 작품 속 내용이 된다. 내담자에게 평화로운, 스트레스를 감소시키는 장면을 떠올려 보도록 격려하고, 그것을 그리거나 색칠하게 하고, 다음에 평온한 감정과 자신감을 다시 일깨우는 장면 등을 열거해 보라고 한다. 이완반응을 느끼게 하는 스트레스 감소의 한 형태로 미술활동을 활용하도록 배우게 된다(Malchiodi, 1999). 예를 들어 젖은 종이 위에 워터컬러와 넓은 브러시로 음악적 느낌을 채색하는 활동을 이완기법으로 세밀하게 구조화한다면, 마음을 진정시키는 기법이 될 수 있다. 그림 윤곽선을 자유롭게 변경시키는 그림도 자기 관심을 자기 밖으로 돌리도록 훈련시키는 것이므로, 명상훈련이 될 수 있다(Edwards, 1979; Franck, 1973). 윤곽그림을 만들려면, 내담자들에게 일정 시간 동안 어떤 물건(예, 자연물이 좋음)을 관찰하게 한 다음에, 윤곽을 따라 천천히 그려 가는 느낌을 가지면서 자신이 본 윤곽선을 매우 느리게 묘사하도록 한다. 이때 윤곽이 변형되고 뒤틀린 부분을 알아차리고, 그림 속의 관계를 조정하듯이 그려 나간다. 스트레스 감소를 목적으로 미술을 활용하는 과정에서, 내담자는 자신의 증상을 다루는 전략을 배우고, 자아를 더 크게 개발하는 데 초점을 두는 방법을 터득해 나간다.

3단계: 개성을 강화하기

장기간 정신질환을 겪고 있는 사람과 면담한 연구를 보면, 회복의 결정적 열쇠는 "능동적이고 책임감 있는 존재가 되도록 하는 강인한 자아의 구축과 재발견"이라고 한다(Davidson & Strauss, 1992: 131). 개인의 삶에서 능동적인 사람으로 자아를 성장시키는 문제가 장기간 정신질환자들의 회복 열쇠임을 말하고 있다. 자아를 성장시키는 단계로는 ① 자신의 잠재력 확인하기, ② 더욱 능동적인 자아로 만들어 가기, ③ 능동적인 자아를 행동으로 옮기기로 구성된다.

치료양식으로서 시각미술은 연약한 자아를 강화하는 데 특히 유용하다. 미술활동은 정체성을 구축하고 또 개인의 구체적 변화는 자아정체성을 점차 강화시킨다. Nucho(1987)와 DiMaria(1982)는 '자아체계(self-system)'를 자아의 여러 요소로 구성되어 있는 것이라고 하였다. 이런 요소들로는 ① 능력과 자질, ② 관계, ③ 직무수행, ④ 가치관과 이상을 들고 있다.

이런 영역을 치료과정에서 다루어 가면서, 치료사는 집단원들의 생활 속 모든 면을 하나 하나 되짚어 보도록 한다. 이런 내용들은 현재의 병리상태나 부족함보다는 개인의 포부와 강인함에 초점을 두기 때문에 회복의 희망을 심어 주는 데 특히 유용하다.

나는 지난 몇 년에 걸쳐서 자아체계를 수정해 왔다. 수정된 체계의 네 가지 요소는 ① 자기정의: 당신은 누구인가?, ② 관계 속의 자아: 가까운 관계와 먼 관계로 어떤 것들이 있나요?, ③ 자아성취(self-achievement): 당신이 성취한 것과 성취하고 싶은 것은 무엇인가요?, ④ 자기가치(self-value): 당신 삶의 의미와 목적이 무엇인가요? 등이다. 이런 요소들은 자아의 여러 요소를 강화하고 수정할 뿐 아니라 개성을 찾아가는 기본이 된다. 이런 요소들에 기초하여, 치료사는 내담자 개성의 특정 측면을 개발시킬 수 있는 미술치료 활동을 선택하는 것이다.

자아체계는 네 개의 동심원으로 시각화시킬 수 있다. 가운데 작은 첫째 원은 핵심자아(core self)에 대한 내담자의 관점을 나타낸다. DiMaria의 1982년 그리고 Nucho의 1987년 모델에서처럼, 이것은 개인의 신체적 자질과 기능을 나타낸다. 덧붙여 '나는 누구다.'라고 선언하는 사적인 내면의 자아를 포함한다. 심리적 관점에서는 '전의식' 또는 '무의식' 같은 자아 부분이다. 원형적 관점에서 '마음(psyche)'이라는 것이고, 종교적 관점에서는 '영혼(soul)' 이라는 의미가 된다. 지시기법의 예로는 시각화한 자아상징, 즉 "나무 한 그루를 그리고 거기에 목소리를 담아 보세요." 또는 "지난 삶에서 특별한 기억을 도로나 시간의 선으로 나타내 보세요." 또는 "친한 친구는 당신을 어떻게 그려 줄까요?" 라는 질문을 통해서 묘사하게 한다.

치료사는 집단원들의 자아상이 어떻게 변화하고 있는지 단서를 알아내기 위해서 일정 회기마다(약 5~7회기마다: 역자 주) 동일한 지시를 하게 된다. [그림 20-1]에 있는 나무그림은 '나는 강하지만 가끔 공허하다. 봄을 기다리며' 라는 문구를 적었다. 일정 회기 후에 다시 나무그림을 그리게 했더니([그림 20-2]), '평화로움' 이라는 단어를 적었는데 곧 내담자의 안락함이 증가하고 있음을 반영하는 것으로 볼 수 있을 것이다.

[그림 20-1] '나는 강하지만 가끔 공허하다. 봄을 기다리며' 설명 문구를 담은 나무그림

[그림 20-2] 나무그림과 '평화로움'이라는 단어, 웰빙의 증가를 암시

두 번째 동심원은 사회적 자아(social self)를 나타내는데, 타인과의 관계에서 개인의 위치를 나타낸다. 자기정의는 내가 타인과 어떤 관계를 맺는가에 달려 있다(즉 친밀감, 양자관계, 여러 집단에서 사회적 역할과 소속회원 등). 인생은 어머니와 어린이 간의 친밀감에서 시작되고, 성격은 타인과의 관계 속에서 발달한다. 모든 사람은 자신을 성별이나 연령 같은 문화적 하위집단뿐 아니라 국가, 종교, 인종집단으로도 정의 내린다. 사회적 자아를 찾는 이유는 사람들이 타인과 관계를 이해하면서 자신의 독특성을 이해하고 또 성취하게 도와주기 때문이다. 지시할 때는 당신의 지지체계를 도식하고, 그 체계 속에서 당신의 위치, 이상적인 관계의 모습, 어려운 관계, 당신의 최고 친구를 도식해 보라고 요청한다. [그림 20-3]을 그린 내담자는 친구를 옆에 나란히 위치시키고, TV를 시청하고, 음악을 듣고, 전화 오기를 기다리는 모습을 그렸는데, 이것은 관계의 중요성을 묘사한 것이다.

[그림 20-3] 관계의 중요성을 묘사한 심상

세 번째 동심원은 성취하는 자기 모습을 나타내게 한다. 즉 자신이 이 세상에서 효과적인 인물임을 깨닫게 하는 요소다. 자신의 장점과 능력에 바탕을 두고서 개인의 역할과 활동을 연관지어 보게 한다. 역할은 직업적인 것도 되고 사회적인 것도 된다. 자신의 미술적인 흥미와 기술을 발견한 내담자는 미술을 긍정적인 자아정체성을 찾게 해 준 매개체로 생각하게 된다. 즉 한 인간으로서 즐거움과 슬픔을 표현하면서 사회의 일원으로 살아가는 자아를 발견한 것이다(Spaniol, 1995). 지시할 때는 '내 인생에서 가장 자랑스러웠던 시기' '당신이 경험한 여러 가지 역할' '당신의 현재와 미래를 연결하는 다리' '예술가로서 당신의 자화상'을 그려 보게 한다.

네 번째와 마지막 동심원은 가치 있는 자아를 나타내게 한다. 이것은 신념과 가치를 바탕으로 의미를 추구하는 개성 있는 자아를 찾게 할 목적이다. 개성은 외부세계와 상호작용하면서 발전하지만, 내적 과정, 즉 개인의 선호, 희망, 꿈 같은 것(또는 부정적 측면으로 거부, 공포, 후회 등)을 만들어 가면서 확립된다. 정신증에까지 이른 내담자가 장애의 한계를 넘어서는 성장을 하려면, '개인생활을 이끌어 가도록' 해야 하는데, 이것은 목적의식을 가짐으로써 가능해진다. 미술치료에서 지시를 할 때, '당신에게 중요한 무엇' '당신이 가장 존경하는 사람' '당신의 내면에 떠오르는 심상' '5년, 10년, 25년 후에 되고 싶은 자기 모습' 등을 그려 보게 한다.

치료실 설정

창의적 변형

지금까지 주로 어떤 내용을 요구하는 작품 지시에 초점을 두어서 설명했다. 이것은 지시를 통해 자아를 강화시킬 수 있는 구조화된 그림이나 내용을 담아 낼 수 있기 때문이다. 그러나 미술은 자아를 알아가는 방법뿐만 아니라 자아를 변형시키는 방법이다(Allen, 1995). 내면의 심상을 알아차리고, 그것과 씨름하고, 2차원 또는 3차원 형태로 구체화해 나갈 때, 바로 미술을 통한 '깨닫는 방식'이 되는 것이다. 매체를 고정시킴으로써(어느 정도 구조화한다는 의미) 새로운 정체성 확립을 위한 노력을 엿볼 수 있다. 새로운 정체성은 과거 자아와 새롭게 개발되는 능력 간의 상호작용으로 생성되는 것이다.

주간에 상담하는 치료사들은 주로 개인 치료실에서 실시하는데, 이때 내담자는 모양 및 형태를 구현하는 여러 가지 미술매체의 독특한 속성을 숙달하게 된다. 심리재활 분야 역시 정신증 환자를 치료하는 데 미술 활용의 효과성을 인정하기 시작하고 있다. 치료사들이 취업지원을 하는 지역노동사무소에 채용되거나, 지역사회 재활을 돕는 사회단체에서도 근무하는 추세가 증가하고 있다.

전문 미술실 같은 느낌을 주는 치료실 경우에는 치료자라는 인식보다는 협력자 또는 심리 회복의 촉진자 역할을 강조한다. 매체를 선택하는 데 한계를 정하지 않으면서, 존엄성과 존경심을 느끼도록 높은 수준의 미술재료를 제공하기도 한다. 이런 매체로는 아크릴 페인트와 캔버스, 모노타이프 같은 인쇄매체, 시간의 영속성을 의미하는 조각재료 등이 있다. 미술실 같은 환경에서의 치료는 매체의 사용이나 예술적 효과도 함께 교육하여, 그림 목적에 맞게 세련된 선택을 하게 돕는다. 주제를 정해 주지 말고, 단지 매체 사용에 과도한 불안을 느끼지 않을 만큼만 이용법을 설명해 준다.

미술작업이 끝나면, 치료사(촉진자)는 그림 중에 궁금한 점을 탐문하거나 해석을 요청하는 등 작품에 호기심을 보인다. 가령 당신은 어떤 것이 보이는지를 구체화시키기 위해 내담자가 구체적 언어로 말해 보도록 격려한다. Betensky(1995), Nucho(1987), B. Moon(2009) 등은 여러 가지 질문방법을 개발하였다. 현상학적 접근으로 미술작업의 해석을 요구한다. 가령 Betensky는 내담자에게 단순히 "당신은 무엇이 보입니까?"라는 질문을 반복함으로써 안내한다. Nucho는 미술작업에서 모양과 물건에 대해 질문하는 구조화된 대화를 시도하고, Moon은 대상을 구체적 단어로 명명하기 전에 물건이나 색채의 의미를 적어 보도록 격려함으로써 시작한다. 현상학적 접근은 구체적이고 현실에 근거하기 때문에 정신분열증이나 우울증 환자에게 유용하다. 이들은 자기 생각과 느낌으로 세상을 보기 때문에 구체적 근거가 미흡한데, 이를 보완해 주는 기법이 된다. 또한 내담자가 작품을 자기만의 단어, 문장, 습관으로 자유롭게 말해 보도록 격려함으로써 내담자의 현실을 존중해 주기 때문에 지지적인 접근도 된다.

미술을 통한 변론

정신증 환자들에게 사회적 변화를 위한 자조도구로 또는 수단으로 미술을 활용하는 빈도가 증가하고 있다. [그림 20-4]는 자기 자신을 전문 예술가로 생각하는 내담자의 작품이다. 그녀는 매사추세츠 서부 지역에 있는 미술치료실에서 상담했던 환자였다. 이 그림은 주 감호소에서 사생활을 보호받지 못한 것에 대한 강한 시각적 심상과 진술을 담고 있다.

[그림 20-4] 정신증 환자의 미술작품

자조집단을 진행해 갈 때, 시각미술이 개인의 성장과 변화를 촉진할 수 있다(Spaniol, 2000). A.R.T.S(Artists Recovering Through the Twelve Steps: 12단계를 통해 극복하는 미술가들)는 익명단체로서 자조 조직인데 1985년에 창립되었다. 이 단체는 창의적 잠재력을 계발하기 원하는 사람들의 모임으로 100여 개의 지역모임이 있다. 정신건강을 위한 국립미술가(NAMH: National Artists for Mental Health)는 뉴욕에서 조직화되었고, 미술로 자조활동을 돕기 위해 심리적 어려움을 겪고 있는 사람들이 직접 운영하고 있다. 매년 개최하는 '치유의 미술(Art of Healing)'은 미국 전역에서 관심 있는 전문가와 내담자들을 소통시킨다. 미국 정부의 정신건강서비스센터는 매년 '대안'(치료) 모임을 후원하고 있는데, 지금은 이 단체에서 『변화된 상태(*The Altered state*)』라는 저널과 자조집단 안내책자도 출간한다. 심리적 고통을 겪고 있는 사람들이 『미술로 도달하기(*Reaching Across With the Arts*)』(Bluebird, 2000)라고 하는 책자도 발간한다. 이 집단은 분명한 변화, 즉 '심리적 고통에서 행복 지향으로'라는 모토를 추구하고 있다(Spaniol & Bluebird, 2002). 여기서 강조점은 치료사들이 정신증 환자들이 만들어 내는 문화(즉 그림표현양식 등)를 인정하면서 힘을 불어넣을 수 있고, 내담자의 변화와 성장을 지지할 수 있다는 것이다.

희망 그리기

중증 환자를 치료하는 것은 종종 치료사로서의 능력에 절망감을 느끼기 쉽다. 내담자 입장도 한 인간으로서 개인의 능력에 의심을 갖기는 마찬가지다. 치료사와 내담자는 희망과 존엄성을 제공하는 치료 중재방법에 한계를 느끼기도 한다.

미술매체를 사용해서, 자신을 통합하고, 타인과 관계를 맺고, 주변 환경에 관심을 갖고, 더 큰 목적과 의미를 찾고 또 강화하게끔 도울 수 있다(Farrelly-Hansen, 2009). 내면의 느낌을 미술작품에 투사하면서, 내담자의 감정을 움직이고, 자신에 대한 깊은 공감과 연민을 느끼게 한다(C. Moon, 2002). 관계성을 확인하고, 관계를 깊게 하는 방법을 찾아냄으로써 홀로 느껴 온 외로움을 극복하는 발걸음을 내딛게 할 수 있다. 자신의 가치를 알아내기 위해 미술을 활용할 때, 의미를 찾게 되고 주관적 관점을 넘어서 무엇과 연결하게 된다. 마지막으로, 창의적 미술활동 과정에 푹 빠져 들면서, 진정한 자기 모습을 좀 더 완벽하고 개성 있는 존재로 느끼게 된다.

CHAPTER 21

중독증에 대한 미술치료: 창의성과 수치심 감소

오늘날 미국의 경우 알코올과 약물 문제가 정신건강을 해치는 가장 중요한 요인이고 또 중독과 연관된 문제의 부정적 충격이 광범위하다(Reiger et al., 1990; Substance Abuse and Mental Health Services Administration[SAMHSA], 2008). Schuckit(2000)은 어떤 물질이든지 어떤 통로로 주입되었고, 그것이 합법적이든 비합법적이든 약물남용은 감정변동을 일으킨다고 하였다. '감정변동'은 사람의 지각을 변화시키고 대뇌기능을 변화시키는 물질과 관련이 있다. 지난 10년간 과학이 크게 발전하면서 물질사용이 처음에는 자유의식적 행동으로 출발했지만 그 결과 약물과 알코올 중독이 되어 점차 대뇌 질병을 일으킨다고 밝혔다. 이런 물질을 반복적으로 장기간 사용하는 것은 결국 대뇌를 사용할 수 없는 근본적인 구조적 · 기능적 변화를 초래한다.

감정변동 물질의 중독은 생물학적 · 심리학적 · 사회적 관계에 만성적으로 반복되는 질병으로 이해해야 하고, 개인 및 가족에게 심각한 결과를 초래하게 된다(Rosenzweig, Breedlove, & Leiman, 2002). 미국에서는 알코올과 중독성 약물사용자를 치료가 필요한 질병으로 간주한다(Thombs, 1999). '중독'은 전통적으로 알코올 또는 약물에 대해 스스로 주체할 수 없는 강박적 사용을 일컫는 용어다. 그러나 산업화에 따라 이제는 다른 강박적 행동, 즉 도박 · 과식 · 섹스 같은 행동이 통제 불능일 때도 중독이라 한다.

수치심 이론

중독 환자들이 보이는 많은 정서적 요소 가운데, 수치심을 중독과정의 핵심으로 간주하고 또 모든 중독에 중심이 된다(Bradshaw, 1988; Carnes, 1991; Fossum & Mason, 1986; Kaufman, 1989, 1992; Potter-Efron, 2002). 중독에 걸린 사람은 정신질환자나 일반인보다 훨씬 수치심을 많이 갖고 있다(Cook, 1991; O'Connor, Berry, Inaba, Weiss, & Morrison, 1994; Reid, Harper, & Anderson, 2009).

수치심은 정신역동적 관점(Lewis, 1995; Piers & Singer, 1953; Wurmer, 1978), 발달적 관점(Erikson, 1950; Kaufman, 1989, 1992; Nathanson, 1992), 진화적 관점(Tomkins, 1987)에서 각각 연구되었고 또 수치심이 죄의식과는 다르다는 설명도 하고 있다(Potter-Efron, 1992; Leith & Baumeister, 1995; Tangney, Burggraf, & Wager, 1995). 수치심은 매우 강하고, 고통스럽고, 종종 비판적 자기판단 및 열등감이 내재된 실격당한 경험을 특징으로 하고 있다. 수치심을 느낄 때, 자아는 판단, 비판, 부정적 자기평가를 확산시키면서, 결국 전반적 자아상 손상을 초래한다. 손상된 자아상은 타인과의 관계, 개인 포부, 세계관 등을 포함한 여러 측면을 깎아내린다. 수치심의 확대 경험을 '내면화된 수치심'(Cook, 2001; Kaufman, 1989; Lewis, 1971; Nathanson, 1992), '수치심 성향'(Tangney, 1995), '수치심 특질'(Claesson & Sohlberg, 2002; Goss, Gilbert, & Allan, 1994), '수치심 독약'(Bradshaw, 1988)으로 명명되었다. 수치심 성향이 강한 사람은 정신병(Tangney et al., 1995), 감정장애(Andrews, Oian, & Valentine, 2002; Nathanson, 1992; Orth, Berking, & Burkhardt, 2006), 나르시시즘 및 완벽주의(Ashby, Rice, & Martin, 2006; Grosch, 1994), 외상 후 스트레스 장애(Wong & Cook, 1992), 섭식장애(Kaufman, 1992; Swan & Andrews, 2003), 분노와 후회(Tangney, Wagner, Fletcher, & Gramzow, 1992), 적개심(Jakupcak, Tull, & Roemer, 2005), 공감결여(Leith & Baumeiser, 1995), 대인관계 문제(Baumeister, Stillwell, & Heatherton, 1995; Blaisdell, 1994), 그리고 특히 중독(Bradshaw, 1988; Carnes, 1991; Dearing, Stuewig, & Tangney, 2005; Fossum & Mason, 1986; Kaufman, 1989, 1992; Potter-Efron, 2002; Reid et al., 2009; Tangney & Dearing, 2002; Wiechelt, 2007; Wurmer, 1978) 등과 연관된 다양한 대인관계 문제에서 상처를 받는다.

수치심과 중독

수치심과 중독은 병렬적인 관계를 갖고 있는데, 수치심은 중독행동의 원인이고 또 중독을 지속시키는 이유가 된다(Kaufman, 1992; Potter-Efron & Potter-Efron, 1989). 수치심이 많은 사람은 중독행동을 일으킬 위험도 높다(Carnes, 1991; Cook, 2001). 수치심은 충동적인 도박자, 과식자, 소비강박증 같은 내담자(Fossum & Mason, 1986), 화학적으로 의존되고 종속적으로 의존된 사람(Bradshaw, 1988; Kaufman, 1989, 1992; Nathanson, 1987, 1992; Potter-Efron, 2002; Wells, Bruss, & Katrin, 1998), 섭식장애 집단(Kaufman, 1989, 1999; Swan & Andrews, 2003), 성충동/중독 내담자(Carnes, 1989, 1991, 1992; Hastings, 1998; Kaufman, 1989; McClintock, 2002; Reid et al., 2009; Wilson, 2002)의 바탕에 깔린 정서문제로 간주된다.

일반적으로 향정신약물 또는 감정변동 행동은 수치심을 변장시키거나 마비시키는 것으로 보인다(Carnes, 1989; Bradshaw, 1988; Fischer, 1987; Kaufman, 1992; Nathanson, 1992; Potter-Efron, 2002; Potter-Efron & Potter-Efron, 1989; Wells et al., 1998). 그리고 더 만성적으로 수치심을 느끼는 사람은 내면의 고통을 감소시키는 어느 것에나 끌리게 된다(Potter-Efron & Potter-Efron, 1989). 예를 들어 알코올은 '수치심 살해자'로 규정되었고(Nathanson, 1987: 266), 알코올 중독은 억압된 감정의 해방자 역할을 한다.

수치심 감소는 회복과정의 필수요소(Adams & Robinson, 2002; Bradshaw, 1988; Carnes, 1991; Fossum & Mason, 1989; Kaufman, 1992)이고, 개인의 강박 행동을 파괴시켜서 사람들과 친밀관계를 성공적으로 맺게 해 주어서 중독을 예방하는 핵심이다. 그러나 중독체계의 비밀유지 및 수치심에 반대되는 방어를 사용함으로써 치료에서 수치심을 다루기는 어렵다(Adams & Robinson, 2002; Kaufman, 1992; Potter-Efron, 2002). 일반적으로 수치심 자체가 노출과 조사를 두려워하기 때문에 수치심은 여러 방식으로 가면을 쓰거나 숨어 있다. 수치심에 대한 방어는 부정, 위축, 격노, 완벽주의, 무례함 같은 행동인데(Potter-Efron & Potter-Efron, 1989), 또 경멸, 힘의 욕구, 비난에 대한 전이도 방어에 속한다(Kaufman, 1989). 방어들은 적절히 확인되고 다루어지지 못하면 치료과정을 방해하게 되고 또 수치심 성향의 내담자는 "치료 진행이 일어나는 바로 그 과정"을 방해하거나 약화시킨다(Tangney & Dearing, 2002: 173).

중독치료에서 미술치료

미술치료 문헌을 검토하면 미술치료사들이 지난 30년 동안 중독치료에서 일해 왔지만, 소수만이 중독집단에 대한 미술치료 효율성을 보고했다. 연구는 대부분 대화식으로 단일 사례를 다룬 것인데, 초점은 일차적으로 중독치료의 특별한 욕구에 맞게 미술치료를 응용하였다. 예를 들어 Moore(1983)는 미술작품의 장점을 느낄 수 있는 문서라고 하였고 또 부정과 같은 사고 왜곡을 감소시키고 재인식시키는 데 도움을 준다고 설명했다. Allen(1985)은 알코올 입원 병동에서 구조화된 집단 구성원을 치료할 때 미술치료를 활용할 필요가 있다고 하였다. Cox와 Price(1990)는 청소년 약물중독자에게 '우연 그림'을 활용했고, Chickerneo(1993)는 영성에 대한 미술치료 역할을 검증하였다. Feen-Calligan(1995, 1999)은 알코올중독자 자조치료협회에서 이용하고 있는 개념과 12단계 변화절차(즉 무력감에서 높은 통제까지)에 기초한 미술치료 회기를 계획하였다. 나는 섹스중독자를 대상으로 미술치료를 적용하였다(Wilson, 1998, 1999, 2000, 2004). Sharf(2004)는 약물중독자의 치료에 미술작품에 대한 치료사의 지각을 탐색하는 질적 방법을 사용하였다. Horay(2006)는 변화단계 모델(stages-of-change model)로 동기적 면접기법의 효과를 연구하였다. Ezell과 Levy(2003)는 미술치료사와 약물중독 경력이 있는 감호소 청소년 간에 상호작용과 교육을 강조한 혁신적 예술 프로그램에 대한 다중양식 종단연구를 하였다. Klontz, Garos 그리고 Klontz(2005)는 성 중독자의 실험적 치료결과를 설명했는데, 적용된 여러 실험 양식 중에 미술치료가 유일한 것이었다.

미술치료와 수치심 감소

인지-행동 치료(CBT) 같은 전통적인 언어적 접근은 중독에 자주 언급되는 치료 형태다(SAMHSA, 2008; Elison, Arndt, & Schut, 2005; Goodman, 2001; Mackay & Donovan, 1991; Mattson, 2003; McCrady & Nathan, 2006; Washton & Zweben, 2006). 그러나 CBT는 인지적

언어과정 및 구체적 문제해결에 우선적으로 초점을 두고, 핵심적인 수치심 문제를 다루거나 구체적 목표로 삼지도 않는다. 수치심은 숨어 있고 방어되어 있어서 다루기 어려운 힘든 정서이고(Adams & Robinson, 2002; Kaufman, 1992; Potter-Efron, 2002), 또 수치심은 본질적으로 언어로 설명하기도 어렵고 또는 인지적 과정으로 접근하기도 어렵다. 왜냐하면 수치심은 대부분 다양한 비적응적 반응으로 쌓여진 무의식적 경험이기 때문이다(Kaufman, 1992; Nathanson, 1992; Wells et al., 1998). 비록 CBT가 우울(Dobson, 1989; Hollon & Beck, 1994; Jacobson et al., 1996)과 불안(Watt, Stewart, Brich, & Bernier, 2006), 재발 방지(Magill, 2007; Marlatt & Gordon, 1985)에 효과적임이 입증되었지만, 중독의 수치심도 낮추는 데 효과적일지는 잘 모른다.

미술치료 같은 표현적 접근은 수치스러운 감정이 더 쉽게 떠오르고 또 비언어적인 창의적 접근으로 더 직접적으로 다가갈 수 있기 때문에 수치심을 낮추는 방법으로 제안되어 있다. 표현적 접근은 잘 확립된 방어에 직면하지 않고 우회하기 때문이다(Francis, Kaiser, & Deaver, 2003; Moore, 1983; Wilson, 2000, 2002). 미술치료는 무의식적 과정을 탐지하는 것으로 알려졌고(Hammer, 1958; Naumburg, 1950, 1987; Wadeson, 1980) 또 승화와 투사과정으로 괴로운 감정에 접근할 수 있는 안전한 방법이 되며, 또 비교적 안전한 은유, 상징, 이미지로 표현된다(Kramer, 1984; Moore, 1983; Rubin, 1999, 2001; Naumburg, 1950; Wilson, 2002). 미술치료는 말로 설명하기 어려운 고통스런 감정(즉 수치심)을 상징적 형태로 소통한다(Riley, 1993; Naumburg, 1987). 나아가 그리기, 심리극, 역할놀이 같은 창의적 양식은 초기 아동기 외상에 쉽게 다가가서 '내면 아이'인 수치심을 치료하는 방법이며(Bloom, Robins, & Branston, 1968; Bradshaw, 1988; Capacchione, 1991; Dayton, 1994, 2000; Nash, 1989; Watson, 1989; Wilson, 2000, 2002) 또 수치심과 연관된 괴로운 아동기 기억 및 원래 비언어적 형태라서 말로 쉽게 다가갈 수 없는 신념을 표출시킨다.

나는 미술치료사를 위해 다섯 가지 기본 지침을 설명하는데, 중독으로부터 회복 및 수치심 감소에 필요한 구체적 확인내용을 포함하고 있으며, 이것은 통찰 지향적 접근과 인본주의 이론을 결합시킨 것이다. 인본주의 접근은 예술적 창조와 예술적 표현을 자기 확신적 그리고 삶의 활력으로 간주한 Rollo May(1975)와 Silvano Arieti(1976)의 초기 작업에 토대를 두고 있으며, 인본주의 이론에서 창의적 과정이란 기본적으로 수치심 감소(Wilson, 2000, 2002)와 연결되고, 문제를 교정하는 기능을 한다. 또 신의 창조물이 겸손한 인간이라고 간주한다(Arieti, 1976). '통찰 지향적'이란 미술과정 및 작품을 자기반영, 자기표현, 정서조절, 통찰 등의 산물로 활용한다는 의미다(Kramer, 1979, 1984; Naumburg, 1950, 1987; Rubin, 1986, 1999, 2001; Wadeson, 1980, 1987).

과제 1: 개인과 집단의 안정성 확립

치료를 위해서는 편안함 및 치료관계를 확립하는 것이 중요하다. 만일 이런 요건이 충족되지 않으면, 치료효과를 보기 어렵다. 자신을 수치스럽게 느낄 때는 어떤 벽을 만들게 되어 타인을 멀리하게 된다. 만일 자신을 가치 없게 생각한다면, 타인도 그렇게 여기게 될 것이다. 대부분의 중독자들은 신뢰문제를 고민하는데, 집단치료 장면에서 스스로 노출하는 것은 신뢰하고 있다는 측면과 위험 감수를 하는 측면을 내포한다. 처음에, 미술재료를 다루는 것 역시 위험인자다. 혹시나 평가당할까 봐, 또 어리석게 보일까 봐 두려워할 것이고, 종종 완벽함과 통제욕구를 가지고 싶어 한다. 이런 문제들은 수치감이 반영된 것이다.

내담자는 매 회기 시작 무렵에 집단규범과 해야 할 것에 대해 설명을 들을 때 편안함을 느낀다. 고참자가 신참 구성원에게 멘토 역할, 즉 집단치료의 목적과 미술치료과정에서 자신이 경험한 것을 설명해 주는 것이 구성원들 간의 결속력을 높인다. 모든 구성원이 비밀유지 서약을 하는 것이 진지한 치료 분위기를 조성하게 하고 또 신참자들도 안전함을 느끼게 한다. 구성원들이 친숙한 용어를 사용하고 중독치료의 철학을 설명할 때, 미술치료를 치료과정의 연속으로 보게 된다. 초기에, 미술치료는 다음 방법으로 수치심을 낮출 수 있다.

- 자아에 대한 어휘를 사용하도록 돕기 중독자들은 자신의 사고나 느낌의 표현방식으로 미술매체를 탐색하기 시작한다. 내담자들이 미술재료 사용에 익숙해질 때까지는 사용하기 쉽고 정리도 간단한 재료를 쓰는 것이 좋다. 나는 잡지를 활용하여 콜라주 기법을 주로 사용하는데, 대개 중독자들은 어떤 문제에 대한 답을 외부에서 찾는 데 익숙해져 있기 때문이다. 적당한 시간과 지지만 있다면, 중독자들은 내면의 지혜와 지식 그리고 자기성향을 반영시킨 심상을 찾아낼 수 있다.

- **안전함과 가식 없는 감정의 틀 제공하기** 마음속 깊은 곳에 있는 미해결된 감정이 드러나기 시작한다. 표현하지 못하고 회피했던 또 강박적으로 부정했던 감정들이 치료 초반에 부각되기 시작한다. 미술재료는 전에는 강박적으로 그리고 통제 불능으로 여겼던 공격적 · 폭력적 감정이 분출되고 변형되도록 도와준다.
- **자기신뢰 배우기** 중독이란 선택이 없는 것이다. 치료실에서, 내담자는 선택의 기회를 갖게 된다. 미술작품 만들기 자체가 중독으로 어찌할 수 없는 수동성이 아니라 매체와 최종 작품에 대해 능숙함과 통제감을 느끼게 한다.

*** 미술작품 지시**

- 그림으로 당신을 소개하시오.
- 당신을 치료실에 오게 한 상황을 그림으로 그려 보세요.
- 치료실에 있는 순간 당신이 어떻게 느끼는지 그려 보세요.

과제 2: 중독증 이해하기

중독자 치료에 가장 어려운 점은 중독자 자신의 능력을 잠식한다는 사실을 깨닫게 하는 것이다(Carnes, 1992). 따라서 중독치료에서 교육은 필수이며, 지식의 축적으로 개인 능력도 빨리 회복할 수 있게 돕는다. 중독자에게 개인경험을 집단 구성원에게 설명하는 방법을 알려 주는 것은 자신을 객관적으로 보고 자신감도 갖게 해 준다. 중독이 질병이라는 것을 학습하고 나면 자신을 비난하지 않고, 수치심도 낮아진다. 중독이 무엇인지 명칭을 붙이게 하고 자신의 경험을 설명하는 과정에 적합한 용어를 구사하면서 위안을 느끼게 된다. 미술치료 회기는 내담자와 치료자 간의 상호 영향을 주고받고 또 실제적 학습기회를 제공해 준다. 창의적 매체를 사용하는 것은 학습경험을 증진시키고 집단 구성원의 에너지를 변화시키면서 피부로 느낄 수 있는 결과를 제공해 준다. 자신이 학습한 개념을 직접 경험으로 설명하기 위해 미술매체를 활용하는 것 자체가 중독자들이 경험을 자신의 문제로 받아들이게 해 주고 자신의 행동을 납득하게 한다.

- **중독에 명칭 붙이기** 미술은 중독자들이 개인의 질병을 시각화하게끔 돕는 도구다.

시각화는 객관성을 높여 주고, 내면의 혼란된 경험으로부터 거리를 두게 해 준다. 심상을 그리면서 중독자가 처음으로 깊이 있게 중독행동의 부정적 결과를 반복해서 여러 번 보게 해 주며, 현실적인 방향감각을 갖도록 도와준다.

*** 미술작품 지시**

- 당신의 중독 상태를 그려 보세요.
- 당신이 "약물을 받아들였거나 강박적 중독행동을 하였을 때" 어떤 일들이 발생하는지를 그려 보세요.
- 집단활동: 커다란 종이에 구성원의 신체 윤곽선을 그린 다음에 약물이 신체 어느 부위에 작동하는지를 그려 보세요(Feen-Calligan, 1999).

● **조정 불가능하고 무기력함** 12단계 동호회 모임의 첫 단계를 이해함으로써, 회복과정이 시작된다. 원래 '12단계 알코올중독자 자조치료협회(AA)'에서 유래된 12단계 작업은 여러 국가에서 자조모임에 많이 활용되고 있다(도박중독자 자조치료모임, 마약중독자 자조치료모임, 과식자 자조치료모임, 섹스 중독자 자조치료모임 등). 각 단계는 특정 과제를 실행하게 구성되었고, 매 단계는 다음 단계와 연결되게끔 하였다. 각 과제에 대한 분명한 언어표현은 집단마다 다르지만, 내용의 맥락은 동일하다. 첫 단계는 현실의 삶에서 극단적일 만큼 무기력했음을 인정하는 것이다. 초기 회복단계의 관건은 중독 때문에 개인의 삶이 무기력해지고 통제 불가능하게 되었음을 글로 적어서 객관적 증거를 남기는 것이다. 12단계 개념에서 미술작품을 만드는 것은 회복 프로그램을 시각화하도록 격려하고 또 회복모델을 통합하게끔 돕는다.

*** 미술작품 지시**

- 중독으로 통제 불가능하게 된 모습을 그려 보세요([그림 21-1]).
- 무기력하게 될 때 당신은 어떤 감정을 느끼는지 그려 보세요.
- 당신이 통제 불가능하고 무기력함으로써 당신 가족에게 끼치는 영향을 그려 보세요.

[그림 21-1] 알코올과 섹스 중독을 통제할 수 없다는 한 내담자가 터질 것 같은 두뇌를 묘사함. 자신의 입을 꿰매어 마치 진실만을 말하려는 노력을 하지만, 정작 거짓말만 일삼았다는 그림

과제 3: 부정 깨부수기

부정은 수치심을 변장시킨다(Carnes & Wilson, 2002). 중독으로 도움을 청하는 대부분의 내담자는 문제의 심각성과 내용을 적극적으로 부정한다. 중독이 자신과 친인척의 삶을 얼마나 황폐화시켰는지 인식하지 못한다. 문제를 부정하고, 타인을 비방하고, 개인 행동의 심각성을 축소시키려는 방어만 일삼는다. 중독으로 야기되는 나쁜 결과로는 사실을 숨기려는 시도를 정당화하고, 문제를 간과하는 것이다. 미술치료는 언어 중심이 상담보다 방어를 더 빨리 무너뜨리고 외상을 더 잘 다룬다. 미술은 창의적 표현을 유도하는 것이므로 부정 같은 이성적 통제를 덜 받고 치료과정을 촉진시킨다. 덧붙여, 미술작품은 중독자들이 자신의 문제를 계속 합리화시키거나 또 축소하려는 1차적 방어를 드러내게 한다.

치료 초기에 중독을 지속적으로 하게 만든 부정의 역할을 극복하도록 돕는 데 역점을 두어야 한다.

＊ 미술작품 지시

- 약물로 당신이 얻은 희망과 실제 현실경험을 비교 또는 대비시킨 실제적 그림과 환상적 그림을 그려 보세요([그림 21-2]).
- 중독 때문에 당신이 잃어버린 모든 것을 담은 그림을 그려 보세요.
- 중독으로 야기된 외적 또는 내적 변화를 그려 보세요.

[그림 21-2] 여성 내담자가 섹스, 알코올, 과소비, 코카인, 니코틴 중독 때문에 부닥친 현실과 환상을 대비시킨 그림

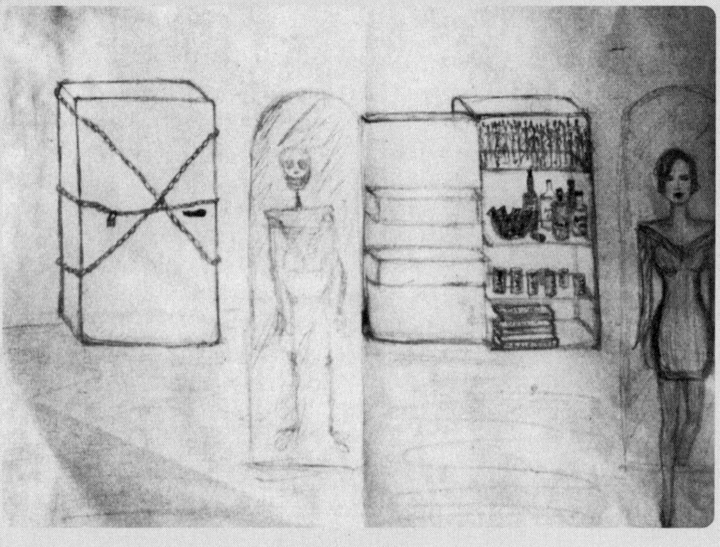

그림의 오른쪽에 그녀는 중독물질로 가득 담은 채 열려 있는 냉장고를 그렸다. 냉장고 상단에 사람, 두 번째는 술병과 돈이 가득 들어 있는 바구니, 코카인을 나타내는 콜라 캔, 하단에 담배 몇 보루를 그려 넣었다. 냉장고 오른쪽의 거울은 자신을 젊고, 섹시하고, 아름다운 모습으로 그렸다. 이 그림은 중독이 계속될 것이라는 환상을 나타낸 것이다. 왼쪽에는 냉장고를 쇠사슬로 감았다. 거울 속에는 단지 해골만 묘사하였다. 이것은 실제로 자신에 대해 느끼는 현실을 묘사한 것이다.

- **부정 형태** 내담자에게 부정의 여러 형태(즉 합리화, 축소화, 이지화, 관계 단절, 비방 등)가 있음을 교육한다.

*** 미술작품 지시**

- 당신이 사용해 보았던 3종류의 부정(또는 그 이상)을 적거나 그려 보세요.
- 개인 바구니. 바구니를 사용해서 당신의 안과 밖을 그려 보세요(밖은 사람들에게 보이고 싶은 자신을 나타내고, 안은 사람들이 보게 될까 봐 두려운 것을 나타내 보세요[그림 21-3]).

[그림 21-3] 정신증 환자의 미술작품

여성 내담자의 그림으로, 타인에게 보이고 싶은 자신의 일부만 그렸다. 전체 모습은 결코 보이고 싶지 않음을 의미한다. 섹스 중독자들은 수치스러운 생각을 품고 있고 또 의식을 하지 않으려는 감정을 내포하기 때문에 '구획'이라는 부정을 자주 사용한다.

- **행동발작을 유발시키는 상황 깨닫기** 치료 초기에 내담자들이 생활 속에서 분노발작을 촉발시키는 조건에 대해 깨닫도록 하는 것이 중요하다. 치료사는 충동을 촉발시키는 사람, 장소, 흥분을 자극하는 것들을 회피하는 방법으로 문제를 해결하도록 도와야 한다. 내담자는 분노 촉발자 목록을 작성하고, 치료사와 함께 각 목록내용을 검토한다.

＊ 미술작품 지시

- 기분을 나쁘게 하는 것과 분노발작을 일으키는 목록을 적거나 그려 보세요.
- 당신이 약물 유혹을 가장 쉽게 받는 조건을 그려 보세요.
- 당신이 중독 촉발자를 조정할 수 있도록 돕는 극복수단(예, 심호흡, 전자담배 등)을 스스로 갖고 있는 모습을 그려 보세요.

과제 4: 회복과정에서의 포기

심각한 중독으로부터 회복하는 변화에는 포기할 것도 생긴다. 중독자의 경우에, 필수적인 포기는 곧 한계를 인정하는 것이다. 인간은 한계가 있을 수밖에 없기 때문이다. 중독자는 이런 한계를 부정하는데, 중독자가 나도 한 인간임을 인정할 때 수치심도 줄어든다. 치료목적은 중독자를 위축시키는 것이 아니라, 중독으로 약화된 신념과 행동을 변화시키는 것이다. 이런 변화는 사람과 세상에 대한 중독자의 관점을 상당히 변화시켜야만 가능해진다.

- **12단계 공동체와 후원 치료 프로그램에 참여하기** 치료 초기에, 중독자들은 회복과정에 있는 다른 사람과 함께 있는 것이 중요하고 또 치료 장면 밖에서도 지지관계를 맺도록 한다. 치료센터와 12단계 자조모임은 중독자가 회복을 시도할 수 있는 현실적 상황이 된다. 중독자가 내면의 힘이 없다면, 치료 프로그램을 통해 또 회복 중인 동료 중독자를 통해 힘과 희망을 빌려 오도록 한다. 치료모임의 신참자를 멘토해 주는 회복과정에 있는 사람은 누구나 후원자 역할을 할 수 있다.

＊ 미술작품 지시

- 12단계 치료모임에 참여함으로써 얻게 된 이점을 적거나 그려 보세요.
- 당신을 도와주려는 사람들에게 포위된 모습을 그려 보세요.
- 당신이 원하는 후원자의 모습이나 자격을 그려 보세요.
- 모임에서 당신 후원자가 되려는 사람에게 다가가는 모습을 만화 형식으로 그려 보세요.

- **중독자가 선택한 것에 대해 확고한 신념을 구조화하도록 돕기** 알코올 자조치료모임과 다른 12단계 프로그램의 성공은 정신세계의 한계를 설정하지 않고 특별한 신념체계도 조장하지 않았다는 데 있다. 개인의 신념을 구조화하기 위해서 시각적 그림으로 나타내게 한다. 많은 중독자는 자신 밖에 떨어져 있는 권능을 그림으로 묘사하면서 치료가 시작된다. 치료가 진전되면서 자아와 신이 부각되고 더욱 가깝게 되는 것처럼 권능과 연결이 더 가까워진다.

*** 미술작품 지시**

- 권능과의 관계를 그려 보세요(어떤 힘을 가졌는지를 그려 보세요).
- 당신의 권능과 대화하는 모습을 만화 형태로 그려 보세요.
- 용서하는 모습을 그려 보세요.

5단계: 수치심의 근본 이해하기

회복 초기에 내담자가 좋게 보이려는 가식을 포기할 만큼 충분히 안전하다고 느끼기 시작할 때, 과거 행동에 대한 후회와 수치심을 깊이 느끼게 되고 마침내 현실을 직시하게 된다. 갈등이 많고 학대가 심한 가정 또는 알코올중독 부모에게 성장한 중독자들은 외상 경험이 더 크기 때문에 그 외상이 의식적 자각으로 통합되기 어렵다. 이런 가정은 대부분 구조화되어 있지 못하고, 변덕스럽고, 필요한 양육이 부족하므로 자기조절이나 문제해결 기술을 배우지 못한다. 중독자 중에는 신체적 · 정서적 · 성적 학대나 무시를 경험한 경우도 많다. 중독 시작 무렵부터, 중독자는 감정변동을 일으키는 음주행동과 물실남용이 불안이나 심리적 괴로움을 씻어 준다는 것을 학습하게 되고, 이것이 대처방식으로 습관화된 것이다.

중독과 PTSD는 공병률이 높다. 외상기억을 조절하기 위해 약물남용이나 강박행동을 하게 된다는 논문도 있다(Herman, 1992; van der Kolk, McFarlane, & Weisaeth, 1996). 외상 경험은 억압되고 기억에서 망각되지만, 느끼는 고통은 계속 누적된다. 외상 전문가는 외상을 재구조화하기 위해서 새로운 이해와 의미를 만들어야 할 필요성을 지적했다(Riley, 1993; Herman, 1992).

외상기억은 단어보다 심상으로 더 쉽게 표현된다. 미술은 은유적 방법으로 경험을 안전하게 일정 거리를 두고 표출하지만, 상징도 외상 경험을 깊이 있게 표현할 기회가 된다. 미술은 비언어적 외상에 목소리를 부여하지만, 깊은 수준의 정서기억과 경험을 탐험할 수 있도록 촉진시킨다.

- 가족에 기인된 내용을 설명하기　중독자는 자신의 학대경험을 축소하거나 장기간에 걸쳐 후유증으로 남는 것을 부정한다. 그래서 아동기 학대와 중독의 형태 간에 연관이 있다는 점을 인식시키는 것이 필요하다. 자신도 한때는 희생자였다는 깨달음은 수치심을 감소시키는 데 도움이 된다. 생존하기 위해 아동기 때 형성된 행동은 자기 패배적 행동을 강화시키므로 치료 초반에는 회복에 도움이 되지 않는다.

＊ 미술작품 지시

- 가족들을 그려 보세요.
- 집의 윤곽을 그리고, 집 밖에는 가족이 다른 사람을 평가하는 심상을 그리세요. 집 안에는 가족이 실제 행하는 행동을 그려 보세요.
- 당신이 아동기 때 결코 하고 싶지 않았던 것과 지금 원하는 것을 그려 보세요([그림 21-4]).

[그림 21-4] 섹스와 약물에 중독된 내담자가 아동기 때 결코 경험하고 싶지 않았던 일을 그린 그림과 오늘도 계속 원하는 것을 그린 그림

자신이 아동기 때 고립되었고 외로웠다는 의미와 자신이 계속 원하는 것은 타인과 관계를 맺는 것임을 묘사한다.

- **중독자의 미신과 규율, 즉 완벽 추구와 통제욕구 또 변화에 대한 두려움을 깨뜨리기** 창의적 치료과정은 중독자가 허용되고 있음을 느끼게 해서, 건강하게 구조화된 방식으로 미술활동을 하게 만들어 준다. 내담자는 보복의 두려움을 느끼지 않고 탐색과 창조를 해 나간다. 실수도 용인되고 위험 감수도 해 보게끔 격려한다. 단순하게 무엇인가 짓는 것과 부수는 행동은 내담자가 경험해 보지 못한 활동일 것이다. 내담자는 자신의 모든 행동이 비판적인 부모의 감시 대상이 되었거나 실수가 용납되지 않았기 때문에 시도해 본 적도 없었을 것이다(Rubin, 1984). 창의적 미술표현은 중독자에게 지나친 퇴행 또는 통제 불능 상태까지 가지는 않으면서도 자유롭게 놀이하게끔 허용할 때 잘된다. 이런 과정에서 아동을 보호하고 또 자신이 아동기 때 해 보지 못한 것을 성취해 보려는 기회를 갖게 된다(Wilson, 1998).

- **자기확신과 권능** 중독자는 아동기부터 품어 온 자신을 위협한 메시지와 피해를 떠나 보내야만 한다. 타인으로부터 인정을 받음으로써, 중독자는 새롭고 긍정적인 자아를 구축하는 방법을 배우고, 결국 내면의 자신을 어떻게 가꾸어 갈지를 배우게 된다. 많은 경우, 내면 아이를 치유하는 것이 곧 회복이 되고 있다는 의미다. 내면 아이는 미술을 통해 더 쉽게 자신의 느낌과 욕구를 표출하게 된다. 왜냐하면 아동은 욕구를 명확하게 주장하지 못할 때, 미술로 표현하려고 하기 때문이다. 이 단계에서 회복작업은 내담자가 내면 아이를 양육하는 방법을 배우고, 그래서 성장의 동력, 즉 아동 같은 순수한 마음이 활약하게 만든다(Carnes, 1991).

*** 미술작품 지시**

- 내담자에게 각각 자기 신체를 큰 종이에 본뜨게 한 다음, 그 안에 긍정적 자기확신과 심상을 채우도록 한다.
- 내담자들이 회복의 방법을 함께 그려 보게 한다.
- 어른에게 보호를 받고 있는 내면 아이를 상상해서 그려 보게 한다.
- 작은 인형이나 천으로 만든 인형으로 내면 아이를 만들게 하고, 안전한 환경을 조성해 준다.

결 론

수치심은 정신건강 영역에 중요한 위치를 점하고 있고, 사회적 · 진화적 관점에서 연구되었으며, 복잡한 부정적 경험으로 간주되고 있다. 수치심은 정신병 및 다른 부적응적 특질과도 연관이 있고 또 중독치료 프로그램 및 중독 문헌에서 자주 설명하고 있는 개념이다.

충동적인 물질사용과 충동적인 행동을 하지 않는 새로운 삶으로 이행되는 과정은 점진적이고도 헌신을 필요로 한다. 중독 전문가들은 기본적인 회복 개념과 기술을 가르쳐 주지만, 동시에 지지적인 방법으로 수치심을 설명하기도 하고, 중독에 이른 자신의 행동을 설명해 보게도 한다. 미술치료는 이러한 일련의 치료과정에 도구가 되며, 치료의 핵심방법이나 보조적인 수단으로 활용될 수 있다.

중독자는 자신의 수치심 반응을 인식하고 확인하는 것을 배워야 한다. 수치심에 명칭을 부여함으로써, 중독자는 수치심에 기인된 감정과 현실을 구분할 수 있고, 나아가 인지 왜곡을 줄이게 된다. 수치심 감소를 위한 기존의 인지적 접근은 이지화를 허용한다. 수치심은 개인의 지각경험에 영향을 끼쳐서 세상을 바라보는 눈을 바꾸기도 하므로, 기존에 느낀 수치심을 다시 느껴 보고 재처리해야 한다. 이해만으로는 수치심을 감소시키지 못한다. 수치심이 감소하면, 개인은 수치스러운 중독 습관으로 회귀하려는 충동이 줄어들기 시작한다(Adams & Robinson, 2001).

창의적 미술은 정신의 언어이기 때문에 미술은 수치심 같은 깊은 심리적 고통에 더 쉽게 다가가게 한다. 언어가 생기기 전에, 수치심은 심상과 상징으로 더 쉽게 표출된다. 창의적 과정 그 자체가 자기확신을 심어 주고, 삶의 활력을 주고, 내면의 수치심을 감소시키고 교정하기도 한다.

CHAPTER 22

재향군인과 군인에 대한 미술치료

'허트 로커(hurt locker)' 라는 용어는 베트남전쟁에서 유래되었는데, 군대생활과 전쟁에서 여러 가지 의미를 갖는다. 이것은 개인이 있고 싶은 장소이거나 두들겨 맞거나 다치게 되는 장소다. 이것은 또한 오래된 군대노래, 즉 '정말 미치……(really f***ed up)' 라는 노래이기도 하다. 작가 프로듀서인 Mark Boal(2009)에 따르면, '허트 로커' 는 군인 속어로서 '나쁜 고통스런 장소' 라는 뜻이고, 또 심하고 불가피한 신체적 또는 정서적 고통의 기간을 의미한다. Boal은 군인들이 이것을 시적인 삼가하는 말의 형식으로 사용한다고 했다. 만일 폭약을 해체하려고 할 때, 사제 폭발물(Improvised Explosive Device: IED)이 터진다면, '허트 로커' 가 국기로 감싼 하얀 상자로 바뀌고 무공훈장과 함께 고국으로 이송된다.

일부 사람들은 우울증, 약물남용, 외상 후 스트레스 장애 같은 다양한 '허트 로커(hurt locker, 신체적 · 정서적으로 심각한 상태)' 를 가진 채로 제대하게 된다. 신경학적 · 신체적 · 인지적 · 정서적 어려움을 주는 대뇌 손상도 전쟁 참가 군인에게는 허다하다. 또 다른 이들은 가족과 몇 달간의 재회 후에는 다시 다른 전투 지역에 배치되어서 심리적 갈등이 더욱 증대될 수도 있다.

이런 이유와 세계 도처에 전쟁, 갈등, 테러의 빈발로, 전문가들이 치료현장에서 군인 및 가족을 만나는 빈도가 많아졌다. 이런 내담자에게 미술치료를 어떻게 적용해야 할지 정보가 부족하지만, 미술치료가 전쟁과 연관된 PTSD 증상 및 다양한 전투에 참가 경험이 있는 군인의 고통을 치료하는 수단으로 기여한다. 이 장은 재향군인들의 미술치료 모델을 제공하고 또 재향군인 및 전투 참가 빈도가 많았던 군인에 대한 미술치료 사례를 소개한다. 이론적이고 방법적인 접근은 국제외상스트레스연구학회(International Society for Traumatic Stress Studies: ISTSS)에서 제안된 지침을 따랐고(Foa, Keane, Friedman, & Cohen, 2009) 국립외상 및 상실연구소(National Institute for Trauma and Loss: NITL)의 지침도 참조했다(Steele & Malchiodi, 2011; Steele & Raider, 2001).

재향군인과 미술

『워싱턴 포스트지』의 종군기자이면서 이라크 바그다드 주재관이었던 Jackie Spinner는 군인과 재향군인에 대한 미술치료 가치를 언급했는데, "전쟁 외상을 가진 재향군인은 종종 미술에서 치료의 힘을 발견한다."라고 말했다(Malchiodi, 2011: 4). 미술치료가 공식적인 치료방법으로 재향군인에게 적용되어 왔지만, 재향군인은 스스로 자기표현과 재활을 위한 미술 프로그램을 오랜 기간 개발했다. 재향군인 병원은 매년 창의적 예술축제를 개최해서 건강부서에서 조각 및 그림을 전시해 왔다. 프로그램은 다른 방법으로도 자기표현 기회를 제공하는 노력을 해 왔다. 1981년에 재향군인 집단이 국립 베트남 재향군인 미술박물관을 개장하였는데, 베트남전쟁에 참여한 군인들의 미술작품을 모아 두었다. 이 전시의 작품들은 역사적 사건 및 전쟁경험을 묘사했지만, 재향군인 스스로 미술이 전쟁, 인간승리와 고통, 외상 사건에 대한 감정을 소통한다는 사실을 발견했다.

이라크와 아프가니스탄에서 최근 갈등을 경험한 재향군인들은 미술을 활용하여 기억하고, 감정을 표현하고, 전쟁의 본질에 관한 기록을 남겼다. 이라크전 참가자 재향군인인 Drew Cameron과 화가 Drew Matott는 버몬트 주 Burlington 시에서 종이 제작 스튜디오인 종이 공화국(People's Republic of Paper)을 설립했는데, 국제적으로 유명한 프로그램, 즉 전쟁 종이 프로젝트(Combat Paper Project: CPP)를 만들었다. Cameron은 개인적으로 취재활동 후에 마음의 화해 및 감정 정화의 필요성을 경험하였고 또 병사들의 이야기를 증거로 남기는 것이 중요하다고 믿었다. CPP의 접근은 옷장, 상자, 다락방 등에 앉아 있는 전쟁 복장에 초점을 두었고, 복종, 전투, 봉사의 감정과 연관시키게 했다(Miller, 2010). 이런 제복들은 종이로 미술, 그림, 창의적 글쓰기 또는 개인 잡지를 만들었다([그림 22-1], [그림 22-2]). 이 과정은 본질적으로 전쟁의 일부분을 미술로 변화시켰고, 전사를 화가로 만들었다.

[그림 22-1] Drew Cameron의 종이미술 예.(www.combatpaper.org)

[그림 22-2] Drew Matott의 종이미술 예.(www.combatpaper.org)

어떤 미술적 과정이든지, 이 프로그램은 재향군인을 다양한 방법으로 도왔다. 어떤 사람에게는 제대 후 민간인으로 돌아오는 첫 단계이기도 했고, 어떤 이는 자신의 행동에 대해 책임을 지는 방식이 되고, 죄의식과 타협하고, 반복되는 외상적 전쟁 기억에 직면하게 하는 방법이 되었다. 심리치료 형태로서 미술과는 다르지만, 이 작업은 종종 재향군인 사이의 교류를 통한 공개로 이어졌고 또는 갤러리, 박물관, 전시관 등에 전시되고 팔리기도 했다. '미술가로서 재향군인'의 전통은 많은 사람을 도와서 귀향군인의 공통점인 외상장애, 즉 PTSD, 우울증, 물질남용, 외상적 대뇌 장애를 추방하게 해 주었다.

오늘날, 미술치료사는 미국 내 많은 재향군인 병원에서 레크리에이션 서비스의 한 부분, 즉 '창의적 미술치료사'란 제목으로 참가한다(U.S. Department of Veterans Affairs, 2011). 접근방식은 다양하지만, 대부분 치료 분야에서 일하고 있는데, 재향군인들이 경험을 토의하고 정서적, 신체적으로 재활하도록 돕기 위해 다양한 미술경험을 제공하고 있다. 이러한 병원 내 프로그램은 음악치료, 레크리에이션 치료, 원예치료 및 개인/집단 심리사회 중재의 보완, 약물남용 치료, 의료적 간호 등과 조화시켜서 적용한다. 다른 임상가들도 다양한 치료실, 정신건강, 공동체, 재향군인 및 가족을 정착시키는 별도 치료 프로그램으로 미술치료를 활용하는데, 미술치료에 대한 이런 임상적 응용이 다음 부분의 내용이다.

PTSD 및 전쟁 군인

전쟁 참가 또는 여러 전쟁에 파견된 경험을 가진 군인들은 PTSD의 위험이 증가한다. PTSD는 신체적 위험을 유발하거나 또는 공포, 전율, 무기력감을 느끼는 사건을 목격했거나 경험한 이후에 생기는 불안장애(anxiety disorder)다. 잘 알려진 PTSD의 세 가지 증상으로는 사건 또는 기억을 재경험하는 것, 외상기억을 떠올리는 것을 회피하는 것, 과잉각성 및 놀람반응이다(American Psychiatric Association, 2000). 전쟁 외상을 겪은 사람들은 그 장면을 이미지로 떠올리고, 악몽을 꾸고, 무서운 생각이 이어지는데, 특히 외상기억을 떠올리는 무언가에 노출될 때는 특히 그러하다(가령 전쟁영화 관람, 사진 전시회, 관련 뉴스를 들을 때). PTSD 재향군인은 정서적 무감각을 보이기도 하고 대인관계 및 과업을 방해하는 행동을 보인다. 만일 전투에서 사격거리 안에 있을 때 강한 분노폭발을 보인다면, 분노폭발은 PTSD 치료가 필요하다는 표시다(Lighthall, 2010).

많은 군인의 가장 흔한 PTSD 표출은 강도 높은 전투훈련 및 전쟁에 대한 경험으로 학습된 반응인 셈이다. 예를 들어 위험지역에 근무하는 군인은 재빠른 식사, 짧은 수면, 소리 및 냄새 같은 위협에 빠른 반응을 학습한다. 이런 행동의 목적은 무슨 수를 써서라도 동료를 보호하고 또 이런 목적을 위해 동작을 빨리 해야 한다. 군대 훈련의 목적은 위협에 대한 '전투력'을 강화시키고 또 대뇌의 자기보존 신경 부분인 '도망' 또는 '동결' 반응을 감소시키거나 제거하는 것이다. 이런 반응들은 전투에서는 생명을 구하지만, 집에 있을 때나 임무가 끝났을 때는 문제가 될 수 있으며, 이런 '상태(states)'가 외상 후 스트레스 반응과 관련된 '특질(traits)'이 될 수 있다(Malchiodi, 2008a). 불면증, 감정장애, 놀람반응, 외상반응에 대한 인지적 문제 특성 등은 전쟁에서 귀대한 군인에게는 일반적이다. 이런 반응이 병리적인 것이 아니고 비일상적 경험에 대한 정상적 반응으로 인정하는 것이 PTSD 치료에 중요한 부분이다.

PTSD를 다룰 때, 자살 가능성 평가를 부가적으로 해야 하는데, 그 이유는 장기간 전투임무에 참여한 많은 군인들 중 많은 수가 자살을 자주 생각하기 때문이다(Lighthall, 2010). PTSD가 일부 군인들의 감각을 무력하게 하는 것처럼, 전투는 죽음 자체에 둔감화하게 만들어, 위험이 높은 행동에 자신을 처하게 만든다. 어떤 사람은 절망감을 인정하지만, 어떤 사람은 반대로 자살을 시도하는데, 아마도 제대 후 다른 생활을 해야 한다는 희망이 자살로 연결되고, 자신을 영웅시하려고 하는 것 같다(Joiner, 2007).

마지막으로 최근 이라크 및 아프가니스탄 등 여러 전쟁 참가는 군인들의 삶에 독특한 영향을 미친다. 한 임무를 마친 뒤에 가정으로 돌아간 베트남전쟁과는 달리, 중간 중간 몇 달간 병영에서 또는 가족과 번갈아 시간을 보내긴 했지만, 6회 이상 전투에 파견된 경우도 있다. 어떤 군인은 전투배치-휴가-재충전 주기에 적응했지만, 어떤 이는 군대, 인간관계, 가족의 역할에 스트레스를 더 많이 느끼기도 한다. 여러 전쟁에 참가한 군인은 전투에 참가하지 않은 군인에 비해 PTSD 증상 및 우울증 정도가 세 배 이상 높았다(Seal et al., 2010). 또한 여러 전쟁 참가 군인은 만성통증을 호소하는 비율도 두 배 이상 높았고, 90% 이상이 일반 군인집단의 신체기능 수준보다 낮았다(Seal et al., 2010). 배우자/애인 그리고 특히 아동은 여러 전쟁 배치로 더 많은 충격을 받았는데, 긴장된 관계,

불안 가중 그리고 전투에서 아빠/남편의 죽음에 대한 공포를 느끼기 때문이다.

중재를 위한 미술치료 접근

미술치료는 증상의 뿌리와 치료적 접근방법에 따라 다양하게 재향군인의 외상반응을 경감시키고 해결할 수 있다. 미술치료는 인지-행동적 및 신체적 중재기법과 결합하여 전쟁 외상을 치료하는 데 자주 활용된다. 군인 및 그 가족에게 널리 적용되지만, 연구보고는 미미한 편이다. PTSD로 입원한 25명의 베트남 재향군인을 대상으로 16주간 15가지 치료방법을 단일 회기로 적용하여 치료효과를 비교한 연구에서, 미술치료가 가장 심한 환자의 PTSD 증상을 감소시킨 유일한 기법이라고 보고했다(Morgan & Johnson, 1995). 즉 미술치료가 기분전환을 제공할 뿐 아니라 시각적 대화를 통해 외상기억을 다루는 한 방법이 된다는 것을 입증한 것이다. 다른 연구로는 임상적용의 기법으로 사례 및 프로그램을 분석한 연구들도 있다(Collie, Backos, Malchiodi, & Spiegel, 2006; Malchiodi, 2008b, 2011).

요약하면, 오늘날 유행하는 PTSD 치료는 증상을 야기하는 사건과 경험을 동시에 다루는 고통증상 감소 프로그램 등이다. 처음 목적은 과잉각성을 감소시키고, 정서적 안정을 조성하여, 다음에 외상 사건과 연관된 감정을 다루어 나간다(Ford, Courtois, Steele, van der Hart, & Nijenhuis, 2005). 회복력 및 개인 강점을 증진하는 것도 현직군인 및 재향군인의 자기효능감과 자기가치를 지지하는 치료적 접근법이다(U.S. Army Medical Department, 2011). 이 장의 다음 부분은 이런 원리에 따라 가장 자주 쓰이는 세 가지 접근, ① 스트레스 관리 및 감소 기법, ② 인지적 재구성 및 노출 또는 심상적 노출치료, ③ 회복력 증진을 소개한다. 미술치료가 어떻게 이런 접근과 어울리는지를 증명하기 위해서 짧은 사례를 통해서 알아보자.

사 례

John은 지난 4년 동안 이라크에서 3년간 임무를 마친 30대 장교다. 바그다드로 세번째 배치된 마지막 달에, 도로변 폭발사고로 부상을 당했고 그 와중에 부하병사 몇 명이 사망했거나 중상을 입었다. 부상 때문에 John은 부대 임무를 할 수 없어서 자신은 이라크에 남아 임무를 완수하기를 원했지만 치료를 위해 집으로 귀향하였다. 미국 내 군인병원에서 3개월 동안 부상을 완전히 회복했지만, 수면 곤란 및 다른 군인, 병원 의료진, 가족 등에게 비이성적인 다툼을 하는 등 분노 조절에 문제를 보였다.

한번은 그가 아내 및 아이들과 함께 놀이터에 나갔다가 인근에서 일어난 자동차 충돌 소리를 들었다. 고막이 터질 것 같은 소리와 사람의 비명을 들은 다음에, 그는 과잉각성되었고 또 불안에 휩싸여 아내와 아이들이 그 행동과 반응에 공포를 느끼게 되었다. John의 아내는 이 사건 경험 및 가정에서 반복되는 분노표출, 불면증, 우울, 위축행동을 자주 보이기 때문에 군병원 의사에게 남편을 평가해 달라고 부탁했다. John 또한 큰 소리, 냄새, TV 화면에 대해 특별한 이유 없이 불안을 느끼게 된다고 보고했다. 집에 있을 때 확인 불가능한 소리를 듣게 되면 밤에도 혼자 '순찰'을 나가게 된다고 했다. 또한 오랫동안 시간개념도 없고 이것이 자신을 두렵게 만들고, 특히 아내가 직장에 갔을 때 아이에게 책임감을 느낀다고 보고했다. 덧붙여 강한 분노를 주기적으로 느껴서 아이를 두렵게 만들고, 아내와 친구를 멀리하고, 일을 잘 마무리 못한다고 하였다. 병원 내 정신과 의사와 수회 치료 후, John은 PTSD로 진단되었고 미술치료 및 다른 치료에 의뢰되었다.

스트레스 조절 및 미술치료

ISTSS의 16가지 지침에 따르면(Foa et al., 2009), 창의적 미술치료사는 스트레스 관리 및 대화 중심의 인지-행동 방법과 비슷한 기법을 사용한다. 대부분 외상 중재는 재향군인이 PTSD의 공통 현상인 불안 또는 과잉각성을 낮추는 방법을 습득하도록 돕는 스트레스 관리 프로그램이다. 그리기, 콜라주, 기타 경험적 활동은 스트레스 근원을 확인하고 외상반응의 신체적 측면을 깨닫도록 돕는 데 사용되어 왔다(Malchiodi, 2001, 2008b; Steele & Raider, 2001).

과잉각성과 불안은 PTSD로 고통받는 많은 재향군인을 괴롭히기 때문에, 다른 치료를 시작하기 전에 스트레스를 낮추는 도움이 필수적이다. 처음에 모든 스트레스 관리는 다양한 이완 기술을 가르치고(점진적인 근육이완 및 심호흡), 이런 기술을 정확히 연습하도록 돕고, 어떤 기법이 더 잘 맞는지를 평가하게 한다. 앞서 언급한 것처럼, 군인은 위협에 대한 대처, 빠른 식사, 가벼운 수면, 방어를 위해 어떤 위험인자에 대한 준비태세 등을 철저히 훈련받는다. 한편으로는 이것이 이완을 어렵게 하는데, 군대에서 과잉각성은 보상받아 온 훈련내용이기 때문이다. 그러나 군인들은 복잡한 정보를 학습할 수 있도록 또 행동시연을 즐기도록 훈련받았기 때문에, 스트레스 조절 학습도 전쟁에 필요한 학습내용과 비슷한 기술이 될 수 있고, 연습과 시간투자로 숙달된다.

이완과 스트레스 관리를 위해 많은 입증된 방법이 있지만(스트레스 면역 및 마음챙김 연습 등), 미술치료는 표현을 통해 신체의 감각적 스트레스를 확인하는 데 도움을 준다. 요약하면, 개인은 다양한 스트레스 조절방법 중 어떤 것을 선호하게 되고(심호흡, 점진적 근육이완, 기타), 미술에 기초한 어떤 지시가 이런 선호성을 증진시켜서 감정조절을 도울 수 있다. 어떤 개인은 마음챙김 명상 후에 경험에 대한 감각을 그리는 것이 도움을 주었다(7장의 심-신 접근). 어떤 이는 점토를 돌림판에 던지는 행동시연을 반복함으로써 자기위로 및 스트레스 감소를 보였다.

John의 외상 후 스트레스 반응을 도우려는 첫 과제는 이완기술을 배우고 또 이 스트레스에 대한 자기 신체반응을 확인하며, 어떤 사건이 이런 반응을 촉발시키는지를 깨닫게 하는 것이다. John은 자기 증상을 완화시키기 위한 방법으로 미술작품을 그리고 만드는 것에 회의를 보였지만, 창의적 표현이 소리, 냄새, 또는 불안/위축을 촉발시키는 침투적 이미지 같은 암묵적 기억(2장)을 이해하는 데 도움이 될 것이라고 생각하게 되었다. 처음에 신체 윤곽을 그린 다음에 불안과 분노를 느끼는 곳을 색깔과 형태로 표시하게 했고, 궁극적으로 어떤 종류의 경험이 이런 감정을 촉발시키는지를 찾아내게 되었다. 용기, 자부심, 이런 표현을 돕는 기술을 떠올리기 위해, 치료사는 신체 윤곽선을 활용하여 어떻게 느끼는지를 색채 및 모양으로 표시하여 이런 감정을 지각하게끔 했다. 이완 및 미술표현 이 두 기법을 결합하여 John이 파괴적이고 불편한 감정 그리고 이완과 긍정적 의미를 지지하는 유용한 기억에 관한 감각적 느낌을 확인하게 되었다.

John은 회기 사이에 고통 및 외상반응을 촉발시키는 환경을 찾아내도록 돕기 위해 정기적인 '숙제', 즉 신체 이미지 훈련을 실시했다. 다른 군인 내담자에게는 특정 분야의 역할에 부합되는 군대 이야기를 유도하는 다양한 전략을 사용할 수 있을 것이다. 예를 들어 출격임무를 마치고 귀환할수 있을지에 대해 불안을 느끼는 공군병사에게, 혼란 속으로의 비행보다는 '고요한 비행' 이라는 은유적 표현을 하는 것이 도움을 줄 것이다. 이런 피드백으로, 각 주제별로 회기를 진행하였고 미술작품 및 유도된 이미지로 스트레스 조절기술을 연습시켰다.

스트레스 감소와 이완기술에 초점을 둘 때, 어떤 PTSD 치료이든지 간에 창의적 활동은 개인적으로 보상이 되고 또 반복적으로 자기 손을 움직임으로 우울을 낮추는 데 도움이 된다. 대뇌의 '노력-추구 보상체계(effort-driven reward system)' 는 반복적인 손작업 활동으로 보상되고 강화되는데(Lambert, 2010), 내담자의 이런 대뇌 구조를 강화하기 위해서 회기 밖에서도 미술작품 만들기에 관여하게끔 하면 좋다. 다양한 군인 내담자처럼, John은 더 많은 것을 알기 원해서, 치료사가 간단한 대뇌 윤곽을 그린 다음에 내담자가 작품을 만들기 위해 손을 사용했을 때 활성화되는 대뇌 부위 3군데를 알려 주었다([그림 22-3]). John이 신경과학을 이해하게 되었을 때, 미술과의 관련을 즉시 확신하지는 않았지만, 오랫동안 그 정보에 대해 생각하게 되었다. 몇 달 후에 치료 회기를 종결할 쯤에 나는 매우 놀라면서 기뻤는데, 그는 아내의 독려로 근처 미술실에서 유리 불기 공예작품에 참가하였고 자기 스스로 부분적인 노력을 하고 있었다.

[그림 22-3] 대뇌에서 노력-추구 보상체계를 존에게 설명하기 위해 치료사가 그린 그림

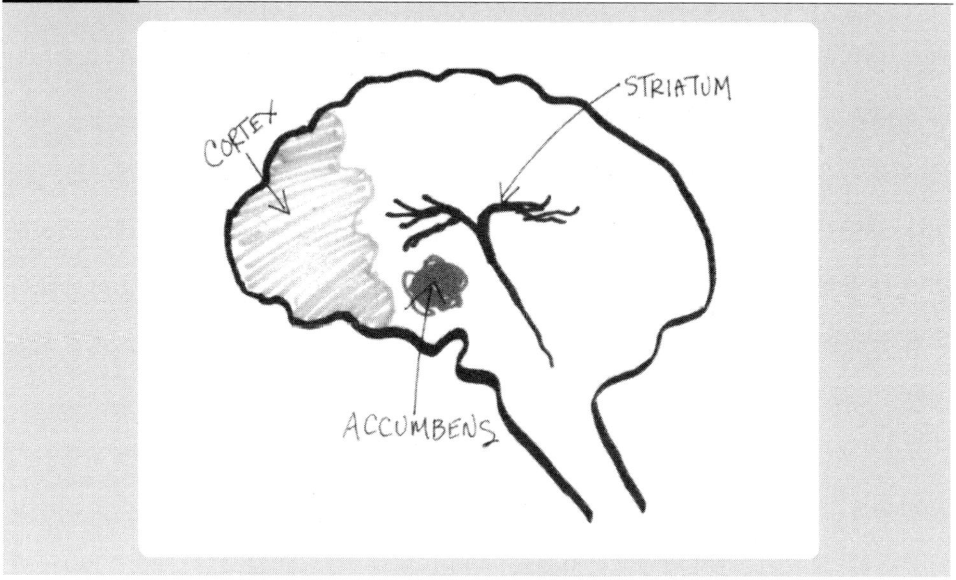

인지적 재구성 및 노출치료

인지적 재구성은 일반적으로 외상을 치료하는 인기 있는 접근이고 미술치료 중재에서 인지-행동 치료와 함께 보완적으로 활용되었다(7장). 이것은 외상 사건을 떠올리는 사고 · 감정 · 행동의 고통을 확인한다. 인지적 재구성을 통하여, 내담자는 비이성적인 사고를 새롭고 더욱 생산적인 사고와 대치시키고 수정한다. 어떤 치료사는 역할놀이 같은 일반적인 드라마 치료(Landy, 2005), 표현적 치료기법을 융합하기도 하는데, 역할 바꾸기 및 건강회복에 목적을 둔 시나리오 연습 등이 개인의 지각을 재구성시키는 효과적인 방법이고, 처한 환경을 다른 방법으로 경험하도록 자극을 준다.

노출치료('심상적 노출'이라고도 함)는 PTSD를 치료하려는 여러 전문가에게 흔히 사용되는 인지-행동 기법이고 또 증상 완화에 중요한 요인으로 간주된다(Foe et al., 2009). 치료사의 유도 및 조절로 사건을 이미지화하고 재경험하도록 한다. 예를 들어 내담자가 전쟁에서 맹렬한 공격을 당한 기억이 있고 청각적 측면이 가장 혼란을 준다고 보고하면, 치료사는 소리(폭발음이나 비명)를 수정하여 그 공격 장면을 멀리서 시각화시켜서 외상의 청각 수준을 낮추게 된다.

미술치료에서 외상적 사건은 그리기, 점토, 기타 매체로 점진적이면서도 의도적으로 묘사시키는데, 이런 각도에서 미술표현은 시각적 요소를 함께 가진 심상적 노출치료의 한 형태가 된다. 일반적으로 인지적 재구성 형식은 내담자가 외상적 사건의 느낌을 확인하고, 감정을 조율하며, 왜곡된 생각을 찾아내고, 줄거리에 역할 변경을 체험시키는 것이다. 내담자에게 외상 이야기(놀람반응, 싸움, 도주, 동결반응, 신체기억 등)에 대해 외상장면 또는 구체적 모습을 상상하게끔 요구한다. 목적은 증상을 증가시키지 않고 서서히 다루면서 낮추려는 것이다. 미술표현은 내담자에게 사건과 거리를 두게 하고 또 어떤 회피성향을 극복하게끔 도울 수 있다(Collie et al., 2006; Gantt & Tinnin, 2007).

외상은 이성적 생각을 덮어 버리기 때문에, 내담자가 노출치료에서 보이는 과잉각성 및 반응을 서서히 낮추도록 조치를 취한다. 외상 사건을 다시 떠올리는 방법으로 미술을 적용할 때, 나는 한 가지 방법으로 Rothschild의 '브레이크 적용(applying the brakes)' 기법을 내담자에게 은유적으로 사용한다. 이것은 너무 빨리 달릴 때 자동차의 브레이크를 밟는다는 개념이다. 특히 반응을 낮추기 위해 자동차 브레이크를 밟는 상상은 내담자에게 실제적 감각이기 때문에 군인에게 적합하다. Rothschild가 주목한 것처럼, 내담자가 브레이크 밟을 때를 아는 것은 그 문제가 어떻게 진행될 것인지를 아는 것처럼 중요하다. 요약하면, 치료사는 빠른 호흡, 동공 확대, 추운 느낌, 흥분, 스트레스가 활성화시키는 모든 신호(자율신경계 반응)에 따른 신체증상을 관찰해야 한다. 어떤 내담자는 치료사가 증상을 관찰할 때 또 스트레스 감소 회기 중에 브레이크를 적용하는 연습이 필요할 때, 자율신경계 반응을 낮출 수 있게 된다. John은 이 개념을 빨리 이해해서, 종이 위에 이미지를 그려냈고 또 자신이 안전하게 느낄 때까지 차를 천천히 몰고 갓길에 주차하는 이미지를 구현했다. 이것은 노출기법으로 외상적 이야기를 다루는 초반 회기 동안에 연습했던 이미지 경험이었다.

다른 많은 내담자처럼 John도 의사 및 군사기지 정신과 의사의 요청으로 치료가 필요함이 드러나 인지적 재구성이 요구되었다. 미술치료 같은 감각방식의 인지치료를 하면서, 전쟁 참가 군인은 전쟁에 대해 완곡한 이미지를 다양하게 사용한다는 것을 기억해야 한다. John은 이라크에서 부하의 폭발사고 및 흔히 '아군의 포격' 이라고 부르는 또 다른 사고사에 대한 기억으로 '분홍빛 안개'(폭약이 터질 때 피어나는 색깔을 의미)를 경험했다고 말했다. 이런 회기 중에 전쟁의 잔혹상을 대수롭지 않게 생각하는 방법을 배웠는데, 동시에 폭력 및 외상 본질에 대한 군대경험의 언어와 연관된 개인 이미지를 떠올렸다. 치료를 진행하면서, 개인경험에 대한 존의 언어적 · 감각적 기술을 이해하는 것이 중요하게 되었다. 미술표현은 이런 경험의 감각적 측면의 재노출을 촉진하고, 전쟁 중의 사건을 설명하는 용어를 피하게 해 준다.

John의 구체적인 전쟁 외상에 대한 검토를 몇 회기 진행하면서, 자신과 두 명의 병사가 시골지역을 순찰할 때 일어난 폭발 사건의 기억이 나왔다. 그 사건으로 병사 한 명이 죽었고 다른 병사는 중상을 입었는데, John은 작은 상처만 입고 탈출했다. 그 사건에 대한 감각기억이 불안을 크게 일으켰기 때문에, 우리는 사건의 장면을 서서히 노출시켜 나갔다. 처음에 '폭발이 일어나지 않았을 때' 그의 감각기억을 토론하면서, 그 사건과 관련 없는 장면을 만들어 내게 격려했다([그림 22-4]). 이것은 외상 이야기의 전환점을 주어서 외상과 연관된 사건의 고통에 압도되었을 때를 떠올리게 했다. John은 스트레스 조절 기술 및 그에 따른 과잉각성 또는 회피를 다루는 동안 이전에 배운 '브레이크 적용' 을 연습했다.

[그림 22-4] '폭발이 일어나지 않았을 때' John의 이미지

이런 배경작업을 한 다음에, John은 폭발에 대해 더욱 강하고 고통스러운 모습을 직접 표현하는 두 개의 이미지를 만들었다. [그림 22-5]는 폭발 그 자체 모습이고, 두 번째([그림 22-6])는 폭발로 동료가 죽은 '분홍빛 안개'를 그려 냈다. 그것과 관련된 기억과 이미지를 토론하는 동안, 인지적 재구성의 두 가지 핵심 측면이 대두되었다. 첫째는 외상 동안 사건의 순서를 명료화하여서, 폭발이 없었을 때 그 상황을 묘사하고, 폭발 이후 의료진이 도착했을 때 상황을 시간별로 확인하였다. 둘째는 좀 더 중요한데, 이 과정을 John의 사고를 재구성하는 과정으로 활용할 수 있었고 또 그 사건은 예측도 통제도 가능

[그림 22-5] John의 폭발에 대한 이미지

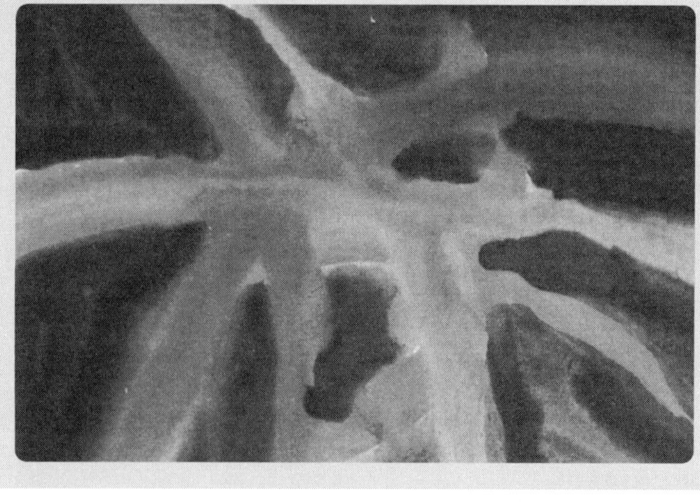

[그림 22-6] John의 '분홍빛 안개' 이미지

하지 않았음을 깨닫게 해 주었다. '분홍빛 안개'와 폭발음의 공포로, John은 그 상황에서 자기역할을 스스로 평가해 보고 또 인지적 변화를 시작하고, 그런 변화가 집에서 가끔 보이던 놀람반응 등 불안 수준을 상당히 낮추게 하였다.

John의 사례에서, 그리기 재료, 색깔, 종이의 활용이 외상을 다루는 데 유용하였다. 대화치료 및 가상현실 방법 같은 첨단기술(생체 노출)로 다양한 심상 노출을 시킬 수 있다(Geradi, Rothbaum, Ressler, Heekin, & Rizzo, 2007). 다른 내담자에게, 나는 시각적 수단으로 사건을 재구성하는 감각적 측면 및 기억내용을 대화식으로 풀어 내어 시간 순서로 외상을 그려 내도록 격려하였다. 외상적 이야기를 만들어 내는 것은 여러 인지-행동 중 재형식 중의 한 요소다(Foa et al., 2009). 요약하면, 미술에 기초한 노출치료가 기억을 재형성하고 궁극적으로 심상 생성과정을 통해 이야기를 새구성하게 한다.

회복력 증진

다양한 군인지원부서는 병사 및 전투현장과 재향군인의 의료지원을 목적으로 정신적 회복력을 지원한다. 예를 들어 미 육군은 전쟁 스트레스 문제를 다루고 또 임무 후에 가정생활의 통합을 돕기 위해서 정신적 회복을 위한 자원을 제공하고 있다(U.S. Army

Medical Department, 2011). 회복력 증진은 재향군인의 중재 영역이고 PTSD 반응을 치료하는 전문가의 관심사다(Reich, Zauta, & Hall, 2009). 회복력 증진 기법은 내담자를 과제에 또 자율성과 혁신을 격려하는 경험에 집중시킴으로써, 미술작품의 창의적 과정이 아주 공통적인 특성이 될 수 있다(Johnson, 1987). 실제로 회복력에 관한 연구는 곤경에서 '되돌아오는' 능력으로 유머, 창의성, 융통성의 중요성을 강조한다(American Psychological Association, 2011). 또한 공동체 경험도 회복력 증진에 중심인데, 이 장 서두에 설명한 CPP 같은 프로그램은 재향군인을 회복력 증진을 위해 초대하고, 외상 증상을 지우고, 미술표현과 전시를 통해 확인받는 기회를 제공한다. 전쟁 작가(Warrior Writers: Lovella, 2008) 같은 다른 프로그램은 전쟁과 그 영향을 받은 군인의 충격에 대해 대중의 이해를 높이기 위해 재향군인의 시집을 이용하여 극장공연 및 대중독서모임을 격려함으로써, 이런 모든 창의적 활동이 지역공동체로 재통합되는 소통의 길로 인도한다.

회기를 마치면서, 나는 John에게 부대 내에 창의적 글쓰기 집단이나 미술치료에 참가하기를 권했다. 그는 PTSD 반응을 통제하는 데 상당한 진전을 보였고 집단환경의 사회적 지지로 이익을 받았다. 이후 사적으로 치료를 받으러 와서, John은 다른 상처 입은 전사 이야기를 함께 나누었고, 그 과정에서 수용감을 느끼고 동료의 지지를 받았다. 치료과정에서 만난 많은 군인 내담자들처럼, John은 스트레스 감소의 수단으로 미술을 계속 활용했고 자신의 전쟁경험을 시로 적어서 재향군인 시집모음으로 출간한 것에 대해서 알고 놀라기도 하였다. John의 이야기는 미술치료가 국가를 위해 봉사한 사람을 깊이 있게 이해하고, 알리고, 격려하는 데 일조한 것을 보여 주는 것이다.

결 론

재향군인 및 여러 전쟁 참가자 수가 증가하고 있기 때문에, 개인의 PTSD 반응을 효과적으로 다루는 노력이 필요하다. 미술치료는 스트레스 감소와 이완, 인지적 재구성, 노출치료, 회복력 구축 등에 효과를 보이므로 유망한 중재기법이 된다. 또한 사고와 감정을 외현화시키는 잘 인정된 방법으로 밝혀졌고, 외상을 다루는 것뿐 아니라 감정조절 및 긍정적인 성취감과 자기가치를 위해 유쾌한 '노력-추구 보상체계'를 제공한다.

CHAPTER 23

가정폭력 및 미술치료

가정폭력(대인 간 또는 친숙한 상대의 폭력이라고도 함)은 친밀한 상대에게 통제 및 힘을 행사하고 유지하기 위해 사용하는 행동유형이라고 한다(National Domestic Violence Hotline, 2010). 타인에게 영향을 끼치는 위협행동 또는 심리학적 · 경제적 · 정서적 · 성적 · 신체적 행위 등이 역동이 되고, 상대방에게 상처를 입히고, 위협하고, 협박하고, 조작하고, 모욕하고, 비난하는 모든 행동이 포함된다. 가정폭력은 성인기 여성의 21~39% 정도가 경험했다(National Center for Injury Prevention and Control, 2003). 이것은 외상으로 응급실에 오는 비율의 20%를 차지하고, 친한 사람에게 폭행당하여 사망하는 여성 비율의 25%를 차지한다(Zlotnick, Johnson, & Kohn, 2006). 또한 여성을 가장 많이 상처 입히는 요인이며 또 의료적 · 심리학적 · 사회적 문제를 가중시킨다(National Center for Injury Prevention and Control, 2003). 매 맞는 여성은 PTSD, 물질남용, 불안, 우울을 포함해서 더 심각한 정신건강문제를 보인다(Zlotnick et al., 2006). 또한 대인 간 폭력은 아동에게도 비슷한 결과를 초래한다(Bancroft & Silverman, 2002).

가정폭력과 연관된 심각한 문제에 따라, 매 맞는 여성을 위한 사례관리 및 안전과 지원을 제공하는 쉼터와 안전한 공간이 미국 전역에 설치되어 있다. 매 맞는 여성의 일부는 자녀를 보호하고, 인내하고, 살아가는 놀라운 능력을 갖고 있고, 또 일부는 가정을 떠나서 새로운 삶을 시작하고, 어떤 이는 쉼터에 머무는 것이 유일한 피난처가 되거나 위로를 받는 곳이 된다. 이 장은 미술치료가 어떻게 쉼터에 있는 여성에게 도움을 주고, 이것이 사례관리, 개인 및 집단상담, 거주 환경 내에서 가족치료에 활용되는가를 보여 준다. 비록 대인폭력이 종족, 연령, 성적 지향, 종교, 사회경제적 지위, 성별에 관계없이 일어날 수 있지만, 이 장은 쉼터에서 도움을 찾으려는 여성 배우자/애인에게 초점을 두었다.

가정폭력 생존자를 위한 그림 목소리

『외상과 회복』에서, Judith Herman(1992)은 친숙한 상대 사이의 외상적 폭력의 충격을 정리하였는데, "어떤 폭력은 말로 표현하기 힘들 만큼 잔혹하고, 이것은 입에 담을 수도 없는 극악무도한 행위로서 묻혀서는 안 되는 것이다."라고 주장하였다(p. 1). 가정폭력은 잔학행위 중에 하나이고, 희생자는 무서워서 말로 표현하기도 어렵다. 이것은 쉽게 잊혀 지지 않는 것이고, 동시에 희생자는 외상 경험을 직면해야 하고, 회복과정을 시작하기 위해서 대인폭력과 연관된 공포, 양가감정, 수치심을 수용해야 한다.

매 맞은 사람은, 종종 외상 및 우울, 위축, 또 폭행사건과 관련된 충격에 대한 감각적 기억 때문에 말로 표현하기 불가능하게 된다. 어떤 이는 가해자의 복수 그리고 가족이나 친구에게 사건을 상세히 폭로하는 것에 대해 두려움을 갖는다. 미술이 학대의 만병통치약은 아니지만, 여성들에게 자기 경험을 표현하게 해 주고, 도저히 말로 할 수 없을 때 그림으로 목소리를 내게 해 준다. 또한 어떤 이에게는 폭력의 심각한 충격에 대한 의식을 평가하게 해 주고, 친한 사이에 또 다른 학대 형태를 평가하게 해 준다.

가정폭력 생존자를 위한 목소리 역할을 한 미술은 여러 유명한 프로그램에서 활용되었는데, 여성에 대한 폭행을 다룬 '빨랫줄 기획(Clothesline Project)'이 있다([그림 23-1]). 1990년대, 시각예술가 Rachel Carey-Harper은 '에이즈 퀼트(AIDS Quilt)'에 감명받아서, 의식을 향상시키는 한 방법으로 빨랫줄에 셔츠를 걸어 두는 생각을 해냈다. 빨래는 여성의 일상적 일이고 여성이 뒷마당에서 빨래를 걸면서 정보를 주고받는 행위이기 때문에, 빨랫줄 개념은 창의적 표현의 수단이 된다. 매년 수천 명의 여성이 생존 이야기를 하고 또 가정폭력으로 사망한 희생자를 단어/미술작품을 통해 위로받게 하는데, 미국 전역에

[그림 23-1] 빨랫줄 프로젝트

서 가정폭력 프로그램으로 티셔츠를 장식하여 빨랫줄에 걸게 한다.

가정폭력 쉼터에 있는 여성에 대한 미술치료

미술 프로그램에 덧붙여, 미술치료 또한 미국 전역에서 여성 및 아동을 위한 쉼터에서 널리 적용되고(Malchiodi, 1990; Miller, 2009), 또 상담, 가족치료, 심리교육적 목적을 보완하는 데도 사용된다(Malchiodi, 1990; Riley & Malchiodi, 2004). 미술치료는 상담과 사례관리와 결합하여 또는 창의적 자기표현의 치료적 가치로 활용되기도 한다. 가정폭력에서 자원, 임무, 치료진의 능력에 따라, 미술치료가 개인 또는 집단치료 회기에 적용된다. 대부분 쉼터에서는 자체 프로그램의 일환으로 지지집단 또는 정규적인 집단상담에 제공되며 필수적으로 참가하게 한다. 미술치료는 이런 형태와 조화되거나 또는 쉼터 거주자에게 집단별로 진행되기도 한다. 이 장 후반부에 설명하지만, 미술치료는 어머니와 아동에게 집단으로 적용하고 가족치료의 형태로 제공되기도 한다.

Miller(2009)는 미술치료는 정서적 안정, 감정의 확인, 불안 및 두려움 감소, 쉼터 생활 및 가족구조 변화에 대한 적응, 안정계획, 가정폭력의 반복 예방 등과 같은 여러 문제를 돕는다. Stronach-Buschel과 Hurvitz(2006)는 미술치료가 쉼터에 거주하는 동안에 엄마와 아동 간에 소통을 촉진함을 발견했다. Riley와 Malchiodi(2004)는 미술치료가 여성에게 이별과 상실, 사회경제적 관심사, 한부모, 성역할 등에 대처할 수 있도록 해 준다고 했다. 미술치료는 여성이 시각적 은유를 통하여 대인폭력에 대한 스트레스적인 감각 경험을 표현하고 정제하게 돕는다. 예를 들어 "남편은 곰처럼 거대했다." 또는 "그의 눈은 분노로 붉게 빛났다."라고 하면서 종이 위에 기억을 표출했고, 후에 그것을 갖고 치료사와 내담자가 토론하였다.

미술치료가 대인폭력 및 후속 외상 충격을 제거하지는 못하지만, 생존자에게 삶을 변화시키기 위해 필요한 단계를 탐색하는 즉각적인 수단을 제공해 준다. 대부분 여성은 위기 상황에 쉼터로 오기 때문에, 퀼트, 책 만들기, 시각적 여행 같은 긴장 및 스트레스를 낮추는 실천적 활동을 활용한 미술치료사의 도움으로 외상 사건과 정서문제를 다루도록 돕는다. 외상반응은 언어를 방해하기 때문에, 미술치료가 이런 여성에게 '말할 수 없는 테러' 를 소통하도록(Malchiodi, 2008) 해 주는 중재가 되며, 외상 사건에 대한 암묵적 기억을 표현하게 돕는다(Malchiodi, 2002; Riley, 2001). 폭행을 폭로했을 때 복수를 두려워하는 사람에게, 미술은 말로 하지 않고 말하게 해 준다(Malchiodi, 2010).

중재 목표

가정폭력 프로그램의 목적은 미술치료가 어떻게 쉼터에 있는 여성의 중재에 활용되는지를 보여 준다. 대부분 시설에서, 쉼터에 머무는 기간은 미술치료 서비스의 범위를 결정한다. 규정상 단지 30일 동안만 시설에 머물 수 있는 상황에 적용될 경우에는 만일 폭력이 재발되면 다음에 다시 방문하도록 시간을 남겨 두어야 하므로 2주 이내로 제공된다. 다른 시설은 기금사정 및 제공하는 서비스의 목적에 따라 90일 이상 6개월까지 제공되기도 한다. 대부분 경우에, 미술치료를 포함한 모든 쉼터 서비스는 사례관리 및 치료를 위해 구조화된 단기 프로그램을 제공한다.

가정폭력을 피해서 온 여성은 다양한 문제 및 경험이 있기 때문에, 미술치료가 종종 문제에 따라 개인 혹은 집단 주제를 다루도록 짜여진다. 그러나 시간 제한 및 즉각적인 도움을 고려해서, 가정폭력 프로그램의 치료목표는 일반적으로 다음과 같다.

- **안전 및 사회적 지지** 가정폭력 쉼터는 학대 및 폭행의 실제적 측면에 초점을 둔다. 안전문제, 재정관리, 합법적 지원, 거주 등은 여성 및 그 자녀의 사례관리의 주 관심사다. 또한 쉼터를 거쳐서 도움을 확대해야 할 전문가, 친구, 가족 같은 사회적 지원을 찾아주는 것도 중요하다.
- **위기 중재** 위기 중재는 쉼터 여성의 모든 중재 형태의 중요한 초점이다. 쉼터를 찾아 온 여성은 피난처를 찾게 된다. 그 결과 정서적 위기 상황에 있고, 정상적 판단, 의사결정, 폭행당한 후 환경평가 등을 안정화시킬 필요가 있다. 이런 여성은 급성 또는 PTSD 반응의 지표인 증상을 보이기도 하는데, 가정폭력 프로그램은 종종 심리교육, 단기 중재 및 외상반응 치료를 위한 기관 의뢰를 한다.
- **학대 반복에 대한 심리교육** 쉼터에 오는 대부분의 여성은 학대를 계속 받을 위험이있고 또 여러 이유로 학대 상황에 다시 되돌아갈 수 있다. 파트너 간 행동패턴의 인식과 대인폭력에 대한 반복 그리고 자녀에게 미치는 충격에 대한 교육은 중요한 초점이다.
- **모-자녀 중재** 매 맞는 여성 쉼터는 전통적으로 여성의 욕구를 다루지만, 아동도 종종 가정폭력 프로그램에 동반된다. 가정폭력은 복합적 문제이므로, 중재도 대인소통, 양육기술, 애착문제, 여성뿐 아니라 아동의 학대 충격 등을 포함해 가족문제를 모두 다룬다.

이런 중요한 목표 각각에 대한 미술치료 전략은 다음에 실용적 목적, 즉 어떻게 창의적 방법이 단기 쉼터 프로그램으로 이런 문제를 다룰 수 있는지를 소개할 것이다.

안전 및 사회적 지지

쉼터는 매 맞는 여성을 위한 안전한 공간이므로, 이런 피난처에서 가정폭력 프로그램

운영원, 사회적 서비스, 치료사, 공동체 연계망 등은 여성들이 머무는 동안 사회적 지지가 된다. 그러나 때가 되면 여성은 시설을 떠나서, 쉼터 밖의 사회적 지지 및 안전을 위한 계획을 수립해야 한다. 비록 가정폭력 프로그램은 쉼터를 떠나 다른 이행 프로그램으로 여성 및 아동을 지원하지만, 여성 자신이 안전 프로그램을 계발하고 시설 밖의 사회적 연결을 맺도록 도와주는 것이 중요하다

이런 문제를 다루기 위해서, 미술치료는 의사결정기술 및 힘을 기르고(Riley & Malchiodi, 2004), 안전계획을 수립하고, 사회적 지지를 확인(Miller, 2008)하게끔 조명한다. '안전망' 또는 '지지망'을 나타내는 그림이나 콜라주를 구성하는 것(Cohen, Barnes, & Rankin, 1995)은 위험에 처했을 때 안전을 구하는 사회적 지지를 확인하는 시각적 활동이 된다. 이 활동은 개인(가족, 치료사, 종교 지도자, 멘토) 또는 집단(공동체, 사회, 종교, 치료기관) 지원체계와 관련된 상징을 포함해서 연결망 상징을 만들어 보도록 요청한다.

'신뢰 동그라미' 만들기는 사회적 지지 및 안전문제를 다루고 또 개인 및 안전환경을 확인하도록 돕는다. 내담자는 큰 종이 또는 포스트 보드 위에 큰 동그라미를 그렸고 그 안에 작은 동그라미와 겹치는 구획을 그렸다. 그리기 재료 또는 사진 잡지 및 종이 콜라주를 활용하여, 여성은 안전문제, 관심사, 사회적 지지 등을 확인하는 여러 동그라미 부분을 사용하였다. 예를 들어 한 동그라미 일부분에 쉼터 운영요원, 가족 구성원, 친구, 공동체 접촉 또는 자원 등 여성이 신뢰하는 무언가를 표시하였다. 원의 다른 부분에는 여성이 쉼터 밖

[그림 23-2] 신뢰 동그라미

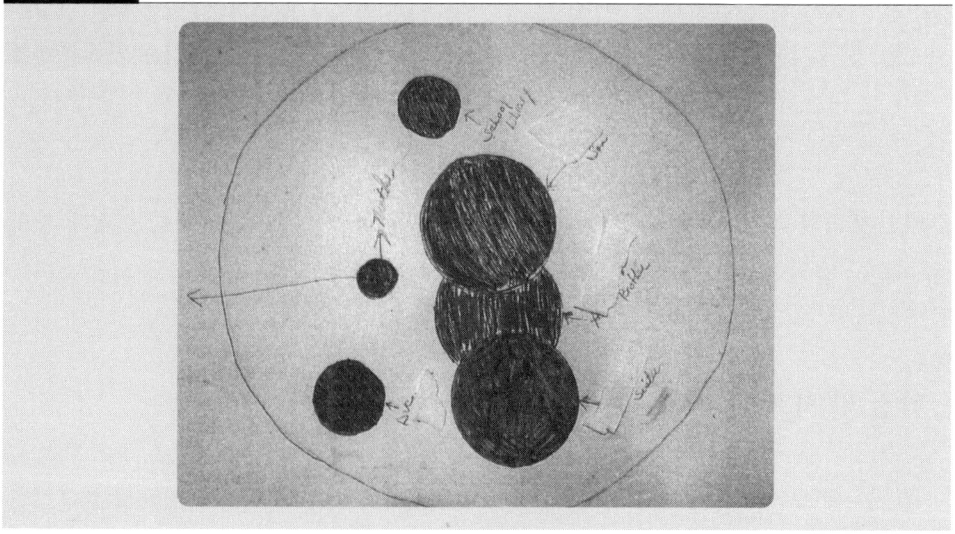

에 있을 때 신체적 안전을 느끼는 장소 및 상황을 확인하였다. 나아가 이 과제는 공동체 밖에 있거나 여행할 때 안전문제를 탐색해 보는 기회를 제공했다. 다른 부분에는 자녀, 다른 가족 구성원, 직장 또는 학교 상황과 관련된 안전 욕구를 다루는 데 사용될지도 모른다.

[그림 23-2]는 쉼터에 있는 한 여성이 그린 신뢰 동그라미인데, 그녀는 미술과제를 활용하여 지지체계, 믿음직한 사람, 안전한 장소를 확인하고 처리하였다. 서로 중복되는 원 부분은 누이, 오빠, 성장한 아들 등 가족 구성원을 표현했다. 중복되는 원 부분을 자신이 쉼터에 머물면서 믿음과 자신을 가질 수 있는 강력한 지지망을 설명하는 것이라고 했다. 그녀의 관점에서 쉼터는 자신에게 유예시기를 제공하여 공동생활의 스트레스 및 쉼터 밖의 추가적인 지원망을 그녀의 갈망에 대응하도록 해 주었다. 그 여성은 또한 쉼터, 쉼터의 프로그램, 지원 담당자, 지역 대학의 청강 등을 묘사한 추가적인 지원을 확인하였고, 대학 도서관에서 책을 읽고 컴퓨터 기술과 자원을 활용하면서 시간을 보냈다.

신뢰 동그라미 만들기는 여성을 도와서 그녀가 원하는 연결이 더 강하게 그리고 위기 또는 이행시기에는 없어질 것임을 확인하고 처리하도록 도왔다. 그녀는 자기 엄마에 대한 불신과 상처 입은 느낌, 분노, 관계와 연관된 배반, 가정폭력의 충격에 대해 엄마의 이해부족 등을 표현하였다. 신뢰 동그라미를 이야기할 때, 여성은 쉼터 운영진과 프로그램 외에 자신이 사용할 수 있는 공동체 자원 또는 사회적/친구 지지가 있었으면 하고 소망했다. 고립감, 당혹감, 수치심, 자신의 폭행에 대한 판단의 두려움을 드러낸 자기반영은 새로운 관계형성과 부가적인 지원망을 구축하는 데 어려움을 주었다. 이런 중요한 발견은 쉼터를 나가서 적응하는 과정에 자신을 돕는 향후 중재 영역을 확인하게 하였다.

사회적 지지와 안전문제에 초점을 맞춘 창의적 중재를 사용하면서, 치료사는 생존자를 위한 구체적 선택을 찾고 진행할 방법을 안내한다. 쉼터에서 피난처를 모색하는 많은 여성은 믿을 만한 사람을 찾고 또 안전한 계획을 세울 수 없기 때문에 이런 과정을 거친다. 미술작품 만들기는 매 맞은 여성이 종이 위에 실제적인 안전계획을 창조하고 또 쉼터 밖의 삶을 지탱할 사회적 지지를 확인하는 데 초점을 맞추는 실제적인 활동이다.

위기 중재

대인폭력으로 위기에 처한 여성은 거의 힘이 없으므로, 우울 및 선입관에 사로잡혀 있고, 외상으로 주의력도 매우 제한된다. 이들은 혼란스럽고, 방향 이탈, 산만, 단절 등을 보이며, 심장박동 증가 또는 신체적 고통 같은 스트레스 증상을 보인다. 위기 경험은 폭행으로 인해서 무기력감 및 절망감으로 점철된다. 이런 반응 중 일부는 외상 사건의 경험이 누적된 것도 있지만, 최근 상대에게 폭행을 당해 일회 외상을 당한 여성들도 있다. 학대를 받거나 매 맞은 개인은 급성 또는 외상 후 스트레스 반응을 경험하기도 한다. 가정폭력 쉼터가 정신건강시설은 아니지만, 그럼에도 불구하고 이런 스트레스 반응을 다루어 주어야 한다. 부분적으로 급성 또는 만성 대인폭력에 대한 교육 및 쉼터에 있는 동안 외상반응의 충격을 낮추는 전략을 연습시키는 것이 도움이 된다.

학대와 관련된 위기를 경험하고 집을 떠나 쉼터에 오게 된 한 여성에게 미술표현은 비언어적 · 감각적 접근을 제공함으로써 내부의 고통, 혼란, 무력감을 경감시키고 억제해 준다. 이런 감정들은 그녀(혹은 아동)의 지금 안전문제, 자원, 욕구 등을 평가하기 위한 욕구와 혼합되어 있다. 위기 중재에서 미술치료의 목적은 질서 및 통제를 제공하고, 혼란스러운 감정을 감당할 수 있는 것으로 지각되도록 변환시켜서 위기 증상을 감소시키는 것이다. 중재의 두 번째 목적은 생존자에게 두려움 감정을 촉발시킨 사건 또는 상황 그리고 공격, 학대, 상실 그리고 쉼터의 적응에 따른 반응을 확인하도록 돕는다.

'당신의 호흡 그리기(drawing your breath)' 같은 간단한 그리기 활동은 불안 및 과잉각성 증상을 변화시키는 데 효과적이다. 외상 사건의 생존자는 종종 빠르거나 옅은 호흡을 하면 스트레스 반응이 악화된다는 것을 깨닫지 못하는데, 호흡을 느리게 하고 또 심호흡을 학습하기는 대부분의 고통을 자동적으로 감소시킨다. 여성이 자신의 호흡방식을 깨닫고, 느리고 깊은 호흡조절을 연습하고, 큰 종이 위에 선으로 정확한 호흡을 그리게 하는 것이 스트레스 반응을 다스리는 한 가지 전략이다. 이것은 이완수단이 될 뿐 아니라 위기 시에 신체반응을 확인하도록 돕는 감각경험을 제공한다. 종이 위에 두려움, 불안, 분노 또는 슬픔 같은 정서상태에 압도된 감정을 여러 가지 선과 난화로 표현하게 경험시키면서 이점을 얻는다. 부가적으로 생존자들이 어떻게 폭행이나 위협 기억 또는 경험에 신체가 반응하는가를 이해하고 확인하도록 도와서 이런 감정을 신체 윤곽에 묘사하도록 돕는다. 실제로 어떻게 위기상황이 스트레스에 대한 신체반응을 촉발시키는가를 '보는(see)' 여성은 증상을 어떻게 다룰지 연습하게 하거나 적어도 앞으로 고통 형태를 인식하게 해 준다.

자기위로적인 미술경험 또한 도움이 되고 특히 단순한 관점을 갖게 된다면 긍정적 감각경험을 강화시키게 된다. 분석이나 판단 없이, 바느질, 퀼트, 뜨개질, 직물 짜기, 색칠하기, 구성하기 등의 반복활동도 개인적 외상 또는 삶을 위협하는 사건을 경험한 사람에게 위안이 된다.

학대의 주기

가정폭력은 주기적이며 종종 생존자의 삶에서 반복되곤 한다. 『매 맞는 여성』이란 저서에서, Walker(1979)는 반복되는 희생경험을 '학습된 무력감'이라고 명명하고, 이것은 여성이 관계를 정리하지 못하고 올가미에 갇힌 경험을 하게 만든다. 어떤 사람에게는 특정 문화 및 가족 규범과 마찬가지로 여성이 살아가는 사회적 · 문화적 맥락이 자기지

[그림 23-3] 권한 및 통제바퀴

각, 대응기술, 자기효능감에 영향을 미친다.

여성이 겪는 학대와 문제들을 해결하기 위해, 미네소타 주의 Duluth에서 가정학대 중재 프로젝트(Domestic Abuse Intervention Project: DAIP)는 생존자 교육 세미나에 참가한 1980년대에 매 맞은 수백 명의 여성을 면담했다. 이런 면담과 증언으로부터, DAIP는 학대문제와 연관된 공동 전략을 확인하고 오늘날에도 사용되는 매 맞는 여성의 경험에 대한 실제적 개관을 다루었다(DAIP, 1984). DAIP의 '권한 및 통제바퀴' ([그림 23-3])는 학대의 주기에 경험되는 몇 가지 행동방식을 찾아냈는데, 위협과 강압, 협박, 고립, 경제적 학대, 학대 문제를 극소화, 아동에게 죄책감, 괴로움, 두려움을 주는 내용으로 되어 있다. 이런 대인폭력은 심리적 속성이 있고, 신체적 및 성적 공격에 덧붙여 학대 여성 또한 학대의 주기를 경험하게 된다.

미술치료가 정신병리 또는 분석으로서가 아니라 발견, 학습, 권능의 수단으로서 중재될 때, 여성의 학대 주기를 탐색하는 데 가장 효과적인 수단이 된다. 가정폭력과 관계된 특성 및 연관된 힘과 통제전략을 학습하고 배울 기회를 제공하는 것이 이런 집단에게 가치 있는 중재가 될 수 있다.

Walker의 폭력 주기(1979)로부터 단계(긴장 형성, 학대사건, 학대 완결, 평온)를 묘사하는 이미지 또는 콜라주 만들기는 여성의 삶에서 학대 주기를 확인하게 돕는다. 큰 종이를

[그림 23-4] 종이반죽 집의 장식

네 부분으로 접어서 각 단계를 묘사하는 데 할당한다. 이 과제는 3차원 형태인 상자나 집의 사면을 주기로 표현하도록 변경해서 활용해도 된다([그림 23-4]). 예를 들어 '학대 사건' 단계는 희생자가 경험한 실제 사건, 신체적 · 성적 · 정서적 학대를 표현하는 이미지를 나타낸다. '긴장 형성' 단계는 가해자가 점점 화를 내고 가족이 계란껍질을 걷는 상태로 진입될 때를 탐색할 수 있는 그림을 표현하게 한다. 학대 주기와 연관된 이런 개념을 시각적으로 표시하는 것은 구조화, 억압, 비위협적인 접근을 제공함으로써 그것의 원리를 탐색하고, 각 단계별 개인 경험을 학습하고, 폭력 주기 및 통제를 지속하려는 가해자 행동을 더 잘 이해하게 해 준다.

모-자녀 중재

모-자녀 중재는 가정폭력 치료에 중요한 요소다. 학대당한 어머니도 집단 또는 개인 상담이 필요하지만, 엄마와 자녀를 포함하는 전략도 중요하다. 어머니는 부모 및 양육자이면서도, 또 학대자와 아동 사이 장벽으로 행동하거나 또는 보호자 역할을 해야 한다. 덧붙여 모-자녀 관계에 대한 학대자의 영향은 아동과 가까운 유대를 지속하려는 어머니의 능력에 부정적 영향을 끼친다. 모-자녀 간에 건강한 애착을 돕는 돌봄 또는 유대행동을 제한하고, 의도적으로 방해하고, 거리를 두게 하는 가해자의 방해는 대인폭력을 하는 가정에서 모자가 흔히 경험하는 현상이다(Bancroft & Silverman, 2002).

Klorer(2008)는 미술치료 및 놀이치료가 특히 가정폭력이나 학대를 받은 모자관계의 건강한 애착발달을 돕는다고 하였다. 그녀는 미술표현의 감각경험이 좌뇌의 언어기능을 사용하지 않는 이점이 있으므로, 아동뿐 아니라 심한 외상으로 언어적 소통능력이 현저히 떨어진 성인에게도 작용할 수 있다고 했다. 아동기부터 성인기까지 외상 경험이 누적된 어머니들을 위해서, 가족치료 회기에서 아동과의 관계를 강화시킬 수 있는 활동을 연습할 수 있는 기회를 제공한다. Riley(2001)는 이런 개념에 동의하면서, 모자의 결합 미술치료를 통해 긍정적인 반복 상호작용을 목격하는 것이 가정폭력에서 와해된 유대와 연결을 강화한다고 했다.

미술치료는 다양한 가족 형태에 적용하는데, 모-자 이원관계, 모자집단, 다가구, 모-자 집단형태 등으로 진행된다. 대부분 가정폭력 프로그램에서, 가족 회기에 모자 간 만남이 용이한 편이다. 이런 접근의 최초 목표는 가족 구성원에게 안전과 창의적 공간을 제공하여서 공동 프로젝트로 함께 작업하게 해 준다. 건강한 의사소통 및 비폭력적 상호작용을 모방시키거나 소개하는 미술치료 중재 및 가족의 힘, 안전, 자부심과 관련한 주제는 쉼터에 있는 동안 가족 지지와 권한을 느끼게 해 준다. 가족의 상징 또는 방패([그림 23-5]) 그리기, 안전한 공간 그림, 가면 만들기 등은 이런 영역을 탐색하는 것을 돕는 미술 중재의 일례들이다. 작품 만들기는 가족에게 특별한 사건, 휴가, 성공을 축하하고 기념하는 적절한 활동이다. 어느 경우든 미술활동은 가족이 자기표현에 몰입하도록 돕는 장이 되고, 또 긍정적 모-자 상호작용 경험으로 애착을 증가시킨다. 부가적으로 모-자 미술활동은 긍정적 양육기술, 특히 치료사가 창의적 활동을 통해 아동에게 양육경험 및 위로를 제공하는 방식을 따라하게 해 준다(Malchiodi, 1990).

가족이 몇 달간 머무는 상황에서, 미술치료는 대인폭력에 관련된 복잡한 문제의 일부를 다룰 수 있다. Riley는 어떻게 가족 이야기가 모-자의 집단작업을 통해서 탐색될 수 있는지를 그 예를 보여 주었는데, 플라스티신(오일을 섞은 유연성 점토)과 판지로 좋아하는 동화를 창조하도록 가족을 격려하였다(Riley & Malchiodi, 2004). 그녀는 엄마와 두 자녀가 '빨간 모자(Little Red Riding Hood)' 동화를 선택해서, 가족이 가정학대에서 어떻게

[그림 23-5] 가족 방패

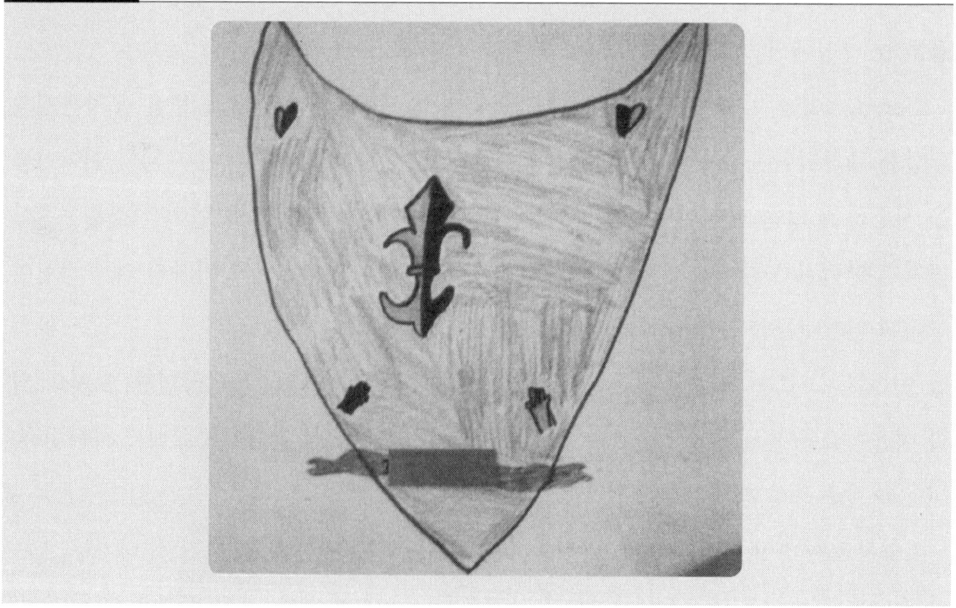

반응했는지를 묘사하게 하였다. 이 가족의 경우에, 9세 된 딸이 할머니 같은 양육자 역할을 했고, 5세 된 남동생은 학대한 아버지를 장난감 칼로 실제 수 차례 때렸던 경험을 반영한 벌목꾼을 열심히 만들었다. 이런 창조는 아버지의 폭력에 가족들이 반응하는 방식을 토론하게 해 주었고 또 후속 미술치료 회기에서 가족동화를 위해 새로운 마무리를 개발하게 해 주었다.

결 론

미술치료는 매 맞은 여성이 신체적 · 정서적 상처를 다루도록 돕는 가정폭력 프로그램으로 널리 활용된다. 그러나 가정폭력의 희생자로 살아온 사람에게 변화는 쉽지 않다. 많은 여성의 경우에 신체적 학대뿐 아니라 통제, 고립, 배반, 모욕, 조작, 처벌로 요약되는 학대가정에서 살아가는 경우가 많다. 이런 환경에 처한 사람을 위해, 창의성과 심상화는 개인의 가능성, 정체성, 재연결을 회복하고 또 폭력에도 참았던 침묵화된 목소리를 그림으로 드러내게 해 준다. 학대 받은 여성이나 아동이 그 사실을 말할 때 수치심을 느끼기 때문에, 미술치료는 그들의 이야기를 말하는 안전한 장소, 권능감, 존엄성과 용기를 탐색하는 경험을 제공해 준다.

자 원

세상 간의 창문(A Window Between Worlds: AWBW)은 가정폭력을 종식시키기 위해 미술을 활용하는 데 기여한 비영리 조직이다(www.awbw.org).

빨랫줄 프로젝트(The Clothesline Project: CLP)는 1990년 매사추세츠 주의 Cape Cod에서 시작된 프로그램으로 여성에 대한 폭력문제를 다루었다. 폭력에 희생된 여성이 자기감정표현 수단으로서 셔츠를 장식한 후, 빨랫줄에 셔츠를 걸어서 타인이 폭행문제에 증인이 되도록 보여 주는 것이다(www.chotheslineproject.org).

Part 05

집단, 가족, 부부에 대한 임상 적용

미술치료도 다른 심리치료와 마찬가지로 종종 집단으로 진행한다. 입원 병동에서 집단으로 미술작품을 만들기도 하고, 외래에서 집단을 구성하여 미술로 자기표현을 하거나 구성원끼리 사회적 지지를 주고받는 매체로 미술을 활용하거나, 개인치료실에서 치료사가 제공하는 지지적 환경에서 작품을 만들고 공유하기도 한다. 치료센터, 지역보건단체, 피난의 집 등에서도 치료집단을 운영하고, 다양한 개인, 즉 외상을 당한 자, 알코올중독자, 약물의존자, 암이나 에이즈같이 생명을 위협하는 질병을 가진 자 등에게 미술치료를 제공한다. 가족 및 부부치료는 집단치료의 특별한 형태로 구성원들에게 미술로 자신을 표현해 보게 요구하고, 구성원들 간 역동을 이해하고, 좀 더 효율적으로 상호작용할 수 있는 방법을 찾는다.

집단 상황은 자연스럽게 의사소통, 상호작용, 타협 등 여러 가지 방식의 개인소통 경험을 갖도록 한다. 치료사는 미술활동 중에 상호작용을 유도하는데, 즉 구성원이 차례로 지도자 역할을 하게 하거나, 작품활동을 지시하거나, 집단을 어떻게 원활하게 만들지 등을 생각해 보게 한다. 작품 완성을 위해 순간 순간 의사결정을 내릴 때 참가자 각자 어떤 느낌이 생기는지 토론하게 하고, 완성된 작품의 내용을 토론하고 생각해 보도록 한다. 또한 집단미술치료는 참가자들에게 치료 역할을 하는 특별한 자질이 있음을 느끼게 한다. 집단치료에 대한 업적으로 존경받는 Irving Yalom(2005)은 집단에는 '치료 요소들'이 있으며, 비슷한 요소들이 집단미술치료에도 있을 것이라고 하였다.

- 희망 불러일으키기: 집단미술치료는 서로 지지적 공동체의 일부가 된다. 집단 지지와 감정 공유에 대한 경험은 자연스럽게 희망을 고취하고, 특히 구성원 중 누가 문제를 극복한 긍정적 경험, 문제해결, 또 외상, 상실감, 질병, 가족갈등, 중독 등으로부터 스스로 극복했을 경우 희망은 더욱 커진다.
- 상호작용: 집단은 사람들 간 사회적 상호작용의 기회를 제공한다. 가장 중요한 사회적 지지는 건강과 웰빙과 관련한 측면이다. 집단미술작품은 공동목표를 갖고 구성원들이 관여하고, 또 회기 동안에 만든 미술작품의 느낌을 공유하는 것이다.
- 보편성: 집단은 타인도 비슷한 문제, 걱정, 두려움을 갖고 있다는 것을 또 개인의 경험은 다름보다 같음이 더 많다는 것을 깨닫게 해 준다. 세상살이 경험이 비슷하다 보니, 구성원들이 만들어 내는 이미지도 특별한 개인적 의미도 있지만 보편적 의미를 가질 수 있음을 배운다. 상징이나 경험을 공유하는 것은 집단미술치료의 중요한 기능이고, 상호 관심사에 대한 의견교환으로 고립감을 감소시키는 효과를 보인다.
- 이타주의: 집단미술치료는 어려운 시기를 겪는 서로를 격려한다. 이런 이타주의는 도움을 받는 사람뿐 아니라 도움을 주는 사람 모두에게 치유요인이 된다. 집단미술치료는 사람들 간에 긍정적이고 도움을 주고받는 상호작용을 통해서 창의적 활동을 경험하면서도 지지와 의사소통을 촉진하게 해 준다(Malchiodi, 2006).

치료적 특성은 모든 집단미술치료에 적용되는 것이며, 치료사는 집단미술 경험에서 분출되는 치유의 잠재력을 극대화시킨다.

어떤 집단미술치료의 경우에, 치료사가 능동적인 역할을 하여, 주제를 정해 주거나 지시를 내리기도 하고, 마음속에 특별한 목표를 가지고 집단미술 활동을 유도한다. 이때는 구성원들을 관찰하면서 필요하다고 판단된 목적을 달성하기 위해서다. 미술을 활용해서 탐험하고 싶은 문제나 주제를 확인하도록 집단에게 요구하기도 한다. 예를 들어 27장에서 유방암 환자를 위한 치료를 설명하고 있는데, 이 집단의 경우에는 암 환자들이 암에 대한 의학적 치료과정과 수술 후 신체에 남은 흔적 등을 미술을 통해 알아보기를 원하였다. 이런 목적을 달성하기 위해서 일주일에 1회씩 8주 프로그램으로 환자와 치료사가 함께 작품활동을 진행하였다. 매 주 작품 주제를 선택하게 하고, 토론해 나갔다.

미술치료 집단도 비슷한 형식을 따른다. 즉 도입단계, 경험단계, 경험 후 토의단계 등을 거친다. 치료 전반부에 집단의 목표 또는 활동을 소개하는데, 25장에서 설명된 것 등을 참조해서 응용한다. 어떤 집단의 경우, 참가자는 도입부에서 경험단계의 지시나 주제를 전개시키기도 한다. 비지시적 집단의 참가자는 색칠하기, 그리기, 혼합매체 또는 만들기 같은 연속 프로젝트를 진행한다. 24장은 대인관계적 접근을 집단미술치료에 적용하면서 지시적 및 비지시적 방법을 사용하였다. 26장에서는 아동을 대상으로 구조화(즉 지시적) 및 비구조화(즉 비지시적) 집단미술치료 방법의 사용법을 보여 주었다. 이 아동은 성학대를 받았으며, 발달적 요인을 고려한 치료를 하였다.

28장은 가족 및 부부 미술치료를 소개하고 또 사례와 전문적인 간단한 역사를 통해 독자에게 실질적 근거를 제공하고 있다. 이 기법은 미술표현이 어떻게 가족치료과정에 통합되는지를 이해하는 기초가 될 것이다. 이 책에 새로 추가된 29장은 아동의 슬픔과 상실집단에 대한 미술치료 적용을 설명한다.

Riley(2001)는 "창의적 사고와 기회가 집단과정에서 나타날 때, 비로소 관찰 가능한 표현이 유도된다"라고 했다(p. 4). 그녀는 이것을 '집단과정 보기(group process visible)'를 가능하게 하는 것이라고 했다. 즉 미술표현은 감정, 사고, 지각, 세계관, 특정 시기의 기록, 상호작용형식, 언어로는 표현할 수 없는 문제를 보고 느끼게 해 주는 방법이다. 집단치료에서 만들어 낸 심상은 곧 구성원이 말하는 것을 모두가 볼 수 있기 때문에 치료사와 모든 집단원에게 매우 유용하다. 집단, 가족, 부부치료 경우에 작품을 만드는 과정이 치료과정을 향상시킬 수 있고 또 치료 진전을 검증하게 해 준다. Riley가 말한 것처럼, 작품은 집단과정의 흐름에 대한 2차적 언어(second language)가 되고 또 치료사가 치료의 방향을 결정하는 데 중요한 단서가 된다.

CHAPTER 24

집단미술치료: 대화식 접근

집단작업은 건강 및 사회 서비스 등 다양한 구조에서 보편적인 치료법이다. 그러나 '집단' 이란 단어는 여러 의미를 가질 수 있으므로, 집단미술치료를 진행할 때 정확히 무엇을 의미하는지 분명히 해야 한다. 임상 장면에서 수년간 사례지도를 하면서, 치료집단을 이끌어 가는 데 있어서 집단작업의 원리를 이해하는 것이 필수적임을 깨달았다.

집단심리치료의 역사는 미술치료 역사와 비슷한데, 제2차 세계대전 중에 영국과 미국에서 시작되었다. 영국과 미국의 미술치료사들은 집단으로 실시했지만, 보통 개인 치료실에서 실시했으며 이것을 개방집단(Open Groups)이라고 한다. 개방집단은 삭막한 시립정신병원 시설에 비해 창의적 안식처가 되었다. 환자들은 자유롭게 오고 갔으며, 어떤 환자는 치료실에 하루 종일 있거나 매일 방문했으며, 어떤 이는 간혹 방문했다. 1940년대와 1950년대 구식 치료실은 미술 교실, 즉 학생들은 조용히 있어야 하고, 교사는 이리저리 다니면서 학생에게 조언을 해 주는 모습이었다. 들을 수 있는 소리라고는 연필 마찰음, 기침, 한숨 소리였다. 모두는 자기 그림에 몰두해야 하고, 의사교환은 쉬는 시간에만 가능했다. 1970년대 미국에서 시작된 참만남(encounter),* 집단치료(Esalen),** 영국의

* '참만남집단' 은 Carl Rogers가 정신분석적 집단치료에서 인본주의적 집단치료로 이동하는 과정에서 생겨난 명칭이다. 이것은 인본주의적 기반을 두고 있기 때문에 집단원 간 의사소통과 심리적 경험을 극대화시키는 특징이 있다. 'T(training) 집단' 또는 '민감성 훈련(sensitivity training) 집단' 이란 명칭으로도 부른다.

변화 등이 집단미술치료 과정에 영향을 끼쳤다. 장이론(field theory)을 주장한 Kurt Lewin, Tavistock 임상실, 기타 유행이 집단치료 발전에 영향을 미쳤다.

대화식(대인관계라고도 함) 집단치료모델은 여러 상황에서 효과적이고 융통성이 있다. 이것의 기본 개념은 집단분석(Foulkes, 1948), 대인관계치료(Sullivan, 1953; Yalom, 1985), 체계이론(Agazarian & Peters, 1989), 집단미술치료(Waller, 1993; Skaife & Huet, 1998)에서 발전되었다. 또한 형태적(도식, figurational)사회학(Elias, 1956)과 사회심리학(Lewin, 1948, 1951)의 영향을 받았다. 여기서는 대화식 집단심리치료의 개념을 제시하고, 대화식 집단미술치료를 어떻게 진행하는지 설명하고, 대화식 집단미술치료의 사례를 소개하고, 대화식 모델에 따른 집단미술치료 진행방안을 전반적으로 논의해 볼 것이다.

대화식 집단심리치료

집단미술치료의 기초가 된 대화식 심리치료모델은 신프로이트 학파, 특히 Harry Stack Sullivan(1953)의 연구에서 유래되었다. 그는 개인의 역사가 개인 경험의 역동적 구조 및 한계를 만들어 주기 때문에 삶의 매 순간 영향을 미친다고 하였다. Sullivan은 초기 아동기 성격은 중요한 타인과 상호작용을 통해서 발달하지만 항상 수정과 변화가 생길 수 있다고 생각하였다. Yalom(1985), Ratigan과 Aveline(1988), Bloch와 Crouch(1985), 그리고 Waller(1993) 등은 대화식 집단치료의 이론에 중요한 기여를 하였다. 먼저 중요한 핵심 특징을 알아보고, 다음에 미술매체를 활용하여 어떻게 집단을 변화시키고 역량을 증대시킬 수 있는지 논의해 보자. 집단들은 앞의 예들에서 본 것처럼 근본적으로 동일한 구조와 치료요인을 갖고 있지만, 이미지가 만들어질 때 표현과 의사소통을 위한 가능성이 부가적으로 열리는 것이다.

대화식 집단심리치료는 일상에서 사람들이 보이는 작용, 반작용, 상호작용에 초점을 둔다. 주관적 관점은 타인과 상호작용하면서 끊임없이 재구성되며, 이것은 또 자신이나 타인을 보는 시각에 영향을 준다. 주관적 관점은 타인에 대한 기대에도 영향을 미친다.

** 집단치료란 1962년 Michael Murphy와 Dick price가 창립한 단체다. 원래는 인간의 잠재성을 최대한 꽃 피우기 위해 인문학과 과학을 탐구하는 목적으로 시작되었다. 이제는 개인 성장, 명상, 요가 등을 망라하는 통합활동을 추구하는 비영리 단체다.

집단치료에서, 개인은 자신의 생각이 어떻게 상호작용 패턴을 결정하고 또 대인관계 문제를 일으키는지를 배운다. 책임, 자유, 선택의 개념은 이 치료모델에서 핵심이다. 구성원에게 비이성적인 신념체계(예, 만일 결혼하지 않으면, 시험에 통과하지 못하면, 30살에 승진하지 못하면, 그땐 완전히 실패한 거야)를 찾아내도록 격려하고 수동적 희생양이 된 신세 한탄을 덜 하도록 격려한다. 체계이론과 융합시킬 때는 차별과 인종적 우월감 및 사회적 · 정치적 · 경제적 현실을 인식시키고 이런 현실을 내면화시킬 때 어떻게 절망감과 무력감을 느끼는지 깨닫게 한다.

이를 위한 전제조건은 집단에 참여하면서 책임감을 갖는 것, 나의 영향력을 느끼는 것, 피드백 주기를 학습하는 것이다. 집단원은 지금 이 순간 행동을 통해서 어려움을 드러낸다. '지금 이 순간' 에 몰입하는 것이 치료의 시작이다. 세상에서 겪은 과거와 현재의 중요하고 '비밀스러운 사건' 을 노출하는 것이 중요하고, 그렇게 함으로써 집단 구성원 각자의 행동을 이해하는 데 도움이 된다. 노출행동(심상 형성을 통해서 간접적으로 엿볼 수도 있음)은 종종 긴장을 낮추고, 방어를 감소시키거나 없애 버리게 한다. 집단원과 치료사의 피드백, 즉 자신은 인식하지 못하지만, 타인이 느끼는 자아의 측면을 조명하는 것이 필수적이다. 피드백이 효과를 보이려면, 적절한 시간에 조심스럽게 제공되어야 한다. 어떤 측면에서 치료사가 중요한 모델을 하는데, 즉 부정적이고 판단적인 접근이 아니라 긍정적이고 중요한 접근을 보여 주고, 행동과 심상 그리고 집단과정에서 그것들의 영향을 조언해 주고 관찰한다.

대화식 집단치료의 몇 가지 기초는 심상 형성을 첨가함으로써 효과를 높인다. 이런 작품활동은 투사(projection), 거울 보기(mirroring), 희생양 삼기(scapegoating), 병렬적 왜곡(parataxic distortion), 투사적 동일시(projective identification)를 닦아 낸다. 집단원 중 일부는 지금 이 순간에 충실하지 않다고 가정하거나 그런 느낌을 갖는 것도 투사의 한 유형이다. 예를 들어 어떤 집단원이 다른 구성원을 비난적인 자기 어머니를 닮았다고 느끼고, 그 사람의 감정에 대해 선입견을 갖는다. '거울 보기' 는 한 집단원이 타인의 행동에 대해 강한 감정이나 느낌을 갖게 하는데, 이 행동은 사실상 그 집단원의 행동 특성인 경우를 의미한다. 투사와 거울 보기는 종종 따로따로 나타나는데, 집단 구성원, 촉진자, 전체 집단을 좋은 사람 혹은 나쁜 사람으로 간주하게 된다. '희생양 삼기' 는 집단원이 모든 어려움을 저 사람 때문이라고 몰아붙이고 또 제거하려고 시도하는 것을 의미한다.

타인을 지각할 때 왜곡하려는 집단원의 경향('병렬적 왜곡')은 집단원들이 다루어야 할 소중한 (치료적)재료다. '투사적 동일시'는 중요하고도 혼란스러운 현상인데, 한 사람이 자기 것을 다른 사람 것('이상한 매력 또는 혐오'를 느끼는 대상)이라고 귀인하려는 투사를 의미한다(Yalom, 1985: 354). 이런 귀인은 너무 강하게 투사되어서 타인의 행동도 변화시킬 수 있다. 예를 들면, 다른 사람이 잔인하다고 느끼기 시작하면서 살해하고픈 감정이 투사되는 경우인데, 투사자는 그런 감정에 대한 자각을 하지 못한다. 집단은 작은 사회체계이므로 마치 한 사람인 것처럼 행동의 패턴을 보이게 된다. 촉진자(치료사)는 이런 과정을 이해하고 그런 현상에 대해 조언해야만 한다. 집단치료의 목적은 구성원들이 그런 현상을 이해하고 배우는 것이다(Rutan & Stone, 2001).

대화식 집단에 미술치료를 접목하기

언어 중심의 집단치료에서 치료요인으로 Yalom(1985)이 언급한 효과가 완전하지 않은 경우도 있기 때문에, 미술치료를 접목시켜서 언어와 시각 간의 상호작용 효과를 찾는 과정을 설명하고자 한다. 이런 노력이 기존의 복잡한 치료모델을 더 복잡하게 만드는 것은 아닐까? 하지만 언어 중심의 심리치료가 잘 적용되지 않는 내담자에게 미술치료로 호전된 많은 사례보고가 있으므로 대안모델의 합리적 근거가 된다.

미술치료를 어떻게 대화식 구조에 통합시킬까

실용적 관점에서, 언어적 집단치료의 일반적 시간은 1시간 30분 정도이지만, 미술치료를 접목할 경우는 내담자의 능력이나 요구에 따라 2시간 정도로 늘어나게 된다. 집단은 매주 같은 시간에 진행하고, 입원환자의 경우에는 1주에 몇 번씩 할 수도 있다. 시간표는 기관 사정에 맞추면 되지만, 미술치료 공간을 찾는 것이 아직은 쉽지 않다. 미술매체를 사용하는 것은 시간을 필요로 하는데, 즉 심상을 형성하고, 심상을 집단원이나 자신에게 이야기로 표현하고, 심상을 자신과 분리시키고, 회기를 종결하게 된다. 집단은 시간, 장소, 간단한 규칙, 즉 약속시간에 모이기, 회기에 머물러 있기, 자신과 타인 그리고 타인이 만든 작품을 손상시키지 않기 등을 준수하게 한다. 미술재료는 치료실 한 켠에 보관하거나 집단 특성에 따라 책상 위에 배열해 놓기도 한다(만일 집단원이 신체장애나 심한 지적 결함이 있다면, 접근성이 좋게 해 주어야 함).

촉진자는 대화식 치료사의 유형으로 집단을 이끌어 가게 된다. 즉 집단원에게 사용할 매체가 어느 곳에 있다는 것을 알려 주지만, 어떻게 사용할지 방법을 지시하지는 않는다. 또는 치료사가 집단원에게 일정 시간 이야기를 끌고 가면서, 그날 내담자의 느낌을 확인하고, 시각 및 언어표현을 위한 자유주제를 찾도록 한다. 보통 어떻게 해야 할지를 고민하는 순간에는 긴장이 흐르고, 집단원들은 치료사가 지시해 주기를 원한다. 그러나 대화식 미술치료사는 집단 스스로의 해결 능력을 믿고, 해결하려는 어떤 시도라도 격려한다.

초기에 '정지된 순간' 이 지나고 나면, 구성원들은 보통 함께 작업할 다양한 방법을 찾게 된다. 즉 집단을 나누거나, 혼자 작품을 만들려는 구성원을 허용하거나, 모든 사람이 함께 희망을 가지고 차이를 의식적으로 피하면서 집단 미술작품을 만들기로 결정한다. 각자는 곧 습관적인 행태를 보인다. 즉 계획을 제안하는 사람, 위축, 집단과 떨어져 구석에만 있으려는 사람, 무엇이든지 거절부터 하는 사람, 수동적으로 참여하거나 참여를 거부하는 사람, 갈등을 조장하는 사람 등이 나타난다. 이 모든 것이 치료사에게는 나중에 조언을 해 줄 자료이고 집단 진행 중에 반영해 줄 것이다.

치료사의 역할

치료사의 일차 역할은 집단치료 작업을 지속시키는 것이다. 공개적이고, 의사소통과 상호작용을 격려하고, 진행과정을 살피고, 집단이 정지될 때 또 구성원이 희생양이 될 위험이 감지될 때만 개입하고, 한계를 재강조해 준다. 집단은 스스로 언제 심상을 형성하고, 이야기하고, 어떤 방식으로 진행할지를 결정한다. 만일 구성원 중 누가 거절한다면, 치료사는 더 이상 상호작용을 하지 않도록 허락할지 또는 좀 더 심도 있게 심상을 떠올리게 할지 또 더 많은 시간을 할애할지를 결정해야 한다. 또한 그림 심상과 재료들을 치료집단마다 섞이지 않게 잘 보관해야 한다(만일 다른 치료팀과 같이 사용할 경우 어렵게 된다). 가능하면 치료실 공간의 한계에도 유념하여서, 치료 회기 끝에 작품을 따로 치워야 할지 아닐지 또 집단치료가 끝나고 나면 작품들이 어떻게 될지도 논의한다.

체계이론을 바탕으로 한 Astrachan(1970)의 집단모델에서, 치료사는 집단의 '조절자(regulatory agent)' 로서 여러 역할을 담당해야 하고, 또 치료사가 선택한 조절행동이 집단체계에 미치는 반향을 인지하는 등 모든 상황에 골고루 신경을 써야 한다.

치료의 한계를 정하고 유지시키는 일도 조절자의 역할이다. 예를 들어 어느 대학 강좌에서 경험적 미술치료 훈련집단 과목을 가르치는 과정에서 오후쯤 말도 없이 구성원 몇 명이 집단을 떠났다. 나의 치료실에서는 결코 일어나지 않는 사건이므로, 다소 놀랐다! 약 10분 후 다시 돌아와서 자기끼리 미술작품을 만들었다. 나 외에는 아무도 신경 쓰지 않는 것 같았다.

피드백 시간에 나는 "무슨 일이 있었느냐? 집단을 왜 떠났느냐?" 라고 물어보았다. 나의 질문에 놀라면서, 개인이 원하면 갈 권리도 있고 담배도 피울 수 있지 않느냐고 주장했다. 대화식 집단치료의 이론적 바탕과 한계를 분명히 유지할 필요성을 몇 시간 동안 다시 설명하였다. 그런데도 몇 달간의 습관(즉 정오 이후에 담배 피우러 나가는 것)이 계속되고, 자세히 설명해 준 경계도 지켜지지 않음에 당혹스러웠다. 학생들도 당혹감을 느끼기는 마찬가지였으나 고쳐지지 않았다.

이 경험은 집단치료 회기 중에 일부 내담자의 무단 이탈에 관한 문제를 고민하게 해주었다. 일부는 '개인의 자유' 라며 나를 성가시게 했지만, 일부는 방해가 되어 작업을 혼란시키고 망치게 된다고 말하였다. 집단원들은 한계를 유지하는 것이 더 편안하다고 느꼈다. 그런 논의가 있은 후 집단을 떠나지 않았고, 집단과정에 계속 몰두하였고, 그 중에 일부는 담배의 필요성을 못 느꼈다고 하였다. 만일 나 자신이 이런 행동으로 도전받지 않았다면, 새로운 접근을 경험하지 못하고 집단체계를 지속했을 것이다. 치료사는 치료 자체뿐 아니라 내담자와 관련된 모든 체계에 주목해야 한다(즉 내담자의 일, 결혼, 부모와의 관계, 사회, 정치, 문화 등 크고 작은 사회관계). 덧붙여 치료사는 집단원의 미술작품을 볼 때에도 이런 요인을 염두에 두어야 한다. 상호작용의 모든 형태가 확실히 유용하기는 하지만 다른 형태의 치료에 우선하는 것은 아니다(Bloch & Crouch, 1985: 80-81).

요약하면, 복잡한 집단치료에서 치료사의 역할은 어려운 것이며 특히 구성원 각각을 이해하고 작품이 여러 측면의 의미를 포함하고 있을 때는 더욱 어렵다. 각 구성원은 집단치료과정에 사회체계를 옮겨 놓게 되는데, 각자는 사회체계의 일원으로서 어떤 역할을 담당하고 있다. 집단과정에서 내담자의 세상을 되짚어 보고, 집단상황에서 '지금 이 순간' 에 관계 맺는 패턴을 느껴 보고, 집단 일원으로 사회체계를 느껴 보는 것이 매우 소중한 경험(즉 문제에서 자유로운 사람은 없구나)이 되고 또 각자 심리적 안정을 얻게 된다.

사례 1

집단 내 상호작용을 치료사가 어떻게 다루어야 할지에 대해서 나의 경험을 근거로 설명하겠다. 첫 사례는 4일간 스위스 학생을 대상으로 미술치료 훈련 프로그램을 진행한 것이다. 초반에 구성원들의 공격적이고 파괴적인 태도로 인해 놀랐는데, 구성원들끼리 혹은 내가 말할 때마다 헐뜯고 미술작품을 만드는 과정에 강하게 저항하였다. 각자의 자리를 떠나지 못하게 한 것에도 불만을 크게 가졌다.

집단은 내가 무엇을 말해 주기를 기다리는 것 같았고, 내가 제안하면 어떤 일이 야기될 지 고민하는 것 같았다(구성원들은 이미 2년간 함께 생활해 왔으나 치료사는 신참자였다). 집단 구성원은 모두 여성이고, 나도 촉진자로서 여성임을 명심하자고 하였다. 처음에 구성원들은 여성끼리만 하기 싫다고 하고는 나(촉진자)에게 문제를 해결하라고 요구했다. 그러나 나는 우리끼리 할 수 있는 능력이 있다고 말했다.

나중에 알고 보니 처음에 남학생 3명이 함께 시작했는데, 모두 그만두었다. 그들은 무시당하는 것 같은 느낌이 들게 하였고, 그 사실에 대해 여학생들은 화가 나서, 남자들을 쫓아냈다고 하였다. 구성원들은 집단에 남자가 있기를 원했는데, 그러면 좀 더 '진지한' 집단이 될 것이라고 했다. 나는 왜 그래야 하는지 궁금해졌다. 스위스 여성의 역할에 대해 긴 시간 생각해 본 다음에 나는 이곳이 최근에 비로소 여성에게 투표권을 허락하였고(스위스는 유럽에서 가장 늦게 1958년 여성에게 참정권을 허락하였다-역자 주), 그들은 여전히 남성이 더 중요하다고 느끼고 있다는 것을 알게 되었다. 동시에 구성원들은 그런 감정 자체에 분노하였고, 직장이나 가정에서 불이익을 받을 때마다 화를 느꼈다. 서로 헐뜯고, 내가 제안한 것도 헐뜯고, 불편한 감정을 촉진자에게 투사하기도 하였다. 치료 회기에 그런 감정을 명확히 다루고, 두통을 극복하고, 도피하려는 생각도 논의하였다. 나는 주제를 제안하지도 않고, 스스로 미술재료를 사용하는 방법을 터득하는 것이 중요하다고 해 주었다.

마침내 구성원들은 경쟁적인 감정을 강하게 드러냈는데, 그것에 대해 부끄러움을 느낀다고 했다. 구성원들은 치료사 혹은 타인에게 평가받는 것을 두려워했다. 일정 시간 숙고하고 반영한 다음에, 구성원들은 시각적 의사소통을 위해 미술재료를 사용할 수 있게 되었고, 모두가 참여하였으며, '다름' 에 대해 존중하고 인정하게 되었다. 집단과정에 민감성과 돌봄이 생겨나면서, 함께 작업하지 않는 것에 대한 두려움도 떨쳐 버리고 진짜 협조적인 노력을 하게 되었다. 집단치료과정에 특정 활동이 전환점이 되었는데, 즉 천정에 매단 3차원 조각작품에 대해서 언어와 심상을 만들어 내고, 집단원끼리 조각의 의미를 다양하게 탐색하는 활동이었다. 그 작품을 치료실에 그대로 두고서(4일 연속하는 집단이므로), 다음날에도 심리적 반영을 하는 데 활용하였으며, 여성 경쟁력에 관한 문제를 계속 논의해 나갔다.

사례 2

몇 년 전 불가리아에서 경험한 집단인데, 추운 4월에 해변가에서 의사와 간호사를 대상으로 한 집단경험이다. 세미나의 목적은 대화식 모델에 대한 이론 공부 후에 미술재료를 활용한 실제 경험을 체험하게 하는 것이었다. 매일 아침 9시에 시작하였는데, 둘째 날에는 12명 중에 2명만 도착하였다. 15분이 지난 후에 한 사람이 뛰어 들어와서는 호텔에 머물고 있는 다른 사람이 서양 관광객을 위해서 방을 비워 주어야 한다고 했다. 그 당시에는 불가리아 경제가 어려워 서양인들의 여행경비를 더 중요시했기 때문에 일반적인 일이었다. 구성원들은 말 그대로 눈 위의 길에서 다른 장소를 찾아야 했다.

나는 즉시 뭔가 연상되면서 분노와 죄의식을 느꼈다. 내가 진행한 병원은 환영하는 분위기가 아니라, 방해를 하고 구성원들에게 소중한 시간을 빼앗는 것으로 여겨졌다. 우리는 이런 여건에서 집단치료를 계속할 수 없었다. 내가 병원장실에 방문해서 사실을 알리자, 어깨를 으쓱거리면서 나를 연민의 눈으로 보고서는 "내가 할 수 있는 것은 없어요."라고 했다. 서구사회 및 세계보건기구(WHO)의 대표자인 제3자로서, 호텔 측에 강하게 항의하고 방을 다시 돌려주기를 주장했다(실제 호텔에는 방이 많았고, 다만 호텔 지배인이 관광객이 밀어닥치는 '만일' 의 경우를 대비해 방을 비우라고 했다).

약간의 논쟁을 한 다음에, 집단원의 방을 다시 찾게 되었다. 나는 결과를 고심하는 것이 아니라 그 사건으로 인해 혼란을 느꼈다. 우리는 시간을 재조정하여 사태를 수습하였다. 구성원들이 모였을 때 분개하였고, 당연히 격분했다. 그러나 그들도 서구에서 온 촉진자인 치료사를 만나고 있었다. 역설적으로 나는 구원자이면서도 박해자로 투사 대상이 되었고, 기분이 나빴다. 말이 없지만 화난 동작으로, 구성원들은 큰 종이를 택한 다음에 모든 물감을 사용했다(병에 담긴 다양한 액체). 물감을 부어서, 섞고, 걸쭉하게 만들고서, 종이에 부었고, 바닥에 쏟기도 했다. 이것은 폭력적인 것이고 혈액을 상징하는 것이다. 찰흙으로 파괴당한 모습을 만들고, 종이 위에 짓이겨 버렸다. 전쟁이 격화되었고, 나는 보기만 하고 간섭하지 않았다. 그러나 재료를 잘 통제하고 있었다.

에너지가 분출되고, 참가자는 자리에 앉아서 만족스럽게 자신들의 작품을 살펴보았다. 감정 정화가 된 셈이다. 그들은 작품에서 이웃 발칸인, 즉 서양인을 죽였고, 그렇게 함으로써 과거 전쟁을 떠올리게 되어 오랜 상처를 해결했다. 구성원은 호텔 지배인과 주지사도 죽였다. 치료사인 나도 죽였는지 모르겠는데, 나는 서양인이지만 압제자에 반대해서 구성원들의 편에 선 비서양인 역할을 했기 때문이다. 이미지는 폭력으로 혼돈스럽게 되었지만, 동시에 과거와 현재의 투쟁을 나타내는 당당함도 담겼다. 충분한 보상이 되려면 더 많은 집단과정이 필요할 것이다.

집단 감정은 소진되고, 상처를 치료하는 만족이 있었다. 이 세계는 선과 악으로 이분되었다. 다음에 이것은 관광객 때문이 아니라 우리가 일원으로 살고 있는 '체계' 의 모습임을 인정하게 되었다. 서양 관광객을 죽이는 것이 처음에는 만족스러웠지만, 이후에 죄책감과 절망으로 나타났다. 이것은 전쟁 때문이다. 많은 감정적 반영 후에, 실물 크기의 국적이 불분명한 여성을 만들었다. 그녀는 뉴욕으로 갔고, 오랜 시간 머문 다음에 다시 돌아왔다. 그녀는 돈(달러)을 지녔고, 여권, 총(미국의 갱단으로부터 보호해 줄)을 가졌다. 중요한 것은 불가리아 국기로 만든 머리띠를 하고 있었다. 집단은 이 이미지에 완전히 몰입하여, 달러를 넣을 가방을 만들어 종이 위에 붙이고, 총을 만들고, 뉴욕에서의 삶에 대한 환상에 빠졌다. 이방인인 구성원들은 달러는 말할 것도 없고 여권조차 받기 어렵다는 사실을 알고 있었고 따라서 그들의 작품은 왕래가 자유로운 치료사인 나에 대한 반영이었다. '동양과 서양' , 특권과 무력감 바로 이 차이들이 이미지에 모두 담겨 있다. 전체 집단에 의해 만들어진 두 이미지는 그들을 포함하여 가치 있는 자료로서 오늘날까지 나를 사로잡고 있다. 나는 사진만 갖고 있지만, 그 이미지와 사건은 여전히 내 가슴속에 남아 있다.

나의 역할은 투사의 대상이었지만, 구성원들이 투사의 모든 책임을 감당하지 않아도

된다는 점을 인정해 주어서 이런 역할은 수정되었다. 나는 투사적 동일시를 경험하였고, 그 집단 이후에도 꽤 지속되었다. 불가리아를 떠나기가 불편했고 또 집에 도착한 후에도 마음이 편치 않았다. 하지만 동시에 떠나고 싶었다. 나는 '동양'과 '서양' 사이에 존재했다. 집단 경험에서 각자의 의미를 생각해 보고, 개인에게 책임이 있다고 느끼기 어려운 사회체계 속에서 대인관계를 재점검해 보는 의미도 있다. 대개는 모두가 아는 권위자인 '미국(The State)'에 대한 투사 때문에 사적 문제는 보지 못하게 된다.

많은 경험 중에 두 가지 사례를 소개했으나, 이미지의 힘은 집단 상호작용 과정을 증진해 오고, 이런 의미 찾기가 언어 중심의 집단치료과정에서도 나타날 수 있는지는 의심스럽다.

대화식 집단미술치료에서 중요한 고려사항

다음은 대화식 모델로 집단미술치료를 진행할 때 중요하게 고려할 사항이다.

- 대다수의 성인들은 평생 처음으로 미술재료를 활용한 치료에 참가했을 수도 있다. 심상 형성을 통한 위험 노출은 큰 난관이고 집단원끼리 서로 신뢰하기 전에는 만들어 내지 못할 수도 있다. 대화식 집단 틀에서, 탐색과 학습에 대한 강조와 함께 누구도 문제와 떨어져서 있을 수 없다는 분위기를 조성하면, 심상 형성은 또 다른 의사소통 수단으로 좋은 기회를 제공한다.
- 구성원들은 미술재료를 실험해 보고 집단원과 함께 또는 혼자 작업할 방법을 찾도록 격려 받는다. 같은 방법으로 외부 경험을 언어로 표현하도록 격려하고, 시각적 자료도 제공한다.
- 심상은 구성원들이 '지금 이 순간'을 이해하는 데 도움을 주고, 각자가 어떻게 경험하는지를 깨닫게 한다. 예를 들어 약물중독에서 회복하는 어떤 집단은 서로에게 또 찰흙매체에게 상당한 분노를 표현하면서 교도소 형상을 만들었다. 그 후에 서로 합의하여 교도소를 파괴하고서, 그 흙을 아름다운 가면으로 변형시켰다. 그 가면은 교도관에게 선물로 주고 떠났다. 구성원들은 현재 경험을 표현하고, 감정 정화 및 회복

과정을 거치는 느낌을 표현했다. 이런 것은 말로는 쉽게 표현되지 않을 내용들이다.

- 때때로 물건들은 중요한 경험에 대한 강력한 상징이 된다. 앞의 예에서, 집단 구성원은 교도소 내의 느낌을 표현했지만 그것을 변형시켜 상징적인 가면을 만들었다. 단지 가면의 의미를 넘어서 누구에게 아름답게 조각한 물건을 준다는 것은 개인 및 집단에게 심리적 성장을 의미하는 것이다.
- 작품이 투사의 중심이 될 수 있다. 핑거페인트와 찰흙 같은 재료들은 깊은 감정을 끄집어낼 수 있고, 또 감각에 압도된 유아처럼 통제력을 보이지 못할 수도 있다. 단일 모습이나 작품에 모든 미운 감정을 투사할 수 있고, 다음에 그것을 집단 피드백으로 수정하여 변형시킬 수도 있다. 작품이 투사 및 상호작용의 핵심 역할을 한 셈이다. 각자의 작품에 대해 '자유연상'을 하도록 격려하고, 작품을 '해석'하지 않고, 평가절하하지 않고, 판단하지 않게 한다. 치료사가 질문과 반영을 해 주는 행동으로 모델 역할을 하면서 구성원들이 이런 것을 배우게 하면 된다.
- 미술재료는 놀이경험으로 유도할 수 있는 활용성도 있지만, 성인의 경우는 놀이가 어렵다는 점도 기억해야 한다. 적절한 환경, 특히 구성원들이 자유롭게 다닐 수 있는 여건이 좋다. 치료실 자체가 Winnicott(1990)이 명명한 '잠재적 공간(potential space)'이 되고, 여건이 좋을수록 사람들이 집단에 참여하는 수준에도 영향을 미친다.
- 일단 심상이 형성되면, 형성되는 과정에는 집단에 머물 수 있게 된다. 그러나 집단이 경험한 방식에 따라 부정적으로 되기도 하고, 변형되기도 한다. 대화식 집단치료의 잠재력을 잘 활용하지 못하는 경우는, 각 회기 끝에 작품을 잘 치우지 않거나 처분해 버릴 때다. 보관 장소를 마련해 주는 것이 중요하고, 필요하면 치료 시작 시점에 지난 회기 심상을 다시 떠올리게 한다. 작품을 집단의 한 부분으로 유지시키는 것이 '언어와 심상'을 분리시키지 않는 방법이다. '전경과 배경(figure and ground)'이 병합됨으로써, 심상이 결과물로만 남지 않고 상호작용 체계 역할을 하게 된다.
- 대화식 집단미술치료에서 구성원들과 함께 감정과 생각에 형태(form)를 부여함으로써 창의적 활동의 가치가 부각된다. 스스로 창의적이지 못하고 잘살 수도 없다고 믿는 한 여성(열심히 하지만 착취를 당한)의 변화를 목격한 적이 있다. 그녀는 회기 중에 씩씩한 러시아 군인을 실물 크기로 그려 냈고, 치료사와 작업하면서 환상적 인물임을 깨닫게 했다. 내담자는 자신의 일부를 군인, 즉 전사로 투사했고, 피드백과

반영을 통하여 자신의 주장을 담고 있다고 했다. 그 결과 내담자는 고용주에게 착취당함을 깨닫고, 다른 직장에서 중견 자리를 구했고, 직무에도 만족하게 되었다. 상당히 마술 같은 과정이지만, 집단에서 심상이 형성되고 공론화되면서 생기는 힘이다(Waller, 1999).

집단 구성

제시한 예들은 현실에서 잘 지내는 일반 훈련집단에서 경험한 것이다. 그러나 이 모델을 내담자 집단에도 적용할 수 있고, 다만 치료사는 집단 구성의 본질을 잘 이해하고, 내담자와 동료에게 잘 설명해야 한다.

가장 흔한 오해가 미술교실이라거나 긴장이완을 위한 집단으로 생각하는 것이다. '그림을 배울' 수도 있는 장소라고 내담자에게 말했을 수도 있다. 그러므로 치료사는 희망자를 면담하면서 진행과정 등을 설명해 주어야 한다. 앞의 치매환자 집단에서 본 것 같이 혼란스런 내담자들도 있을 것이다(심각한 기능장애 환자일지라도 양육자 또는 변론자로 관여할 수 있다).

초기 면담은 치료사 및 내담자 모두에게 상황을 평가하는 기회가 된다. 치료사, 특히 훈련받는 자들은 이미 다른 의료진이 선발한 내담자를 받아들이도록 압력을 받기도 하고, 단지 여건이 그러하다고 지시를 받는다(심지어 다른 치료에서 실패한 내담자도 있다). 그래서 집단 구성에 시간을 필요로 한다. 그렇지 않으면 내담자는 자신이 어떤 집단에 참여할지를 모르게 된다. 치료사는 내담자가 대인관계 집단의 도전에도 인내할 수 있을지 평가해야 한다. 내담자가 너무 여리거나 혼란스러워서 이런 도전을 감당하지 못할 경우도 있다면, 집단 시작 전에 별도로 지지적 치료 회기를 몇 번 경험시킬 필요가 있다.

집단 참여가 인정되는 기준

집단 선택을 언급한 문헌은 언어로 하는 심리치료의 결격사유를 다루고 있다(Bloch, 1979). 일주일에 1회씩 외래환자로 언어 또는 미술치료 집단을 구성할 때, 내담자는 회기별 시간을 인내할 수 있어야 하고, 집단과정에서 유발될 수 있는 격한 감정도 참을 수 있어야 한다. 어떤 내담자는 회기 중에 가능한 후원 역할, 즉 가족이나 친구들의 지지를 받는 것도 중요하다.

공공건강서비스에서의 치료 작업은 대개 다른 곳에서 심리치료를 받기 싫어하는 내담자를 받게 된다. 이들의 경우는 급성정신증이나 경계선 상태의 환자도 있고, 만성 알코올 중독자나 물질남용자, 치매환자, 지적 장애인도 있다. 이들에게 대화식 집단미술치료를 치료사가 적절히 수정하여 적용한다. 일부 내담자와 노인성 치매 환자의 경우, 여러 가지 어려움이 가중되어서 심상 형성이 어렵다. 그러나 비록 인간관계의 상실 및 다른 상실을 지속적으로 겪고 있지만 내담자 간의 상호작용이 매우 소중하다. 집단의 안전함을 잘 설정하면 다른 병실이나 기관에서 갖기 어려운 기회, 즉 고통스러운 감정을 표현하게끔 해 준다(Sheppard, Rusted, & Waller, 1998; Waller, 2002; Waller & Sheppard, 2007). 의료진의 염려에도 불구하고, 지적 장애인의 경우에도 집단미술치료 과정이 이루어진다(Strand, 1990).

대화식 집단미술치료로 도움받는 내담자들이 많아지고 또 다양해지고 있다. 그러나 집단원 중에 아무도 희생양이 되지 않고, 고립되지 않는 것이 중요하다. 남・여, 흑인과 백인, 동성애자와 비동성애자 간의 균형을 맞추면 이상적이지만 현실적으로는 어렵다. 그러므로 치료사는 '차이'를 인정하고, 공개적으로 설명하는 데 신경을 기울여야 한다. 치료사가 고려할 중요 단서는, 내담자가 현실생활에서 보잘것없었다는 것, 압력을 받았을 때 폭력적으로 될 수 있다는 것, 매우 불행한 심상을 경험한 적이 있다는 것을 자연스럽게 인정하도록 하는 것이다. 집단 크기는 내담자의 기능에 달려 있다. 소집단은 5~12명 정도이고, 병원이나 치료실에서 진행하기 알맞은 숫자다. 심각한 증상이 있는 내담자 경우는 5~6명이 좋다.

연구: 모델 검증

미술치료 양식에 가장 큰 도전 중에 한 가지는 아마도 무선적인 통제 시행(randomized controlled trial: RCT)의 검증 대상이 되는 것이다. 이런 방법은 심리치료사와 미술치료사에게 보편적이지 않다. 왜냐하면 일반적으로 관계가 심리치료의 중심이 되고 또 미술치료의 복잡성과 민감성을 포착해 내기가 어렵기 때문이다. 오늘날 영국에서 집단 대화식 미술치료가 세 가지 RCT에 적용되었는데, 그 중 두 개는 정신분열 환자를 포함했고, 나머지는 중증 치매노인을 포함하였다. 이 내담자 집단은 집단 지도자나 치료사에게 매우 어려운 문제인데, 내담자가 규칙적으로 참석하기도 어려웠고 또 참여시키려면 다른 전문가나 돌보는 사람이 독려해 주어야만 가능하기 때문이다.

치매노인에 대한 연구계획은 시범연구 시작부터 모든 미술치료 회기를 질적 연구로 마무리 짓기까지 3단계로 9년에 걸쳐서 진행하고 조정하는 것이 가장 어려웠다. 프로젝트의 목적은 미술치료의 즉시효과 및 장기효과를 평가하는 것인데, 특히 집단미술치료 참가가 감정 및 인지에 의미 있는 긍정적 변화를 보이는지를 검증하는 것이다. 큰 목적은 이런 내담자에게 미술치료 활용에 대한 증거에 기반한 평가를 제공하는 것이다. 우리는 미술치료 집단(집단 상호작용 모델에 기반)을 감정표현을 핵심으로 하지 않은 활동 집단과 비교하였다. 이 프로젝트의 마지막 부분은 집단의 개인에 대한 미술치료의 영향을 평가하였다. 무엇이 가장 도움이 되는 중재였는가? 어떤 재료가 도움이 되었는가? 무엇이 도움이 안 되고 또는 유용했는가? 이런 질문 외에도, 만일 차이가 있다면 그 프로젝트를 진행한 방식에 따라 미술치료로부터 내담자가 이익을 받은 방식에 어떤 중요한 차이가 있는지를 밝히려고 했다. 가장 중요한 교훈을 얻은 것 중의 하나가 모델이 채택되고, 실제로 채택될 필요가 있으며, 내담자의 신체적 · 인지적 · 시각적 장애를 고려하게 되었다는 것이다. 두 번째 교훈은 미술치료사가 다양한 재료를 제공하고, 내담자가 그것을 사용하도록 돕고, 가능한 상호작용을 격려하는 등 '능동적' 일 필요가 있다는 것이었다. 심각한 진행성 질병으로 고통받고 있는 내담자에게 중요한 변화를 기대하지는 않았지만, 정신질환, 사회성, 신체적 · 사회적 관여에 약간의 향상이 있었고 미술치료 중재 후에 안정감을 보였다는 것은 고무적이었다. 이런 변화는 통제집단(레크리에이션 활동)의 결과와 질적 · 양적으로 달랐다(Rusted et al., 2006).

정신분열증 환자를 위한 중재로 상호작용적 집단미술치료(MATISSE)***를 적용한 연

*** 집단미술치료(MATISSE) 프로젝트는 통제집단으로서 레크리에이션 활동집단과 표준치료집단과 함께 미술치료 집단을 적용한 다원센터 RCT이다. 영국의 4개 도시에서 2006년과 2010년 사이에 400명의 정신분열증 환자를 대상으로 진행하였다. 이 프로젝트는 Mike Crawford, Helen Killaspie, 그리고 Diane Waller 교수 주축으로 임페리얼 대학(Imperial College)에서 수행하였다.

구 프로젝트는 2009년에 시작되었다. 처음의 결과는 개인치료와 반대로 미술치료사들이 집단원을 상호작용시켜서 진행해 나가는 것이 어려웠었다. 이것은 아마도 집단원들이 매우 위축되거나 거의 정신병 상태에 있고 또 집단의 다른 사람을 무시하고, 자신의 심상에만 몰입되어 있는 내담자와 상호작용하는 미술치료사들에게는 힘들었을 것이다. 그러나 치매환자와의 작업은 극도의 혼란 상태에 있는 노인과 집단에서 상호작용을 할 수 있을 뿐 아니라 그 결과도 긍정적이었음을 증명하였다. 사회적 고립, 자극의 결핍, 조롱에 대한 두려움 등이 심각한 정신건강문제 및 진행성 질병을 가진 내담자를 위축시키고, 내담자를 도와서 자신의 고통을 더 좋게 다룰 수 있는 인간 접촉을 잘라 버리게 된다.

RCT 방법에 대한 집단 상호작용 미술치료의 또 다른 어려운 점은 내담자가 무선적으로 미술치료집단 또는 통제집단으로 할당되고 또 MATISSE 프로젝트**** 경우에는 표준치료 집단에도 할당된다. 다음에서 보겠지만, 선택된 집단은 근본적인 것을 고려해야 하고 미술치료를 선택하지 않은 내담자 및 집단에서 어려움을 보이는 내담자 경우에 매우 어렵다. 연구에 참여하겠다고 동의했고 또 세 가지 중에 한 가지 치료를 받는다는 것을 알고 있었을지라도, 내담자는 제공되는 치료를 거부하거나 프로젝트 참가를 아예 거절하기도 했다. 이것은 집단원 단합에 부정적 영향을 끼쳤다. 집단은 약속한 시간에 오기 어려운 내담자(일어나지 못했거나, 혼란이 심하거나, 이송문제, 망각 등) 때문에 결속력이 떨어졌고, 특정 치료법에 참가하려는 동기 결여는 미술치료사를 어렵게 만들었다. 나는 이런 이유로 질적인 병행 연구는 종합적 방법으로 구성되어야 함을 권고하고 싶고, 그렇게 될 때 이런 요인이 연구 결과의 한 부분으로 고려되고 관찰될 수 있을 것이다.

상호작용이 치료를 방해할 수 있는가

어떤 치료는 효과적이고 성공적이지만, 다른 치료는 효과도 없고 오히려 나빠지는 경우도 있을 것이다. Bloch와 Crouch(1985)는 상호작용이 항상 도움이 되지도 않고, 구성

**** MATISSE 프로젝트는 통제집단으로서 레크리에이션 활동집단과 표준치료집단과 함께 미술치료집단을 적용한 다원센터 RCT다. 영국의 네 개 도시에서 2006년과 2010년 사이에 400명의 정신분열증 환자를 대상으로 진행하였다. 이 프로젝트는 Mike Crawford, Helen Killapie 그리고 Diane Waller 교수를 주축으로 임페리얼 대학(Imperial College)에서 수행하였다.

원들 간에 불편함이 증가할 수도 있다고 지적했다. 예를 들어, 약물중독관리국에 근무하는 직원을 위한 일주일간 집단미술치료 과정에서, 불행히도 사전에 참가자를 면담하지 못한 채 진행하였는데, 혼란스러운 참가자가 집단의 제한을 인내하지 못하고, 늦은 시간에 집단치료실에 들어가서 소집단의 미술작품을 훼손하였다. 이런 일이 있은 후, 집단 전체는 동요되었는데, 특히 그 내담자 소집단에 속한 다른 3명이 그러했다. 그녀는 행동의 심각성을 깨닫지 못하고, 중요성도 부정하였다. 집단원은 그녀를 축출하기를 원했지만, 나는 어느 것이 집단에 더 해로울지를 결정해야 했다. 나는 위기를 함께 극복하기로 결정했고, 마지막까지 그녀를 집단원으로 참가시켰다. 집단 규칙과 제한을 위반함으로써 많은 시간이 허비되었다.

이런 경험 후에 나는 사전에 구성원을 평가하지 않고는 집단작업을 하지 않았다. 일반적으로 집단역동을 적절하게 다루는 것은 치료사의 몫이고, 잠재적으로 파괴적인 행동은 도전이며 집단원에 의해 이해될 수 있어야 한다. 행동의 균형을 잡고, 공격적이거나 거부하는 행위에 주의를 기울이고, 가해자를 희생시키지 않고 잘못을 지적해 주고, 집단원들이 책임감으로 고민하지 않게 하는 것은 어렵다. 구성원의 책임자로서, 집단의 제한사항(특히 타인, 자신, 타인의 미술작품을 파괴하는 것)을 감시하는 데 계속 실패하면 그 구성원을 위해서나 집단을 위해서 제외시킬 필요가 있다.

집단치료에도 적용되지만 집단미술치료에 더 자주 생기는 반치료적인 요인은 구성원 중 일부가 조기 종결하는 문제인데, 이런 경우는 외부 압력에 의해서나 집단의 본질을 잘못 이해하였거나('그림 그리는 집단으로만 인식한 경우'), 또는 다른 치료 상황에서 의뢰되어 참가한 경우가 많다. 이런 반치료적 과정에 있는 집단을 이해하고, 예상하고, 반영하는 데 있어서 치료사 역할이 매우 중요하다. 앞에 언급한 요인들은 집단치료 잠재력을 방해하고, 집단을 치료 작업으로 잘 이끌어 가기 위해서 찾아내야 한다.

결론 및 반추

대화식 집단미술치료 모델은 언어적 · 시각적 의사소통 수단이고, 개인뿐 아니라 사회문화적 · 정치적 맥락을 강조하는 복잡한 것이다. 이것은 개인의 존재방식과 복잡한 문화 및 첨단기술 세상을 이해할 수 있게 하는 접근법이다. 치료사는 집단과정을 이해하는 것뿐 아니라 미술재료, 미술작품 만들기를 관찰하는 것, 회기 사이에 그것을 보관하고 보호하는 것, 집단이 끝난 다음에 처분하는 것에 대한 책임도 지고 있다. 확실한 제한이 설정되고 나면, 집단 내에 일어나는 치료적 사건은 치료사의 능력과 내담자들이 미술재료를 활용하는 능력에 따라 다양하게 나타난다. 역동적 심리치료에 적합하지 않다고 판정된 많은 내담자도 안전한 환경에서 타인과 관계 맺는 기회를 가질 수 있는 유연성이 높은 모델이며, 언어능력이 부족한 사람들도 약점을 느끼지 않을 것이다. 연구 프로젝트로 모델을 적용한 수년간의 연구로부터, 이런 중재로 이익을 본다는 것이 분명하고, 참가자는 집단응집력이 주요한 치료요인이 될 때 집단에 헌신하게 될 수 있다. '공동체' 에 살고 있는 정신병 환자 또는 양가감정 장애를 겪는 내담자의 경우에 이런 치료가 불가능할 것이다. 치료사는 분석적 모델보다 집단에서 더 적극적이어야만 한다. 또한 상호작용을 촉진하는 역할모델이 되는 데 자신감을 가져야 한다. 심리극이나 체계적 치료법(Agazarian & Peters, 1989)을 훈련받는 것이 자신감을 향상시키는 데 도움이 될 것이다. 치료사는 집단 상호작용 접근의 이점을 추구할 필요가 있다.

집단미술치료를 위한 주제 개발

집단미술치료에서 주제 사용의 가치를 평가하는 데 논쟁이 많다. 나는 주제가 주어진 집단과 없는 집단에 모두 참가하고 촉진자 역할을 했는데, 두 접근에서 장점을 보았다. 어떤 접근을 선택할지는 집단원, 집단의 목적, 가용한 시간, 치료사의 선호 유형에 달려 있다.

이 장은 특정 집단에게 유용한 구체적 주제 및 문제를 설정하는 방법을 논의하고자 한다. 전반부는 집단 구성에서 고려해야 할 문제를 다루고, 후반부는 실제 임상에서 사례를 가지고 어떻게 적용했는지를 설명할 것이다.

미술치료에서 집단작업을 하는 이유

어떤 경우에, 개인치료 또는 집단치료를 선택해야 하므로 집단미술치료를 선택하는 이유를 분명히 알고 있는 것이 좋다. 집단치료를 결정할 때 이유는 다음과 같다.

– 사회학습이 많이 진행되어야 할 때, 집단미술치료는 사회기술을 증진시킬 좋은 환

경을 제공해 준다.
- 사람들이 비슷한 욕구를 갖고 있을 때는 상호 지지를 제공하고 문제해결을 공동으로 할 수 있다.
- 소속감이나 정체성을 느낄 필요가 있는 집단에 적합하다.
- 주제를 설정한 집단은 상이한 관점에서 특정 문제를 다르게 보게 된다.
- 집단 구성원은 다른 구성원의 피드백으로부터 배울 수 있다.
- 집단 구성원은 가족 역할에 대해 통찰을 얻을 수 있고, 새로운 것을 시도해 볼 수 있다.
- 집단은 숨겨진 재능이나 능력을 개발할 수 있는 촉진제가 될 수 있다.
- 집단은 특정 개인에게 더 적합하다(즉 개인 작품에 대해 친밀감을 더 강하게 느끼는 사람).
- 집단은 사회보다 더 평등하고, 권한과 책임을 공유한다.
- 어떤 치료사는 개인작업보다 집단작업에서 더 만족감을 느낀다.
- 집단은 동시에 다수의 사람을 전문적으로 도울 수 있는 경제적 방법이다(즉 수준 높은 미술치료사를 활용하고, 다른 영역의 전문가를 보조 치료사로 활용할 수 있다).

그러나 집단치료의 단점도 있다.

- 많은 사람이 관여하기 때문에 비밀 보장이 어렵다.
- 집단은 비용이 더 들고 조직하기도 어렵다. 개인치료보다 비용이 더 드는 편이다.
- 집단은 개인치료실보다 더 큰 공간을 필요로 한다.
- 집단원 중에 관심을 덜 받는 내담자가 생긴다.
- 집단은 노출이 많이 되므로 치욕을 느낄 수도 있고 또 '낙인찍힐' 수도 있다(Liebmann, 2004).

집단미술치료사는 미술치료와 집단작업 실행이 능숙하고 문헌에도 정통해야 한다(Whitaker, 2001).

집단미술치료에서 주제를 사용하는 이유

모든 미술치료를 집단으로 진행하는 특정 상황(지역건강센터나 자기성장집단 등)에서는 집단작업의 이점을 극대화하는 것이 중요하다. 앞서 언급한 것 같이 특정 주제로 집단을 조직화하는 것이 도움이 된다. 많은 사람은 치료 상황에서 미술작업을 시작하기 어려워한다. 주제는 시작할 초점을 제공한다. 첫 주제는 미술치료가 무엇인지를 느끼게 해 주는 것이 좋을 것이다. 만일 집단 구성이 미술치료를 잘 모르거나, 집단을 마치 '미술 공부' 쯤으로 생각하는 경우에 특히 중요하다.

집단이 안전하지 못하고, 집단이 잘 작동되지 않으면 어떤 구조를 필요로 한다. 또한 시간 제한이 있을 때에는 적당한 주제 설정이 집단을 더 빨리 응집시키는 데 도움이 된다. 주제를 공유하는 것은 집단을 함께 결합하는 데도 도움이 된다. 마지막으로 학교나 병원처럼 다양한 영역의 전문가들의 경우에는 특정 주제를 설정해 주고 따라 하게 하면 집단의 목적을 더 쉽게 이해할 것이다.

가능하면 주제의 선택에 집단 구성원을 참여시킬 수도 있을 것이다. 주제는 여러 수준에서 작용되어야 하고 다양한 욕구에 부합될 수 있도록 융통성이 있어야 한다. 예를 들어 특정 주제는 서로 관계되어 있는 집단에게 유용할 것이다. 때때로 새로운 작업이나 논쟁을 하게 함으로써 오래된 관습에서 벗어나게 할 수도 있다(Liebmann, 2004).

주제를 사용하는 것은 다른 미술치료 모델과 마찬가지로 동일한 경험과 민감성을 필요로 한다. 만일 잘못 적용되면, 집단이 다루기에는 너무 강한 감정을 유발할 수도 있다. 다른 각도에서 보면, 어떤 주제는 사람들을 불만족스럽게 하는 피상적인 경험만 줄 수도 있다. 이런 두 극단 사이에 다양한 주제로 집단을 경험시킬 수 있으며, 이것이 관심, 노출, 즐거움을 줄 수 있고, 개인의 성장을 도모하기도 한다.

주제가 있는 집단미술치료의 구성

목표 및 목적

집단의 목표를 분명히 하는 것이 중요한데, 목표에 따라 치료 진행방식을 결정해야 하기 때문이다. 집단미술치료는 여러 목적으로 사용되는데, 즉 최근에 사별이나 상실감을 경험한 사람을 지지하기 위한 분노 조절 프로그램, 상실을 인정하고 외로움을 완화시키려는 노인층을 위하여 두 집단이 함께 공동 주제로 작업하면서 의미를 찾는 프로그램(예, 후반부에 제시할 삶의 여정 프로그램), 언어적 상담에 비해 미술치료의 효과를 배우기 원하는 건강 전문가들을 위하여 사용된다. 성 학대자에 대응하는 방식을 습득하기 위해 지시적인 집단 접근이 필요한 집단도 있다(Hagood, 2000).

시설과 비용

시설과 비용은 여러 측면이 있는데, 즉 치료사와 보조 치료사의 유능성, 치료실 규모, 미술재료, 물, 평온하고 조용한 분위기, 시간 등에 따라 다르다. 이런 세부적인 것을 설정하기 위해 계약이 필요하다.

집단 구성원

치료에 의뢰되는 체계가 필요하다. 그렇지 못하면 비자발적인 내담자(즉, 그룹 홈에 거주하는 사람 등)들이 모이게 된다. 치료실 안내책자, 의뢰자와의 연계망, 내담자 기록양식, 면담, 적합성을 위한 평가 등이 준비되어야 한다. 또한 미술치료의 이점, 집단의 목적, 주로 잘 치료하는 내담자 집단 등도 설명해 준다. 시설이나 기관에 새로운 미술치료 집단이 도입될 경우에 자세한 설명을 위해 스태프 전체를 대상으로 미술치료 세미나를 여는 것이 좋다. 실제 구성단위보다 좀 더 많이 모집할 필요가 있는데(특히 지역정신건강센터의 경우), 최초 내담자의 계획변경 등을 고려하여 6명 단위가 목표인 경우는 15명 정도를 모집하는 것이 좋다.

개방집단과 폐쇄집단

집단원을 폐쇄적으로 할지 개방적으로 할지를 결정하는 것이 중요하다. 보통 폐쇄집단은 동일한 구성원으로 8회기 정도 운영하는데(보통 8~12회기이고, 더 길게 할 수도 있다), 이 정도이면 각 구성원이 서로 잘 알게 되고 신뢰를 구축하여, 공유하려는 적극적인 자세도 만들어진다. 개방집단은 내담자들이 자유롭게 들어오고 나가기 때문에 피상적 수준에서 진행된다. 정도가 심한 내담자들은 자신이 감당할 수 있는 안전한 수준에 머물려고 하므로 개방집단이 좋다. 내담자 순환이 빠른 기관, 즉 병동이나 노숙인 쉼터의 경우는 개방집단만 가능할 것이다. 집단원이 일정 기간 설정한 집단에 참여하거나 떠나게 하는 변형집단도 있다. 이것은 집단의 특성을 유지하게 한다(예, 특정 심리적 주제를 목표로 내걸고 집단을 모집하는 경우).

행동규칙

각 집단은 집단을 운영하기 위해 어떤 것은 되고, 어떤 것은 안 되는 것을 설정한 '행동규칙(ground rules)' (가끔 '집단계약' 또는 '작업 동의서' 라고도 함)이 있다. 어떤 행동규칙은 미리 치료사가 정한다(즉 매 회기마다 구성원이 바뀌는 경우). 어떤 규칙은 집단원과 협의해야 할 것도 있다. 일반적 행동규칙에는 시간 제한, 휴식, 타인 존중, 비밀유지(집단을 위한 정확한 정의가 필요), 자신의 이야기 꾸미기, 차 마시기, 흡연 등을 포함시킨다. 집단미술치료의 행동규칙으로 타인의 작품을 존중하고, 개인의 해석을 내리고(즉 "당신이 그린 것은 ……를 의미하는군요." 보다는 "당신의 그림을 보니까, 나에게 ……을 떠올리게 하는군요."), 집단 구성원의 모든 기여를 소중히 여기는 것 등이 추가된다.

치료사 역할

치료사는 내담자의 작품활동에 참가할지를 결정해야 한다. 보통 주제를 주는 집단의 경우에는 구성원들에게 모델이 되지만, 집단에 참여하는 내담자 요구에 달려 있다. 만일 치료사가 참가하면, 내담자의 참여 여지를 억제하지 않는 수준에서 관여해야 한다. 보조 치료사가 있는 경우가 좋은데, 역할을 나눌 수 있고, 모델 역할도 해 주고, 집단 참가를 거북해하거나 임의로 치료실에 뛰어드는 내담자가 있다면 뒤처리를 해 줄 수 있다.

주제 선택과 개발

주제는 사전에 설정한 목표와 목적에 따라 개발하고, 내담자와 회기 수에 따라 결정된다. 일련의 회기로 진행된다면, 초기에는 내담자 소개를 통해 집중을 높이고, 그들을 편안하게 하고, 부드러운 방법으로 동의한 주제를 소개한다. 좀 더 도전적인 주제는 중반부에 도입한다. 마지막 2~3회기는 학습, 치료 후 다음 단계, 집단의 마감 등을 검토하는 데 집중한다.

단일회기 치료에도 비슷한 절차를 적용한다. '점화(warming up)' 방법을 쓰고, 다음에 개인 문제를 드러내는 주제를 사용하고, 내담자들이 자신의 방식으로 나아갈 수 있는 상태로 두는 주제(아마도 집단 그림)로 마무리한다. 가끔 각 회기는 점화활동을 한 다음에 주요 주제를 다룬다.

집단 프로그램은 시작 부분(내담자들이 행동하도록 하기 위해)과 끝(마무리를 돕기 위해)에 주제를 주고, 중간 부분에는 내담자들이 원하는 대로 한다. 집단이 구체화되기 시작할 때, 내담자는 스스로 주제를 결정할 수도 있다. 만일 미술치료 집단이 매 회기마다 주제를 갖고, 지속적으로 진행된다면, 민감한 방식을 주제로 개발할 수 있는 몇 가지 방법이 있다.

- 이전 회기에 제기된 문제나 느낌을 추구하기 위해 최상의 주제를 만든다.
- 미술치료 집단이 대규모 프로그램(즉 주간보호센터)의 일부일 경우에 도움되는 주제로, 주중에 일어난 일을 소재로 한다. 만일 특정 관심사 또는 문제가 있다면, 이 주제를 다루는 것이 도움이 될 것이다.
- 적절한 다음 주제를 찾기 위해서 이전 회기의 그림을 참고한다.
- 주제 선택권을 주면 집단 참여도가 높아지고, 융통성을 가지게 된다.

- 매 회기 '기분 점검(round of feeling)' 으로 시작하고(종종 집단을 시작하는 좋은 방법), 현재 관심사를 반영하는 적절한 주제를 논의하도록 이끌어 간다.
- 특정 문제에 대한 일련의 회기를 구성한다(다음 예).

치료사나 내담자 또는 양자에 의해서 주제를 선택할 때, 다양한 수준으로 작업해서 폭을 넓힐 수 있는 주제를 선택하는 것이 중요하다. 구성원 각자가 원하는 만큼 노출할 수 있으며, 다양한 그림 및 색채표현이 될 수 있는 것, 즉 구상화, 추상화, 채색, 축소그림, 3차원 표현 등이 가능한 주제가 좋다. 특정 주제에 위협을 느끼거나 아니면 특히 어렵다고 한다면, "마음대로 하셔도 됩니다."라고 분명히 말해 주고, 어느 것도 허용한다.

주제가 있는 미술치료 집단 진행하기

회기 형식

집단미술치료는 비슷한 형태를 갖춘다.

- 도입과 점화
- 주요 미술활동
- 토론과 집단 종결

각 부분의 정확한 시간 길이는 가용한 전체 시간(내담자 집단은 1~2시간 정도이고, 전문교육자 집단은 2시간 정도), 내담자 구성, 목적에 따라 다르다. 만일 사회성 증진이 주 목표라면, 작품활동 및 토론 사이에 티(커피) 타임을 포함시킬 수 있고, 집단 시작 무렵에 다과시간을 가질 수도 있다. 어떤 집단의 경우에 실제 색칠/그리기/만들기 등이 주요 활동이고 토론은 별로 중요하지 않다. 어떤 경우에는 작품에 대한 토론이 작품활동만큼 중요시되고, 개인 작품을 공유하기를 원하는 모든 사람에게 시간을 할당해 준다. 어떤 상황에서는 시작 무렵에 더 많은 토론이 필요하고, 이런 회기 동안 경험을 공유하고, 이

번 회기의 주제를 선택한다.

미술과정

구성원들이 하고 있는 일에 완전히 몰입되는 시간인데, 흐름을 깰 수 있는 간섭은 없어야 한다. 이것은 미술치료과정의 핵심이며, 비언어적 과정이 우세해지고, 내담자는 물감, 크레용, 찰흙 등으로 감정을 드러낸다. 어떤 사람은 시작하기를 어려워하여 치료사의 작은 도움이 필요할 수도 있다.

많은 집단은 미술과정에 몰입할 때는 말하지 않는다는 점을 이해해야 하고, 이런 침묵은 치료경험을 더 강력하게 한다. 그러나 어떤 집단의 경우에 말하기를 격려하게 되는데, 예를 들어 학습장애가 있는 내담자나 청소년들은 미술치료를 통해 개방을 원하기 때문이다.

토 론

집단 구성원은 무엇을 토론하는지 알고 싶어 하고, 서로 서로 눈을 마주 볼 수 있다면 의사소통이 더욱 촉진되므로 물리적 배치가 중요하다. 어떤 집단은 미술과정 동안에 동일한 자리에 머물지만, 다른 집단은 안락의자가 있는 지정된 대화 장소로 옮겨 앉기도 한다. 작품은 집단원 가운데 마루 위에 배치한다. 만일 미술작품이 벽화나 공동 그림이라면, 구성원들이 둘러앉도록 한다.

회기 중 만든 작품에 대한 토론을 이끄는 것은 별도 회기로 진행하고, 다음에 공유를 위한 여러 모델을 보여 준다.

- 각자는 시계방향 순으로 토론하거나 개인이 원하는 대로 말할 기회를 갖는다 어떤 때는 공식적으로 같은 시간을 할당하거나, 어떤 때는 비공식적으로 시간 배정을 자유롭게 한다. 대부분 시간 분배를 평등하게 하는 것을 좋아하는데, 이런 경우 조용한 내담자도 자기 차례를 갖게 된다. 자기 공간을 잘 주장하는 사람은 토론도 적극적으로 한다. 그러나 자신이 한 작품을 공유하길 원하지 않는 내담자의 경우에는 누구라도

'통과 권리(right to pass)' 를 허용해야 한다.

- **한두 개 그림에 집중한다** 이것은 한두 작품에 더 많은 시간을 배정함으로써 앞서 언급한 모델의 단점을 해결하여, 작품에 대한 깊은 토론을 가능하게 한다. 구성원들은 시간을 배정받는다.
- **집단역동에 집중한다** 이 모델의 경우에, 토론은 만든 작품에 대해 넓게, 느슨하게, 포괄적으로 되며, 집단 내 관계에 대한 느낌을 표현하도록 유도한다.

집단미술치료의 이점 중 하나는 토론에 모든 구성원이 관여한다는 것이다. 심상을 모든 집단원이 보고, 어려운 문제의 토론을 촉진할 수 있다(Liebmann, 2004).

해 석

그림을 해석하는 데는 여러 방법이 있고, 각 치료사는 특정한 관점으로 생각하게 된다. 그러나 대부분의 치료사는 다양한 철학적 바탕을 참조하여 절충적인 방법으로 해석하기 때문에, 다른 구성원도 보는 각도에 따라 치료사보다 범위를 더 확장시킬 수 있다. 대부분 심리학적 이론은 몇 가지 문화적 배경을 갖고 있는데 그래서 단순한 일대일 대응 해석을 피하는 것이 중요하고(특히 다문화가 섞인 작품일 경우), 가장 단순한 표현을 해석하는 데도 여러 방식이 있다. 해석을 내리는 누구라도 그것을 인정하고, 그것이 어디서 유래되었는지 말하는 것이 중요하다.

미술치료에 참여한 내담자 스스로 자신의 해석을 내리는 것이 가장 핵심이다. 안정함을 느끼는 집단의 경우에 구성원들은 자신의 관점을 밝히고, 이런 조언이 자신의 최초 이해를 풍부하게 하는지(종종 그런 경우가 있다) 결정할 수 있다. 이런 과정은 민감성을 필요로 한다. 내담자에게 자기 그림을 반영시키고 만일 구성원이 그림에 대해 비난하는 것을 보는 것도 역시 도움이 된다. 치료 후반부에 미술작품을 검토하는 것이 회기 동안 진행한 주제를 다시 검토하게 해 주고, 미래 모습에 이런 통찰을 활용하게 한다.

마무리

집단미술치료를 길게 하든지 단일 회기로 하든지 간에, 마무리는 중요하다. 각 회기는 구성원들에게 '지금 이 순간'으로 돌아오게 하고, 정상 생활을 수행하도록 한다. 돌아가며 말하면서 마무리 토론을 마치고, 함께 정돈하고, 집단의식, 즉 공동 그림이나 '시각적 선물(visual gifts)' 만들어 주기로 회기를 끝맺는다.

평 가

집단이 진행되면서 평가를 내리는 것은 좋은 방법이다. 몇 가지 방식으로 평가를 내릴 수 있는데, 내담자의 기여나 치료사의 생각과 느낌을 기록하는 방법, 보조 치료사와 매 회기 토론하는 방법, 정기적인 임상지도를 받는 방법, 구성원에게 조언할 글귀를 적어 두는 방법, 일정 간격으로 구성원들에게 간편 평가지를 사용하는 방법, 일정 간격으로 집단면담을 하는 방법, 치료 마지막 회기에 피드백을 받는 방법 등이다.

주제 개발: 임상 사례

분노 조절

이 집단은 정신건강을 회복하기 위한 내담자들이 자신의 분노 조절 필요성을 요청해서 만들게 되었다. 내담자 중 일부는 언어로 자신을 표현하는 것이 어려워서, 미술치료를 대안으로 생각하게 되었다. 정신건강 전문가의 의뢰로 10명의 집단(남자 6명과 여자 4명)으로 시작했으나, 2~3주 후에 5명의 남성만 계속 참여했다(미국에서 도시지역건강센터에서는 이 정도 탈락이 일반적인 현상임). 보조 치료사는 지역정신과 간호사였는데, 집단에 참여하여 한두 명의 유약한 내담자를 지속적으로 관찰하게 했다.

언어 중심의 분노 조절 집단치료를 해 보았기 때문에 미술치료 회기에 응용할 방안을 가져올 수 있었다. 회기에는 다음 주제를 다루었는데, 주제 탐색부터 개인의 깊은 감정과 가족문제까지 살펴보고, 이런 문제를 다루는 긍정적인 방법을 깨우치고 마치게 된다.

- 소개 및 집단규칙
- 이완 및 유도된 심상
- 어떤 분노인가?
- 분노–좋은가, 나쁜가?
- 분노 이면에 무엇이 있는가?
- 어린 시절 부모의 방식
- 분노와 갈등
- 느낌과 주장: '나 메시지 사용'
- 그림 검토
- 집단 그림, 평가, 마무리

각 회기마다 시작 시점에 느낌을 공유할 기회를 갖고 그 주에 할 주제와 연관된 범위(예, 2주째는 '내가 이완을 느끼는 장소', 6주째는 '내 가족이 분노를 느끼는 것들')를 포함하였다. 뉴욕에서 노숙인에게 집단미술치료를 적용한 것을 읽은 후에(Cameron, 1996), 나는 매 회기 정기적인 이완 시간을 포함시키기로 결정했다. 마지막으로 구성원들에게 회기 중에 나타낸 강한 감정을 대처하는 방법을 깨우치고 다른 방법으로 화를 다루는 법도 가르치기로 했다. 또한 구성원들에게 도움이 될 소책자도 준비했다.

이런 집단에게 미술치료를 할 경우에 몇 가지 이점이 있다. 미술과정은 감정의 실제적 분출구가 되며, 감정을 직면하고 훈습하게 해 준다. 구성원들은 자신을 개별적으로 표현할 수 있고, 작품에 대한 느낌의 공유 시간은 주제를 다양한 방법으로 이해하게끔 해 준다. 내담자들마다 회기도 다르게 조율한다.

한 구성원은 화를 잘못 다스리는 난폭한 젊은이였는데, 두 번째 회기가 자신에게 가장 유용했다고 했다. 주변에 나무도 잡풀도 없는 평온한 장면을 그렸다. 그는 주체할 수 없게 솟구치는 분노를 느낄 때마다 이런 내면의 심상을 떠올릴 수 있었다고 말했다. 또 다른 30대는 5년 동안 우울증을 앓았는데(직업을 잃고 이혼한 후에), 매우 다양한 색채로 표현적인 그림을 그렸다. 4회기째(분노-좋은가, 나쁜가?) 그의 그림은 종이 중앙 부분에 흘러내리는 분노를 묘사하고는, 두 방향으로 분리시켰는데, 하나는 내부로(그림의 왼쪽) 향하여 내부에서 곪은 분노가 되었고, 다른 하나는 밖으로 항하여(그림의 오른쪽) 일을 하게 하는 에너지로 되었다([그림 25-1]). 이 작품 후에 처음으로 그는 분노를 어떻게 활용해야 할지 선택할 수 있음을 깨달았다. "나의 분노가 도구가 될 수도, 무기가 될 수도 있음을 깨달았다."라고 하였다.

[그림 25-1] 분노: 분개 또는 에너지

몇몇 구성원의 경우에 분노와 연관된 가족을 보는 것이 결정적 회기가 되었는데, 3명은 자신의 계부와 연결지었다. 주장훈련 회기와 '당신이 진정 누군가'에 대한 중요성 부각은 미래의 길을 제공해 주었다.

집단 구성 전의 면담과 평가를 할 때, 나는 분노와 관련된 개인문제를 적고, 그것을 1점에서 5점까지 평가해 보라고 요구한다. 일반적인 문제는 다음과 같다.

- 공격성 폭발
- 분노 억누르기

- 자기 비난하기
- 삶에 대한 분노
- 신체 긴장
- 감정을 분명히 알 수 없음

집단 후반부 무렵에, 구성원들은 자신의 문제가 조금 해결됨을 느낀다고 했으며, 분노를 느낀다는 평가항목에 대한 점수도 1~3점 정도 낮아졌다.

갈등 해결

이 집단은 분노 조절 집단미술치료를 한 다음에 연이어 실시하였다. 집단원 중 2~3명은 같은 내담자였고, 새로운 참가자도 있고, 남성 2명과 여성 3명으로 구성되었고, 모두 주로 우울증 등의 정신건강문제를 가지고 있거나 갈등을 잘 다루지 못하였다. 회기 구성은 이전 집단과 비슷했지만, 대화식 치료 작업을 2회기 포함시켜서 유발되는 갈등을 토의하도록 했다.

첫 회기에 내담자는 하나의 종이에 대화 없이 짝을 지어 작업하였다. 한 예를 보면, Paul은 정열적으로 종이 면적 전부에 그림을 그렸지만, Maggie는 큰 장벽을 그렸다. Paul은 기가 죽었으며, 상처를 받았고 거절당했다고 하였다. 그림을 마친 후에, Maggie는 "나는 단지 조용하게 머물 나만의 공간이 필요했었다."라고 말하고, Paul을 거절한 것이 아니다라고 설명했다. 이런 과정을 경험하면서 Paul은 자신이 거절 감정을 습관적으로 느낀다는 것을 깨달았고, 대부분 사람들이 왜 그렇게 했는지를 물어보지도 않는다고 했다. 그냥 최악을 가정하고 그런 가정에 따라 행동한다고 했다.

두 번째 회기에서([그림 25-2]), 다섯 명이 공동작업을 하였다. 여성 두 명(그림 상단 중앙부와 상단 오른쪽)은 각각 홀로 작업하였고, 다른 사람을 의식하지도 않았다. 남성 두 명은 왼쪽에서 작업하면서, 둘 사이의 공간을 채워 나갔고, 둘이 경계선으로 만날 때 꽤 즐거워했다. 남은 여성 한 명 Jacki는 오른쪽 바닥에서 시작하여 왼쪽으로 어느 정도 나아가다 중단하고는 나머지 그림을 완성했다. 그 다음에 말하기를 왼쪽에 화려한 그림과 합치고 싶었지만, '오, 그것은 남자들의 구석이지, 그들은 나를 원하지 않을 거야.' 라고

[그림 25-2] 집단그림: 갈등 해결

생각하고는, 자신을 철수시켰다. 나는 Jacki에게 만일 그림을 합치게 했다면 어땠을까라고 물었다. 두 명의 남성은 그녀의 기여를 환영했을 것이라고 말해 주었다. 다음 주, Jacki는 치료 중의 깨달음을 현실에 적용해서 6개월간 끌어온 록밴드 단원들 간의 갈등을 해결했다고 하였다.

여 정

치료 회기의 주제는 집단 회기 중에도 생겨나는 경우가 있다. 여정이란 주제를 개발한 것도 다음 세 가지 근원에서 아이디어를 얻은 것이다. 미술치료 참가를 위해 평가받고 또 '자신의 삶을 진정시키고 싶다' 는 소망을 표현한 정신건강 내담자 집단의 경험, 제한된 시간 범위에서 집단을 운영하길 열망하는 수련 중인 미술치료사, 대화치료에 참석했던 과정 등이다.

내가 근무하는 직장(도시 중심부에 있는 정신건강센터) 근처의 주간센터에서 미술치료를 해 달라는 요청을 받았지만, 시간이 부족하였다. 그래서 작품 주제를 미리 정한 집단을 진행하면 두 기관 종사자 모두에게 치료효과를 줄 수 있을 것이라고 생각했다. 가을에 맞추어 10회기(추가로 사전 · 사후 집단면담도 있음)를 계획하였고, 미술치료 수련생을 대상으로 내담자 경험을 심어 주었다.

다음 짤막한 지시로 두 기관의 스태프를 대상으로 집단을 시작하였다.

"당신이 가 본 장소, 당신이 현재 있는 곳, 당신이 가려고 하는 장소를 다양한 미술재료를 사용하여 그려 보세요. 여기는 살아온 여정을 탐색해 보기를 원하는 집단입니다. 이 작은 지지집단에서, 우리는 개인을 표현하고 또 각자의 인생여정 또는 이야기를 시각화하도록 도와줄 미술재료를 사용하게 될 것입니다. 당신은 미술을 잘할 필요는 없으며, 그냥 적극적으로 시도하면 됩니다. 당신은 창의성을 개발하고 또 탐색하게 될 것입니다. 종이 위에 가능한 미래를 표현해 보세요."

적극적인 관여가 필요하다고 강조했고, 지원서를 작성하고, 면담을 했다. 지원자 모두 집단으로 받아들였지만, 면담과 사전 정보를 근거로 몇 명은 집단 내에서 행동해야 할 조건을 준수하게 했다. 마지막 회기까지는 6명이 남았다.

집단토론을 하면서, 현재부터 과거로 또 미래로 이동하는 집단과정을 보았다. 우리는 아동기를 거쳐서(처음 5회기) 성인기(뒤에 6~10회기)까지 작업하기로 결정했다. 각 회기는 주별로 주제가 연관되게 '고리(round)' 형식을 유지하였다. 처음 5회기를 다음과 같이 정리하였다.

- 도입: 희망과 두려움, 행동규칙, 미술치료가 가능한 것과 가능하지 않은 것, 이름으로 미술치료 연습하기
- 인생선: 인생의 5~6가지 사건을 선/도로/강 모양으로 그리기
- 유아기: 좋아한 장소(다양한 감각으로 느낄 수 있는)
- 아동기: 돌이켜 볼 때 현재 당신 생활에 어떤 방식으로든 지속적인 영향을 오래 미치는 사건 또는 계속되는 환경
- 독립하기 위해 성공적인 발걸음을 내디딘 시점

마지막 두 회기, 즉 '그림 검토'와 마무리 회기는 반드시 들어가게 했다. 나머지 세 회기의 자세한 내용을 계획하기 전에 먼저 회기를 시작해 보기로 했다. 그 다음에 나머지 주제를 정했으며, 후반 회기를 다음과 같이 정리했다.

- 당신이 '성장했음'을 느낀 첫 번째 시기

- 인생의 기로: 과거 또는 현재 당신의 인생을 다르게 만든 선택이나 결정
- 미래: 아주 생소한 곳도 포함해서 5년 안에 당신이 있고 싶은 장소를 상상하기
- 회기 중에 그린 모든 그림 검토
- 종결: 헤어지는 선물 주고받기-담는 통, 즉 바구니/박스/가방 등을 그리고 다음에 각자 통에 선물을 그려 주기. 평가 형식

7회기 때, Mike는 자신의 영원한 동반자인 늙고 병든 개를 그렸다([그림 25-3]). 당면한 어려운 결정은 개를 안락사시키기 위해 동물병원에 데려갈 것인지(다리에 주사하는 모습을 그림), 계단이 없는 단층집에 살고 있는 부모님(상단 왼쪽 부부 그림)에게 갔다 놓을 것인지였다. 부모 집은 계단이 있는 Mike 집보다 개가 훨씬 편하다. 어떤 결정이든지 Mike는 개를 많이 그리워하였다. 8회기 때, Mike는 컴퓨터 분야에 일해서 돈을 많이 벌어 세계일주하는 소망을 그렸다. 또 대학에서 컴퓨터 과목을 처음 수강하는 모습을 그렸다. 9회기 때, 자신의 그림을 검토하고서 한 가지 알코올이 빠졌음을 알아차렸다. 바로 알코올 아홉 캔을 그려 넣고서는 깨달았다. 실제적인 변화의 열쇠는 술을 끊는 것이다. 마지막 회기에 미술 주제가 그에게 많은 도움을 주었다고 했다. 그것이 없었다면 자신은 완전히 정체되었을 것이라고 했다.

[그림 25-3] 늙은 개에 대한 결정

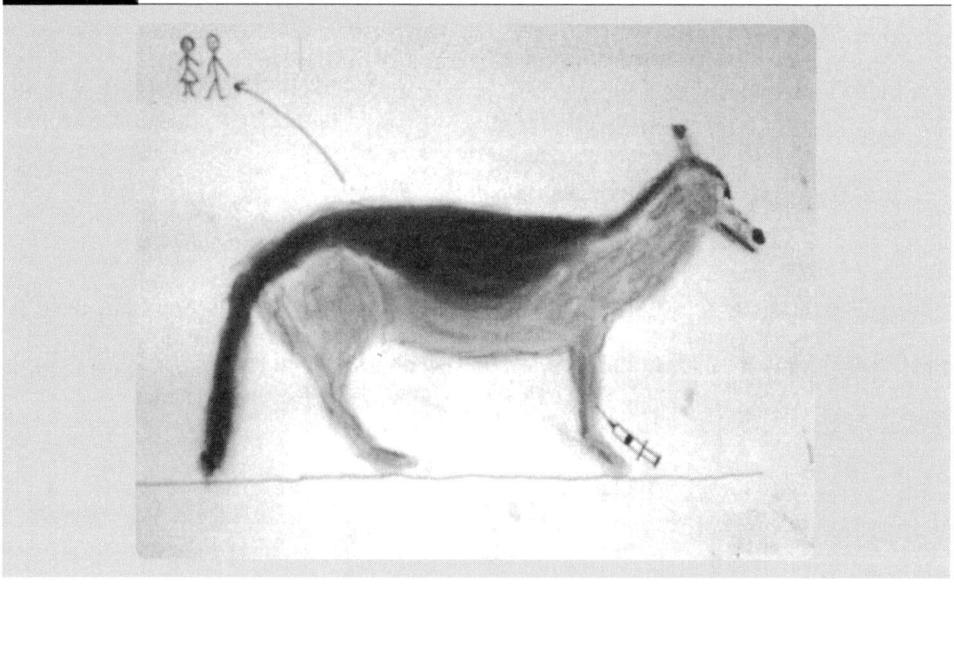

구성원 중 다른 한 명은 특히 주제를 설정한 집단미술치료를 고마워했다. 이런 경험이 직장에서 자신의 이상한 모습과 민감한 모습 간에 격차를 줄이는 데 도움이 되었다고 말했다. 그림 주제가 자신의 과거 비밀스러운 학대 상황을 떠올려 주었기 때문에, 개인적인 직무 위협의 원인을 알았다고 말했다.

여성 집단: 집단을 시작하기 위한 주제 사용

회기당 1시간 30분으로 해서 도시 근교 빈민주택에서 자녀와 함께 거주하는 여성 집단을 주간센터에서 만났다. 집단은 언어표현에 어려움이 있는 사람들에게 치료 기회를 주기 위해서 시작되었다. 여성들의 요청으로, 나는 그 전 주에 했던 작업을 근거로 매주 주제를 정해 주거나, 초기 감정 나누기에서 주제를 결정했다(Liebmann, 1997).

색채 사용을 원활히 하기 위한 초기 주제는 '가능한 빨리 많은 색깔로 종이에 칠해 보세요.' 였고, 이것은 색채를 더 대담하게 자발적으로 사용하게끔 허용하기 위한 방법이다. 전반 회기에 사용하는 또 다른 주제는 '만일 내가 동물이었다면, 어떤 동물이 되었을까?' 인데, 배경과 함께 그려 보게 한다. 집단은 둥근 책상에서 진행하였는데, 한 여성이 고양이(항상 선호하는 동물인데, 먹이 주기와 돌보기를 덜 신경 써도 되는), 개, 새를 그렸다. 집단 중에 나약해 보이는 한 여성은 책상 밑으로 숨었다. 그녀가 괜찮을까? 그녀를 살펴보니, 작품에 열중이었고 그래서 나는 아무 말도 하지 않았다. 그리기 마지막 무렵에, 그녀는 홍조를 띠며 의기양양하게 종이 4장을 한꺼번에 붙이곤, "내가 원하는 책상 크기가 없어요." 라고 말했다. 탁 트인 광야를 달리는 큰 흰색 야생마를 그렸는데, 자신의 삶, 즉 수명의 자녀들, 부채, 질병, 까다롭고 요구 많은 남편에게 꼼짝하지 못하는 자신의 처지와는 정반대 모습이다. 이 그림이 전환점이 되어 그녀가 할 수 있는 어떤 것을 찾았다. 마지막 회기에 그녀는 "내 마음속이 자유롭고 진정 강하다" 고 말했다.

어느 때는, 구성원들의 초반 감정이 다소 연약하게 느껴졌다. 그래서 나는 '안전한 장소' 라는 주제를 제안하였다. 후에 그 주에 구성원 중 누가 비밀유지 규칙을 깨뜨려서 구성원들이 안전하지 못함을 느꼈기 때문에 주간센터가 내내 시끄러웠다는 것을 알게 되었다. 때마침 그 주제는 안전 욕구를 되찾는 여성들의 요구에 부합했다.

이 집단의 경우에, 주제들은 여성들이 뭔가 시작하는 데 도움을 주었다. 자신감이 높아지면서, 여성들은 미술치료 회기를 어떻게 활용해야 할지를 알기 시작했다. 그래서 주제 선정에 점점 덜 관여하였고, 구성원들이 완전히 주저할 때만 보조로 주제를 제공했다. 이것은 구조화를 사용해서 독립적으로 작업하게 하는 자연스러운 과정이다.

다른 집단의 한 부분으로서 미술치료 회기

미술치료는 내담자가 어떤 문제를 보게 하는 데 도움을 준다. 이것은 단일 회기에서도 나타날 수 있고, 두 회기에 걸쳐서도 만들 수 있다(회기별 부분 작품을 연결해서). 치료를 진행하고 있는 여성 집단에게 분노와 자기주장 수준을 구체적으로 볼 수 있게끔 계획하였다. 이것은 주간 정신건강센터의 요청에 의한 것이었다. 나는 의뢰를 받은 심리학자와 함께 집단을 운영했다.

두 회기를 연결시키기로 했는데, 첫 회기는 소개와 분위기 익히기를 하면서 '내가 분노를 느꼈을 때 또는 느낄 때의 상황' 이란 주제를 작업하게 했다. 이것의 목표는 여성들이 자기분노를 덜 두려워하게끔 돕는 것이다. 한 달 후, 두 번째 회기는 심리학자가 몇 가지 간단한 자기주장 기술을 소개한 다음에, 그 상황을 어떻게 바꾸고 싶은지를 작품화시켰다. 여기서 미술치료 역할은 자기표현의 수단이 되고, 또 첫 번째 작품이 두 번째 회기의 작업재료를 제공해 준다. 모든 여성은 회기에 적극적으로 참여했고, 무엇인가를 얻었다. 미술작품은 분노 때문에 고립되는 느낌을 낮추는 데 효과를 보였다.

결 론

이 장은 미술치료에서 주제를 설정해서 집단치료를 진행하고 또 이런 집단을 어떻게 구성하는지 살펴보았다. 사례를 통해 특정 주제와 상황에 따라 어떻게 주제를 설정할 것인지도 배웠다. 주제를 적절히 사용하는 것은 경험과 기술을 필요로 하고, 미술치료에서나 특정 집단의 욕구에 맞추는 경우에도 그러하다.

집단 운영은 여러 방식으로 한다. 어떤 집단은 특정 시점에는 주제를 제공하지만 어떤 때는 주지 않는다. 중요한 것은 내담자에게 무엇을 성취하게 해 줄 것인가 또 적시에 적절한 방식을 선택하는 것을 고민하는 것이다. 주제를 잘 선택하면 자신에게도 도움이 되고 구성원에게도 도움이 되는 특별한 방식으로 문제를 탐색해 나가는 통로를 만들게 된다.

감사의 글

치료에 참여하고, 치료과정을 글로 옮기게 허락한 모든 내담자에게 감사를 전한다. 또한 이 장을 기술하는 데 수정을 도와준 Karen Lee Drucker, Liz Lumley-Smith, Diana Van Loock, 그리고 Fiona Williams에게 감사를 표한다.

CHAPTER 26

성 학대 받은 아동에 대한 집단미술치료

5세 된 Tasha가 집단미술치료 중에 어떤 그림을 그리면서 고함치듯이 말했다. "섹스는 누군가 당신 위에서 더러운 것을 하는 것이다. 내 오빠들은 그것을 자주 하였다. 내 다리 사이에 그것을 집어넣고 내내 그런 장난을 쳤다." Tasha는 학대로 외상을 당한 것 같지는 않아 보였다. 어쨌든, 그녀의 어머니는 너도 원하면 언제든지 성관계를 가질 수 있다고 말해 주었다.

11세 무렵, Tasha는 '치료 조언자(therapy wise)' 가 되었고 안전규칙을 잘 지켰으며, 좋은 신체 접촉과 나쁜 신체 접촉을 구분할 수 있게 되어, 만일 누군가 자신의 은밀한 부위를 만지려고 하면 말할 수 있게 되었다. 하지만 Tasha의 행동은 동네 남아로부터 성적인 성숙아로 취급되었고, 치료 후 6년이 지난 시점에 다시 희생자가 될 위험에 처했다. 수학급의 조숙한 남아들이 교실을 활보하는 Tasha의 섹시한 걸음걸이에 관심을 보이기 시작했다.

Tasha 같은 아동의 치료는 집단, 개인, 가족치료를 동시에 적용하는 것이 이상적이다. 각각 치료의 목적은 다양하지만, 모두 아동의 정서적 · 인지적 · 행동적 욕구를 잘 다루도록 돕는 것이다. 이 장은 전반적인 치료계획의 한 측면으로서 집단치료의 구성을 알아보려고 한다. 성 학대를 당한 아이들은 대개 말하고 싶어 하지 않기 때문에, 집단 상황에서 미술과 놀이치료가 대안적인 선택방법이다. 여기서는 미술의 장점을 소개한다. 또한 평가 영역으로는 한계가 있음도 언급할 것이다.

학대를 찾아내는 데 미술의 활용

여러 가지 이유로 아동 성 학대를 구체화시키는 것은 어렵다. 가해자의 위협, 죄의식, 믿어 주지 않을 것이란 두려움, 가해자를 보호하려는 소망 때문에, 아동의 반응양식을 (의학적 증거가 없을 경우에는) 언어에만 의존해서 증거를 찾기는 어렵다. 성 학대 결정을 내리는 증거를 찾는 것도 어렵고, 학대 사례의 15%만 물리적 증거가 발견되었다(Walker, 1988). Myers(1996)에 따르면, 학대를 뒷받침하는 네 가지 증거가 있다. ① 아동의 성행동과 성에 대한 지식, ② 학대를 연상시키는 비성적인 행동, ③ 의학적 증거, ④ 폭로, 행동적 단서만이 증거가 될 수 있지만, 그것은 잘못 이해될 가능성도 있고 또 실제 학대 경험을 한 것이 아니라 오히려 지식일 수도 있다.

미술치료사는 아동의 미술이 학대의 증거를 드러낼 수 있다고 생각하지만, 이것 역시 부정확하고 또 의학적, 물리적, 기타 보조 증거가 없으면 채택될 수 없다. 지난 수십 년간, 아동 성 학대 연구 분야에서 미술을 진단도구로 공식화하려는 노력이 있어 왔다(Blain, Bergner, Lewis, & Goldstein, 1981; Cohen & Phelps, 1985; Culbertson & Revel, 1987; Goodwin, 1982; Kaufman & Wohl, 1992; Kelley, 1984; Manning, 1987; Peterson, Hardin, & Nitsch, 1995; Sidun & Rosenthal, 1987; Yates, Beutler, & Crago, 1985). 치료에 미술을 규칙적으로 사용하는 임상가들은 학대당한 아동의 미술에 자주 나타나는 특정 상징이 있다는 사실을 발견했다. 이전에 인용된 문헌들은 특정 그림 지표, 즉 억압적 방어와 충동통제 결여(Yates et al., 1985), 머리나 손가락 생략, 머리만 그리는 것, 원을 그리는 것, 높은 필압으로 굵은 선을 그리는 것(Sidun & Rosenthal, 1987), 굴뚝의 연기, 집 1층에 창문을 그리지 않는 것, 사람을 그릴 때 팔다리가 비대칭적인 그림, 다리를 생략하는 것, 머리 크기의 균형이 맞지 않는 것(Culbertson & Revel, 1987), 궂은 날씨(Manning, 1987), 성기 그림, 공간을 구획화한 그림, 사각형 같은 그림, 치아, 큰 코, 벌린 입, 대머리, 긴 머리카락, 성기 부위의 투명성(Kaufman & Wohl, 1992), 성기 그림, 성기 숨기기, 성기 생략, 신체 중앙 부위의 생략, 신체만 상자로 처리한 것(Peterson et al., 1995), 골반 부위 강조, 상체 강조, 작은 그림, 손 생략(Kelley, 1984) 등을 열거하였다.

불행하게도 앞의 목록에서 보았듯이, 성 학대를 내포하는 공통된 지표를 찾으려는 시도는 일치점을 찾지 못했다. 이전 연구에서 학대의 지표로서 시각적 단서들을 분류한 연구도 없었다. 어떤 경우에 중요하다는 단서들도 아주 다르고, 실제로 공통된 단서는 하나도 없었다. 더욱 최근에 성 학대당한 아동과 통제집단 간에 H-T-P 그림 비교 연구에서 두 집단의 아동을 구분하는 것은 불가능하다고 보고했다(Palmer et al., 2000). 그뿐 아니라, 이런 연구의 난해한 점은 객관적 지표의 유·무에 대한 평가자 간 신뢰도도 문제가 되었다(Cohen & Phelps, 1985). 앞으로 더 많은 연구가 진행되고 또 반복 입증되어야 한다. 아동의 그림 자체만으로 성 학대를 진단하는 것은 충분하지 않다(Grab, Wood, & Nezworski, 2000; McGlinchey, Keenan, & Dillen burger, 2000; Veltman & Browne, 2002).

평가도구

그리기는, 특히 아동이 말을 하지 않을 때 임상적으로 유용하고 많은 정보를 주지만, 학대로 진단할 구체적 지표는 가지고 있지 않다. 틀림없는 학대라고 단정할 그림 특징을 찾아내는 것이 불가능하지만, 아동이 학대 경험으로 인해 세상을 어떻게 보는지를 이해하기 위해서 미술은 여전히 중요한 도구다. 그림으로 아동의 방어, 힘, 대응기제, 인지 및 정서기능을 엿볼 수 있다. 몇몇 연구는 그리기로 학대를 확인하지 못하는 경우도 있으나, 아동의 정서적 고통을 확인하는 좋은 방법이라고 하였다(Piperno, DiBiasi, & Levi, 2007; West, 1998). 미술은 무슨 일이 일어났는지 말해 주고, 적합하게 표현할 단어를 찾지 못한 감정문제를 소통하게 한다. 그림은 학대에 대한 아동의 반응, 즉 성적 표현 수준, 불안, 두려움, 가해자에 대한 동일시, 철회 경향, 사용하고 있는 방어 형태 등을 찾아낼 수 있게 해 준다. 그림은 치료사가 특정 치료집단에 적합한 매체방법을 결정하는 데에도 단서를 제공한다.

특히 도움이 되는 그림으로는 아동의 자기지각을 평가하는 그림(자화상 또는 DAP), 환경에 대한 지각을 평가하는 그림, 즉 H-T-P 또는 좋아하는 날 그림(Favorite Kind of

Day)(Manning, 1987), 가족이나 가정환경에서 자신에 대한 지각을 평가하는 그림(가족 그림 또는 가족활동 그림, KFD) 등이다. 그러나 가장 도움이 되는 것으로 입증된 것은 '자유선택(free choice)' 그림인데, 재료 선택과 개인문제에 따라 더욱 단순하게 자신을 드러낼 수 있기 때문이다. 여기서 치료사는 아동 특유의 자주 쓰는 상징목록을 알아낼 수 있고, 이것은 치료과정에 중요하게 활용된다.

몇 가지 평가도구가 학대아동 치료에 특히 유용하다. 아동 성행동 척도(Child Sexual Behavior Inventory: CSBI; Friedrich, Grambsch, Broughton, Kuiper, & Beilke, 1991; Friedrich et al., 1992)는 학대를 세부적으로 알아볼 수 있으며, 규준점수화되어 있고 임상 상황에 비교 자료도 제시되어 있다. 아동 성행동 간편척도(Child Sexual Behavior Checklist: CSBCL; Johnson, 1991b)는 아동을 4수준으로 분류하는 데 도움이 된다. 즉 정상 상태, 힘을 추구하려는 탐색 상태, 물질(물질유혹), 성적 표현에 다른 아동을 관여시키는 강제성 등이다. Putman(1997)과 동료들은 몇 가지 해리 체크리스트, 즉 아동 해리 체크리스트(Child Dissociative Checklist), 해리 경험 척도-II(Dissociative Experiences Scale-II), 청소년 해리 경험 척도(Adolescent Dissociative Experiences Scale)를 개발했다. 이런 검사들은 외상에 대한 아동의 반응과 해리증상을 판단하는 데 도움이 된다.

치료목표

성 학대 외상을 당한 아동에게는 여러 가지 문제가 발생한다. 놀라운 것은, 성 학대는 특히 힘에 제압되었거나 고통의 흔적이 없으면 무슨 외상인지도 모른다. 어떤 아동은 학대 경험이 사랑을 느꼈던 유일한 시간이었고, 비록 이런 즐거움에 뒤따르는 혼란을 감당하기 힘들었지만 학대를 즐거움으로 경험하기도 한다. 학대는 관계의 배반이고, 신뢰의 배반이며, 학대당한 아동은 끔찍한 외상을 갖는다(Finkelhor & Browne, 1986). 이것은 애착 혼란, 정서적 고통, 외상 후 증상을 유발한다.

치료과정에 부각되는 다른 문제로는 학대당한 아동이 세상을 지각하는 데 있어서 인지 왜곡이 생긴다. 어떤 아동에게는 세상이 그전보다 더 위험한 것으로, 또 자신이 도움을 받지 못하고 선택을 할 수도 없는 무기력한 존재로 지각된다(Briere & Elliot, 1994). 아동은 작품에서 자신을 나약하게 묘사하고, 힘이 없는 팔, 혼란과 위험한 환경 속에 처한 작은 인물을 그리기도 한다.

우울, 불안, 분노 또한 공통적인 반응이다. 여기에 남 · 여 간의 차이도 주목해야 한다. 남아는 공격적 행위, 또래 및 형제와 싸우는 것을 더 자주 묘사하고, 타인을 괴롭히는 모습으로 자신을 재언급하기도 한다. 반면 여아는 우울표현이 더 많고 '성적으로 반응하는 행동들', 예를 들어 자신을 다시 희생시키는 섹시하거나 유혹하는 행동을 보일 수도 있다(Cosentino & Collins, 1996; Gil & Johnson, 1993; Johnson, 1989, 1991). 미술작품에서 이런 차이점에 주목해야 한다. 남아는 폭력적인 전쟁과 괴물을 그리는 경향이 많은데, 이것은 공격자와 동일시하는 것이다. Kramer(1971)는 이것은 아동이 덜 두렵고 또 덜 무기력하다는 느낌을 얻기 위해 사용하는 방어라고 했다.

공격적인 행동을 나타내지는 않지만 공격자와 동일시를 많이 하는 작품을 만드는 것이 가장 걱정스러운 현상이다. 천사 같은 아이가 미술작품을 매우 불안정하게 표현한다면, 가장 관심을 갖고 지켜보아야 한다. 이런 아동은 곧 터질 활화산 같은 상태이며, 분출하게 될 때 행동양상이 폭력적이고, 예측이 안 되며, 돌이킬 수 없게 된다.

집단치료를 고려할 때는 학대 반응의 심각성을 고려해야 한다. 왜냐하면 학대 경험이 외상적이지 않은 아동을 심하게 외상을 당한 아동과 같은 집단으로 구성해서는 안 된다. 행동 범위나 학대에 대한 반응표출은 외상의 기간, 외상이 시작된 나이, 강제성의 세기, 학대 수준에 비례한다(Briere & Elliot, 1994; van der Kolk, 1994). 학대당한 모든 아동이 해를 입는 것은 아니다. 상당수의 아동은 대응하고, 극복하고, 오히려 발전하기도 한다(Beutler, Williams, & Zetzer, 1994; Levitt & Pinnell, 1995). 외상이나 스트레스를 보이지 않는 아동, 예를 들어 베이비시터에게 한 번 애무당한 적은 있지만 다른 경험은 적절했고, 사랑과 보호를 잘 받은 경우는 치료가 필요 없을 수도 있다. 안전한 행동방안이나 예방기술을 학습하게 되면, 치료도 빨리 종결된다. 하지만 Tasha의 경우는 학대 문제가 장기적이었고, 가족 역동으로 복잡했으며, 그녀의 성격으로 굳어지거나 가계의 분위기가 그러하였다. Tasha는 자신과 비슷한 경험을 한 구성원으로 집단치료를 하면서, 주 초점을 심리교육에 두고 기본 안전수칙을 설명해 주면 될 것이다. 하지만 Tasha 집단은 집단치료 목표로 안전규칙뿐 아니라 장기간 학대로 생겨난 더 깊은 심리적 문제를 다루어야 한다.

지속적인 학대의 희생자들은 우울에서 정신증까지 광범위한 증상을 보이므로 심각하게 혼란스러울 것이다(Kiser, Heston, Millsap, & Pruitt, 1991). 장기간 성 학대를 당한 경우에, 해리를 방어기제로 사용하게 된다. 해리는 외상기억을 다른 의식 상태로 가두어 두려는 아동의 능력으로 설명한다. 사건을 경험할 때마다, 아동은 자신의 신체를 일시적으로 떠나서 학대 후에 일어나는 기억과 감정을 분리시키게 되고, 기억내용 및 경험한 사실에 대해 벙어리가 된다(van der Kolk & van der Hart, 1991). 학대가 빈번하고, 예측 불가하고, 변덕스럽고, 또 아동이 어떤 사랑의 형태를 경험했을 때 가장 심각한 해리증상을 보인다(Braun & Sachs, 1985). 이것은 대상관계 개념으로 잘 설명되는데, 학대와 애착의 공존은 애착이 없는 학대보다도 더 심각한 스트레스 촉발자가 되는 법이다.

아동이 학대로 해리상태가 되면, 말을 하지 못하게 된다. 경험이 언어적 수준으로 체계화되지 못할 때, 기억을 언어로 나열하는 데 실패하면서 신체 수준으로 나타난다. 즉 신체감각, 행동재연, 악몽 등으로 나타난다(van der Kolk, 1987, 1994). 그러므로 자신의 경험을 언어로 표현하지 못하는 아동을 치료할 때 미술매체를 활용한다. 아동은 학대당한 사실을 생생하게 그리거나 거의 재현하지 못한다. 오히려 각 아동에게 독특한 주제로 반복되고 상징적으로 나타낸다. 각 아동은 각자의 상징과 이야기를 갖고 있다. 주제를 반복함으로써 아동은 엄청난 감정에 대해 숙달감을 느끼기 시작한다. 치료사의 역할은 그런 작업을 할 수 있는 심리적으로 안전한 환경을 제공하는 것이다.

성 학대 아동의 집단미술치료

성 학대 아동의 치료계획을 세울 때, 집단미술치료를 고려할 수 있을 것이다. 어떤 문제는 개인치료로 가장 잘 해결할 수 있지만, 집단미술치료는 아동이 외로움, 죄책감, 학대에 대한 책임을 덜 느끼게 하고, 아동이 자신의 이야기를 하면서 또 충고를 주고받으면서 서로 돕는 힘을 갖게 해 준다. 집단미술치료는 안전한 상황에서 문제를 재연하고 타인과의 문제해결을 시도해 보는 등 새로운 행동 역할을 배우게 해 준다.

집단을 구성할 때 고려할 점은 아동의 인지적 발달연령이다. 아동기에는 또래 간에도 인지능력에 차이가 많고 또 아동의 발달연령에 따라 문제를 다르게 다루어야 하기 때문에, 신체연령이 아니라 발달 수준에 따라 집단을 구성해야 한다.

목적이 다르면 집단도 달라진다. 어느 때라도 신참자를 수용하는 계속 진행집단(ongoing groups)과 기간 설정 집단, 구조화 집단과 비구조화 개방형 사설 치료실 집단도 있지만 그 수는 적은 편이다.

계속 진행집단과 기간 설정 집단

계속 진행집단은 어느 때라도 신참자를 수용한다. 이 집단은 구조화 또는 비구조화로 진행한다. 계속 진행집단은 신참자가 적응하도록 돕는 경험 많은 고참 구성원에게 이점이 많다. 어떤 진행집단은 고정된 구성원이나 왔다 갔다 하는 구성원으로 수년간 지속되기도 한다. 어떤 집단은 가족지지 또는 친구가 없는 아동들에게 우정을 느끼게 하고 장기간 안정을 줄 수 있고, 또래와 다르지 않으며 외톨이가 아니라는 느낌을 주기 때문에 매우 가치가 있다. 예를 들어 입원치료 프로그램으로 여성 청소년을 대상으로 3년간 집단을 하면서 신참자를 소개하는 그 집단만의 방법을 개발한 적이 있다. 일반적으로 구성원 중 연장자가 신참자에게 이 집단은 특별하고, 또 어떤 공통적인 것을 갖고 있는 여성만 회원이 될 수 있다고 말해 준다. 여성들은 겸연쩍게 웃게 되고, 다음에 누군가가 성적으로 학대당해 온 자발적 참여자라고 말한다. 구성원들은 고개를 끄덕이고 동의를 나타낸다. 신참자는 학대 내용을 직접적으로 질문 받지 않지만, 자신이 회원제 클럽의 부분이 되었음을 인정하게 된다. 집단이 오래 진행되었기 때문에, 여성들이 매주 스스로 주제를 정해서 진행한다.

기간 설정 집단은 보통 내내 같은 집단 구성원으로 진행한다. 기간 설정 집단은 종종 구조화되고, 신뢰를 쌓기 위한 시간을 마련하고, 성 학대 문제를 소개하고, 그 문제를 어떤 식으로든 노출하도록 계획한다. 기간 설정 집단은 집단 진행 중에 아동에게 휴식을 주고, 스트레스를 견디는 한계가 있다는 점을 알게 한다. 짧은 기간에도 불구하고, 대개 치료 마지막 회기가 되면 대부분 아동들이 종결을 아쉬워한다. 공통적으로 느끼는 충격적인 문제이므로 몇 주 만에 강한 유대감을 맺게 된다.

구조화 집단 대 비구조화 집단

아동들은 성 학대당한 것을 반드시 말해야 할 필요성을 느끼지 않을 수도 있다. 만일 무엇이 일어났는지를 이야기하고 성 학대 예방에 대한 교육이 집단목표의 일부분이라면, 구조화된 활동과 지시적 대화가 비구조화된 개방형 치료보다 더 효과적이다. 구조화 집단은 안전하면서도 절제된 방식으로 직접 그 문제를 소개하도록 한다. 미술 및 기타 활동은 논의할 학대 문제를 돕도록 계획된 것이다. 예를 들어 아동에게 가해자를 그려 보라거나, 무슨 일이 생겼는지를 그려 보라거나, 그 당시 어떤 감정을 느꼈는지를 그려 보라고 지시하는 것은 말하기 어려운 느낌을 표현할 수 있는 기회를 주는 것이다. 이런 지시들은 학대당한 감정을 떨쳐 버리는 것이 아니라, '유지' 시켜 주는 역할을 한다. 그리고 그 감정에서 조금 떨어져 감정을 '보는' 기회를 제공해 준다.

구조화 집단은 성 학대 문제를 점진적으로 소개(노출)할 수 있는 기회를 조성해 줄 수 있다. 아동들은 쉽게 자신의 충격을 자발적으로 드러내지 않기 때문에, 폭로를 시키기 위해서는 구조화가 반드시 필요하다. Mordock(1996)에 의하면, 만일 치료사가 학대를 언급하지 않을 경우에는 아동이 폭로를 할 수 없다고 하였다. 결과적으로 만일 치료적 입장에서 폭로를 유도하려면 구조화가 중요하다. 집단은 상호 알게 되고 또 매주 조금씩 다르지만 관련된 문제를 다루어 가면서, 점차 성 학대 문제에 초점을 맞추어 간다.

성 학대를 당한 집단에 대하여 '치료 매뉴얼' 을 따라가는 접근도 자주 사용되는데, 이런 접근에서도 대화방식으로 미술과 놀이활동을 자주 사용한다. 특히 치료사가 이 분야에 경험이 적다면, 매주 할 작업순서를 철저히 계획하여 구조화한 접근을 권한다. 구조화 접근은 숙련가들이 시행착오를 통해서 개발한 방법을 참고로 하는 경우가 많다. 아동이 문제행동을 보일 경우에 특히 구조화가 도움을 많이 주고, 사건의 본질에 다가갈수록 행동이 더 악화될 수도 있다. 집단 구성이 연구를 목적으로 한 것이라면 Berliner, Saunders 그리고 Benjamin(1996)이 제안한 접근방식을 참조한 치료 매뉴얼이 특히 도움이 될 것이다. 성 학대 문제에 초점을 둔 절차는 주별 주제, 게임으로 하는 활동순서, 단막영상, 주별 주제에 의한 역할극 등을 구성한다. 이 연구는 인지-행동적으로 학대에 초점을 둔 치료가 대부분 성 학대당한 아동에게 효과적임을 밝혔다.

성 학대 치료에서 증거에 기반한 치료 분석으로서 가장 효과적인 치료기법들로는 아동 성 학대 내담자 경우에는 외상 중심 인지-행동 치료(trauma-focused cognitive-behavioral therapy: TF-CBT; Cohen, Mannarino, & Deblinger, 2006) 및 학대 중심 인지-행동 치료(abuse-focused cognitive-behavioral therapy: AF-CBT; Kolko & Swenson, 2002)가 있다고 하였다. CBT 내용의 대부분은 심리교육, 스트레스 관리기법, 외상에 대한 이야기 구성, 인지적 처리를 담고 있다(Vickers, 2005). 이런 중재의 대부분은 치료 내용의 한 부분으로 미술, 놀이 및 외상 이야기를 글로 쓰게 하거나, 치료의 표현요소가 치료요인이 될 수 있다는 주장이 있다(Klorer & Malchiodi, 2007). Pifalo(2006)는 8주 치료 프로그램에 미술치료와 CBT를 융합시킨 것이 학대 연관 증상, 즉 불안, 우울, 분노, PTSD, 해리, 성 선입관 등을 크게 완화시켰다고 하였다. 그러나 증거 기반 연구의 최근 발달은 Tasha와 같은 심각한 도움이 필요한 아동에게 외상 중재 내용을 적용하기가 어렵다는 것을 느끼게 되었는데, 왜냐하면 외상 사건을 언어적으로 풀기가 어렵고, 사건에 대한 불완전한 회상문제 및 학대아동의 애착 문제도 복잡하게 연관되기 때문이다(Amaya-Jackson & deRosa, 2007).

치료사는 치료 매뉴얼을 참고하지만 필요하다면 집단이 진행되는 데 필요한 사항들을 융통성 있게 다른 접근법에서도 참조하는 게 이상적이다. 집단은 구성원이 다 다르기 때문에 자체적인 특성이 있으며, 만일 치료사가 초점을 벗어나지 않으면서도 융통성을 보인다면, 집단 자체가 복잡한 문제를 해결해 나가면서 진전을 잘 보이기도 한다. 예를 들어 여성 청소년을 대상으로 구조화된 계속 진행집단을 이끌어 가는 중간에, 치료사가 구성원들에게 이전 회기에서 다룬 방어하지 못한 성 학대 문제를 연이어 토론하면서 벽화작품을 지시했다. 이때 집단 구성원들이 즉각 반항하면서 미술재료를 집어 들 생각도 하지 않은 채, 우리는 그것에 대해 말하는 데 지쳤고, 어리석은 짓이라면서 작품을 하기 싫다고 말했다. 집단을 진행해 나가면서, 좋아했던 사감이 떠나고, 슬픈 감정으로 뒤범벅되었다고 고백하였다. 치료사는 초점을 바꾸어, 집단원들에게 사감을 위한 고별인사를 담은 벽화를 만들도록 허락했다. 벽화가 완성될 즈음에 버려짐에 대한 깊은 감정이 나오면서 어린 시절 비슷한 각자의 경험들이 하나 둘 나오기 시작했고, 오히려 주제보다 더 깊은 논의를 하게 되었다.

비구조화 집단은 문제를 직접 건드리지 않는 이상, 위협을 덜 느끼므로 구조화 집단에 비해 이점이 있다. 그러나 성 학대 문제를 전혀 다루지 못할 수도 있다. Mordock(1996)은 놀이/대화 또는 놀이집단에서 아동이 학대 경험을 은유적으로, 이야기로, 그림으로, 상징적 놀이로, 행동 및 행동 단서로 폭로한다는 것을 발견했다. 어떤 아동, 즉 발달과정에서 성에 대한 회피를 잠재적 규범으로 훈육받은 경우에, 집단에서 성 학대 언급이 자신에게 너무 무거운 주제라서 평상시에는 그런 행동이 없는 아이들조차도 극단적인 폭발행동을 표출하게 된다. 아마도 성 학대를 집단의 주제로 삼지 않는 것이 더 나았을 것이다. 8~10세 사이에 잠재적으로 성 학대를 당했던 경험이 있는 여아 집단을 치료하기 위한 대학원 미술치료 학생들은 자신이 책임지고 있는 집단을 '여성의 집단' 이란 별칭으로 불렀다. 집단에 참가한 아동들은 만장일치로 '여성이 알아야 할 무엇' 에 관한 것이라고 결정했다. 이런 생각은 집단 구성원이 학대 문제를 편안하게 접근하고 또 집단 정체성도 갖게 해 주었고, 불안 수준도 상당히 낮추었다.

비구조화 집단의 목적은 우정을 쌓고, 느낌을 이야기하고, 집단원을 신뢰하는 것도 배우고, 최종적으로 성에 대한 무거운 짐을 은유적으로 표현하기 위해 미술을 활용하는 것이다. 문제가 이야기를 통해서 또는 은유적으로 분출될 때, 은유적 차원의 표현이라도 아동을 평안하게 해 준다. 모든 구성원이 학대를 받았다는 것을 알게 될 때면 자발적 폭로로 이어지기도 한다.

예를 들어 7~9세로 구성된 세 명의 여아들이 미술치료 집단으로 만났다. 모두 성 학대를 당했는데, 이런 사실을 치료사는 말하지 않았다. 집단은 구성원들이 주제를 떠올렸을 경우에도 지시를 융통성 있게 변경했으므로 반구조화된 것이다. 한 주는 가족들을 그리겠다고 요청해 왔다. 9세 내담자는 엄마, 계부, 두 명의 계부 자녀, 자신을 그렸는데, 모두 크게 성적인 특징을 강조하면서 나체로 그렸다. 다른 어린 내담자 두 명은 겁에 질려 있었고, 어떤 반응을 해야 할지 치료사를 쳐다보고, 재잘거리는 목소리로 "앨리슨이 한 것을 봐!" 라고 했다. 치료사는 그림을 자연스럽게 수용하면서, 복도나 교실 벽에 걸어 두기는 어렵겠지만 미술치료에서는 이런 그림도 허용된다고 말해 주었다. 다른 두 명도 옷을 입지 않은 자기 가족을 다양한 모양으로 그리기 시작했다. 일반적으로 아동은 어떤 그림이 자기문제와 연관될 때 따라 그리게 되고, 이 경우는 더욱 분명하게 나타났다.

그림이 완성된 후에 가족에 대한 이야기를 시작했고, 가장 나이 든 아동은 근친상간당했던 사실을 개인 치료실에서 말했고, 계부와 오빠들이 자신을 만진 것을 인정했다. 이것이 심리적 안정과 다른 집단원의 즉각적인 폭로를 유발시켰다. 문제를 공개한 다음에 집단은 새로운 에너지를 가졌다. 여아들은 자신에게 일어났던 일을 처리해 나가는 게임을 고안해 냈다. 예를 들어 갑자기 별 관심을 기울이지 않았던 해부용 인형을 집단의 초점으로 활용하였다. 인형으로 대행 놀이를 하며, 학대 상황을 재연하고, 경찰에게 도움을 청하는 연극도 하고, 가해자를 감옥에 가두는 놀이도 했다. 이러한 자발적 놀이는 안전이 보장된 구조화된 회기에서 더 잘 나타난다.

구조화된 과제는 집단이 필요로 하는 것을 파악하여 계획한다. 창의적인 치료사는 집단이 고통받고 있는 문제가 무엇인지를 간파하여 안전한 방법으로 그 문제를 다룰 수 있도록 도울 수 있는 지시를 계획해야 한다. 예를 들어 고등학교 소녀 집단은 '소년은 멍청이다'라는 말에 대한 일반적인 견해를 이야기하고 관계를 토의하였다. 문제에 다가가기 위한 미술 지시로 두 가지 콜라주를 요청했다. 하나는 현재 인간관계에 대한 것이고 다른 하나는 '이상적' 관계의 질에 관한 것이다. 이런 미술 지시는 개인이 희망하는 것과 자신이 해결하려고 하며 또 논의에서 새로운 통찰을 찾는 것 간에 차이를 시각적으로 느끼게 해 준다. 한 소녀가 적절하게 "모든 남자아이가 멍청이는 아니야, 그러나 우리가 어떻게 이런 애를 골라내지?"라고 말했다.

현실적인 치료목표 세우기

인지 수준에 따라 집단을 구성하는 것이 집단원들의 문제를 다루기가 쉽게 한다. 아동 성 학대를 다루는 문제는 계속되는 문제이고 각 발달 단계마다 다르게 진행되어야 한다(Klorer, 2000). 4~5세 전에 성 학대 집단치료는 적용하기 어렵다. 어린 성 학대 피해자는 집단보다는 개인적으로 진행해야 한다. 그러나 5~8세의 여아 집단은 매우 효과적이다. 유치원부터 초등 2, 3학년까지는 연령에 적합하게 집단으로 미술 및 놀이치료를 적용하면 매우 효과적이다. 이 연령대 주요 치료목표 중의 하나는 심리교육적으로 하여 반복되는 피해를 막는 것이다.

이 연령대의 이상적 집단 크기는 3~5명이 좋다. 치료의 일부는 자유선택 놀이 및 미술을 포함시키고, 독특하고 상징적인 심상을 표현하도록 유도하고, 아동에게 예방기술을 가르치기 위해 회기 중간 중간에 심리교육적 회기를 삽입한다. 심상을 반복하고 모방시키면서, 성 학대 상황에서 어떻게 반응해야 하는지 가르친다. 좋은 어루만짐과 나쁜 어루만짐을 구분하는 방법, 누군가 너의 성기 부위를 만지려고 하면 말을 하는 것, 안전한 또는 불안전한 상황에 대해 판단하는 것 등 모든 것을 집단치료과정에서 가르친다. 치료사가 안전문제를 다룬 책을 읽어 주면 아동들은 좋아하고, 같은 책을 읽고 또 읽고 하는 것을 즐긴다. 행복, 미친 것, 무서운 것, 슬픈 느낌 같은 단순한 감정을 판단하는 데에도 시간을 할애하고, 아동들에게 이런 감정을 집단원에게 행동해 보도록 하고 그려 보게 한다. 적절한 치료문제로는 아동의 내면화된 죄의식, 수치심, 슬픔 등을 다루는 것이 있다. 이 연령대의 아이들은 현실과 환상 간의 경계가 모호하기 때문에, 어떤 일이 생기면 자신의 잘못이라고 느끼게 된다. 그러나 Tasha는 자아와 비자아를 구분하는 능력이 있었다. 치료 핵심은 가해자에 대한 감정과 자기감정을 분리시키는 것이다. 아동에게 반복적으로 성인이 나쁜 행동을 한 것이지, 네가 잘못이 있는 것이 아니라는 점을 반복해서 들려주어야 한다.

내담자가 사춘기로 접어들게 되면, 모든 성 학대를 부정하기 시작하고, 이전의 모든 폭로 내용조차도 부정한다. 회피하고 부정하는 이런 감정 및 문제를 아동이 표현하기 위한 수단으로 표현치료를 지속하는 것이 좋다. 치료사는 아동의 부정 수준에 맞추는 것이 중요하고 또 아동이 스스로 그 문제를 다룰 때까지 지지하는 과정이 필요하다. 복잡한 감정을 언어적·비언어적 방식으로 표현하게 하는 기회를 제공하는 것이 감정의 강도를 구분해 내는 데 도움이 된다.

7~12세 무렵에 아동은 외상문제를 은유적 차원에서 해결하는 노력을 많이 했다. 사회적으로 이 시기 아동은 단순한 양자관계가 아니라 복잡한 인간관계를 맺어야 할 시기다. 그 무렵, 집단치료는 자신이 혼자가 아니라는 느낌을 갖기 위해서도 아주 중요하다. 이전 단계에서 보여 주었던, 즉 같은 책을 읽고 또 읽고 했을 때 즐거워했던, 반복적인 기억에 더 이상 매달려 있지 않았다. 오히려 당면한 가상적인 상황에서 해결책을 내고 자신의 이야기를 만들게 되었다. 결국 학대 예방 측면에서 심리교육적 과정이 더욱 진전되었다. 아동은 곤경에 처했을 때 찾아가야 할 사람이 누군지를 깨닫게 되고, 안전하지 못한 상황을 판단할 수 있고, 접촉의 종류(좋은 것, 나쁜 것, 혼란스러운 것)를 구분하고, 자기감정의 주체가 되었다. 좋은 것과 나쁜 것에 대한 도덕성이 구성원들에게 발달하기 시

작했다. 아동들은 더 이상 대응기제를 쪼갤 필요가 없다. 좋은 것과 나쁜 것은 공존하는 것이고, 이것은 이제 이전보다도 스트레스와 모호함을 더 잘 견딜 수 있게 해 준다는 뜻이다. 아동은 동시에 두 가지 다른 방식으로 감정을 탐색할 수 있고, 학대는 밉지만 가해자의 어떤 측면을 사랑하거나 좋아하는 관념도 수용하게 되었다.

청소년기에 모든 복잡한 변화들이 생겨나면서, 성 학대 아동은 좀 더 인지적이 되고 정서적 역량을 가짐으로써 직접적으로 치료에 임할 수 있다. 청소년기에는 가설적인 상황을 다루는 능력이 발전하게 된다. 이전 단계에는 잘 적용했던 억압이 더 이상 유용하지 않으며, 성적인 문제도 걷잡을 수 없게 된다. 이전에 은유적으로 표현되었던 문제들도 이제는 더욱 직접적으로 표현하기를 요구한다. 이 무렵 치료를 종결했던 아동들이 자주 찾아오는데, 이제 더 이상 성문제를 피하지 않고 해결해야 할 시점이기 때문이다. 집단치료는 청소년기에 잘 적용된다. 그들은 종종 치료사보다 집단원을 더 잘 도울 수 있다. 느낌 공유, 대인관계와 성문제를 다루고, 과거와 현재를 연결 짓고, 집단과 동일시하는 것은 청소년을 도와서 복잡한 감정을 해결하게 한다. 집단은 동일시 역할을 하며 상호작용의 양식과 상이한 역할을 시도해 보는 기회를 제공해 줄 것이다. 이것은 이전 치료가 성공하지 못했다는 것은 아니며, 더구나 지속적인 치료가 항상 필요하다는 뜻도 아니다. 스트레스에 대한 신호, 특히 행동적으로 나타날 때는 언제든지 치료를 다시 시작할 수 있다. 많은 아동은 발달 수준에 따라 쉽게 문제를 해결할 수 있고, 치료를 종결한다. 만일 아동이 성숙해서 그때 무슨 일이 생겨났는지 새로운 이해를 할 때, 필요하면 다시 치료할 수 있다는 이해를 하고 마무리한다.

결 론

성 학대를 당한 아동에 대한 집단미술치료 목표를 세울 때, 치료사는 여러 가지 사실, 즉 연령, 성별, 학대의 심각성, 외상의 맥락, 아동의 인지발달 수준을 유념해야 한다. 치료유형에 대한 결정, 즉 구조화, 비구조화, 기간 설정, 계속 진행집단 등도 집단계획에 포함시켜야 한다. 아동이 성숙하고 발달함에 따라 학대 문제가 장기화되고 지속적으로 다루어져야 한다는 인식이 중요하다. 이런 인식은 구체적 발달 수준에 맞추어 처리할 수 있도록 아동의 능력에 맞춘 현실적 치료목표를 세우는 데 도움이 된다. 이런 접근은 아동의 건강을 지원해 주고, 병리에서 벗어나게 해 주고, 학대에 대한 아동의 반응을 정상행동 범위로 조정해 준다.

CHAPTER 27

의료체계에서 미술치료 활용

Camic(1999)은 모든 미술치료는 의료적 중재, 약물치료, 인지-행동 치료와 함께 건강 지원 전문가의 잠재적인 치료도구로 기여한다고 하였다. 최근에 미술치료가 의학적 질병으로 고통받는 환자의 삶의 질을 증가시킨다는 연구들이 많이 보고되고 있다. 미술치료는 심리치료를 포함한 다양한 방법으로 병원 장면에서 암환자에게 적용되어 왔고(Dreifusse-Kattan, 1990; Luzzatto & Gabriel, 2000; Malchiodi, 1993), 건강 및 삶의 질을 향상시키는 활동으로도 사용되어 왔다(Malchiodi, 2005). 최근에 암환자에 대한 미술치료의 효과를 주목하고 있다. Luzzatto와 Gabriel(2000)은 암 치료 후에 교육 및 병원연구 목적으로 구조화된 프로그램으로 단기 집단미술치료를 실시하였다. Monti 등(2005)은 마음챙김에 기반한 훈련과 미술치료가 삶의 질을 향상시키고 또 유방암 환자의 스트레스를 낮추었다고 보고했다. Nainis 등(2006)은 환자에게 단기 미술치료를 적용하여 고통 및 피로감에 대한 지각을 크게 낮추었다고 했다. Oster와 Svensk(2006) 및 Svensk 등(2009)은 여성 암환자에게 심리사회적 측면의 증가를 밝혔다.

이 장에서는 유방암으로 진단받은 여성에게 집단미술치료를 실시한 것을 소개하고, 외래환자 집단에게 삶의 질을 향상시킬 목적으로 기간 설정 집단치료 모델을 설명한다. 건강심리학자의 치료모델을 제시할 것이고, 암환자의 집단작업에서 미술표현의 역할,

임상 경험을 통해 얻은 관련 문제를 살펴볼 것이다. 참가자들의 자기표현과 자기탐색 그리고 안녕을 자극하고 증진시키기 위한 지시적 미술치료 예들을 제시할 것이다. 집단으로 10주간 진행되었으며 집단 진행과정의 각 단계에서 경험한 내용들을 보여 준다.

암환자를 위한 의료 미술치료의 역할

치유의 한 방법으로 심상을 이용하는 것은 고대부터 관습으로 사용되었고, 현대 연구는 심상이 건강 및 웰빙에 중요한 역할을 담당하는 것으로 밝혀졌다(Achterburg, Dossey, & Kolkmeier, 1994). 건강 전문가들은 그림을 통해 개인이 어떻게 암에 대처하는 지에 대한 주관적 생각을 알 수 있고, 또 환자를 치료에 참여시키기 위한 매체로 활용한다(Siegel, 1990; Simonton, Simonton, & Creighton, 1978). 예를 들어 환자에게 암세포 또는 종양에 대한 심상을 그려 보라고 지시하고, 다음에 그 세포를 어떤 방법으로 파괴시키는 심상을 마음속으로 떠올리거나 그려 보게 한다. 이런 지시는 암에 대한 환자의 심리적 및 신체적 의미를 그림으로 끄집어내어 해석하는 데 초점을 둔다. 또한 심상을 활용하여 신체적 변화와 스트레스 및 고통 감소를 유도하는 목적도 있다.

중병환자는 종종 자신의 상태를 언어적 그리고 비언어적 두 가지 방법으로 설명하기 때문에 암환자에게 그림표현은 특히 도움이 된다(Malchiodi, 1997, 2008). 언어적 설명은 질병에 대한 의학적 설명인데, 이것은 개인의 지식에 근거한 이성적인 설명이다. 한편 비언어적 설명은 질병에 대한 개인적인 의미와 주관적 지각을 담고 있다. 이런 주관적 설명에는 의식 및 무의식 측면이 반영되고, 염려 · 혼란 · 오해 · 공포 · 불안 등도 내포되어 있다. 따라서 언어적 의사소통보다 비언어적인 그림을 통해 더 잘 드러낼 것이다.

의학적 미술치료는 미술표현이 언어 이외의 사실을 포착한다는 점과 여러 환자군을 대상으로 미술치료사들이 행한 임상결과로부터 발전하였다(Malchiodi, 1999). 의료적 미술치료는 신체질병이나 신체외상 경험을 겪은 환자 그리고 수술 및 화학치료 같은 집중치료를 받을 환자에게 심상과 미술표현을 활용하여 치료효과를 높이며 통합의료와 의료보조 수단으로 활용하는 것이라고 정의 내린다(Malchiodi, 1993, 1997, 1999, 2005). 비록 많은 의사들이 미술치료를 질병에 대한 환자 자신의 심리사회적 충격을 이해하는 방법으로 인식하고 있지만, 의료적 미술치료에 참가함으로써 부가적인 이점, 즉 개인의 힘, 스트레스 감소, 사회적 지지, 개인의 삶을 다시 쓰는 기회 등을 갖는다.

자기효능감

자기효능감은 건강심리학 및 긍정심리학의 주요한 개념 중에 하나다(Seligman & Csikszentmihalyi, 2000). 이것은 의미 만들기와 관련이 있고 삶을 좀 더 생산적이고 행복하게 이끌어 가자는 것이다. 자기효능감에 따라 개인이 건강 행동을 채택하고 지속하도록 권한을 갖는 문제를 결정한다.

미술표현은 언어로만 소통하기 어려운 질병에 대한 고통, 혼돈, 모순되는 경험 등을 소통하게 해 준다. 또 그리기, 색칠하기, 만들기 자체가 질병으로 통제력을 상실했다는 심리와 반대로 개인의 권한을 체험하게 해 준다. 예를 들어 환자들은 병원 일정과 필요한 의료적 치료 때문에 입원기간 동안 시간 통제를 받게 된다. 또한 질병, 치료 중재, 수술 및 장애 때문에 신체에 대한 통제를 상실한다. 이런 처지에서 미술표현은 환자에게 미술재료, 표현양식, 주제 등을 선택하는 자유, 즉 능동성을 부여함으로써 어떤 통제감을 갖게 한다. 즉 색채, 선, 형태, 결을 자유롭게 표현하고, 자신이 원하는 것을 창조한다. 이런 선택은 병원 장면에서 상실한 통제의 일면을 보완하여 자율성과 권위를 느끼게 해 준다.

Picirrillo(1999)는 HIV/AIDS 환자를 대상으로 미술작품을 완성하면서 숙달감이 생기고 어느 정도 사건을 통제한다는 개인 지각이 생겨난다고 했다. 미술작품 만들기는 창의적 활동에 참여하는 그 시간 동안이라도, 원래 입원 전 자기 상태와 개인의 힘을 경험하게 해 준다. 숙달감 획득은 자존감 증가, 자아신뢰감 증가, 또한 긍정적인 건강행동 및 적응적인 대처기술의 발전을 가능하게 한다.

스트레스 감소

Benson(1975; Benson & Proctor, 2010)은 이완반응을 의학적으로 이해한 선구자이고, 이 방법은 중병환자의 심리사회적 치료에 응용되고 있다. 1960년대 후반, Benson은 깊은 휴식상태의 신체는 스트레스에 대한 신체적 · 정서적 반응을 변화시키고(즉 심장박동수, 혈압, 근육 긴장 감소 및 면역기능 증가), 만일 규칙적으로 연습한다면 정신과 육체에 대한 효과를 지속시킬 수 있음을 밝혔다.

미술작품 만들기는 어떤 내담자에게는 스트레스를 낮추는 한 방법이 될 수 있고, 이완반응을 유도한다고 여겨진다. Nainis 등은 암환자를 치료하면서 단기 미술치료도 이완과 연관된 반응을 증가시키고, 고통 지각을 낮춘다고 하였다. 미술작품은 촉각, 시각, 운동, 기타 감각을 포함한 활동이므로, 본질적으로 자기위안이 되고 Benson이 보고했던 것과 유사하게 이완과 웰빙을 유도할 수 있는 반복활동이 되는 셈이다(Malchiodi, 2008).

사회적 지지

사회적 지지에 대한 건강심리학의 원리는 중병환자와 집단을 진행하는 과정에 본질적인 것이고 암환자의 의료적 미술치료에도 중심이 된다. 집단미술치료는 타인과 미술표현을 공유하는 것과 집단참여의 중요한 의미인 상호작용을 통해서 사회적 지지 가능성을 증가시킨다. 개인미술치료와 반대로, 집단 형식의 의료적 미술치료는 개인 간 접촉의 부차적 이점과 비슷한 경험을 지닌 구성원과 감정을 공유할 기회를 가지는 것이다.

개인 삶을 다시 쓰기

암과 같이 생명을 위협하는 중병에 걸린 사람은 종종 자신이 왜 병에 걸렸는지에 대해 의미를 찾는다. 미술표현은 병에 대한 감정과 지각을 새로운 인생 이야기로 변환시키는 매체가 되고, 그 결과 새로운 자아감을 생성한다. Malchiodi(1999: 20)는 중병의 경우에 "많은 사람이 미술과정을 활용하여 자기 삶을 다시 작성하고…… 그 결과 자신이 누구인지 새로운 느낌을 갖게 된다."라고 주장했다.

개인 삶을 '다시 쓰기'는 각 사람들마다 다르고, 이것은 종종 다음 측면 가운데 몇 개를 포함한다. 즉, 새로운 관점 개발, 답 없는 의문에 대한 답 찾기(즉 신은 왜 나에게 이것을 주었나?), 개인이 인생을 살아가는 방식 수정, 갈등에 대한 해결책이나 다짐 만들기, '질병 후' 새로운 정체성 생성, 질병, 장애, 신체외상으로 자신의 삶이 왜 변경되었는지에 대해 새로운 설명하기 등이다.

영국의 유명한 신경외과 의사인 Oliver Sacks(1990)는 미술이 신체질환자와 장애인에게 제공하는 '자각(awakening)' 의 질적 중요성을 다음과 같이 설명하였다. "근본적으로 자각이란 반전인데…… 환자는 질병의 존재(질병을 갖고 있음) 및 세상의 부재(내가 사라질 것임)에 대한 느낌을 중지시키고, 질병의 부재와 세상에서 완전한 존재임을 느끼게 된다."(p. 53) 미술작품을 만드는 동안 사람들은 자신의 삶이 질병에 빠졌다는 생각에서 잠깐 동안 자신이 아프거나 장애가 있다는 사실을 망각하게 해 준다는 것을 알았다. 환자들은 미술표현과 치료사의 지침을 통해서 질병을 넘어선 '자각' 을 경험하게 되고, 또 새로운 방식으로 암에 대한 이야기를 재구성하고 새로운 관점을 개발하고 표현하게 된다.

암환자에 대한 집단작품의 목표

암환자는 질병의 충격에 다양한 방식으로 반응한다. 어떤 이는 암과 싸워 생존하겠다고 결심하고, 어떤 이는 단지 자신의 처지와 그 결과를 수용한다. 일부는 화학치료 및 수술을 견디면서 희망을 가지며, 일부는 심리적 · 신체적 충격에 굴복하여 암에 항복한다. 대부분은 암에 걸린 결과, 다음의 관심사 중 일부 또는 전부를 보인다. 진단, 질병, 예후를 이해하기, 수술, 약물처치, 후유증 같은 치료를 이해하고 대처하기, 진단 후 새로운 삶의 방식에 적응하기, 통제력 상실, 치료법 부재, 재발에 부딪히기, 감정, 에너지 수준, 기능 등의 변화에 대처하기, 가족, 친구, 동료들과의 관계를 재점검하기 등이다.

이 모든 사항이 집단작업에서 중요하다. 특히 여성 유방암 환자의 경우에, 치료의 일환으로 작품을 만드는 데 대한 관심이 다음 요소에 의해 종종 동기화된다.

- **죽음 직면** 암환자는 종종 완전함에 대한 심각한 검토, 자신의 인생 이야기를 재검증하고픈 소망, 앞에 말했듯이 삶을 다시 쓰는 것으로서 질병에 대응한다. 미술은 생활경험을 요약하고, 개인 힘을 되찾고, 영원한 시각적 유산을 만들어 내고, 미술을 통해 '나의 현재' 와 '나의 존재' 를 전하게 된다.
- **의미 찾기** 실존적 미술치료 입장(3장)은 암환자가 새로운 목적을 찾도록 도와주고

미술을 통해 생활방식 및 한계 변화를 탐색하여 질병 전의 자아상을 연장하도록 돕는다. "당신에게 질병의 의미는 무엇인가?" "현 시점에서 질병에 대한 의미를 어떻게 만들어 갈 것인가?" 같은 질문들은 삶의 재탐색에 중요하다. 미술표현 그 자체는 장애와 고통의 경험 그리고 감정을 소통시키는 대안적 방법이므로 현재 생각을 연장시키게 해 준다.

- 위기 해결 암 진단은 모든 이에게 엄청난 사건이다. 미술표현은 위기 해결에 강력한 도구가 됨이 입증되었고(Malchiodi, 2008), 또 외상 경험과 감정으로부터 안식처를 제공함과 동시에 두려움, 분노, 불안 같은 외상 후 스트레스 증상을 낮추는 데도 유용하다.
- 진실한 표현 생명을 위협하는 난해한 질병을 언어로 이야기하는 것은 매우 어렵다. 많은 암 생존자들은 자신이 가족과 친구들에게 짐이 되지 않기를 바란다. 미술치료의 원대한 목표는 질병을 소통과 자각의 기회로 활용하게끔 진실한 표현을 촉진하고, 그래서 현재 상황과 타협하고 또 더욱 깊이 있고도 완전하게 삶을 살아가도록 하는 것이다.

유방암/의료적 집단미술치료

암환자를 위한 집단미술치료는 다양한 방향성을 가질 수 있다. 즉 심리치료, 심리교육 혹은 오락을 목적으로 집단을 진행한다. 이 장에서 설명하는 집단과정은 건강모델(wellness model)에 근거하고 있으므로(Myers, Sweeney, & Witmer, 2000), 질병에 몰두하는 것에서 벗어나 비록 몸은 아프지만 건강과 웰빙을 경험할 수 있는 개인의 능력을 강화한다. 이 모델은 사회적 지지, 개인 통제와 자아효능감, 자아실현과 창의성, 감정표출과 자각, 건강심리학적 관점의 중요성을 강조한다.

'창의성과 건강집단' 이란 주제는 '치료' 또는 '처치' 라는 뜻보다는 집단을 지칭하는 것이다. 이 집단은 건강기능을 증진시키는 장소로 인식되고, 치료와 처치가 의미하는 '환자 역할' 을 덜 강조한다. 참가자에게 무언가를 '맞추어야 할' 집단이 아니라, 참가자가 자신의 웰빙에 책임을 지고 능동적 역할을 지속하는 프로그램으로 구성한다. 촉진자

(치료사)의 철학은 전인적(holistic) 관점을 견지하는데, 즉 미술표현이 건강과 웰빙을 향한 신체, 정신, 영혼의 자연스러운 경향성을 찾아 준다는 입장이다(Malchiodi, 1999).

유방암을 경험한 어떤 연령층의 여성도 집단 구성원이 될 수 있다. 그러나 대부분 여성은 일반적으로 초기 유방암으로 집중 치료단계에 있다. 일부 여성은 암의 재발과 전이를 경험하기도 했다. 집단은 일반적으로 12명으로 시작하는데, 2주 동안 자연 감소하면서 대개 7~8명이 종결시점까지 참석한다. 집단은 일반적으로 10주 회기로 매 1시간 동안 진행한다.

각 집단은 참가하는 개인 욕구에 맞추기 때문에, 주별 구체적 작품활동을 정확히 설정하기는 불가능하다. 그러나 대부분의 참가자들이 도움을 받는 특정 주제로는 암환자의 구체적 욕구와 연관된 문제의 탐색을 촉진하는 미술활동들이다. 대부분의 집단과 마찬가지로, 각 회기의 목표는 전반부에 참가자의 경험부터 시작해서 중기와 종결 시기까지 논리적으로 진행하는 것이다.

초기 회기

어떤 치료사는 첫 회기에 참가자에게 자기 병에 대한 이야기로 시작하지만, 나는 건강 지향적인 접근으로 시작하고, 개인 경험을 창의적으로 탐색해 보기를 자극한다. 집단이나 개인으로 만난 환자들은 아동기 이후 미술경험이 없기 때문에 언제나 자신은 예술가도 아니고 창의적이지도 않다고 느낀다. 집단이든 개인이든 간에 안전감을 조성하는 것이 중요하고, 이것이 창의성과 미술작품에 대한 개인의 능력을 확인하도록 해 준다.

항상 "당신이 젊었을 때 좋아하는 미술과 공작활동이 있었나요?" "미술에 대해 당신 가족은 어떤 생각을 했나요?" 등의 질문을 제기함으로써, 참가자들은 각자 창의적 잠재력을 갖고 있음을 인식한다. 어떤 이는 복잡한 퀼트를 도안하고 제작한다. 어떤 이는 가족 이벤트를 위해 특별한 테이블 세트를 창의적으로 디자인하고 또 아동의 졸업과 재결합을 기념하기 위한 아름다운 사진첩을 만들기도 한다. 또한 나는 참가자들에게 어린 시절 미술활동 기억(가령 아동기 기억)에 대해 질문해 보는데, 이는 미술활동에서 실패했던 느낌뿐 아니라 성공의 순간을 상기시키기 위한 것이다. 이런 질문들은 창의성 탐색을 촉진하고, 집단에서 참가자가 미술작품을 만드는 것에 대한 두려움 또는 불안을 드러내게 해 준다.

첫 회기에 간단한 이미지 유도로 이완방법을 알려 준다. 이 책 다른 부분에서도 언급된 것처럼 이미지 유도는 자기표현을 촉진하고, 통찰을 열고, 스트레스를 감소시키기 위해 미술치료와 함께 사용된다. 치료사는 또한 사색적인 발자취(reflective distance)를 떠올리고, 이완을 촉진하고, 창의성을 자극하고, 집중력을 올리기 위해 이미지 유도를 사용해 왔다(Calmic, 1999). 유방암 집단의 경우, 나는 이미지를 통해 자기 몸을 주사(scanning)하면서(발부터 머리까지) 떠오르는 느낌 또는 감각을 유지하고 이완 호흡법을 연습시킨다. 만일 시간 여유가 있고 집단이 좋아하면, 각자에게 흰 종이 위에 이완과 신체 주사 과정에서 떠오른 느낌 또는 감각을 색채, 선, 형태로 간단한 이미지를 만들어 보도록 요청한다(이 활동은 다음에 논의됨).

다음 두 회기에서도 여전히 작품 만드는 데 참가자들이 긴장을 느낀다면, 집단의 안전 욕구를 위해 천천히 민감하게 진행해 나간다. 편안한 수준을 촉진하기 위해 나는 구성원이 미술재료에 친숙해지고, 또 단순하고 지시적인 활동을 제안하여 쉽게 성공할 수 있음을 체험시키는 실험작업을 선택한다. 나는 참가자들이 간단한 난화, 즉 오일 파스텔로 또는 검은색 잉크를 찍은 만년필로 종이 위에 아무 선이나 그리게 하면서 두 번째 회기를 시작한다. 난화기법은 이 책에서 자주 언급되었고, 이것은 Winnicott(1971)의 구불구불한 선 그리기(squiggle) 및 Cane의 기법(1951)에서 따온 것이다. 난화를 완성하고 나면, 자기 그림을 보면서, 어떤 형태를 선택하여 실물 형체나, 가상 혹은 추상적 이미지를 찾아내 오일 파스텔로 채색해 보라고 요청한다. 대체로 이런 경험은 즐거움을 주고, 개인의 창의적 기교를 격려하는 결과를 낳는다.

모든 구성원이 이미지를 완성한 다음에, 치료사는 집단원에게 그림에 대해 말하도록 요청할 수 있다. [그림 27-1]은 구성원 중 한 명의 작품 예인데, '생명의 나무' 라고 명명했다. 45세 된 이 여성은 최근에 유방 종양으로 화학 및 방사선 치료를 마쳤는데, 이제 자신의 치료가 끝나서 '봄에 새싹이 돋는 어린 나무' 처럼 느껴진다고 설명했다. 그녀는 이 특별한 이미지를 '새롭게 충전된 에너지' 를 반영한 것이라고 생각하였고, 교사로서 자기 일과 병으로 미뤄 둔 몇 가지 계획을 다시 시작할 수 있다고 하였다.

[그림 27-1] 난화로 시작된 '생명의 나무'

중기 회기

이런 집단을 이끌어 가는 데 여러 방향이 있지만, 여성 암환자의 의료적 미술치료 집단에서 다루어야 할 몇 가지 구체적 문제가 있다. 병 또는 치료에 의한 신체 이미지, 생명을 위협한 질병 경험에 대한 대응, 암으로 생각하게 된 인생의 의미에 대한 의문 등이다.

신체 이미지

대부분 여성 유방암 환자는 유방 종양 절제술의 범위가 좁거나 또는 유방 종양을 완전히 제거하는 수술을 받기 때문에, 신체 이미지가 주요 관심사가 된다. 단순한 신체 이미지를 A4 용시에 그리게 하고, 앞서 언급한 이미지 유도 과정에 활용한다. 시각적인 신체 주사와 이완을 마친 다음에, 집단원에게 자기 몸에 대한 어떤 관찰이나 감각을 회상하라고 하고, 그것을 색채, 모양, 이미지로 기록하게 한다.

구성원들이 깊이 있게 신체 이미지를 탐색해 보기를 원할 경우에, 나는 각자 실물 크기 이미지를 만들 기회를 제공한다. 이 활동은 적어도 1시간 소요되고, 어떤 구성원, 가령 의학치료로 허약해진 환자에게는 적당하지 않다. 집단 구성원 각자에게 대략 90cm ×150cm 크기의 흰색 공예용 종이를 주고 실물 크기의 그림이나 콜라주를 만들도록 요

[그림 27-2] 지지적 집단치료에서 만든 실물 크기 신체 콜라주

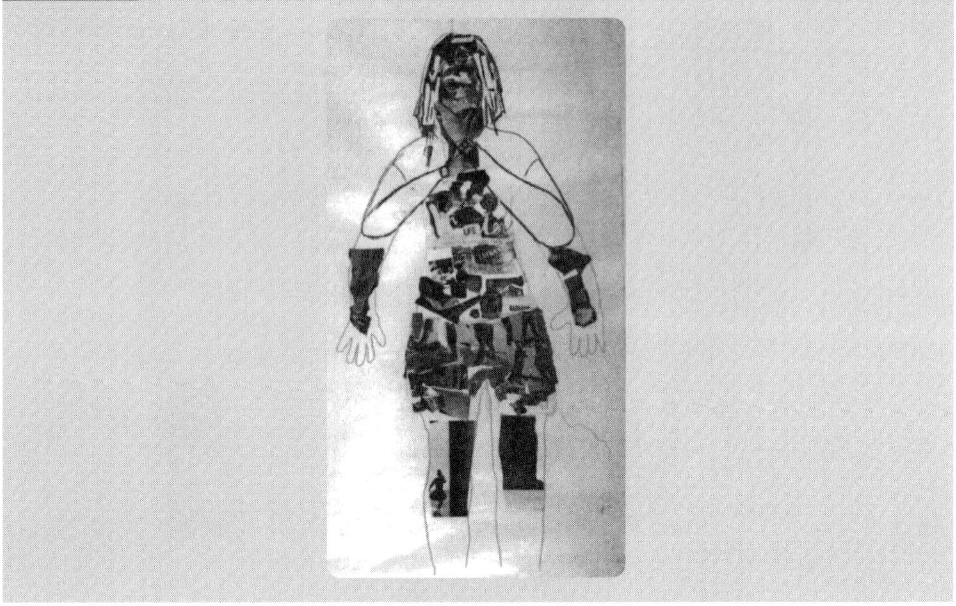

청한다. 어떤 참가자는 타인의 신체를 본뜬 다음에 이미지 조각을 가득 채웠다([그림 27-2]).

질병 대처

구성원의 반복적인 관심은 질병이 신체, 심리, 대인관계에 미치는 영향에 대처하는 방법을 찾는 것이다. 미술치료가 분명 모든 질병에 만병통치약은 아니지만, 작품 속에 담기는 나름의 창의적 과정은 암과 마음, 신체, 대인관계, 영혼에 끼치는 영향에 대한 반응과 지각과정에 긍정적 변화를 줄 수 있다.

참가자가 특히 도움이 된다고 한 활동은 단순한 원 또는 만다라 이미지를 만드는 것이었다. 만다라 그리기가 심리상태를 평가하기 위한 도구로 활용되어 왔지만, 앞서 언급한 것처럼 만다라 그리기는 불안을 낮추는 데에도 도움이 된다. 나는 만다라에 대한 간략한 정의를 내리고, 다음에 오일 파스텔로 그린 작품과 두 개의 밑그림 원(하나는 흰색, 다른 하나는 검은색 종이 위에 그려진)의 사용법을 설명할 것이다. Kellogg(1993)는 바탕 배경이 다르면 여러 가지 색깔과 형태의 사용을 유도하기 때문에 흰색과 검은색 종이 위에 만다라를 그리게 하는 것이 중요하다고 했다. 참가자에게 먼저 흰색 종이에 만다라 이미지를

만들고, 다음 검은색 종이에 만들라고 한다. 각 종이 위에는 미리 그려진 원이 있지만, 원한다면 "원을 벗어나도 됩니다."라고 말한다. 이완을 촉진하기 위해, 작업하는 동안에 잔잔한 배경음악을 들려주는 것도 좋다.

참가자에게 시각적 여행, 즉 개인 경험에 대한 생각과 감정을 시각적으로 기록한 스케치 북 또는 간단한 그림을 완성해 보도록 격려한다. 이 활동을 하는 목적은 세 가지 측면이 있는데, ① 회기 밖에서도 지속적으로 미술치료에 참여하도록 격려하는 방법이고, ② 스트레스를 느낄 때 이완의 수단으로 사용되고, ③ 경험의 기록을 가져와서 집단토론에 활용한다. 전반적으로, 시각적 여행은 회기 사이에 질병에 대응하는 방법이고, 스트레스를 느낄 때 질병을 통제하는 부가적인 도구가 된다.

삶의 의미

여성 유방암 환자의 경우에, 왜 자신이 병에 걸렸는가 하는 질문은 중요하다. 그뿐 아니라 '나머지 인생에 내가 무엇을 해야 하는가? 내 인생을 어떻게 바꾸길 원하는가? 내 삶을 이끈 믿음은 무엇인가?' 하는 의문도 갖게 된다. 이런 질문들에 대한 탐색을 촉진하기 위해, 참가자에게 '개인 방패(personal shield)' 를 만들도록 한다. 이 과정을 위해, 미리 잘라 둔 마분지 조각 등에서 방패를 선택하거나 종이나 마분지를 사용하여 방패 형태를 만든다. 그림과 콜라주(스크랩 철, 뜨개실, 잡지 그림 등)를 제공하여 방패를 완성하게 한다. 참가자에게 다음 질문을 생각해 보면서 개인 방패를 붙여서 자르거나 그려 보라고 요구한다.

- 당신의 강점은 무엇인가?
- 무엇이 당신을 가장 평온하게 하는가?
- 한 문장이나 이미지로, 삶의 목적을 어떻게 설명할 수 있나?
- 지금 당신에게 가장 중요한 목적은 무엇인가?
- 어떤 믿음으로 삶을 살아가는가?

각 질문은 강한 감정을 유발하고, 미해결된 감정이기 때문에 대답하기가 까다롭다. 이런 주제들은 자기검증과 자기자각을 촉진시키고, 이미지와 언어적 소통으로 좀 더 깊은 문제에 대해 집단토론을 하게 한다. 종교적 신념 또는 강한 힘이 이 문제를 탐색하는 데 꼭 필요하지는 않지만, 어떤 구성원들은 영적 차원에서 질문들을 해석한다. 그러나 이 경험은 종교적 차원을 탐색할 필요가 있는 참가자에게 관심사를 표현할 기회를 제공하고 또 자신이 강점이라고 그린 방법을 종교나 개인 신념에 비추어 확인하게 해 준다.

종 결

이 집단은 기간 설정 집단이므로, 종결과정이 있기 마련이다. 종결은 회기의 일부로서 정상적인 과정이며 예기된 것이다. 마지막 회기에 종결의 의미를 나누고 구성원끼리 작별인사를 나눈다. 이런 이유로 치료사는 구조화한 과정에서 집단의 종결 경험을 촉진할지 고민해야 한다.

마지막 회기에 내가 자주 사용하는 방법은 '의도된 책' 작업을 하게 하는 것이다. 이것은 치료사가 미리 준비하여 색칠해 둔 큰 마분지 상자인데(색칠은 치료사 마음대로 하지만, 나는 밖은 파란색으로, 안은 노란색이나 황금색으로 하기를 좋아한다), 거기에 집단원들이 어떤 장식을 하도록 한다. 몇 년 전에 나는 병원 근처에 살고 있는 티베트 승려 집단에게 작품 한 상자를 가져가서는, 우리가 진행하고 있는 집단의 여성과 그 상자에게 축복을 내려 달라고 부탁했다. 이것은 상자에 특별한 의미를 부여하고 집단작업에 대해 중요한 의식을 더한 것이기 때문에 여성들은 이런 표현에 감사를 느꼈다.

종결 회기에 나는 각 구성원에게 종이와 미술재료로 두 개의 작은 상징을 만들어 달라고 요청했다. ① 집단 경험에 대해 자신이 느낀 것을 의미하는 상징, ② 자신을 위해 만들고 싶은 것을 의도하는 상징. 완성한 다음에, 각자는 상자 바깥 면에 집단에 대해 느낀 감정 이미지를 풀로 붙이게 하여, 상징물로 상자 바깥 면을 장식하였다. 작품을 완성한 후, 구성원은 차례로 앞으로 나와서, 상자 안에 개인이 의도하는 상징을 집어넣고는, 개인의 의도 혹은 일반적으로 집단에 대한 느낌 등을 말하게 한다. 이것은 종종 참가자들에게 강력한 경험을 주는데, 집단에 대한 생각과 감정을 요약하도록 돕고, 집단은 끝났지만 미래를 위한 목표를 갖게 해 준다.

결 론

Camic(1999)은 미술이 만성질환으로 살아가는 사람에게 현재를 더 충실하게 살아가도록 돕는다고 했다. 의료적 미술치료 집단은 현재를 중점적으로 다루기 위해 표현수단을 제공하고, 개인적이면서 창의적인 방법으로 암 경험에 대한 내면적 관심사를 탐색할 기회를 제공한다. 유방암 환자 경우에, 집단 상황에서 미술표현은 환자의 공통 관심사를 표현할 뿐 아니라 병의 '말하지 못하는 측면' 에 대한 소통, 스트레스 감소 효과, 의미 찾기 등의 촉진을 격려한다. 이것은 언어적 치료와 집단치료와 함께 강력한 치료방법이 되며, 암과 장애로 위협받은 것들을 사회적으로 지지받고, 개인의 힘을 느끼게 하고, 진지한 표현이 가능한 분위기 속에서 개인 경험과 연관시켜 보게 해 준다.

가족 및 부부 미술치료

가족미술치료는 가족치료이론의 발달과 함께 지난 수십 년간 자연스럽게 부각되어 왔다. 미술치료의 일반적 이점, 즉 비언어적 소통, 시각적 문제해결, 치료에 대한 능동적 참여 등이 이 책 전반에 걸쳐 논의되어 왔다. 이런 이점은 또한 가족미술치료에서 더욱 명확해졌다. 그러나 가족 작업에서 미술치료를 활용하는 데 몇 가지 독특한 이점이 있는데, 다음과 같다.

- 가족미술치료는 모든 세대가 미술표현을 통해 동등한 목소리를 내게 해 준다. 언어 중심치료에 저항적이던 어린 아동조차도 적극적으로 치료에 참여할 수 있다. 표현 수단으로 미술을 사용하는 것은 치료 상황에서 모든 가족 구성원을 대등한 입장에 서게 한다.
- 가족치료에서 미술과정의 투입은 개인 및 집단활동을 통해 자신의 생각과 감정을 동시에 표출하게끔 허용한다. 개인 및 가족 신념이 단일 미술표현으로 소통될 수 있다.
- 개인치료 내담자의 경우, 시각적 표현이 치료사에게 가족문제를 드러내는 데 중요한 수단이 될 수 있다. 간단한 그림 또는 콜라주가 내담자에게 '가족을 치료에 오게 하는' 수단이 될 수 있고, 이것이 가족 내 역할과 가족 자체의 문제점을 토의하는

계기를 제공한다(Riley & Malchiodi, 2004).

- 가족미술치료는 미술작품의 내용과 만드는 과정을 통해서 가족의 상호작용 패턴과 행동을 알아보고 또 가족 간의 소통을 증진시킨다.
- 미술치료를 통해 가족은 각각 새로운 방법으로 의사소통하는 수단을 습득한다. 치료과정에서 습관적 반응패턴을 깨닫게 되지만, 가족은 문제를 해결하는 데 그 습관을 창의적으로 활용하고 스스로 더 넓은 시야를 갖는 기회로 만들고, 행동으로의 변화를 지지하는 계기를 만든다.

많은 이론, 즉 정신역동, 체계이론, 인본주의적, 전략적, 구조적, 해결 중심적, 대화식 접근 등이 가족미술치료에 뼈대로 사용되어 왔다(Riley & Malchiodi, 2004; Kerr, 2008). 미술치료 현장에서 가족미술치료의 성장에 미치는 주요 영향은 가족미술 평가와 미술에 기초한 가족체계 평가(Bing, 1970; Kerr, 2008; Kwiatkowska, 1967a, 1978; Landgarten, 1987; Levick & Herring, 1973; Malchiodi, 2006; Mosher & Kwiatkowska, 1971; Zierer, Sternberg, Finn, & Farmer, 1975), 가족 중재로서의 미술(Kwiatkowska, 1962, 1967b, 1975, 1978; Landgarten, 1987; Mueller, 1968; Sobol, 1982; Sutherland, 2008), 아동/부모 양자(Landgarten, 1975; Malchiodi, 1998; Thode Parashak, 2008), 부부미술치료(Riley, 1991; Wadeson, 2010) 그리고 대화식, 해결 중심적 및 통합적 가족미술치료(Hoshino, 2008; Malchiodi, 2008; Riley & Malchiodi, 2004) 등이다. 각각은 가족치료의 중요한 이론으로 기여해 왔으며, 변화를 이끄는 미술표현의 기초이론으로 활용되고, 체계 역동성을 확인하고, 가족 구성원의 의사소통 패턴을 이해한다. 이 장은 가족미술치료에 대한 간략한 개관과 임상 적용을 제공하는데, 보편적으로 사용되는 기법인 역동 및 체계를 이해하기 위해 미술에 기초한 방법에 초점을 두었고 또 적용 시에 전반적인 고려사항을 살펴본다.

가족 및 부부의 미술에 기초한 평가

가족미술치료는 이 분야 학자들이 '가족미술치료 평가'라는 명칭으로 사용해 왔고 (Hoshino, 2008; Malchiodi, 1998), 가족원 또는 부부가 함께 또는 별개로 창조한 미술표현이 대인역동 및 가족체계를 시각적으로 드러내게 해 준다는 근거를 갖고 있다(Riley, 1991; Riley & Malchiodi, 1994; Selekman, 2010). 여기는 '가족대화', 즉 자신의 작품에 대한 이야기 만들기를 하고 또 작품을 수정하거나 또는 새로운 이야기로 구성하는 '다시 이야기하기(restoried)' 도 활용한다(Riley & Malchiodi, 2004; Selekman, 2010).

대부분 경우에, 가족미술치료 평가는 부부 또는 가족을 면담하는 방법으로 미술표현을 활용하는 '임상면담기법' 으로 더 많이 알려졌다. 절차는 표준화되었지만, 결과에 대한 기본 연구자료는 출간되지 않았고 또 이런 평가가 어떻게 행동 또는 반응을 측정할 수 있는 도구가 되는지에 대한 정보는 없다. 이러한 자료 부족에도 불구하고, 이 절차는 가족 및 부부 미술치료의 출현을 이해하는 데 도움이 되는 모델이며, 절차에 녹아 있는 지시는 대부분 가족 및 부부치료에서 미술에 기초하여 실용적으로 적용한 것이다.

가족미술 평가는 가장 잘 알려진 미술치료 평가로서 국립정신건강연구소(National Institute of Mental Health: NIMH)의 미술치료사인 Kwiatkowska(1978)가 개발하였다. Malchiodi(1998)는 "Kwiatkowska가 가족치료 회기에 미술을 도입하였다."라고 인정했으며(p. 36), 사용한 이유는 미술표현이 가족 구성원의 역할을 확인하고 또 치료 경험을 공유하게 해 주기 때문이라고 했다. 미술이 어떻게 가족치료에 사용되는지를 밝힌 그녀의 연구는 여섯 개의 그림을 그리도록 하는 것이다. 각 그림은 책상 또는 이젤 위에 또는 테이프로 벽에 붙인 종이에 그리게 한다. 평가는 다음 과제를 요구한다.

- **자유그림** 가족에게 "마음에 떠오르는 어떤 그림이든 그리세요."라고 지시한다.
- **가족그림** 가족 각각에게 "당신을 포함해서 가족 각각의 모습을 그리세요."라고 지시하고 동시에 그냥 얼굴이나 초상화가 아니라 전체를 그리라고 말한다.
- **추상적 가족 초상화** 각각에게 색채, 도형, 선 등을 이용해서 가족의 추상적 이미지를 그리라고 지시한다.
- **난화로 시작된 그림** 각자에게 "난화를 그리세요, 그런 다음에 안에 어떤 상징(기호)이 있는지를 찾아보세요."라고 지시한다.
- **공동의 가족 난화** 가족에게 앞의 네 번째 그림에서 한 개의 난화를 선택하고, 그곳에 어떤 그림이 있는지를 합의한 다음에, 그것을 바탕으로 공동화를 그려 보라고 지시한다.

- **자유그림** 가족에게 자신이 선택한 아무 그림이나 각자 그리라고 요구한다.

앞의 여섯 개 작업은 가족 구성원에게 개인 이미지를 만들어 보게 하고, 또 그림과 언어적 소통으로 집단 의사결정, 협상, 교환 등의 기회를 제공한다. 더욱 중요한 것은 작업 중에 치료사는 가족 구성원이 어떻게 그리기 과제에 반응하고 그림 속에 무엇을 그려 내는 가를 보면서 가족 역동, 구성원 간의 경계, 동맹 등을 관찰할 기회를 갖게 된다.

Kwiatkowska와 유사하게, 가족 미술치료사인 Landgarten(1987)도 세 가지 미술작업으로 평가할 수 있는 절차를 개발하였다.

- **비언어적 팀 미술과제** 가족에게 두 개 팀으로 나누어 보라고 한 다음에 각 팀은 별도의 종이에 그림을 그린다. 각 팀에 속한 개인은 자기만의 펠트마커(felt marker) 색을 선택하여 회기 내 그림을 완성하게 한다. 작업 중에는 구성원들끼리 대화, 신호, 글로 주고받기를 금지한다. 마지막에는 각 팀의 구성원끼리 토론하여 팀 작업에 대해 제목을 붙이게 한다.
- **비언어적 가족 미술과제** 이번에는 전 가족이 한 종이 위에 공동으로 작업을 하는데, 완성 후에 토론으로 제목을 결정하게 한다.
- **언어적 가족 미술과제** 각 참가자에게 펠트마커 한 개를 선택(단일 플라스티신 점토 또는 색종이도 가능)하여 함께 어떤 것을 완성시키게 한다.

Landgarten의 평정에서, 이런 활동은 가족동맹을 드러나게 하고, 각자 상이한 색깔을 쓰게 함으로써 미술작업에서 개인의 역할이나 기여를 볼 수 있게 해 준다. 이런 지시는 가족 구성원 간의 역동을 알 수 있게 한다. 또한 Landgarten은 회기에서 가족의 반응을 평가하고 이해하는 중요한 '관찰 포인트(points of observation)' 를 정리하였다.

- 누가 그 그림을 시작했고, 어떤 과정으로 종이에 첫 번째 표시를 하게 한 사람이 결정되었는가?
- 다른 구성원이 참여할 때 어떤 순서로 진행되었는가?
- 누구의 제안이 받아들여지고, 누구의 제안이 무시되었는가?

- 각자 관여 수준이 어떠한가?
- 누가 자기 공간에만 머물러 있고, 누가 다른 사람의 공간을 침범했는가?
- 누가 다른 사람의 그림 위에 다시 그리거나 또 다른 사람 그림을 지워 버렸는가?
- 어떤 상징적 접촉이 있는가? 또 누가 이런 접근을 시도했는가?
- 구성원들이 순서대로 돌아가면서 그렸는가, 팀으로 그렸는가 또는 동시에 그렸는가?
- 만일 그림 작업에 변경이 있다면, 무엇이 그런 변화를 촉발시켰는가?
- 각자의 그림공간이 어디인가(중앙, 끝자락, 모서리, 전체)?
- 각자가 차지한 공간의 크기는 어떠한가?
- 각자의 그림 중에 상징적 내용은 무엇인가?
- 누가 독립적으로 작업하는가?
- 누가 주도자로 행동하는가?
- 누가 추종자이고 그에 따른 응답자인가?
- 정서적 반응이 생기는가?
- 가족의 작업이 협동적인가, 개인적인가, 불협화음이 있는가?(1987: 15)

마지막으로, Wadeson(1980: 2010)은 NIMH에서의 경험을 바탕으로 부부를 위한 평가를 개발하였다. 그녀는 Kwiatkowska에게 사사받고 조울증 부부에 대한 연구를 하였다. Wadeson의 부부미술치료 평가는 다음 미술과제로 진행한다.

- **대화 없이 그림 그리기** Landgarten의 접근과 유사하게, 부부에게 언어적 소통 없이 공동으로 그림을 그리라고 부탁한다.
- **결혼관계에 대한 추상적 그림** 부부에게 결혼관계의 추상적 이미지를 동시에 만들어 보라고 요청한다.
- **배우자에게 줄 자화상** 각 개인에게 현실적인 전신 자화상을 그리고 난 다음에 서로 교환하여 완성하라고 한다. 이때 각 개인은 배우자의 자화상에 대해 자신이 원하는 대로 첨삭할 기회를 갖게 한다.

요약하면, Wadeson(1980, 2010)은 이런 지시가 부부를 서로 가깝게 작업하도록 해 주며, 비언어적 상호작용을 증가시키고, 이미지를 통하여 소통하는 경험을 제공하며, 감정을 부각시키고, 이전에는 드러나지 않았던 정보를 표출시킨다고 하였다.

각각의 가족 미술치료 평가는 가족 또는 부부의 역동 그리고 대인관계 패턴을 이해하게 해 주는 다양한 관점을 제공한다. 예를 들어 어떤 가족이나 부부는 자발적으로 종이 전반에 자유롭게 그리고 각자 선이나 형태를 즐겁게 상호 교환한다. 다른 가족이나 부부는 제한되어 있고, 각자의 그림 사이에 경계를 설정하거나, 참여하기를 망설인다. 어떤 사람은 그림에 적극적으로 참여하지만, 다른 구성원은 친숙한 언어적 단서가 없기 때문에 주저하고, 수동적이고, 불안하게 느낀다. 이런 과제를 마치고, 치료사와 가족/부부는 종이 위에 시각적인 상호작용 결과를 실제적 기록으로 보게 되고 그림 공간을 협동적으로 또는 개인적으로 사용되었는지를 느끼게 된다. 최종 그림 작품은 가족원 간의 경계, 리더십 문제, 협상기술, 의사소통, 가족 상호작용에 대한 토론과 반영의 촉매제로 활용된다.

마지막으로, 미술 투사적 그림과제로는 동그라미 가족화(Family Centered Circle Drawing: FCCD)(Burns, 1990) 기법 및 구성원이 무엇인가를 하고 있는 것을 그리라고 요구하는 동적 가족화(Kinetic Family Drawings: KFD)(Burns & Kaufman, 1972)가 있다. 대부분 투사검사처럼, 이런 도구도 신뢰도와 타당도는 높지 않다. 또 이런 도구는 21세기의 가족의 정의, 문화, 성별 개념에 따라 보완되지 못하고 있다. 그러나 많은 치료사들은 이 과제가 치료에서 개인 내담자의 가족문제를 다루는 데 도움이 되고 가족 및 부부 역동과 각자의 관점에 대한 대화의 물꼬를 트는 데 기여한다.

현대 가족미술치료 접근

미술표현이 가족/부부를 평가하는 데 활용되지만, 가족미술치료는 단순한 역동적 평가 또는 상징적 내용물을 확인하는 것 그 이상이다. 대부분 경우에, 가족 구성원 간의 향상된 의사소통이 좋은 치료 지표다. 치료 시에 제시된 문제에 맞추어 치료사가 미술치료 중재기법을 고안해 내지만, 몇몇 기법은 가족미술치료에 공통으로 활용된다. 다음에 제시한 기법은 독자에게 좀 더 일반적인 접근을 소개하지만, 이런 기법들은 내담자의 독특한 욕구에 조율해서 적용해야 함을 명심해야 한다.

가족 벽화

Landgarten(1987)은 가족에게 '어떤 섬에 함께 사는' 자기 가족의 자화상을 그리라고 지시하는 가족 벽화작업을 활용하였다([그림 28-1]). Riley(2001)는 변형을 주어서, "당신이 소망하는 그 무엇이나 가능한 장소인 당신의 섬을 선택"해서 작업을 하게 한다(p. 260). 섬에 따로 함께 고립된 가족의 은유는 가족이 어떻게 자신을 보는지에 대한 표현을 자극하고, 자신들이 갖고 있는 자원이 무엇이고, 성공적으로 함께 살아가기 위해 무엇을 해야 하는지를 표현해 내게 한다. '섬'을 그리는 과제는 여러 주제, 즉 영토, 특성, 현실 대 환상, 구성원 간의 역동 등을 토론하게 해 준다. 다음 짧은 사례는 어떤 가족이 어떻게 현재 생활상 및 구성원 간 역동을 드러내는가를 보여 주고 있다.

[그림 28-1] 섬에 있는 가족

사례

가족은 32세 된 Neela, 그녀의 자녀인 6세 Tyler, 9세 Megan, 14세 Laura로 구성되었

다. Neela는 남편 John이 자신과 아이들을 신체적으로 학대했기 때문에 가정폭력 쉼터를 찾아왔다. Neela는 남편이 알코올중독자이면서 극도의 통제자라고 하였다. 남편과 Neela 사이에서 Tyler를 낳았고, Megan과 Laura는 Neela의 첫 남편 Tom 사이에서 태어났는데, Tom은 Megan이 태어난 후 교통사고로 사망했다. Neela는 자신이 일부는 백인이지만 스스로 나바호 인디언이라고 생각했다. 그녀는 대학에 잠깐 다녔고 첫 번째 결혼생활을 하는 동안에는 회사를 다니기도 했다. 남편 John은 법원으로부터 접근금지 처분과 치료 지시를 받았지만, 명령에 따르지 않았고 치료실에 나타나지 않았다. 다른 배우자들처럼, 남편은 치료를 거부하고 법원 명령도 여러 번 위반했다. 궁극적으로 절도 및 불법 권총 판매로 투옥되었다.

Neela와 자녀들을 치료하면서, 그들에게 '어떤 섬에서 어떻게 함께 살아갈 수 있는지'를 그리라고 지시하고 또 그 섬에서 가족이 산다면 생존에 필요한 것들에 대해 생각하고 토론해 보라고 하였다. Tyler가 바로 "그 섬에 아빠를 포함해야 하나요?"라고 말했다. 치료사는 "여러분의 섬"이라고 대답해 주고, 그들이 "원하는 무엇이나 할 수 있고, 또 누구라도 포함시킬 수 있다."라고 격려해 주었다. 그들은 현재 "아빠는 다른 장소에 살고 있는 가족"이기 때문에 그 섬에 아빠를 표함하지 않을 것이라고 즉시 결정했다.

작업을 진행하면서, Neela와 아이들은 치료사에게 자신들이 어떻게 하는지 볼 수 있도록 허락했다. 현재 가족에서, Laura는 과제의 책임자가 되어서 미술재료를 나누어 주고, 엄마와 Megan에게 종이 어느 곳에 무엇을 그릴지를 지시하였다. 엄마와 Megan은 Laura의 지시를 편안해했으며, 자신들이 중요한 결정을 하지 않아서 편하다고 느끼는 것 같았고, Laura가 자연스럽게 동생과 엄마에게 부모 역할을 하고 있었다. 6세 Tyler가 자유롭게 엄마와 누나들의 그림에 낙서하고, 다른 이미지에도 낙서를 할 때, Laura는 부드럽게 꾸짖고는 섬의 다른 부분에 색칠하라고 다시 지시하였다. 엄마와 Megan과는 반대로, Tyler는 그림이 어떻게 되어야 할지 많은 생각을 표출했고 또 자기 생각과 느낌을 편안하고 자유롭게 말로 표현했다. 가정에서 경험한 폭력에도 불구하고, Tyler는 자기가치와 자신감을 다른 가족에게 스스로 표현하였다. 반대로 엄마와 Megan은 자기확신이 적었고 또 결정 및 자기표현을 주저하였다.

엄마와 자녀들이 함께 작업하면서, 치료사는 가족 역동, 소통방식, 협상기술 등을 더욱 분명히 알 수 있었다. 예를 들어 집단 그림에서 이미지 등에 대한 결정을 잘못 내릴 때, 타협적으로 모두를 만족시키는 결정에 도달할 수 있는지 매우 궁금하였다. 또한 결정을 내리지 못할 때 어떻게 그 순간을 다루는지 생각하게 하였다. 이것은 그 가족에서 아빠가 힘과 통제력을 모두 갖고 있고, 아내와 아이들은 보복의 두려움(언어적 또는 신체적 폭력)으로 아빠 결정에 도전하지 못하였음을 드러낸 것이다. 요약하면, 섬에 무엇이 있어야 할지를 결정하는 과정에서 가족의 역동을 은유적으로 보여 주었는데, 즉 가족이 통제와 지배가 없는 상황에서 서로 만족할 만한 선택을 어떻게 하는지를 엿보게 하였다.

'섬에 함께 사는 것' 은 집단 벽화를 통해 대인관계 측면을 탐색하는 가족을 자극하는 은유법이다. 다음 회기에서 치료가 진행됨에 따라 Neela와 자녀들의 집단 벽화는 다양한 주제를 부각시켰다. 예를 들어 가족은 '이상적인 아빠와 남편' 에 대한 전신 자화상을 그리면서 자신들이 원하는 '새로운 아빠' 를 꿈꾸었다. 이런 이미지를 구성해 보는 감각경험은 이전의 아빠/남편의 좋고도 나쁜 측면의 기억을 자극했고 또 Neela가 남자와의 건강한 관계를 어떻게 가져야 할지 스스로 이해하게 해 주었다.

창의적 가계도

가족치료 전문가는 개인, 부부, 가족을 상담하고 평가하는 기법으로서 전통적인 가계도 그림에 매우 익숙하다(McGoldrick & Gerson, 1985). 가계도는 지난 3세대 가족 구성원에 관한 정보를 시각적으로 기록해서 구성한 것으로 정의 내린다. 가계도는 말 그대로 가족패턴을 보여 주는 것이고 또 가족 및 치료사가 세대별로 상호작용 정도, 공통점, 반복된 행동 등을 이해하게 도와준다.

전통적인 가계도는 가족 구성원을 나타내기 위해 단순한 형태를 사용하는데, 여성은 원으로, 남성은 사각형으로 나타낸다. 미술치료사는 창의적 방식으로 가계도를 활용하고, 그림이나 콜라주로 가족계보를 만들어 보게 응용할 수 있다(Malchiodi, 2006; Riley & Malchiodi, 2004). 예를 들어 내담자에게 색깔을 선택하게 하여 가족 구성원 및 관계를 나타내는 상징을 사용하게 한다([그림 28-2]). 어떤 가족은 함께 작업하도록 하고, 치료사가 도움을 주면서 큰 종이에 가족사진, 그림, 콜라주로 집단 가계도를 나타내게 한다. 요약하면, 창의적 가계도의 목적은 가족 구성원이나 역동을 나타내는 가족계보를 구성할 뿐 아니라 부모, 배우자/상대방, 형제자매, 친척 등에 대한 개인적 상징을 창조하도록

[그림 28-2] 창의적 가계도

재료로 활용한다.

부부미술치료

미술치료는 다양한 이유로 상담 받는 부부를 도울 수 있는 매력 있는 치료방법이다. 관련 문제에 대한 시각적 이미지는 경직된 행동패턴에 신선한 관점을 불러일으키고 새로운 소통양식이 된다. 미술표현은 부부문제를 보게 해 주고, 내담자와 치료사에게 목표를 설정하고 치료계획을 구성할 수 있는 기회를 제공한다. 가족미술치료 형태와 마찬가지로, 부부치료도 내담자와의 경험 및 선호하는 이론에 따라 여러 가족치료이론 또는 체계적이고, 전략적이고, 대화적인 관점을 적용한다.

부부미술치료는 내담자 각자에게 다음 질문에 대해 그리기 재료, 콜라주, 색채 점토 등을 사용하여 시각적으로 대답하도록 요청한다. "무엇이 당신을 치료실에 오게 결정했나요? 당신의 목적이 담겨 있는 어떤 표식이나 상징을 종이 위에 나타내서 내가 당신 생각을 이해할 수 있도록 해 주세요." 그림이 완성된 후, 서로 그림을 교환하라고 요청한다. 상대가 그린 이미지를 잠깐 생각해 보도록 지시하고, 각자가 이해한 대로 상대방 그림을 설명하라고 했다. 나의 논리는 다음과 같다. 시작 부분에서, 상호 이해하는 개인의 능력을 방해하는 잘못된 정보의 악순환을 깨뜨리는 자유로운 표현을 촉진시키는 것이다. 이것의 목적은 부부가 배우자의 그림을 설명할 때, 방해를 느끼지 않게 하기 위한 것이다. 다음에 상대방도 같은 방법으로 한다. 이런 과정에서 상대가 자기 미술작품에 담긴 의미를 어떻게 이해하고 투사하는지를 듣게 해 준다. 배우자 그림의 의미를 탐색한 후, 얼마나 정확히 상대 작품을 설명했는지 대화로 탐색한다. 어떤 때는 미술에 담긴 메시지를 이해하지만, 그렇지 못한 때가 더 많다.

연이은 회기에 나는 동일한 방식으로 시작하며, "오늘 어디에 초점을 맞출지 보여 주실래요."라고 요청한다. 이것의 목적은 배우자들이 당면한 큰 문제를 보게 하고, 그림을 촉매제로 하여 느낌을 투사하게끔 허용한다. 이 단계에 다양한 지시를 할 수는 있지만, 만일 부부가 당면한 문제를 공유하면 의사소통 없이 그 문제를 종이에 함께 그려 보게 하는 것이 좋다. 치료사의 안내로 함께 그리기(dual drawing)를 하는 것은 부부를 팀으로 작업하게 하고 또 작업을 통해 문제를 상징적으로 공유하게 해 준다. 그림을 다 그린 후, 각 배우자에게 작품 중에 자신이 그린 부분을 확인해 보라고 지시한다. 다음에 치료사는 생각을 탐색할 기회를 갖는다. 그림을 만드는 데 각자 참가했기 때문에, 각자 관계의 어려움을 찾아내는 데도 참가할 것이다.

만일 회기과정에 일치를 보이고 부부가 원하면, 가위를 주고는 부부에게 이미지 형태를 변화시키고 싶다고 느끼는 부분을 오리라고 요구한다. 가위질이 끝난 후(최초 작품에서 떼어진 부분), 그것을 다른 종이에 붙이고 작아진 '문제 이미지'에 초점을 둔다. 이런 진행에서 일어나는 것은 동작이 언어를 대신한다는 것이다. 공동 그림 중 일부를 잘라내고 조정하면서 변화가 언어적으로 이루어지고, 그 메시지는 해석 없이도 온전히 전달된다. 미술작품에 집중하게 해서 과거 상호 비난의 형태를 벗어나게 유지하는 것은 치료사의 책인이다.

강력한 은유적 기법으로 '4기둥 침대'가 있는데, 이것은 부부에게 자신의 세대별로 내려온 신념과 세계관을 탐색하게 해 준다. 침대가 그려진 종이([그림 28-3])를 각자에게 준다. 다음에 "당신이 누군가와 함께 자려고 할 때, 얼마나 많은 사람이 당신과 함께 침대에 있는지 보여 주세요."라고 요청한다. 대부분 놀라고 일부는 웃지만, 생각은 오히려 빨리 떠오른다. 좋아하는 잠자리 자세로 서로 기대어 있는 사람을 그리고, 필요하면 막대기 모양 사람도 된다고 지시한다. 다음에 질문은, "누가 침대 머리맡을 보고 있는가?

[그림 28-3] 4기둥 침대 이미지

누가 침대 아래에 있는가? 누가 침대를 같이 쓰는가?" 그리고 이런 주제와 연관된 여러 변형 질문을 던진다. 또한 시간이 부족해 숙제로 해 오게 할 때도 부부가 따로 그림을 그려 오라고 한다. 놀랍게도 그림은 보여 주는 게 많다. 예를 들어 부부 사이에 자고 있는 엄마, 머리맡에서 자세히 들여다보는 아버지, 바퀴 달린 낮은 침대를 가진 조부모, 침대 주변에 서 있는 아이들, 침대 위에 전화와 컴퓨터 등이 켜졌다 꺼졌다 하는 것 등을 보았다. 다른 말로 가족체계의 단서를 보이는 무한한 메시지가 그려지고, 새로운 우선 관계를 조성하는 과정에서 버리거나 안고 가야 할 생각을 볼 수 있다.

다음에 각자에게 가족이나 물건들이 침대 어디에 있어야 하는지 설명해 보도록 요구한다. 4기둥 침대 기법은 과거 역사, 세대 간 이야기, 거절이나 갈등 같은 잠재된 감정, 현재 관계에 영향을 끼치는 상실 등을 끌어낸다(Bobes & Rothman, 1998; Riley, 2004). 요약하면, 침대 이미지는 부부를 이해하는 좋은 비유법이 되는데, 이 장에서 언급한 지시 등은 그림의 활용이나 다른 작품 만들기에 응용해서 부부/가족과 연관된 문제 또는 다루기 힘든 역동관계를 해결할 수 있도록 해 준다.

가족 및 부부 미술치료에서 문화적 고려사항

가족 및 부부 치료에 미술활동을 접목할 경우에, 치료사는 그림의 자발성 및 자유표현에 영향을 끼치는 개인의 선호, 믿음, 문화 차이, 세계관 등을 존중해야 한다. 어떤 가족은 사적인 가치 및 경험 때문에, 집단활동을 꺼려 한다. 어떤 사람은 미술이 자신의 참여에 영향을 미칠 수 있다는 문화적 신념을 보인다(Gil & Drewes, 2005; Malchiodi, 2005). 중재방법으로 미술활용은 그림, 콜라주, 기타 활동으로 시각적 표현을 하는 수준, 감정, 지각에 대한 세밀한 면담을 필요로 한다.

같은 맥락으로, 가족 및 부부 치료를 실시하는 치료 상황도 자유표현, 상호작용, 놀이, 자발성을 유도할 수 있어야 한다. 참가자는 구성원 간 상호작용 그리고 미술재료의 이동 여유가 확보되고 안락함도 느껴야 한다. 만일 어린 아동이 가족 일원으로 참가한다면, 그들에게도 성인과 마찬가지로 적절한 공간을 할당해야 한다. 마지막으로 미술표현을 전시하는 벽이나 게시판도 모든 참가자가 자신의 작품을 보고 생각해 보게 하고, 미술작품을 토론하게 해 줌으로써 도움이 된다.

결 론

이 장에서 다양한 가족미술치료 기법을 소개했지만, 진정 창의적인 치료사는 가족 및 부부 상황에 맞도록 적용하고 조절할 것이며 또 가족 상황, 당면 문제, 치료목표에 따라서도 다르게 응용할 것이다. 요약하면, 가족미술치료는 미술표현의 감각적 · 시각적 속성을 활용하여 소통, 지각 및 문제해결을 증가시키는 것이다. 가족치료에 미술활동 또는 그리기를 도입하는 것은 치료사와 내담자에게 시각 이미지를 활용하여 가족문제를 탐색하고 또 과거문제에 대해 새로운 해결책을 세우게 하기 위함이다. 말 그대로 치료사와 가족이 작품 및 제공된 재료에 따라 치료과정에서 가족 역동을 보게 하고 새로운 중재형태를 제공해서 가족들이 다양한 방식으로 문제를 경험하게 한다.

편집자 주

이 장은 1판에서 Shirley Riley의 가족미술치료 편을 참고한 것이다. Riley는 2004년에 사망했지만 가족 및 부부 미술치료 분야에 영향력이 큰 사람으로 남아 있다.

CHAPTER 29

슬픔 및 상실 아동집단에 대한 미술치료

부모, 형제자매, 가족 애완동물 등 사랑하는 대상의 죽음을 경험하면 아이들은 엄청난 충격을 받게 되고, 상실 및 비극에 대한 느낌과 회의감을 표현하고 탐색할 수 있도록 하는 중재가 필요하다. 미술치료는 슬픔에 처한 아동을 도와서 감각적 수단으로 상실을 이해하고 느낌을 확인하는 한 방법이다. 이 장은 슬픔의 과정을 탐색하고 또 어떻게 미술작품 만들기가 사별한 아동에게 의미 이해하기를 촉진하고 지지할 수 있는지를 알아본다. 또 사별한 아동의 특성, 그들이 직면하고 있는 고통, 어떤 위험요소가 있는지를 설명한다. 슬픔에 처한 아동집단의 기본 치료목표와 이런 목표를 촉진할 수 있는 미술치료 중재의 예도 제시할 것이다.

슬픔에 처한 아동

국립학교심리학자협회(National Association of School Psychologists: NASP, 2003)는 아동의 슬픔반응을 다음과 같이 요약하였다.

- **정서적 충격** 아동은 애정결핍을 느끼고, 말을 잊고, 주변 자극에 대한 반응이 결여되고, 개성이 사라진 것처럼 보인다. 이런 행동은 고통의 순간 또는 상실의 기억을 지우려는 방법이다.
- **퇴행적 행동** 아동은 갑자기 부모의 침대에서 잠을 자려고 하거나, 부모, 가족, 돌보는 사람들과 분리되지 않으려고 하며, 누군가에게 보호를 받거나 진정될 필요가 있다.
- **반복 행동** 아동은 그림 속에서 이야기 또는 주제, 놀이활동을 반복하기도 한다. 또한 반복적으로 동일한 질문을 하게 되는데, 이는 죽음을 인정하거나 믿기 어렵기 때문이다. 그러나 이런 질문은 아동이 갖고 있는 어떤 오해를 확인하는 데 도움이 된다.
- **갑작스런 감정변동 또는 비일상적 행동** 아동은 자신의 내면 감정을 반영하여 버럭 화내기, 좌절하며, 공포에 질리고, 무기력해지고 또 자신이 거의 통제하지 못하는 상황에서 통제를 행사하려고 한다.

Webb(2010: 14)은 다음 측면이 아동의 슬픔과 어른의 슬픔을 구분시킨다고 했다.

- 아동의 미성숙한 인지발달은 죽음의 불가역성, 보편성, 불가피성을 이해하는 것을 방해한다.
- 아동은 정서적 고통을 감내하는 능력이 떨어진다.
- 아동은 자기감정을 언어화하는 능력이 떨어진다.
- 아동은 또래와 '달리 처한 상황' 에 민감하다.
- 아동은 놀이치료에서 자신의 감정을 표현할 수 있다.

치료적 용어로, 만일 슬픔에 처한 아동을 구성주의적 관점으로 본다면, 자신이 당면한 삶의 의미가 일시적으로 방해되고 또 영원히 변화된 하나의 인간 존재를 보게 된다. 아동은 성인에 비해 의미, 안전, 평안, 지지를 제공하는 가족구조 및 공동체에 더 의존한다. 중요한 인물의 죽음은 아이들이 느껴 왔던 삶의 현실을 영원히 변경시키고, 만일 아동의 슬픔이 해결되지 않는다면 아동의 정서적 웰빙을 위협하게 된다(Bowlby, 1980). 슬픔에 처한 아동은 무서운 심리적 충격을 경험한 것이고, 상실에 대한 개인적 영향뿐 아니라 가족구조에 끼친 상실의 영향도 다루어야 한다. 부모 또는 양육자가 슬픔에 처하게 되면 정서적 자원 역할을 할 수 없게 된다. 그들은 죽은 사람에 대한 토론을 인내하지 못할 수도 있다. 아동에게 안전 및 평안을 주던 근원이 쓸모없이 되므로, 그 결과 아동의 수면, 주의집중, 행동 등이 혼란에 빠진다(Webb, 2010). 이런 혼란이 아동의 슬픔 증상이며, 떨쳐 낼 수 없는 문제라는 것을 인식해야 한다. 예를 들어 한 엄마가 나에게 전화를 걸어 와 식성이 아주 까다로운 자기 아이가 "식사시간에 잘 먹지 못해요."라고 하였다. 엄마는 친구, 가족, 자신의 치료사로부터 갈등적인 충고를 들었지만, 아이를 위한 음식 선택에 대하여 유연하였다. 엄마는 아동이 섭식장애가 될 수 있다는 생각에 깜짝 놀라기도 하였다. 아동의 슬픔(즉 아버지의 사망) 관점에서 행동을 구성하고 병적으로 되지 않게 하려면, 엄마가 어떤 이해를 하여 계획을 수립할 수 있을 것이다.

슬픔에 처한 아동을 평가할 때, 아이가 보통 스트레스에 어떻게 대처했는지를 물어보는 것이 좋다. 내 경험으로는 사람은 대부분 스트레스 상황에서 자신을 더 좋아하게 된다. 앞서 언급한 아동은 항상 까다로운 식성자였고, 그래서 부가적인 스트레스로 그 아이의 식사가 더 힘들어진 것은 당연한 것이고, 이런 행동은 슬픈 반응으로 예정된 것이다. 조력 전문가 또는 양육자들은 만일 아동의 행동이 돌발적인 변화, 즉 외향적인 아이가 위축된다거나 또 아동이 갑자기 위험행동 등에 매료된다면 예의 주시해야 한다.

아동기 사별의 중재자

기대했든지 혹은 하지 못했든지 간에 아동이 심각한 상실을 겪었을 때, 정서적 요소 및 공동체적 요소 등이 슬픔 과정에 긍정적 또는 부정적으로 영향을 끼친다. 여기에는 다음과 같은 것들이 포함된다.

- 죽음과 장례 의식들(장례를 보았는가? 아동이 관계되었는가? 시체를 보았는가?)
- 사망 전 그 사람과의 관계(아동이 사망한 사람과 계속 관계를 맺는가?)
- 가족체계(크기, 재무능력, 의사소통, 혼돈)

- 또래 및 타인의 지지(학교 교사 등)
- 아동의 자기지각 같은 특성과 죽음에 대한 이해
- 생존한 가족의 정서적 기능
- 죽음과 사자에 대해 이야기하는 가족의 여유(Worden, 1996)

'슬픔을 잘 견디는' 능력을 평가할 때, 앞의 매개변인이 아동 및 가족 평가에 중요하다. 고인에 대한 담소와 이야기를 주고받는 것이 상실 충격 후에 아동의 심리 재통합에 핵심이다. 슬픔을 극복할 때, 성인 보호자가 관여하고, 교육받고, 지지받는 것이 필요하다. 아동의 보호자는 이런 슬픔 과정에 1차 영향인자다. 만일 이런 것이 가능하지 않다면(즉 보호자 역시 슬픔에 빠졌을 경우), 슬픔 극복을 도울 상담가가 교육 및 지지로 아동과 가족을 도울 수 있을 것이다.

슬픔에 처한 아동의 과제

슬픔은 견디어 내는 것이 중요하지만, 그것을 목표 또는 단계로 생각하는 것은 너무 협소적이고 해로울 수도 있다(Silverman, 2000; Niemeyer, 2001). 미국인들은 지나치게 목표 지향적이지만, 슬픔에 대해서는 극복하거나 정복해야 할 대상으로 보지 않아야 한다. 슬픔은 어떤 상태에서 다른 상태로 이행하는 과정에 가까운 것이다. 어른은 기분을 좋게 하는 무엇이나 하려고 하며, 또 슬픔에 처한 아동을 대할 때는 이런 소망이 더 증가하는데, 우리는 어떻게든 모두를 좋게 만들길 원한다. 그럼에도 불구하고, 잘 극복한다면 상실을 통합한 것으로 판단할 수 있는 정서적 · 심리적 과정이 있다. 이런 과정 상실의 현실을 인정하고, 정서적 충격을 다루며, 고인이 떠난 환경에 적응하고, 고인과 정서적으로 재정립하는 것이다(Worden, 1991). Worden은 매우 구체적인 항목을 만들었다. 그러나 이런 것들은 모두 무엇을 의미하는가? 이런 것이 좋은 임상 목표이지만, 그것을 성취하기 위해서 아동과 가족을 어떻게 도와야 하는가? 이에 대해 Silverman(2000)은 목표가 아동의 자신감을 증진시키고, 대처능력을 촉진하고, 아동이 자기 삶에서 적극적인 참여자임을 인식시킨다.

독자는 고인을 언급할 때 '사랑하는 이'라는 단어를 사용하지 않도록 주의해야 한다. 현실에서 죽은 사람은 사랑받을 수 없는 것이다. 고인은 학대자, 알코올중독자, 정신질환자 또는 정서적으로 소원했던 사람일 수도 있을 것이다. 아동의 경험은 불행했고 또 최소한 양가감정으로 가득 차 있을 수도 있다. 이런 경우 애도 과제는 분노 및 슬픔을 인정하고, 고인은 다르며 또한 다른 선택을 했다는 것을 인정하고, 앞으로 고인을 어떻게 기억해야 할지를 음미해 보게 한다.

우리는 이 과제를 선택하고 또 의미적 재구조화의 과정으로 그것을 개정한다. 주변 사람들은 삶의 의미를 주기도 한다. 심각한 상실을 겪었을 때, 우리는 마치 삶의 의미와 이유를 상실했다고 느낄 수도 있다. 이것은 복잡한 생각인데, 상처받기 쉬운 잠재된 아동을 직면하는 것이다. 그래서 슬픔을 극복시키려는 치료사의 목적은 아동이 고인을 기억/발견하도록 지지하고, 죽음과 연관된 격렬한 감정을 대처하고, 그들의 변화를 이야기하도록 돕고, 고인이 떠났지만 마음은 함께한다는 새로운 이야기를 생각해 보게 한다.

Thomas Attig(2001)는 의미 있는 이런 노력을 다음과 같이 표현한다.

- 우리는 복잡한 세상을 재학습한다.
- 우리는 개인적으로 그리고 집단적으로 슬퍼한다.
- 우리는 사랑의 존재부터 사랑의 결별까지 다면적 이행을 겪는다.
- 우리는 나머지 사랑을 생활에 동원하도록 다시 구성한다.

슬픔에 처한 아동집단

집단작업이 아동, 10대들, 성인에게 일반적으로 좋은 중재이지만, 모든 사람이 집단에서 이득을 얻는 것은 아니다(Mishne, 1983). 일반적인 정신건강 집단을 평정할 때 상식적으로 고려해야 할 사항이 있으며 아동의 슬픔을 다룰 때 간과되어서는 안 된다. 만일 어떤 아동이 외상적 죽음을 경험했거나 목격했다면, 집단작업은 아이들에게 너무 힘든 것이거나 PTSD 증상을 일으킬 수도 있다. 어떤 죽음의 경우, 예를 들어 자살이나 가정폭력인 경우에는 특별한 집단이 만들어져야 한다. 그러나 현실은 대부분 프로그램이 사별

경험을 한 아동을 별도 집단으로 운영하지도 않았고, 그래서 죽음의 유형으로가 아니라 연령/발달 단계로 집단을 나누었다. 사려 깊은 작업으로, 대부분 아동이 '혼재된' 상실 집단에 참여할 수 있다.

슬픔에 처한 아동집단은 일반 집단치료의 원칙과 같이 운영하는데, 가령 집단규칙을 결정할 필요성, 신뢰 및 안전에 대한 이해, 성인 촉진자의 역할 등에 대한 약속이다. 그러나 슬픈 아동 집단의 경우, 몇 가지 결정적 원칙에서 다른 점이 있다.

- 아동은 어떤 시간에 참여하기를 거부하고 빠질 수 있다. 이들은 너무 부끄러워하는 아동, 상실의 느낌이나 세부적인 것을 토론하길 거부하거나 할 수 없는 아동들이다. 대부분 '아동들이 그것에 대해 말하길 원치 않기 때문에' 집단에 무리하게 데려가기도 한다. 여기서 원칙은 자신과 같은 경험을 하지 않은 다른 아동이 자신의 이야기를 듣게 하는 것이 도움이 될 것이라는 사실이다. 촉진자는 '이것은 항상 지나가는 것임'을 강조하려고 노력하고 또 비언어적 단서와 미술작품을 특별히 신경 쓴다.
- 언어에 특별한 주의를 해야 한다. 사람은 '죽는다(dead)' 또는 사람이 '죽었다(died)'라고 한다. '가 버리다(pass away)' 또는 '건너다(pass over)' 또는 '떠나다(leave)' 또는 '갇혔다(be taken)'라고 하지 않는다. 죽음은 '잠이 든 상태'와 다르다. 아동이 이런 용어들을 사용할 수도 있지만, 촉진자는 그렇게 하지 말고, 죽음을 솔직히 토론하도록 모델이 되어야 한다.
- 촉진자 자신이 만일 중요한 상실을 겪었다면, 감정을 반영하고 정상화시키는 한 방법으로 아동과 공유하도록 격려한다. "나의 누나가 죽었을 때, 나는 다른 누군가도 또 죽을 것이라는 공포를 느꼈어요. 누구도 그런 식으로 느끼겠죠?"
- 비록 규칙이 잘 설정되면 집단에서 좋은 사회적 기술을 증대시키겠지만(즉 차례 기다리기, 존경하기 등), 집단과정에서 대인관계문제를 해결하려고 특별히 사용하지는 않는다.

슬픈 집단의 목적은 단순하다. 정서적 고립을 낮추고, 대처기술을 강화하고, 고인에 대한 회상 및 감정의 표현 그리고 정상화를 촉진하는 것이다.

슬픔에 처한 아동집단에서 미술 중재 활용

이 부분은 미술치료 분야에 혁혁한 공을 세운 Margaret Naumburg와 Shirley Riley의 글귀를 인용하면서 기술하려 한다.

> 미술치료사는 환자의 상징적 미술표현을 해석해서는 안 된다. 하지만 내담자가 자신의 미술작품의 의미를 스스로 깨닫도록 격려해야 한다(Naumburg, 1966: 2).

> 미술치료사가 치료를 하는 방식은 첫째로 치료사의 태도와 확신에 달려 있고, 둘째로 회기 중에 시각적 작품 및 대화에 영향을 미친다는 것이 분명하다…… 만일 치료사가 제시된 해결책으로 집단을 이끌거나 또는 자신이 치료목표를 설정한다는 개념을 포기한다면, 미술표현과 의미는 치료의 방향을 찾아갈 것이다(Riley, 1990: 7).

만일 우리가 치료과정에서 나온 이미지를 감정 및 신념이 외현화된 것으로 간주한다면, 이런 방법을 사별한 아동의 중재기법으로 사용할 수 있다. 심지어 만일 이미지가 고통스러운 내용을 담고 있다면, 미술은 아동에게 노출을 제한하고 통제하도록 해 주며, 이것은 불안을 낮추고 아동이 통제를 좀 더 잘하게끔 도와줄 것이다. 이러한 질적인 안전성과 적절성은 미술표현에 내재되어 있다(Riley, 2001). 미술치료 고유의 자기탐색과 자기지시는 상담가에게 지나치게 의존하고 있는 내담자를 자유롭게 해 줄 것이다(Naumburg, 1966). 이것은 내담자를 전문가의 위치로 변경시키며 또 사별한 경험을 치유해 줄 것이다. 아동은 학생-교사 모델에 비추어 치료사가 무엇을 해야 하는지 지시해 주기를 기대하고 치료실에 온다. 아동은 과제에 대한 구체적 지시를 기대하기도 하고 "네가 원하는 방식으로 할 수 있어."라는 대답을 힘들어한다. 이것은 보통 그들에게는 새로운 경험이지만 궁극적으로 자신의 목소리를 언어적 및 시각적으로 신뢰하기 시작하고 미술과제를 열심히 수행하려고 한다.

아동의 그림은 변화와 항상성에 주목하면서 회기를 진행해 나간다(Malchiodi, 1998). 치료관계를 맺는 것은 시간을 필요로 하기 때문에, 미술의 내용에 대한 결론 또는 의미를 바로 내리는 것은 위험하고, 또 단기 집단치료 모델은 특정 아동으로부터 많은 자료를 수집하는 데 적합하지 못하다. 그림을 해석하려는 소망은 강하지만 피해야 한다. 각자는 자신에게 특별한 은유와 상징을 갖고 있고 또 작품에서 의미를 찾으려고 할 때 잠재적인 위험과 잘못된 서비스를 제공할 우려가 있다. 아동 자신은 상징에 대한 자신의 이미지와 선택에 전문가다. 아동은 치료사 및 집단과 그들의 작업을 공유하지만, 이것은 자신의 이야기다.

미술 지시의 역할

사별 경험을 한 집단을 위해 미술 및 놀이치료적 지시나 활동을 다룬 책들이 많이 출간되어 있다. 이런 선택과 조직화는 촉진자의 방향성과 성격에 영향을 받게 된다. 어린 아동의 경우에 다음 목표를 따르는 것이 좋은데, 도입, 감정 탐색, 변화된 것, 기억작업, 종결 순이다. 시간 제한적 집단의 경우에, 목표에 심도 있는 감정 탐색을 포함시키지 말아야 한다. 이런 것은 시간과 장소에 여유가 있는 개인치료에서 다룬다.

다음은 청소년 집단에 사용되는 지시의 예다. [그림 29-1] 및 [그림 29-2]는 '네가 어디에 있는가?' 라는 지시에 따라 만든 콜라주다. 이런 지시는 구성원끼리 소개를 마치고

[그림 29-1] '네가 어디에 있는가?' 콜라주(가족 자살)

[그림 29-2] '네가 어디에 있는가?' 콜라주(형제의 죽음)

기본적인 상실 내용을 공유한 다음에, 두 번째 회기에서 10대 집단에게 지시를 내린다. [그림 29-1]에서 내담자는 중요한 사람의 상실(이 경우는 엄마) 후에 여러 감정 층을 나타내는 전형적인 콜라주다. [그림 29-2]는 다른 10대 내담자가 형제가 자살한 다음에 자신의 내부 감정 상태를 표현한 것이다. 감정 공유를 원하는 누구나 작품을 완성한 다음에, 구성원들은 자신들에게 가장 많은 의미를 갖는 상징이나 단어(첫 콜라주에 대해)를 선택하라는 지시를 받고, 다음에 그것을 기초로 다른 이미지를 만들게 한다. 이런 방식으로 미술이 정적인 작품이 아니라 치료과정의 역동적 힘이 된다.

[그림 29-3]은 내담자의 노력을 감동적으로 전달하는 '네가 어디에 있는가?'에 대한 이미지다. 변경된 책 기법은 이것의 최초 형태를 다른 형태로 변화시키는 일종의 혼합된 매체 작업기법이다. 즉 아동에게 첫 작품을 자르고, 색칠하고, 풀로 붙이고 또 물건, 콜라주, 사진 등을 첨가해서 변경시켜 보라고 지시한다. 앞서 언급했듯이, 이 내담자의 경우처럼 죽음은 가족체계를 완전히 변경시키는데, 내담자는 엄마와 함께 살았지만 엄마의 죽음으로 보통 방학 때나 휴일에만 만났던 아빠에게로 이사하게 되었다. [그림 29-4]는 내담자 책 작업의 표지다(집단 마지막을 위한 완성). 작품을 모으도록 하는 계획(바인드 또는 변경된 책 기법 등)은 내담자들에게 무엇을 했는지 쉽게 되돌아보게 하고 또

[그림 29-3] '네가 어디에 있는가?' (엄마의 죽음, 변경된 책의 한쪽)

[그림 29-4] 변경된 책의 표지(엄마의 죽음)

영원한 기록을 남기는 것이다.

이 모든 심상을 통해, 아동은 일정하게 긍정적 감정의 심상/단어를 사용했고 또 작업에서 희망을 가졌다. 어떻게 긍정적 감정을 지속하고, 길러 가고, 사랑하는 노력을 하면서 엄청난 상실에 대응할지를 토론하기 시작했다.

슬픔에 처한 아동 집단의 워크북 역할

집단원의 욕구에 부합되는 내용과 지시에 적응하는 동안에, 슬픔과 사별에 대한 여러 가지 구조화된 미술 및 놀이 프로그램이 있다. 프로그램 대부분은 이 장에서 설명했던 것과 비슷한 내용이다. 도입 및 심리교육 회기, 스트레스 감정의 관리, 감정 탐색, 기억 작업 그리고 가족원, 친구, 애완동물 등이 죽고 나서 생긴 변화에 적응하는 것이다. 어떤 이는 강점에 기반한 접근을 하고(Pomeroy & Garcia, 2008), 어떤 이는 미술치료 원리를 임상에 사용하거나(Leeuwenburgh & Goldring, 2008) 또는 외상반응을 다루기 위해 그리기 및 감각활동을 사용한다(Steele, Malchiodi, & Klein, 2003). 미술 및 놀이 외에도, 많은 구조화된 프로그램은 몇몇 독서치료 형태(Malchiodi & Gruenberg, 2008)를 포함하는데, 다양한 등장인물의 경험에 따라 사별 및 죽음에 대한 이야기를 다루는 아동 도서를 이용한다.

집단 촉진자의 역할

구조화된 프로그램을 이용하거나 또는 미술작품 지시를 선택할 때, 집단 촉진자는 '내담자가 자기 엄마에 대해 말하게 하려면 어떤 지시를 사용해야 하는가?'를 고민하지 마라. 같은 맥락으로 고인에 대한 기억을 탐색하도록 격려하는 지시를 내린다면, 치료사는 마음속에 품고 있는 치료목표를 아동에게 질문하지 말아야 한다. 치료사들은 작품을 과대 분석하는 경향이 있다. 치료사는 작업에서 자신이 무엇을 보았는지 자꾸 생각하려고 하고 자신의 해석을 입증하려고 한다(Riley, 2001).

이미지는 아동이 수치스럽게 생각하는, 즉 AIDS 때문에 죽은 것을 그려 낼 때 그림을 더욱 부각시킨다. 이미지는 핵심을 토의하거나 주목하는 필수 유인책이 아니라는 인식이 중요하다. 그림표현은 죽음이란 현실을 대면하는 첫 단계가 될 것이고, 아동이 그것에 대한 토론을 주도하게 해야 한다. 이미지화는 집단원들이 앞으로 닥칠 경험을 부각시키는 참조가 되므로 슬픔을 다룰 때 매우 중요하다. 촉진자는 경험 및 표현의 공통성에 주목하고 집단원에게 공통점을 지적해 주려는 노력을 해야 한다. 이 작업은 고립감을 감소시킨다. 예를 들어 구성원 일부가 어떻게 가족이 약물과용 또는 음주운전으로 사망했는지를 반영하는 미술작업을 해 본 다음에, 치료사는 "가끔 사람들은 약물이나 술 때문에 사망하기도 하고, 다른 사람이 무엇을 생각하는지 잘 모르기 때문에 말하기도 어렵고, 누구도 그런 물질을 가져서는 안 된다."라는 현실적인 언급을 하게 된다.

결 론

슬픔에 처한 아동의 상담은 도전과 변화가 같이 있다. 따라서 잘 해결하기 위해서 치료사는 아동의 자세와 반응을 항상 주시해야만 한다. 어떤 집단이든, 지도자의 성격이나 신념이 집단치료 진행방법에 영향을 미친다. 집단에서 성공적인 경험의 확률을 극대화하기 위해서, 촉진자는 개방적이고, 인내하며, 이해하는 자세를 지켜야 한다. 죽음의 경험은 전적으로 개인적이고 성인들도 스스로 잘 극복하지 못한다. 슬픔 집단은 정서적인 지뢰밭이고 인정과 정상화를 위한 노력을 치료사에게만 맡겨서도 안 된다. 아동은 놀라운 것을 말할 수 있고, 죽음에 대한 섬뜩한 목격으로 당혹해하기도 하며, 간혹 무정한 것처럼 보이기도 한다. 이런 것이 하루에 모두 나타나기도 하는데, 슬픔을 다루는 치료사(흔히 외상치료를 잘하는)는 정기적으로 사례지도를 받아서, 개인의 균형과 건강을 유지해야 한다.

Part 06
미술에 기초한 평가

마지막 부분에서는 치료사들이 일반적으로 사용하는 미술에 기초한 평가를 소개한다. 많은 독자들은 H-T-P 및 D-A-P를 평가에 사용했을 것이지만, 미술치료 영역의 연구자는 몇 가지 미술에 기초한 둔 평가를 개발해 왔고 표준화한다. 30장은 네 가지 평가를 소개하고 또 평가에 활용되는 미술표현 연구를 위해 부각되는 방향을 토론하고자 한다. 31장은 미술에 기초한 평가가 우리에게 말해 주는 것과 말해 주지 못하는 측면에 대해 살펴보고, 미술활용 평가 전문가들이 스스로 질문해야 하는 것을 돕는 궁금한 사항과 주의점을 강조한다. 미술평가에 대한 윤리적 사용에 관한 더 많은 정보는 4장에 수록되어 있다.

마지막으로 6부에서 설명한 평가를 사용하기 위해 추가적인 훈련이 필요하다. 이 책의 분량에 제한이 있어 각 평가의 간략한 기술이 예와 함께 또 향후 연구를 위한 추가 문헌을 수록하였다.

CHAPTER 30

미술에 기초한 평가의 개관

미술치료사 및 다른 영역 전문가들은 미술에 기초한 평가를 다양한 방식으로 활용한다. 첫째, 성격을 평가하기 위해서 사용한다. 투사적 그림검사가 가장 많이 사용된다. 성격평가학회(2006)는 투사적 그림검사를 '수행에 기반을 둔 성격검사'로 명명하였고 또 H-T-P(Buck, 1949), DAP(Machover, 1949; Koppitz, 1968; Naglieri, 1992), KFD(Burns & Kaufman, 1972), 기타 검사(Brooke, 2004; Malchiodi, 1998)를 포함시켰다. 비록 그림이 아동 및 성인 치료에 평가 및 임상 도구로 활용되었지만, '투사적 가설'이란 정서장애, 상이한 진단, 심리상태에 대한 단일 문항 연관성을 거의 지지받지 못하고 지난 50년 동안 반복적으로 비판받아 왔다(Kaplan, 2000; Malchiodi, 1998). 신뢰할 수 있고 타당한 평가를 산출하는 능력에 대한 의심에도 불구하고(Lillenfield, Wood, & Garb, 2000), 미술치료사는 이것을 계속 사용하고 또 전통 및 미술표현을 평가하기 위한 새로운 방법에 심취해 왔다.

평가를 위해 미술에 기초한 지시도 있지만, 이것은 임상 면접에서 사용한다. 이런 유형의 지시가 재료 및 절차로 표준화되어 있지만, 평정자 간 일치도, 일반적 신뢰성, 대규모 집단에 대한 타당도 등이 연구되지 않았다. 예를 들어 'Kramer 평가'라고 일반적으로 불리는 것(Kramer & Schehr, 1983), 즉 아동에게 그리기, 색칠하기, 점토 조각을 시키는 절차는 어린 내담자가 세 가지 다른 매체에 어떻게 반응하는지를 아는 방법이다.

Malchiodi가 설명한 가족미술평가(28장)는 가족 역동과 기타 문제를 평가하기 위한 일련의 지시적 절차다. 자료의 부족에도 불구하고, 미술치료사는 이런 방법을 사용하거나 또는 부가적인 정보를 얻고 성인, 아동, 가족 등과 대화를 촉진하기 위해서 이런 방법을 수정하여 사용한다.

마지막으로 그림에서 발견되는 형식적 요소 및 그림 특성을 측정하기 위해 미술에 기초한 평정척도도 있다. 이런 도구들은 미술치료사의 지속적인 관심의 결과 또 미술표현에 담겨 있는 구조 및 기타 변인을 평가하기 위해 투사적 그림검사의 한계를 개선하려는 시도로 발전되었다(Malchiodi, 1998, 2005). 이 장의 마지막에 미술치료에서 가장 많이 쓰이는 평정척도를 소개하고, 다음에 대두되는 경향을 간략히 다루었다. 미술평가를 어떻게 적용하는지에 대한 추가적인 훈련이나 정보는 다음 연구에서 제공될 것이다.

진단적 그림 시리즈

1980년대 초 미술치료과정에서 진단적 그림 시리즈(Diagnostic Drawing Series: DDS)가 만들어졌는데, 과연 그림의 형식적 요소가 구체적인 정신질환 진단과 상관이 있는가를 알아보는 것이 목적이었다(Brooke, 2004; Cohen, Mills, & Kijak, 1994). 평가라는 이름은 평가를 실시하는 것이 진단을 알아낸다는 의미로 사용한 것은 아니다. 이 도구의 목적은 만일 특징적인 그림 형태가 현존하는 진단과 부합되는지를 알아보는 것이다. DDS의 전제는 형태주의 미술치료사인 Janie Rhyne의 '내용으로서 형태' 라는 연구에 기초한 것인데, Rhyne는 대화 없이 미술의 의미를 찾아내기 위해 구조적 또는 형식적 요소(추상적 선이나 형태)를 체계적으로 연구한 사람이다(Rhyne, 1979).

DDS 평정체계는 20개 유목을 형식적 시각 표현요소로 분류한 것이다. 진단유목에 따라, 요소들, 즉 선과 형태, 선 압력, 요소의 배치, 공간활용, 통합 또는 통합의 부재, 기타 특성으로 분류해서 진단적 차이를 보려고 한다. 요약하면, DDS에서 나타난 어떤 모양이 우울이나 정신분열증(Cohen, Hammer, & Singer, 1988), 알츠하이머병(Knapp, 1994), 기타 진단에서 발견된 증상과 상관이 있는가를 보기 위한 것이다.

DDS는 책상 위에서 실시할 수 있으며, 열두 가지 소프트 파스텔과 평면 종이를 제시한다. 파스텔 한 박스를 제시하는 이유는 여러 장의 DDS를 그리기 위한 것이다. 종이 크기는 45cm×60cm 정도로 하고, 책상은 표면이 조금 거칠게 되어 있는 것이 좋다. 다음과 같이 지시하면서 세 가지 그림을 완성하게 한다.

- "이 재료(종이와 파스텔)를 이용하여 어떤 그림을 그려 보세요." (비구조화된 과제)
- "나무 그림을 그려 보세요." (구조화된 과제)
- "당신의 감정을 선, 형태, 색깔로 그려 보세요." (부분적으로 구조화된 과제)

만일 내담자가 세 가지 그림 중 그리지 못하거나 완성하지 못할 때, 빈 종이 또는 미완성 그림도 검사 시리즈로 의미가 있다. 그림을 마치거나 중요한 정보를 얻기 위하여, 그림에 대한 내담자의 생각이나 연상에 대하여 대화를 나누어야 한다. DDS는 50분 내에 실시하여야 한다. 그러나 대부분 내담자들은 20분 정도면 마친다. 검사 가능 연령은 13세 이상이면 된다(Gulbro-Leavitt & Schimmel, 1991; Neale, 1994; Woodward, 1998). 많은 연구자들은 어린 아동에게 DDS를 수정한 다양한 방식을 적용하고 있다. 하지만 성인에 비해 정보는 부족한 편이다. 평정자 간 신뢰도는 도구로서 적합하지만(Brooke, 2004), 타당도 수준은 연구되지 않았다. 약간의 연구가 소규모로 네 가지 진단유목을 대상으로 진행되었는데, 타당도를 위해서 더 많은 연구가 필요한 실정이다(Kaplan, 2010). DDS 평정지침은 그림평가의 기준으로 제공되는데(Cohen, 1994), 전 세계의 DDS 발간물들은 연구자를 위해 워싱턴 DC 인근 사무실에 있다.

Silver 그림검사 및 이야기 그리기

Silver 그림검사(Silver Drawing Test: SDT)는 1983년에 출간되었고, 후에 1990년과 1996년에 개정되었다(Silver, 1990, 2001, 2002, 2007). SDT의 목적은 개인의 언어 결함이 개인의 지능을 왜곡시킴으로써 언어 없이 인지적 기술과 정서적 강점을 평가하려는 것이고 또 자아 및 타인에 대한 지각을 알아보려는 것이다.

SDT는 5세 이상 누구나 개인으로 또는 집단으로 진행할 수 있다. 세 가지 그림을 그리게 하는데, 즉 예상해서 그리기, 관찰해서 그리기, 상상해서 그리기가 있다. 처음 두 하위검사는 구조화된 것이고 내담자에게 미리 그려진 어떤 그림에 추가하여, 몇 가지 대상을 표준화된 순서로 그리게 한다. 예상해서 그리기는 순서화 능력과 보존 능력, 즉 외형이 변화해도 일정하게 인식할 수 있는 능력을 보려는 것이다. 관찰해서 그리기는 높이, 너비, 깊이 등의 입체적 관계를 평가한다.

세 번째 그림인 상상해서 그리기는 적어도 두 자극 카드를 선택해서(동물, 사람, 물건, 환경; [그림 30-1]), 이들 심상이 그림으로서 상호작용하도록 나타내 보게 한다. 이것은 내담자를 격려하여 가능한 이야기로 심상을 선택하고, 결합하고, 창의적으로 나타내도록 한다. 다음에 내담자가 제목을 붙이고 이야기를 만든다. SDT 모든 하위검사는 정서적, 인지적, 창의적으로 정보를 끌어내어 평정해 보려는 것이다.

[그림 30-1] 자극 그리기 심상들

이야기 그리기(Draw a Story: DAS)는 '자극 그리기' 세트를 활용하여 문제를 해결하고 개념을 표현하는 반응을 촉발시키려는 것이다. 이런 자극 그리기는 사람, 동물, 장소, 물건에 대한 선 그림으로 구성된다. 어떤 것은 외현적이지만, 어떤 것은 연상해 내기가 모

[그림 30-2] 완성된 DAS 과제의 예

호하다([그림 30-2]). 그리기 과제에 대한 반응은 정서적 내용, 자아상, 유머를 1점에서 5점까지 척도로 평정한다. DAS는 우울, 폭행, 기타 문제를 지닌 아동과 청소년을 평가하는 데 사용된다.

'나무에서 사과를 따는 사람 그리기'와 기본 형식적 미술치료 척도

평가체계는 기본 형식적 미술치료척도(The Formal Elements Art Therapy Scale: FEATS)라 부르는데, 보편적이고 형식적인 14개 척도로 되어 있다. 내용척도는 특정 색채, 그려진 사람의 성별, 사람, 사과, 나무 외의 추가항목을 위한 척도다(Gantt, 2001; Gantt & Tabone, 1998). 원래는 '나무에서 사과를 따는 사람 그리기(Draw a person picking an apple from a tree: PPAT)'를 사용해서 진단 정보를 알아내려고 FEATS가 개발되었다. 이 그림은 Lowenfeld가 아동 그림을 연구하면서 채택한 그림이다(Lowenfeld, 1939, 1947). 단순히 "나무에서 사과를 따는 사람을 그리시오."라고 지시한다. 그리는 내용을 일정하게 함으로써 인구 특성에 따른 영향과 그리는 방식에 대한 심리학적 특징을 연구할 수 있다.

FEATS와 PPAT는 아동 및 성인 표본집단에 사용할 수 있다. 그림을 그리기 위한 준비물은 'Mr. Sketch' 워터컬러 마커(12색으로 구성된 수성 마크펜)와 가로 30cm×세로 46cm 정도 되는 흰색 종이이며, 색깔은 열두 가지 색, 즉 검정(black), 갈색(brown), 노랑(yellow), 오렌지(orange), 빨강(red), 보라(purple), 심홍색(magenta), 진분홍(hot pink), 청록(turquoise), 청색(blue), 초록(green), 심녹색(dark green) 등이다. 피검자에게 종이를 주고, 종이 방향을 마음대로 결정하게 한다. 그리고 간단히 "나무에서 사과를 따는 사람을 그리세요"([그림 30-3])라고 말한다. 만일 사람이 남자인지 여자인지를 묻는다면, '사람' 이란 단어만 강조하며 같은 말을 단순 반복한다(Gantt & Tabone, 1998: 13). 그림 그리는 데 시간 제한은 없다.

몇몇 연구에서(Gantt, 1990; Williams, Agell, Gantt, & Goodman, 1996), 우리는 척도 대부분이 우수한 평정자 간 신뢰도를 보였음을 밝혔고, 일반적으로 .88 이상이었고, 다른 연구(Lusebrink, 2010)는 혼란스런 결과를 보였다. 연구자들은 대규모 표집으로 최초 타당도 연구(Gantt, 1990)를 반복할 계획을 했으며, 또 별개의 임상 조건에서 연구들 간의 상관을 확인하는 타당도 연구가 필요하다. 요약하면, FEATS는 기질적 정신증상, 우울증, 양극성 장애, 망상형 정신분열증(Gantt & Tabone, 1998), 물질남용(Rockwell & Dunham,

[그림 30-3] '나무에서 사과를 따는 사람' 의 그림 예

2006), 주의력 결핍 및 과잉행동장애(Munley, 2002) 등의 집단과 통제집단 간에 시각표현에 차이가 있음을 밝혔다.

Levick의 정서적 및 인지적 미술치료 평가

Levick의 정서적 및 인지적 미술치료 평가(Levick Emotional and Cognitive Art Therapy Assessment: LECATA)는 일련의 그림 과제이고 3~11세 아동에게 대부분 적용된다. Levick에 따르면, 그녀는 Miami-Dade 지역 교육청에서 미술치료사들의 도움으로 1986년에 고안하였다(Levick, 2009). 이것은 Anna Freud의 자아방어이론, Piaget의 인지발달이론, 일반적인 아동미술발달이론(Feder & Feder, 1998; Levick, 2009)에 토대를 두고 있다.

LECATA는 다음 다섯 가지 그림 과제를 실시한다.

- 자유그림 과제 및 완성된 심상에 대한 이야기
- 자신에 대한 그림
- 한 가지 색으로 난화를 그리고, 난화를 기초로 그림을 완성
- 아동이 있고 싶어 하는 장소(3~5세 경우) 및 자신에게 중요한 장소(6~11세 경우)를 그림
- 가족을 그림

Levick은 각 과제에 대해 인지적·정서적 측면을 평가하는 체크리스트를 개발하였다([그림 30-4]). 다섯 개 그림에 대한 점수는 아동의 신체연령을 기준으로 비교하고 평균을 냈다. 2009년에 330명의 학생을 표본집단으로 했고, 일부 타당도를 입증했다. 그 결과 Levick은 많은 아동에게 '정상'인 것이 최근에 변화되었음을 발견했다. 그 이유는 가족의 특성이 변하고 또 전자매체의 영향 때문이라고 했다.

[그림 30-4] LECATA 절차에 따른 자유그림 과제의 예

미술에 기초한 평가에서 부각되는 경향

미술평가의 발달과 연구에서 대두되는 경향은 다음과 같다.

발달 특성

최근 미술에 기초한 대부분의 평가는 전반적인 평가 또는 척도체계의 부분으로 발달 요인을 고려한다. 특히 그리기 같은 미술표현에서 정상적인 발달 특성이 잘 연구되었기 때문에 아동평가에 매우 중요하다(9장). 투사적 그림검사와 관련해서, 많은 사람이 발달 요인을 포함하고 또는 발달의 연령과 단계에 따라 정상 반응을 평가한다. 예를 들어 Koppitz(1968)의 인물 그림검사는 아동기 정서적 장애 가능성을 결정하기 위해서 대부분 발달 요인의 평가에 기초한다.

Malchiodi(2009, 2011)는 아동 인물그림검사를 비교하는 몇 가지 연구를 수행하였는데, 즉 표준화된 검사로 심각한 외상 및 PTSD 장애로 진단된 집단과 그런 경험이 없는 집단과 비교하였다. 요약하면, 이 연구는 발달 특성이 두 집단 간의 인물그림검사의 핵심임을 강조하고 있다.

시각정보처리

Lusebrink(2010)는 미술표현, 대뇌, 정신질환과 연관된 대뇌의 변화 간의 연관성을 이론화하였다. 근본적으로 심상 형성은 감각운동기부터 정서 및 인지적 영역까지 여러 대뇌 부위를 자극한다. 특정한 정서장애를 가진 경우에, 개인차나 장애유형에 따라 대뇌 일부분이 다른 부분보다 더 많이 자극된다.

진단을 내리거나 또는 개인 특질을 확인하기 위해 평정척도를 활용하는 것과 반대로, 표현치료 연속성(expressive therapies continuum: ETC; 10장) 같은 모델이 미술치료를 이해하는 데 적용될 수 있다. ETC는 세 가지 수준, 즉 운동/감각, 지각/정서, 인지/상징을 포함하고, 대뇌의 위계 구조와 병렬적인데, 다른 말로 시각적 표현은 감각정보에서 정서적 입력으로, 실행기능으로 이동되는 것이다(Fuster, 2004). Lusebrink는 미술에 기초한 이런 평가는 다양한 표현 수준 중의 한곳이 우세하게 작용한 결과라고 했으며, 이 정보는 개인치료에서 매체의 선택 또는 미술적 중재방법에 단서를 제공한다고 했다.

디지털화된 평가

미술에 기초한 평가영역의 연구는 표준화된 과제에서 얻어진 미술표현을 체계적으로 분석하는 디지털 기법을 사용하기 시작하였다. 그림에 대한 컴퓨터 분석이 미술표현에 대한 평가를 보조할 것이고 이 영역에 대해 상당한 연구와 수행이 이루어졌다(Kim, 2008; Kim, Kim, Lee, Lee, & Yoo, 2006a; Kim, Ryu, Hwang, & Kim, 2006b; Kim, Kang, & Kim, 2008a; Kim, Kim, & Kim, 2008b; Kim, Betts, Kim, & Kang, 2009). Mattson(2010)은 이것이 인간평가를 완전히 대치하지는 못하지만, 비미술 평가도구의 컴퓨터화된 평가는 사용의 편리성, 채점시간 절약, 인간의 주관적 오류 감소, 향상된 통계수치 등에 이점을 제공할 수 있음을 관찰했다. 반대로 컴퓨터는 그림 그리는 동안 나타나는 목소리 변화, 신체언어, 감각반응을 기록하거나 평가하지는 못할 것이다. 이런 제한에도 불구하고, 많은 미술치료사들은 내담자의 미술표현의 일부 측면을 평가하기 위해서 컴퓨터 기술 사용을 세련화하는 데 관심이 있다.

미술과 은유

기술의 정반대편에 있는 스펙트럼이 미술과 은유의 본성이다. 특히 미술치료사는 치료에 사용되는 지시와 미술에 기초한 평가에 은유를 적용하는 데 지속적으로 관심을 갖고 있으며, 어떻게 특정 지시가 상징적 표현을 촉진하는지도 관심사다. "새의 둥지를 그리세요." 또는 "빗속에 사람을 그리세요."와 같은 평가는 은유적 주제를 대표하는 두 가지 예인데, 예를 들어 새의 둥지 그림은 일차적 보호자와 관계 및 애착을 나타낼 수 있을 것이다(Francis, Kaiser, & Deaver, 2003). 요약하면, 이런 미술치료 요인이 내용분석을 어렵게 하지만, 수반되는 대화가 평가의 더 중요한 부분이 될 것이고, 잘 선택한 은유는 내담자-치료사 대화를 촉진하고 내담자의 관점, 욕구, 변화목표 등을 이해하는 데 도움을 준다(Riley & Malchiodi, 2004; Malchiodi, 2011).

결 론

이 장에서 설명한 미술에 기초한 평가에 대해 더 많은 정보를 얻으려면 참고문헌 목록을 참조하기 바란다. 일반적으로 미술에 기초한 평가는 더 정확한 점수체계와 절차를 개발하려면 아직 먼 길을 가야 한다. 그러나 현재 많은 도구는 어느 정도 정서적 · 인지적 문제를 찾아낼 수 있게 한다. 요약하면, 미술평가에 대한 치료사의 영원한 흥미와 함께 평가방법에서 부각되는 경향은 도전과 한계에 대응하는 것이고, 내담자의 미술표현을 이해하는 것과 통계적 중요성을 함께 증지시켜야 한다.

CHAPTER 31

그림이 말해 주는 것과 말해 주지 못하는 것

대부분의 미술치료사들은 다음과 같은 경험을 했을 것이다. 친지, 학생, 전문 상담가들이 그림을 하나 보여 주며, "이 그림은 몇 살쯤 되는 사람(여자 혹은 남자)이 그린 것입니다. 무슨 뜻인지 해석을 부탁합니다."라는 질문을 한다. 그러면 미술치료사는 보통 "미안합니다, 그렇게 할 수가 없군요. 이 그림이 그려진 상황을 알 필요가 있습니다. 그림을 그린 사람의 성장배경에 관한 정보도 필요하고, 무엇보다도 그림에서 상이한 심상이 내담자에게 어떤 의미가 있는지를 직접 들어볼 필요가 있습니다." 그림을 제시한 사람은 멋쩍어하면서 약간 당황한 기색도 보일 것이다.

미술치료사가 어떤 사람의 단편적인 그림을 보고 아무런 평가도 할 수 없다는 말인가? 미술치료사는 치료계획을 세울 때 미술에 기초한 평가를 활용할 수 없는가? 그림을 이런 저런 방향으로 평가한 설명책자들이 모두 틀렸다는 말인가? 이런 모든 질문에 대한 대답은 각각 '아니요' '예' '아니요' 다. 그러나 저자가 이런 대답을 한다면, 이 책이 독자들의 실력을 쌓는 데 도움이 안 될 것이다. 오히려 예 혹은 아니요는 "당신은 남편을 때리는 것을 멈춰 본 적이 있나요?"라는 질문에 답하게 할 때 적당하다. 구체적 정보 없이(예 혹은 아니요) 반응하게 되면 잘못 해석하게 만들 소지가 있다. 이 장의 목적은 그림을 보고 말할 수 있는 내용과 말할 수 없는 내용을 적절하게 탐색해 보고, 미술치료사가 미술작품을 평가할 때 유념해야 할 것을 논의해 보려고 한다.

그림이 말해 주지 못하는 것

투사적 그림에 관한 부정적 증거

투사적 그림검사에 관한 타당도 문제를 논의하면서, 많은 심리학자와 연구 지향적인 미술치료사들은 이런 기법의 사용을 꺼려 한다. 예를 들어 심리학자인 Stuart Vyse(1997)는 투사적 그림기법은 타당도가 없다고 공표하였다. 비슷하게, 미술치료사이면서 연구자인 Linda Gantt는 "모든 투사적 그림은 각 그림 구성이 성격 특성을 어느 정도 나타낸다는 기본 가정을 재검증해야 한다."라고 당부하였다(Williams, Agell, Gantt, & Goodman, 1996).

사람 그리기(Draw-A-Person)는 지속적인 관심으로 가장 많이 연구된 주제다. Gantt가 지적했듯이, 그림에 근거한 투사기법적 해석은 가장 빈약한 해석이 된다. Sophia Kahill(1984)은 Swensen(1957, 1984)이 행한 관련 연구를 조사하면서, 경험적 지지를 거의 받지 못한 사람 그림에 대해서 중요한 의미를 부여하였다. 여기에는 처음 그린 사람의 위치, 자세, 관점, 지운 자국, 생략, 왜곡, 투명, 눈썹, 귀, 머리, 성기 표현 그리고 성 등을 포함하고 있다. 이에 더하여, Kahill은 다른 그림과 연관시킨 연구에서 단일 연구의 단점 혹은 불일치된 결과들을 보여 주곤 하였다. 실제로 그녀는 단지 한 가지 해석적 가정—색채의 정서적 영향—만이 확실한 지지를 받고 있음을 밝혔다.

더욱 최근 연구와 문헌들은 Kahill의 발견을 지지하고 있다(Groth-Marnat, 1997; Joiner, Schmidt, & Barnett, 1996; Madigan, Ladd, & Goldberg, 2003; Motta, Little, & Tobin, 1993; Smith & Dumont, 1995). 더구나 DAP처럼 많이 연구되지 않았지만, HTP(House-Tree-Person) 그림은 연구논문에서 자주 언급되지 못하였다. 예를 들면, 미술치료사인 Anita Rankin(1994)은 심리학 연구를 검토하고, 나무 그림에서 외상지표라 할 수 있는 타당한 근거를 찾는 소규모 연구를 진행하였다. 비록 상처(긁힌 자국, 부러진 가지, 잎이 없음)와 과거 외상 간의 연관성에 대한 몇 가지 증거를 발견하였지만, 한두 개의 옹이 표시가 외상 사건의 경험을 의미한다는 전통적인 해석은 옳지 않다고 하였다. 외상 사건의 시점도 나무의 옹이 위치로부터 추정할 수 있다는 생각도 지지하지 않았다.

투사적 그림의 놀라운 대중성

수많은 부정적 증거에도 불구하고, DAP와 HTP 그리고 유사한 투사적 그림기법은 임상가들이 선호하는 방법으로 사용된다(Groth-Marnat, 1997; Motta et al., 1993). 몇몇 연구자들은 이러한 당혹스런 사실에 대해 설명하기를, 예를 들어 Loren Chapman과 Jean Chapman(1971)은 '착시적인 상관(illusory correlation)'이 그 원인이라고 지적하였다. 이들 부부가 수행한 연구에 의하면, 착시적 상관이란 "두 가지 사건이 실제 발생빈도보다도 더 자주 일어나는 것으로 보는 경향"이라고 하였다. 매우 뛰어난 연구설계에서도 이런 현상이 생겨남을 보여 주었다. 그들 연구 중에 한 논문을 보면, DAP에 익숙하지 않은 대학생에게 그림을 그린 사람의 적응문제를 거론하면서 해당 그림을 보여 주었다. 다음에 학생들에게 그림을 살펴보고 제시된 문제점과 연관된 부분을 찾아보도록 하였다. 그림과 부착된 설명 간의 실제적 연관성이 없음에도 불구하고, 대부분 학생들은 관계가 있는 것으로 지각하였다. 더구나 학생들이 본 것의 연관성(예, 머리가 큰 것은 지능과 연관이 있음 등)은 치료사들이 임상 장면에서 경험한 것과 비슷하게 나타났다.

훈련받지 않은 학생뿐 아니라 경험이 많은 진단 전문가들의 이런 혼란스러운 평가는 그들이 기대하는 것을 지지하려는 경향이 있음을 반영한 것이다(Smith & Dumont, 1995). 36명으로 구성된 전문 치료사와 초보 치료사 집단에게 내담자들이 그린 남자 그림을 보여 주고 주석을 달도록 했다. 참여자 중에 절반 이상은 DAP에 주석을 달면서, 전혀 다른 사람이 그린 그림임을 알아차리지 못했다. 이 결과는 숙련가나 비숙련가나 그림에 대해 비슷한 설명을 내리고, 또한 사례에 대한 이해 정도에 따라 해석이 달라진다는 것이다. 예를 들어 초보자는 "눈이 마치 망상가인 것 같아요."라고 말하고, 전문가는 "눈이 좀 이상하고 지나치게 강조되어 있는데, 내 생각엔 아마…… 어떤 망상적 의심이 있는 것 같아요."라고 말한다(Smith & Dumont, 1995: 301).

마지막으로, Zev William Wanderer(1997)도 DAP를 연구하면서, 투사적 그림기법이 계속 인기를 얻고 있으며, 왜 임상가들이 자신의 기대 이상으로 판단하는 것이 어려운지를

[그림 31-1] 28세 남성의 가족그림(일부 선을 진하게 처리함)

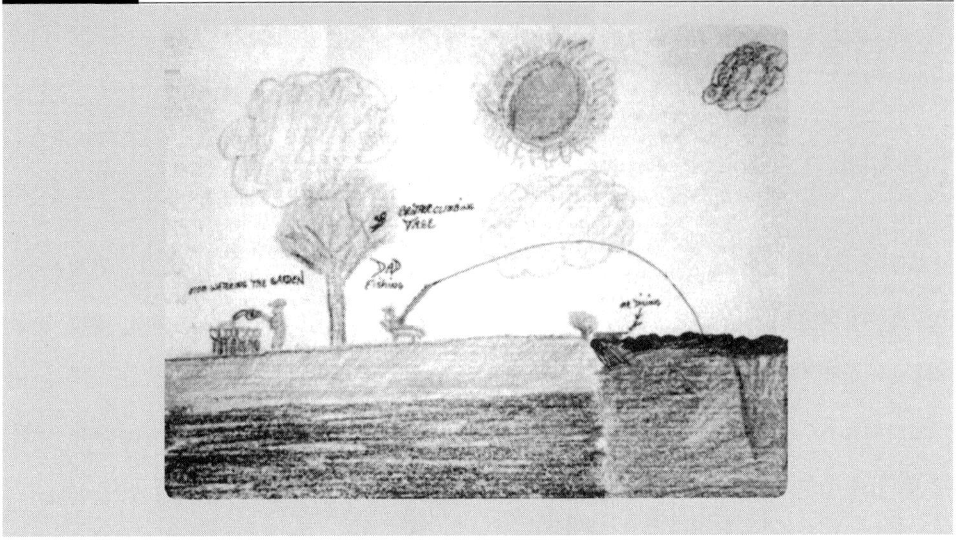

설명하였다. 그는 "간혹 감동적인 그림은 임상가에게 부분 강화 효과를 주기 때문에 잘 잊히지 않고 과잉일반화시키게 된다."(p. 313)라고 추측한다. 후회스럽게도, 나는 오랫동안 학생들을 가르칠 때 감동적인, 그래서 예외적인 그림을 보여 주면서 확정적인 반응을 하려고 했다([그림 31-1]).

그림이 말해 주는 것

보편적인 평가

이제, 미술작품을 재평가도구로 쓰려면 해석을 내린 책에 대해 공동의 승인이 있어야 한다. 그러나 그 정도 수준에는 미흡하고, 앞서 언급한 것처럼 그나마 장점도 있다. 평가를 해 보려는 시도는 연구자들의 주목적이다. 예를 들어 Smith와 Dumont(1995)는 Swenson(1968)의 발견을 다음과 같이 설명하였다. "그림과 진단기준 간의 여러 가지 연관성을 연구해 온 것 중에, 단지 전반적인 그림(즉 그림을 전체로 그렸는지 혹은 일부 특정 부위만을 그렸는지 평가하는 도식)과 전반적인 비적응 진단 간의 연관성만 일정한 통계적 지지를 받고 있었다."(p. 299)

Smith와 Dumont도 그림평가의 한계점을 분명히 강조했지만, 다른 측면에서는 전반적인 그림평가의 가능성도 있다. DAP 연구에 대한 신선한 접근을 주장하는 연구자들 가운데(Riethmiller & Handler, 1997; Waehler, 1997), 어떤 연구자는 문제를 가진 사람을 식별해 내는 평가를 구성하거나 발견하려는 노력을 하였다(Madigan et al., 2003; Marsh, Linberg, & Smeltzer, 1991; Munley, 2002; Tharinger & Stark, 1990; Waldman, Silber, Holmstrom, & Karp, 1994). 그 중에 Madigan 등(2003)은 가족그림에서 애착유형의 지표를 알아보려는 연구를 실시했는데, "현재 자료는 보편적 평가와 임상적인 인상은 구체적인 개별 표시보다 치료에 더 유용한 것 같다."(p. 34)라고 결론 내렸다. 마지막으로 보편적 평가로 표준화된 미술에 기초한 평가를 개발하려는 미술치료사들도 있다(Cohen, Mills, & Kijak, 1994; Gantt & Tabone, 1998; Silver, 1996; 30장). 그림에 대한 전반적인 평가가 구체적 그림 요소의 해석보다 더욱 타당하다는 것은 매우 분명하다. 그러나 이것이 의미하는 바를 살펴보자. 첫째, '투사적 가정'은 맞지 않다는 것을 의미한다. 즉 구조화된 심상은 그림을 그린 사람을 나타내고, 또 심상의 부분은 무의식적인 성격 특성을 나타낸다는 두 가지 가정은 신뢰할 수 있는 설명이 되지 못한다. 나무 그림에 관심을 가진 Rankin(1994)은 "나무는 화가가 아닌 한 사람이 그린 나무일 뿐이다. 혹은 그냥 나무다."라고 지적했다. 나아가 Kahill(1984)은 "그림검사가 성격의 감춰진 부분을 드러낸다는 가정과 반대로, 내담자가 그 그림이 무엇을 드러내는지를 어느 정도 알고 있다."(p. 273)라고 하였다.

둘째, 미술활동은 어느 정도 인지와 행동 기능의 한 일면으로 간주할 수 있음을 의미한다. 실제로 심리학자 Howard Knoff(1993)는 "두 가지 특정 이론적 측면—행동 및 인지행동적 관점—을 사용하여 두 가지 방어적인 방법이 있다고 했는데, 여기에 사람그림을 활용할 수 있다."(p. 193)라고 했다. 그는 행동에 관한 정보는 특정 미술과제에 집중(예, 그리기)하는 내담자를 관찰함으로써 얻을 수 있고, 인지적 정보는 작품에 대해 토론하는 중(예, 그림에 대한 사후 질문)에 얻을 수 있다고 했다. Knoff는 이런 논리를 스스로 많이 입증해 보였고, 나아가 미술 그 자체로부터 자료를 모아서 중요한 인지적 · 행동적 정보를 포괄적으로 정리하였다.

다음을 생각해 보자. 우울증을 가진 사람은 적은 에너지, 집중력 부족 그리고 세상에 대한 전반적인 쓸쓸함을 보인다. 반대로, 조증은 높은 에너지, 황홀 감정, 흥분된 행동을 보여 준다. 기타 증상도 고유한 증상을 보이며 괴로움을 받는 당사자의 인지와 행동을 통해서 드러난다. 지금까지 나는 명백한 상태로 드러난 것만 주목했다. 그러나 미술작품은 인지-행동적 활동이기 때문에, 작품이 그 사람의 정신상태를 의미할 수도 있다. 그리고 이것이 바로 미술치료사가 발견하려고 하는 것이다(Gantt & Tabone, 1998; Wadeson, 1980). 우울증 환자는 흔히 세밀하게, 색채도 별로 없이, 정적인 심상을 만들어 내는 반면, 조증 환자는 다양한 색채, 확대된 표현, 과도한 움직임을 그려 내는 경향이 있고, 다른 정신질환도 각각의 특색을 보일 것이다. 내담자의 증상이 완화되면, 그들의 미술활동은 정상 수준으로 돌아가게 됨을 알 수 있다(Swenson, 1968; Williams et al., 1996).

셋째, 전반적인 평가에 대한 과학적 지지는 그림 분석 측면에서 신뢰도를 높여 주는 것이다. 심각하나 일시적인 정신질환을 찾아내는 것과는 별도로, 그림표현은 아동의 인지발달 수준을 대략적으로 나타낸다. 아동이 일정한 미술적 발달과정을 거친다는 증거는 그림표현으로 인지적 연령 수준을 알아볼 수 있고, 그림의 형식적인 요소를 판단할 수 있다(Anderson, 1992; Golomb, 1992; Groth-Marnat, 1997; Hagood, 2002; Wadeson, 2000).

요약해서, 미술작품에 대한 신뢰할 수 있는 평가는 그림의 내용(content), 표시, 설명(interpretation)보다는 전반적인 그림 형태를 보고 판단하는 것이 좋다. 그러한 평가결과는 현재의 기능(과거 혹은 미래가 아님)을 반영하는 것이다. 더구나 미술활동을 하고, 완성된 작품에 대해 연관된 주석 내용, 그리고 활동 중에 엿보이는 행동관찰을 모두 참조하는 것이 가장 유용하다.

경 고

전반적인 그림평가의 효용성에도 불구하고, 두 가지 주의점이 있다. 첫째, 미술경력과 능력변인을 통제하는 노력이 필요하다. 몇 년 전에, 성인집단을 대상으로 자아발달에 대한 평가도식을 개발하려고 했었다(Kaplan, 1991). 자아발달의 언어적 측정 결과와 형식적인 그림요소의 평가 준거 간 낮은 상관을 얻었다. 그러나 미술경험이 없었던 사람을 제외하고 분석하니까 상관이 높아졌다. 놀랍게도 나의 평정도식에 그리기 실력이 큰 영향을 미치는 것으로 나타났다. 다른 평정 연구자도 또한 이런 오염 변인을 발견했다(Cressen, 1975; Koppitz, 1984).

둘째로 미술활동에서 문화적 차이가 고려되어야 한다. 형식적 요소에 근거한 아동의 인지발달 수준을 측정하는 것과 관련지어, 미술치료사인 Frances Anderson(1992)은 "최근 연구는 아동이 어떻게 미술에 반응하고, 작품을 그리고, 미술작품을 이해하는가 하는 점에 영향을 미치는 요인으로 문화, 교육 및 사회적 영향을 강조하고 있다. 이런 학자들은 하위문화의 영향(아동의 부모를 포함해서)이 중요하고, 학교교육의 영향이 미술활동에 참여하는 아동의 능력에 영향을 미친다."(p. 138)라고 주장하였다.

미술 실력과 문화적 영향을 성공적으로 통제하면 상이한 기술 수준, 상이한 문화, 가족 영향을 고려한 규준을 만들 수 있을 것인데, 이것은 도전적인 연구과제다. 비록 이런 전통을 따르는 작업이 구체적인 그림검사를 연구해 왔지만(예, Silver, 1998; Levick, 2009), 아직 가야 할 길이 멀다. 더욱 포괄적인 자료를 얻을 때까지, 전반적인 그림평가에 기초한 결론을 적절히 활용하는 것이 필요하다. 현재로는 내담자들의 특정 평가도식을 개발하고 표준화할 만큼 대표전집을 얻기가 힘들다.

최근에, 미술에 기초한 평가가 다양한 정신질환을 효과적으로 구분할 수 있는가에 대해 의문이 있다. 앞서 언급한 Smith와 Dumont(1995)의 주장을 상기해 보자. "보편적 평가 간에 관계만이…… 또 심각한 부적응의 진단은 꽤 일정하게 통계적 중요성에 도달해 있다."(p. 299) 연구 결과를 보면, 환자 및 비환자 미술은 일반적으로 구분되지만(Ulman & Levy, 1975), 심리적으로 심각한 문제로 고통받는 병의 종류는 분명하게 변별되지 못한다(Kaplan, 2009; 30장).

미술치료에서 그림평가

미술치료사가 보아야 할 것

지금까지, 일정 자격을 갖춘 치료 전문가들이 수행하는 심리학적 검사로서 미술이 어떻게 활용될 수 있는지를 살펴보았다. 그러나 미술치료에서 미술에 기초한 평가와 미술을 응용한 심리학적 평가 간에 현격한 차이가 있으므로, 이를 구분해 볼 필요가 있다. 이 차이점은 측정절차에 내포된 목적과 실시과정에 있다. 목적 측면에서 보면, 미술치료사는 일차적으로 미술치료계획을 수립하기 위해서 자료를 모으는 것이지, 진단을 목적으로 하는 것은 아니다. 내담자의 장점과 문제영역을 파악함에 따라, 미술치료사는 측정의 일환으로 여러 미술매체에 대한 내담자의 반응을 관찰하고, 내담자가 미술과제를 완성해 가는 방법을 발견하고, 내담자가 미술치료에 적합한지를 결정 내리게 된다.

한편 실시과정 측면에서 보면, 일반적으로 치료사는 매체를 선택하여 3~5가지 정도의 미술작품을 완성하게끔 요구한다. 미술작품을 지시하는 방안은 매우 구조화된 그림부터, 즉 '당신의 가족을 그려 보세요.' '당신이 원하는 것을 무엇이나 그려 보세요.' 까지 매우 다양하고, 완성된 작품에 대해 어떤 의미가 있는지를 내담자가 할 수 있는 정도까지 말해 보도록 격려한다.

전체적으로 이런 절차는 치료사에게 생각해 볼 거리를 제공한다. 내담자가 딱딱한 통제 매체를 선호하는지 혹은 유동성 매체를 선호하는지? 특정 매체를 사용하게 하는 방법이 통제를 더 압박하는가 혹은 느슨하게 만들어 주는가? 미술의 형식적 측면으로 내담자의 심리적 발달 수준을 알아볼 수 있겠는가? 미술작품의 내용(내담자가 설명해 준 내용)이 시각적 은유를 생각할 만큼 성숙되었는가? 작품내용에 특정 관심사가 내포되어 있는가? 내담자가 시각적 미술표현을 통해서 창의적인 자기표현을 할 수 있는 능력이 엿보이는가? 이런 질문에 답해 봄으로써 미술치료의 목적을 제공하게 되고, 어떤 미술치료를 적용할지를 찾아낼 수 있게 된다.

몇 가지 예를 보면서 이런 절차를 이해해 보자. 차례로 논의해 보면서, 나는 미술에 기초한 평가의 가능성과 함정을 함께 언급해 보겠다.

좋은 예와 나쁜 예

저자가 미술치료를 배우는 초창기에, 미술치료를 공부하는 많은 학생들은 심리학자들이 발전시킨 투사적 그림기법을 교육받았다. 내 경우도, DAP, HTP 그리고 KFD(Kinetic Family Drawing; Burns & Kaufman, 1972)를 많이 공부하였다. 한편 그 시기 새롭게 시작한 학생들은 이상적인 미술치료평가가 적용되기 힘든 상황도 있음을 경험하였다. 나도 개인평가보다는 집단평가를 실시하는 정신병동에서 많은 경험을 했고, 시간상 집단 참가자들에게 한 가지 그림만을 얻을 수밖에 없었다. 흔히 그림을 그린 내담자와 이야기할 시간도 거의 없었다. 나는 KFD를 요구하면서 "당신 가족이 무언가를 하는 그림을 그리세요."라고 지시하였는데, 이것만으로도 충분히 복잡한 최선의 정보를 얻을 수 있을 것이라고 생각했다.

[그림 31-1]에 제시된 것은 내 인생에서 비교적 이른 시기에 만난 내담자가 그린 그림이다. (앞서 언급했듯이 '예외적'인 그림이어서 나만의 고정적인 그림 설명을 고수하게 해 준 전형적인 그림이다). 이 그림은 20대 후반의 남성이 그린 KFD로, 그는 내가 일하던 정신과가 지원한 알코올 재활 프로그램에 참여 중이었던 내담자였다. 여기서 그림에 기초한 나의 해석에 대해 의심스러운 설명과 비교적 확실한 설명을 해 보겠다.

그림을 전체적으로 고려하면, 무언가 모호하고 이상한 것을 발견할 수 있다. 보통 재활훈련에 참가 중인 내담자들에게서 얻을 수 있는 그림은 아니다. 색채가 많고, 다소 이상하나, 세밀하고, 좀 이상한 구도를 보이는데 보시다시피 지면 위와 지면 아래의 관점을 모두 나타냈다. 자기 자신을 향하고 있는 어두운 구름도 있다(실제로 그림에 대해 내담자와 몇 마디 주고받으면서 내담자의 더해진 어려움을 의도적으로 표현한 것으로 생각했다). 그림에 주목하면서, 나는 아마 내담자가 이중 진단을 받을 가능성이 있다고 생각했다. 며칠 뒤에 내 생각은 맞아떨어졌고, 내담자는 알코올 의존성뿐 아니라 양극성 장애로 진단되어 입원조치되었다.

이런 평가를 기록하면서, 나는 내담자가 다른 치료와 함께 미술치료도 받을 필요가 있다고 추천하였다. 왜냐하면 내담자가 그림활동을 하면서 깊게 생각하고 무언가 표현하는 것을 엿보았기 때문이고, 시각적 창의성과 은유적인 그림표현도 할 수 있는 능력을 읽었기 때문이다. 내담자는 내가 원했던 것만큼 미술치료를 사용하지 않았지만, 나는 틀리지 않았다. 그에게 취해진 약물치료와 다른 치료기법은 내담자의 정서상태를 어느 정도 올려 주어서 정상적인 방어기제를 회복하게끔 해 주었고, 그로 인해서 그는 창의적 활동을 함으로써 자신을 드러내도록 하는 강요된 느낌을 덜 받았다.

이런 경험 후에, 나는 진지하게 추적에 나섰다. 그 내담자의 병원기록을 찾아보고, 심리검사 결과, 주변 상황 그리고 그림에 대한 설명기록 등을 비교해 보았다. 나는 현장조사를 나갔다. 예를 들어 성장과정에 아버지에 의한 성적 학대가 있음을 알았다. 다음에 아버지가 갖고 있는 낚싯대는 작대기 그 이상임을 느꼈고(담배가 '단지 담배'에 불과한 것과는 반대로), 내담자는 아버지의 낚싯줄에 막 '잡혀 버릴' 순간이었다. 또한 병원기록으로부터 내담자는 그의 형을 "매우 지적이지만 자기와 공통점이 거의 없는 것"으로 설명하고 있었다. 아하! 형은 나무 위에 그렸고, 이것은 내담자의 생각으로 자신 '위' 에 있는 존재로 보는 것이다. 또 나아가, 병원기록에 쓰인 모든 것을 그림에서 읽을 수 있었다. 그림상에 지면 아래 지층을 그린 것은(그림을 묘사하는 관점이 결여된 결과일 가능성도 있으나) 내담자가 부모님의 집의 지하에 살고 있음을 나타낸 것이다.

뒷부분 설명이 그럴듯한지에 대해 논쟁이 있겠지만, 내담자에 대한 이해를 많이 한 다음에 내린 해석이고, 애매한 시각적 심상에 대한 적절한 해석이다. 비록 이런 모호성이 미술적 심상을 치료의 한 측면으로 활용하지만, 문제를 평가의 목적으로 설명한 것이다. 미술이 내담자에 대한 광범위한 연상을 자극한다는 점은 이점이 되는데, 한편으로 내담자의 참여 없이 내용을 해석하려는 시도는 대부분 추측작업(guesswork)이기 때문에 평가가 쉽지 않다. 몇 군데에서 지적했듯이(Chapman & Chapman, 1971; Smith & Dumont, 1995), 치료사가 그림에서 기대하는 것을 찾아내기는 비교적 쉽다. 나도 이런 과정을 많이 밟아왔다.

전형적인 미술치료평가의 예는 아니지만(나는 다양한 매체를 활용하지 않고, 한 종류의 그림을 받아서 활용했음), [그림 31-2]에 제시된 것은 미술에 기초한 평가의 적절한 활용 예를 보여 주고 있다. 내담자는 반복적인 불안 엄습으로 외래치료를 받고 있는 23세의 여성이며, KFD를 그려 보도록 지시하였다.

내담자는 탁자의 왼쪽에 있고, 부모는 오른쪽에 그렸다. 어린 남동생과 여동생은 화면

[그림 31-2] 23세 여성의 가족그림

왼편에 자기 뒤에 그렸다. KFD 해석지침에 따라 생각해 보면 내담자는 부모만큼 동생들과도 가깝다고 할 수 있지만, 실제는 아니었다(실제로 Motta 등은 1993년에, KFD에서 그림 간의 가까움과 관계상의 가까움 간의 연관성을 찾는 데 실패한 연구를 보고한 적이 있다). 그림을 설명해 주면서 내담자는 엄마와 가장 가깝고, 그의 형제에 관해서는 부모 모습과 같이 느낀다고 했다. 분명히 대인관계 측면에서, 내담자가 드러낸 비밀그림의 명백한 지표는 없는 셈이다. 그녀는 최근에 사랑에 빠져 있었다.

어쨌든, 이것은 개인치료이기 때문에 이 그림에 대해 내담자와 깊이 있는 논의를 할 시간이 충분했고, 따라서 가능한 의미를 추측해 볼 필요성이 적다. 논의 과정에서, 내담자와 가족배경에 대해 많은 사실을 알게 되었다. 또한 치료의 일부분으로서 미술작품을 만드는 과정에 심취하고, 상상력을 시각적 은유로 표현하고 있음도 알았다. 이런 사실은 치료사의 질문에 대한 반응을 통해서 알게 되었는데, '만일 나무가 사람들이라면, 거기에 누가 있었을까?' 이런 질문은 내담자로 하여금 전에는 언급하지 않았던 좀 더 확장된 가족 구성원을 떠올리게 해 주었다. 내담자가 무엇을 말하였는지를 넘어서, 내담자의 그림에 대한 전반적인 인상을 종합하여 나는 내담자가 심각한 병적 혹은 인지적 결함을 갖고 있지는 않다고 결론지었다. 장기적으로 통찰 지향적인 미술치료를 통해서 나의 추측이 맞았음을 알게 되었다.

결 론

이 장에서 인용한 사례를 통하여 전통적인 그림검사가 상당히 잘못될 수 있음을 보았다. 또 다른 측면에서 미술에 기초한 평가는 미술치료와 미술활동을 자극하는 치료의 중요한 선행조건임도 깨달았다. 중요한 발견은 그림에 대한 전반적 모습에 기초한 평가를 활용해야 한다는 것이고, 미술활동에 참가하는 내담자의 반응도 관찰해야 한다는 점이다. 더구나 풍요로운 정보는 그림을 두고 내담자와 토론하면서 얻을 수 있다. Groth-Marnat(1977)가 보고한 것처럼, "몇몇 저자는…… 그림기법이 공식적 검사로서가 아니라 그림을 통해 내담자/치료사의 상호작용을 촉발하여 내담자의 이해를 증가시키는 방법이다."(p. 504)라고 제안하기도 했다.

참고문헌

1부

Malchiodi, C. A. (2006). *The art therapy sourcebook* (2nd ed.). New York: McGraw-Hill.

1장

Allen, P. B. (1992). Artist-in-residence: An alternative to 'clinification' for art therapists. *Art Therapy: Journal of the American Art Therapy Association, 9,* 22-29.

Allen, P. B. (1995). *Art is a way of knowing.* Boston: Shambhala.

Allen, P. B. (2005). *Art is a spiritual path.* Boston: Shambhala.

Anastasi, A., & Foley, J. (1941). A survey of the literature on artistic behavior in the abnormal: I. Historical and theoretical background. *Journal of General Psychology, 25,* 111-142.

Anderson, F. E. (1978/1992). *Art for all the children.* Springfield, IL: Thomas.

Arnheim, R. (1954). *Art and visual perception.* Berkeley and Los Angeles: University of California Press.

Betensky, M. G. (1973). *Self-discovery through self-expression.* Springfield, IL: Thomas.

Betensky, M. G. (1995). *What do you see?: Phenomenology of therapeutic art expression.* London: Kingsley.

Borum, J. P. (1993/1994). Term warfare. *Raw Vision, 8,* 23-30.

Bruscia, K. (1988). Standards for clinical assessment in the arts therapies. *The Arts in Psychotherapy, 15,* 5-10.

Bush, J. (1997). *The handbook of school art therapy.* Springfield, IL: Thomas.

Cameron, J., & Bryan, M. (1992). *The artist's way: A spiritual path to higher creativity.* New York: Putnam.

Cane, F. (1951/1983). *The artist in each of us.* Craftsbury Common, VT: Art Therapy Publications/ Chicago: Magnolia Street.

Cohen, B. M., Hammer, J. S., & Singer, S. (1988). The Diagnostic Drawing Series: A systematic approach to art therapy evaluation and research. *The Arts in Psychotherapy, 15,* 11-21.

Cox, C. T., & Frame, P. (1993). Profile of the artist: MARI Card Test research results. *Art Therapy: Journal of the American Art Therapy Association, 10,* 23-29.

Dalley, T., Rifkind, G., & Terry, K. (1993). *Three voices of art therapy: Image, client, therapist.* London: Routledge.

Detre, K. C., Frank, T., Kniazzeh, C. R., Robinson, M. C., Rubin, J. A., & Ulman, E. (1983). Roots of art therapy: Margaret Naumburg (1890-1983) and Florence Cane (1882-1952): A family portrait. *American Journal of Art Therapy, 22,* 111-123.

Dileo, C., & Bradt, J. (2009). On creating the discipline, profession, and evidence in the field of arts and healthcare. *Arts and Health: An International Journal for Research, Policy, and Practice, 1*(20), 168-182.

Dissanayake, E. (1992). *Homo aestheticus: Where art comes from and why.* New York: Free Press.

Dreikurs, S. E. (1986). *Cows can be purple: My life and art therapy.* Chicago: Adler School of Professional Psychology.

Elkins, D. E., & Stovall, K. (2000). American Art Therapy Association, Inc.: 1998-1999 Membership Survey Report. *Art Therapy: Journal of the American Art Therapy Association, 17,* 41-46.

Elkisch, P. (1948). The 'scribbling game' : A projective method. *Nervous Child, 7,* 247-256.

Farrelly-Hansen, M. (Ed.). (2001). *Spirituality and art therapy: Living the connection.* London: Kingsley.

Feder, B., & Feder, E. (1998). *The art and science of evaluation in the arts therapies: How do we know what's working?* Springfield, IL: Thomas.

Franklin, M., Farrelly-Hansen, M., Marek, B., Swan-Foster, N., & Wallingford, S. (2000). Transpersonal art therapy education. *Art Therapy: Journal of the American Art Therapy Association, 17,* 101-110.

Gantt, L., & Schmal, M. S. (1974). *Art therapy: A bibliography.* Rockville, MD: National Institute of Mental Health.

Gantt, L., & Tabone, C. (1997). *Rating manual for the Formal Elements Art Therapy Scale.* Morgantown, WV: Gargoyle Press.

Hammer, E. F. (Ed.). (1958/1980). *The clinical application of projective drawings.* Springfield, IL: Thomas.

Henley, D. R. (1992). *Exceptional children, exceptional art.* Worcester, MA: Davis.

Hogan, S. (Ed.). (1997). *Feminist approaches to art therapy.* London: Routledge.

Hogan, S. (2001). *Healing arts: The history of art therapy.* London: Kingsley.

Horovitz-Darby, E. G. (1994). *Spiritual art therapy.* Springfield, IL: Thomas.

Junge, M. B., & Asawa, P. P. (1994). *A history of art therapy in the United States.* Mundelein, IL: American Art Therapy Association.

Kaplan, F. F. (2000). *Art, science, and art therapy: Repainting the picture.* London: Kingsley.

Kaplan, F. F. (2007). *Art therapy and social action.* London: Kingsley.

Kellogg, R. (1969). *Analyzing children's art.* Palo Alto, CA: National Press.

Knill, P. J. (1995). The place of beauty in therapy and the arts. *The Arts in Psychotherapy, 22,* 1-7.

Kramer, E. (1958). *Art therapy in a children's community.* Springfield, IL: Thomas.

Kramer, E. (1971/1993). *Art as therapy with children.* New York: Schocken Books/Chicago: Magnolia Street.

Kramer, E., & Schehr, J. (1983). An art therapy evaluation session for children. *American Journal of Art Therapy, 23,* 3-12.

Kreitler, H., & Kreitler, S. (1972). *Psychology of the arts.* Durham, NC: Duke University Press.

Kris, E. (1952). *Psychoanalytic explorations in art.* New York: International Universities Press.

Kwiatkowska, H. Y. (1978). *Family therapy and evaluation through art.* Springfiled, IL: Thomas.

Lachman-Chapin, M. (1983). The artist as clinician: An interactive technique in art therapy. *American Journal of Art Therapy, 23,* 13-25.

Lachman-Chapin, M., Jones, D., Sweig, T. L., Cohen, B. M., Semekoski, S. S., & Fleming, M. M. (1999). Connecting with the art world: Expanding beyond the mental health world. *Art Therapy: Journal of the American Art Therapy Association, 15,* 233-244.

Landgarten, H. B. (1981). *Clinical art therapy.* New York: Brunner/Mazel.

Landgarten, H. B. (1987). *Family art psychotherapy.* New York: Brunner/Mazel.

Landgarten, H. B. (1993). *Magazine photocollage: A multicultural assessment and treatment technique*. New York: Brunner/Mazel.

Levick, M. F. (1983). *They could not talk so they drew: children's styles of coping and thinking.* Springfield, IL: Thomas.

Levick, M. F., Goldman, M. J., & Fink, P. J. (1967). Training for art therapists: Community mental health center and college of art join forces. *Bulletin of Art Therapy, 6,* 121–124.

Linesch, D. (1993). *Art therapy with families in crisis.* New York: Brunner/Mazel.

Lowenfeld, V. (1987). Therapeutic aspects of art education. *American Journal of Art Therapy, 25,* 111–146.

Lusebrink, V. B. (1990). *Imagery and visual expression in therapy.* New York: Plenum Press.

MacGregor, J. M. (1989). *The discovery of the art of the insane.* Princeton, NJ: Princeton University Press.

Machover, K. (1949/1980). *Personality projection in the drawing of the human figure.* Springfield, IL: Thomas.

Malchiodi, C. A. (1999a). *Medical art therapy with adults.* London: Kingsley.

Malchiodi, C. A. (1999b). *Medical art therapy with children.* London: Kingsley.

Malchiodi, C. A. (2006). *The art therapy sourcebook.* Los Angeles: Lowell House.

McConeghey, H. (1986). Archetypal art therapy is cross-cultural art therapy. *Art Therapy: Journal of the American Art Therapy Association, 3,* 111–114.

McNiff, S. (1981). *The arts and psychotherapy.* Springfield, IL: Thomas.

McNiff, S. (1992). *Art as medicine: Creating a therapy of the imagination.* Boston: Shambhala.

McNiff, S. (1998). *Art-based research.* London: Kingsley.

Mills, A., & Goodwin, R. (1991). An informal survey of assessment use in child art therapy. *Art Therapy: Journal of the Art Therapy Association, 8,* 10–13.

Moon, B. L. (2009). *Existential art therapy: The canvas mirror.* Springfield, IL: Thomas.

Moon, C. H. (2002). *Studio art therapy: Cultivating the artist identity in the art therapist.* London: Kingsley.

Naumburg, M. (1950/1973). *Introduction to art therapy: Studies of the 'free' art expression of behavior problem children and adolescents as a means of diagnosis and therapy.* New York: Teachers College Press/Chicago: Magnolia Street.

Naumburg, M. (1966/1987). *Dynamically oriented art therapy.* New York: Grune & Stratton/Chicago: Magnolia Street.

Nucho, A. O. (1987). *The psychocybernetic model of art therapy.* Springfield, IL: Thomas.

Prinzhorn, H. (1922/1995). *The artistry of the mentally ill.* Vienna, Austria: Springer-Verlag. (Original work published in German)

Rhyne, J. (1973/1995). *The Gestalt art experience.* Monterey, CA: Brook/Cole/Chicago: Magnolia Street.

Riley, S. (1999). *Contemporary art therapy with adolescents.* London: Kingsley.

Riley, S., & Malchiodi, C. A. (1994). *Integrative approaches to family art therapy.* Chicago: Magnolia Street.

Robbins, A., & Sibley, L. (1976). *Creative art therapy.* New York: Brunner/Mazel.

Rogers, N. (1993). *The creative connection: Expressive arts as healing.* Palo Alto, CA: Science and Behavior Books.

Rubin, J. A. (1978/1984). *Child art therapy: Understanding and helping children through art.* New York: Van Nostrand Reinhold/Wiley.

Rubin, J. A. (1987/2001). *Approaches to art therapy: Theory and technique.* New York: Brunner/Mazel/Philadelphia: Brunner-Routledge.

Rubin, J. A. (2010). *Introduction to art therapy: Sources and resources.* New York: Routledge.

Russell, C. (2002). Simply art. *Raw Vision, 38,* 36-41.

Schaverien, J. (1992). *The revealing image: Analytical art psychotherapy in theory and practice.* London: Routledge.

Shaw, R. F. (1934). *Finger painting, a perfect medium for expression.* Boston: Little, Brown.

Shoemaker, R. H., Ulman, E., Anderson, F. E., Wallace, E., Lachman-Chapin, M., Wolf, R., et al. (1976). Art therapy: An exploration of definitions. In R. shoemaker & S. Gonick-Barris (Eds.), *Creativity and the art therapist's identity, Proceedings of the 7th Annual American Art Therapy Association Conference* (pp. 86-96). Baltimore: American Art Therapy Association.

Sigler, H. (1993). *Breast cancer journal: Walking with the ghosts of my grandmothers* [Exhibition catalog, Rockford College Art Gallery]. Rockford, IL: Johnson Press.

Silver, R. A. (2000). *Art as language: Access to thoughts and feelings through stimulus drawings.* Philadelphia: Brunner-Routledge.

Silver, R. A. (2002). *Three art assessments, Silver Drawing Test, Draw A Story, and Stimulus Drawings and Techniques.* New York: Brunner-Routledge.

Silverstone, L. (1997). *Art therapy: The person-centered way.* London: Kingsley.

Sobol, B. S. (1982). Art therapy and strategic family therapy. *American Journal of Art Therapy, 21,* 43-52.

Spaniol, S. E. (1990). *Organizing exhibitions of art by people with mental illness: A step-by-step manual.* Boston: Boston University Center for Psychiatric Rehabilitation.

Uhlin, D. M. (1972/1984). *Art for exceptional children.* Dubuque, IA: Brown.

Ulman, E., & Dachinger, P. (1975/1996). *Art therapy in theory and practice.* New York: Schocken Books/Chicago: Magnolia Street.

Ulman, E., Kramer, E., & Kwiatkowska, H. Y. (1978). *Art therapy in the United States.* Crafts-bury Common, VT: Art Therapy Publications.

Venture, L. D. (1977). *The black beat in art therapy.* Unpublished PhD dissertation. Available from ProQuest Dissertations database, UMI No. 7729887.

Vick, R. M. (2000). Creative dialog: A shared will to create. *Art Therapy: Journal of the American Art Therapy Association, 17,* 216–219.

Wadeson, H. (1980). *Art psychotherapy.* New York: Wiley.

Wadeson, H. (Ed.). (1992). *A guide to conducting art therapy research.* Mundelein, IL: American Art Therapy Association.

Waller, D. E. (1991). *Becoming a profession: The history of art therapy in Britain, 1940-1982.* London: Tavistock/Routledge.

Waller, D. E. (1998). *Towards a European art therapy.* Buckingham, UK: Open University Press.

Weir, F. (1990). The role of symbolic expression in its relation to art therapy: A Kleinian approach. In T. Dalley, C. Case, J. Schaverian, F. Weir, D. Halliday, P. N. Hall, et al. (Eds.), *Images of art therapy: New developments in theory and practice* (pp. 109–127). London: Tavistock/Routledge.

Williams, G. H., & Wood, M. M. (1975). *Developmental art therapy.* Baltimore: University Park Press.

Winnicott, D. W. (1971). *Therapeutic consultations in child psychiatry.* New York: Basic Books.

Wix, L. (2000). Looking for what's lost: The artistic roots of art therapy: Mary Huntoon. *Art Therapy: Journal of the American Art Therapy Association, 17,* 168–176.

2장

Alders, A., & Levine-Madori, L. (2010). The effect of art therapy on cognitive performance of Hispanic/Latino older adults. *Art Therapy, 27*(3), 127–135.

Benson, H. (1996). *Timeless healing: The power and biology of belief.* New York: Scribner.

Benson, H. (2000). *The relaxation response.* New York: Avon.

Bogousslavsky, J., Hennerici, M., Bazner, H., & Bassetti, C. (Eds.). (2010). *Neurological disorders in famous artists: Part 3. Frontiers in neurology and neuroscience.* Geneva, Switzerland: Karger.

Bowlby, J. (1988). *A secure base: Clinical applications of attachment theory.* New York: Basic Books.

Cohen, G. (2000). *The creative age.* New York: HarperCollins.

Damasio, A. (2000). *The feeling of what happens.* New York: Putnam.

Doidge, N. (2007). *The brain that changes itself.* New York: Penguin Group.

Drago, V., Foster, P., Trifiletti, D., FitzGerald, D., Kluger, B., Crucian, G., et al. (2006). What's inside the art?: The influence of frontotemporal dementia in art production. *Neurology, 67*(7), 1285–1287.

Frith, C., & Law, J. (1995). Cognitive and physiological processes underlying drawing skills. *Leonardo, 28*(3), 203–205.

Gardner, H. (1984). *Art, mind, and brain.* New York: Basic Books.

Gross, J., & Haynes, H. (1998). Drawing facilitates children's verbal reports of emotional laden events. *Journal of Experimental Psychology, 4,* 163–179.

Hass-Cohen, N., & Carr, R. (2008). *Art therapy and neuroscience.* London: Kingsley.

Kaplan, F. (2000). *Art, science, and art therapy: Repainting the picture.* London: Kingsley.

Klorer, P. (2008). Expressive therapy for severe maltreatment and attachment disorders: A neuroscience framework. In C. A. Malchiodi (Ed.), *Creative interventions with traumatized children* (pp. 43–61). New York: Guilford Press.

Lambert, K. (2010). *Lifting depression: A neuroscientist's hands-on approach to activating your brain's healing power.* New York: Basic Books.

Lev-Wiesel, R., & Liraz, R. (2007). Drawings versus narratives. *Clinical Child Psychology and Psychiatry, 12*(1), 65–75.

Levine, P. (1997). *Waking the tiger.* Berkeley, CA: North Atlantic.

Linden, D. (2006). How psychotherapy changes the brain the contribution of functional neuroimaging. *Molecular Psychiatry, 1,* 528–538.

Lusebrink, V. B. (2004). Art therapy and the brain: An attempt to understand the underlying processes of art expression in therapy. *Art Therapy: Journal of the American Art Therapy Association, 21*(3), 121–125.

Lusebrink, V. B. (2010). Assessment and therapeutic application of the expressive therapies continuum. *Art Therapy: Journal of the American Art Therapy Association, 27*(4), 166–170.

Malchiodi, C. A. (1998). *Understanding children's drawings.* New York: Guilford Press.

Malchiodi, C. A. (Ed.). (1999). *Medical art therapy with adults.* London: Kingsley.

Malchiodi, C. A. (2001). Using drawings as intervention with traumatized children. *Trauma and Loss: Research and Interventions, 1*(1), 21-27.

Malchiodi, C. A. (2005). *Expressive therapies.* New York: Guilford Press.

Malchiodi, C. A. (Ed.). (2008). *Creative interventions with traumatized children.* New York: Guilford Press.

Malchiodi, C. A., Riley, S., & Hass-Cohen, N. (2001). *Toward an integrated art therapy mind-body landscape* (Audiotape No. 108-1525). Denver, CO: National Audio Video.

Mary Ann Liebert, Inc./Genetic Engineering News. (2010, February 12). Posttraumatic stress disorder: Virtual reality and other technologies offer hope. *ScienceDaily.* Retrieved December 20, 2010, from *.www.sciencedaily.com/releases/2010/02/100211163118.htm.*

NcNamee, C. (2003). Bilateral art: Facilitating systemic integration and balance. *The Arts in Psychotherapy, 30,* 283-292.

Miller, B., & Cummings, J. (2006). *The human frontal lobes.* New York: Guilford Press.

Perry, B. (2001). The neurobiology of childhood maltreatment: The neurodevelopmental cost of adverse childhood events. In K. Franey, R. Geffner, & R. Falconer (Eds.), *The cost of maltreatment: Who pays? We all do.* San Diego: Family Violence and Sexual Assault Institute.

Perry, B. (2008). The neurosequential model of therapeutics. *Reclaiming Children and Youth, 17*(3), 38-43.

Ramachandran, V. (1999). *Phantoms of the brain.* New York: Quill.

Ramachandran, V. (2005). *A brief tour of human consciousness: From impostor poodles to purple numbers.* London: PI Press.

Riley, S. (2001). *Group process made visible.* New York: Brunner-Routledge.

Sacks, O. (1996). *An anthropologist on Mars: Seven paradoxical tales.* New York: Vintage Books.

Sapolsky, R. (2004). *Why zebras don't get ulcers.* New York: Freeman.

Schore, A. (2003). *Affect regulation and the origin of the self.* Hillsdale, NJ: Erlbaum.

Selfe, L. (2011). *Nadia revisited: A longitudinal study of an autistic savant.* London: Psychology Press.

Siegel, D. (1999). *The developing mind: Towards a neurobiology of interpersonal experience.* New York: Guilford Press.

Siegel, D. (2010). *Mindsight: The new science of personal transformation.* New York: Bantam Books.

Steele, W., & Raider, M. (2001). Structured sensory intervention for traumatized children, adolescents, and parents. *Trauma and Loss: Research and Interventions, 1*(1), 8–20.

Sternberg, E. (2001). *The balance within: The science connecting health and emotions.* New York: Freeman.

Tieman, J. (2001). Healing through nature. *Modern Healthcare, 31*(2), 34–35.

Ulrich, R., Zimring, C., Joseph, A., Quan, X., & Choudhary, R. (2004). *The role of the physical environment in the hospital of the 21st century: A once-in-a-lifetime opportunity.* Concord, CA: Center for Health Design.

van der Kolk, B. (2006). Clinical implications of neuroscience research in PTSD. *Annals of the New York Academy of Science, 1071*(4), 277–293.

Virshup, E. (1978). *Right-brained people in a left-brained world.* Los Angeles: Guild of Tutors Press.

Walsh, S. M., Radcliffe, R. S., Castillo, L. C., Kumar, A. M., & Broschard, D. M. (2007). A pilot study to test the effects of art-making classes for family caregivers of patients with cancer. *Oncology Nursing Forum, 34*(1), E9–E16.

Wolitzky, K., Fivush, R., Zimand, E., Hodges, L., & Rothbaum, B. (2005). Effectiveness of virtual reality distraction during a painful medical procedure in pediatric oncology patients. *Psychology and Health, 20*(6), 817–824.

3장

Association for Play Therapy. (2009). *Play therapy best practices.* Fresno, CA: Author.

Austin, B. (2009). Technology, art therapy, and psychodynamic theory: Computer animation with an adolescent in foster care. In C. Moon (Ed.), *Materials and media in art therapy* (pp. 199–213). New York: Routledge.

Canter, D. S. (1987). The therapeutic effects of combining Apple Macintosh computers and creativity software in art therapy sessions. *Art Therapy: Journal of the American Art Therapy Association, 4*(1), 17–26.

Canter, D. S. (1989). Art therapy and computers. In H. Wadeson, J. Durkin, & D. Perach (Eds.), *Advances in art therapy* (pp. 296–316). New York: Wiley.

Collie, K., Bottorff, J. L., Long, B. C., & Conati, C. (2006). Distance art groups for women with breast cancer: Guidelines and recommendations. *Journal of Supportive Care in Cancer, 14*(8), 849–858.

Collie, K., & Cubranic, D. (1999). An art therapy solution to a telehealth problem. *Art Therapy:*

Journal of the American Art Therapy Association, 23(4), 157-164.

Dissanayake, E. (1990). *What is art for?* Seattle: University of Washington Press.

Dueze, M. (2006). Participation, remediation, bricolage: Considering principle components of a digital culture. *The Information Society, 22,* 63-75.

Fleshman, B., & Fryrear, J. (1981). *The arts in therapy.* Chicago: Nelson-Hall.

Gil, E., & Drewes, A. (Eds.). (2005). *Cultural issues in play therapy.* New York: Guilford Press.

Hagood, M. (2000). *The use of art in counseling child and adult survivors of sexual abuse.* London: Kingsley.

Hartley, J., & McWilliams, K. (Eds.). (2009). *Story circle: Digital storytelling around the world.* Oxford, UK: Wiley-Blackwell.

Lundby, K. (2008). *Digital storytelling, mediatized stories: Self-representations in new media.* New York: Lang.

Henley, D. (2002). *Clayworks in art therapy: Playing the sacred circle.* London: Kingsley.

Hinz, L. (2006). *Drawing from within: Using art to treat eating disorders.* London: Kingsley.

Hinz, L. (2009). *Expressive therapies continuum: A framework for using art in therapy.* New York: Routledge.

Kagin, S., & Lusebrink, V. (1978). The expressive therapies continuum. *Art Psychotherapy, 5,* 171-180.

Kalamanowitz, D., & Lloyd, B. (1999). Fragments of art at work: Art therapy in the former Yugoslavia. *The Arts in Psychotherapy, 26*(1), 15-25.

Klorer, P. G. (2009). The effects of technological overload on children. An art therapist's perspective. *Art Therapy: Journal of the American Art Therapy Association, 26*(2), 80-82.

Kottman, T. (2010). *Play therapy: Basics and beyond.* Alexandria, VA: American Counseling Association.

Kramer, E. (1971). *Art as therapy with children.* New York: Schocken Books.

Kramer, E. (1986). The art therapist's third hand: Reflections on art, art therapy, and society at large. *American Journal of Art Therapy, 24*(3), 71-86.

Kramer, E., & Gerity, L. (2001). *Art as therapy: Collected papers.* London: Kingsley.

Krauss, D. A. (1983). Reality, photography and psychotherapy. In D. A. Krauss & J. L. Fryrear (Eds.), *PhotoTherapy in mental health* (pp. 40-56). Springfield, IL: Thomas.

Landgarten, H. (1987). *Family art psychotherapy: A clinical guide and casebook.* New York: Brunner/Mazel.

Lusebrink, V. (1990). *Imagery and visual expression in therapy*. New York: Plenum Press.

Malchiodi, C. A. (1988). Bringing art therapy to China. *American Journal of Art Therapy, 27*, 54-60.

Malchiodi, C. A. (1997). *Breaking the silence: Art therapy with children from violent homes* (2nd ed.). New York: Brunner-Routledge.

Malchiodi, C. A. (1998). *Understanding children's drawings*. New York: Guilford Press.

Malchiodi, C. A. (2000). *Art therapy and computer technology: A virtual studio of possibilities*. London: Kingsley.

Malchiodi, C. A. (2002). *The soul's palette: Drawing on art's transformative powers for health and well-being*. Boston: Shambhala.

Malchiodi, C. A. (Ed.). (2005). *Expressive therapies*. New York: Guilford Press.

Malchiodi, C. A. (2006). *The art therapy sourcebook*. New York: McGraw-Hill.

Malchiodi, C. A. (Ed.). (2008). *Creative interventions with traumatized children*. New York: Guilford Press.

Marsick, E. (2010). Cinematherapy with preadolescents experiencing parental divorce: A collective case study. *The Arts in Psychotherapy, 37*(4), 311-318.

McNiff, S. (1999). The virtual art therapy studio. *Art Therapy: Journal of the American Art Therapy Association, 16*(4), 197-200.

Moon, C. (Ed.). (2009). *Materials and media in art therapy*. New York: Routledge.

Nainis, N. (2008). Approaches to art therapy for cancer inpatients: Research and practice considerations. *Art Therapy: Journal of the American Art Therapy Association, 24*(3), 115-121.

National Board for Certified Counselors. (2010). *The practice of Internet counseling*. Greensboro, NC: Author.

Oaklander, V. (2007). *Hidden treasure: A map to the child's inner self*. London: Karnac Books.

Project Spectrum. (2010). *Project Spectrum: Strengths of autism shine through in 3D*. Retrieved from. www.google.com/educators/spectrum.html.

Seiden, D. (2001). *Mind over matter: The uses of materials in art, education, and therapy*. Chicago: Magnolia Street.

Thong, S. A. (2007). Redefining the tools of art therapy. *Art Therapy: Journal of the American Art Therapy Association, 24*(2), 52-58.

Webb, N. B. (Ed.). (2007). *Play therapy with children in crisis: Individual, group, and family treatment*. New York: Guilford Press.

Wedding, D., & Niemiec, R. (2003). The clinical use of films in psychotherapy. *Journal of Clinical Psychology, 59,* 207–215.

Weiser, J. (1999). *PhotoTherapy techniques: Exploring the secrets of personal snapshots and family albums* (2nd ed.). Vancouver: PhotoTherapy Centre Press.

Weiser, J. (2004). PhotoTherapy techniques in counseling and therapy: Using ordinary snapshots and photo-interactions to help clients heal their lives. *Canadian Art Therapy Association Journal, 17*(2), 23–53.

Weiser, J. (2010). Using photographs in art therapy practices around the world: PhotoTherapy, Photo-Art Therapy, and Therapeutic Photography. *FUSION, 2*(3), 18–19.

Weiser, J. (2011). *PhotoTherapy techniques in counseling and therapy.* Retrieved September 7, 2011, from. www.phototherapy-centre.com/home.htm.

4장

Art Therapy Credentials Board. (2011). *Code of professional practice.* Greensboro, NC: Author.

Beebe, A., Gelfand, W., & Bender, B. (2010). A randomized trial to test the effectiveness of art therapy for children with asthma. *Journal of Allergy and Clinical Immunology, 126*(2), 263–266.

British Association of Art Therapists. (2011). *Code of ethics.* London: Author.

Campanelli, M. (1991). Art therapy and ethno-cultural issues. *American Journal of Art Therapy, 30*(1), 34–35.

Cattaneo, M. (1994). Addressing culture and values in the training of art therapists. *Art Therapy: Journal of the American Art Therapy Association, 11*(3), 14–16.

Chilcote, R. (2007). Art therapy with child tsunami survivors in Sri Lanka. *Art Therapy: Journal of the American Art Therapy Association, 24*(4), 156–162.

Chu, V. (2010). Within the box: Cross-cultural art therapy with survivors of the Rwanda genocide. *Art Therapy: Journal of the American Art Therapy Association, 27*(1), 4–10.

Cohen, J., & Deblinger, E. (2006). *Treating trauma and traumatic grief in children and adolescents.* New York: Guilford Press.

Corey, G., Corey, M., & Callahan, P. (2010). *Issues and ethics in the helping professions* (8th ed.). Pacific Grove, CA: Brooks/Cole.

Dokter, D. (1998). *Art therapists, refugees, and migrants: Reaching across borders.* London: Kingsley.

Elkis-Abuhoff, D., Goldblatt, R., Gaydos, M., Coratto, S. (2008). The effects of clay manipulation on somatic dysfunction and emotional distress in patients diagnosed with Parkinson's disease. *Art Therapy: Journal of the American Art Therapy Association, 25*(3), 122-128.

Gil, E., & Drewes, A. (Eds.). (2005). *Cultural issues in play therapy.* New York: Guilford Press.

Gilroy, A. (2006). *Art therapy, research, and evidence-based practice.* Thousand Oaks, CA: Sage.

Gross, J., & Haynes, H. (1998). Drawing facilitates children's verbal reports of emotionally laden events. *Journal of Experimental Psychology, 4,* 163-179.

Hiscox-Riley, A., & Calisch, A. (1998). *Tapestry of cultural issues in art therapy.* London: Kingsley.

Hocoy, D. (2002). Cross-cultural issues in art therapy. *Art Therapy: Journal of the American Art Therapy Association, 19*(4), 141-145.

Junge, M. (2010). *The modern history of art therapy in the United States.* Springfield, IL: Thomas.

Kalmanowitz, D., & Lloyd, B. (2002). *The portable studio: Art therapy and political conflict—Initiatives in former Yugoslavia and South Africa.* London: Health Education Authority.

Kaplan, F. (2000). *Art, science, and art therapy: Repainting the picture.* London: Kingsley.

Knill, P., Barbs, H., & Fuchs, M. (2004). *Minstrels of the soul: Intermodal expressive therapy.* Toronto: Palmerston Press.

Lev-Wiesel, R., & Liraz, R. (2007). Drawing versus narratives: Drawing as a tool to encourage verbalization in children whose fathers are drug abusers. *Clinical Child Psychology and Psychiatry, 12*(1), 65-75.

Levine-Madori, L. (2009). Uses of therapeutic thematic arts programming (TTAP Method) for enhanced cognitive and psychosocial functioning in the geriatric population. *American Journal of Recreation Therapy, 8*(1), 25-31.

Malchiodi, C. A. (1988). Bringing art therapy to China. *American Journal of Art Therapy, 27*(2), 54-60.

Malchiodi, C. A. (1995). Does a lack of art therapy research hold us back? *Art Therapy: Journal of the American Art Therapy Association, 12*(4), 218-219.

Malchiodi, C. A. (1998). *Understanding children's drawings.* New York: Guilford Press.

Malchiodi, C. A. (2005). The impact of culture on art therapy with children. In E. Gil & A. Drewes (Eds.), *Cultural issues in play therapy* (pp. 96-111). New York: Guilford Press.

Malchiodi, C. A. (Ed.). (2008). *Creative intervention with traumatized children.* New York: Guilford Press.

Malchiodi, C. A. (2009a). *A Facebook page for your private practice?* Retrieved January 12, 2011, from . *www.psychologytoday.com/blog/the-healing-arts/200907/facebook-fan-page-your-private-practice.*

Malchiodi, C. A. (2009b). *Art therapy meets digital art and social multimedia.* Retrieved January 12, 2011, from . *www.psychologytoday.com/blog/the-healing-arts/200911/art-thrapy-meets-digital-art-and-social-multimedia.*

McNiff, S. (1998). *Art-based research.* London: Kingsley.

McNiff, S. (2009). Cross-cultural psychotherapy and art. *Art Therapy: Journal of the American Art Therapy Association, 26*(3), 100–106.

Monti, D., Peterson, C., Shakin Kunkel, E., Hauck, W., Pequignot, E., Rhodes, I., et al. (2006). A randomized, controlled trial of mindfulness-based art therapy (MBAT) for women with cancer. *Psycho-Oncology, 15,* 363–373.

Moon, B. (2006). *Ethical issues in art therapy.* Springfield, IL: Thomas.

Nainis, N., Paice, J., Ratner, J, Wirth, J., Lai, J., & Shott, S. (2006). Relieving symptoms in cancer: Innovative use of art therapy. *Journal of Pain and Symptom Management, 31*(2), 162–169.

Steele, W., & Raider, M. (2001). *Structural sensory intervention for children, adolescents and parents (SITCAP).* New York: Mellen Press.

Svensk, A., Oster, I., Thyme, K., Magnusson, E., Sjodin, M., Eisemann, M., et al. (2009). Art therapy improves experienced quality of life among women undergoing treatment for breast cancer: A randomized controlled study. *European Journal of Cancer Care (English), 18I*(1), 69–77.

Wadeson, H. (1980). *Art psychotherapy.* New York: Wiley.

Wilson, L. (1987). Confidentiality in art therapy. *American Journal of Art Therapy, 25*(3), 75–80.

2부

Gil, E. (2006). *Helping abused and traumatized children.* New York: Guilford Press.

Gladding, S. (2011). *Counseling as an art: The creative arts in counseling* (4th ed.). Alexandria, VA: American Counseling Association.

McNiff, S. (2009). *Integrating the arts in therapy.* Springfield, IL: Thomas.

Perry, B. (2006). The neurosequential model of therapeutics: Applying principles of neuroscience to clinical work with traumatized and maltreated children. In N. B. Webb (Ed.), *Working with traumatized youth in child welfare* (pp. 27–52). New York: Guilford Press.

Selekman, M. D. (2010). *Collaborative brief therapy with children.* New York: Guilford Press.

5장

Agell, G., Levick, M., Rhyne, J., Robbins, A., Rubin, J., Ulman, E., et al. (1981). Transference and countertransference in art therapy. *American Journal of Art Therapy, 21,* 13–24.

Allan, J. (1988). *Inscapes of the child's world.* Dallas, TX: Spring.

Allen, P. (1988). A consideration of transference in art therapy. *American Journal of Art Therapy, 26,* 113–118.

Bach, S. (1966). *Spontaneous paintings of severely ill patients.* Basel, Switzerland: Geigy.

Bach, S. (1990). *Life paints its own span.* Zurich, Switzerland: Daimon.

Bowlby, J. (1969). *Attachment and loss.* New York: Basic Books.

Cane, F. (1951). *The artist in each of us.* Craftsbury Common, VT: Art Therapy.

Corey, G. (2009). *Theory and practice of counseling and psychotherapy* (8th ed.). Pacific Grove, CA: Brooks/Cole.

Edwards, M. (1987). Jungian analytic art therapy. In J. Rubin (Ed.), *Approaches to art therapy* (pp. 92–113). New York: Brunner/Mazel.

Franklin, M., Farrelly-Hansen, M., Marek, B., Swan-Foster, N., & Wallingford, S. (2000). Transpersonal art therapy education. *Art Therapy: Journal of the American Art Therapy Association, 17*(2), 101–110.

Freud, S. (1905). Analysis of a phobia in a 5-year-old boy. In J. Strachey (Ed. and Trans.), *The standard edition of the complete psychological works of Sigmund Freud* (Vol. 10). London: Hogarth Press.

Freud, S. (1916–1917). Introductory letters on psychoanalysis. In J. Strachey (Ed. and Trans.), *The standard edition of the complete psychological works of Sigmund Freud* (Vol. 12). London: Hogarth Press.

Freud, S. (1918). *From the history of an infantile neurosis.* In J. Strachey (Ed. and Trnas,), *The standard edition of the complete psychological works of Sigmund Freud* (Vol. 17). London: Hogarth Press.

Furth, G. (1988). *The secret world of drawings.* Boston: Sigo.

Henley, D. (1991). Facilitating the development of object relations through the use of clay in art therapy. *American Journal of Art Therapy, 29,* 69–76.

Henley, D. (1992). *Exceptional children, exceptional art.* Worcester, MA: Davis.

Jacobi, J. (1942). *The psychology of C. G. Jung.* London: Routledge & Kegan Paul.

Jung, C. G. (1916). *The transcendent founction, CW 8.* Princeton, NJ: Bollingen Press. (Reprinted

1960)

Jung, C. G. (1934). *Mandala symbolism.* Princeton, NJ: Princeton University Press.

Jung, C. G. (2009). *The red book.* New York: Norton.

Karen, R. (1998). *Becoming attached: First relationships and how they shape our capacity to love.* New York: Oxford University Press.

Kellogg, J. (1978). *Mandala: Path of beauty.* Clearwater, FL: Association for Teachers of Mandala Assessment.

Keyes, M. (1983). *Inward journey: Art as therapy.* La Salle, IL: Open Court.

Klein, M. (1964). *Contributions to psychoanalysis.* New York: McGraw-Hill.

Kramer, E. (1979). *Childhood and art therapy.* New York: Schocken Books.

Kramer, E. (1993). *Art as therapy with children.* Chicago: Magnolia Street.

Kwiatkowska, H. Y. (1978). *Family therapy and evaluation through art.* Springfield, IL: Thomas.

Lachman-Chapin, M. (2001). Self-psychology and art therapy. In J. Rubin (Ed.), *Approaches to art therapy* (pp. 66-78). New York: Brunner-Routledge.

Levick, M. (1983). *They could not talk and so they drew: Children's styles of coping and thinking.* Springfield, IL: Thomas.

Lusebrink, V. (1990). *Imagery and visual expression in therapy.* New York: Plenum Press.

Mahler, M. (1968). *On human symbiosis and the vicissitudes of individuation.* New York: International Universities Press.

Mahler, M., Pine, F., & Bergman, A. (1975). *The psychological birth of the human infant.* New York: Basic Books.

Malchiodi, C. A. (2002). *The soul's palette.* Boston: Shambhala.

McConeghey, H. (2001). *Art and soul.* Dallas, TX: Spring.

McNeilly, G. (2005). *Group analytic art therapy.* London: Kingsley.

McNiff, S. (1994). *Art as medicine.* Boston: Shambhala.

Milner, M. (1957). *On not being able to paint.* New York: International Universities Press.

Milner, M. (1969). *The hands of the living god.* New York: International Universities Press.

Naumburg, M. (1966). *Dynamically oriented art therapy: Its principles and practice.* New York: Grune & Stratton.

Robbins, A. (1987). *The artist as therapist.* New York: Human Sciences Press.

Robbins, A. (2001). Object relations and art therapy. In J. Rubin (Ed.), *Approaches to art therapy* (2nd ed., pp. 54-65). New York: Brunner-Routledge.

Rubin, J. (1978). *Child art therapy.* New York: Van Nostrand Reinhold.

Rubin, J. (2001). *Approaches to art therapy.* New York: Brunner/Mazel.

Schaverien, J. (1997). *The revealing image.* London: Routledge.

Shedler, J. (2010). The efficacy of psychodynamic psychotherapy. *American Psychologist, 65*(2), 98-109.

Simon, R. (2005). *Self-healing through visual and verbal art therapy.* London: Kingsley.

Ulman, E. (1992). A new use of art in psychiatric diagnosis. *American Journal of Art Therapy, 30,* 78-88.

Wallace, E. (1975). Creativity and Jungian throught. *Art Psychotherapy, 2,* 181-187.

Wallace, E. (1987). Healing through the visual arts: A Jungian approach. In J. Rubin (Ed.), *Approaches to art therapy* (pp. 95-107). New York: Brunner/Mazel.

Winnicott, D. W. (1953). Transitional objects and transitional phenomena. *International Journal of Psychiatry, 34,* 89-97.

Winnicott, D. W. (1965). *The maturation processes and the facilitating environment.* New York: International Universities Press.

Winnicott, D. W. (1971). *Therapeutic consultations in child psychiatry.* New York: Basic Books.

6장

Allen, P. (1995). *Art as a way of knowing.* Boston: Shamhbala.

Axline, V. (1964). *Play therapy.* Boston: Houghton Mifflin.

Betensky, M. (1973). *Self-discovery through self-expression.* Springfield, IL: Thomas.

Boorstein, S. (Ed.). (1996). *Transpersonal psychotherapy.* Albany: State University of New York Press.

Bugental, J. (1987). *The art of the psychotherapist.* New York: Norton.

Cane, F. (1951). *The artist in each of us.* Craftsbury Common, VT: Art Therapy.

Chickerneo, N. (1993). *Portraits of spirituality in recovery.* Springfield, IL: Thomas.

Corey, G. (2009). *Theory and practice of counseling and psychotherapy* (8th ed.). Pacific Grove, CA: Brooks/Cole.

Farrelly-Hansen, M. (Ed.). (2009). *Spirituality and art therapy: Living the connection.* London: Kingsley.

Frankl, V. (1963). *Man's search for meaning.* Boston: Beacon Press.

Franklin, M., Farrelly-Hansen, M., Marek, B., Swan-Foster, N., & Wallingford, S. (2000).

Transpersonal art therapy education. *Art Therapy: Journal of the American Art Therapy Association, 17*(2), 101-110.

Garai, J. (1976). New vistas in the exploration of inner and outer space through art therapy. *Arts in Psychotherapy, 3,* 157-167.

Garai, J. (1987). A humanistic approach to art therapy. In J. Rubin (Ed.), *Approaches to art therapy* (pp. 188-207). New York: Brunner/Mazel.

Grof, S., & Grof, C. (1989). *Spiritual emergency: When personal transformation becomes crisis.* Los Angeles: Tarcher.

Jung, C. G. (1964). *Memories, dreams and reflections.* London: Routledge & Kegan Paul.

Kellogg, J. (1978). *Mandala: Path of beauty.* Clearwater, FL: Association for Teaches of Mandala Assessment.

Landreth, G., & Sweeney, D. (1999). The freedom to be: Child-centered group play therapy. In D. Sweeney & L. Homeyer (Eds.), *The handbook of group play therapy* (pp. 39-64). San Francisco: Jossey-Bass.

Malchiodi, C. A. (2002). *The soul's palette.* Boston: Shambhala.

Maslow, A. (1968). *Toward a psychology of being.* New York: Van Nostrand Reinhold.

May, R. (1953). *Man's search for himself.* New York: Dell.

May, R. (1961). *Existential psychology.* New York: Basic Books.

May, R. (1976). *The courage to create.* New York: Norton.

McNiff, S. (2009). *Integrating the arts in therapy.* Springfield, IL: Thomas.

Moon, B. (1995). *Existential art therapy.* Springfield, IL: Thomas.

Moon, B. (1997). *Art and soul: Reflections on an artistic psychology.* Springfield, IL: Thomas.

Moon, B. (2007). Dialoguing with dreams in existential art therapy. *Art Therapy: Journal of the American Art Therapy Association, 24*(3), 128-133.

Moustakas, C. (1959). *Psychotherapy and children.* New York: Harper.

Moustakas, C. (1994). *Existential psychotherapy and the interpretation of dreams.* New York: Jason Aronson.

Oaklander, V. (1978). *Windows to our children.* Moab, UT: Real People Press.

Oaklander, V. (2007). *Hidden treasure: A map to the child's inner self.* London: Karnac.

Passons, W. (1975). *Gestalt approaches in counseling.* New York: Holt, Rinehart & Winston.

Perls, F. (1969). *Gestalt therapy verbatim.* Lafayette, CA: Real People Press.

Rhyne, J. (1995). *The Gestalt art experience.* Chicago: Magnolia Street.

Rogers, C. (1951). *Client-centered therapy.* London: Constable.

Rogers, C. (1961). *On becoming a person.* Boston: Houghton Mifflin.

Rogers, C. (1969). *Freedom to learn.* Columbus, OH: Merrill.

Rogers, N. (1997). *The creative connection: Expressive arts as healing.* Palo Alto, CA: Science and Behavior Books.

Rogers, N. (1999). The creative connection: A holistic expressive arts process. In S. Levine & E. Levine (Eds.), *Foundations of expressive arts therapy* (pp. 113–131). London: Kingsley.

Rowan, J. (2005). *The transpersonal: Spirituality in psychotherapy and counseling.* New York: Routledge.

Thompson-Taupin, C. (1976). Where do your lines lead?: Gestalt art groups. In J. Downing (Ed.), *Gestalt awareness* (p. 113). New York: Harper & Row.

Zinker, J. (1978). *Creative process in Gestalt therapy.* New York: Brunner/Mazel.

7장

Beck, A. (1976). *Cognitive therapy and emotional disorders.* New York: International Universities Press.

Beck, A., & Emery, G. (1985). *Anxiety disorders and phobias: A cognitive perspective.* New York: Basic Books.

Beck, A., Freeman, A., & Davis, D. (2006). *Cognitive therapy of personality disorders.* New York: Guilford Press.

Corey, G. (2009). *Theory and practice of counseling and psychotherapy.* Pacific Grove, CA: Brooks/Cole.

DeLue, C. (1998). Physiological effects of creating mandalas. In C. A. Malchiodi (Ed.), *Medical art therapy with children* (pp. 33–49). London: Kingsley.

Ellis, A. (1993). Fundamentals of rational-emotive therapy. In W. Dryden & L. Hill (Eds.), *Innovations in rational-emotive therapy* (pp. 1–32). Newbury Park, CA: Sage.

Ellis, A., & Grieger, R. (Eds.). (1996). *Handbook of rational-emotive therapy* (Vols. 1–2). New York: Springer.

Emery, G. (1989). *Own your own life.* New York: Signet.

Epp, K. (2008). Outcome-based evaluation of a social skills program using art therapy and group therapy for children on the autism spectrum. *Children and Schools, 30*(1), 27–36.

Foa, E., Keane, T., & Friedman, M. (Eds.). (2009). *Effective treatments for PTSD: Practice guidelines of the International Society for Traumatic Stress Studies*. New York: Guilford Press.

Gendlin, E. T. (2007). *Focusing*. New York: Bantam Books.

Germer, C., Siegel, R., & Fulton, P. (2005). *Mindfulness and psychotherapy*. New York: Guilford Press.

Gil, E. (2006). *Helping abused and traumatized children*. New York: Guilford Press.

Grey, E. (2010). Use your brain: A neurologically driven application of REBT with children. *Journal of Creativity in Mental Health, 5*(1), 54-64.

Kabat-Zinn, J. (2005). *Coming to our senses: Healing ourselves and the world through mindfulness*. New York: Hyperion.

Malchiodi, C. A. (1999). *Medical art therapy with adults*. London: Kingsley.

Malchiodi, C. A. (2001). Using drawing as intervention with traumatized children. *Trauma and Loss: Research and Intervention, 1*(1), 21-28.

Malchiodi, C. A. (2005). *Expressive therapies*. New York: Guilford Press.

Malchiodi, C. A. (Ed.). (2008). *Creative interventions with traumatized children*. New York: Guilford Press.

McMullin, R. (2000). *Handbook of cognitive therapy techniques*. New York: Norton.

Meichenbaum, D. (1985). *Stress inoculation training*. New York: Pergamon Press.

Monti, D., Peterson, C., Kunkel, E., Hauck, W., Pequignot, E., Rhodes, L., et al. (2006). A randomized controlled trial of mindfulness-based art therapy (MBAT) for women with cancer. *Psycho-Oncology, 15*(5), 363-373.

National Center for Complementary and Alternative Medicine. (2011). *What is complementary and alternative medicine?* Retrieved January 2, 2011, from *nccam.nih.gov/health/whatiscam*.

Ogden, P., Minton, K., & Pain, C. (2006). *Trauma and the body: A sensorimotor approach to psychotherapy*. New York: Norton.

Payne, H. (Ed.). (2006). *Dance movement therapy: Theory, research and practice* (2nd ed.). London: Tavistock/Routledge.

Pifalo, T. (2006). Art therapy with sexually abused children and adolescents. *Art Therapy: Journal of the American Art Therapy Association, 23*(4), 181-185.

Rappaport, L. (2008). *Focusing-oriented art therapy*. London: Kingsley.

Siegel, D. J. (2007). *The mindful brain*. New York: Norton.

Siegel, D. J. (2010). *The mindful therapist*. New York: Norton.

Steele, W., & Raider, M. (2001). Structured sensory intervention with children, adolescents, and parents. *Trauma and Loss: Research and Interventions, 1*(1), 8–20.

Talwar, S. (2007). Accessing traumatic memory through art making: An art therapy trauma protocol. *The Arts in Psychotherapy, 34*(1), 22–27.

Tobin, B. (2006). Art therapy meets EMDR: Processing the paper–based image with eye movement. *Canadian Art Therapy Association Journal, 19*(2), 27–38.

Tripp, S. (2007). A short term therapy approach to processing trauma: Art therapy and bilateral stimulation. *Art Therapy, 24*(4), 176–183.

8장

Alter–Muri, S. (1998). Texture in the melting pot: Post modernist art and art therapy. *Art Therapy: Journal of the American Art Therapy Association, 15*(4), 245–251.

Berg, I. K., & Miller, S. (1992). *Working with the problem drinker: A solution-focused approach.* New York: Norton.

Cade, B., & O'Hanlon, W. H. (1993). *A brief guide to brief therapy.* New York: Norton.

De Shazer, S. (1980). Brief family therapy: A metaphorical task. *Journal of Marital and Family Therapy, 6,* 471–476.

De Shazer, S. (1982). *Patterns of brief family therapy: An ecosystemic approach.* New York: Guilford Press.

De Shazer, S. (1985). *Keys to solution in brief therapy.* New York: Norton.

De Shazer, S. (1991). *Putting differences to work.* New York: Norton.

De Shazer, S. (1994). *Words were originally magic.* New York: Norton.

Freeman, J., Epston, D., & Lobovits, D. (1997). *Playful approaches to serious problems.* New York: Norton.

O'Hanlon, W., & Weiner–Davis, M. (1989). *In search of solutions: A new direction in psychotherapy.* New York: Norton.

Riley, S. (1997). Conflicts in treatment, issues of liberation, connection, and culture: Art therapy for women and their families. *Art Therapy: Journal of the American Art Therapy Association, 14*(2), 102–108.

Riley, S., & Malchiodi, C. A. (2004). *Integrative approaches to family art therapy.* Chicago: Magnolia Street.

Selekman, M. (1997). *Solution-focused therapy with children: Harnessing family strengths for systemic change.* New York: Guilford Press.

Selekman, M. (2002). *Living on the edge: Solution-oriented brief family therapy with self-harming adolescents.* New York: Norton.

Selekman, M. (2010). *Collaborative brief therapy with children.* New York: Guilford Press.

White, M. (2007). *Maps of narrative practice.* New York: Norton.

White, M., & Epston, D. (1990). *Narrative means to therapeutic ends.* New York: Norton.

9장

Aach-Feldman, S. (1981). Art and the IEP. In L. Kearns, M. Ditson, & B. Roehner (Eds.), *Readings: Developing arts programs for handicapped students.* Harrisburg, PA: Arts in Special Education Project of Pennsylvania.

Aach-Feldman, S., & Kunkle-Miller, C. (1987). A developmental approach to art therapy. In J. Rubin (Ed.), *Approaches to art therapy* (pp. 251-274). New York: Brunner/Mazel.

Bowlby, J. (2005). *A secure base.* London: Routledge.

Cox, M. (2005). *The pictorial world of the child.* New York: Cambridge University Press.

Deaver, S. (2009). A normative study of children's drawings: Preliminary research findings. *Art Therapy: Journal of the American Art Therapy Association, 26*(1), 4-11.

Erikson, E. H. (1963). *Childhood and society.* New York: Norton.

Freud, S. (1905/1962). Three essays on the theory of sexuality. In J. Strachey (Ed. and Trans.), *The standard edition of the complete psychological works of Sigmund Freud* (Vol. 7). London: Hogarth Press.

Gardner, H. (1980). *Artful scribbles.* New York: Basic Books.

Golomb, C. (1990). *The child's creation of the pictorial world.* Berkeley and Los Angeles: University of California Press.

Goodenough, F. (1926). A new approach to the measurement of intelligence of young children. *Journal of Genetic Psychology, 33,* 185-211.

Henley, D. (1992). *Exceptional children, exceptional art.* Springfield, MA: Davis.

Kellogg, R. (1970). *Analyzing children's art.* Palo Alto, CA: Mayfield.

Kramer, E. (1971). *Art as therapy with children.* New York: Schocken Books.

Kramer, E. (1986). The art therapist's third hand: Reflections on art, art therapy, and society at large. *American Journal of Art Therapy, 24*(3), 71-86.

Lowenfeld, V. (1957). *Creative and mental growth* (3rd ed.). New York: Macmillan.

Lowenfeld, V., & Brittain, W. (1987). *Creative and mental growth* (7te ed.). New York: Macmillan.

Lusebrink, V. B. (2010). Assessment and therapeutic application of the expression therapies continuum. *Art Therapy: Journal of the American Art Therapy Association, 27*(4), 166–170.

Mahler, M., Pine, F., & Bergman, A. (1975). *The psychological birth of the human infant: Symbiosis and individuation.* New York: Basic Books.

Malchiodi, C. A. (1997). *Breaking the silence: Art therapy with children from violent homes.* Philadelphia: Brunner/Mazel.

Malchiodi, C. A. (1998). *Understanding children's drawings.* New York: Guilford Press.

Malchiodi, C. A. (2002). Using drawing in short-term assessment and intervention of child maltreatment and trauma. In A. Giardino (Ed.), *Child maltreatment* (3rd ed., pp. 201–220). St. Louis: GW Medical Press.

Malchiodi, C. A. (Ed.). (2008). *Creative interventions with traumatized children.* New York: Guilford Press.

Malchiodi, C. A. (2011). *Trauma-informed art therapy.* Retrieved January 31, 2011, from *www.cathymalchiodi.com/TraumaInformedArtTherapy.html.*

Malchiodi, C. A., Riley, S., & Hass-Cohen, N. (2001). *Art therapy mind-body landscapes* (Audio-tape No. 108-1525). Denver, CO: National Audio Video.

Perry, B. (2002). Childhood experience and the expression of genetic potential: What childhood neglect tells us about nature and nurture. *Brain and Mind, 3,* 79–100.

Perry, B. (2006). The neurosequential model of therapeutics: Applying principles of neuroscience to clinical work with traumatized and maltreated children. In N. B. Webb (Ed.), *Working with traumatized youth in child welfare* (pp. 27–52). New York: Guilford Press.

Perry, B. (2009). Examining child maltreatment through a neurodevelopmental lens: Clinical applications of the neurosequential model of therapeutics. *Journal of Trauma and Loss, 14,* 240–255.

Piaget, J. (1959). *Judgment and reasoning in the child.* Patterson, NJ: Littlefield Adams.

Piaget, J., & Inhelder, B. (1971). *Mental imagery in the child.* New York: Basic Books.

Silver, R. (1978). *Developing cognitive and creative skills through art.* Baltimore: University Park Press.

Silver, R. (2001). *Art as language.* Philadelphia: Brunner-Routledge.

Silver, R. (2002). *The Silver Drawing Test.* New York: Brunner-Routledge.

Silver, R. (2007). *The Silver Drawing Test and Draw a Story.* New York: Routledge.

Uhlin, D. (1972). *Art for exceptional children.* Dubuque, IA: Brown.

Williams, G., & Woods, M. (1977). *Developmental art therapy.* Baltimore: University Park Press.

Winner, E. (1982). *Invented worlds: The psychology of the arts.* Cambridge, MA: Harvard University Press.

10장

Estrella, K. (2005). Expressive therapy: An integrated arts approach. In C. A. Malchiodi (Ed.), *Expressive therapies* (pp. 183-209). New York: Guilford Press.

Hinz, L. (2009). *Expressive therapies continuum: A framework for using art in therapy.* New York: Routledge.

Johnson, D. R. (1999). *Essays on the creative arts therapies.* Springfield, IL: Thomas.

Junge, M. (2010). *A modern history of art therapy.* Springfield, IL: Thomas.

Kagin, S., & Lusebrink, V. (1978). The expressive therapies continuum. *Arts in Psychotherapy, 5,* 171-180.

Knill, P. (1978). *Ausdruckstherapie.* Lilienthal, Germany: ERES.

Knill, P., Barba, H., & Fuchs, M. (1995). *Minstrels of the soul: Intermodal expressive therapy.* Toronto: Palmerson Press.

Lesley College. (1995). *Definition of expressive therapy.* Available at. *www.lesley.edu/faculty/estrella/intermod.htm.*

Levine, S., & Levine, E. (1999). *Foundations of expressive arts therapy.* London: Kingsley.

Lusebrink, V. (1990). *Imagery and visual expression in therapy.* New York: Plenum Press.

Lusebrink, V. (1991). A systems-oriented approach to the expressive therapies: The expressive therapies continuum. *The Arts in Psychotherapy, 18*(4), 395-404.

Lusebrink, V. (2010). Assessment and therapeutic application of the expressive therapies continuum: Implications for brain structures and functions. *Art Therapy: Journal of the American Art Therapy Association, 27*(4), 168-177.

Malchiodi, C. A. (Ed.). (2005). *Expressive therapies.* New York: Guilford Press.

Malchiodi, C. A. (2006). *The art therapy sourcebook* (2nd ed.). New York: McGraw-Hill.

McNiff, S. (2009). *Integrating the arts in psychotherapy.* Springfield, IL: Thomas.

Pennebaker, J. (2004). *Writing to heal.* Oakland, CA: New Harbinger.

Perry, B. (2006). The neurosequential model of therapectics: Applying principles of neuroscience to clinical work with traumatized and maltreated children. In N. B. Webb (Ed.), *Working with traumatized youth in child welfare* (pp. 27-52). New York: Guilford Press.

Rhyne, J. (1973/1995). *The Gestalt art experience.* Monterey, CA: Brooks/Cole; Chicago: Magnolia Street.

Rogers, N. (1993). *The creative connection: Expressive arts as healing.* Palo Alto, CA: Science & Behavior Books.

Spaniol, S., Spieser, P., & Cattaneo, M. (1999). Multimodal expressive arts therapy. In N. Allison (Ed.), *Illustrated encyclopedia of body-mind disciplines* (pp. 363-366). New York: Rosen.

3부

Malchiodi, C. A. (1997). *Breaking the silence: Art therapy with children from violent homes.* Philadelphia: Brunner/Mazel.

Malchiodi, C. A. (1998). *Understanding children's drawings.* New York: Guilford Press.

Malchiodi, C. A. (1999). *Medical art therapy with children.* London: Kingsley.

Malchiodi, C. A. (Ed.). (2008). *Creative interventions with traumatized children.* New York: Guilford Press.

Solinger, R., Fox, M., & Irani, K. (2008). *Telling stories to change the world: Global voices on the power of narrative to build community and make social justice claims.* New York: Routledge.

Steele, W., & Raider, M. (2001). Structured sensory intervention for traumatized children, adolescents, and parents. *Trauma and Loss: Research and Interventions, 1*(1), 8-20.

Waging Peace. (2007). *Drawings of genocide.* Retrieved September 18, 2007, from. www.wagingpeace.info/?q=node/149.

11장

Balint, M. (1968). *The basic fault: Therapeutic aspects of regression.* London: Tavistock.

Bergner, R. M. (2007). Therapeutic storytelling revisited. *American Journal of Psychotherapy, 61*(2), 149-162.

Buck, J. N. (1948). The H-T-P technique: A qualitative and quantitative scoring manual. *Journal of Clinical Psychology, 5,* 1-120.

Claman, L. (1980). The squiggle-drawing game in child psychotherapy. *American Journal of Psychotherapy, 34*(3), 414-425.

Gardner, R. (1974). The mutual storytelling technique in the treatment of psychogenic problems secondary to minimal brain dysfunction. *Journal of Learning Disabilities, 7*(3), 135-143.

Howard, G. S. (1991). Culture tales: A narrative approach to thinking, cross-cultural psychology, and psychotherapy. *American Psychologist, 46,* 187–197.

Kestenbaum, C. J. (1985). The creative process in child psychotherapy. *American Journal of Psychotherapy, 39*(4), 479–489.

Lawson, D. M. (1987). Using therapeutic stories in the counseling process. *Elementary School Guidance and Counseling, 22*(2), 134–142.

Malchiodi, C. A. (2001). Using drawings as intervention with traumatized children. *Trauma and Loss: Research and Interventions, 1*(1), 21–27.

Meichenbaum, D., & Fitzpatrick, D. (1993). A constructivist, narrative perspective on stress and coping: Stress inoculation applications. In L. Goldberger & S. Breznitz (Eds.), *Handbook of stress: Theoretical and clinical aspects* (2nd ed., pp. 706–723). New York: Free Press.

Nakai, H. (1982). Sougo genkai ginmi–hou wo kami shita squiggle [Squiggle technique of Winnicott with mutual limit testing and facilitation]. *Japanese Bulletin of Art Therapy, 13,* 17–21.

Nakai, H., & Goto, T. (1983). Yuhatsusenni Yoru byoug ahou [Elicitor–induced drawing: A facilitatory technique in art therapy]. *Japanese Bulletin of Art Therapy, 14,* 51–56.

Shapiro, F. (2001). *Eye movement desensitization and reprocessing: Basic principles, protocols, and procedures* (2nd ed.). New York: Guilford Press.

Silver, R. (1996). *Silver Drawing Test of Cognition and Emotion.* New York: Ablin Press.

Stirtzinger, R. M. (1983). Story telling: A creative therapeutic technique. *Canadian Journal of Psychiatry, 28*(7), 561–565.

Tanaka, M. (1992). Nagurigaki to monogatari [The Mutual Storytelling and Squiggle Game]. *Studies in Clinical Application Drawings, 7,* 147–165.

Tanaka, M. (1993). Squiggle hou no jissai [Practical method of squiggle drawing game] [Special issues: Squiggle technique]. *Studies in Clinical Application Drawings, 8,* 19–34.

Tanaka, M. (1995). Tamagoga to Doukutsuga: Rinshobyouga ni okeru daenwaku kuukan no kenkyu [Egg Drawing and Cave Drawing technique: The study of oval boundary technique in clinical drawings]. *Studies in Clinical Application Drawings, 10,* 151–168.

Tanaka, M. (2001a). Approach to art therapy with gender identity disordered adolescents—The significance of narrative elicited through clinical drawings. *Bulletin of Mejiro University Department of Human and Social Sciences, 1,* 85–103.

Tanaka, M. (2001b). On squiggle drawing game with delinquent children: Art therapy and psychopathology of expression. *Clinical Psychiatry, Special Volume* (pp. 135–143). Tokyo: Arc Media.

Tanaka, M., & Konno, H. (2007). Yuhatsusenhou no hanou tokucho ni kansuru kenkyu: MMPI, SDS, Insho-hyoka tono kanren wo tooshite [A study of reactive features of elicitor technique: Through the use of MMPI, SDS and impression assessment]. *Mejiro Journal of Psychology, 3,* 27-39.

Tanaka, M., Konno, H., & Osano, A. (2003). Daensaisenga shigeki ni yoru byouga sokushin ni kansura kenkyu [Research on Egg Drawing and Cave Drawing, 1: Stimulation of art expression by an oval image]. *Mejiro University School of Social Work—Journal of Human and Social Sciences, 3,* 77-96.

van der Kolk, B. A., McFarlane, A. C., & Weisaeth, L. (Eds.). (1996). *Traumatic stress: The effects of overwhelming experience on mind, body, and society.* New York: Guilford Press.

Walrond-Skinner, S. (1986). *A dictionary of psychotherapy: Squiggle game.* London: Routledge.

Winnicott, D. W. (1965). *Maturation processes and the facilitating environment.* London: Hogarth Press.

Winnicott, D. W. (1971). *Therapeutic consultations in child psychiatry.* London: Hogarth Press.

Winnicott, D. W. (1989a). Fear of breakdown. In C. Winnicott, R. Shepherd, & M. Davis (Eds.), *Psycho-analytic explorations/D. W. Winnicott* (pp. 87-89). Cambridge, MA: Harvard University Press. (Original work published 1963)

Winnicott, D. W. (1989b). The squiggle game. In C. Winnicott, R. Shepherd, & M. Davis (Eds.), *Psycho-analytic explorations/D. W. Winnicott* (pp. 299-317). Cambridge, MA: Harvard University Press. (Original work published 1968)

Winnicott, D. W. (1989c). The use of an object and relating through identifications. In C. Winnicott, R. Shepherd, & M. Davis (Eds.), *Psycho-analytic explorations/D. W. Winnicott* (pp. 218-227). Cambridge, MA: Harvard University Press. (Original work published 1968)

Ziegler, R. (1976). Winnicott's squiggle game: Its diagnostic and therapeutic usefulness. *Art Psychotherapy, 3,* 177-185.

12장

American Psychiatric Association. (1994). *Diagnostic and statistical manual of mental disorders* (4th ed.). Washington, DC: Author.

Bremmer, J. D., Randall, P., Scott, T. M., Bronen, R. A., & Seibyl, T. P. (1996). MRI-based measures of hippocampal volume in patients with PTSD. *American Journal of Psychiatry, 152,* 973-981.

Cohen, J. A., Mannarino, A. P., & Deblinger, A. P. (2006). *Treating trauma and traumatic grief in children and adolescents.* New York: Guilford Press.

Colozino, L. (2006). *The neuroscience of human relationships: Attachments and the developing brain.* New York: Norton.

Dykman, E. Y., & Buka, S. L. (1997). Prevalence and risk factors for posttraumatic stress disorder among chemically dependent adolescents. *American Journal of Psychiatry, 154,* 752–757.

Eth, S., & Pynoos, R. (Eds.). (1985). *Posttraumatic stress disorder in children.* Washington, DC: American Psychiatric Press.

Ford, J. D., Chapman, J., Mack, M., & Pearson, G. (2006). Pathways from traumatic child victimization to delinquency: Implications for juvenile and permanency court proceedings and decisions. *Juvenile and Family Court Journal, 2,* 13–23.

Levine, P., & Kline, M. (2007). *Trauma proofing your kids.* Berkeley, CA: North Atlantic Books.

Malchiodi, C. A. (1997). *Breaking the silence: Art therapy with children from violent homes.* New York: Brunner/Mazel.

Malchiodi, C. A. (1998). *Understanding children's drawings.* New York: Guilford Press.

Malchiodi, C. A. (2001). Using drawing as intervention with traumatized children. *Trauma and Loss: Research and Intervention, 1*(1), 21–28.

Malchiodi, C. A. (Ed.). (2008). *Creative interventions with traumatized children.* New York: Guilford Press.

Marks, I. A. (1972). Flooding (implosion) and allied treatments. In S. Agras (Ed.), *Behaviour modification: Principles and clinical applications* (pp. 151–211). Boston: Little, Brown.

Mihaescu, G., & Baettig, D. (1996). An integrated model of posttraumatic stress disorder. *European Journal of Psychiatry, 10*(4), 243–245.

Perry, B., & Szalavitz, M. (2006). *The boy who was raised as a dog and other stories from a psychiatrist's notebook.* New York: Basic Books.

Pynoos, R., & Eth, S. (1986). Witness to violence: The child interview. *Journal of the American Academy of Child Psychiatry, 25,* 306–319.

Pynoos, R., & Nader, K. (1990). Children's exposure to violence and traumatic death: Preliminary findings. *Journal of the American Academy of Child and Adolescent Psychiatry, 31,* 863–867.

Rachman, S. J. (1966). Studies in desensitization: II. Flooding. *Behaviour Research and Therapy, 4,* 1–6.

Raider, M., Steele, W., Delillo-Storey, M., Jacobs, J., & Kuban, C. (2008). Structured sensory therapy

(SITCAP-ART) for traumatized adjudicated adolescents in residential treatment. *Residential Treatment for Children and Youth, 25*(2), 1-17.

Reinecke, M., Dattilio, F., & Freeman, A. (Eds.). (2003). *Cognitive therapy with children and adolescents: A casebook for clinical practice* (2nd ed.). New York: Guilford Press.

Riley, S. (1997). Children's art and narratives: An opportunity to enhance therapy and a supervisory challenge. *The Supervision Bulletin, 9*(3), 2-3.

Rothschild, B. (2001). *The body remembers: The psychophysiology of trauma and trauma treatment.* New York: Norton.

Saigh, P. (1987). In vitro flooding of a childhood post traumatic stress disorder. *School Psychology Review, 16,* 203-221.

Saigh, P., & Bremner, J. (1999). *Posttraumatic stress disorder.* Needham Heights, MA: Allyn & Bacon.

Schwarz, E., & Kowalski, J. (1991). Posttraumatic stress disorder after a school shooting: Effects of symptom threshold selection and diagnosis by DSM-III-R or proposed DSM-IV. *American Journal of Psychiatry, 48,* 592-597.

Siegel, D. (2007). Mindfulness training and neural integration: Differentiation of distinct streams of awareness and the cultivation of well being. *Social Cognitive and Affective Neuroscience, 21*(4), 259-263.

Steele, W. (2009). Drawing: An evidence-based intervention for trauma victims. *Reclaiming Children and Youth, 18*(1), 20-23.

Steele, W., Kuban, C., & Raider, M. (2009). Connections, continuity, dignity, opportunities model: Follow-up of children who completed the *I Feel Better Now!* trauma intervention program. *School Social Work Journal, 33*(2), 98-111.

Steele, W., & Malchiodi, C. (2011). *Trauma informed practice with children and adolescents.* New York: Routledge.

Steele, W., & Raider, M. (2009). *Structured sensory interventions for traumatized children, adolescents, and parents: Strategies to alleviate trauma.* New York: Edwin Mellen Press.

van der Kolk, B. A. (1987). *Psychological trauma.* Washington, DC: American Psychiatric Press.

van der Kolk, B. A., McFarlane, A. C., & Weisaeth, L. (Eds.). (1996). *Traumatic stress: The effects of overwhelming experience on mind, body, and society.* New York: Guilford Press.

World Health Organization. (1992). *The ICD-10 classification of mental and behavioral disorders: Clinical descriptions and guidelines.* Geneva: Author.

13장

Briere, J. N. (1992). *Child abuse trauma: Theory and treatment of the lasting effects.* Thousand Oaks, CA: Sage.

Conte, J. R. (Ed.). (2002). *Critical issues in child sexual abuse.* Thousand Oaks, CA: Sage.

Friedrich, W. N. (1995). *Psychotherapy with sexually abused boys: An integrated approach.* Thousand Oaks, CA: Sage.

Friedrich, W. N. (2002). *Psychological assessment of sexually abused children and their families.* Thousand Oaks, CA: Sage.

Gil, E. (1991). *The healing power of play: Working with abused children.* New York: Guilford Press.

Gil, E. (1998). Understanding and responding to post-trauma play. *Association for Play Therapy Newsletter, 17*(1), 7-10.

Gil, E. (2002). Play therapy with abused children. In F. W. Kaslow (Ed.) & R. F. Massey & S. D. Massey (Vol. Eds.), *Comprehensive handbook of psychotherapy* (Vol. 3, pp. 59-82). New York: Wiley.

Gil, E. (2010). *Working with children to heal interpersonal trauma: The power of play.* New York: Guilford Press.

Heineman, T. V. (1998). *The abused child: Psychodynamic understanding and treatment.* New York: Guilford Press.

Homeyer, L. E., & Sweeney, D. S. (1998). *Sandtray: A practical manual.* Canyon Lake, TX: Linda Press.

Homeyer, L. E., & Sweeney, D. S. (1998). *Sandtray: A practical manual* (2nd ed.). Canyon Lake, TX: Linda Press.

James, B. (1994). *Handbook for treatment of attachment-trauma problems in children.* New York: Lexington Books.

Kendall-Tackett, K. A., Williams, L. M., & Finkelhor, D. (1993). The impact of sexual abuse on children: A review and synthesis of recent empirical studies. *Psychological Bulletin, 113*(1), 164-180.

Klein, N. (2001). *Healing images for children: Teaching relaxation and guided imagery to children facing cancer and other serious illnesses.* Watertown, WI: Inner Coaching.

Labovitz Boik, B., & Goodwin, E. A. (2000). *Sandplay therapy: A step-by-step manual for psychotherapists of diverse orientations.* New York: Norton.

Landreth, G. L. (1982). Recommended play therapy materials. In G. L. Landreth (Ed.), *Play therapy: Dynamics of the process of counseling with children* (pp. 153–154). Springfield, IL: Thomas.

Lanktree, C. B., & Briere, J. (1995). Outcome of therapy for sexually abused children: A repeated measures study. *Child Abuse and Neglect, 19*(9), 1145–1155.

Malchiodi, C. A. (1998). *Understanding children's drawings.* New York: Guilford Press.

Mitchell, R. R., & Friedman, H. S. (1994). *Sandplay past, present and future.* New York and London: Routledge.

Naumburg, M. (1987). *Dynamically oriented art therapy: Its principles and practice.* Chicago: Magnolia Street.

Patterson, S., & Feldman, J. (1993). *No, no, and the secret touch.* Greenbrae, CA: National Self-esteem Resources and Development Center.

Rubin, J. A. (1984). *Child art therapy: Understanding and helping children grow through art.* New York: Van Nostrand Reinhold.

Sobol, B., & Schneider, K. (1996). Art as an adjunctive therapy in the treatment of children who dissociate. In J. L. Silberg (Ed.), *The dissociative child: Diagnosis, treatment and management* (pp. 191–218). Lutherville, MD: Sidran Press.

Terr, L. (1990). *Too scared to cry.* New York: Harper & Row.

14장

American Psychiatric Association. (1967). *Diagnostic and statistical manual of mental disorders* (2nd ed.). Washington, DC: Author.

American Psychiatric Association. (2000). *Diagnostic and statistical manual of mental disorders* (4th ed., text rev.). Washington, DC: Author.

Barkley, R. A. (2006). *Attention-deficit hyperactivity disorder: A handbook for diagnosis and treatment.* New York: Guilford Press.

Buck, J. N. (1978). *The House-Tree-Person technique.* Los Angeles: Western Psychological Services.

Burns, R. C., & Kaufman, H. S. (1972). *Actions, styles, and symbols in Kinetic Family Drawings.* New York: Brunner/Mazel.

Cane, F. (1951). *The artist in each of us.* New York: Pantheon Books.

Centers for Disease Control and Prevention. (2008). *Diagnosed attention deficit hyperactivity disorder and learning disability: United States, 2004-2006.* Washington, DC: U.S. Government Printing Office.

Ellison, P. (2000). Building social skills in children with ADHD: A multimodal approach. In S. Buningh (Ed.), *CHADD ADHD resource manual* (pp. 68–70). Salina, KS: Russell L. Shipley.

Epperson, J., & Valum, L. (1992). The effects of stimulant drugs on the art products of ADHD children. *Art Therapy: Journal of the American Art Therapy Association, 9*(1), 36–38.

Hammer, E. (1967). *Clinical applications of projective drawings.* Springfield, IL: Thomas.

Henley, D. (1998). Art therapy as an aid to socialization in children with ADD. *American Journal of Art Therapy, 37,* 2–12.

Landgarten, H. B. (1987). *Family art psychotherapy: A clinical guide and casebook.* New York: Brunner/Mazel.

Levick, M. (2009). *The Levick Emotional and Cognitive Art Therapy Assessment: A normative study.* Bloomington, IN: Authorhouse.

Nadeau, K. G., & Quinn, P. (2002). *Understanding women with ADHD.* Silver Spring, MD: Advantage Books.

Naumburg, M. (1966). *Dynamically oriented art therapy.* New York: Grune & Stratton.

Oster, G. D., & Gould, P. (2004). *Using drawings in assessment and therapy.* New York: Brunner/Mazel.

Riley, S., & Malchiodi, C. A. (2004). *Integrative approaches to family art therapy.* Chicago: Magnolia Street.

Safran, D. (2002). *Art therapy and ADHD: Diagnostic and therapeutic approaches.* London: Kingsley.

Silver, R. (2007). *Silver Drawing Test and Draw a Story.* New York: Brunner-Routledge.

Zametkin, A. J. (1995). *ADHD today: Clinical wisdom for the practitioners: The biologic basis of ADHD.* Deerfield, IL: Discovery International.

15장

American Psychiatric Association. (2000). *Diagnostic and statistical manual of mental disorders* (4th ed., text rev.). Washington, DC: Author.

Baranek, G. T., Parham, L. D., & Bodfish, J. W. (2005). Sensory and motor features in autism: Assessment and intervention. In F. Volkmar, R. Paul, A. Klin, & D. J. Cohen (Eds.), *Handbook of autism and pervasive developmental disorders* (3rd ed.): *Vol. 2 Assessment, interventions, and policy* (pp. 831–861). Hoboken, NJ: Wiley.

Baron-Cohen, S. (1995). *Mindblindness: An essay on autism and theory of mind.* Boston: MIT

Press/Bradford Books.

Baron-Cohen, S., & Belmonte, M. K. (2005). Autism: A window onto the development of the social and the analytic brain. *Annual Review of Neuroscience, 28,* 109-126.

Baron-Cohen, S., Tager-Flusberg, H., & Cohen, D. J. (2000). *Understanding other minds: Perspectives from developmental cognitive neuroscience.* Oxford, UK: Oxford University Press.

Billstedt, E., Gillberg, I. C., & Gillberg, C. (2007). Autism in adults: Symptom patterns and early childhood predictors. Use of the DISCO in a community sample followed from childhood. *Journal of Child Psychology and Psychiatry, 48*(11), 1102-1110.

Bolic, S., & Pousika, R. (2002). The relationship between general cognitive level and adaptive behavior domains in individuals with autism with and without co-morbid mental retardation. *Child Psychiatry and Human Development, 33,* 165-172.

Bryson, S. E., & Smith, I. M. (1998). Epidemiology of autism: Prevalence, associated characteristics and implications for research and service delivery. *Mental Retardation and Developmental Disabilities Research Reviews, 4,* 97-103.

Carter, A. S., Volkmar, F. R., Sparrow, S. S., Wang, J. J. Lord, C., Dawson, G., et al. (1998). The Vineland Adaptive Behavior Scales: Supplementary norms for individuals with autism. *Journal of Autism and Developmental Disorders, 28*(4), 287-302.

Cox, M., & Eames, K. (1999). Contrasting styles of drawing in gifted individuals with autism. *Autism: The International Journal of Research and Practice, 3*(4), 397-409.

De Giacomo, A., Portoghese, C., Martinelli, D., Fanizza, I., L'Abate, L., & Margari, L. (2009). Imitation and communication skills development in children with pervasive developmental disorders. *Neuropsychiatric Disease and Treatment, 5,* 355-362.

Dowell, L. R., Mahone, E. M., & Mostofsky, S. H. (2009). Associations of postural knowledge and basic motor skill with dyspraxia in autism: Implication for abnormalities in distributed connectivity and motor learning. *Neuropsychology, 23*(5), 563-570.

Dunn, W. (1999). *Sensory profile.* San Antonio, TX: Psychological Corporation.

Eichler, E. E., & Zimmerman, A. W. (2008). A hot spot of genetic instability in autism. *New England Journal of Medicine, 358*(7), 737-739.

Freeman, B. J., Rahbar, B., Ritvo, E. R., Bice, T. L., Yokota, A., & Ritvo, R. (1991). The stability of cognitive and behavioral parameters in autism: A twelve-year prospective study. *Journal of the American Academy of Child and Adolescent Psychiatry, 30*(3), 479-482.

Gabriels, R. L., Ivers, B. J., Hill, D. E., Agnew, J. A., & McNeill, J. (2007). Stability of adaptive behaviors in middle-school children with autism spectrum disorders. *Research in Autism Spectrum Disorders, 1*(4), 291–303.

Gardner, H. (1982). *Art, mind and brain: A cognitive approach to creativity.* New York: Basic Books.

Gillham, J. E., Carter, A. S., Volkmar, F. R., & Sparrow, S. S. (2000). Toward a developmental operational definition of autism. *Journal of Autism and Developmental Disorders, 30*(4), 269–278.

Grandin, T. (1992). An inside view of autism. In E. Schopler & G. B. Mesibov (Eds.), *High functioning individuals with autism* (pp. 105–126). New York: Plenum Press.

Grandin, T. (1995). *Thinking in pictures.* New York: Vintage Books.

Grandin, T. (1998). Teaching tips from a recovered autistic. *Focus on Autistic Behavior, 3*(1), 1–8.

Grandin, T., & Johnson, C. (2005). *Animals in translation.* New York: Simon & Schuster.

Gray, C. (2000). *The new social story book illustrated edition.* Arlington, TX: Future Horizions.

Grossman, R. B., & Tager-Flusberg, H. (2008). Reading faces for information about words and emotions in adolescents with autism. *Research in Autism Spectrum Disorders, 2*(4), 681–695.

Granpeesheh, D., Tarbox, J., & Dixon, D. R. (2009). Applied behavior analytic interventions for children with autism: A description and review of treatment research. *Annals of Clinical Psychiatry, 21*(3), 162–173.

Happe, F., & Frith, U. (1996). The neuropsychology of autism. *Brain, 119*(Pt. 4), 1377–1400.

Hess, K. L., Morrier, M. J., Heflin, L. J., & Ivey, M. L. (2007). Autism treatment survey: Services received by children with autism spectrum disorders in public classroom settings. *Journal of Autism and Developmental Disorders, 38,* 961–971.

Hou, C., Miller, B. L., Cummings, J. L., Goldberg, M., Mychack, P., Bottino, V., et al. (2000). Autistic savants. *Neuropsychiatry, Neuropsychology and Behavioral Neurology, 13*(1), 29–38.

Hume, K. (2005, May). *Effects of an individual work system on the independent work and play skills in students with autism.* Paper presented at the International Meeting for Autism Research (IMFAR), Boston, MA.

Kasari, C., & Rotheram-Fuller, E. (2005). Current trends in psychological research on children with high-functioning autism and Asperger disorder. *Current Opinion in Psychiatry, 18*(5), 497–501.

Khetrapal, N. (2008). The framework for disturbed effective consciousness in autism. *Neuropsychiatric*

Disease and Treatment, 4(3), 531–533.

Klin, A., Saulnier, C. A., Sparrow, S. S., Cicchetti, D. V., Volkmar, F. R., & Lord, C. (2007). Social and communication abilities and disabilities in higher functioning individuals with autism spectrum disorders: The Vineland and the ADOS. *Journal of Autism and Developmental Disorders, 37*(4), 748–759.

Koegel, R. L., Vernon, T. W., & Koegel, L. K. (2009). Improving social imitations in young children with autism using reinforcers with embedded social interactions. *Journal of Autism and Development Disorders, 39*(9), 1240–1251.

Lainhart, J. E. (1999). Psychiatric Problems in autistic individuals and their parents and siblings. *International Review of Psychiatry, 11*, 278–298.

Lockyer, L., & Rutter, M. (1969). A five-to fifteen-year follow-up study of infantile psychosis. *British Journal of Psychiatry, 115*(525), 865–882.

Mesibov, G. B., & Shea, V. (2005). The culture of autism: From theoretical understanding to educational practice. In G. B. Mesibov, E. Schopler, & V. Shea (Eds.), *TEACCH approach to autism spectrum disorders* (pp. 19–32). New York: Springer.

Miller, L. J., Lane, S., Cermak, S., Osten, E., & Anzalone, M. (2005). Section I—Primary diagnosis: Axis I: Regulatory-snesory processing disorders. In S. I. Greenspan & S. Wieder (Eds.), *Diagnostic manual for infancy and early childhood: Mental health, developmental, regulatory-sensory processing and language disorders and learning challenges (ICDL-DMIC)* (pp. 73–112). Bethesda, MD: Interdisciplinary Council on Developmental and Learning Disorders (ICDL).

Ozonoff, S. (1995). Reliability and validity of the Wisconsin Card Sorting Test in studies of autism. *Neuropsychology, 9*, 491–500.

Riley, S., & Malchiodi, C. (2004). *Integrative approaches to family art therapy*. Chicago: Magnolia Street.

Rogers, S. J. (1999). An examination of the imitation deficit in autism. In N. Jacqueline & G. Butterworth (Eds.), *Imitation in infancy* (pp. 254–283). New York: Cambridge University Press.

Rogers, S. J., & Williams, J. H. G. (Eds.). (2006). *Imitation and the social mind: Autism and typical development*. New York: Guilford Press.

Rumsey, J. M., Rapoport, J. L., & Sceery, W. R. (1985). Autistic children as adults: Psychiatric social, and behavioral outcomes. *Journal of the American Academy of Child Psychiatry, 24*(4), 465–473.

Russell, J. (1997). *Autism as an executive disorder.* Oxford, UK: Oxford University Press.

Saulnier, C. A., & Klin, A. (2007). Brief report: Social and communication abilities and disabilities in higher functioning individuals with autism and Asperger syndrome. *Journal of Autism and Developmental Disorders, 37*(4), 788–793.

Schatz, J., & Hamdan-Allen, G. (1995). Effects of age and IQ on adaptive behavior domains for children with autism. *Journal of Autism and Developmental Disorders, 25*(1), 51–60.

Schopler, E., & Mesibov, G. B. (1995). *Learning and cognition in autism.* New York: Plenum Press.

Schreibman, L., & Anderson, A. (2001). Focus on integration: The future of the behavioral treatment of autism. *Behavior Therapy, 32,* 619–632.

Shattuck, P. T., Seltzer, M. M., Greenberg, J. S., Orsmond, G. I., Bolt, D., Kring, S., et al. (2007). Change in autism symptoms and maladaptive behaviors in adolescents and adults with an autism spectrum disorder. *Journal of Autism and Developmental Disorders, 37*(9), 1735–1747.

Stel, M., van den Heuvel, C., & Smeets, R. C. (2008). Facial feedback mechanisms in autistic spectrum disorders. *Journal of Autism and Developmental Disorders, 38*(7), 1250–1258.

Twachtman-Cullen, D., & Twachtman-Reilly, J. (2007). Communication and language issues in less-able school-aged children with autism. In R. L. Gabriels & D. E. Hill (Eds.), *Growing up with autism: Working with school-age children and adolescents* (pp. 73–94). New York: Guilford Press.

Vanvuchelen, M., Roeyers, H., & De Weerdt, W. (2007). Nature of motor imitation problems in school-aged boys with autism: A motor or a cognitive problem? *Autism, 11*(3), 225–240.

Weiss, L. A., Shen, Y., Korn, J. M., Arking, D. E., Miller, D. T., Fossdal, R., et al. (2008). Association between microdeletion and microduplication at 16p11.2 and autism. *New England Journal of Medicine, 358*(7), 667–675.

Wing, L. (1997). The history of ideas on autism: Legends, myths and reality. *Autism: The International Journal of Research and Practice, 1*(1), 13–23.

Wood, J. J., Drahota, A., Sze, K., Van Dyke, M., Decker, K., Fujii, C., et al. (2009). Brief report: Effects of cognitive behavioral therapy on parent-reported autism symptoms in school-age children with high-functioning autism. *Journal of Autism and Developmental Disorders, 39*(11), 1608–1612.

16장

American Psychiatric Association. (1994). *Diagnostic and statistical manual of mental disorders* (4th ed.). Washington, DC: Author.

Appleton, V. (2001). Avenues of hope: Art therapy and the resolution of trauma. *Art Therapy, 18*(1), 6–13.

Bach, S. (1990). *Life paints its own span.* Einsiedeln, Switzerland: Daimon Verlag.

Bluebond-Langner, M. (1978). *The private worlds of dying children.* Princeton, NJ: Princeton University Press.

Cassou, M. (2001). *Point zero: Creativity without limits.* New York: Penguin/Putnam.

Chapman, L., Morabito, D., Ladakakos, C., Schrier, H., & Knudson, M. M. (2001). The effectiveness of art therapy intervention in reducing posttraumatic stress disorder (PTSD) symptoms in pediatric trauma patients. *Art Therapy, 18*(2), 100–104.

Councill, T. D., Barron, K., Padden, J., Rubin, C., Masterson, J., & McCaw, J. (2009). Art therapy and pain. In G. Herman & M. French (Eds.), *Making the invisible visible: Chronic pain manual for healthcare professionals* (pp. 203–206). Potomac, MD: Pain Connection.

Gantt, L. (1990). *A validity study of the formal elements of an art therapy scale for diagnostic information in patients' drawings.* Unpublished doctoral dissertation, University of Pittsburgh.

Gardner, H. (1980). *Artful scribbles: The significance of children's drawings.* New York: Basic Books.

Golomb, C. (2004). *The child's creation of a pictorial world* (2nd ed.). Mahwah, NJ: Erlbaum.

Haas-Cohen, N. (2008). *Art therapy and clinical neuroscience.* Philadelphia: Kinglsey.

Hays, R. E., & Lyons, S. (1981). The Bridge Drawing: A projective technique for assessment in art therapy. *The Arts in Psychotherapy, 8,* 207–217.

Hedstrom, M., Haglund, K., Skolin, I., & von Essen, L. (2003). Distressing events for children and adolescents with cancer: Child, parent and nurse perceptions. *Journal of Pediatric Oncology Nursing, 20*(3), 120–132.

Ievers, C. E., Brown, R. T., Lambert, R. G., Hsu, L., & Eckman, J. R. (1998). Family functioning and social support in the adaptation of caregivers of children with sickle cell syndromes. *Journal of Pediatric Psychology, 23*(6), 377–388.

Klosky, J. L., Tyc, V. L., Tong, X., Srivastava, D. K., Kronenberg, M., de Armendi, A. J., et al. (2007). Predicting pediatric distress during radiation therapy procedures: The role of medical, psychosocial and demographic factors. *Pediatrics, 119,* e1159–e1166.

Kramer, E. (1979). *Childhood and art therapy.* New York: Schocken Books.

Kushner, H. (1989). *When bad things happen to good people.* New York: Avon.

Lee, J. M. (1970). Emotional reactions to trauma. *Nursing Clinics of North America, 5*(4), 577-587.

Lowenfeld, V., & Lambert-Brittain, W. (1975). *Creative and mental growth* (6th ed.). New York: Macmillan.

Luginbuehl-Oelhafen, R. R. (2009). *Art therapy with chronic physically ill adolescents: Exploring the effectiveness of medical art therapy as a complementary treatment.* Springfield, IL: Thomas.

Malchiodi, C. A. (Ed.). (1999). *Medical art therapy with children.* London: Kingsley.

Monti, D., Peterson, C., Shakin Kunkel, E., Hauck, W., Pequignot, E., Rohodes, L., et al. (2006). A randomized, controlled trial of mindfulness-based art therapy (MBAT) for women with cancer. *Psycho-Oncology, 15,* 363-373.

Nainis, N., Paice, J. A., Ratner, J., Wirth, J., Lai, J., & Shott, S. (2006). Relieving symptoms in cancer: Innovative use of art therapy. *Journal of Pain and Symptom Management, 31*(2), 162-169.

National Center for Complementary and Alternative Medicine. (2011). What is complementary and alternative medicine? Retrieved September 14, 2011, from *nccam.nih.gov/health/whatiscam.*

National Child Traumatic Stress Network. (2009). Medical traumatic stress. Retrieved October 23, 2009, from. *www.nctsnet.org/nctsn_assets/pdfs/edu_materials/MedicalTraumatic-Stress.pdf*

Padden, J., & Masterson, J. (2009, November). *Helping pediatric cancer patients build bridges to school and peers.* Paper presented at the 40th annual conference of the American Art Therapy Association, Dallas, TX.

Ranmal, R., Prictor, M., & Scott, J. T. (2008). Interventions for imporving communication with children and adolescents about their cancer. *Cochrane Database of Systematic Reviews,* issue 4, CD002969.

Rourke, M. T., Stuber, M. L., Hobbie, W. L., & Kazak, A. E. (1999). Posttraumatic stress disorder: Understanding the psychosocial impact of surviving childhood cancer into young adulthood. *Journal of Pediatric Oncology Nursing, 16*(3), 126-135.

Rubin, J. (1984). *Child art therapy.* New York: Van Nostrand Reinhold.

Shudy, M., de Almeida, M. L., Ly, S., Landon, C., Groft, S. Jenkins, T. L., et al. (2006). Impact of pediatric critical illness and injury on families: A systematic literature review. *Pediatrics, 118*(Suppl.), S203-S218.

Snyder, C. R., Hoza, B., Pelham, W. E., Rapoff, M., Ware, L., Danovsky, M., et al. (1997). The development and validation of the Children's Hope Scale. *Journal of Pediatric Psychology, 22*(3), 399-421.

Spinetta, J. J., & Spinetta, D. (1981). *Living with childhood cancer.* St. Louis: Mosby.

Talwar, S. (2007). Accessing traumatic memory through art making: An art therapy trauma protocol (ATTP). *Arts in Psychotherapy, 34,* 22–35.

Ulman, E., & Levy, B. (1975). An experimental approach to the judgment of psychopathology from paintings. In E. Ulman & P. Dachinger (Eds.), *Art therapy in theory and practice* (pp. 393–402). New York: Schocken Books.

van der Kolk, B. A. (2002). Beyond the talking cure: Somatic experience, subcortical imprints in the treatment of trauma. In F. Shapiro (Ed.), *EMDR as an integrative psychotherapy approach: Experts of diverse orientations explore the paradigm prism* (pp. 57–83). Washington, DC: American Psychological Association Press.

17장

Chilton, G. (2007). Altered books in art therapy with adolescents. *Art Therapy: Journal of the American Art Therapy Association, 24*(2), 59–63.

Gussak, D., & Nyce, J. (1999). To bridge art therapy and computer technology: The visual toolbox. *Art Therapy: Journal of the American Art Therapy Association, 16*(4), 194–196.

Hayes, R. E., & Lyons, S. J. (1981). The Bridge Drawing: A projective technique for assessment in art therapy. *The Arts in Psychotherapy, 8,* 207–217.

Kaiser, D. (1993). *Assessing attachment patterns with the bird's nest drawing in family art evaluation.* Paper presented at the 24th annual meeting of the American Art Therapy Association Conference [audiotape recorded by the American Art Therapy Association]. Denver: National Audio Video.

Klorer, P. (2009). The effects of technological overload on children: An art therapist's perspective. *Art Therapy: Journal of the American Art Therapy Association, 26*(2), 80–82.

Linesch, D. (1988). *Adolescent art therapy.* New York: Brunner/Mazel.

Lowenfeld, V., & Brittain, W. L. (1987). *Creative and mental growth.* New York: Macmillan.

Malchiodi, C. A. (1997). *Breaking the silence: Art therapy with children from violent homes.* New York: Brunner/Mazel.

McNiff, S. (1999). The virtual art therapy studio. *Art Therapy: Journal of the American Art Therapy Association, 16*(4), 197–200.

Moon, B. (1998). *The dynamics of art as therapy with adolescents.* Springfield, IL: Thomas.

Potash, J. (2009). Fast food, art, talk show therapy: The impact of mass media on adolescent art therapy. *Art Therapy: Journal of the American Art Therapy Association, 26*(2), 52–57.

Riley, S. (1999). *Contemporary art therapy with adolescents*. Philadelphia: Kingsley.

Rule-Hoffman, R. C. (1999). *The Attachment Potential art therapy assessment manual and scoring guide*. Orange Village, OH: Art Therapy Services of Northeast Ohio.

Sanders-Martin, E. (2008). Medical art and play therapy with accident survivors. In C. A. Malchiodi (Ed.), *Creative interventions with traumatized children* (pp. 112-130). New York: Guilford Press.

Satir, V. (1988). *The new peoplemaking*. Palo Alto, CA: Science and Behavior Books.

4부

Cohen, G. (2000). *The creative age*. New York: HarperCollins.

Junge, M. (2010). *A modern history of art therapy in the United States*. Springfield, IL: Thomas.

Landgarten, H. (1981). *Clinical art therapy*. New York: Brunner/Mazel.

Naumburg, M. (1950). *Schizophrenic art*. New York: Grune & Stratton.

Naumburg, M. (1953). *Psychoneurotic art*. New York: Grune & Stratton.

Naumburg, M. (1966). *Dynamically oriented art therapy*. New York: Grune & Stratton.

Ramachandran, V. S., & Blakeslee, S. (1998). *Phantoms of the brain*. New York: Quill.

Wald, J. (1999). The role of art therapy in post-stroke rehabilitation. In C. A. Malchiodi (Ed.), *Medical art therapy with adults* (pp. 25-42). London: Kingsley.

18장

Amerikaner, M., Schauble, P., & Ziller, R. (1980). Images: The use of photographs in personal counseling. *Personnel and Guidance Journal, 59,* 68-73.

Brooke, S. L. (1995). Art therapy: An approach to working with sexual abuse survivors. *The Arts in Psychotherapy, 22,* 447-466.

Buchalter, S. I. (2004). *A practical art therapy*. London: Kingsley.

Caldwell, R. L. (2005). At the confluence of memory and meaning—life review with older adultsand families: Using narrative *therapy* and the expressive arts to re-member and re-author stories of resilience. *The Family Journal, 13,* 172-175.

Coan, K. (2000, March). *Expressive arts in counseling*. Paper presented at the Wake Forest University Counselor Education Program Spring 2000 Seminar, Winston-Salem, NC.

Cochran, J. L. (1996). Using play and art therapy to help culturally diverse students over-come barriers to school success. *School Counselor, 43,* 287-298.

Cudney, M. R. (1975). *Eliminating self-defeating behaviors.* Kalamazoo, MI: Life Giving Enterprises.

Edens, M. B., Newsome, D. W., & Witherspoon, E. L. (1996, February). *Creative arts in counseling: Bridge to a client's world.* Poster session presented at the annual meeting of the North Carolina Counseling Association, Charlotte, NC.

Edwards, M. (1987). Jungian analytic art therapy. In J. A. Rubin (Ed.), *Approaches to art therapy: Theory and technique* (pp. 92–113). New York: Brunner/Mazel.

Fleshman, B., & Fryrear, J. L. (1981). *The arts in therapy.* Chicago: Nelson-Hall.

France, M. H., & Allen, E. G. (1997). Using art: A gestalt counselling strategy for working with disruptive clients. *Guidance and Counselling, 12*(4), 24–26.

Ganim, B. (2000). *Art and healing: Using expressive art to heal your body, mind, and spirit.* Three Rivers, MI: Three Rivers Press.

Gladding, S. T. (1997). The creative arts in groups. In H. Forester-Miller & J. A. Kottler (Eds.), *Issues and challenges for group practitioners* (pp. 81–99). Denver, CO: Love.

Gladding, S. T. (2011). *Counseling as an art: The creative arts in counseling* (4th ed.). Alexandria, VA: American Counseling Association.

Goldman, L. (1990). Qualitative assessment. *The Counseling Psychologist, 18*(2), 205–213.

Hammond, L. C., & Gantt, L. (1998). Using art in counseling: Ethical considerations. *Journal of Counseling and Development, 76*(3), 271–276.

Jung, C. G. (1965). *Memories, dreams, reflections.* New York: Random House.

Kahn, B. B. (1999). Art therapy with adolescents: Making it work for school counselors. *Professional School Counseling, 2*(4), 291–298.

Kottler, J. A. (1993). *On being a therapist* (rev. ed.). San Francisco: Jossey-Bass.

Krauss, D. (1981). *On photography: Uses in psychotherapy.* Paper presented at the annual convention of the American Psychological Association, Los Angeles, CA. (ERIC Document Reproduction Service No. ED 209 628)

Liebmann, M. (1986). *Art therapy for groups.* Cambridge, MA: Brookline.

Liebmann, M. (1990). 'It just happened' : Looking at crime events. In M. Liebmann (Ed.), *Art therapy in practice* (pp. 133–155). Bristol, PA: Kingsley.

Loewenthal, D. (2009). Can photographs help one find one's voice?: The use of photographs in the psychological therapies. *European Journal of Psychotherapy, Counselling, and Health, 11,* 1–6.

Madori, L. L. (2007). *Therapeutic thematic arts programming for older adults.* Baltimore: Health

Professions Press.

Magniant, R. P. (Ed.). (2004). *Art therapy with older adults: A sourcebook.* Springfield, IL: Thomas.

Makin, S. R. (1994). *A consumer's guide to art therapy.* Springfield, IL: Thomas.

Matto, H. C. (2002). Integrating art therapy methodology in brief inpatient substance abuse treatment for adults. *Journal of Social Work Practices in the Addictions, 2,* 69–83.

McElroy, S., Warren, A., & Jones, F. (2006). Home-based art therapy for older adults with mental health needs: Views of clients and caregivers. *Art Therapy, 23*(2), 52–58.

McNiff, S. (1997). Art therapy: A spectrum of partnerships. *The Arts in Psychotherapy, 24,* 37–44.

McNiff, S. (2009). *Integrating the arts in therapy: History, theory, and practice.* Springfield, IL: Thomas.

Miller, M. J. (1993). The Lifeline: A qualitative method to promote group dynamics. *Journal for Specialists in Group Work, 18*(2), 51–54.

Mills, J. C., & Crowley, R. J. (1986). *Therapeutic metaphors for children and the child within.* New York: Brunner/Mazel.

Moon, B. L. (2006). *Ethical issues in art therapy.* Springfield, IL: Thomas.

Myers, J. E. (1989). *Infusing gerontological counseling in counselor preparation.* Alexandria, VA: American Counseling Association.

Nadeau, R. (1984). Using the visual arts to expand personal creativity. In B. Warren (Ed.), *Using the creative arts in therapy* (pp. 61–86). Cambridge, MA: Brookline.

Nunez, C. (2009). The self portrait, a powerful tool for self-therapy. *European Journal of Psychotherapy, Counseling and Health, 11,* 51–61.

O'Brien, C. R., Johnson, J., & Miller, B. (1978). Cartoons in counseling. *Personnel and Guidance Journal, 57,* 55–56.

Olivera, B. (1997, Winter). Responding to other disciplines using art therapy. *American Art Therapy Association Newsletter, 30,* 17.

Plante, P. (2006). Promoting group cohesion through art therapy: A project adapted for adults in a community centre. *Canadian Art Therapy Association Journal, 19,* 2–11.

Rubin, J. A. (2001). *Approaches to art therapy: Theory and techniques* (2nd ed.). New York: Psychology Press.

Rubin, J. A. (2010). *Art therapy: An introduction* (2nd ed.). New York: Taylor & Francis.

Stewart, T., & Brosh, H. (1997). The use of drawings in the management of adults who stammer. *Journal of Fluency Disorders, 22,* 35–50.

Symington, N., Symington, J., Symington, A., & Symington, D. (2003). *How to choose a* psychotherapist. London: Karnac Books.

Trimble, W. B. S. (1975). Doodle counseling. *Social Work, 20*(2), 152-153.

Trowbridge, M. M. (1995). Graphic indicators of sexual abuse in children's drawings: A review of the literature. *The Arts in Psychotherapy, 22,* 485-494.

Ulak, B. J., & Cummings, A. L. (1997). Using clients'artistic expressions as metaphor in counselling: A pilot study. *Canadian Journal of Counselling, 31*(4), 305-316.

Weiser, J. (1993). *PhotoTherapy techniques.* San Francisco: Jossey-Bass.

Weiser, J. (2004). PhotoTherapy techniques in counselling and therapy: Using ordinary snapshots and photo-interactions to help clients heal their lives. *Canadian Art Therapy Association Journal, 17,* 23-53.

Welfel, E. R. (2009). *Ethics in counseling and psychotherapy: Standards, research, and emerging issues.* Belmont, CA: Brooks/Cole.

White, M. (2007). *Maps of narrative practice.* New York: Norton.

Ziller, R. C., Vera, H., & Camacho de Santoyo, C. (1981). Federico: Understanding a child through autophotography. *Childhood Education, 57,* 271-275.

19장

Alders, A., & Levine-Madori (2010). The effect of art therapy on cognitive performance of Hispanic/ Latino older adults. *Art Therapy: Journal of the American Art Therapy Association, 27*(3), 127-135.

American Society on Aging. (1991). Creativity later in life. *Generations, 15*(2), 1-72.

Cohen, G. (2000). *The creative age: Awakening human potential in the second half of life.* New York: Quill.

Cohen, G. (2006). *The mature mind: The positive power of the aging brain.* New York: Basic Books.

Cohen, G. (2009). New theories and research findings on the positive influence of music and art on health with aging. *Art and Health, 1*(1), 48-63.

Corey, G. (2007). *Theory and practice of group counseling.* Pacific Grove, CA: Brooks/Cole.

Corey, G., Corey, M. S., & Corey, C. (2008). *Groups: Process and practice.* Pacific Grove, CA: Brooks/Cole.

Cozolino, L. (2008). *The healthy aging brain: Sustaining attachment, attaining wisdom.* New York: Norton.

Elkis-Abuhoff, D., Goldblatt, R., Gaydos, M., & Coratto, S. (2008). The effects of clay manipulation on somatic dysfunction and emotional distress in patients diagnosed with Parkinson's disease. *Art Therapy: Journal of the American Art Therapy Association, 25*(3), 122-128.

Gardner, H. (1993). *Frames of mind: The theories of multiple intelligences.* New York: Basic Books.

Grant, I., & Adams, K. (2009). *Neuropsychological assessment of neuropsychiatric and neuromedical disorders* (3rd ed.). New York: Oxford University Press.

Johnson, C., & Sullivan-Marx, E. (2004). Art therapy: Using the creative process for healing and hope among African American older adults. *Geriatric Nursing, 27*(5), 309-316.

Landgarten, H. (1993). *Magazine photo collage.* New York: Brunner/Mazel.

Levine-Madori, L. (2009). Uses of Therapeutic Thematic Arts Programming (TTAP Method) for enhanced cognitive and psychosocial functioning in the geriatric population. *American Journal of Recreation Therapy, 8*(1), 25-31.

Museum of Modern Art. (2011). *Meet me at MoMA.* Retrieved January 31, 2011, from. *www.moma.org/meetme.*

National Center for Creative Aging. (2010). [Home page]. Retrieved December 1, 2010, from. *www.creativeaging.org.*

National Endowment for the Arts. (2006). *The creativity and aging study: Final report.* Washington, DC: Author.

Ramachandran, V. S. (2011). *The tell-tale brain: A neuroscientist's quest for what makes us human.* New York: Norton.

Ramachandran, V. S. (1998). *Phantoms in the brain.* New York: Quill.

Richardson, H., & Glass, J. (2002). A comparison of scoring protocols on the clock drawing test in relation to ease of use, diagnostic group, and correlations with Mini-Mental State Examination. *Journal of the American Geriatric Society, 50,* 169-173.

Sacks, O. (2008). *Musicophilia: Tales of music and the brain.* New York: Random House.

Samton, J., Ferrando, S., Sanelli, P., Karimi, S., Raiteri, V., & Barnhill, J. (2005). The Clock Drawing: Diagnostic, functional, and neuroimaging correlates in older medically ill adults. *Journal of Neuropsychiatry and Clinical Neuroscience, 17*(4), 533-540.

Spaniol, S. (1997). Art therapy with older adults: Challenging myths, building competencies. *Art Therapy: Journal of the American Art Therapy Association, 14*(3), 158-160.

Sunderland, T., Hill, J. L., Mellow, A. M., Lawlor, B. A., Gundersheimer, J., Newhouse, P. A., et al. (1989). Clock Drawing in Alzheimer's disease: A novel measure of dementia severity. *Journal* of the American Geriatrics Society, 37*(8), 725-729.

Understanding clinical benefits of modeling clay exploration with patients diagnosed with Parkinson's disease. *Arts in Health: An International Journal for Research, Policy and Practice, 2*(2), 140-148.

Weiss, J. (1984). *Expressive therapies with elders and the disabled: Touching the heart of life.* New York: Haworth Press.

Woolhiser, J. S. (2010). Collage as a therapeutic modality for reminiscence in patients with dementia. *Art Therapy: Journal of the American Art Therapy Association, 27*(3), 136-140.

20장

Allen, P. (1995). *Arts is a way of knowledge.* Boston: Shambhala.

Anthony, W. (1993). Recovery from mental illness: The guiding vision of the mental health service system in the 1990s. *Psychosocial Rehabilitation Journal, 16*(4), 11-23.

Betensky, M. (1995). *What do you see?: Phenomenology of therapeutic art expression.* London and Bristol, PA: Kingsley.

Bluebird, G. (1996). View from the arts: Arts as equal partners for social change. *Resources, 8*(2), 19-20.

Bluebird, G. (2000). *Reaching across with the arts: A self-help manual for mental health consumers.* Washington, DC: Center for Mental Health Services.

Davidson, L., & Stayner, D. (1997). Loss, loneliness, and the desire for love: Perspectives on the social lives of people with schizophrenia. *Psychiatric Rehabilitation Journal, 20*(3), 3-12.

Davidson, L., & Strauss, J. (1992). Sense of self in recovery from severe mental illness. *British Journal of Medical Psychology, 65,* 131-145.

Deegan, P. (1993). Recovering our sense of value after being labeled. *Journal of Psychosocial Nursing, 31,* 7-14.

Deegan, P. (1996). Recovery as a journey of the heart. *Psychiatric Rehabilitation Journal, 19,* 91-97.

DiMaria, A. (Ed.). (1982). *Art therapy: Still growing.* Mundelein, IL: American Art Therapy Association.

Edwards, B. (1999). *The new drawing on the right side of the brain: A course in enhancing creativity and artistic confidence.* Boston: Houghton Mifflin.

Farkas, M. (2007). The vision of recovery today: What it is and what it means for sevices. *World Psychiatry, 6,* 68-74.

Farkas, M., Gagne, C., Anthony, W., & Chamberlin, J. (2005). Implementing recovery oriented evidence based programs: Identifying the critical dimensions. *Community Mental Health Journal, 41,* 141–158.

Farrelly-Hansen, M. (Ed.). (2009). *Spirituality and art therapy.* London and Philadelphia: Kingsley.

Franck, F. (1973). *The zen of seeing.* New York: Knopf.

Harding, C., Brooks, G., Ashikaga, T., Strauss, J., & Breier, A. (1987). The Vermont Longitudinal Study of persons with severe mental illness: I. Methodology, study sample, and overall status 32 years later. *American Journal of Psychiatry, 144*(6), 718–735.

Jamison, K. (1993). *Touched with fire.* New York: Free Press.

Ludwig, A. (1995). *The price of greatness: Resolving the creativity and madness controversy.* New York: Guilford Press.

Malchiodi, C. A. (1999). Art therapy, arts medicine, and arts in healthcare: A vision for collaboration in the next millennium. *International Journal of Arts Medicine, 6*(2), 13–16.

McGuire, P. (2000). New hope for people with schizophrenia. *Monitor on Psychology, 33,* 24–28.

Moon, B. (2009). *Existential art therapy: The canvas mirror.* Springfield, IL: Thomas.

Moon, C. (2002). *Studio art therapy.* London and Philadelphia: Kingsley.

Nucho, A. (1987). *The psychocybernetic model of art therapy.* Springfield, IL: Thomas.

Post, F. (1994). Creativity and psychopathology: A study of 291 world-famous men. *British Journal of Psychiatry, 165,* 22–34.

Riley, S. (2001). Groups in psychiatric hospitals and day treatment programs: Art as an entree into unfamiliar realities. In S. Riley (Ed.), *Group process made visible* (pp. 193–208). Philadelphia: Routledge.

Sandburg, L., Silver, R., & Vilstrup, K. (1984). The Stimulus Drawing Technique with adult psychiatric patients, stroke patients, and adolescents in art therapy. *Art Therapy: Journal of the American Art Therapy Association, 1,* 132–140.

Schildkraut, J., & Otero, A. (Eds.). (1996). *Depression and the spiritual in modern art: Homage to Miro.* New York: Wiley.

Silver, R. (2002). *Three art assessments.* New York: Routledge.

Spaniol, L., Gagne, C., & Koehler, M. (1999). Recovery from serious mental illness: What it is and how to support people in their recovery. In R. Marinelli & A. Dell Orto (Eds.), *The psychological and social impact of disability* (4th ed., pp. 409–422). New York: Springer.

Spaniol, S. (1995). Art is all the feelings trapped inside: An interview with Marilyn McKeon. *Art*

Therapy: Journal of the American Art Therapy Association, 12, 227–230.

Spaniol, S. (2000). Guest editorial: 'The withering of the expert' : Recovery through art. *Art Therapy: Journal of the American Art Therapy Association, 17*(2), 78–79.

Spaniol, S. (2001). Art and mental illness: Where is the link? *The Arts in Psychotherapy, 28,* 221–231.

Spaniol, S., & Bluebird, G. (2002). Report: Creative partnerships—People with psychiatric disabilities and art therapists in dialogue. *The Arts in Psychotherapy, 29,* 107–114.

Young, S. L., & Ensing, D. S. (1999). Exploring recovery from the perspective of people with psychiatric disabilities. *Psychiatric Rehabilitation Journal, 22*(3), 219–231.

21장

Adams, K. A., & Robinson, D. W. (2001). Shame reduction, affect regulation, and sexual boundary development: Essential building blocks of sexual addiction treatment. *Sexual Addiction and Compulsivity, 8,* 23–44.

Allen, P. (1985). Integrating art therapy into an alcoholism treatment program. *American Journal of Art Therapy, 24,* 10–12.

Andrews, B., Qian, M., Valentine, J. D. (2002). Predicting depressive symptoms with a new measure of shame: The Experience of Shame Scale. *British Journal of Clinical Psychology, 41,* 29–42.

Arieti, S. (1976). *Creativity: The magic synthesis.* New York: Basic Books.

Ashby, J. S., Rice, K. G., & Martin, J. L. (2006). Perfectionism, shame, and depressive symptoms. *Journal of Counseling and Development, 84*(2), 148–156.

Baumeister, R. F., Stillwell, A. M., & Heatherton, T. F. (1995). Interpersonal aspects of guilt: Evidence from narrative studies. In J. P. Tangney & K. W. Fischer (Eds.), *Self-conscious emotions: The psychology of shame, guilt, embarrassment and pride* (pp. 255–273). New York: Guilford Press.

Blaisdell, B. T. (1994). *Internalized shame, interpersonal intimacy, and marital adjustment.* Unpublished doctoral dissertation, Brigham Young University.

Bloom, S. B., Robins, J., & Branston, A. (1968). Psychodrama techniques in the treatment of alcoholism. *Group Psychotherapy, 21,* 241–246.

Bradshaw, J. (1988). *Healing the shame that binds you.* Deerfield Beach, FL: Health Communications.

Capacchione, L. (1991). *Recovery of your inner child: The highly acclaimed method for liberating your inner self.* New York: Simon & Schuster.

Carnes, P. (1989). *Contrary to love: Helping the sexual addict.* Center City, MN: Hazelden.

Carnes, P. (1991). *Don't call it love: Recovery from sexual addiction.* New York: Bantam Books.

Carnes, P. (1992). *Out of the shadows.* Center City, MN: Hazelden.

Carnes, P., & Wilson, M. (2002). The sex addiction assessment process. In P. Carnes & K. Adams (Eds.), *Clinical management of sexual addiction* (pp. 3-20). Philadelphia: Brunner/Mazel.

Chickerneo, N. B. (1993). *Portraits of spirituality in recovery: The use of art in recovery from codependency and/or chemical dependency.* Springfield, IL: Thomas.

Claesson, K., & Sohlberg, S. (2002). Internalized shame and early interactions characterized by indifference, abandonment and rejection: Replicated findings. *Clinical Psychology and Psychotherapy, 9,* 277-284.

Coleman, E. (2003). Compulsive sexual behavior: What to call it, how to treat it? *SIECUS Report, 31*(5), 12-16.

Cook, D. R. (1991). Shame, attachment, and addictions: Implications for family therapists. *Contemporary Family Therapy, 13*(5), 405-418.

Cook, D. R. (2001). *The internalized Shame Scale: Technical manual.* Toronto: Multi-Health Systems.

Cox, K. L., & Price, K. (1990). Breaking through: Incident drawings with adolescents substance abusers. *The Arts in Psychotherapy, 17,* 333-337.

Dayton, T. (1994). *The drama within: Psychodrama and experiential therapy.* Deerfield Beach, FL: Health Communications.

Dayton, T. (2000). *Trauma and addiction: Ending the cycle of pain through emotional literacy.* Deerfield Beach, FL: Health Communications.

Dearing, R. L., Stuewig, J., & Tangney, J. P. (2005). On the importance of distinguishing shame from guilt: Relations to problematic alcohol and drug use. *Addictive Behaviors, 30*(7), 1392-1404.

Dobson, K. S. (1989). A meta-analysis of the efficacy of cognitive therapy for depression. *Journal of Consulting and Clinical Psychology, 57,* 414-419.

Elison, M. J., Arndt, S., & Schut, A. (2005). Substance abuse counseling: What is treatment as usual? In E. Edmundson & D. McCarty (Eds.), *Implementing evidence-based practices for treatment of alcohol and drug disorders* (pp. 33-52). New York: Haworth Medical Press.

Erikson, E. H. (1950). *Childhood and society.* New York: Norton.

Ezell, M., & Levy, M. (2003). An evaluation of an arts program for incarcerated juvenile offenders. *Journal of Correctional Education, 54*(3), 108–114.

Feen-Calligan, H. (1995). The use of art therapy in treatment programs to promote spiritual recovery from addiction. *Journal of the American Art Therapy Association, 12*(1), 46–50.

Feen-Calligan, H. (1999). Enlightenment in chemical dependency treatment programs: A grounded theory. In C. A. Malchiodi (Ed.), *Medical art therapy with adults* (pp. 137–162). London: Kingsley.

Fossum, M., & Mason, M. (1986). *Facing shame: Families in recovery.* New York: Norton.

Francis, D., Kaiser, D., & Deaver, S. (2003). Representations of attachment security in the Bird's Nest Drawings of children with substance abuse disorders. *Journal of the American Art Therapy Association, 20*(3), 125–137.

Goodman, A. (2001). What's in a name?: Terminology for designating a syndrome of driven sexual behavior. *Sexual Addiction and Compulsivity, 8*(3–4), 191–213.

Goss, K., Gilbert, P., & Allan, S. (1994). An exploration of shame measures—I: The other as shamer scale. *Personality and Individual Differences, 17,* 713–717.

Grosch, W. N. (1994). Narcissims: Shame, rage and addiction. *Psychiatric Quarterly, 65*(1), 49–63.

Hammer, E. (1958). *The clinical application of projective drawings.* Springfield, IL: Thomas.

Hastings, A. S. (1998). *Treating sexual shame: A new map for overcoming dysfunction, abuse, and addiction.* Northvale, NJ: Aronson.

Herman, J. (1992). *Trauma and recovery.* New York: Basic Books.

Hollon, S. D., & Beck, A. T. (1994). Cognitive and cognitive behavioral therapies. In S. L. Garfield & A. E. Bergin (Eds.), *Handbook of psychotherapy and behavior change* (pp. 428–466). New York: Wiley.

Horay, B. (2006). Moving toward gray: Art therapy and ambivalence in substance abuse treatment. *Journal of the American Art Therapy Association, 23*(1), 14–22.

Jacobson, N. S., Dobson, K. S., Truax, P. A., Addis, M. E., Koerner, K., Gollan, J. K., et al. (1996). A component analysis of cognitive-behavioral treatment for depression. *Journal of Consulting and Clinical Psychology, 64,* 295–304.

Jakupcak, M., Tull, M. T., & Roemer, L. (2005). Masculinity, shame, and fear of emotions as predictors of men's expressions of anger and hostility. *Psychology of Men and Masculinity, 6*(4), 275–284.

Kaufman, G. (1989). *The psychology of shame: Theory and treatment of shame-based syndromes.*

New York: Springer.

Kaufman, G. (1992). *Shame: The power of caring* (3rd ed.). Rochester, VT: Schenkman Books.

Klontz, B. T., Garos, S., & Klontz, P. T. (2005). The effectiveness of brief multimodal experiential therapy in the treatment of sexual addiction. *Sexual Addiction and Compulsivity, 12*(4), 275-294.

Kramer, E. (1979). *Childhood and art therapy: Notes on theory and application*. New York: Schocken Books.

Kramer, E. (1984). Sublimation and art therapy. In J. Rubin (Ed.), *The art of art therapy* (pp. 28-39). New York: Brunner/Mazel.

Landgarten, H. B. (1981). *Clinical art therapy: A comprehensive guide*. New York: Brunner/Mazel.

Leith, K. P., & Baumeister, R. E. (1995). Empathy, shame, guilt, and narratives of interpersonal conflicts: Guilt-prone people are better at perspective taking. *Journal of Personality, 66,* 1-37.

Lewis, H. B. (1971). *Shame and guilt in neurosis*. New York: International Universities Press.

Lewis, M. (1995). *Shame: The exposed self*. New York: Free Press.

Mackay, P. W., & Donovan, D. M. (1991). Cognitive and behavioral approaches to alcohol abuse. In R. J. Frances & S. I. Miller (Eds.), *Clinical textbook of addictive disorders* (pp. 452-481). New York: Guilford Press.

Magill, M. (2007). *Cognitive-behavioral treatment with adult substance users: A meta-analysis*. Unpublished doctoral dissertation, Boston College, Boston, MA.

May, R. (1975). *The courage to create*. New York: Norton.

Marlatt, G. A., & Gordon, J. R. (1985). *Relapse prevention: Maintenance strategies in the treatment of addictive behaviors*. New York: Guilford Press.

Mattson, M. E. (2003). Preface. In R. Kadden et al. (Eds.), *Cognitive behavioral coping skills therapy manual: A clinical research guide for therapists treating individuals with alcohol aubse and dependence* (pp. vi-xi). Rockville, MD: NIH Publications.

McCrady, B. S., & Nathan, P. E. (2006). Treatment factors in treating substance use disorders. In L. G. Castonguay & L. E. Beutler (Eds.), *Principles of therapeutic change that work* (pp. 319-340). New York: Oxford University Press.

McClintock, K. A. (2002). *Sexual shame: An urgent call to healing*. Minneapolis, MN: Fortress Press.

Moore, R. (1983). Art therapy with substance abusers: A review of the literature. *The Arts in Psychotherapy, 10,* 251-260.

Nash, T. (1989). The psychodrama of grief in chemical dependency treatment. In R. L. Fuhlrodt

(Ed.), *Psychodrama: Its application to ACOA and substance abuse treatment* (pp. 52–75). East Rutherford, NJ: Perrin.

Nathanson, D. (1987). *The many faces of shame.* New York: Guilford Press.

Nathanson, D. L. (1992). *Shame and pride: Affect, sex, and the birth of the self.* New York: Norton.

Naumburg, M. (1950). *An introduction to art therapy: Studies of the free art expression of behavior problem children and adolescents as a means of diagnosis and therapy.* New York: Teachers College Press.

Naumburg, M. (1987). *Dynamically oriented art therapy: Its principles and practice.* Chicago: Magnolia Street.

O'Connor, L. E., Berry, J. W., Inaba, D., Weisss, J., & Morrison, A., (1994). Shame, guilt, and depression in men and women in recovery from addiction. *Journal of Substance Abuse Treatment, 11*(6), 503–510.

Orth, U., Berking, M., & Burkhardt, S. (2006). Self–conscious emotions and depression: Rumination explains why shame but not guilt is maladaptive. *Personality and Social Psychology Bulletin, 32,* 1608–1620.

Piers, G., & Singer, M. (1953). *Shame and guilt: A psychoanalytic and a cultural study.* Springfield, IL: Thomas.

Potter–Efron, R. T. (2002). *Shame, guilt and alcoholism: Treatment issues in clinical practice* (2nd ed.). Binghamton, NY: Haworth Press.

Potter–Efron, R., & Potter–Efron, P. (1989). *Letting go of shame: Understanding how shame affects your life.* Center City, MN: Hazelden.

Reid, R. C., Harper, J. M., & Anderson, E. H. (2008). Coping strategies used by hypersexual patients to defend against the painful effects of shame. *Clinical Psychology and Psychotherapy, 16,* 125–138.

Reiger, D. A., Farmer, M. E., Rae, D. S., Locke, B. Z., Keith, S. J., Judd, L. L., et al. (1990). Comorbidity of mental disorders with alcohol and other drug abuse. *Journal of the American Medical Association, 264,* 2511–2518.

Riley, S. (1993). Illustrating the family story, a lens for viewing family reality. *The Arts in Psychotherapy, 20,* 253–264.

Rosenzweig, M., Breedlove, S., & Leiman, A. (2002). *Biological psychology: An introduction to behavioral, cognitive, and clinical neuroscience* (3rd ed.). Sunderland, MA: Sinauer Associates.

Rubin, J. A. (1984). *The art of art therapy*. New York: Brunner/Mazel.

Rubin, J. A. (1986). From psychopathology to psychotherapy through art expression: A focus on Hans Prinshorn and others. *Art Therapy, 3*, 27–33.

Rubin, J. A. (1999). *Art therapy: An introduction*. Lillington, NC: Edwards Brothers.

Rubin, J. A. (2001). Discovery, insight and art therapy. In J. A. Rubin, *Approaches to art therapy: Theory and technique* (2nd ed., pp. 15–27). New York: Brunner/Mazel.

Schuckit, M. A. (2000). *Drug and alcohol abuse: A clinical guide to diagnosis and treatment* (5th ed.). New York: Kluwer Academic/Plenum Press.

Sharf, K. (2004). *Art therapists' perceptions of their work with patients in treatment for substance abuse: A qualitative investigation*. Doctoral dissertation, New York University. Retrieved June 11, 2008, from *search.proquest.com.ezproxy.caldwell.edu:2048/docview/305165356/previewPDF/130BD7CB62E2CF6B8D2/1?accountid=26523*.

Substance Abuse and Mental Health Services Administration (SAMHSA). (2008). *Report to congress on the prevention and treatment of co-occurring substance abuse disorders and mental disorders (Chap. 1)*. Retrieved January 16, 2008, from. *www.samhsa.gov/reports/congress2002/chap1ucod.htm*.

Swan, S., & Andrews, B. (2003). The relationship between shame, eating disorders and disclosure in treatment. *British Journal of Clinical Psychology, 42*, 367–378.

Tangney, J. P. (1995). Shame and guilt in interpersonal relationships. In J. P. Tangney & K. W. Fischer (Eds.), *Self-conscious emotions: The psychology of shame, guilt, embarrassment and pride* (pp. 114–139). New York: Guilford Press.

Tangney, J. P., Burggraf, S. A., & Wager, P. E. (1995). Shame-proness, guilt-proness, and psychological symptoms. In J. P. Tangney & K. W. Fischer (Eds.), *Self-conscious emotions: The psychology of shame, guilt, embarrassment and pride* (pp. 343–367). New York: Guilford Press.

Tangney, J. P., & Dearing, J. P. (2002). *Shame and guilt*. New York: Guilford Press.

Tangney, J. P., Wagner, P., Fletcher, C., & Gramzow, R. (1992). Shamed into anger?: The relation of shame and guilt to anger and self-reported aggression. *Journal of Personality and Social Psychology, 62*, 669–675.

Thombs, D. (1999). *Introduction to addictive disorders*. New York: Guilford Press.

Tomkins, S. S. (1987). Shame. In D. L. Nathanson (Ed.), *The many faces of shame* (pp. 133–161). New York: Guilford Press.

van der Kolk, B., McFarlane, A., & Weisaeth, L. (Eds.). (1996). *Traumatic stress: The effects of overwhelming experience on mind, body, and society.* New York: Guilford Press.

Wadeson, H. (1980). *Art psychotherapy.* New York: Wiley.

Wadeson, H. (1987). *The dynamics of art psychotherapy.* New York: Wiley.

Washton, A. M., & Zweben, J. E. (2006). *Treating alcohol and drug problems in psychotherapy practice.* New York: Guilford Press.

Watson, M. (1989). A psychodramatic approach to group treatment of alcoholics in an outpatient methadone maintenance program. In R. L. Fuhlrodt (Ed.), *Psychodrama: Its application to ACOA and substance abuse treatment* (pp. 105–118). East Rutherford, NJ: Perrin.

Watt, M., Stewart, S., Birch, C., & Bernier, D. (2006). Brief CBT for high anxiety sensitivity decreases drinking problems, relief alcohol outcome expectancies, and conformity drinking motives: Evidence from a randomized controlled trial. *Journal of Mental Health, 15*(6), 683–695.

Wells, M., Bruss, K. V., & Katrin, S. (1998). Abuse and addiction: Expressions of a wounded self and internalized shame. *Psychology: A Journal of Human Behavior, 35,* 11–14.

Wiechelt, S. A. (2007). The specter of shame in substance abuse. *Substance Use and Misuse, 42,* 399–409.

Wilson, M. (1998). Portrait of a sex addict. *Sexual Addiction and Compulsivity, 5*(4), 231–250.

Wilson, M. (1999). Art therapy with the invisible sex addict. *Journal of the American Art Therapy Association, 16*(1), 7–16.

Wilson, M. (2000). Creativity and shame reduction in sex addiction treatment. *Sexual Addiction and Compulsivity, 7*(4), 229–248.

Wilson, M. (2002). Art therapy: Treating the invisible sex addict. In P. Carnes & K. Adam (Eds.), *Clinical management of sexual addiction* (pp. 163–182). Philadelphia: Brunner/Mazel.

Wilson, M. (2004). From obsession to betrayal: The life and art of Pablo Picasso. *Sexual Addiction and Compulsivity, 11*(3), 163–183.

Wong, M. R., & Cook, D. (1992). Shame and its contribution to PTSD. *Traumatic Stress, 5*(4), 557–562.

Wurmer, L. (1978). *The hidden dimension: Psychodynamics in compulsive drug use.* New York: Aronson.

22장

American Psychiatric Association. (2000). *Diagnostic and statistical manual of mental disorders* (4th ed., text rev.). Washington, DC: Author.

American Psychological Association. (2011). *The road to resilience.* Washington, DC: APA Help Center.

Boal, M. (2009). *The hurt locker: The shooting script.* New York: Newmarket Press.

Carroll, A. (Ed.). (2008). *Operation Homecoming: Iraq, Afghanistan, and the home front, in the words of US troops and their families.* Chicago: University of Chicago Press.

Collie, K., Backos, A., Malchiodi, C., & Spiegel, D. (2006). Art therapy for combat-related PTSD: Recommendations for research and practice. *Art Therapy: Journal of the American Art Therapy Association, 23*(4), 157–164.

Foa, E., Keane, T., Friedman, M., & Cohen, J. (Eds.). (2009). *Effective treatments for PTSD.* New York: Guilford Press.

Ford, J., Courtois, C., Steele, K., Van der Hart, O., & Nijenhuis, E. (2005). Treatment of complex posttraumatic self dysregulation. *Journal of Traumatic Stress, 18,* 437–447.

Gantt, L., & Tinnin, L. (2007). Intensive trauma therapy of PTSD and dissociation: An outcome study. *The Arts in Psychotherapy, 34*(1), 69–80.

Geradi, M., Rothbaum, B., Ressler, K., Heekin, M., & Rizzo, A. (2007). Virtual reality exposure therapy using a virtual Iraq: Case report. *Journal of Traumatic Stress, 21*(2), 209–213.

Johnson, D. R. (1987). The role of the creative arts in psychological trauma. *The Arts in Psychotherapy, 14,* 7–13.

Joiner, T. (2007). *Why people die by suicide.* Cambridge, MA: Harvard University Press.

Lambert, K. (2010). *Lifting depression: A neuroscientist's hands-on approach to activating your brain's healing power.* New York: Basic Books.

Landy, R. (2005). *Drama therapy and psychodrama.* In C. A. Malchiodi (Ed.), *Expressive therapies* (pp. 90–116). New York: Guilford Press.

Lighthall, A. (2010). The rules of engagement. *Psychotherapy Networker, 34*(6), 42–45.

Lovella, C. (2008). *Warrior writers: Remaking sense.* Burlington, VT: Iraq Veterans Against the War.

Malchiodi, C. A. (2001). Using drawing as an intervention with traumatized children. *Trauma and Loss, 1*(1), 15–22.

Malchiodi, C. A. (2008a, November 15). *Military training: Basic training for posttraumatic stress disorder.* Presentation at the 39st annual conference of the American Art Therapy Association,

Cleveland OH.

Malchiodi, C. A. (Ed.). (2008b). *Creative interventions with traumatized children.* New York: Guilford Press.

Malchiodi, C. A. (2011). *Art therapy and veterans.* Gahanna, OH: Art Therapy Without Borders.

Miller, G. (2010). Deconstruction to creation and healing through fiber, pulp and paper. *FUSION, 2*(2), 9-10.

Morgan, C. A., & Johnson, D. R. (1995). Use of a drawing task in the treatment of nightmares in combat-related posttraumatic stress disorder. *Art Therapy: Journal of the American Art Therapy Association, 12,* 244-247.

Rothchild, B. (2000). *The body remembers.* New York: Norton.

Reich, J., Zautra, A., & Hall, A. (Eds.). (2009). *Handbook of adult resilience.* New York: Guilford Press.

Seal, K., Metzler, T., Gima, K., Bertenthal, D., Maguen, S., & Marmar, C. (2009). Trends and risk factors for mental health diagnoses among Iraq and Afghanistan veterans using Department of Veterans Affairs health care: 2002-2008. *American Journal of Public Health, 99*(9), 1651-1658.

Steele, W., & Malchiodi, C. A. (2011). *Trauma informed practices with children and adolescents.* New York: Routledge.

Steele, W., & Raider, M. (2001). *Structured sensory interventions for children, adolescents, and parents.* New York: Mellon Press.

U.S. Army Medical Department. (2011). *Resilience training.* Retrieved January 23, 2011, from. *www.resilience.army.mil.*

U.S. Department of Veterans Affairs. (2011). *VA health careers.* Retrieved January 23, 2011, from. *www.va.gov/jobs/career_types/health_care.asp.*

23장

Bancroft, L., & Silverman, J. G. (2002). *The betterer as parent: Addressing the impact of domestic violence on family dynamics.* Thousand Oaks, CA: Sage.

Cohen, B., Barnes, M., & Rankin, A. (1995). *Managing traumatic stress through art.* Lutherville, MD: Sidran Press.

Domestic Abuse Intervention Project. (1984). *Power and control wheel.* Duluth, MN: Author.

Herman, J. (1992). *Trauma and recovery.* New York: Basic Books.

Klorer, P. (2008). Expressive therapy for severe maltreatment and attachment disorder: A neuroscience framework. In C. A. Malchiodi (Ed.), *Creative interventions with traumatized children* (pp. 43–61). New York: Guilford Press.

Malchiodi, C. A. (1990). *Breaking the silence: Art therapy with children from violent homes.* New York: Brunner/Mazel.

Malchiodi, C. A. (Ed.). (2002). *Handbook of art therapy.* New York: Guilford Press.

Malchiodi, C. A. (Ed.). (2008). *Creative interventions with traumatized children.* New York: Guilford Press.

Malchiodi, C. A. (2010). *Telling without talking: Breaking the silence of domestic violence.* Retrieved January 1, 2010, from. *www.psychologytoday.com/blog/the-healing-arts/200809/telling-without-talking-breaking-the-silence-domestic-violence.*

Miller, G. (2009). *Bruce Perry's impact: Considerations for art therapy and children from violent homes.* Retrieved December 26, 2009, from. *www.internationalarttherapy.org/domesticviolence.html.*

National Center for Injury Prevention and Control. (2003). *Costs of intimate partner violence against women in the United States.* Atlanta, GA: Centers for Disease Control and Prevention.

National Coalition Against Domestic Violence. (2008). *Family Violence Prevention and Services Act: Funding need.* Denver, CO: Author.

National Domestic Violence Hotline. (2010). *What is domestic violence?* Retrieved January 1, 2010, from. *www.ndvh.org/get-educated/what-is-domestic-violence/.*

Riley, S. (2001). *Group process made visible: Group art therapy.* New York: Brunner–Routledge.

Riley, S., & Malchiodi, C. A. (2004). *Integrative approaches to family art therapy.* Chicago: Magnolia Street.

Stronach-Buschel, B., & Hurvitz, L. (2006). Strengthening connections between mothers and children: Art therapy in a domestic violence shelter. *Journal of Aggression, Maltreatment, and Trauma, 13*(1), 87–108.

Walker, L. (1979). *The battered woman.* New York: Harper & Row.

Zlotnick, C., Johnson, D., & Kohn, R. (2006). Intimate partner violence and long-term psychological functioning in a national sample of American women. *Journal of Interpersonal Violence, 21,* 262–275.

5부

Malchiodi, C. A. (2006). *The art therapy sourcebook* (2nd ed.). New York: McGraw-Hill.

Riley, S. (2001). *Group process made visible: Group art therapy.* New York: Brunner-Routledge.

Yalom, I. (2005). *The theory and practice of group psychotherapy.* New York: Basic Books.

24장

Agazarian, Y., & Peters, R. (1989). *The visible and invisible group: Two perspectives on group psychotherapy and group process.* London: Tavistock/Routledge.

Astrachan, B. (1970). Towards a social systems model of therapy group. *Social Psychiatry, 5,* 110-119.

Bloch, S. (1979). Assessment of patients for psychotherapy. *British Journal of Psychiatry, 135,* 193-208.

Bloch, S., & Crouch, E. (1985). *Therapeutic factors in group psychotherapy.* Oxford, UK: Oxford University Press.

Elias, N. (1956). Problems of involvement and detachment. *British Journal of Sociology, 7*(3), 226-252.

Foulkes, S. H. (1948). *Introduction to group analytic psychotherapy.* London: Maresfield.

Lewin, K. (1948). *Resolving social conflicts.* New York: Harper & Row.

Lewin, K. (1951). *Frontiers in group dynamics.* New York: Harper & Row.

Ratigan, B., & Aveline, M. (1988). Interpersonal group therapy. In M. Aveline & W. Dryden (Eds.), *Group psychotherapy in Britain* (pp. 43-64). London: Open University Press.

Rusted, J., Sheppard, L., & Waller, D. (2006). A multi-centre randomized control group trial on the use of art therapy for older people with dementia. *Group Analysis, 39*(4), 517-536.

Rutan, J. S., & Stone, W. N. (2001). *Psychodynamic group psychotherapy* (3rd ed.). New York: Guilford Press.

Sheppard, L., Rusted, J., & Waller, D. (1998). *Art therapy with elderly clients suffering from dementia: A control group study.* Brighton, UK: Alzheimer's Disease Society.

Skaife, S., & Huet, V. (Eds.). (1998). *Art psychotherapy groups: Between pictures and words.* London and New York: Routledge.

Strand, S. (1990). Counteracting isolation: Group art therapy for people with learning difficulties. *Group Analysis, 23*(3), 255-263.

Sullivan, H. S. (1953). *The interpersonal theory of psychiatry.* New York: Norton.

Waller, D. (1993). *Group interactive art therapy: Its use in training and treatment.* London: Routledge.

Waller, D. (1999). Introducing new psychosocial elements into already functioning systems: The case of art psychotherapy at the Centro italiano di solidarieta, Rome. In D. Waller & J. Mahony (Eds.), *Treatment of addiction: Current issues for arts therapies* (pp. 59–78). New York: Routledge.

Waller, D. (2002). *Arts therapies and progressive illness: Nameless dread.* New York and London: Brunner–Routledge.

Waller, D., & Sheppard, L. (2007). *Guidelines for art therapists wishing to work with older people with dementia.* Goldsmiths: University of London.

Winnicott, D. W. (1990). *The maturational process and the facilitating environment.* London: Karnac.

Yalom, I. (1985). *The theory and practice of group psychotherapy.* New York: Basic Books.

25장

Cameron, D. F. (1996). Conflict resolution through art with homeless people. In M. Liebmann (Ed.), *Arts approaches to conflict* (pp. 176–206). London and New York: Jessica Kingsley.

Hagood, M. (2000). *The use of art in counselling child and adult survivors of sexual abuse.* London and Philadelphia: Jessica Kingsley.

Liebmann, M. (1997). Art therapy and empowerment in a women's self–help project. In S. Hogan (Ed.), *Feminist approaches to art therapy* (pp. 197–215). London and New York: Routledge.

Liebmann, M. (2004). *Art therapy for groups* (2nd ed.). London and New York: Brunner–Routledge.

Liebmann, M. (2007). Anger management group art therapy for clients in the mental health system. In F. Kaplan (Ed.), *Art therapy and social action.* London and Philadelphia: Jessica Kingsley.

Whitaker, D. S. (2001). *Using groups to help people* (2nd ed.). London and New York: Brunner–Routledge.

26장

Amaya–Jackson, L., & deRosa, R. R. (2007). Treatment considerations for clinicians in applying evidence based practice to complex presentations in child trauma. *Journal of Traumatic Stress, 20*(4), 379–390.

Berliner, L., Saunders, L., & Benjamin, E. (1996). Treating fear and anxiety in sexually abused children: Results of controlled 2–year follow–up study. *Child Maltreatment, 1*(4), 294–312.

Beutler, L., Williams, R., & Zetzer, H. (1994). Efficacy of treatment for victims of child sexual abuse. In R. Behrman (Ed.), *The future of children: Sexual abuse of children* (pp. 156–175). Los

Altos, CA: Center for the Future of Children, David and Lucille Packard Foundation.

Blain, G. H., Bergner, R. M., Lewis, M. L., & Goldstein, M. A. (1981). The use of objectively scorable House-Tree-Person indicators to establish child abuse. *Journal of Clinical Psychology, 37*(3), 667-673.

Braun, B., & Sachs, R. (1985). The development of multiple personality disorder. In R. Kluft (Ed.), *Childhood antecedents of multiple personality* (pp. 38-64). Washington, DC: American Psychiatric Press.

Briere, J., & Elliott, D. (1994). Immediate and long-term impacts of child sexual abuse. In R. Behrman (Ed.), *The future of children: Sexual abuse of children* (pp. 54-69). Los Altos, CA: Center for the Future of Children, David and Lucille Packard Foundation.

Buck, J. N., & Jolles, I. (1946). *H-T-P.* Western Psychological Services.

Burns, R. C., & Kaufman, S. H. (1972). *Actions, styles, and symbols in Kinetic Family Drawings (KFD).* New York: Brunner/Mazel.

Cohen, F. W., & Phelps, R. E. (1985). Incest markers in children's artwork. *The Arts in Psychotherapy, 12,* 265-283.

Cohen, J., Mannarino, A., & Deblinger, E. (2006). *Treating trauma and traumatic grief in children and adolescents.* New York: Guilford Press.

Cosentino, C., & Collins, M. (1996). Sexual abuse of children: Prevalence, effects, and treatment. In J. Sechzer, S. Pfafflin, F. Denmark, A. Griffin, & S. Blumenthal (Eds.), *Women and mental health* (Vol. 789, pp. 45-65). New York: New York Academy of Sciences.

Culbertson, F. M., & Revel, A. C. (1987). Graphic characteristics on the Draw-a-Person test for identification of physical abuse. *Art Therapy: Journal of the AmericanArt Therapy Association, 4*(2), 78-83.

Finkelhor, D., & Browne, A. (1986). Impact of child sexual abuse: A review of the research. *Psychological Bulletin, 99,* 66-77.

Friedrich, W. N., Grambsch, P., Broughton, D., Kuiper, J., & Beilke, R. L. (1991). Normative sexual behavior in children. *Pediatrics, 88*(3), 456-464.

Friedrich, W. N., Grambsch, P., Damon, L., Koverola, C., Hewitt, S., Lang, R., et al. (1992). Child Sexual Behavior Inventory: Normative and clinical comparisons. *Psychological Assessment, 4,* 303-311.

Garb, H. N., Wood, J. M., & Nezworski, M. T. (2000). Projective techniques and the detection of child sexual abuse. *Child Maltreatment, 11*(2), 161-168.

Gil, E., & Johnson, T. C. (1993). *Sexualized children: Assessment and treatment of sexualized children and children who molest.* New York: Launch.

Goodwin, J. (1982). Use of drawings in evaluating children who may be incest victims. *Children and Youth Services Review, 4,* 269–278.

Heger, A., Ticson, L., Velasquez, O., & Bernier, R. (2002). Children referred for possible sexual abuse: Medical findings in 2384 children. *Child Abuse and Neglect, 26,* 645–659.

Johnson, T. C. (1989). Female child perpetrators: Children who molest other children. *Child Abuse and Neglect, 13,* 571–585.

Johnson, T. C. (1991). Children who molest children: Identification and treatment approaches for children who molest other children. *APSAC Advisor, 4,* 9–11.

Johnson, T. C. (2002). *Child Sexual Behavior Checklist, second revision.* South Pasadena, CA: Author.

Kaufman, B., & Wohl, A. (1992). *Casualties of childhood: A developmental perspective on sexual abuse using projective drawings.* New York: Brunner/Mazel.

Kelley, S. (1984). The use of art therapy with sexually abused children. *Psychosocial Nursing, 22*(12), 12–18.

Kellogg, N. D., Menard, S. W., & Santos, A. (2004). Genital anatomy in pregnant adolescents: 'Normal' does not mean 'nothing happened.' *Pediatrics, 113*(1, Pt. 1), 67–69.

Kiser, L. J., Heston, J., Millsap, P. A., & Pruitt, D. B. (1991). Physical and sexual abuse in childhood: Relationship with post-traumatic stress disorder. *Journal of the AmericanAcademy of Child and Adolescents Psychiatry, 30*(5), 776–783.

Klorer, P. G. (2000). *Expressive therapy with troubled children.* Northvale, NJ: Aronson.

Klorer, P. G., & Malchiodi, C. A. (2007). *Art therapy, CBT, and trauma intervention: Best practices and contraindications.* Paper presented at the 38th annual conference of the American Art Therapy Association, Albuquerque, NM.

Kolko, D. J., & Swenson, C. C. (2002). *Assessing and treating physically abused children and their families: A cognitive behavioral approach.* Thousand Oaks, CA: Sage.

Koppitz, E. M. (1966). Emotional indicators on human figure drawings of children: A validation study. *Journal of Clinical Psychology, 22,* 313–315.

Kramer, E. (1971). *Art as therapy with children.* New York: Schocken Books.

Levitt, E., & Pinnell, C. M. (1995). Some additional light on the childhood sexual abuse–psychopathology axis. *International Journal of Clinical and Experimental Hypnosis, 43*(2),

145–162.

Manning, T. M. (1987). Aggression depicted in abused children's drawings. *The Arts in Psychotherapy, 14,* 15–24.

McGlinchey, A., Keenan, M., & Dillenburger, K. (2000). Outline for the development of a screening procedure for children who have been sexually abused. *Research on Social Work Practice, 10*(6), 721–748.

Mordock, J. B. (1996). Treatment of sexually abused children: Interview technique, disclosure, and progress in therapy. *Journal of Child Sexual Abuse, 5*(4), 105–121.

Myers, J. E. (1996). Expert testimony. In J. Briere, L. Berliner, J. Bulkley, C. Jenny, & T. Reid (Eds.), *American Professional Society on the Abuse of Children handbook on child maltreatment* (pp. 319–340). Thousand Oaks, CA: Sage.

Plamer, L., Farrar, A., Valle, M., Ghahary, N., Panella, M., & DeGraw, D. (2000). An investigation of the clinical use of the House–Tree–Person projective drawings in the psychological evaluation of child sexual abuse. *Child Maltreatment, 5*(2), 169–175.

Peterson, L. W., Hardin, M., & Nitsch, M. J. (1995). The use of children's drawings in the evaluation and treatment of child sexual, emotional, and physical abuse. *Archives of Family Medicine, 4,* 445–452.

Pifalo, T. (2006). Art therapy with sexually abused children and adolescents: Extended research study. *Journal of the American Art Therapy Association, 23*(4), 181–185.

Piperno, F., Di Biasi, S., & Levi, G. (2007). Evaluation of family drawings of physically and sexually abused children. *European Child and Adolescent Psychiatry, 16,* 389–397.

Putman, F. W. (1997). *Dissociation in children and adolescents: A developmental perspective.* New York: Guilford Press.

Sidun, N. M., & Rosenthal, R. H. (1987). Graphic indicators of sexual abuse in Draw–a–Person tests of psychiatrically hospitalized adolescents. *The Arts in Psychotherapy, 14,* 25–33.

van der Kolk, B. (1987). *Psychological trauma.* Washington, DC: American Psychiatric Press.

van der Kolk, B. (1994). The body keeps the score: Memory and the evolving psychobiology of posttraumatic stress. *Harvard Review of Psychiatry, 1*(5), 253–265.

van der Kolk, B., & van der Hart, O. (1991). The intrusive past: The flexibility of memory and the engraving of trauma. *American Imago, 48*(4), 425–454.

Veltman, W. M., & Browne, K. D. (2002). The assessment of drawings from children who have been maltreated: A systematic review. *Child Abuse Review, 11,* 19–37.

Vickers, B. (2005). Cognitive model of the maintenance and treatment of post-traumatic stress disorder applied to children and adolescents. *Clinical Child Psychology and Psychiatry, 10*(2), 217-234.

West, M. M. (1998). Meta-analysis of studies assessing the efficacy of projective techniques in discriminating child sexual abuse. *Child Abuse and Neglect, 22,* 1151-1166.

Yates, A., Beutler, L. E., & Crago, M. (1985). Drawings by child victims of incest. *Child Abuse and Neglect, 9*(2), 183-190.

27장

Achterburg, J., Dossey, L., & Kolkmeier, L. (1994). *Healing images: The fole of imagination in health.* New York: Bantam Books.

Benson, H. (1975). *The relaxation response.* New York: Morrow.

Benson, H., & Proctor, W. (2010). *The relaxation revolution.* New York: Scribner.

Camic, P. (1999). Expanding treatment possibilities for chronic pain through the expressive arts. In C. A. Malchiodi (Ed.), *Medical art therapy with adults* (pp. 43-62). London: Kingsley.

Cane, F. (1951). *The artist in each of us.* New York: Pantheon.

Dreifuss-Kattan, E. (1990). *Cancer stories: Creativity and self-repair.* Hillsdale, NJ: Analytic Press.

Kellogg, J. (1993). *Mandala: Path of beauty.* Baltimore, MD: ATMA.

Luzzatto, P., & Gabriel, B. (2000). The creative journey: A model for short-term group art therapy with posttreatment cancer patients. *Art Therapy: Journal of the American Art Therapy Association, 17*(3), 265-269.

Luzzatto, P., & Sereno, V. (2003). A communication tool for cancer patients with pain: The art therapy technique of the body outline. *Palliative Support Care, 1*(2), 135-142.

Malchiodi, C. A. (1993). Medical art therapy: Contributions to the field of arts meducation. *International Journal of Arts Medicine, 2*(2), 28-31.

Malchiodi, C. A. (1997). Invasive art: Art as empowerment for women with breast cancer. In S. Hogan (Ed.), *Feminist approaches to art therapy* (pp. 49-64). London: Routledge.

Malchiodi, C. A. (Ed.). (1999). *Medical art therapy with adults.* London: Kingsley.

Malchiodi, C. A. (Ed.). (2005). *Expressive therapies.* New York: Guilford Press.

Malchiodi, C. A. (Ed.). (2008). *Creative interventions with traumatized children.* New York: Guilford Press.

Monti, D. A., Peterson, C., Shakin Kunkel, E., Hauck, W., Pequignot, E., Rhodes, L., et al. (2006). A randomized, controlled trial of mindfulness-based art therapy (MBAT) for women with cancer. *Psycho-Oncology, 15*(5), 363–373.

Myers, J., Sweeney, T., & Witmer, J. (2000). The wheel of wellness counseling for wellness: A holistic model of treatment planning. *Journal of Counseling and Development, 78,* 251–266.

Nainis, N., Paice, J. A. et al. (2006). Relieving symptoms in cancer: Innovative use of art therapy. *Journal of Pain Symptom Management, 31*(2), 162–169.

Oster, I., & Svensk, A. (2006). Art therapy improves coping resources: A randomized, controlled study among women with breast cancer. *Palliative Support Care, 4*(1), 57–64.

Picirrillo, E. (1999). Hide and seek: The art of living with HIV/AIDS. In C. A. Malchiodi (Ed.), *Medical art therapy with children* (pp. 113–131). London: Kingsley.

Sacks, O. (1990). *Awakenings.* New York: Harper Perennial.

Seligman, M., & Csikszentmihalyi, M. (2000). Positive psychology: An introduction. *American Psychologist, 55*(1), 5–14.

Siegel, B. (1990). *Love, medicine, and miracles.* New York: Harper & Row.

Simonton, O., & Simonton, S. (1978). *Getting well again.* New York: Bantam Books.

Svensk, A., Oster, I., Thyme, K., Magnusson, E., Sjodin, M., Eisemann, et al. (2009). Art therapy improves experienced quality of life among women undergoing treatment for breast cancer: A randomized controlled study. *European Journal of Cancer Care (English), 18*(1), 69–77.

Winnicott, D. (1971). *Playing and reality.* New York: Routledge.

28장

Bing, E. (1970). The conjoint family drawing. *Family Process, 9,* 173–194.

Bobes, T., & Rothman, B. (1998). *The crowded bed.* New York: Norton.

Burns, R. (1990). *A guide to family centered circle drawings.* New York: Brunner/Mazel.

Burns, R., & Kaufman, S. (1972). *Kinetic family drawings (KFD).* New York: Brunner/Mazel.

Gil, E., & Drewes, A. (Eds.). (2005). *Cultural issues in play therapy.* New York: Guilford Press.

Hoshino, J. (2008). The development of family therapy and family art therapy. In C. Kerr (Ed.), *Family art therapy* (pp. 25–64). New York: Routledge.

Kerr, C. (Ed.). (2008). *Family art therapy.* New York: Routledge.

Kwiatkowska, H. Y. (1962). Family art therapy: Experiments with a new technique. *Bulletin of Art Therapy, 1*(3), 3–15.

Kwiatkowska, H. Y. (1967a). The use of families' art productions for psychiatric evaluation.

Bulletin of Art Therapy, 6, 52–69.

Kwiatkowska, H. Y. (1967b). Family art therapy. *Family Process, 6*(1), 37–55.

Kwiatkowska, H. Y. (1975). Family art therapy: Experiments with a new technique. In E. Ulman (Ed.), *Art therapy in theory and practice* (pp. 113–131). New York: Schocken Bopoks.

Kwiatkowska, H. Y. (1978). *Family therapy and evaluation through art.* Springfield, IL: Thomas.

Landgarten, H. (1975). Group art therapy for mothers and daughters. *American Journal of Art Therapy, 14*(2), 32–45.

Landgarten, H. (1987). *Family art psychotherapy: A clinical guide and casebook.* New York: Brunner/Mazel.

Levick, M., & Herring, J. (1973). Family dynamics—as seen through art therapy. *Art Psychotherapy, 1*(1), 45–54.

Malchiodi, C. A. (1998). *Understanding children's drawings.* New York: Guilford Press.

Malchiodi, C. A. (2005). The impact of culture on art therapy with children. In E. Gil & A. Drewes (Eds.), *Cultural issues in play therapy* (pp. 96–112). New York: Guilford Press.

Malchiodi, C. A. (2006). *The art therapy sourcebook.* New York: McGraw-Hill.

Malchiodi, C. A. (Ed.). (2008). *Creative interventions with traumatized children.* New York: Guilford Press.

McGoldrick, M., & Gerson, R. (1985). *Genograms in family assessment.* New York: Norton.

Mosher, L., & Kwiatkowska, H. Y. (1971). Family art evaluation: Use in families with schizophrenic twins. *Journal of Nervous and Mental Disease, 153*(3), 165–179.

Mueller, E. (1968). Family group art therapy: Treatment of choice for a specific case. In I. Jakab (Ed.), *Psychiatry and art: Proceedings of the IV International Colloquium of Psychopathology of Expression* (pp. 132–143). Basel, Switzerland: Karger.

Riley, S. (1991). Couples therapy/art therapy: Strategic interventions and family of origin work. *Art Therapy: Journal of the American Art Therapy Association, 8*(2), 57–66.

Riley, S., & Malchiodi, C. A. (2004). *Integrative approaches to family art therapy.* Chicago: Magnolia Street.

Selekman, M. (2010). *Collaborative brief therapy with children.* New York: Guilford Press.

Sobol, B. (1982). Art therapy and strategic family therapy. *American Journal of Art Therapy, 21*(2), 43–52.

Sutherland, J. (2008). Adlerian family art therapy. In C. Kerr (Ed.), *Family art therapy* (pp. 167–179). New York: Routledge.

Thode Parashak, S. (2008). Object relations and attachment theory: Creativity of mother and child in the single parent family. In C. Kerr (Ed.), *Family art therapy* (pp. 65–93). New York: Routledge.

Wadeson, H. (1980). *Art psychotherapy.* New York: Wiley.

Wadeson, H. (2010). *Art psychotherapy* (2nd ed.). New York: Wiley.

Zierer, E., Sternberg, D., Finn, R., & Farmer, M. (1975). Family creative analysis: Its role in treatment, Part 1. *Bulletin of Art Therapy, 5*(2), 47–63.

29장

Attig, T. (2001). Relearning the world: Making and finding meanings. In R. Neimeyer (Ed.), *Meaning reconstruction and the experience of loss* (pp. 333–55). Washington, DC: American Psychological Association.

Bowlby, J. (1980). *Loss.* New York: Basic Books.

Leeuwenburgh, E., & Goldring, E. (2008). *Why did you die?: Activities to help children cope with grief and loss.* Oakland, CA: New Harbinger.

Malchiodi, C. A. (1998). *Understanding children's drawings.* New York: Guilford Press.

Malchiodi, C. A., & Gruenberg, D. (2008). Trauma, loss, and bibliotherapy: The healing power of stories. In C. A. Malchiodi (Ed.), *Creative interventions with traumatized children* (pp. 167–187). New York: Guilford Press.

Mishne, J. M. (1983). *Clinical work with children.* New York: Free Press.

National Association of School Psychologists. (2003). *Helping children cope with grief and loss.* Bethesda, MD: Author.

Naumburg, M. (1966). *Dynamically oriented art therapy: Its principals and practice.* Chicago: Magnolia Street.

Neimeyer, R. (2001). *Meaning reconstruction and the experience of loss.* Washington, DC: American Psychological Association.

Pomeroy, E., & Garcia, R. (2008). *The grief assessment and intervention workbook.* Pacific Grove, CA: Brooks-Cole.

Riley, R. (1990). *Contemporary art therapy with adolescents.* London: Kingsley.

Riley, R. (2001). *Group process made visible.* Philadelphia: Brunner Routledge.

Silverman, E. (2000). *Grief as a family process.* New York: Guilford Press.

Steele, W., Malchiodi, C. A., & Klein, N. (2003). *Helping children feel safe.* Grosse Pointe Woods,

MI: National Institute for Trauma and Loss in Children.

Webb, N. B. (Ed.). (2010). *Helping bereaved children* (2nd ed.). New York: Guilford Press.

Worden, J. W. (2001). *Children and grief: When a parent dies.* New York: Guilford Press.

6부

30장

Brooke, S. L. (2004). *Tools of the trade: A therapist's guide to art therapy assessments.* Springfield, IL: Thomas.

Buck, J. (1949). The H-T-P technique. *Journal of Clinical Psychology, 5*, 37-74.

Burns, R., & Kaufman, S. (1972). *Actions, styles, and symbols in Kinetic Family Drawings (KFD): An interpretative manual.* New York: Brunner/Mazel.

Cohen, B. M. (Ed.). (1994). *The Diagnostic Drawing Series rating guide.* (Available from Barry M. Cohen, P.O. Box 9853, Alexandria, VA 22304)

Cohen, B. M., Hammer, J. S., & Singer, S. (1988). The Diagnostic Drawing Series: A systematic approach to art therapy evaluation and research. *The Arts in Psychotherapy, 15*(1), 11-21.

Cohen, B. M., Mills, A., & Kijak, A. K. (1994). An introduction to the Diagnostic Drawing Series: A standardized tool for diagnostic and clinical use. *Art Therapy, 11*(2), 105-110.

Feder, B., & Feder, E. (1998). *The art and science of evaluation in the arts therapies: How do you know what's working?* Springfield, IL: Thomas.

Francis, D. M., Kaiser, D., & Deaver, S. (2003). Representations of attachment security in Birds Nest Drawings of clients with substance abuse disorder. *Art Therapy: Journal of the American Art Therapy Association, 20*(3), 125-137.

Fuster, J. (2004). Frontal lobe and cognitive development. *Journal of Neurocytology, 31*(3-5), 373-385.

Gantt, L. (2001). The Formal Elements Art Therapy Scale: A measurement system for global variables in art. *Art Therapy: Journal of the American Art Therapy Association, 18*(1), 50-55.

Gantt, L., & Tabone, C. (1998). *The Formal Elements Art Therapy Scale: The rating manual.* Morgantown, WV: Gargoyle Press.

Gulbro-Leavitt, C., & Schimmel, B. (1991). Brief report: Assessing depression in children and adolescents using the Diagnostic Drawing Series modified for children (DDS-C). *The Arts in Psychotherapy, 18*(4), 353-356.

Kaplan, F. (2000). *Art, science and art therapy: Repainting the picture.* London: Kingsley.

Kaplan, F. (2010). The question of art therapy assessment procedures. In M. B. Junge, *A modern history of art therapy in the United States* (pp. 237-247). Springfield, IL: Thomas.

Kim, S. I. (2008). Computer judgment of main color in a drawing for art psychotherapy assessment. *The Arts in Psychotherapy, 35,* 140-150.

Kim, S. I., Betts, D. J., Kim, H. M., & Kang, H. S. (2009). Statistical models to estimate level of psychological disorders based on a computer rating system: An application to dementia using structured mandala drawings. *The Arts in Psychotherapy, 36,* 214-221.

Kim, S. I., Kang, H. S., & Kim, K. E. (2008a). Computer determination of placement in a drawing for art therapy assessments. *The Arts in Psychotherapy, 35,* 49-59.

Kim, S. I., Kim, K. E., Lee, Y., Lee, S. K., & Yoo, S. (2006a). How to make a machine think in art psychotherapy: An expert system' s reasoning process. *The Arts in Psychotherapy, 33,* 383-394.

Kim, S. I., Kim, Y. H., & Kim, E. J. (2008b). An expert system for interpretation of structured mandala. *The Arts in Psychotherapy, 35,* 320-328.

Kim, S. I., Ryu, H. J., Hwang, J. O., & Kim, M. S. H. (2006b). An expert system approach to art psychotherapy. *The Arts Psychotherapy, 33,* 59-75.

Knapp, N. (1994). Research witg diagnostic drawings for normal and Alzheimer's subjects. *Art Therapy, 11*(2), 131-138.

Koppitz, E. (1968). *Psychological evaluation of children's human figure drawings.* New York: Grune & Stratton.

Kramer, E., & Schehr, J. (1983). An art therapy evaluation session for children. *American Journal of Art Therapy, 23,* 3-10.

Levick, M. (2009). *Levick Emotional and Cognitive Art Therapy Assessment: A normative study.* Bloomington, IN: Author House.

Lilienfeld, S. O., Wood, J. M., & Garb, H. N. (2000). The scientific status of projective techniques. *Psychological Science in the Public Interest, 1,* 27-66.

Lowenfeld, V. (1939). *The nature of creative activity.* New York: Harcourt, Brace.

Lowenfeld, V. (1947). *Creative and mental growth.* New York: Macmillan.

Lusebrink, V. (2010). Assessment and therapeutic application of the expressive therapies continuum. *Art Therapy, 27*(4), 168-177.

Machover, K. (1949). *Personality projection: In the drawing of a human figure.* Springfield, IL: Thomas.

Malchiodi, C. A. (1998). *Understanding children's drawings.* New York: Guilford Press.

Malchiodi, C. A. (2005). The impact of culture on art therapy with children. In E. Gil & A. Drewes (Eds.), *Cultural issues in play therapy* (pp. 96–113). New York: Guilford Press.

Malchiodi, C. A. (2009). *The effects of posttraumatic stress disorder on children's human figure drawings.* Unpublished doctoral dissertation.

Malchiodi, C. A. (2011). It's all about the metaphor. Retrieved January 31, 2011, from. *www.psychologytoday.com/bolg/the-healing-arts/201008/cool-art-therapy-intervention-3-it-s-all-about-the-metaphor*

Mattson, D. (2010). Issues in computerized art therapy assessment. *The Arts in Psychotherapy, 37*(4), 328–334.

Munley, M. (2002). Comparing the PPAT drawings of boys with AD/HD and age-matched controls using the Formal Elements Art Therapy Scale. *Art Therapy: Journal of the American Art Therapy Association, 19*(2), 69–72.

Naglieri, J. (1992). *DAP/SEPD: Draw a Person: Screening procedure for emotional disturbance: Examiner's manual.* Austin, TX: PRO-ED.

Neale, E. L. (1994). The Children's Diagnostic Drawing Series. *Art Therapy, 11*(2), 119–126.

Riley, S., & Malchiodi, C. A. (2004). *Integrative approaches to family art therapy.* Chicago: Magnolia Street.

Rhyne, J. (1979). Drawings as personal constructs: A study in visual dynamics. *Dissertations Abstracts International, 40*(5), 2411B.

Rockwell, P., & Dunham, M. (2006). The utility of the formal elements art therapy scale in assessment of substance abuse. *Art Therapy, 23*(3), 104–111.

Silver, R. (1983). *Silver Drawing Test of cognitive and creative skills.* Albion, NY: Special Child.

Silver, R. (1990). *The Silver Drawing Test of Cognition and Emotion.* Sarasota, FL: Ablin Press.

Silver, R. (2001). *Art as language: Access to thoughts and feelings through stimulus drawings.* Philadelphia: Brunner-Routledge Psychology Press.

Silver, R. (2002). *Three art assessments: Silver Drawing Test of Cognition and Emotion, Draw a Story, screening for depression and stimulus drawings and techniques.* New York: Brunner-Routledge.

Silver, R. (2007). *Silver Drawing Test and Draw a Story.* New York: Routledge.

Society for Personality Assessment. (2006). Standards of education and training in psychological assessment: Position of the society for personality assessment. *Journal of Personality*

Assessment, 87(3), 355–357.

Williams, K., Agell, G., Gantt, L., & Goodman, R. (1996). Art-based diagnosis: Fact or fantasy? *American Journal of Art Therapy, 35,* 9–31.

Woodward, S. (1998). Usefulness of the Child Diagnostic Drawing Series within the child witness to domestic violence population. *Canadian Journal of Art Therapy, 12*(1), 11–33.

31장

Anderson, F. E. (1992). *Art for all the children: Approaches to art therapy for children with disabilities* (2nd ed.). Springfield, IL: Thomas.

Burns, R. C., & Kaufman, S. H. (1972). *Actions, styles and symbols in Kinetic Family Drawings (K-F-D): An interpretative manual.* New York: Brunner/Mazel.

Chapman, L. J., & Chapman, J. (1971). Test results are what you think they are. *Psychology Today, 5*(6), 18–22, 106–107.

Cohen, B. M., Mills, A., & Kijak, A. K. (1994). An introduction to the Diagnostic Drawing Series: A standardized tool for diagnostic and clinical use. *Art Therapy: Journal of the American Art Therapy Association, 11*(2), 105–110.

Cressen, R. (1975). Artistic quality of drawings and judges' evaluations of the DAP. *Journal of Personality Assessment, 39*(2), 132–137.

Gantt, L., & Tabone, C. (1998). *The Formal Elements Art Therapy Scale: The rating manual.* Morgantown, WV: Gargoyle Press.

Golomb, C. (1992). *The child's creation of a pictorial world.* Berkeley and Los Angeles: University of California Press.

Groth-Marnat, G. (1997). *Handbook of psychological assessment* (3rd ed.). New York: Wiley.

Hagood, M. M. (2002). A correlational study of art-based measures of cognitive development: Clinical and research implications for art therapists working with children. *Art Therapy: Journal of the American Art Therapy Association, 19*(2), 63–68.

Joiner, T. E. Jr., Schmidt, K. L., & Barnett, J. (1996). Size, detail, and line heaviness in children's drawings as correlates of emotional distress: (More) negative evidence. *Journal of Personality Assessment, 67*(1), 127–141.

Kahill, S. (1984). Human figure drawing in adults: An update of the empirical evidence, 1967–1982. *Canadian Psychology, 2*(4), 269–292.

Kaplan, F. F. (1991). Drawing assessment and artistic skill. *The Arts in Psychotherapy, 18*(4), 347–

352.

Knoff, H. M. (1993). The utility of human figure drawings in personality and intellectual assessment: Why ask why? *School Psychology Quarterly, 8*(3), 191-196.

Koppitz, E. M. (1984). *Psychological evaluation of human figure drawings by middle school pupils.* Orlando, FL: Grune & Stratton.

Levick, M. F. (2009). *Levick Emotional and Cognitive Art Therapy Assessment: A normative study.* Bloomington, IN: AuthorHouse.

Madigan, S., Ladd, M., & Goldberg, S. (2003). A picture is worth a thousand words: Children's representations of family as indicators of early attachment. *Attachment and Human Development, 5*(1), 19-37.

Marsh, D. T., Linberg, L. M., & Smeltzer, J. K. (1991). Human figure drawings of adjudicated and nonadjudicated adolescents. *Journal of Personality Assessment, 57*(1), 77-86.

Motta, R. W., Little, S. G., & Tobin, M. I. (1993). The use and aubse of human figure drawings. *School Psychology Quarterly, 8*(3), 162-169.

Munley, M. (2002). Comparing the PPAT drawings of boys with AD/HD and age-matched controls using the Formal Elements Art Therapy Scale. *Art Therapy: Journal of the American Art Therapy Association, 19*(2), 69-76.

Rankin, A. (1994). Tree drawings and trauma indicators: A comparison of past research with current findings from the Diagnostic Drawing Series. *Art Therapy: Journal of the American Art Therapy Association, 11*(2), 127-130.

Riethmiller, R. J., & Handler, L. (1997). Problematic methods and unwarranted conclusions in DAP research: Suggestions for improved research procedures. *Journal of Personality Assessment, 69*(3), 459-475.

Silver, R. (1996). *Silver Drawing Test of Cognition and Emotion* (3rd ed.). Sarasota, FL: Albin Press.

Silver, R. (1998). *Updating the Silver Drawing Test and Draw A Story manuals: New studies and summaries of previous research.* Sarasota, FL: Ablin Press.

Smith, D., & Dumont, F. (1995). A cautionary study: Unwarranted interpretations of the Draw-A-Person Test. *Professional Psychology: Research and Practice, 26*(3), 298-303.

Swensen, C. H. (1957). Empirical evaluations of human figure drawings. *Psychological Bulletin, 54,* 431-466.

Swensen, C. H. (1968). Empirical evaluations of human figure drawings: 1957-1966. *Psychological Bulletin, 70*(1), 20-44.

Tharinger, D. J., & Stark, K. (1990). A qualitative versus quantitative approach to evaluating the Draw-A-Person and Kinetic Family Drawing: A study of mood- and anxiety- disorder children. *Psychological Assessment, 2*(4), 365-375.

Ulman, E., & Levy, B. I. (1975). An experimental approach to the judgment of psychopathology from paintings. In E. Ulman & P. Dachinger (Eds.), *Art Therapy: In theory and practice* (pp. 393-402). New York: Schocken Books.

Vyse, S. A. (1997). *Believing in magic: The psychology of superstition.* New York and Oxford, UK: Oxford University Press.

Wadeson, H. (1980). *Art psychotherapy.* New York: Wiley.

Wadeson, H. (2000). *Art therapy practice: Innovative approaches with diverse populations.* New York: Wiley.

Waehler, C. A. (1997). Drawing bridges between science and practice. *Journal of Personality Assessment, 69*(3), 482-487.

Waldman, T. L., Silber, D. E., Holmstrom, R. W., & Karp, S. A. (1994). Personality characteristics of incest survivors on the Draw-A-Person Questionnaire. *Journal of Personality Assessment, 63*(1), 97-104.

Wanderer, Z. W. (1997). Validity of clinical judgments based on human figure drawings. In E. F. Hammer (with contributors), *Advances in projective drawing interpretation* (pp. 301-315). Springfield, IL: Thomas. (Original work published 1969)

Williams, K. J., Agell, G., Gantt, L., & Goodman, R. F. (1996). Art-based diagnosis: Fact or fantasy? *American Journal of Art Therapy, 35*(1), 9-31.

찾아보기

《인 명》

《내 용》

편저자 소개

■ Cathy A. Malchiodi

Malchiodi 교수는 매사추세츠에 있는 Lesley 대학교에 재직 중이고, 미국 내 다른 대학 및 여러 나라의 교환교수로도 근무한 경력이 있다. 그녀는 비영리단체인 '국경 없는 미술치료(Art Therapy Without Borders)' 단체의 회장을 겸직하고 있으며, Trauma-Informed Practices Institute를 창립하였다. 이 연구소는 미술치료적인 방법으로 외상 환자, 슬픔을 느낀 환자, 정신건강 문제를 겪는 내담자를 치료하고, 나아가 개인의 발전을 극대화하고 싶은 내담자들을 돕는다.

그녀는 또한 미국예술치료연합회(American Art Therapy Association)에서 주는 최고 명예상인 훌륭한 서비스상, 임상치료사상, 모범 회원상을 모두 받은 유일한 학자다. 한동안 『미국미술치료학회지』의 편집장을 역임하기도 했다.

역자 소개

■ **임호찬**

영남대학교 심리학과 졸업

영남대학교 대학원 졸업(생물학 석사, 심리학 석사)

경북대학교 대학원 졸업(심리학 박사)

애리조나 주립대학교 특수교육 및 재활학과 박사후 연구원

현 나사렛대학교 심리재활학과 교수

대학원 석 · 박사과정 재활심리전공 주임

한국 Art & Play 치료학회 회장(www.kapta.kr)

미술놀이치료 전문가

주요 저서 및 논문

『한국판 비언어성 레이븐 유아동용[CPM] 지능검사』(한국가이던스, 2004)

『한국판 비언어성 레이븐 청소년용[SPM] 지능검사』(한국가이던스, 2012)

『부모양육태도(PAT) 검사』(마인드프레스, 2008)

『한국판 아동 · 청소년 성격검사』(한국 Art & Play 치료학회, 2009)

『한국판 ADHD 진단검사』(마인드프레스, 2010)

『온라인 집중력 검사, 온라인 기억력 향상 시스템』(아이눈, 2009)

『재활심리개론』(서현사, 2008)

『심리검사 종류 및 활용』(서현사, 2011)

「좌뇌-우뇌 기능발달에 관련된 연구논문」

「미술치료, 지능, 발달장애 영역 연구논문」 등 다수

미술치료 입문

Handbook of Art Therapy (2nd Edition)

2012년 9월 20일 1판 1쇄 발행
2022년 8월 10일 1판 6쇄 발행

편저자 • Cathy A. Malchiodi
옮긴이 • 임 호 찬
펴낸이 • 김 진 환
펴낸곳 • (주) 학 지 사
04031 서울특별시 마포구 양화로 15길 20 마인드월드빌딩 5층
대표전화 • 02) 330-5114 팩스 • 02) 324-2345
등록번호 • 제313-2006-000265호
홈페이지 • http://www.hakjisa.co.kr
페이스북 • https://www.facebook.com/hakjisabook

ISBN 978-89-6330-812-8 93180

정가 **20,000원**